"十二五"职业教育国家规划教材

U0683546

会计信息化

（第四版）（用友ERP-U8V10.1）

KUAIJI XINXIHUA

新准则 新税率

主　编　庄胡蝶　刘　玥　宋存凤

副主编　翟卫华　吴志明　黄国瑞

郑　敏　李　娜

新形态
教材

本书另配：课　件
账　套
录　屏

中国教育出版传媒集团

高等教育出版社·北京

内容提要

本书以用友 ERP-U8 V10.1 软件为操作平台,以"突出实战"为主导思想,以"项目任务驱动"为编写体例,将一个工业企业的常见经济业务分解成 14 个项目、17 个实验贯穿始终。内容涉及财务管理和供应链管理两大功能模块,分别介绍了信息化环境下的系统管理、企业应用平台、总账管理、薪资管理、固定资产管理、应收款管理、应付款管理、UFO 报表、供应链管理初始化、采购管理、销售管理、库存管理、存货核算、供应链管理期末处理等子功能模块的基本工作原理和操作流程,使读者在了解相关理论知识的基础上,系统地掌握上述各模块常见业务的操作步骤及方法,以及利用财务软件查找账务和报表资料的方法。

本书内容由浅入深、循序渐进,便于读者领会和掌握。所有实验均提供相应的账套数据备份和演示操作视频,各个实验环环相扣,也可以独立进行。本书基于用友教考平台开发了配套的分模块题库资源,借助于教考平台还能实现实时自动评分,以便检查教学效果。

本书可作为高等职业本科院校、高等职业专科院校财经商贸大类相关专业的会计信息化教学用书,也可作为社会从业人员的参考用书。

图书在版编目(CIP)数据

会计信息化 / 庄胡蝶,刘玥,宋存凤主编. -- 4 版.
北京 : 高等教育出版社,2024. 8. -- ISBN 978-7-04
-062683-4

Ⅰ. F232

中国国家版本馆 CIP 数据核字第 2024KA7196 号

| 策划编辑 | 蒋 芬 | 责任编辑 | 蒋 芬 | 封面设计 | 张文豪 | 责任印制 | 高忠富 |

出版发行	高等教育出版社	网　址	http://www.hep.edu.cn
社　址	北京市西城区德外大街 4 号		http://www.hep.com.cn
邮政编码	100120	网上订购	http://www.hepmall.com.cn
印　刷	上海盛通时代印刷有限公司		http://www.hepmall.com
开　本	787mm×1092mm　1/16		http://www.hepmall.cn
印　张	28.25	版　次	2014 年 2 月第 1 版
字　数	755 千字		2024 年 8 月第 4 版
购书热线	010-58581118	印　次	2024 年 8 月第 1 次印刷
咨询电话	400-810-0598	定　价	58.00 元

本书如有缺页、倒页、脱页等质量问题,请到所购图书销售部门联系调换

版权所有　侵权必究
物　料　号　62683-00

第四版前言

为主动适应我国经济社会发展客观需要,会计审计标准体系建设持续加强,会计审计业发展取得显著成效,会计人员素质得到全面提升,会计法治化、数字化进程取得实质性成果。2021年11月29日,财政部发布了《会计改革与发展"十四五"规划纲要》(财会〔2021〕27号),明确指出切实加快会计审计数字化转型步伐,修订《企业会计信息化工作规范》,将会计信息化工作规范的运用范围从企业扩展至行政事业单位,实现会计信息化对单位会计核算流程和管理的全面覆盖。ERP(企业资源计划)作为一个信息高度集中的管理系统,在信息技术建立的基础上,利用现代企业的先进管理思想,全面集成企业的所有资源,并为企业提供决策、计划、控制与经营业绩评价的全面化、整合化和动态化的管理平台,是企业信息化建设的核心部分。作为中国最大的企业管理ERP软件供应商之一,用友ERP在国内得到了广泛的运用。这些对会计、税务、审计及相关经济管理工作人员了解、使用和维护财务管理软件提出了更高的要求。

本书从企业应用的实际出发,遵循由浅入深、循序渐进的原则,力求通俗易懂,便于操作。读者可以通过一个个实验任务,亲自体验用友ERP-U8 V10.1软件财务管理和供应链管理系统的功能,掌握各项业务处理步骤及操作方法,提高信息化环境下的业务处理能力。按照"职业导向、能力本位,项目驱动、任务载体"的课程整体设计原则,本书按信息化工作过程划分为14个项目、17个实验,将一个工业企业的经济业务贯穿始终,分别介绍了总账管理、薪资管理、固定资产管理、应收款管理、应付款管理、UFO报表等财务管理系统,以及采购管理、销售管理、库存管理及存货核算等供应链管理系统的应用方法。每个项目都包括职业能力目标、典型工作任务、项目小结几个部分,在阐述中还针对各业务操作步骤中的关键点和易错点,以"小提示"形式列出,从而加深学习者的印象。本书另配有《会计信息化学习指导、习题与项目实训》,以提高学习者运用实际资料使用财务软件的能力。

本书特色体现在以下几个方面:

1. 双师型编者队伍

以校企合作为平台,组建编者队伍。编者既有来自全国或省示范高等职业院校的双师型资深骨干,也有行业企业和软件公司的软件实战能力突出的专家,形成由校企共同开发课程、共同建设课程的联合机制。

2. 岗证结合

充分发挥工学结合的作用。基于会计信息化工作过程的系统化设计,充分体现课程教学与会计信息化工作的一致性;以工作能力为本位,充分体现了能力培养的主导思想。

3. 课证融合

将全国信息化工程师(ERP认证)考证内容列入教材,力求教考统一,提高考证通过率,从而确保"双证制"有效实施。

4. 数字化配套资源

为了利教便学，我们对书中的 17 个实验都做了实验账套数据备份，学习者可以任意选取所要完成的实验任务。本书还提供了 17 个实验的演示操作视频，可扫描书中二维码观看。此外，本书另配教学课件、账套、录屏，供教师教学使用。最值得一提的是，适应用友教考平台下的无纸化分模块自动化评分题库，将原先仅适应少数学生所需的会计信息化比赛平台，普及到众多学生，极大地提高了日常教学效果。

本书可作为高等职业本科院校、高等职业专科院校开设会计信息化课程的教学用书，也可作为用友 ERP 认证参考用书，还可供欲掌握财务软件应用的人员自学使用。

本书的参考学时为 72 学时，建议采用"理实一体"教学模式。各项目的学时分配表如下：

学 时 分 配 表

项　　目	项 目 内 容	学　　时
项目一	系统管理	4
项目二	企业应用平台	4
项目三	总账管理	10
项目四	薪资管理	6
项目五	固定资产管理	6
项目六	应收款管理	6
项目七	应付款管理	6
项目八	UFO 报表	2
项目九	供应链管理初始化	2
项目十	采购管理	10
项目十一	销售管理	10
项目十二	库存管理	2
项目十三	存货核算	2
项目十四	供应链管理期末处理	2
合　　计		72

本书由庄胡蝶、刘玥、宋存凤担任主编，翟卫华、吴志明、黄国瑞、郑敏、李娜担任副主编。各项目编写人员都是多年担任"会计信息化"课程教学工作的教师和用友 ERP 软件系统培训人员，其具体分工为：庄胡蝶（安徽工商职业学院）编写项目一、项目三，郑敏（安徽职业技术学院）编写项目二、项目五，宋存凤（安徽林业职业技术学院）编写项目四，刘玥（安徽工商职业学院）编写项目六、项目七，吴志明（安徽工商职业学院）编写项目八，李娜（安徽工商职业学院）编写项目九，黄国瑞（安徽工商职业学院）编写项目十，翟卫华（安徽工商职业学院）编写项目十一、项目十二、项目十三、项目十四，胡晓庆和刘静（安徽汉佳软件有限公司）承担了数据测试任务。本书在编写、教学资源配置过程中还得到了用友新道科技有限公司李晓亮的大力支持和帮助，在此对大家表示衷心的谢意！

此外，本书是安徽省特色专业及中央财政支持提升专业服务能力（会计专业）建设项目阶段性成果,同时也是安徽省教学研究项目"高职院校人才培养质量及保障体系研究"(项目编号：2012jyxm788)阶段性成果。

　　由于会计信息化变革很快,作者的知识水平和社会实践有限,书中疏漏之处在所难免,恳请读者批评指正,以便今后修改和补充。

编　者
2024 年 7 月

目　录

项目一　系统管理

AI 时代，财务人员何去何从？

◇ **职业能力目标**

了解系统管理的相关概念及功能；熟悉角色、用户、权限及账套的概念及系统管理操作流程；能根据企业核算要求建立账套，并进行备份、修改以及引入操作；能根据企业会计岗位分工设置角色、用户及操作权限。

◇ **典型工作任务**

系统管理认知；操作员设置；账套管理；操作员权限管理。

任务一　系统管理认知

【任务描述】

用友 ERP - U8 V10.1 软件产品由多个产品组成，各个产品之间相互联系、数据共享，完全实现财务业务一体化的管理，为企业资金流、物流、信息流的统一管理提供了有效的方法和工具。对于整个企业多个产品的管理，系统需要一个平台进行集中管理，即系统管理。本任务主要是了解系统管理的概念及功能。

【知识准备与业务操作】

一、系统管理的相关概念

（一）账套与年度账

账套是一组紧密相关的数据。一般来说，我们可以为每一个独立核算的单位或部门在系统中建立一个账套。不同的账套数据之间彼此独立，没有丝毫联系。

每个账套中一般存放不同年度的会计数据。为方便管理，不同年度的数据存放在不同的数据表中，称之为年度账。

（二）系统管理员与账套主管

系统管理员是负责整个系统的总体控制和数据维护工作的人员，可以管理系统中的所有账套。

账套主管是负责所选账套的维护工作的人员，可以对所管理的账套进行修改，对年度账进行管理并对该账套操作员的权限进行设置。

1

二、系统管理的功能

系统管理为其他各个子系统提供公共账套、年度账和相关信息,可统一进行操作员设置并分配功能权限。其主要功能有:

(一) 账套管理

对账套的统一管理,包括建立、修改、引入和输出(恢复备份和备份)。

(二) 年度账管理

对年度账的管理,包括建立、引入、输出年度账,结转上年数据,清空年度数据。

(三) 用户及权限的集中管理

为了保证系统数据的安全与保密,系统对操作员及其功能权限实行统一管理,包括定义角色、设定用户及用户功能权限。

(四) 系统运行安全的统一管理

系统管理员要对系统运行安全负责,通过系统管理,可以对整个系统的运行过程进行监控,清除系统运行过程中的异常任务,设置系统自动备份计划等。

任务二　操作员设置

【任务描述】

用友 ERP-U8 V10.1 软件中,系统对操作员及其功能权限实行统一管理,设立统一的安全机制,包括角色、用户和权限设置等功能,以明确对操作员的授权,并对其使用权限进行明确规定,避免无关人员对系统进行非法操作。本任务主要掌握如何设置操作员。

【知识准备与业务操作】

一、注册系统管理

系统允许以两种身份注册系统管理:一是系统管理员的身份;二是账套主管的身份。

(一) 以系统管理员的身份注册系统管理

系统管理员负责应用系统的总体控制和维护工作,可以管理整个系统中所有的账套。以系统管理员的身份进入,可以进行账套的建立、引入和备份,设置用户、角色和权限,设置备份计划,监控系统运行过程,清除异常任务等。

【业务资料】

以系统管理员身份启动系统管理。

【操作步骤】

(1)单击"开始"/"程序"/"用友 ERP-U8 V10.1"/"系统服务"/"系统管理"命令,打开系统管理窗口。

(2)单击"系统"/"注册"命令,打开登录窗口。

(3)系统中预设了一个系统管理员"admin",第一次运行时,系统管理员密码为空,如图 1-1所示,单击"登录"按钮,进入系统管理。

图 1-1 系统管理员登录系统管理

小提示!

➤ 系统管理员(admin)的初始密码为空,为了保证系统运行的安全性,企业实际应用中应及时设置密码。在教学过程中,由于多人共用一台计算机,为了使用方便,建议不为系统管理员设置密码。

➤ 登录后显示"系统管理"界面,分为上、下两部分。上面部分列示的是已登录到系统管理的各系统的名称、运行状态和注册时间,下面部分列示的是各系统中正在执行的功能。查看时,用户可在上面部分用鼠标选中一个子系统,下面部分将自动列出该子系统中正在执行的功能。这两部分的内容都是动态的,它们将根据系统的执行情况而自动更新变化。

➤ 系统的运行状态有:正常(0),即表示正常;正常(1)～正常(5),即表示客户端与数据库服务失去连接的时间。客户端与数据库服务失去连接多长时间被判定为异常,可在"U8 应用服务管理器"/"加密服务"中设置。异常任务可手动清除,也可以在"U8 应用服务管理器"/"加密服务"中设置异常自动清除。

(二) 以账套主管的身份注册系统管理

账套主管负责所选账套的维护工作,主要包括对所管理的账套进行修改,对年度账进行管理(包括创建、清空、引入和输出及各子系统数据的年末结转),以及该账套操作员的权限设置。

系统管理员和账套主管权限差异如表 1-1 所示。

表 1-1　　　　　　　　　　系统管理员和账套主管权限明细表

主要功能	详细功能1	详细功能2	系统管理员(admin)	账套主管
账套操作	账套建立	新账套建立	Y	N
		年度账建立	N	Y
	账套修改		N	Y
	数据删除	账套数据删除	Y	N
		年度账数据删除	N	Y

续　表

主要功能	详细功能1	详细功能2	系统管理员（admin）	账套主管
账套操作	账套备份	账套数据输出	Y	N
		年度账数据输出	N	Y
	设置备份计划	设置账套数据输出计划	Y	N
		设置年度账数据输出计划	Y	N
	账套数据恢复	账套数据恢复	Y	N
		年度账数据恢复	N	Y
	升级Access数据		Y	Y
	升级SQL Server数据		Y	Y
	清空年度数据		N	Y
	结转上年数据		N	Y
人员、权限	角色	角色操作	Y	N
	用户	用户操作	Y	N
	权限	权限操作	Y	Y
其他操作	清除异常任务		Y	N
	清除所有任务		Y	N
	清除选定任务		Y	N
	清退站点		Y	N
	清除单据锁定		Y	N
	上机日志		Y	N
	视图	刷新	Y	Y

小提示！
> 系统管理员（admin）和账套主管看到的登录界面是有差异的。系统管理员登录界面只包括：服务器、操作员、密码、账套、语言区域。账套主管登录界面则包括：服务器、操作员、密码、账套、操作日期、语言区域。

二、角色管理

在用友ERP-U8 V10.1软件中，为加强企业内部控制中对权限的管理，增加了按角色分工管理的功能，加大了控制的广度、深度和灵活性。角色是指在企业管理中拥有某一类职能的组织，这个角色组织可以是实际的部门，也可以是由拥有同一类职能的人构成的虚拟组织。例如，实际工作中最常见的会计和出纳两个角色，他们可以是一个部门的人员，也可以不是一个部门但工作职能是一样的角色的统称。

在设置角色后,可以定义角色的权限,如果用户归属此角色,其也就具有相应角色的权限。此功能的好处是方便控制操作员权限,可以依据职能统一进行权限的划分。此功能可以进行账套中角色的增加、删除、修改等维护工作。

三、用户管理

用户是指有权限登录系统,对应用系统进行操作的人员,即通常意义上的"操作员"。每次注册登录应用系统时,都要进行用户身份的合法性检查。只有设置了具体用户之后,才能进行系统的相关操作。

【业务资料】

安徽阳光信息技术有限公司(以下简称"安徽阳光公司")财务人员信息如表1-2所示,根据资料增加操作员。

增加操作员

表1-2　　　　　　　　　　　　　操作员信息

编　号	姓　名	角　　　色	口　令
001	学生本人	账套主管	001
002	王　晶	出纳	002
003	马　方	总账会计、应收会计、应付会计、资产管理、薪酬管理	003
004	白　雪	采购主管、仓库主管、存货核算员	004
005	王　丽	销售主管、仓库主管、存货核算员	005

【操作步骤】

(1)以"系统管理员(admin)"身份注册进入系统管理,单击"权限"/"用户"命令,打开操作员管理窗口。

(2)单击"增加"按钮,打开操作员详细情况窗口,输入编号"001"、姓名"学生本人"和口令"001"信息,选择账套主管角色,如图1-2所示。

(3)单击"增加"按钮,同理继续增加其他操作员。

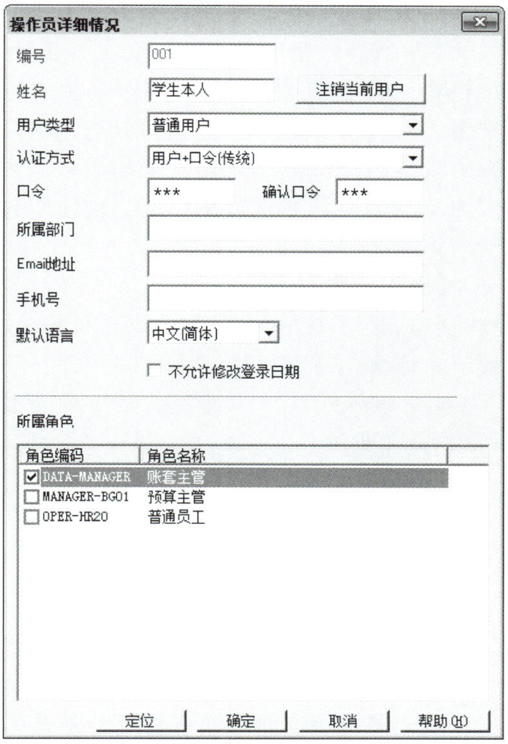

小提示!
➤ 操作员编号和姓名是操作员信息必填项,系统中以蓝色标识,不能为空,最多不能超过20位,不能输入数字、字母、汉字之外的非法字符。
➤ 用户与角色设置不分先后顺序,可以根据需要设置,但对于自动传递权限,应该首先设定角色,然后分配权限,最后进行用户的设置。这样在设置用户的时候,如果选择其归属哪一个角色,则其自动具有该角色的权限,同时可以额外增加角色中没有包含的权限。

图1-2　增加"学生本人"操作员

1

> ➤ 一个角色可以拥有多个用户,一个用户也可以分属多个不同角色。
> ➤ 所设置的操作员一旦被使用,就不能删除,但可以将其"注销",此后该操作员无权再进入系统。未被使用的操作员信息,除了操作员编号信息外,都可以进行修改。

任务三　账套管理

【任务描述】

用友 ERP - U8 V10.1 软件中账套是一组相互关联的数据,是每个独立核算企业建立的一套完整的账簿体系。各账套之间的数据相互独立、互不影响。本任务要求掌握账套管理中的建立、修改、备份和引入等操作。

【知识准备与业务操作】

一、建立账套

企业应用软件之前,首先要在系统中建立企业的基本信息、核算方法、编码规则等,此步骤称之为建账,然后才能启用软件中的各个功能模块,进行日常业务处理。

【业务资料】

根据如下资料完成安徽阳光公司的建账工作。

创建"001 账套",单位名称为"安徽阳光信息技术有限公司"(单位简称为"阳光公司"),启用会计期为"2024 年 1 月",该企业的记账本位币为"人民币(RMB)",企业类型为"工业",执行"2007 年新会计制度科目",账套主管是"001 学生本人",按行业性质预置会计科目。该企业有外币核算,处理经济业务时,需要对存货、客户、供应商进行分类。其分类编码方案为:科目编码级次为 4-2-2-2,客户、供应商分类编码级次为 2-2-3,存货分类编码级次为 1-2-2-3,部门编码级次为 1-2-2,地区分类编码级次为 2-2-3,结算方式编码级次为 1-2,收发类别编码级次为 1-2。默认系统数据精度。创建账套完成时只启用总账、应收款管理和应付款管理,启用时间均为 2024 年 1 月 1 日。

【操作步骤】

(1)以"系统管理员(admin)"身份登录系统管理,单击"账套"/"建立"命令,打开"创建账套——账套信息"窗口。

(2)输入账套号"001",账套名称"安徽阳光信息技术有限公司",启用会计期"2024 年 1 月",如图 1-3 所示。

> 小提示!
> ➤ 账套号是账套的唯一标识,可以自行设置 3 位数字,但不能与系统内已有的账套号相同,设置后将不允许修改。
> ➤ 账套名称用来输入新建账套的名称,作用是标识新账套的信息,必须输入,可以输入 40 个字符,可以是核算单位的简称,并可以由账套主管在修改账套功能中进行修改。它与账套号一起显示在系统正在运行的屏幕上。

> 账套路径为系统默认用友 ERP – U8 V10.1 软件的安装路径,但不能是网络磁盘,用户可以进行修改。
> 启用会计期是新建账套的启用时间,必须输入,系统默认为计算机系统日期,可用鼠标单击会计期间设置按钮,设置账套启用的年度和月份。

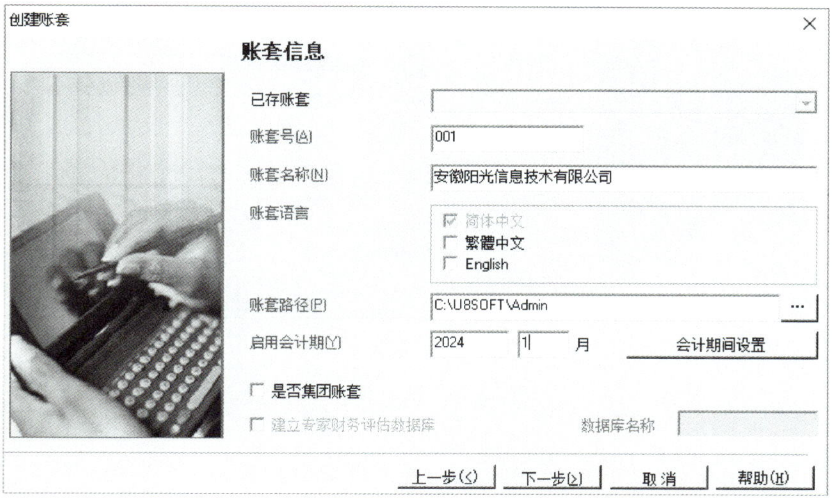

图 1 – 3　建立账套信息

(3) 单击"下一步",打开"创建账套——单位信息"窗口,录入单位信息,如图 1 – 4 所示。

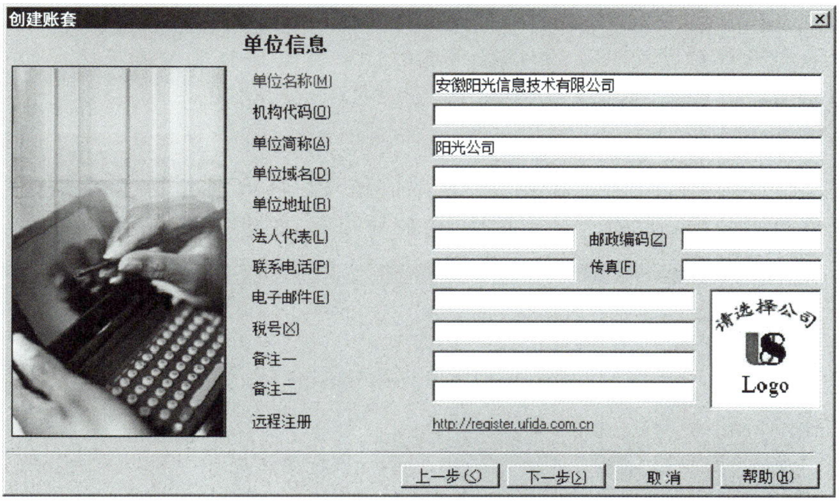

图 1 – 4　录入单位信息

小提示!
> 单位信息中只有单位名称是必须录入的,系统以蓝色标识。
> 单位名称应录入企业的全称,以便打印发票时使用。

1

（4）单击"下一步"，打开"创建账套——核算类型"窗口，选择"工业"企业类型和"2007年新会计制度科目"行业性质，选择"[001]学生本人"为账套主管，其余默认，如图1-5所示。

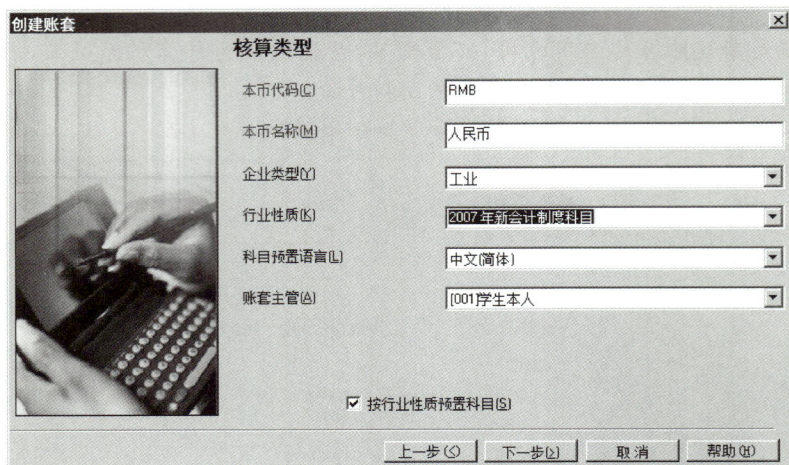

图1-5 设置核算类型

小提示！

➤ 企业类型有工业和商业两种选择。若不启用供应链管理模块，两者无差别；若启用供应链模块，应正确选择企业所属行业类型。因为工业企业和商业企业处理业务的范围有区别。

➤ 行业性质将决定系统预置科目的内容，必须选择正确。

➤ 如果事先已增加用户，则可以在此选择该用户为账套主管，反之到"权限"中进行账套主管的设置。

➤ 系统默认按行业性质预置科目，并根据所选的行业类型自动装入国家规定的一级科目和部分二级科目。

（5）单击"下一步"，打开"创建账套——基础信息"窗口，分别选中"存货是否分类""客户是否分类""供应商是否分类"和"有无外币核算"前的复选框，如图1-6所示。

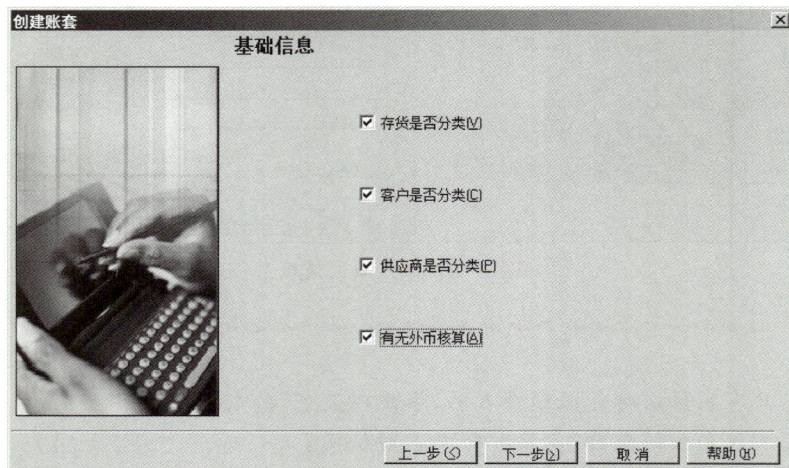

图1-6 设置基础信息

1

小提示!

➤ 是否对存货、客户及供应商进行分类将会影响其档案设置,有无外币核算将会影响外币信息的设置及日常能否处理外币业务。

➤ 如果基础信息设置错误,可以由账套主管进行修改。

---

(6) 单击"下一步",单击"完成",系统弹出"可以创建账套了么?"提示框,单击"是",打开编码方案窗口,按所给资料修改分类编码方案,如图 1－7 所示。

小提示!

➤ 编码方案是设置编码的级次,采用群码方案。编码规则由分类编码共分几级,每级由几位两部分内容组成。一级至最底层的级数称为级次,每级的编码位数称为级长。

➤ 编码方案设置将会直接影响基础信息设置中相应内容的编码级次及每级编码的位长。

➤ 删除编码级次,必须从最后一级向前依次进行。

项目	最大级数	最大长度	单级最大长度	第1级	第2级	第3级	第4级	第5级	第6级	第7级	第8级	第9级
科目编码级次	13	40	9		2	2	2					
客户分类编码级次	5	12	9	2	2	3						
供应商分类编码级次	5	12	9	2	2	3						
存货分类编码级次	8	12	9	1	2	2	3					
部门编码级次	9	12	9	1	2							
地区分类编码级次	5	12	9	2	2							
费用项目分类	5	12	9									
结算方式编码级次	2	3	3	1	2							
货位编码级次	8	20	9		2	3	4					
收发类别编码级次	3	5	5	1	2							
项目设备	8	30	9									
责任中心分类档案	5	30	9									
项目要素分类档案	6	30	9									
客户权限组级次	5	12	9	2	3	4						

图 1－7　修改编码方案

数据精度

请按您单位的需要认真填写

存货数量小数位	2
存货体积小数位	2
存货重量小数位	2
存货单价小数位	2
开票单价小数位	2
件数小数位	2
换算率小数位	2
税率小数位	2

图 1－8　设置数据精度

(7) 单击"确定",再单击"取消",打开数据精度窗口。根据资料,默认系统预置的设置,如图 1－8 所示。

(8) 单击"确定",系统弹出信息提示框,如图 1－9 所示。

(9) 单击"是",打开系统启用窗口,选中"总账"前的复选框,将时间设置为"2024 年 1 月 1 日",如图 1－10 所示,单击"确定",系统提示"确实要启用当前系统吗?",单击"是",返回系统启用窗口,继续启用应收款管理和应付款管理系统。

1

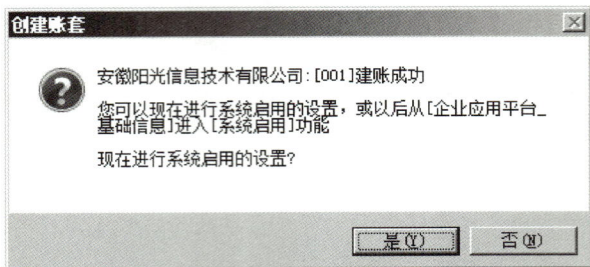

图 1-9　系统启用提示

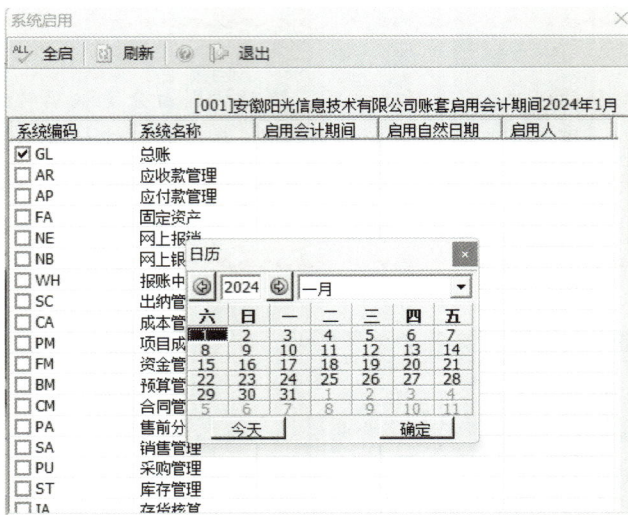

图 1-10　启用系统

> **小提示！**
> ➤ 在日历窗口中，设置时间完成后，单击"确定"按钮，而不是"今天"按钮，否则时间设置不是当前2024年1月1日，而是计算机系统默认的日期，如2024年1月31日。
> ➤ 账套建立完成后可直接进行"系统启用"设置，也可单击"否"，之后以"账套主管"身份登录企业应用平台，再进行系统启用设置。

二、修改账套

当系统管理员建完账套并设置了账套主管后，尚未使用相关信息时，若需要对某些信息进行调整，使信息更加真实、准确地反映企业的实际情况，可以进行适当操作。

注册进入系统后，可以修改的信息主要有：账套信息中的账套名称、单位信息中的所有信息、核算信息中的企业类型以及账套分类信息、数据精度信息。

【业务资料】

以账套主管身份增加单位信息资料，法人代表：肖剑。

【操作步骤】

（1）以"001学生本人"身份登录系统管理，单击"账套"下拉菜单中的"修改"命令，如图1-11所示。

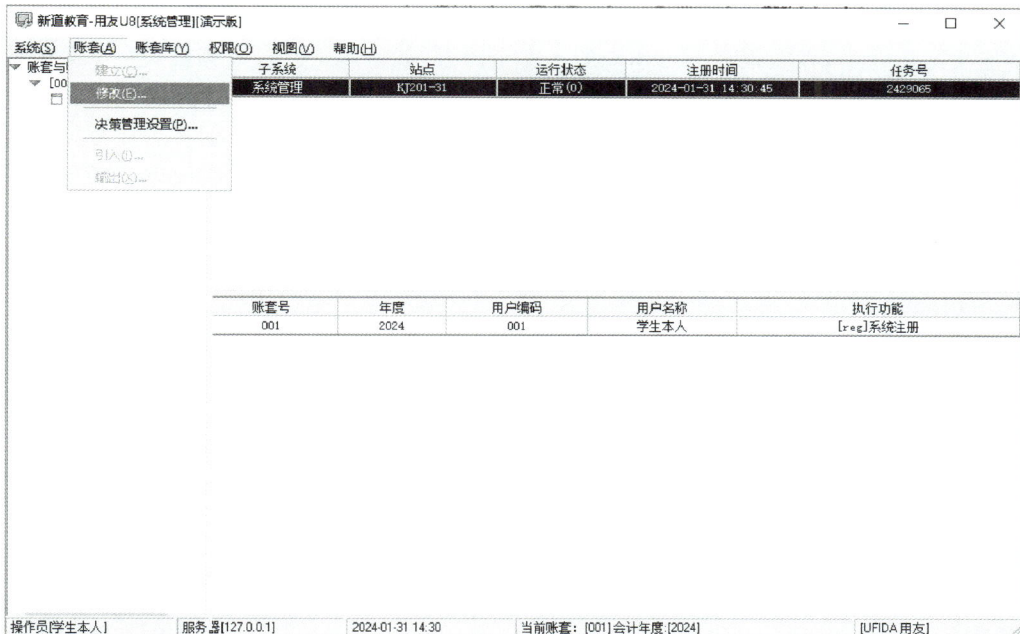

图 1-11 修改账套主管

（2）单击"下一步"，进入"修改账套——单位信息"窗口，录入法人代表"肖剑"，如图 1-12 所示。

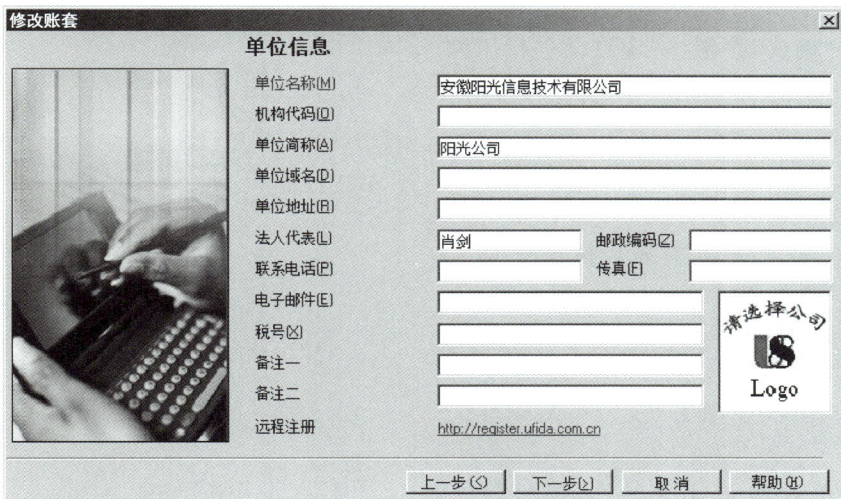

图 1-12 修改单位信息

（3）继续单击"下一步"，直至出现"修改账套成功！"提示信息。

> **小提示！**
> ➤ 只有账套主管有权使用账套修改命令，系统管理员（admin）无权修改。
> ➤ 在修改账套中，注意查看可修改的信息和不可修改的信息内容，它们分别呈现出不同的颜色以示区分，即可修改的账套信息是"黑色"，不可修改的账套信息是"灰色"。

1

三、备份账套

　　企业实际运营中,存在很多不可预知的不安全因素,如地震、火灾、计算机病毒和人为的误操作,任何一种情况的发生对于系统安全可能都是致命性的威胁。如何在意外发生时将损失降到最低,是每个企业共同关注的问题。对于系统管理员或账套主管来讲,定期将企业数据进行备份并存储到不同介质上(如 U 盘、光盘、网络磁盘),对数据的安全性是非常重要的。备份数据可用于必要时恢复数据,对于异地管理的公司,还可以满足审计和数据汇总之需。

　　【业务资料】

　　将"001 账套"备份至"D：/001 账套备份/财务管理/实验一系统管理"文件夹中。

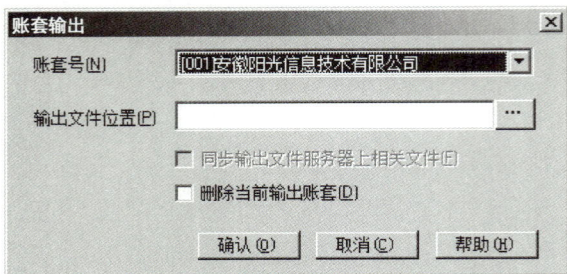

图 1-13　账套输出

　　【操作步骤】

　　(1)在 D 盘中建立"001 账套备份/财务管理/实验一系统管理"文件夹。

　　(2)以"系统管理员(admin)"身份登录系统管理,单击"账套"/"输出",打开账套输出窗口。

　　(3)单击"账套号"栏的下三角按钮,选择"[001]安徽阳光信息技术有限公司",如图 1-13 所示。

　　(4)选择输出文件位置到"D：/001 账套备份/财务管理/实验一系统管理"文件夹,如图 1-14 所示。

　　(5)单击"确认"按钮,系统自动进行压缩备份,最终显示备份成功。

> **小提示!**
> ➤ 利用账套输出功能还可以进行账套删除操作。其方法是在账套输出窗口中,选中"删除当前输出账套"复选框,系统在删除账套的同时进行账套输出,当输出完成后,系统会提示"真要删除该账套吗?",单击"是",则删除该账套。
> ➤ 账套备份输出的文件为： UfErpAct.Lst LST 文件 1 KB 和 UFDATA.BAK BAK 文件 971.240 KB。
> ➤ 备份账套前应先建立一个备份文件夹,并注明该备份文件的内容。

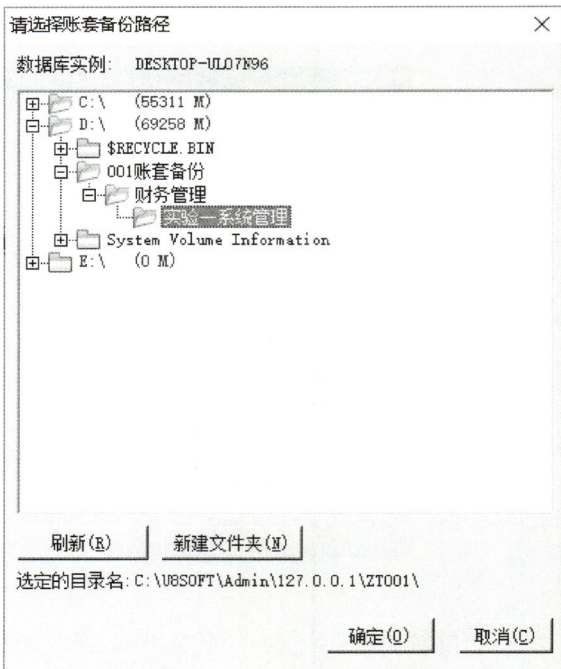

图 1-14　选择目标路径

四、引入账套

　　引入账套是将系统外的账套数据引入到该系统中。例如,账套数据遭到破坏,可以将最近备份的账套数据引入到该账套中。该功能有利于集团公司的操作,以便进行账套数据的分析和合并工作。

【业务资料】

将已备份到 D 盘中的"001 账套备份/财务管理/实验一系统管理"文件夹中的账套数据引入到系统中。

【操作步骤】

（1）以"系统管理员（admin）"身份登录系统管理。

（2）单击"账套"/"引入"，选择"D：/001 账套备份/财务管理/实验一系统管理"文件夹中的数据文件"UfErpAct.Lst"，如图 1-15 所示。

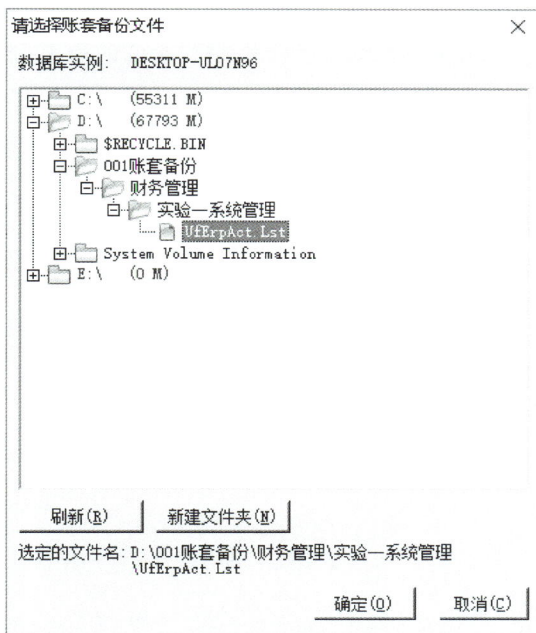

图 1-15　引入账套

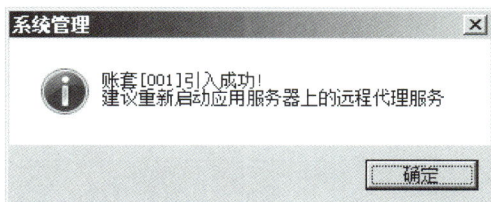

图 1-16　引入账套成功

（3）单击"确定"按钮，选择账套引入的目标路径，单击"确定"按钮，当出现提示"此项操作将覆盖[001]账套当前的所有信息，继续吗？"时，单击"是"按钮，系统弹出"账套[001]引入成功！"提示框，如图 1-16 所示。

小提示！
- 备份账套数据不能直接运行，只有账套引入成功后，才能打开运行。
- 备份账套输出时未选择删除原账套，系统里存在相同账套号，账套号是账套识别的唯一标识。相同账套号，可能账套数据内容不同，选择覆盖时应慎重。

任务四　操作员权限管理

【任务描述】

在系统使用之前，需要对用户进行岗位分工，以此来防止与业务无关的人员擅自使用软件。

1

系统管理员与账套主管都可以进入系统管理,但权限不完全相同。为了保证系统运行安全、有序,适应企业精细化管理与内部控制的要求,权限管理还必须向更细、更深的方向发展。用友ERP－U8 V10.1应用系统提供了权限的集中管理功能,除了提供用户对各模块操作权限的管理外,还提供了数据的记录级、字段级权限与金额的权限控制,组合方式的不同使得权限控制更加灵活有效。本任务要求掌握用户权限的设置方法。

【知识准备与业务操作】

一、功能级权限管理

功能级权限管理提供了细致的功能级权限管理功能,包括各功能模块相关业务的查看分配权限。

设置操作
员权限

【业务资料】

安徽阳光公司财务人员分工如表1－3所示,根据资料设置操作员权限。

表1－3　　　　　　　　　　　　财务人员分工及操作权限

编号	姓　名	财　务　分　工	权　限
001	学生本人	负责财务业务一体化管理系统运行环境的建立,以及各项初始设置工作;负责管理软件的日常运行管理工作,监督并保证系统的有效、安全、正常运行;负责总账管理系统的凭证审核、记账、账簿查询、月末结账工作;负责报表管理及其财务分析工作	账套主管
002	王　晶	负责现金、银行账管理工作	具有出纳签字和出纳的全部操作权限
003	马　方	负责总账管理系统的凭证管理工作、薪资管理工作、固定资产管理工作以及客户往来、供应商往来管理工作	具有总账管理、薪资管理、固定资产管理、应收款管理、应付款管理的全部操作权限
004	白　雪	主要负责采购业务处理	具有公共单据、公用目录设置、采购管理、销售管理、库存管理、存货核算的全部操作权限
005	王　丽	主要负责销售业务处理	具有公共单据、公用目录设置、采购管理、销售管理、库存管理、存货核算的全部操作权限

【操作步骤】

(1) 以"系统管理员(admin)"身份登录系统管理。

(2) 单击"权限"/"权限",打开操作员权限窗口。

(3) 在"账套主管"右边的下拉表框中,选中"[001]安徽阳光信息技术有限公司"账套。

(4) 在左侧的操作员列表中,选中"王晶"所在行,如图1－17所示。

(5) 单击"修改",单击总账左边"➕"展开总账所有权限,单击凭证左边"➕"展开凭证所有权限,将"出纳签字"前的方框选中,再选中"出纳"前的方框,如图1－18所示。

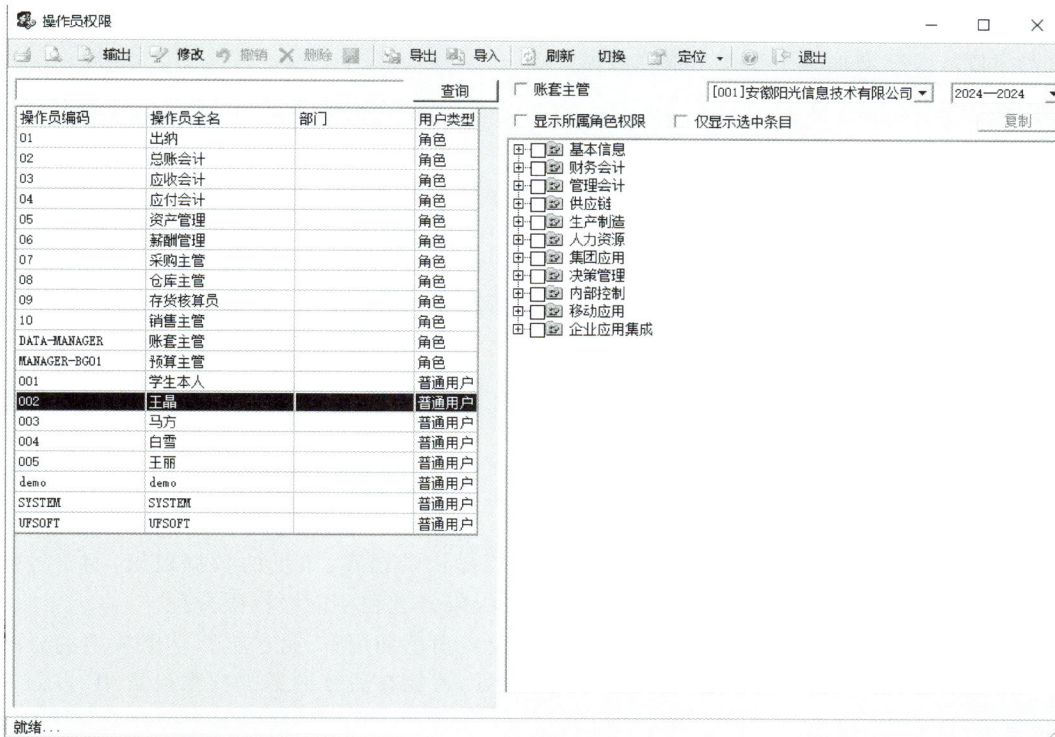

图 1 - 17　设置操作员权限

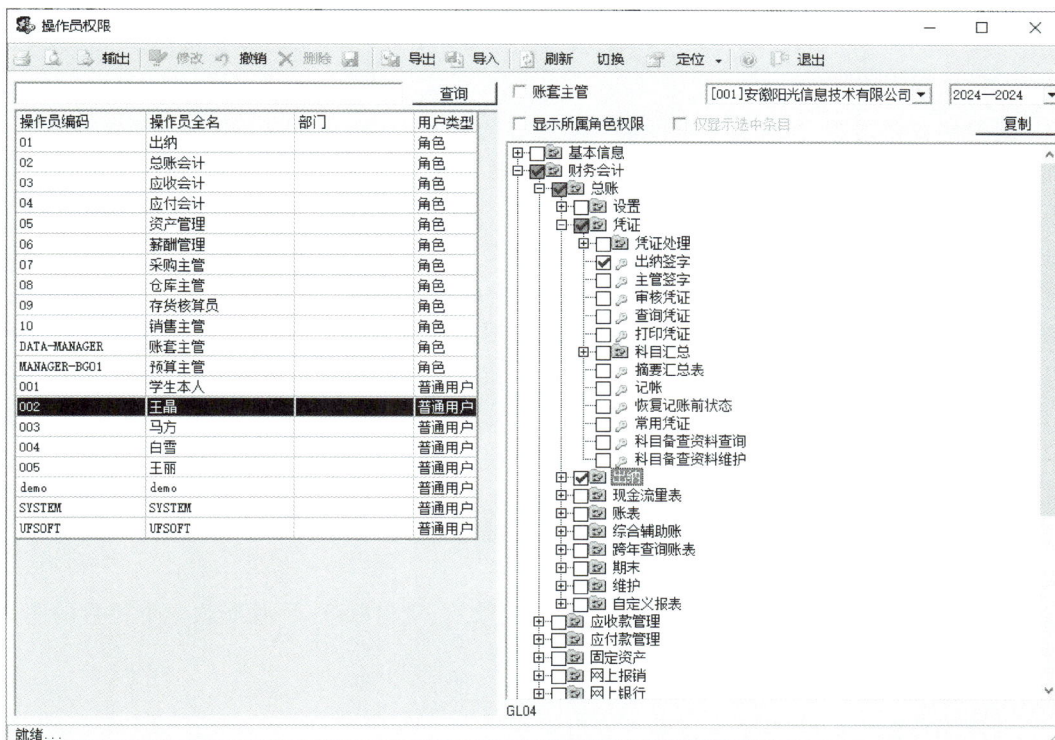

图 1 - 18　授予王晶权限

1

（6）单击"保存"按钮返回。

（7）同理，继续增加其余操作员操作权限。

小提示！

➤ 只有系统管理员才有权设置或取消账套主管，而账套主管只有权对所辖账套进行非主管操作员权限设置。

➤ 如果增加用户时已经将该操作员定义为相应角色，此时该用户已经拥有与角色对应的权限，若实际权限与角色对应权限不完全相同，可以进行修改。

➤ 设置权限时应注意分别选中"账套"和相应的"用户"。

➤ 一个账套可以有多个账套主管。

➤ 将系统管理账套数据备份到"D：/001账套备份/财务管理/实验一系统管理"文件夹中。

二、数据级权限管理

数据级权限设置的作用是设置用户、用户组所能操作的档案、单据的数据权限，用于控制后续业务处理允许编辑、查看的数据范围，包括记录级权限分配和字段级权限分配。

进行数据权限控制的前提，是在系统管理中已设置角色和用户，且已进行功能权限的分配。

只有对某一对象设置了需要进行数据权限控制后，才能在后续的数据权限设置中对用户、用户组授权。

（一）数据权限控制设置

本功能是数据权限设置的前提，用户可以根据需要先在数据权限默认设置表中选择需要进行权限控制的对象，系统将自动根据该表中的选择在数据权限中显示所选对象。

（二）数据权限设置

1. 记录级权限设置

记录级权限设置是指对具体业务对象进行权限分配。可以对如下档案进行记录级权限控制：单据设计（可以对哪些单据进行单据设计处理）、单据模板（可以使用哪些单据模板进行单据的增加）、科目（用户能够对哪些科目数据进行查询或录入）、凭证类型（用户能够对哪些类型的凭证进行查询或录入）、项目（用户能够对各项目大类中的哪些项目进行查询或录入）、客户（用户能够对哪些客户的业务数据进行查询或录入）、部门（用户能够对哪些部门的业务数据进行查询或录入）、供应商（用户能够对哪些供应商的业务数据进行查询或录入）、存货（用户能够对哪些存货的业务数据进行查询或录入）等。

2. 字段级权限设置

字段级权限设置是指出于安全保密的考虑，对一些单据或列表中有些栏目限制查看权限。如限制仓库保管员看到出入库单据上的产品价格信息。

【业务资料】

操作员白雪只具有应收账款、预付账款、其他应收款、应付账款、预收账款5个科目的明细账查询权限。

明细账数据权限设置

【操作步骤】

（1）以"001学生本人"身份登录企业应用平台。

（2）单击左下角"系统服务"/"权限"/"数据权限控制设置"，进入其设置窗口，如图1-19所示。

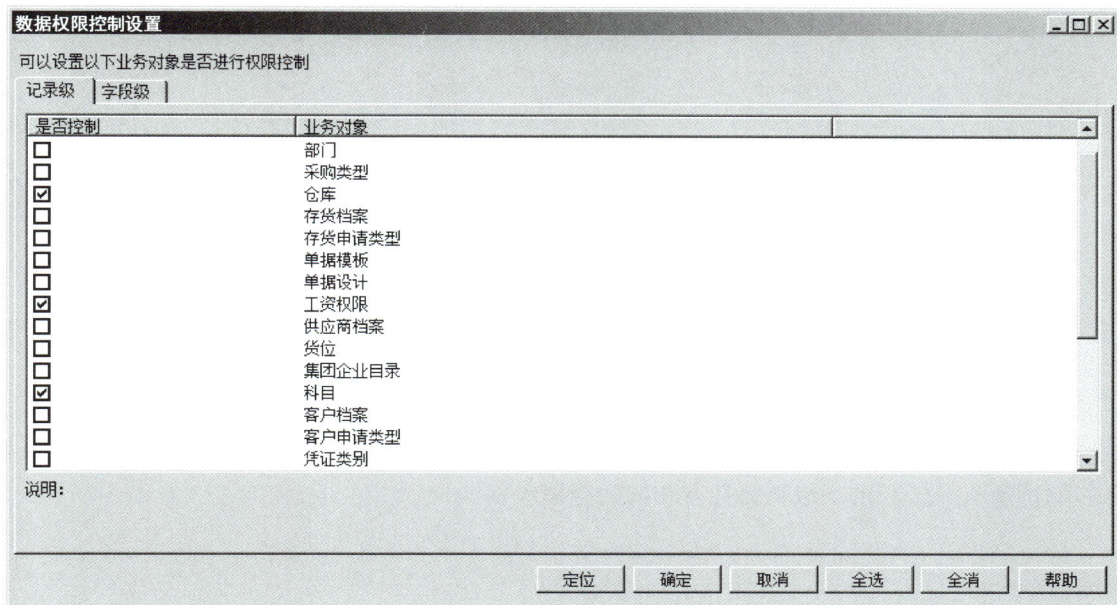

图 1-19 数据权限控制设置

（3）系统默认"仓库""工资权限""科目"。

（4）单击"权限"/"数据权限分配"，进入权限浏览设置窗口。

（5）选择"白雪"，业务对象系统默认"科目"，单击"授权"按钮，打开记录权限设置窗口，选择资料中所要求的会计科目，如图 1-20 所示。

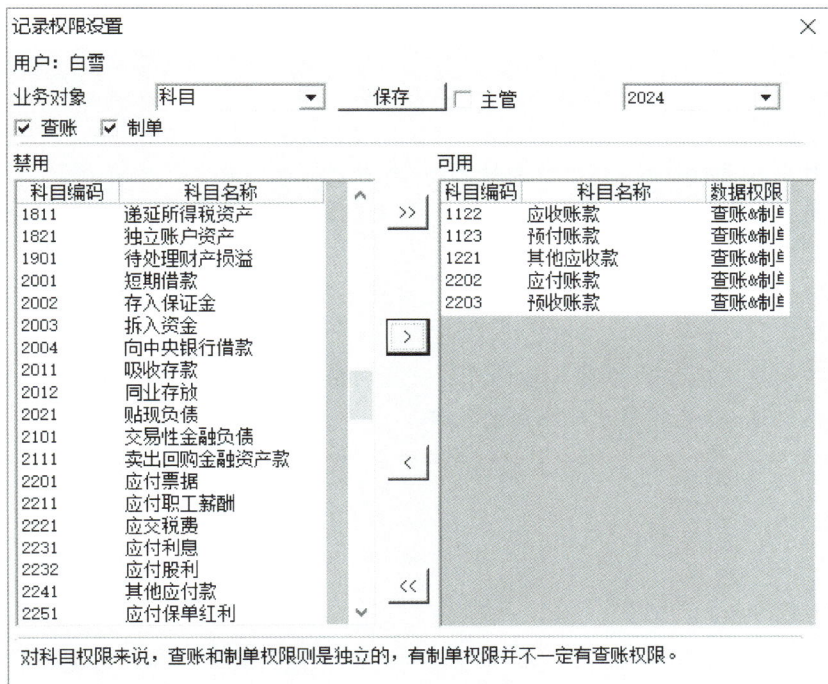

图 1-20 记录权限设置

1

（6）单击"保存"按钮,系统提示保存成功。

小提示!
➢ 账套主管不参加数据权限分配。

三、金额级权限管理

本功能用于设置用户可使用的金额级别,对业务对象提供金额级权限设置。系统可以对以下业务对象提供金额级权限设置：采购订单的金额审核额度、科目的制单金额额度。在设置这两个金额权限之前必须先设定对应的金额级别。

设置科目金额级别时,上下级科目不能同时出现,如已经设置了"1001"科目的金额级别,则不能再设置一个"100101"科目的金额级别,此时设置的"1001"科目的金额级别对其下级科目全部适用,即所有"1001"的下级科目拥有相同的金额级别。

小提示!
➢ 设置科目级别时,当对一个用户设置了一个级别后,相当于该用户对所有的科目均具有相同的级别,若该科目没有设置金额级别,即表示该科目不受金额级别控制。

设置金额授权前需要先分别设置金额级别,金额级别总共分 6 级。对于科目来说,可以根据需要设置对应科目的金额级别,可以直接对上级科目设置级别,也可以明细到末级进行级别设置,但不允许对有上下级关系的科目同时进行级别设置。从级别 1 至级别 6,金额必须逐级递增,不允许中间为空的情况存在,但允许最后有不设置的级别存在。

小提示!
➢ 只能直接对用户进行授权,对于一个对象,一个用户只能有一条记录存在。
➢ 若对一个用户授权的级别没有对应的金额,但是该级的前面级别有金额,则对于该用户而言表示其拥有无穷大权限。
➢ 在需要进行金额权限控制时,若申请权限的用户还没有金额权限记录,则作为没有任何金额权限处理。
➢ 金额权限控制中不受控制的有三种情况：一是调用常用凭证生成的凭证；二是期末转账结转生成的凭证；三是外部系统生成的凭证。

项 目 小 结

"项目一 系统管理"内容结构如图 1-21 所示。

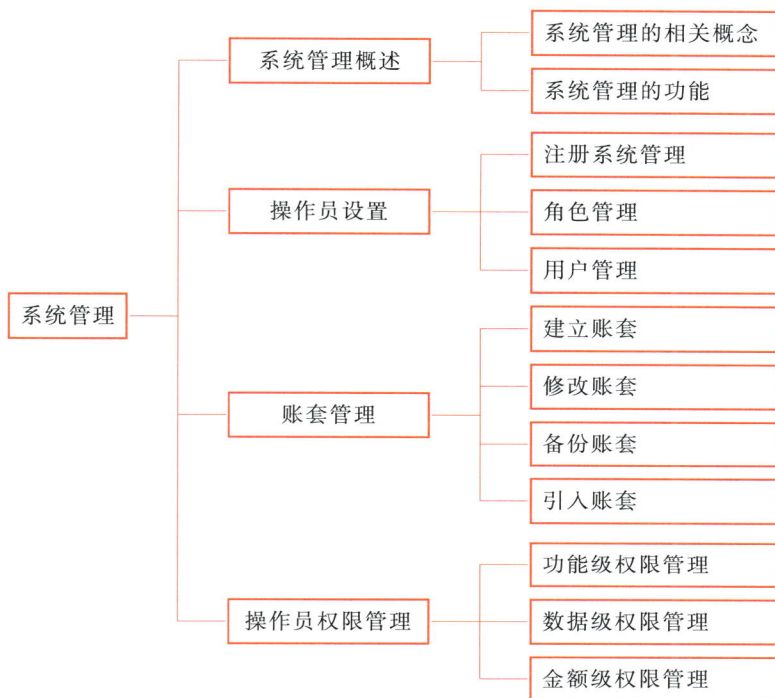

图 1-21 "项目一 系统管理"内容结构图

"五年规划"的力量

项目二　企业应用平台

◇ **职业能力目标**

　　认识企业应用平台的主要功能,理解企业应用平台在用友 ERP - U8 V10.1 软件中的作用;掌握在企业应用平台中设置系统启用、建立各项基础档案的方法,并理解各项基础档案在系统中所起的作用及各项目的含义。

◇ **典型工作任务**

　　企业应用平台认知;系统启用;基础档案设置。

任务一　企业应用平台认知

【任务描述】

　　用友 ERP - U8 V10.1 软件提供了企业应用平台,集中了系统所有的功能,为各个子系统提供了一个公共的交流平台。用户通过单一的访问入口,访问企业的各种信息,定义自己的业务工作,并设计工作流程,以便及时沟通信息,有效利用资源,与合作伙伴实时链接。通过这个公共的交流平台,可以高效地完成企业信息初始化工作。本任务要求了解系统主操作界面——企业应用平台。

【知识准备与业务操作】

一、常用工作场景

　　系统预置的进入企业门户的默认显示布局,用户可以修改,包括业务导航视图、我的工作、消息中心(隐藏)、子产品许可管理(隐藏)。

　　简易桌面及业务导航视图如图 2-1、图 2-2 所示。

二、基本操作

(一)工具按钮

　　工具栏中常用的按钮如图 2-3 所示。

(二)快捷菜单

　　在熟练使用系统之后,可以不用打开菜单,直接在键盘上按表 2-1 列示的快捷键就可完成相应操作。

2

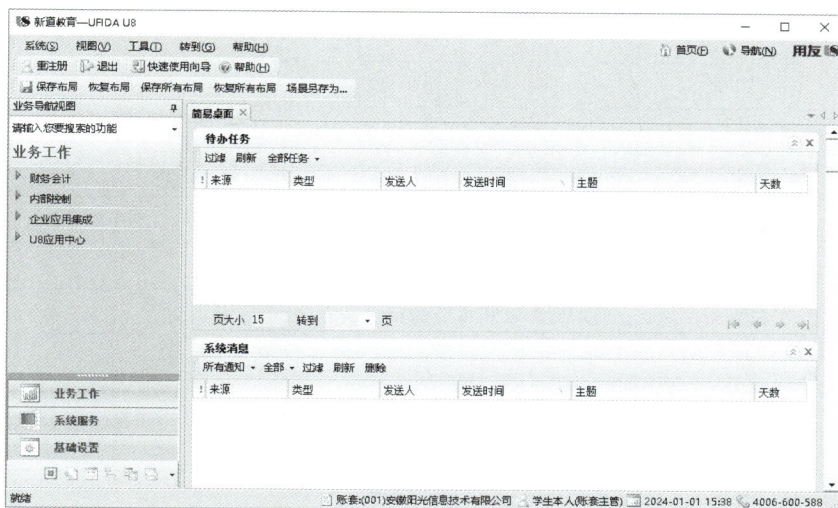

图 2-1　简易桌面

图 2-2　业务导航视图

图 2-3　常用按钮

表 2-1 　　　　　常 用 快 捷 键

快捷键	功　能	说　　明
F1	帮助	在线帮助
F2	参照	光标所在字段的参照
F3	查询	在账表及列表中调出查询条件窗口,在参照中模糊查询后连续定位
F5	增加	新增一张凭证或单据
F6	保存	保存单据、凭证或账表格式
F7	企业日历	在基础档案中修改
F8	修改	在基础档案中成批修改
F9	计算器	
F10	激活菜单	
F11	记事本	
F12	显示命令窗	
Ctrl+F3	定位	用于单据、列表和报表界面
Delete	删除	一般用于单元格的操作
PageUp	上一个/张	
Alt+PageUp	第一个/张	

续　表

快捷键	功　能	说　　明
Pagedown	下一个/张	
Alt＋Pagedown	末个/张	
Ctrl＋I	增行	在单据和其他录入界面操作时新增一行
Ctrl＋D	删行	在单据和其他录入界面操作时删除一行
Ctrl＋X	剪切	一般用于对单元格操作
Ctrl＋C	复制	一般用于对单元格操作
Ctrl＋V	粘贴	一般用于对单元格操作
Ctrl＋P	打印	
Ctrl＋F4	退出当前窗口	
Alt＋F4	退出系统	

小提示！

➤ 对帮助键"F1"而言,在没有进入任何系统时,按"F1"键则弹出"帮助主题"窗口。

➤ 在操作某功能时,按"F1"键则弹出与当前操作相关的帮助内容。

三、窗口使用

用友 ERP－U8 V10.1 软件基础设置系统有三种常见的可视窗口。

(一) 页编辑窗口

页编辑窗口如图 2－4 所示。

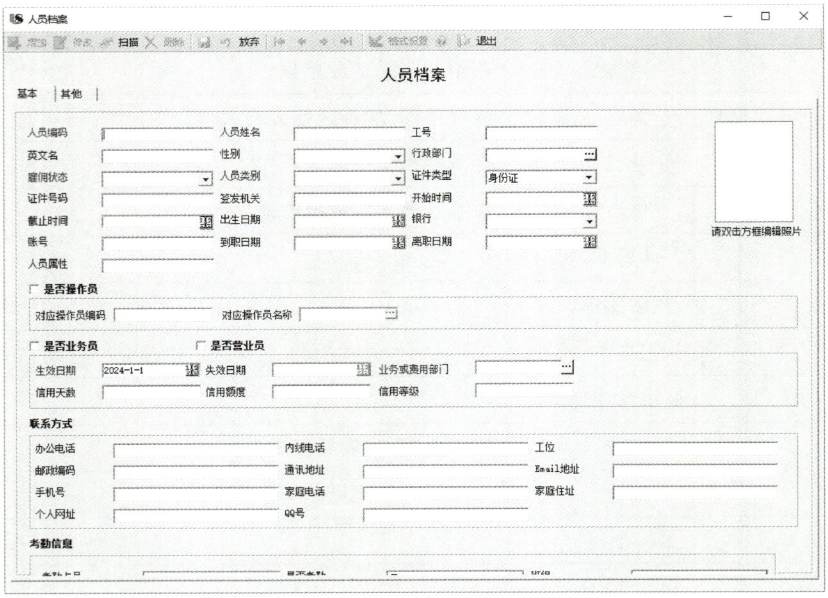

图 2－4　页编辑窗口

（二）行编辑窗口

行编辑窗口如图 2-5 所示。

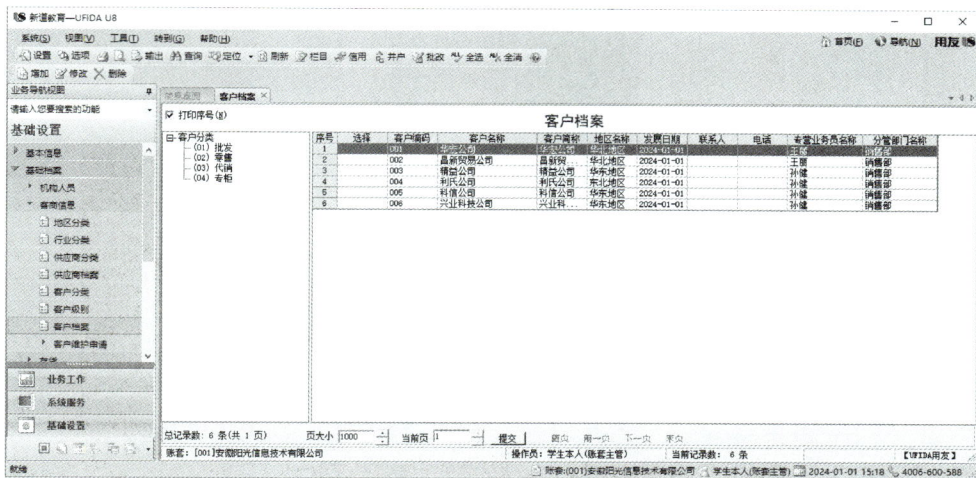

图 2-5　行编辑窗口

（三）目录编辑窗口

目录编辑窗口如图 2-6 所示。

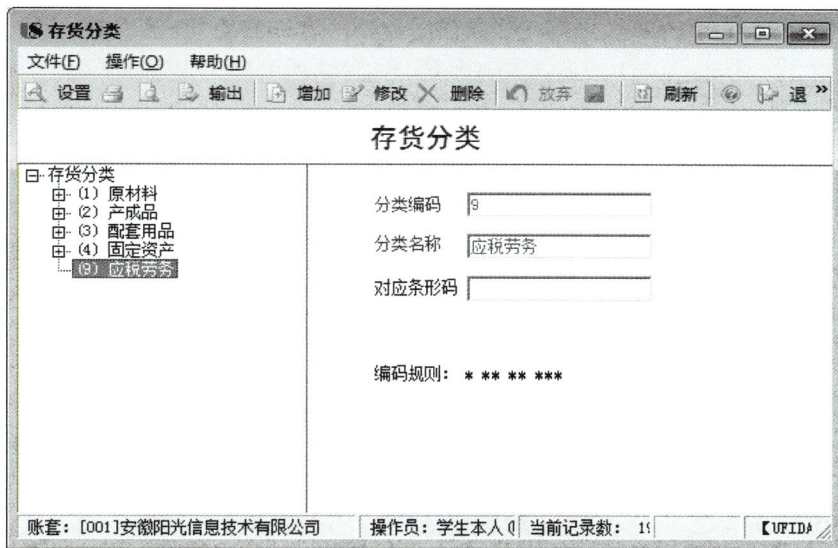

图 2-6　目录编辑窗口

四、帮助使用

　　用友 ERP-U8 V10.1 软件支持全程帮助，能够及时、快捷地获得帮助信息。在企业应用平台窗口，单击工具栏中的"帮助"按钮，即可弹出帮助窗口，如图 2-7 所示。

　　用友系统帮助是指选择该功能，在弹出的窗口中，单击"帮助"按钮，即可弹出帮助信息，如使用科目档案系统帮助，如图 2-8 所示。

2

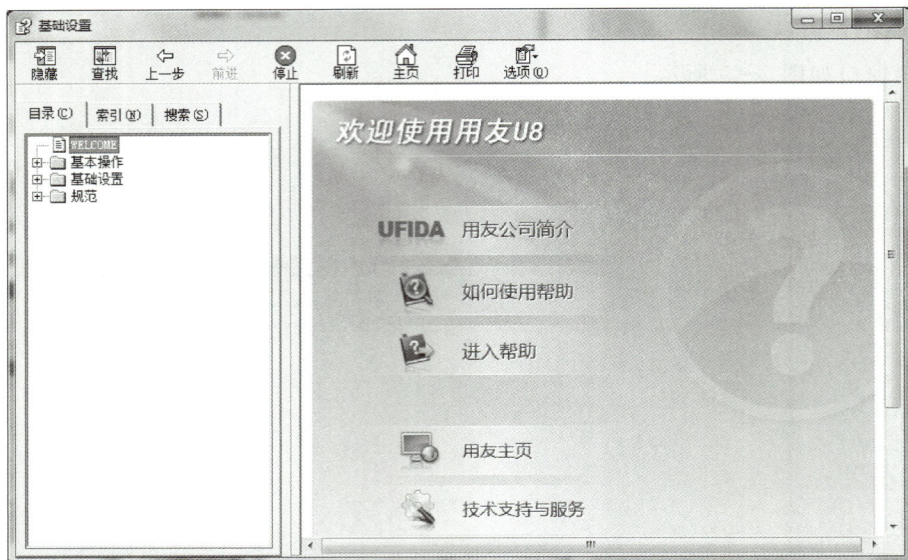

图 2 - 7　企业应用平台帮助窗口

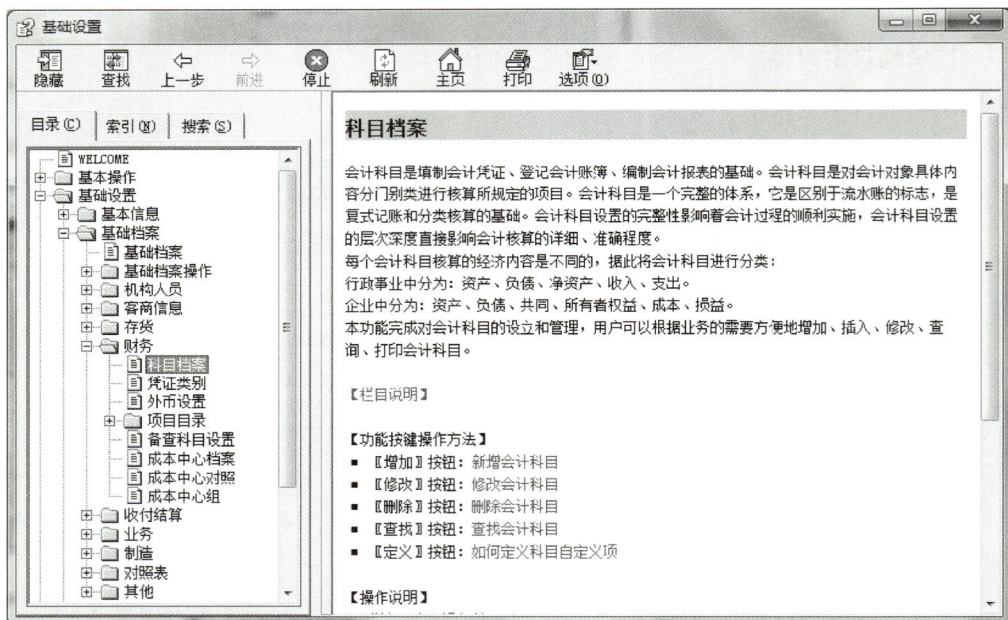

图 2 - 8　科目档案帮助窗口

任 务 二　系 统 启 用

【任务描述】

用户要使用用友 ERP - U8 V10.1 系统中的各产品时,必须先启用相应产品(UFO 报表除外),记录启用人和启用时间。用户创建账套后,会自动进入"系统启用"界面,用户可以一气呵成地完成系统启用,此时启用人是"系统管理员(admin)",还可以在企业应用平台中,以"账套主管"的身份进行启用。本任务要求掌握在企业应用平台中的系统启用操作方法。

【知识准备与业务操作】

企业核算账套建成后,系统启用还可以到企业应用平台中操作。

【业务资料】

引入实验一系统管理账套备份数据,安徽阳光公司账套还需要启用固定资产管理和薪资管理系统,启用时间设置为 2024 年 1 月 1 日。

【操作步骤】

(1)以"001 学生本人"的身份登录企业应用平台,输入操作员编号信息,如图 2-9 所示。

图 2-9　账套主管登录企业应用平台

(2)单击"登录"按钮,选择"基础设置"/"基本信息"栏,双击"系统启用",打开系统启用窗口,在要启用的"固定资产"前的方框内打钩,并在启用时间内输入"2024 年 1 月 1 日",单击"确认"按钮,如图 2-10 所示。

(3)继续启用薪资管理系统,并将启用时间设置为"2024 年 1 月 1 日"。

> **小提示!**
> ➤ 只有"账套主管"才有权在企业应用平台中启用系统。
> ➤ 总账和其他系统启用日期都必须晚于或等于账套建立的日期。如账套建立日期为 2024 年 1 月 1 日,总账和其他系统启用日期应在 2024 年 1 月 1 日或之后。

系统编码	系统名称	启用会计期间	启用自然日期	启用人
☑GL	总账	2024-01	2024-01-01	admin
☑AR	应收款管理	2024-01	2024-01-01	admin
☑AP	应付款管理	2024-01	2024-01-01	admin
☑FA	固定资产	2024-01	2024-01-01	学生本人
☐NE	网上报销			
☐NB	网上银行			
☐WH	报账中心			
☐SC	出纳管理			
☐CA	成本管理			
☐PM	项目成本			
☐FM	资金管理			
☐BM	预算管理			
☐CM	合同管理			
☐PA	售前分析			
☐SA	销售管理			
☐PU	采购管理			
☐ST	库存管理			
☐IA	存货核算			

[001]安徽阳光信息技术有限公司账套启用会计期间2024年1月

图 2-10　系统启用

启用子系统

2

任务三　基础档案设置

【任务描述】

用友 ERP-U8 V10.1 软件在企业应用平台集中了系统的所有功能,为各子系统提供了一个公共的交流平台。在企业应用平台中,通过基础档案设置可完成各模块的基本信息、基础档案设置,以保障后续业务工作的顺利开展。本任务要求掌握各项基础档案的设置顺序和操作方法。

【知识准备与业务操作】

一、基础档案设置顺序

由于企业基础数据之间存在着前后承接的关系,因此基础档案的设置应遵循一定的顺序,如图 2-11 所示。只有按照顺序进行基础档案的设置,才可以使基础档案的设置顺利进行。基础档案的设置既可以在企业应用平台中进行,也可在各个子系统中进行。设置好的基础档案的内容为各个子系统通用。

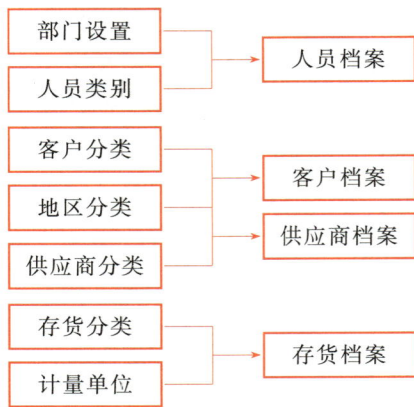

图 2-11　基础档案设置顺序

二、部门档案设置

部门档案设置主要用于管理企业各个职能部门的信息,既可以是实际中的部门机构,也可以是虚拟的管辖单元,只要是某使用单位下辖的具有单独进行财务核算或业务管理要求的单元体即可。

【业务资料】

安徽阳光公司的部门档案资料如表 2-2 所示,根据资料增加部门档案。

表 2-2　　　　　　　　　　部门档案

部门编码	部门名称	部门属性	部门编码	部门名称	部门属性
1	管理中心	管理部门	202	采购部	采购管理
101	总经理办公室	综合管理	3	制造中心	生产部门
102	财务部	财务管理	301	一车间	生产制造
2	供销中心	供销管理	302	二车间	生产制造
201	销售部	市场营销			

【操作步骤】

(1) 以"001 学生本人"身份登录企业应用平台,单击左下角的"基础设置"栏,单击"基础档案"/"机构人员",双击"部门档案",打开部门档案窗口。

(2) 单击"增加"按钮,录入部门编码"1",部门名称"管理中心",部门属性"管理部门"等信息,单击"保存"按钮,继续增加其余资料,完成后如图 2-12 所示。

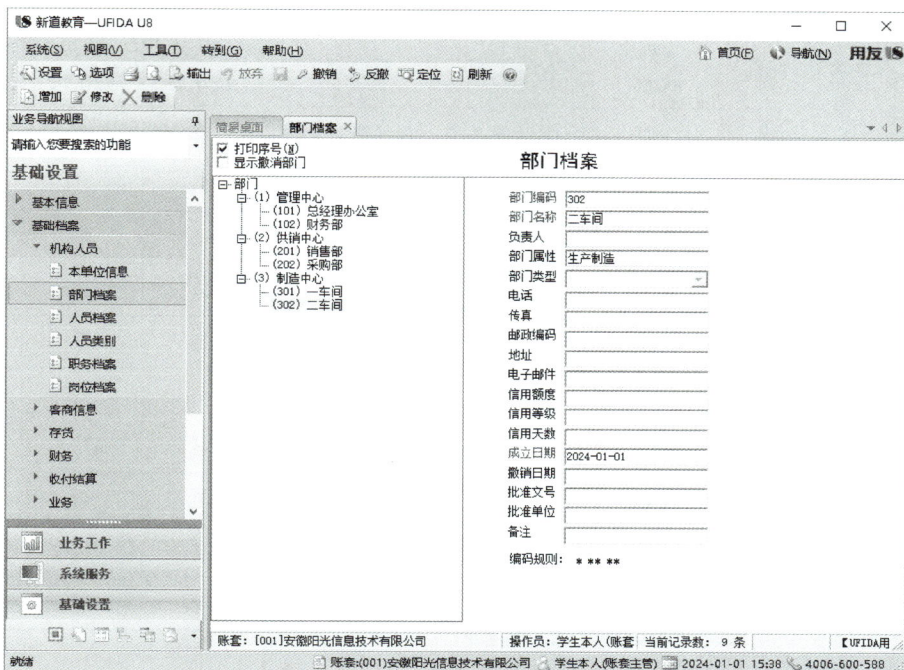

图 2-12　设置部门档案

（3）输入完成后，单击"退出"按钮。

小提示！

➤ 部门档案设置中蓝色标识的是必填选项，成立日期一般默认为输入时的系统时间，如 2024 年 1 月 1 日，可修改。

➤ 部门档案增加要先增加上级再增加下级，删除是先删下级再删上级。

➤ 部门档案编码要符合编码方案中定义的编码规则。

➤ 由于此时还未设置人员档案，部门中的负责人暂时不能设置。如果需要设置，则必须在完成人员档案设置后，再回到部门档案中以"修改"命令补充设置。

三、人员档案设置

人员档案设置主要用于管理企业各职能部门中需要进行核算和业务管理的职员信息，必须先设置好部门档案后，才能设置相应的人员信息。

【业务资料】

安徽阳光公司的在职人员类别及档案资料如表 2-3、表 2-4 所示，根据资料设置人员档案。

人员档案
设置

表 2-3　　　　　　　　　　　　　　在职人员类别

分 类 编 码	分 类 名 称	分 类 编 码	分 类 名 称
10101	企业管理人员	10103	车间管理人员
10102	经营人员	10104	生产人员

2

表 2-4 人员档案

人员编码	人员姓名	性别	雇佣状态	人员类别	行政部门	是否业务员	是否操作员	对应操作员编码
101	肖 剑	男	在职	企业管理人员	总经理办公室	是	否	
102	学生本人	男	在职	企业管理人员	财务部	是	是	001
103	王 晶	女	在职	企业管理人员	财务部	是	是	002
104	马 方	女	在职	企业管理人员	财务部	是	是	003
201	王 丽	男	在职	经营人员	销售部	是	是	005
202	孙 健	女	在职	经营人员	销售部	是	否	
211	白 雪	女	在职	经营人员	采购部	是	是	004
212	李 平	男	在职	经营人员	采购部	是	否	
301	周 月	女	在职	车间管理人员	一车间	是	否	
302	孟 强	男	在职	生产人员	一车间	是	否	

图 2-13 增加人员类别

【操作步骤】

（1）以"001 学生本人"身份登录企业应用平台，单击左下角的"基础设置"栏，单击"基础档案"/"机构人员"，双击"人员类别"，打开人员类别窗口。

（2）双击"在职人员"类别，单击"增加"按钮，录入档案编码"10101"，档案名称"企业管理人员"等信息，如图 2-13 所示。

（3）单击"确定"按钮保存，继续增加其余人员类别信息。

小提示！

➤ 人员类别与工资费用的分配、分摊有关，工资费用的分配与分摊是薪资管理中的一项重要功能。人员类别设置的目的是为工资分摊生成凭证设置的相应入账科目做准备，可以按不同的入账科目设置不同的人员类别。

➤ 人员类别是人员档案中的必选项，需要在人员档案设置前设置。

➤ 人员类别可以修改，但已使用的人员类别名称不能删除。

（4）双击"人员档案"，进入人员列表。

（5）单击"增加"按钮，打开人员档案窗口，输入人员编码"101"、人员姓名"肖剑"、性别"男"、人员类别"企业管理人员"、行政部门"总经理办公室"、雇佣状态"在职"等信息，选中"是否业务员"复选框，如图 2-14 所示。

（6）单击"保存"按钮，继续增加其余人员档案资料。

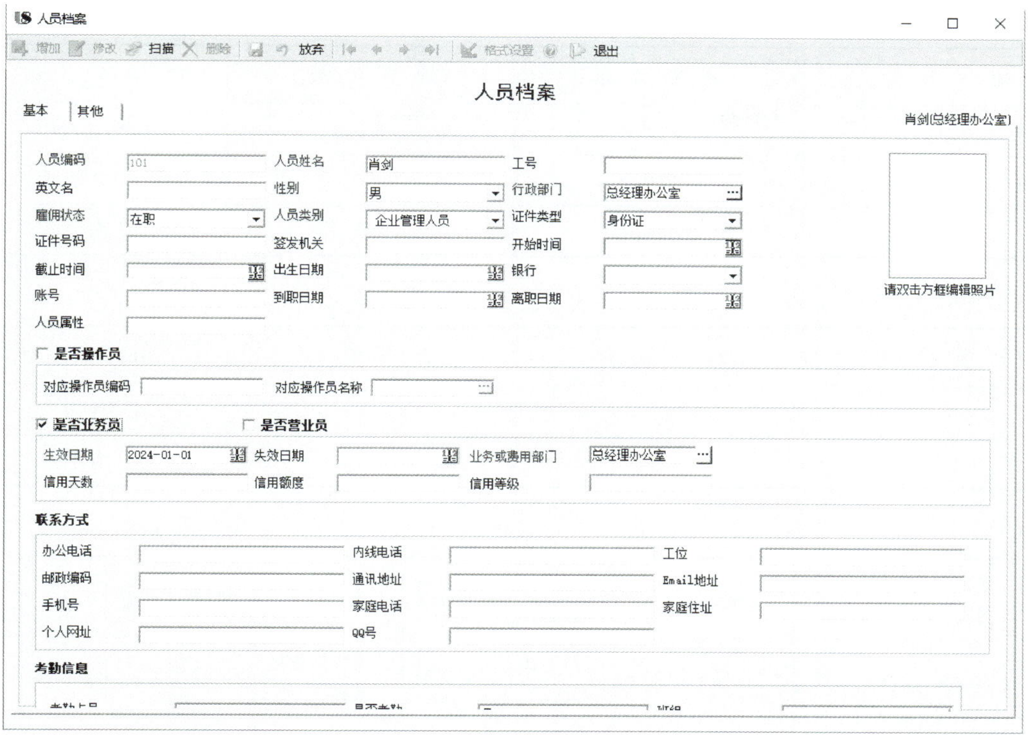

图 2-14 增加人员档案

小提示！

➤ 人员档案应该包括企业所有的员工。

➤ 人员编码必须唯一，行政部门只能是末级部门。

➤ 如果该员工需要在其他档案或其他单据的"业务员"项目中被参照，需要选中"是否业务员"复选框。

四、客户及供应商档案设置

客户及供应商档案功能主要用于设置往来客户和供应商的信息，以便于对客户和供应商进行资料管理和业务数据的录入、统计和分析。如果建立账套时选择了客户和供应商分类，则必须在设置完成客户和供应商分类档案后，才能设置客户和供应商档案。

建立客户档案主要是为企业的销售管理、库存管理、应收款管理服务的。在填制销售出库单与销售发票、应收款结算和进行有关销售单位统计时都会用到客户单位档案，因此应先设立客户档案。

建立供应商档案主要是为企业的采购管理、库存管理、应付款管理服务的。在填制采购入库单与采购发票、采购结算、应付款结算和进行有关供货单位统计时都会用到供货单位档案，因此应先设置供应商档案。

【业务资料】

安徽阳光公司地区分类、客户分类及客户档案资料如表 2-5、表 2-6 和表 2-7 所示，根据资料增加客户档案信息。

客户档案设置

2

表 2-5　　　　　　　　　　　　　地 区 分 类

地 区 分 类	分 类 名 称	地 区 分 类	分 类 名 称
01	东北地区	04	华南地区
02	华北地区	05	西北地区
03	华东地区	06	西南地区

表 2-6　　　　　　　　　　　　　客 户 分 类

分 类 编 码	分 类 名 称	分 类 编 码	分 类 名 称
01	批发	03	代销
02	零售	04	专柜

表 2-7　　　　　　　　　　　　　客 户 档 案

客户编码	客户简称	所属分类	所属地区	税　号	开户银行（默认值）	银行账号	地　址	邮编	扣率	分管部门	专管业务员
001	华宏公司	01	02	110009884732788	工行上地分行	73853654	北京市海淀区上地路 1 号	100077	5	销售部	王丽
002	昌新贸易公司	01	02	120008456732310	工行华苑分行	69325581	天津市南开区华苑路 1 号	300310		销售部	王丽
003	精益公司	04	03	310106548765432	工行徐汇分行	36542234	上海市徐汇区天平路 8 号	200032		销售部	孙健
004	利氏公司	03	01	108369856003251	中行平房分行	43810548	哈尔滨平房区和平路 16 号	150008	10	销售部	孙健
005	科信公司	01	03	312586643765436	工行闵行支行	65533254	上海市闵行区剑川路 15 号	201100		销售部	孙健
006	兴业科技公司	03	03	421009845232716	工行庐阳支行	46231855	合肥市庐阳区阜阳路 22 号	230000		销售部	孙健

【操作步骤】

（1）以"001 学生本人"身份登录企业应用平台，单击左下角的"基础设置"栏，单击"基础档案"/"客商信息"，双击"地区分类"，打开地区分类窗口，单击"增加"按钮，按资料逐一输入分类编码和分类名称，保存后如图 2-15 所示。

（2）再双击"客户分类"，打开窗口，单击"增加"按钮，按资料逐一输入分类编码和分类名称后如图 2-16 所示。

小提示！

➢ 客户是否需要分类，应在建立账套时确定。

➢ 客户分类编码必须符合编码规则。

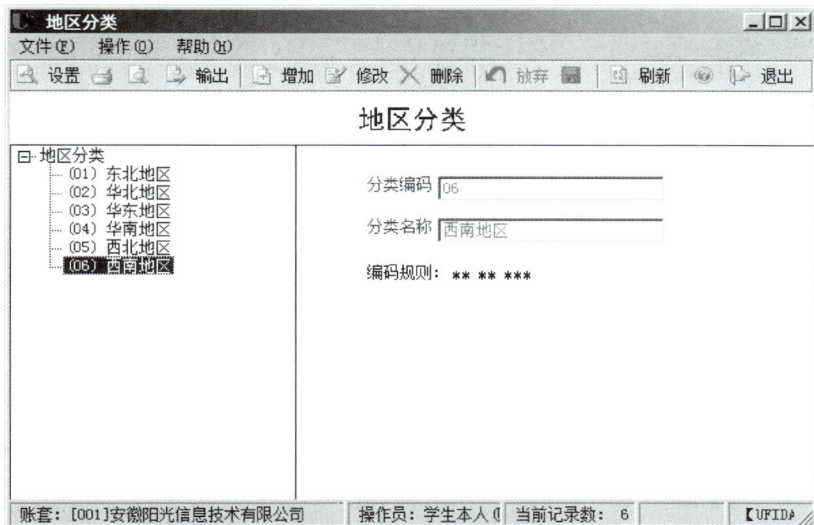

图 2 - 15　增加地区分类

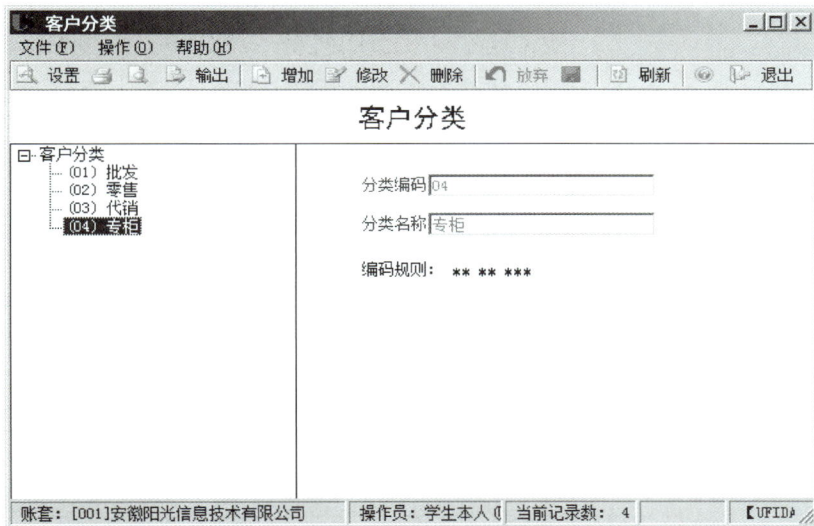

图 2 - 16　增加客户分类

（3）单击"客商信息"，双击"客户档案"，打开客户档案窗口，单击"增加"按钮，打开增加客户档案窗口，输入客户编码"001"，客户简称"华宏公司"、所属地区"02 - 华北地区"、所属分类"01 - 批发"、税号"110009884732788"等基本信息，如图 2 - 17 所示。

（4）单击"联系"页签，选择分管部门"201 - 销售部"、专管业务员"201 - 王丽"，输入邮编"100077"及地址信息，如图 2 - 18 所示。

小提示！

➢ 之所以设置分管部门和专管业务员，是为了在应收、应付款管理中填制发票等原始单据时，能自动根据客户显示部门及业务员信息。

2

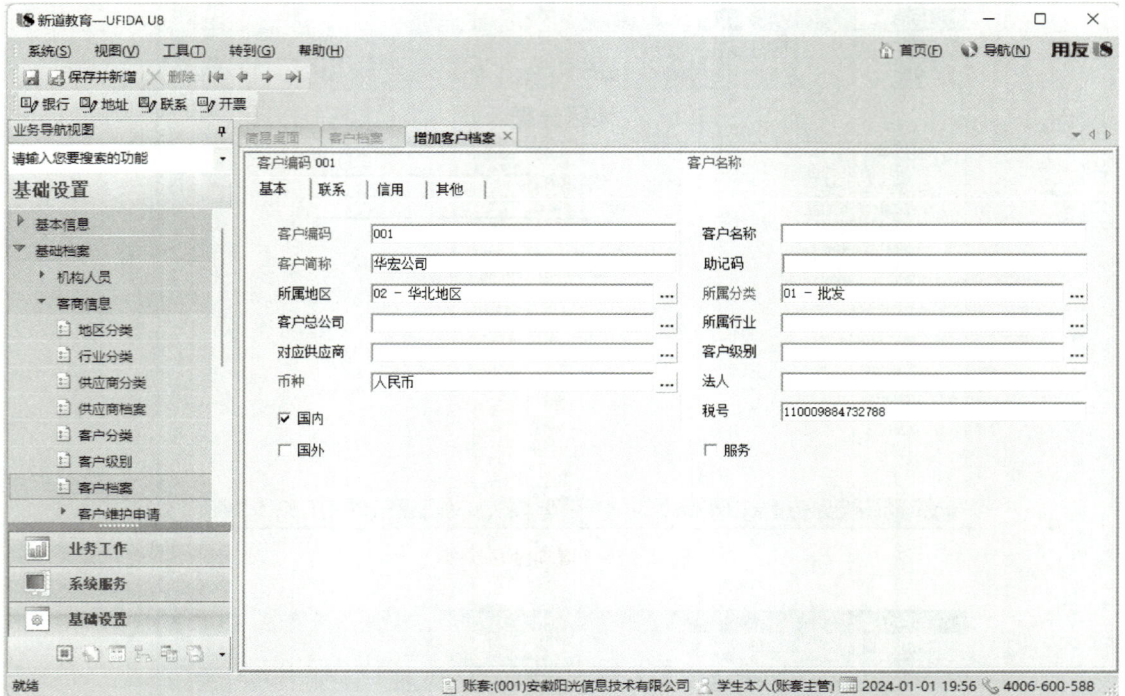

图 2‑17　设置客户档案基本信息

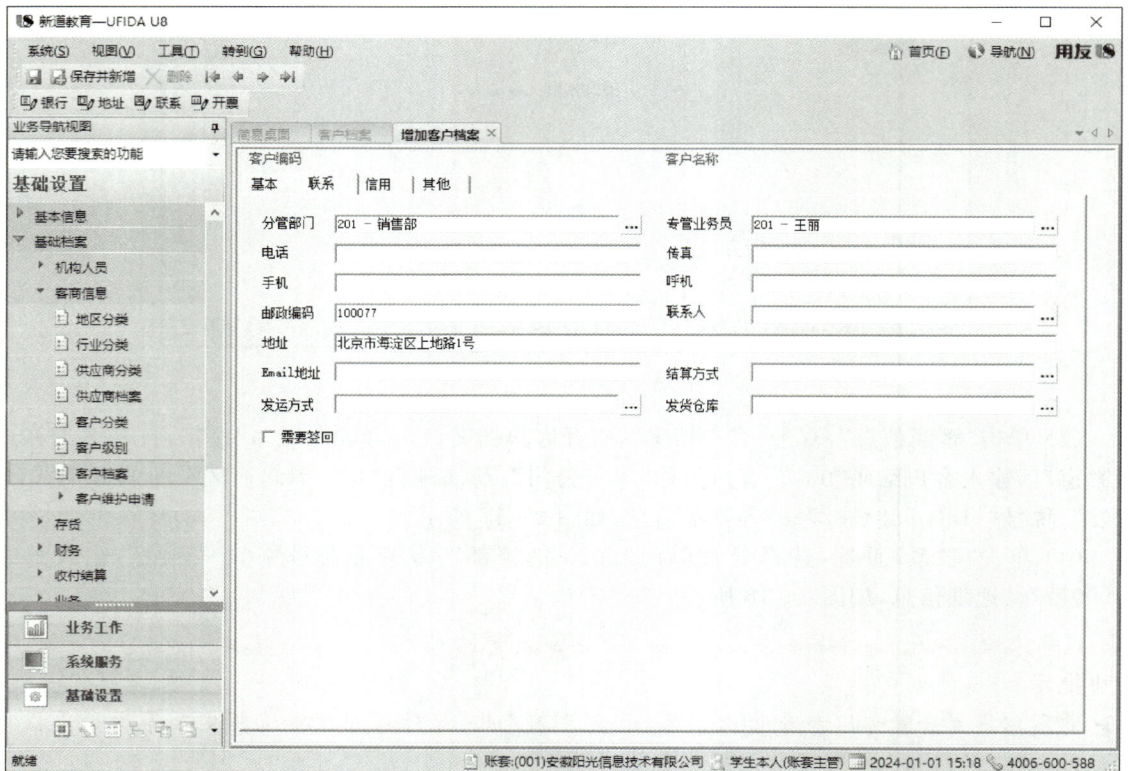

图 2‑18　设置客户档案联系信息

（5）单击"信用"页签，输入扣率"5.0000"，如图 2 - 19 所示。

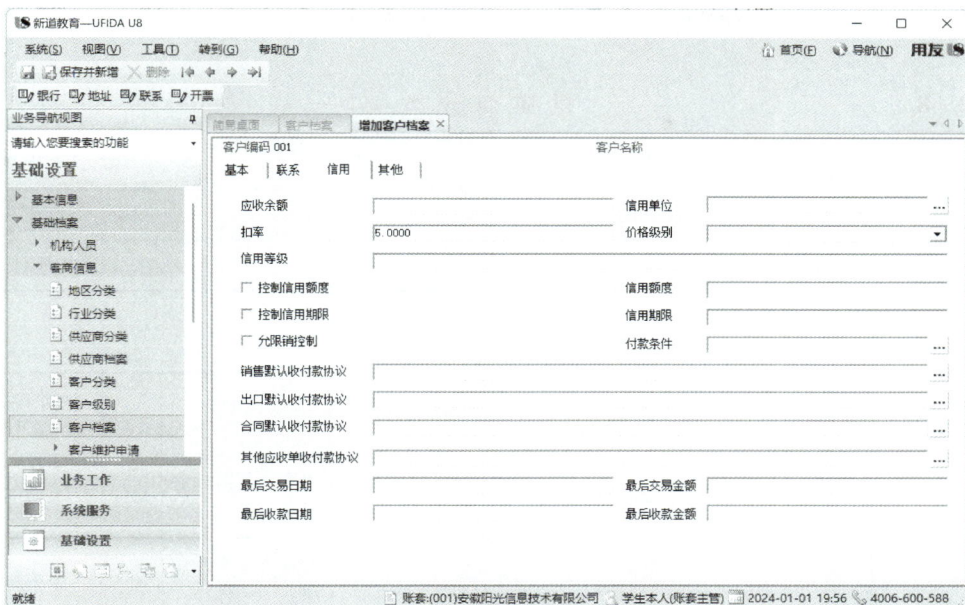

图 2 - 19 设置客户档案信用信息

（6）单击"银行"按钮，打开客户银行档案窗口，单击"增加"按钮，选择所属银行"中国工商银行"，输入开户银行"工行上地分行"、银行账号"73853654"、默认值选择"是"，单击"保存"按钮，如图 2 - 20 所示。

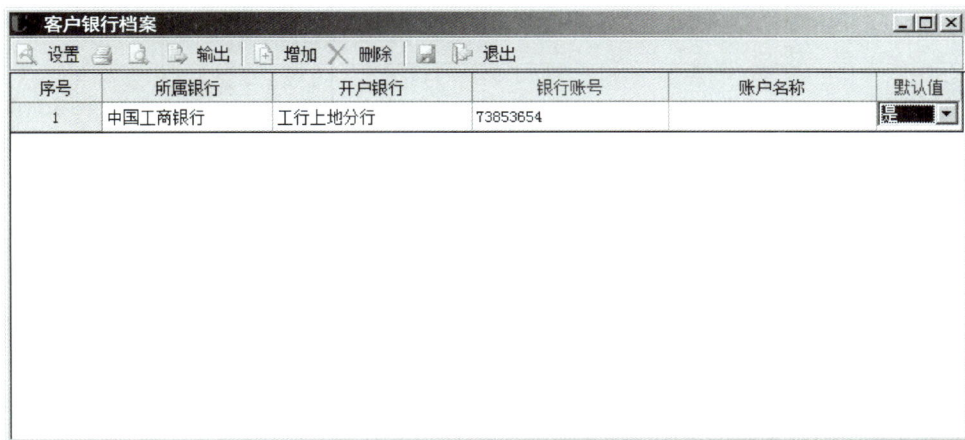

图 2 - 20 设置客户银行档案信息

（7）单击"保存"按钮，同理继续输入其他客户档案信息。

小提示!
➤ 如果需要开具销售专用发票，客户档案必须输入税号、开户银行、银行账号等信息，否则只能开具普通发票。

【业务资料】

安徽阳光公司供应商分类和供应商档案资料如表 2-8、表 2-9 所示,根据资料增加供应商档案信息。

2

供应商档案设置

表 2-8　　　　　　　　　　　　供 应 商 分 类

分 类 编 码	分 类 名 称	分 类 编 码	分 类 名 称
01	原料供应商	03	固定资产供应商
02	成品供应商	04	其他

表 2-9　　　　　　　　　　　　供 应 商 档 案

供应商编码	供应商简称	所属分类码	所属地区	税　号	开户银行	银行账号	地　址	邮编	分管部门	专管业务员
001	兴华公司	01	02	110567453698462	中行	48723367	北京市朝阳区十里堡8号	100045	采购部	白雪
002	建昌公司	01	02	110479865267583	中行	76473293	北京市海淀区开拓路108号	100036	采购部	白雪
003	泛美商行	02	03	320888465372657	工行	55561278	南京市湖北路100号	230187	采购部	李平
004	艾德公司	02	03	310103695431012	工行	85115076	上海市浦东新区东方路1号	200232	采购部	李平
005	百胜公司	03	03	330023587622011	工行	77568823	上海市长宁区天山路5号	200050	采购部	李平
006	顺丰速运有限公司	04	02	110678685524564	工行	55689743	北京市丰台区宋庄路12号	100000	采购部	李平
007	兴业科技公司	03	03	421009845232716	工行	46231855	合肥市庐阳区阜阳路22号	230000	采购部	李平

【操作步骤】

(1)以"001学生本人"身份登录企业应用平台,单击左下角的"基础设置"栏,单击"基础档案"/"客商信息",双击"供应商分类",打开供应商类别设置窗口。

(2)单击"增加"按钮,输入分类编码"01"、分类名称"原料供应商"等信息,单击"保存"按钮,继续增加其余供应商分类信息,全部输入完成后如图 2-21 所示。

(3)单击"客商信息",双击"供应商档案",进入供应商档案设置窗口,单击"增加"按钮,打开"增加供应商档案"设置窗口,输入供应商编号"001"、供应商简称"兴华公司"、所属分类码"01"、所属地区"02"、税号"110567453698462"、开户银行"中行"、银行账号"48723367"等基本信息,如图 2-22 所示。

(4)单击"联系"页签,选择分管部门"采购部"、专管业务员"白雪",输入邮编"100045"和地址信息,如图 2-23 所示。

(5)单击"保存"按钮,继续输入其他供应商档案信息。

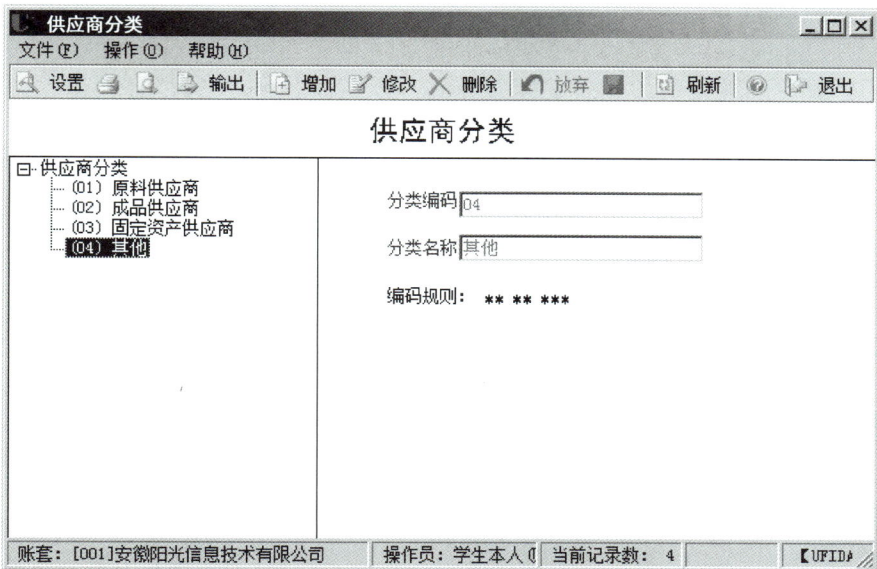

图 2‑21　设置供应商分类

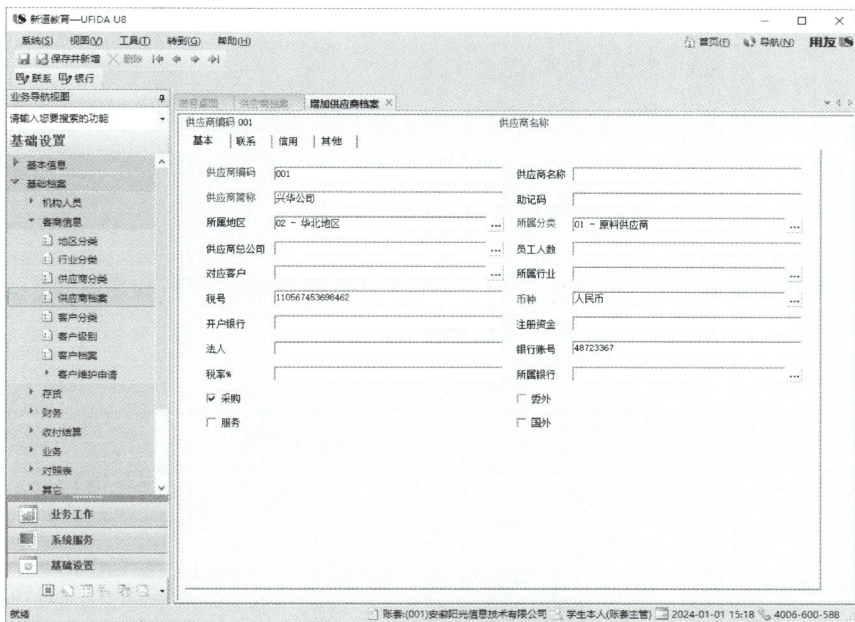

图 2‑22　设置供应商档案基本信息

小提示！
➤ 供应商档案设置的各栏目内容与客户档案基本相同，主要区别在于"信用"选项卡和"其他"选项卡中的两项内容。"信用"选项卡中的单价是否含税是指该供应商供货价格中是否包含增值税；"其他"选项卡中的对应条形码是对该供应商所供货物进行条形码管理时，在存货条形码中需要输入对应的供应商信息。

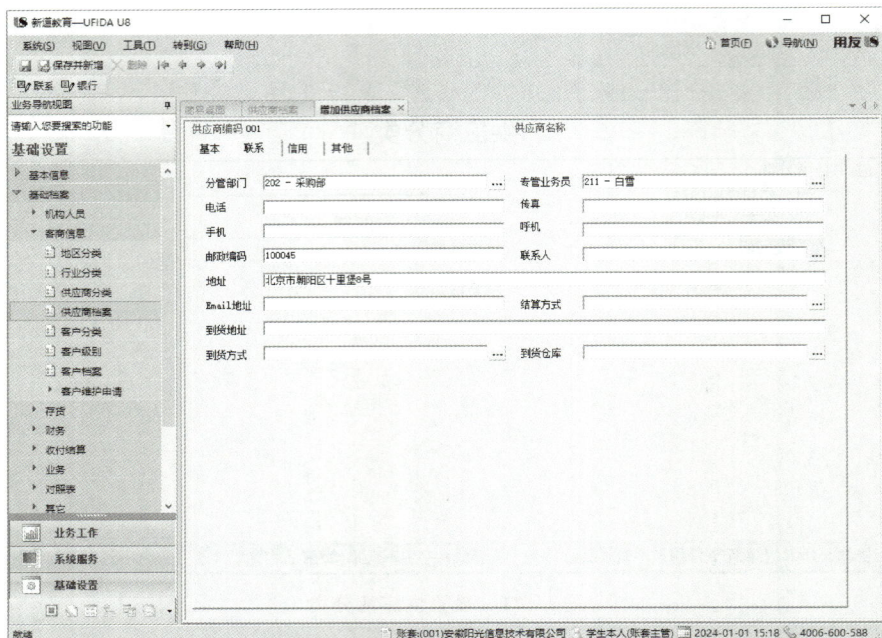

图 2-23　设置供应商档案联系信息

五、存货档案设置

存货档案设置主要用于管理企业在生产经营中使用到的各种存货信息。本功能完成对存货档案的设置和管理，随同发货单或发票一起开具的应税劳务也应设置其中。若建账中选择了存货分类，则要先设置分类才能设置具体档案信息。

【业务资料】

安徽阳光公司存货分类、计量单位分组、计量单位及存货档案资料如表 2-10、表 2-11、表 2-12 和表 2-13 所示，根据资料增加存货档案信息。

表 2-10　　　　　　　　　　　　　　**存 货 分 类**

存货类别编码	存货类别名称	存货类别编码	存货类别名称
1	原材料	301	配套材料
101	主机	302	配套硬件
10101	处理器	30201	打印机
10102	硬盘	30202	传真机
102	显示器	303	配套软件
103	键盘	304	光盘
104	鼠标	4	固定资产
2	产成品	401	A 生产线
201	计算机	9	应税劳务
3	配套用品		

存货档案
设置

表 2 – 11　　　　　　　　　　计量单位分组

计量单位组编码	计量单位组名称	计量单位组类别
01	无换算关系	无换算率

表 2 – 12　　　　　　　　计 量 单 位

计量单位编码	计量单位名称	所属计量单位组名称
01	盒	无换算关系
02	台	无换算关系
03	只	无换算关系
04	千米	无换算关系
05	张	无换算关系
06	条	无换算关系

表 2 – 13　　　　　　　　存 货 档 案

存货编码	存货名称	存货分类	计量单位组	计量单位	税率	存 货 属 性
001	酷睿双核处理器	10101	01	盒	13%	外购、生产耗用、内销、外销
002	500GB 硬盘	10102	01	盒	13%	外购、生产耗用、内销、外销
003	23 英寸液晶屏	102	01	台	13%	外购、生产耗用、内销、外销
004	键盘	103	01	只	13%	外购、生产耗用、内销、外销
005	鼠标	104	01	只	13%	外购、生产耗用、内销、外销
006	计算机	201	01	台	13%	自制、内销、外销
007	HP 激光打印机	30201	01	台	13%	外购、内销、外销
008	光盘	304	01	张	13%	外购、内销、外销
009	运输费	9	01	千米	9%	外购、应税劳务
010	A 生产线	401	01	条	13%	外购、资产

【操作步骤】

（1）以"001 学生本人"身份登录企业应用平台，单击左下角的"基础设置"栏，单击"基础档案"/"存货"，双击"存货分类"，打开存货分类窗口。

（2）单击"增加"按钮，输入分类编码"1"、分类名称"原材料"，单击"保存"按钮，继续输入其余存货分类信息，全部输入完成后如图 2 – 24 所示。

小提示！

➤ 在企业的购销业务中，经常会发生一些劳务费用，如运输费、装卸费、包装费。这些费用一般计入企业存货成本，并且它们具有与其他存货不同的税率。为了正确反映和核算这些劳务费用，应在存货分类中单独设置一类"应税劳务"。

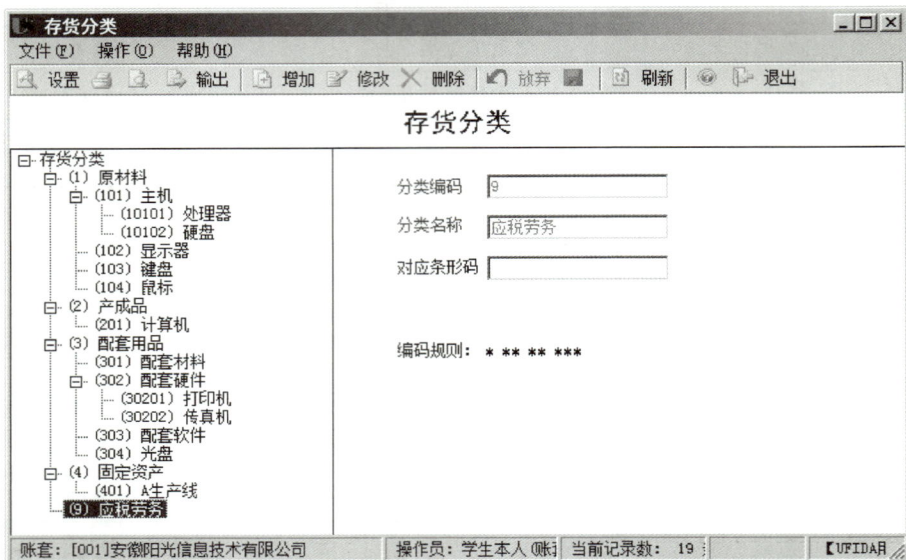

图 2 - 24 存货分类

（3）保存后退出，单击"存货"，双击"计量单位"，单击"分组"按钮，打开计量单位组窗口，单击"增加"按钮，输入计量单位组编码"01"、计量单位组名称"无换算关系"，选择计量单位组类别"无换算率"，如图 2-25 所示。

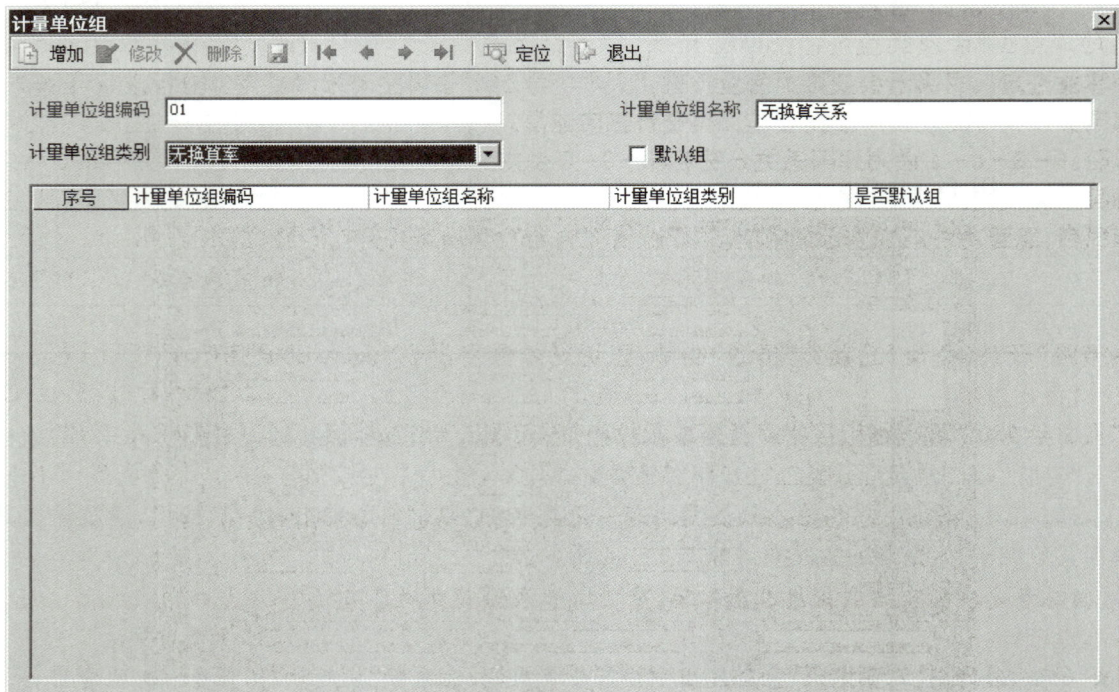

图 2 - 25 增加计量单位组

（4）单击"保存"按钮，单击"退出"按钮。

2

小提示！

➤ 在设置计量单位时,必须先设置计量单位组,再设置各计量单位组的计量单位。

➤ 计量单位组分为无换算率、固定换算率和浮动换算率三种类型。如果需要换算,一般将财务计价单位或最小计量单位作为主计量单位。

➤ 计量单位可以根据需要随时增加。

（5）选择"01 无换算关系",单击"单位"按钮,打开计量单位窗口,单击"增加"按钮,逐一输入计量单位编码和计量单位名称,并保存,如图 2 - 26 所示。

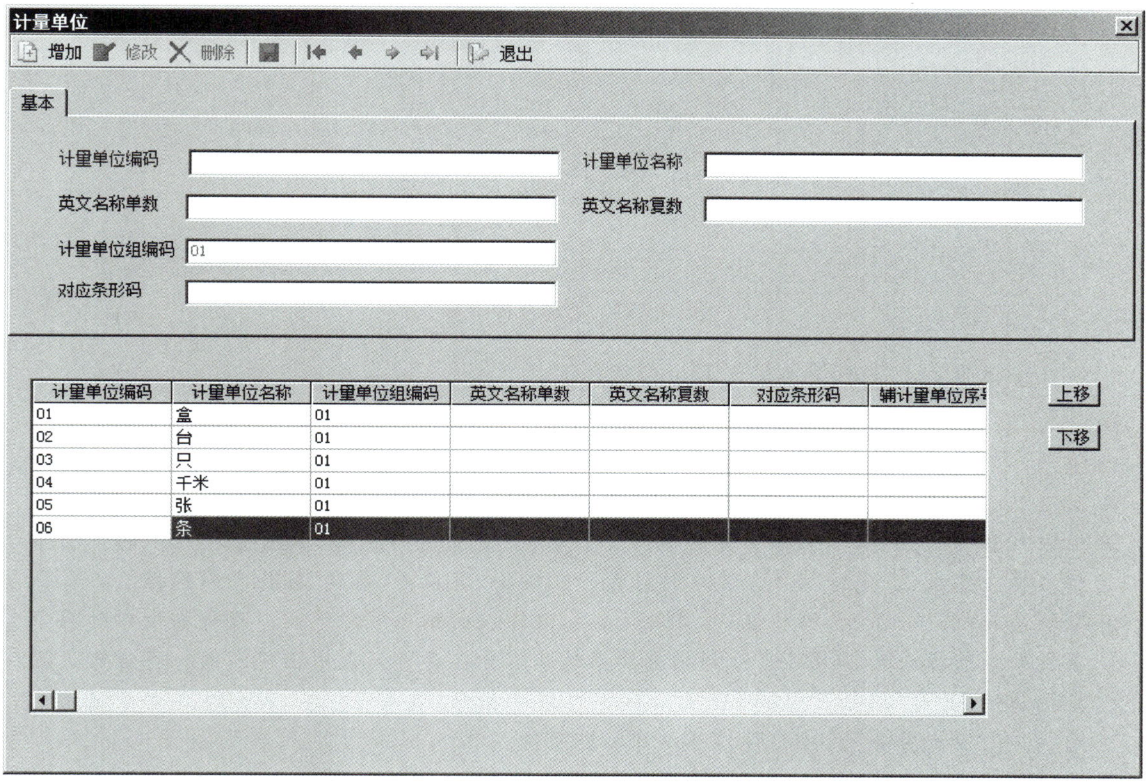

图 2 - 26 增加计量单位

小提示！

➤ 在存货档案设置之前,必须设置计量单位,否则存货档案没有备选的计量单位,存货档案无法保存。

（6）单击"存货",双击"存货档案",打开存货档案窗口,单击"增加"按钮,打开增加存货档案窗口,输入存货编码"001"、存货名称"酷睿双核处理器"、存货分类"10101"、计量单位组"01 -无换算关系"、主计量单位"01 -盒"、销项税率％"13"、进项税率％"13",选中存货属性"内销""外销""外购""生产耗用"前的复选框,如图 2 - 27 所示。

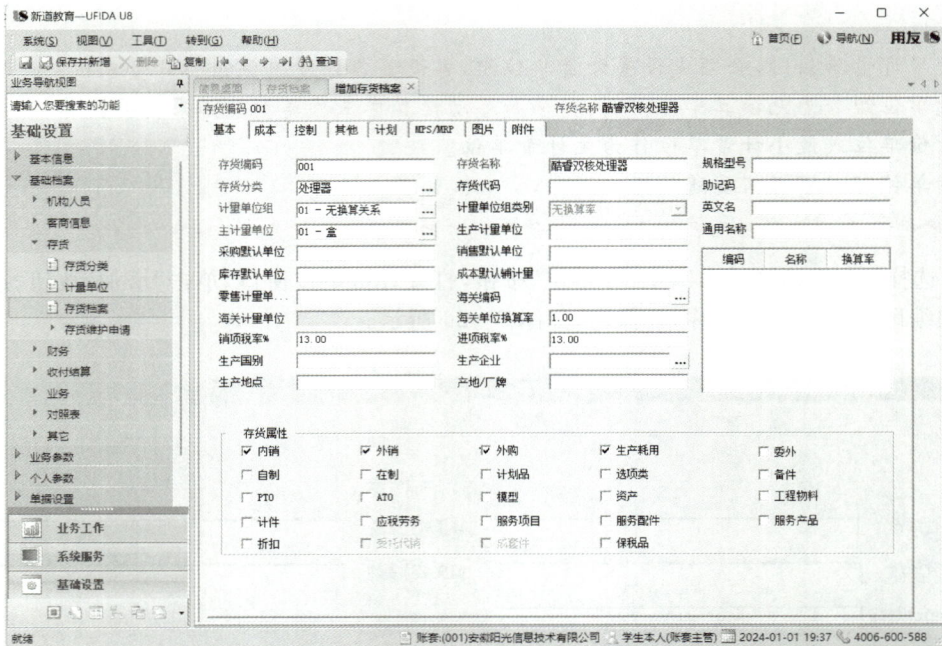

图 2 – 27　增加存货档案

（7）单击"保存"按钮，继续输入其余存货档案。

小提示！

➤ 如果只启用财务系统且不在应收、应付系统中填制发票，则不需要设置存货档案。

➤ 在录入存货档案时，如果存货类别不符合要求，应重新进行选择，如果直接列示的计量单位不符合要求，应先将不符合要求的计量单位删除，再单击"参照"按钮重新选择。

➤ 系统为存货设置了18种属性，其目的是在参照输入时缩小参照范围。存货档案中的存货属性必须选择正确，否则，在填制相应单据时就不会在存货列表中出现。同一存货可设置多种属性，具有"内销""外销"属性的存货可用于出售，具有"外购"属性的存货可用于采购，具有"应税劳务"属性的存货可以抵扣进项税。

➤ 受托代销业务只有在建账时选择"商业"核算类型，并且在采购管理中确定"是否受托代销业务"后才能选择使用。

➤ 运输费作为存货档案单独一项，税率为9%。

六、结算方式设置

结算方式功能用来建立和管理用户在经营活动中所涉及的结算方式，企业的采购业务必然形成"应付"，销售业务必然形成"应收"。往来款项结算时，要考虑用什么样的结算方式，是否有优惠，从哪个银行支付或收取。

结算方式最多两级，一旦被引用，便不能修改和删除。

【业务资料】

安徽阳光公司结算方式如表 2 – 14 所示，根据资料增加结算方式档案。

结算方式
设置

表 2 - 14　　　　　　　　　　　结 算 方 式

结算方式编码	结算方式名称	是否票据管理
1	现金结算	否
2	支票结算	否
201	现金支票	是
202	转账支票	是
3	其　他	否

【操作步骤】

（1）以"001学生本人"身份登录企业应用平台，单击"基础设置"/"基础档案"/"收付结算"，双击"结算方式"，打开结算方式窗口。

（2）单击"增加"按钮，逐一输入结算方式编码"1"、结算方式名称"现金结算"，单击"保存"按钮，继续录入其他结算方式，完成后如图2-28所示。

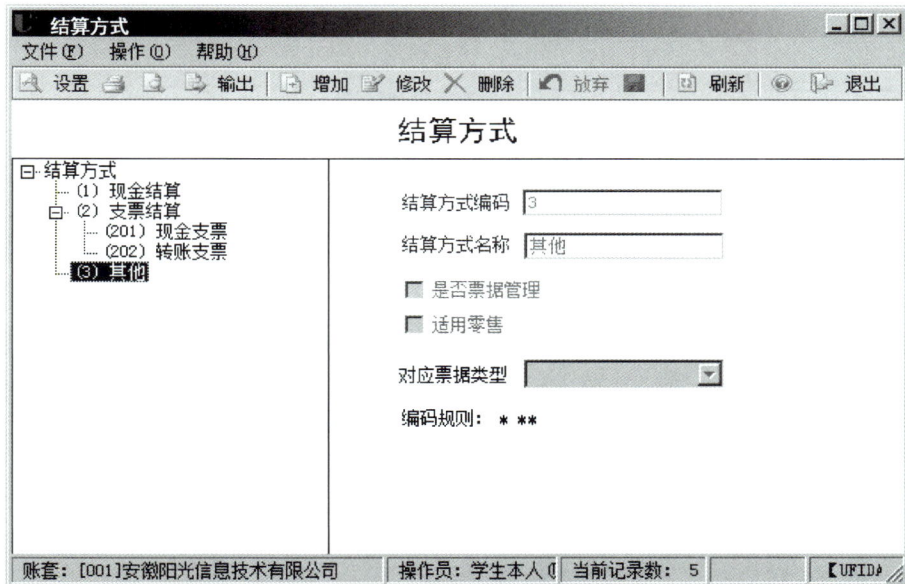

图 2 - 28　增加结算方式

小提示！
➤ 支票管理是系统为辅助出纳对银行结算票据的管理而设置的功能，类似于手工系统中的支票登记簿。若需实施票据管理，则勾选"是否票据管理"复选框。
➤ 在总账系统中填制凭证时，若使用"银行账"类科目，会自动弹出结算方式辅助窗口，作为银行对账的一个参数。

七、开户银行设置

开户银行用于设置本企业在收付结算中对应的各个开户银行信息。系统支持多个开户银行

2

开户银行
档案设置

和账户。在供应链管理系统中,如果需要开具增值税专用发票,则需要开户银行信息,同时在客户档案中还必须输入客户开户银行和账号等信息。

【业务资料】

安徽阳光公司开户银行档案资料如下:

编码:01;银行账号:831658796206;币种:人民币;开户银行:工商银行合肥分行中关村分理处;所属银行编码:01-中国工商银行。

根据资料完成开户银行档案设置。

【操作步骤】

(1)以"001学生本人"身份登录企业应用平台并进入基础档案,单击"收付结算",双击"本单位开户银行",打开本单位开户银行窗口。

(2)单击"增加"按钮,打开增加本单位开户银行窗口。按资料输入相关项目,如图2-29所示。

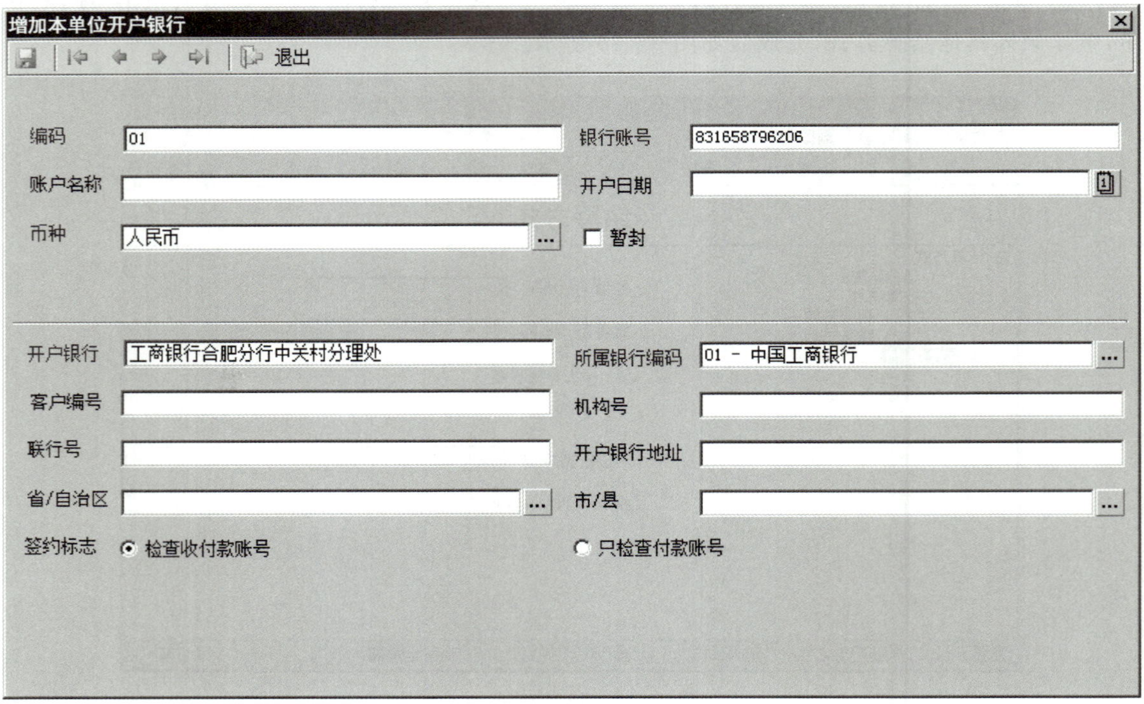

图 2-29 增加本单位开户银行

(3)单击"保存",再单击"退出"按钮,返回本单位开户银行窗口。

> 小提示!
> ➤ 如果不设置开户银行,在填制销售发票后不能保存。
> ➤ 若系统启用中没有启用应收和应付系统,则收付结算中没有本单位开户银行命令。
> ➤ 各项基础档案设置完毕,进行账套输出,保存在"D:/001账套备份/财务管理/实验二基础档案"文件夹中。

项 目 小 结

"项目二 企业应用平台"内容结构如图 2-30 所示。

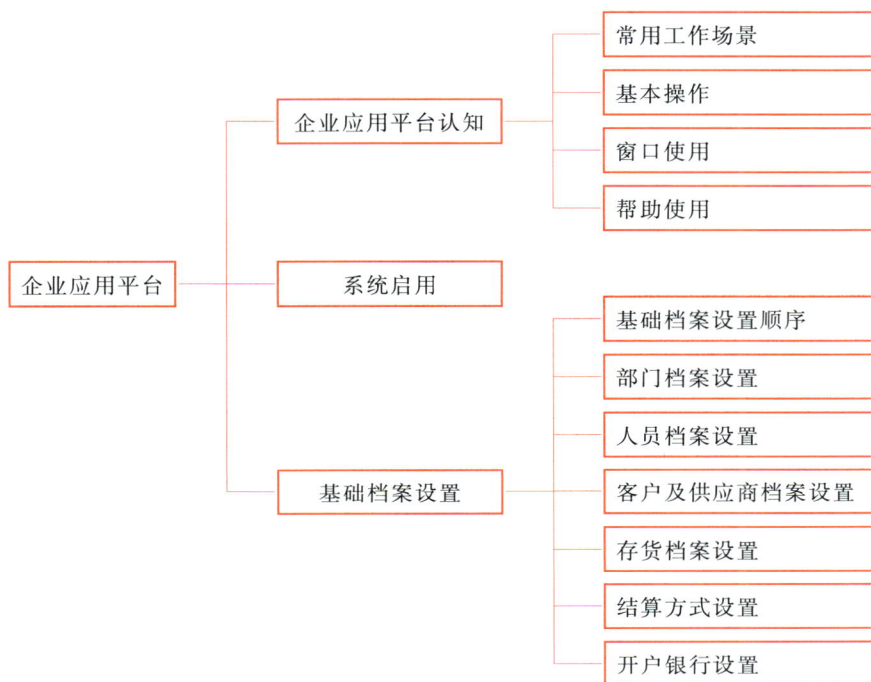

图 2-30　"项目二 企业应用平台"内容结构图

数字化时代的"会计信息质量"

项目三　总账管理

◇ **职业能力目标**

　　了解总账管理系统的功能、总账管理系统与其他系统的关系,掌握总账管理系统的数据流程;熟悉总账管理系统初始化的主要内容,并能根据企业核算要求完成总账管理系统初始化工作;熟悉总账管理系统凭证处理、出纳管理、账表管理和期末处理的内容,并能根据企业实际业务完成总账管理系统日常业务处理和期末处理工作。

◇ **典型工作任务**

　　总账管理系统认知;总账管理系统初始化;总账管理系统凭证处理;出纳管理;账表管理;总账管理系统期末处理。

任务一　总账管理系统认知

【任务描述】

　　总账管理系统又称账务处理系统,就是要完成从记账凭证输入到记账,从记账到账务输出等账务处理工作的子系统。总账管理系统是会计信息系统的核心系统,与其他子系统之间有着大量的数据传递关系。本任务要求了解总账管理系统功能、总账管理系统与其他系统的关系,以及总账管理系统的数据处理流程,为后续总账管理业务操作奠定理论基础。

【知识准备与业务操作】

一、总账管理系统的功能

　　总账管理系统适用于各类企事业单位进行凭证管理、账簿处理、个人往来款管理、部门管理、项目核算和出纳管理等。其功能涉及以下四个方面。

（一）会计科目

可根据需要增加、删除或修改会计科目或选用行业标准科目。

（二）记账凭证

通过严密的制单控制保证填制凭证的正确性。提供资金赤字控制、支票控制、预算控制、外币折算误差控制以及查看科目最新余额等功能,加强对发生业务的及时管理和控制。制单赤字控制可控制出纳科目、个人往来科目、客户往来科目、供应商往来科目。凭证填制权限可控制到科目,凭证审核权限可控制到操作员。

(三) 现金管理

为出纳人员提供一个集成的办公环境,加强对现金及银行存款的管理。提供支票登记簿功能,用来登记支票的领用情况;并可完成银行日记账、库存现金日记账,随时生成最新资金日报表,余额调节表以及进行银行对账。

(四) 期末处理

自动完成月末分摊、计提、对应转账、销售成本、汇兑损益、期间损益结转等业务。进行试算平衡、对账、结账,生成月末工作报告。

二、总账管理系统与其他系统的关系

总账管理系统属于财务管理系统的一部分,而财务管理系统与其他系统呈并行关系。总账管理系统既可独立运行,也可同其他系统协同运转。总账产品在整个用友 ERP – U8 V10.1 软件系统中占有绝对重要的地位,与其他管理系统的关系如图 3 – 1 所示。

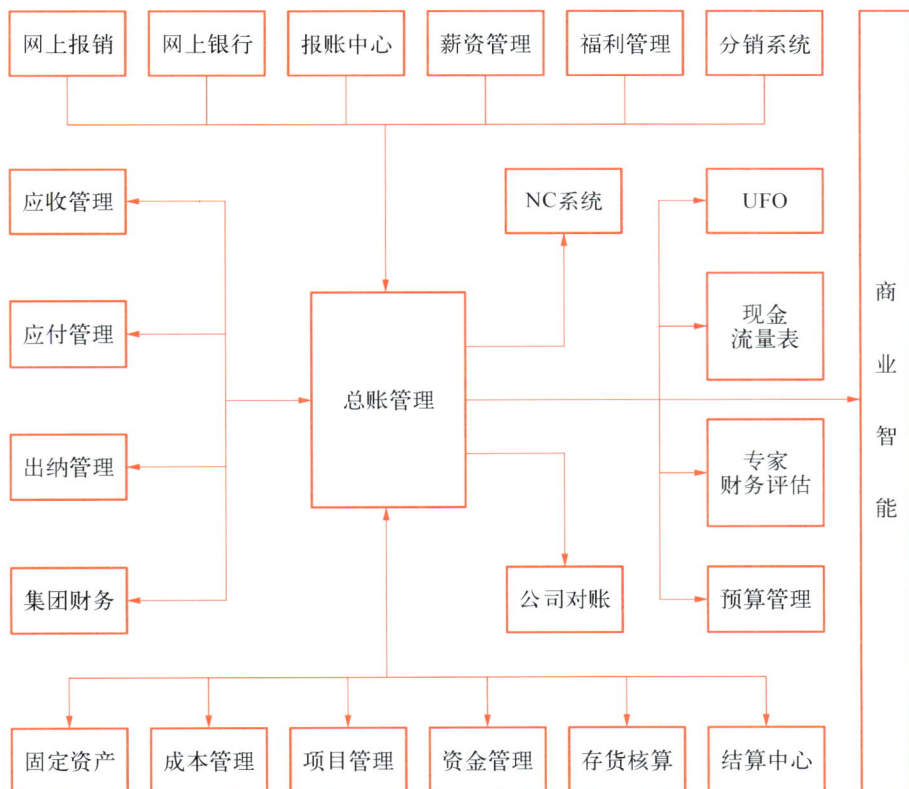

图 3 – 1 总账管理系统与其他系统的关系

三、总账管理系统的操作流程

对于总账管理系统的使用,新用户操作流程如图 3 – 2 所示,老用户操作流程如图 3 – 3 所示。

3

```
                    ┌──────────────────┐
                    │ 1. 安装总账系统   │
                    └──────────────────┘
                             │
                    ┌──────────────────┐        ┌─────────┐
                    │ 2. 增加新账套     │        │  建账   │
                    └──────────────────┘        └─────────┘
                             │
                    ┌──────────────────┐
                    │ 3. 进入总账系统   │
                    └──────────────────┘
                             │
                    ┌──────────────────┐
                    │ 4. 建立会计科目   │
                    └──────────────────┘
                             │
                    ◇ 使用辅助核算 ◇────────── N
                             │ Y
    ┌──────────────────────────────────────────────┐
    │ 5. 建立部门、个人、客户、供应商、项目目录      │
    └──────────────────────────────────────────────┘
    ┌──────────────┐ ┌──────────────┐ ┌──────────────┐
    │6. 定义外币及汇率│ │7. 录入期初金额│ │8. 设置凭证类别│
    └──────────────┘ └──────────────┘ └──────────────┘
                    ┌──────────────────┐
                    │ 9. 制单、记账     │
                    └──────────────────┘
    ┌──────────────┐ ┌──────────────┐ ┌──────────────────┐
    │11. 出纳管理   │ │10. 账簿管理   │ │12. 查询各种辅助账 │
    └──────────────┘ └──────────────┘ └──────────────────┘
                    ┌──────────────────┐
                    │ 13. 自动转账      │
                    └──────────────────┘
  ┌─────────────┐   ┌──────────────────┐   ┌────────────┐
  │若账簿有误,查 │   │ 14. 试算并对账    │ 月末│本月凭证都 │
  │明原因并调整  │   └──────────────────┘   │已记账完毕  │
  └─────────────┘            │             └────────────┘
                    ┌──────────────────┐
                    │ 15. 结账          │
                    └──────────────────┘
    ┌──────────────────┐ ┌──────────────────┐
    │16. 会计档案备份   │ │17. 打印各种账簿   │
    └──────────────────┘ └──────────────────┘

开始下月工作
```

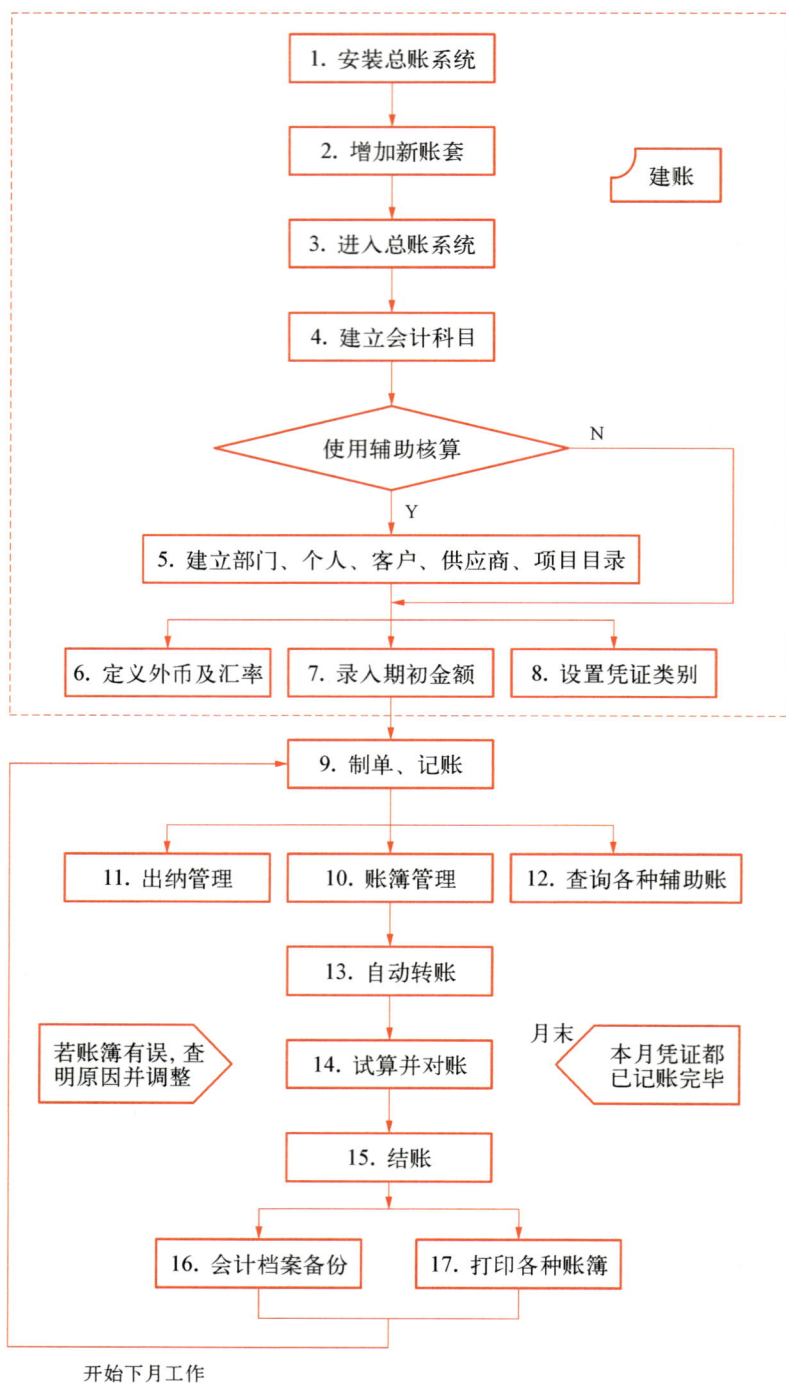

图 3-2　总账管理系统新用户操作流程

3

```
┌─────────────────────────────────────────────────────┐
│              1. 完成上年各项工作                         │
│                     ↓                                  │
│              2. 建新年度账          ┐建账               │
│                     ↓                                  │
│              3. 进入总账系统                            │
│                     ↓                                  │
│              4. 调整会计科目                            │
│                     ↓                                  │
│     5. 部门、个人、客户、供应商、项目目录调整            │
│                     ↓                                  │
│              6. 结转上年数据                            │
└─────────────────────────────────────────────────────┘
                      ↓
               7. 期初余额调整
                      ↓
               8. 制单、记账
         ↓            ↓            ↓
   10. 出纳管理   9. 账簿管理   11. 查询各种辅助账
                      ↓
               12. 自动转账
                      ↓
  若账簿有误,查    13. 试算并对账    月末  本月凭证都
  明原因并调整                            已记账完毕
                      ↓
               14. 结账
         ↓                    ↓
   15. 会计档案备份        16. 打印各种账簿
```

开始下月工作

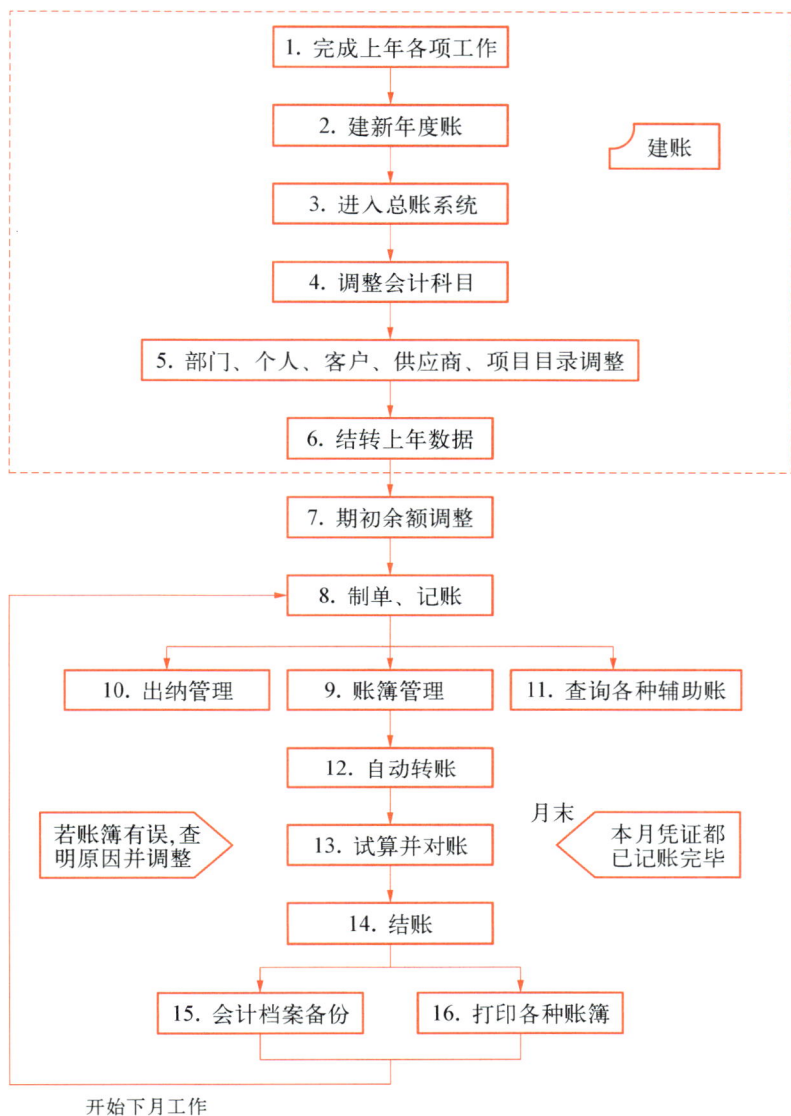

图 3 − 3 总账管理系统老用户操作流程

任务二 总账管理系统初始化

【任务描述】

在开始使用总账管理系统前,应先进行初始化设置,即结合本企业的实际情况,将一个通用的总账管理系统改造为适合本企业核算要求的专用总账管理系统,这是企业保证会计核算及各种专项辅助核算等工作顺利开展的重要环节之一。具体包括总账管理系统参数设置、外币设置、会计科目设置、凭证类别设置、期初余额录入等。本任务要求掌握总账管理系统初始化内容及操作方法。

【知识准备与业务操作】

一、总账管理系统参数设置

在首次使用总账管理系统时,需要确定总账管理核算要求的各种参数,使总账管理系统根据本单位具体核算要求,配置相应功能或执行相应控制。

【业务资料】

引入实验二基础档案设置的账套数据备份文件,安徽阳光公司账套总账管理系统使用参数如表 3-1 所示。根据资料,设置总账管理系统控制参数。

表 3-1　　　　　　　　　　总账管理系统控制参数

页　签	参 数 设 置
凭证	制单序时控制
	支票控制
	赤字控制:资金及往来科目　赤字控制方式:提示
	可以使用应收应付受控科目、存货受控科目
	凭证编号方式采用系统编号
账簿	账簿打印位数按软件的标准设定
	明细账打印按年排页
凭证打印	打印凭证页脚姓名
预算控制	超出预算允许保存
权限	出纳凭证必须经由出纳签字
	不允许修改、作废他人填制的凭证
	可查询他人凭证
	明细账查询权限控制到科目
会计日历	会计日历为 1 月 1 日—12 月 31 日
	数量小数位数和单价小数位数设置为 2 位
其他	部门、个人、项目按编码方式排序

【操作步骤】

(1) 以"001 学生本人"身份登录企业应用平台,单击"业务工作"/"财务会计"/"总账"/"设置",双击"选项",打开选项窗口。

(2) 单击"编辑"按钮,根据表 3-1 资料,在"凭证"页签中,选择对应控制参数,如图 3-4 所示。

> **小提示!**
> ➤ "制单序时控制"与"系统编号"联合使用,制单时凭证编号必须按日期顺序排列,即制单序时,如果有特殊需要,可以将其取消。
> ➤ 选择"支票控制"项是在制单时使用银行科目编制凭证,系统针对票据管理的结算方式进行登记,如果录入的支票号在支票登记簿已存在,系统提供的是登记支票报销功能,否则提供的是登记支票登记簿功能。

> 选择"赤字控制"项是在制单时,当"资金及往来科目"或"全部科目"的最新额出现负数时,系统予以提示。系统为此提供了"提示"和"严格"两种方式,可根据需要进行选择。

> 可以使用应收应付受控科目、存货受控科目项目,是指若科目为应收款管理系统的受控科目、应付款管理系统的受控科目和存货核算系统的受控科目,为了防止重复制单,允许应收系统、应付系统和存货核算系统使用各自受控系统科目制单,而总账系统是不能使用这些科目制单的。如果希望总账系统也能使用这些受控科目,则选择可以使用。要注意的是,总账和其他业务系统使用了受控科目,会引起应收系统与总账、应付系统与总账对账不平。

> 选择"现金流量科目必录现金流量项目"是指在录入凭证时,如果使用现金流量科目则必须输入现金流量项目及金额。

> 系统在填制凭证功能中,一般按照凭证类别、按月自动编号,即"系统编号"。但有的企业需要系统允许在制单时,手工录入凭证编号,即"手工编号"。

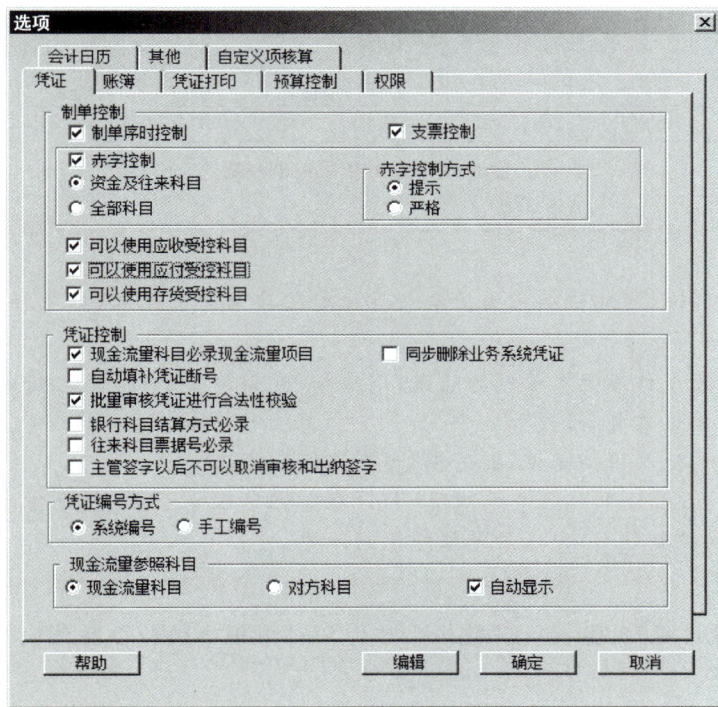

图 3-4　设置凭证控制参数

(3) 单击"账簿"页签,默认对应账簿控制参数。

(4) 单击"凭证打印"页签,默认参数。

(5) 单击"预算控制"页签,默认参数。

(6) 单击"权限"页签,选择"出纳凭证必须经由出纳签字""明细账查询权限控制到科目"选项,取消选择"允许修改、作废他人填制的凭证"选项,如图 3-5 所示。

3

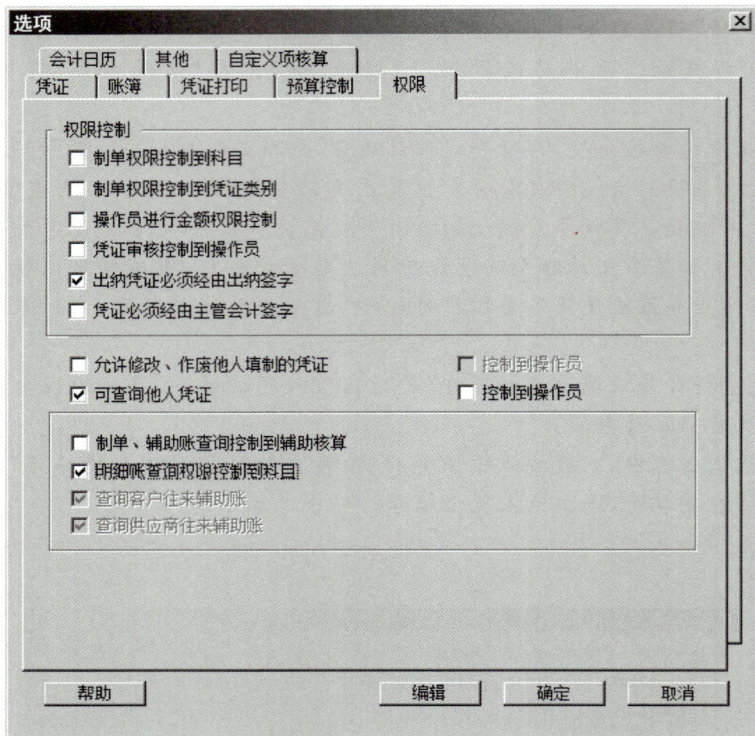

图 3-5　设置权限控制参数

小提示!

➤ 若要求现金、银行科目凭证必须由出纳人员核对签字后才能记账,则选择"出纳凭证必须经由出纳签字"。

➤ 若制单时可修改或作废他人填制的凭证,则选择"允许修改、作废他人填制的凭证",否则不选,即"谁制单谁作废/修改"。

➤ 允许操作员查询他人填制凭证,则选择"可查询他人凭证"。

➤ 在系统管理中,设置了明细账查询权限,必须在总账选项中设置"明细账查询权限控制到科目"才能起到控制作用,即这里是权限控制开关。

---

(7) 单击"会计日历"页签,更改"数量小数位"和"单价小数位",数值由"5"调整到"2",如图 3-6 所示。

小提示!

➤ 总账管理系统启用日期在此呈现灰色,即只能查看,不能修改,如果需要修改,必须到系统管理中修改,但是当总账管理系统已录入期初余额、已制单时,则不能修改。

---

(8) 单击"其他"页签,调整部门、个人、项目排序方式由"按名称排序"为"按编码排序",如图 3-7 所示。

3

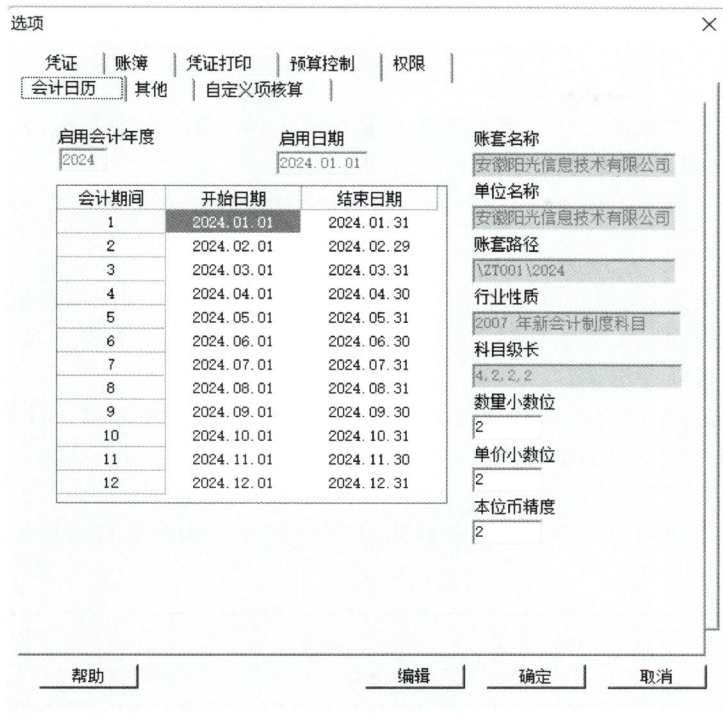

图 3-6 修改会计日历控制参数

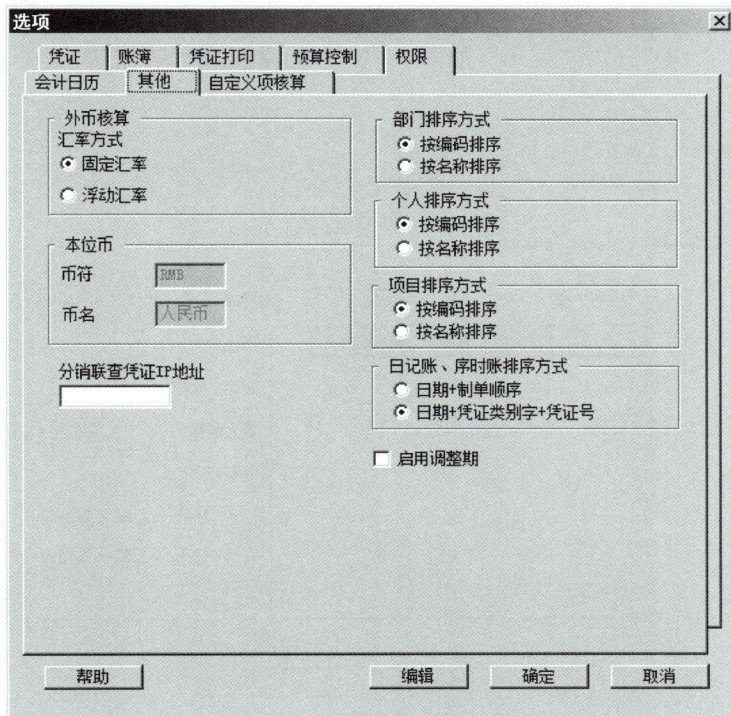

图 3-7 修改其他控制参数

　　（9）单击"确定"按钮保存，系统自动关闭"选项"窗口。

> **小提示！**
> ➤ 总账管理系统的参数设置将决定总账管理系统的输入控制、处理方式、数据流向、输出格式等，设定后一般不能随意改变。

3

二、外币及汇率设置

　　企业若有外币业务，要对外币及汇率进行设置。这里只是录入固定汇率值与浮动汇率值，并不决定在制单时使用固定汇率还是浮动汇率，而在"账簿"选项中的"汇率方式"的设置中，决定制单使用固定汇率还是浮动汇率。

　　如果使用固定汇率，则应在每月月初录入记账汇率（即期初汇率），月末计算汇兑损益时录入调整汇率（即期末汇率）。如果使用浮动汇率，则应每天在此录入当日汇率。

【业务资料】

外币及期初汇率设置

　　安徽阳光公司账套使用外币及汇率资料如表3-2所示。根据资料增加外币及汇率。

表3-2　　　　　　　　　　　　　　　　外币及汇率

币　符	币　名	固定汇率
USD	美元	6.725

【操作步骤】

　　（1）以"001学生本人"身份登录企业应用平台，单击"基础设置"/"基础档案"/"财务"，双击"外币设置"，打开外币设置窗口。

　　（2）输入币符"USD"、币名"美元"，如图3-8所示，单击"确认"按钮。

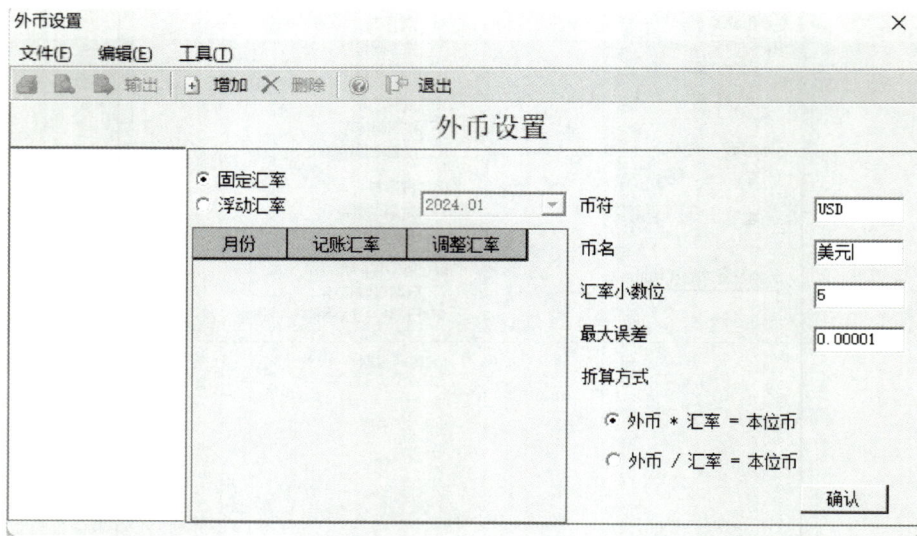

图3-8　设置外币

　　（3）输入2024年1月记账汇率"6.725"，如图3-9所示。

　　（4）单击"退出"按钮，系统提示"是否退出？"，单击"是"按钮返回。

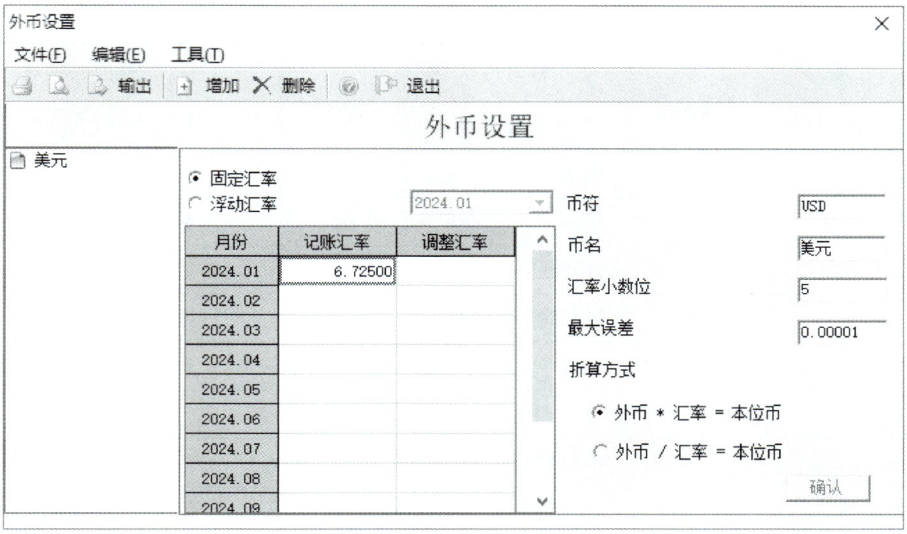

图 3-9　录入期初汇率

三、会计科目设置

会计科目是填制凭证、登记账簿和编制报表的基础。会计科目是对会计对象具体内容分门别类进行核算所规定的项目,它是一个完整的体系,是区别于流水账的标志。会计科目的完整性影响着会计核算过程的顺利实施,会计科目设置的层次、深度直接影响会计核算的详细、准确程度。

(一) 会计科目增加

由于建立账套过程中选择了行业性质及按行业性质预置会计科目,系统提供了与之对应的会计科目表,但企业结合自身管理需要,还要增加明细会计科目。

【业务资料】

安徽阳光公司使用的会计科目如表 3-3 所示。根据资料进行会计科目增加。

表 3-3　　　　　　　　　　　　　　会计科目明细

科 目 编 码	科 目 名 称	辅助账核算
100201	工行存款	日记账、银行账
100202	中行存款	外币核算(美元) 日记账、银行账
101201	存出投资款	
110101	成本	
122101	应收单位款	客户往来(不受控)
122102	应收个人款	个人往来
140301	生产用原材料	
14030101	酷睿双核处理器	数量核算(盒)
14030102	500GB 硬盘	数量核算(盒)

增加会计科目

续　表

科 目 编 码	科 目 名 称	辅助账核算
14030103	23 英寸液晶屏	数量核算（台）
14030104	键盘	数量核算（只）
14030105	鼠标	数量核算（只）
140501	计算机	数量核算（台）
140502	HP 激光打印机	数量核算（台）
140503	光盘	数量核算（张）
190101	待处理流动资产损溢	
190102	待处理固定资产损溢	
220201	应付货款	供应商往来
220202	应付暂估款	供应商往来（不受控）
221101	职工工资	
221102	职工福利费	
221103	工会经费	
221104	职工教育经费	
222101	应交增值税	
22210101	进项税额	
22210102	销项税额	
222102	未交增值税	
223101	借款利息	
410415	未分配利润	
500101	直接材料	项目核算
500102	直接人工	项目核算
500103	制造费用	项目核算
500104	折旧费	项目核算
500105	其他	项目核算
510101	工资	
510102	折旧费	
510103	其他	
660201	薪资	部门核算
660202	福利费	部门核算
660203	办公费	部门核算

续　表

科 目 编 码	科 目 名 称	辅助账核算
660204	差旅费	部门核算
660205	折旧费	部门核算
660206	招待费	部门核算
660207	其他	部门核算
660301	利息支出	
660302	汇兑损益	
6702	信用减值损失	
6115	资产处置损益	

【操作步骤】

（1）以"001学生本人"身份登录企业应用平台，单击"基础设置"/"基础档案"/"财务"，双击"会计科目"，打开会计科目窗口。

（2）单击"增加"按钮，打开新增会计科目窗口，输入科目编码"100201"、科目名称"工行存款"，选中"日记账""银行账"，如图3-10所示。

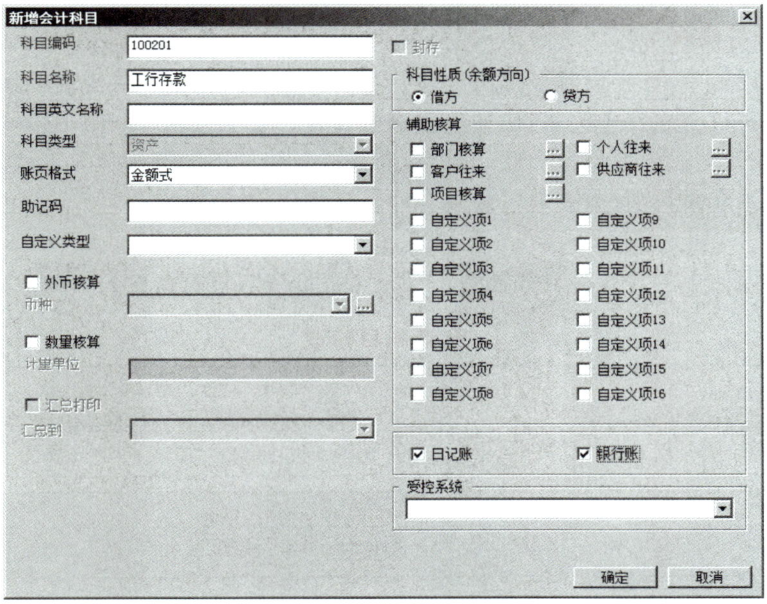

图 3-10　新增会计科目

（3）单击"确定"按钮保存，继续增加其余会计科目资料。

小提示！

➤ 会计科目编码应符合编码规则。

➤ 增加会计科目时，要注意其辅助核算形式，系统提供了部门核算、个人往来核算、客户往来核算、供应商往来核算和项目核算五种专项核算功能。一个会计科目可同时设置两种专

3

项核算,如管理费用可同时设置部门核算和项目核算。但个人往来核算不能与其他专项同时设置,客户与供应商核算也不能同时设置。

➤ 辅助账类必须设置在末级科目上,但为了查询或出账方便,有些科目也可以在末级和上级设辅助账类。但若只在上级科目设辅助账类,其末级科目没有设辅助账类,系统将不承认,不予处理。

➤ 设置辅助核算要慎重,若科目已有数据,而要对科目的辅助核算进行修改,则很可能会造成总账与辅助账对账不平。

➤ 其他核算说明科目有无其他要求,如银行账、现金账。一般而言,现金科目要设为日记账,银行科目要设为银行账和日记账。

➤ 外币核算用于设定是否有外币核算的核算科目,一个科目只能核算一种外币。

➤ 数量核算用于设定是否有数量核算的核算科目。

➤ 增加会计科目时,还应注意会计科目的"账页格式",一般情况下为"金额式",也可能是"数量金额式"。如果是数量金额式,还应继续设置计量单位,否则仍不能同时进行数量金额核算。

➤ 如果新增科目与原有的某一个科目相同或类似,则可采用"复制"的方法快速设置会计科目。

(二) 会计科目修改

在基础档案设置中,已经设置了部门档案、人员档案、客户档案和供应商档案等内容,企业会计核算需要会计科目与之发生关联,比如应收账款与客户发生关联,即客户是应收账款下的明细核算形式,应付账款与供应商发生关联,即供应商是应付账款下的明细核算形式。如何将基础档案与会计科目联系起来,这就需要通过修改会计科目操作完成。

【业务资料】

安徽阳光公司使用的会计科目如表 3-4 所示,根据资料进行会计科目修改。

修改会计
科目

表 3-4　　　　　　　　　　　　会计科目修改

科 目 编 码	科 目 名 称	辅 助 核 算
1122	应收账款	客户往来
1123	预付账款	供应商往来
2201	应付票据	供应商往来
2203	预收账款	客户往来

【操作步骤】

(1) 以"001 学生本人"身份登录企业应用平台,单击"基础设置"/"基础档案"/"财务",双击"会计科目",打开会计科目窗口。

(2) 选中"1122 应收账款"会计科目,单击"修改"按钮,打开"会计科目 修改"窗口,单击"修改",选中"客户往来"辅助核算,如图 3-11 所示。

(3) 单击"确定"按钮保存,单击"返回"按钮回到会计科目窗口,继续修改其他会计科目辅助核算信息。

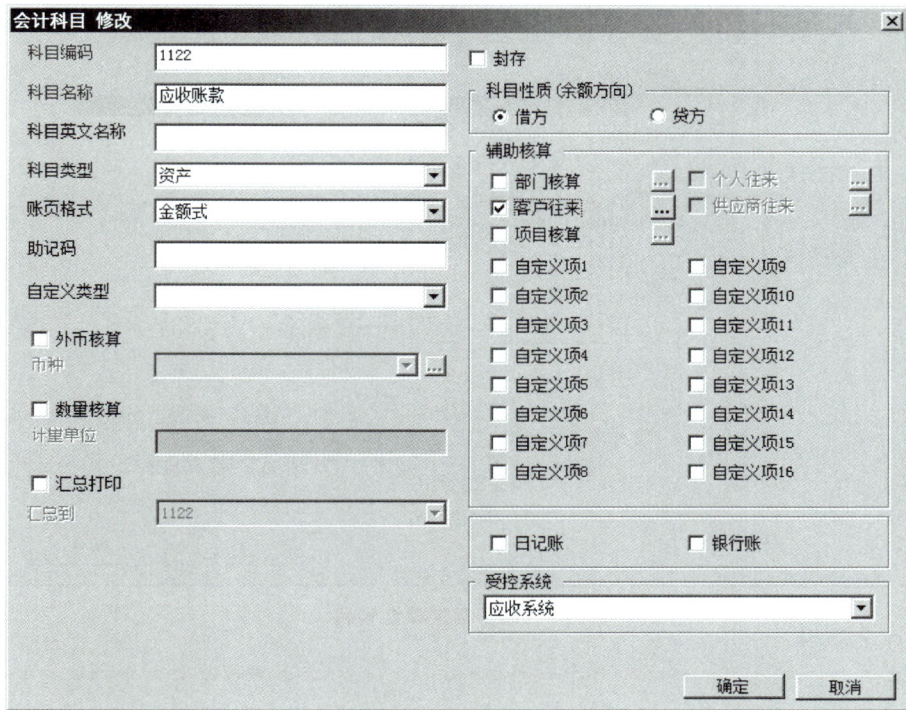

图 3 - 11　修改会计科目

> **小提示！**
> ➤ "无受控系统"即该账套不使用"应收系统"和"应付系统",应收应付业务均以"辅助账"形式在总账系统核算。本账套需要启用应收系统和应付系统,因此需要受控。
> ➤ 凡是设置有辅助核算内容的会计科目,在填制凭证时,都需要填制具体的辅助核算内容,否则凭证拒绝保存。

（三）会计科目指定

现金总账科目和银行存款总账科目是出纳专管科目,只有指定会计科目后才能执行出纳签字,查看库存现金、银行存款日记账,从而实现现金、银行存款管理的保密性。指定会计科目包括指定现金科目、银行科目和现金流量科目。

【业务资料】

安徽阳光公司会计核算需要指定现金和银行科目。

【操作步骤】

（1）以"001 学生本人"身份登录企业应用平台,单击"基础设置"/"基础档案"/"财务",双击"会计科目",打开会计科目窗口。

（2）下拉"编辑"菜单,执行"指定会计科目"命令,打开指定科目窗口。

（3）选中"1001 库存现金",单击" > "按钮,将其从"待选科目"选到"已选科目"中,如图 3 - 12 所示。

（4）同理设定"1002 银行存款"为银行科目。

指定会计科目

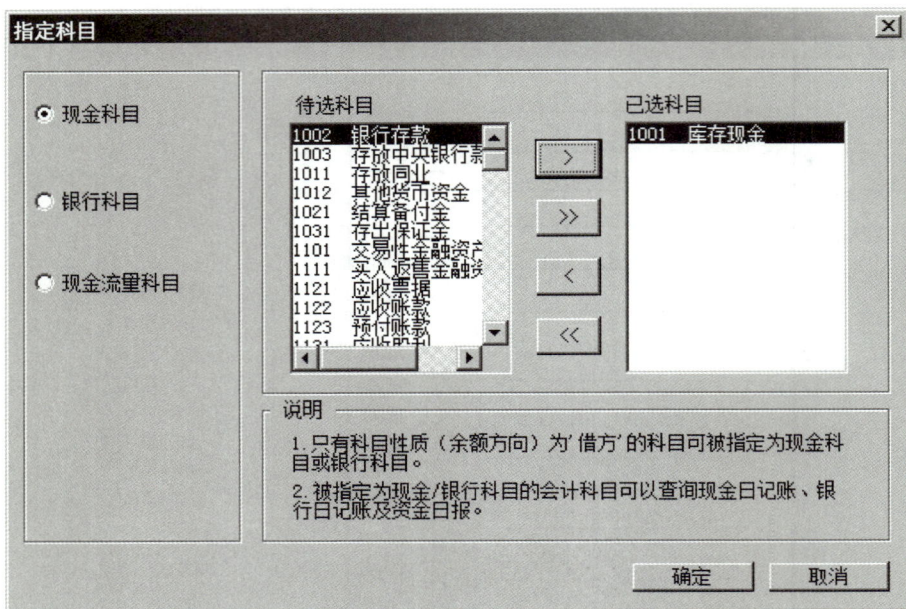

图 3 - 12　指定现金科目

> **小提示!**
> ➢ 被指定为现金科目和银行科目的必须是一级科目。

四、凭证类别设置

许多单位为了便于管理或登账方便,一般对记账凭证进行分类编制,但各单位的分类方法不同,所以系统提供了"凭证类别"功能,用户完全可以按照单位的需要对凭证进行分类,如果是第一次进行凭证类别设置,可以按常用分类方式进行定义。

【业务资料】

安徽阳光公司凭证类别如表 3-5 所示。

设置凭证
类别

表 3-5　　　　　　　　　　凭 证 类 别

凭 证 类 别	限 制 类 型	限 制 科 目
收款凭证	借方必有	1001,100201,100202
付款凭证	贷方必有	1001,100201,100202
转账凭证	凭证必无	1001,100201,100202

【操作步骤】

(1)以"001 学生本人"身份登录企业应用平台,单击"基础设置"/"基础档案"/"财务",双击"凭证类别",打开凭证类别预置窗口。

(2)选中"收款凭证 付款凭证 转账凭证"单选按钮,如图 3-13 所示。

(3)单击"确定"按钮,打开凭证类别窗口。

(4)单击"修改"按钮,双击"收款凭证"所在行的"限制类型"栏,出现下三角按钮,从下拉列表中选择"借方必有",在"限制科目"栏录入"1001,100201,100202",或单击限制科目栏参照按钮,分别选择"1001,100201,100202",同理完成付款凭证和转账凭证的限制科目设置,如图3-14所示。

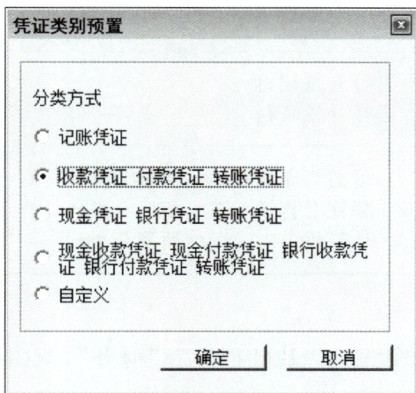

图3-13 凭证类别预置

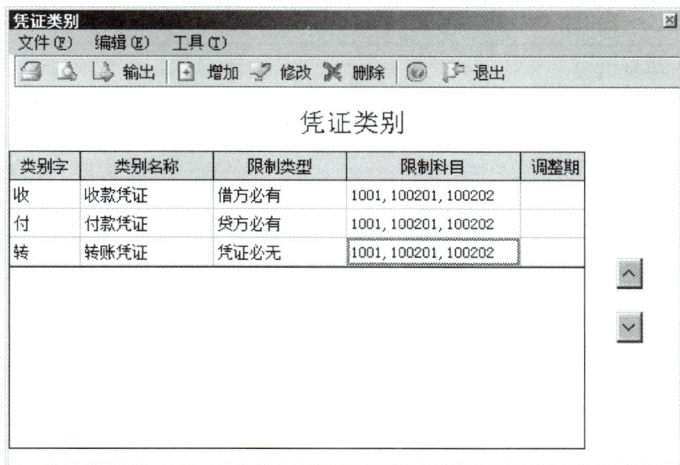

图3-14 设置限制科目

（5）单击"退出"按钮。

小提示!
- 如果在限制科目栏直接录入科目编码,则编码间的标点符号应为英文状态下的标点符号,否则系统会提示科目编码错误。
- 若限制科目为非末级科目,则在制单时,其所有下级科目都将受到同样的限制。
- 限制科目的设置是为了在填制凭证时,系统根据定义自动判断该凭证是否属于对应的凭证类别,若不匹配,则系统拒绝保存凭证,即自动检测错误提醒。
- 已使用的凭证类别不能删除,也不能修改类别字。

五、项目目录设置

企业在实际业务处理中,会对多种类型的项目进行核算和管理,如在建工程、对外投资、技术改造、融资成本、在产品成本。因此,可以将具有相同特性的一类项目定义成一个项目大类,一个项目大类可以核算多个项目,为了便于管理,还可对这些项目进行分类管理,也可将存货、成本对象、现金流量、项目成本作为核算的项目分类。

使用项目核算与管理的首要步骤是设置项目档案。项目档案设置包括增加或修改项目大类,定义项目级次、栏目,设置项目核算科目、项目结构、项目分类定义,并进行项目目录的维护。具体操作流程如图3-15所示。

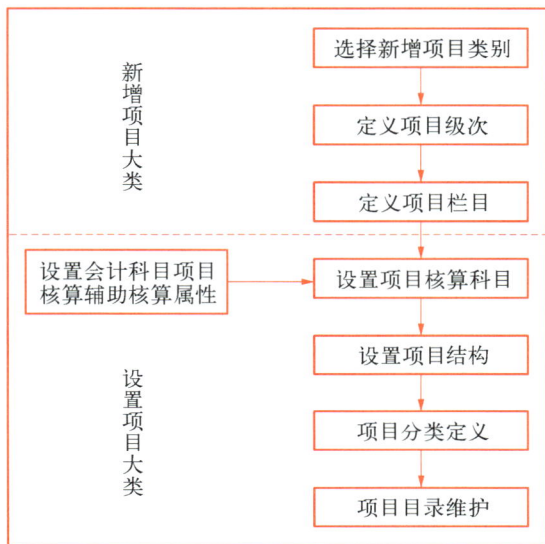

图3-15 项目目录的操作流程

【业务资料】

安徽阳光公司项目档案如表 3－6 所示。根据资料增加项目档案。

表 3－6　　　　　　　　　　　项 目 档 案

项目设置 步骤	设 置 内 容	项目设置 步骤	设 置 内 容
项目大类	生产成本	项目分类	1　自行开发项目 2　委托开发项目
核算科目	直接材料 500101 直接人工 500102 制造费用 500103 折旧费 500104 其他 500105	项目名称	101　普通打印纸－A4　所属分类码　1 102　凭证套打纸－8X　所属分类码　1 103　计算机　　　　　所属分类码　1

【操作步骤】

（1）以"001 学生本人"身份登录企业应用平台，单击"基础设置"/"基础档案"/"财务"，双击"项目目录"，打开项目档案窗口。

（2）单击"增加"按钮，打开"项目大类定义 增加"窗口，输入新项目大类名称"生产成本"，如图 3－16 所示。

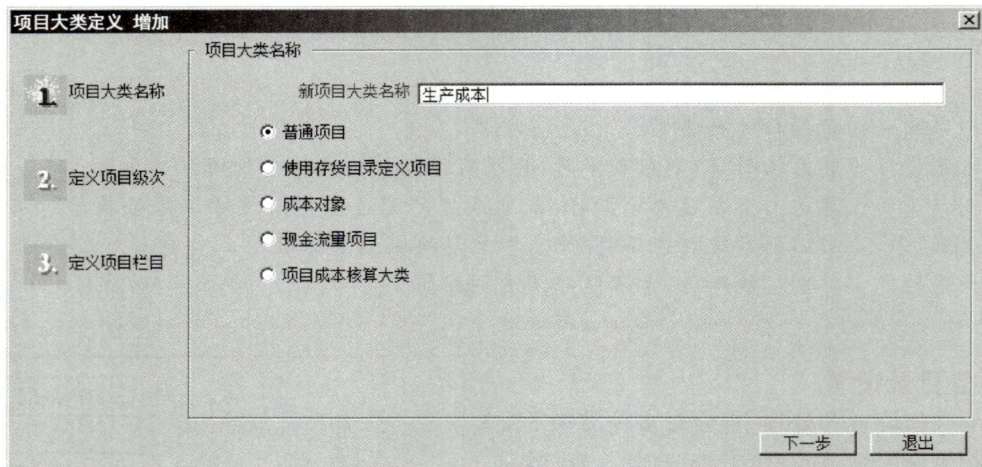

图 3－16　定义项目大类

（3）单击"下一步"按钮，输入要定义的项目级次，本例采用默认。

（4）单击"下一步"按钮，输入要修改的项目栏目，本例采用默认。

（5）单击"完成"按钮，返回项目档案窗口。

小提示！

➤ 项目大类名称是该类项目的总称，而不是会计科目名称。

（6）选择项目大类"生产成本"，单击" ≫ "按钮，将生产成本明细科目从"待选科目"变为"已选科目"，如图 3－17 所示。

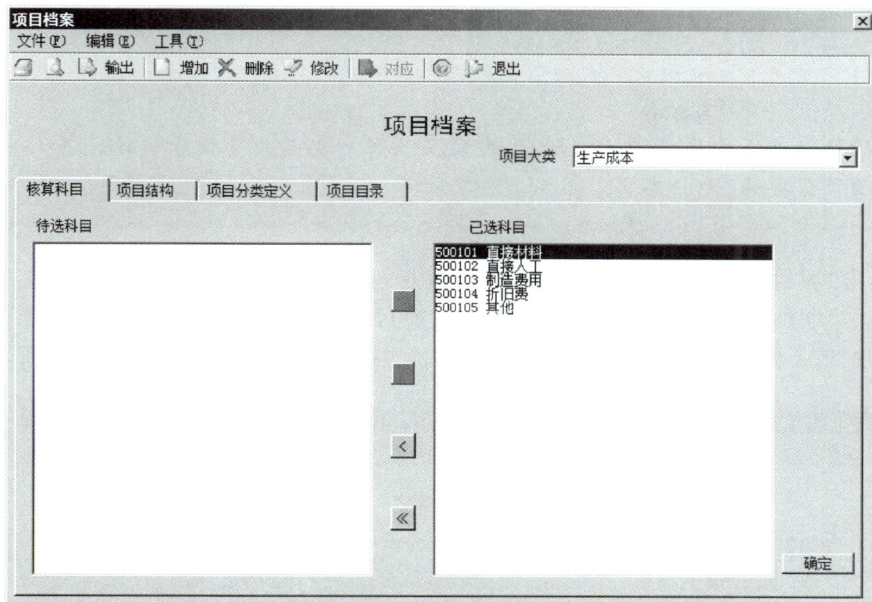

图 3 - 17　选择核算科目

（7）单击"确定"按钮。

小提示！
➤ 一个项目大类可指定多个科目，一个科目只能指定一个项目大类。

（8）单击"项目分类定义"选项卡，输入分类编码"1"、分类名称"自行开发项目"，如图 3 - 18 所示。

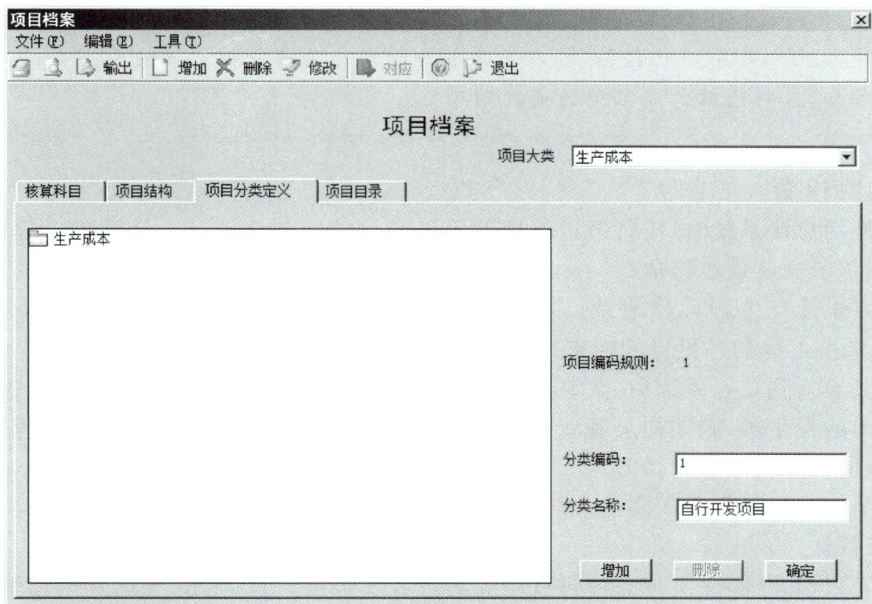

图 3 - 18　定义项目分类

（9）单击"确定"按钮保存，继续输入委托开发项目分类。

小提示！

➤ 对同一项目大类下的项目进一步划分，即定义项目分类是为了便于统计。若无分类，也必须定义项目分类为"无分类"。

（10）单击"项目目录"选项卡，单击右下角"维护"按钮，进入项目目录维护窗口。

（11）单击"增加"按钮，输入项目编号"101"、项目名称"普通打印纸-A4"，选择所属分类码"1"，继续增加"102 凭证套打纸-8X"和"103 计算机"项目，完成后保存如图 3-19 所示。

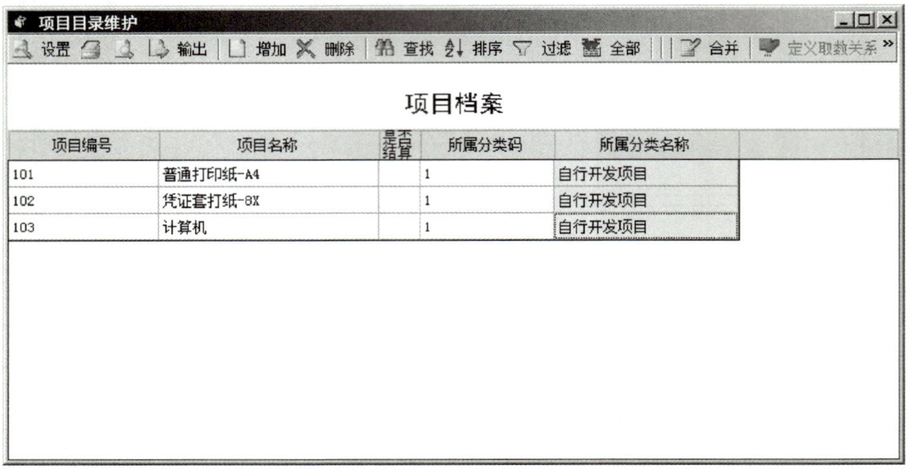

图 3-19　设置项目档案

小提示！

➤ 是否结算为"Y"，即项目已经结算，在后续业务处理中将不能被选择使用。

➤ 在每年年初，应将已结算或不用的项目删除。

六、期初余额设置

在开始使用总账系统时，应将经过整理的手工账目的期初余额录入计算机。若企业是在年初建账，则期初余额就是年初余额，若是年中启用总账系统，则应将各账户此时的余额和年初到此时的借贷方累计发生额计算清楚。例如，某企业 2024 年 4 月启用总账系统，则应将该企业 2024 年 3 月末手工账的各科目的期末余额及 1—3 月的累计发生额计算出来，准备作为启用系统的期初余额录入到总账系统中，系统将自动计算出年初余额。若企业是在年初建账，或不反映启用日期以前的发生额，则期初余额就是年初数。若科目还有辅助核算，还应整理各辅助项目的期初余额，以便在期初余额中录入。

期初余额的录入分为总账期初余额录入和辅助账期初余额录入。

【业务资料】

安徽阳光公司 2024 年 1 月会计科目总账期初余额如表 3-7 所示，辅助账期初余额如表 3-8—表 3-12 所示。根据资料录入期初余额。

总账期初
余额设置

表 3 - 7　　　　　　　　　　总账期初余额

科 目 名 称	辅 助 核 算	方 向	期初余额/元
库存现金 1001	日记	借	6 875.70
银行存款 1002	日记、银行	借	511 057.16
工行存款 100201	日记、银行	借	511 057.16
其他货币资金 1012		借	60 000.00
存出投资款 101201		借	60 000.00
应收账款 1122	客户往来	借	242 600.00
其他应收款 1221		借	3 800.00
应收个人款 122102	个人往来	借	3 800.00
坏账准备 1231		贷	10 000.00
材料采购 1401		借	80 000.00
原材料 1403		借	1 004 000.00
生产用原材料 140301		借	1 004 000.00
酷睿双核处理器 14030101	数量核算	借	840 000.00
		盒	700
500GB 硬盘 14030102	数量核算	借	164 000.00
		盒	200
材料成本差异 1404		借	1 642.00
库存商品 1405		借	2 554 000.00
计算机 140501	数量核算	借	1 824 000.00
		台	380
HP 激光打印机 140502	数量核算	借	730 000.00
		台	400
固定资产 1601		借	476 330.00
累计折旧 1602		贷	84 375.66
无形资产 1701		借	58 500.00
短期借款 2001		贷	200 000.00
应付票据 2201		贷	150 000.00
应付账款 2202		贷	276 850.00
应付货款 220201	供应商往来	贷	276 850.00
应付职工薪酬 2211		贷	8 200.00
职工工资（221101）		贷	8 200.00
应交税费 2221		贷	−16 800.00

续　表

科　目　名　称	辅助核算	方　向	期初余额/元
应交增值税 222101		贷	−16 800.00
进项税额 22210101		贷	−33 800.00
销项税额 22210105		贷	17 000.00
其他应付款 2241		贷	2 100.00
实收资本 4001		贷	2 942 267.25
利润分配 4104		贷	1 358 977.69
未分配利润 410415		贷	1 358 977.69
生产成本 5001		借	17 165.74
直接材料 500101	项目核算	借	10 000.00
直接人工 500102	项目核算	借	4 000.74
制造费用 500103	项目核算	借	2 000.00
折旧费 500104	项目核算	借	1 165.00

表 3 - 8　　　　1122 应收账款

日　期	客　户	业务员	方　向	期初余额/元
2023 - 12 - 10	昌新贸易公司	孙　健	借	58 000.00
2023 - 12 - 15	科信公司	孙　健	借	85 000.00
2023 - 12 - 25	华宏公司	孙　健	借	99 600.00

表 3 - 9　　　　122102 其他应收款——应收个人款

日　期	部　门	个　人	方　向	期初余额/元
2023 - 12 - 05	总经理办公室	肖　剑	借	2 000.00
2023 - 12 - 26	销售部	孙　健	借	1 800.00

表 3 - 10　　　　2201 应付票据

票据号	日　期	供应商	业务员	方　向	期初余额/元
20231222	2023 - 12 - 22	百胜公司	李　平	贷	150 000.00

表 3 - 11　　　　220201 应付账款——应付货款

日　期	供应商	业务员	方　向	期初余额/元
2023 - 12 - 20	兴华公司	李　平	贷	276 850.00

表 3-12		5001 生产成本		单位：元
科 目 名 称	普通打印纸-A4	凭证套打纸-8X	合 计	
直接材料 500101	4 000.00	6 000.00	10 000.00	
直接人工 500102	1 500.00	2 500.74	4 000.74	
制造费用 500103	800.00	1 200.00	2 000.00	
折旧费 500104	500.00	665.00	1 165.00	
合 计	6 800.00	10 365.74	17 165.74	

【操作步骤】

（1）以"001学生本人"身份登录企业应用平台，单击"业务工作"/"财务会计"/"总账"/"设置"，双击"期初余额"，打开期初余额录入窗口。

（2）系统只要求录入最末级科目的余额，表现颜色为白色，如"1001库存现金"，直接录入期初余额"6 875.70"，"100201工行存款"直接录入余额"511 057.16"，如图3-20所示。

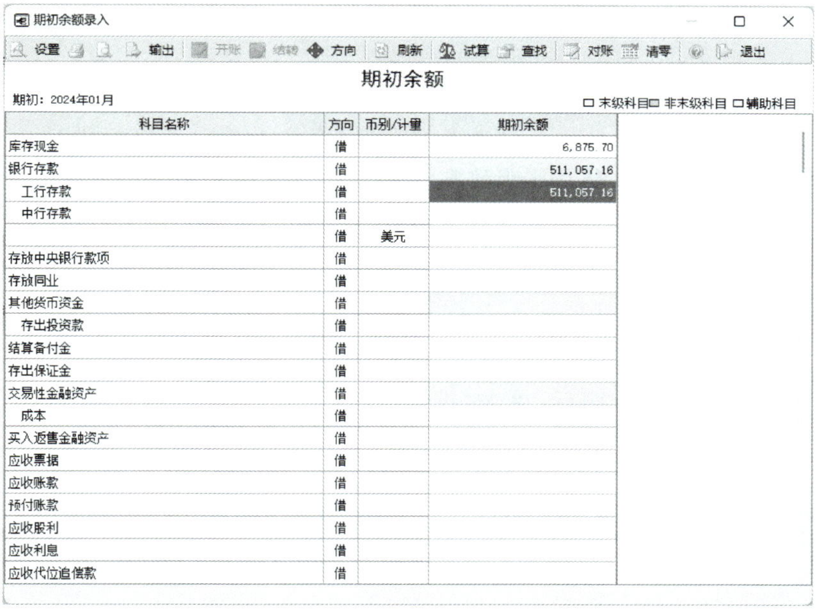

图 3-20 录入"库存现金"和"银行存款/工行存款"期初余额

小提示！

➤ 总账科目与其下级科目的方向必须一致，如果所录入明细余额方向与总账余额方向相反，则用"一"号表示。如进项税额为借方余额，但期初余额录入界面中，进项税额的余额方向必须与上级科目"应交税费"一致，即为贷方。因此需要录入"-33 800"。

➤ 灰色单元为非末级科目，不允许录入期初余额，待下级科目余额录入完成后自动汇总生成。

➤ 如果某科目为数量或外币核算，应录入期初数量或外币余额。

（3）设置了辅助核算的科目底色显示为浅黄色，双击“期初余额”栏，进入相应辅助账窗口，按明细资料输入每笔业务的金额后，如图 3－21 所示，再单击“汇总”，系统自动将汇总金额带入“期初余额”。

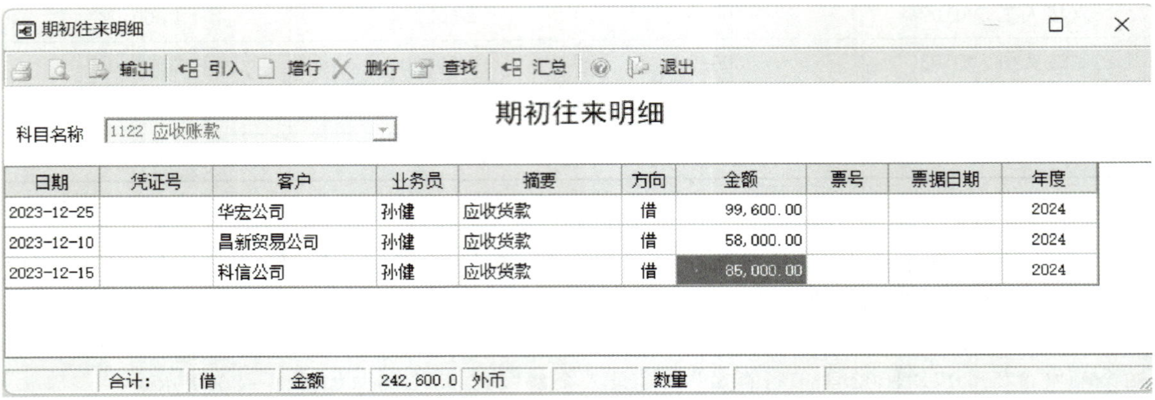
期初往来明细
输出 引入 增行 删行 查找 汇总 退出
期初往来明细
科目名称 1122 应收账款
日期 凭证号 客户 业务员 摘要 方向 金额 票号 票据日期 年度
2023-12-25 华宏公司 孙健 应收货款 借 99,600.00 2024
2023-12-10 昌新贸易公司 孙健 应收货款 借 58,000.00 2024
2023-12-15 科信公司 孙健 应收货款 借 85,000.00 2024
合计: 借 金额 242,600.0 外币 数量

图 3－21 录入应收账款辅助账期初余额

小提示！

- 如果录入余额的科目有辅助核算的内容，则系统会自动为该科目开设辅助账页。相应地，在输入期初余额时，该科目总账的期初余额是由辅助账的期初明细汇总而来的，即不能直接输入总账期初数，应录入辅助核算的明细内容，若发生差错，也应修改明细内容。
- 系统只能对月初余额的平衡关系进行试算，而不能对年初余额进行试算。

（4）输完所有会计科目余额后，单击“试算”按钮，打开期初试算平衡表窗口，如图 3－22 所示。

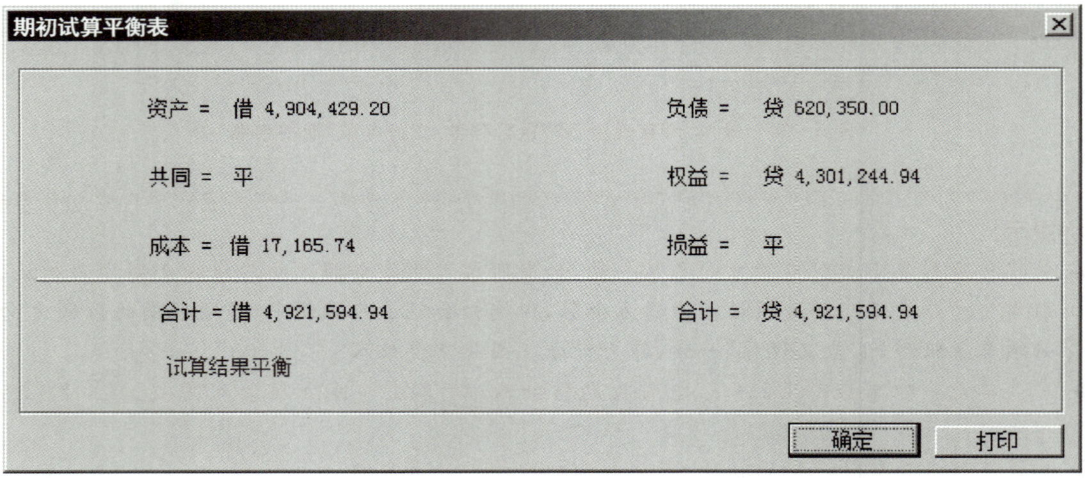
期初试算平衡表
资产 = 借 4,904,429.20
负债 = 贷 620,350.00
共同 = 平
权益 = 贷 4,301,244.94
成本 = 借 17,165.74
损益 = 平
合计 = 借 4,921,594.94
合计 = 贷 4,921,594.94
试算结果平衡
确定
打印

图 3－22 期初试算平衡表

> **小提示！**
> ➤ 期初余额试算不平衡,将不能记账,但可以填制凭证,所以若期初余额不平衡,则要认真检查原因,及时修改,直至期初余额试算平衡为止。
> ➤ 凭证记账后,期初余额变为只读状态,不能再修改。
> ➤ 总账管理系统初始化结束,将账套备份至"D:/001账套备份/财务管理/实验三总账管理初始化"文件夹中。

3

任务三　总账管理系统凭证处理

【任务描述】

　　初始化设置完成后,便可以开始进行日常业务处理了。凭证处理是总账日常业务处理中的关键环节,也是总账管理最基本、最主要的数据来源,凭证的正确性将直接影响到整个会计信息的质量。如何快速、正确地输入凭证是凭证处理的重点。本任务要求了解总账管理系统凭证处理的基本内容及对应操作方法,包括填制凭证、出纳签字、审核凭证、记账、恢复记账前状态等。

【知识准备与业务操作】

一、总账管理系统日常账务处理操作流程

　　当总账管理系统初始化设置完成后,就可以开始进行总账日常账务处理了。总账管理日常账务处理工作繁杂,内容较多,本任务以一般会计业务流程为线索,结合具体业务介绍凭证的填制、修改、审核、记账等操作,操作流程如图3-23所示。

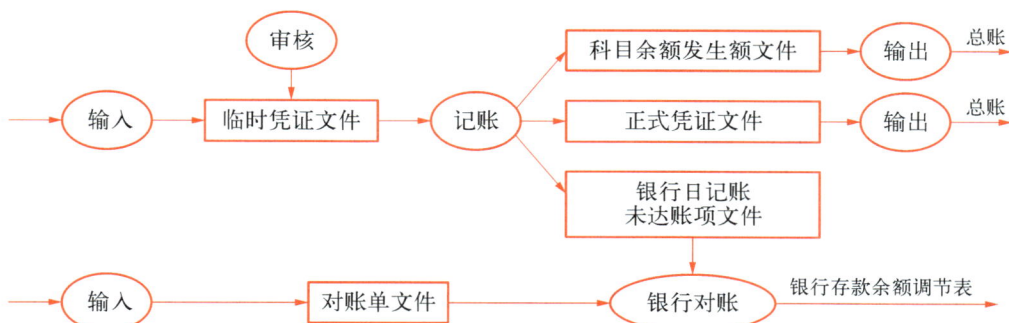

图3-23　总账日常账务处理操作流程

二、填制凭证

　　记账凭证是账务处理的起点,也是登记账簿的依据,是总账管理系统数据处理的唯一数据源。日常业务处理首先从填制凭证开始。实行计算机处理账务后,后续电子账务的准确性和完整性完全依赖于记账凭证,因此务必要准确完整地输入记账凭证。

（一）记账凭证录入方式

记账凭证产生途径有以下3种：
（1）根据审核无误的原始凭证直接在计算机上填制。

（2）先由人手工编制记账凭证，再输入计算机。

（3）计算机自动生成的机制凭证。

记账凭证输入方法采用键盘输入、磁盘引入、网络传输和自动生成机制凭证 4 种方式，键盘输入是最常用的方式。

（二）记账凭证的基本内容及其填制方法

记账凭证构成要素如图 3-24 所示。

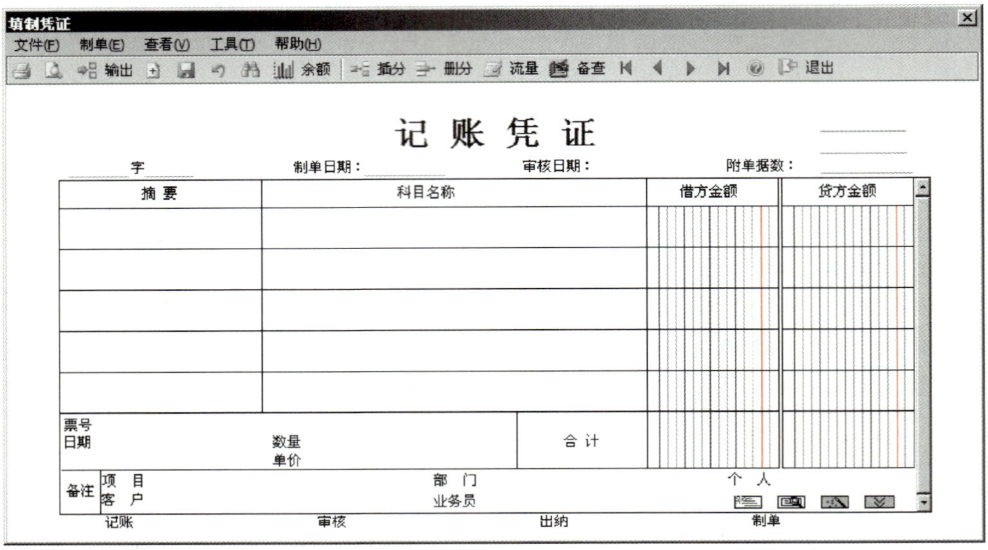

图 3-24 记账凭证

1. 凭证类别

凭证类别是在总账管理系统初始化时设定的，一般由操作员根据单位业务特点和管理需要，参照选择凭证类型或输入凭证类型名称。

2. 制单日期

制单日期即填制凭证的日期，系统自动取当前操作日期为记账凭证填制的日期。如果选择制单序时控制，则凭证日期应随凭证号递增而递增。凭证日期应晚于或等于启用日期，但不能超过业务日期。

3. 附单据数

记账凭证所附的原始凭证张数，一般根据实际原始凭证自然张数填入即可，涉及需要将多张原始凭证粘贴到一张空白粘贴单中（如出差报销差旅费业务）时，一张粘贴单算一张原始凭证。

4. 摘要

手工处理时，一张凭证仅需填制一个完整的摘要，而信息化系统中，摘要是以"行"为单位编制的，即凭证中的每一行都要有一个相对独立的摘要。系统为了提高凭证录入速度，提供了摘要库，可以事先对一些使用频率高、内容较为规范的凭证摘要进行定义保存，以便需要时调用。

5. 会计科目

必须输入末级科目，系统允许用户以输入科目编码、助记码和科目名称等任意一种方法来录入科目。在输入的过程中，系统会完成一些自动检查程序，如检查科目是否已经设置、检查科目是否为末级科目。

6. 辅助信息

当科目具有辅助核算时,系统提示输入相应的辅助信息。如果需要对所录入的辅助信息进行修改,可双击要修改的项,系统显示辅助信息录入窗口,可进行修改。对于要进行数量核算的科目,屏幕提示用户输入"数量""单价",系统根据"数量×单价"自动计算出金额,并将金额先放在借方,可按"空格键"调整金额方向。对于外币核算的科目,系统自动将凭证格式改为"外币式",如果系统有其他辅助核算,则先输入其他辅助核算后,再输入外币信息。当科目为"银行科目"时,则屏幕提示输入"结算方式""票号"及"发生日期"。其中"结算方式"输入往来结算方式,"票号"应输入结算号或支票号,"发生日期"应输入该笔业务发生的日期,"发生日期"主要用于银行对账。当科目需要部门核算、个人往来核算、客户往来核算、供应商往来核算时,需要输入相应的辅助核算信息。

7. 金额

该笔分录的借方或贷方本币发生额,不能为零,但可以是红字,红字金额以"负数"形式输入。金额输入分直接输入和计算机生成两种情况。

8. 合计

合计是指一张凭证上的借方金额合计和贷方金额合计。在合计栏中可以看出借贷方是否平衡,若不平衡,保存时系统会拒绝存盘并提示用户进行修改,直到修改至平衡为止。

【业务资料】

引入实验三总账管理初始化账套备份文件,安徽阳光公司 2024 年 1 月份发生的经济业务如下,要求填制凭证。

总账日常凭证填制

(1) 1 日,销售部王丽购买办公用品,取得增值税专用发票,注明价款 200 元,税额 26 元,以现金支付,附单据 1 张。

借：销售费用	200
应交税费——应交增值税(进项税额)	26
贷：库存现金	226

(2) 3 日,财务部王晶从工行提取现金 10 000 元,作为备用金,现金支票号 XJ001。

借：库存现金	10 000
贷：银行存款——工行存款	10 000

(3) 5 日,收到兴华集团投资资金 10 000 美元,汇率 1∶6.725,转账支票号 ZZW001。

借：银行存款——中行存款	67 250
贷：实收资本	67 250

(4) 8 日,采购部白雪采购 23 英寸液晶屏 10 台,每台 5 000 元,取得增值税专用发票,价款 50 000 元,税额 6 500 元,材料直接入库,货款以工行存款支付,转账支票号 ZZR001。

借：原材料——生产用原材料——23 英寸液晶屏	50 000
应交税费——应交增值税(进项税额)	6 500
贷：银行存款——工行存款	56 500

（5）12 日，销售部王丽收到华宏公司转来一张转账支票，金额 99 600 元，用以偿还前欠货款，转账支票号 ZZR002。

借：银行存款——工行存款	99 600
贷：应收账款——华宏公司	99 600

（6）14 日，采购部白雪从兴华公司购入"管理革命"光盘 100 张，单价 80 元，取得增值税专用发票，货税款暂欠，商品已验收入库，适用税率 13％。

借：库存商品——光盘	8 000
应交税费——应交增值税（进项税额）	1 040
贷：应付账款——应付货款——兴华公司	9 040

（7）16 日，总经理办公室支付业务招待费，取得增值税专用发票，注明价款 1 200 元，税额 72 元，工行转账支付，支票号 ZZR003。

借：管理费用——招待费	1 200
应交税费——应交增值税（进项税额）	72
贷：银行存款——工行存款	1 272

（8）18 日，总经理办公室肖剑出差归来，报销差旅费 1 651 元，增值税税额 149 元，交回现金 200 元。

借：管理费用——差旅费	1 651
应交税费——应交增值税（进项税额）	149
库存现金	200
贷：其他应收款——应收个人款	2 000

（9）20 日，一车间领用 23 英寸液晶屏 5 台，单价 5 000 元，用于生产计算机。

借：生产成本——直接材料	25 000
贷：原材料——生产用原材料——23 英寸液晶屏	25 000

（10）20 日，从金融证券市场购买 5 000 股股票，每股 10 元，手续费 150 元，增值税税率 6％，短期持有。

借：交易性金融资产——成本	50 000
投资收益	150
应交税费——应交增值税（进项税额）	9
贷：其他货币资金——存出投资款	50 159

【操作步骤】
1. 业务（1）操作要点
（1）以"003 马方"身份登录企业应用平台，单击"业务工作"/"财务会计"/"总账"/"凭证"，双击"填制凭证"命令,打开填制凭证窗口。

（2）单击"增加"按钮,选择凭证类型"付",制单日期"2024.01.01",输入附单据数"1",摘要"购买办公用品",科目名称"销售费用",借方金额"200",按 Enter 键,摘要自动带到下一行,再输入科目名称"应交税费/应交增值税/进项税额",借方金额"26",按 Enter 键,摘要自动带到下一行,再输入科目名称"库存现金",贷方金额"226",单击"保存"按钮,如图 3－25 所示。

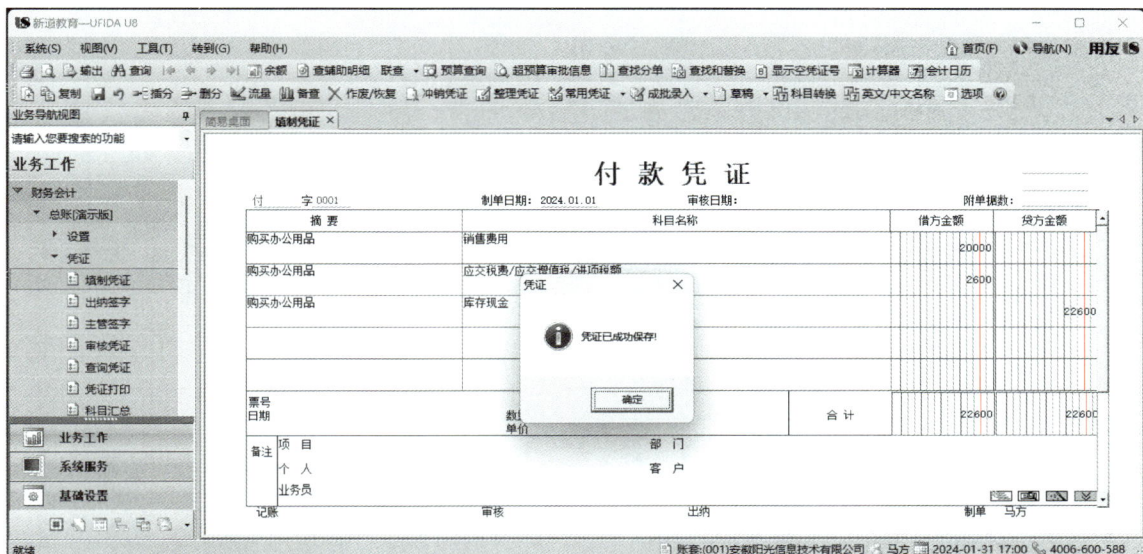

图 3－25　填制凭证

小提示!
- 采用序时控制,凭证日期应小于等于启用日期,但不能超过业务日期,如总账启用日期为 2024 年 1 月 1 日,操作业务日期为 2024 年 1 月 31 日,凭证日期应在 2024 年 1 月 1 日至 2024 年 1 月 31 日之间。
- 凭证一旦保存,其凭证类别和编号不能修改。
- 不同行的摘要可以相同,也可以不同,每行摘要将随相应的会计科目在账簿中出现,所以不能为空。
- 金额不能为"零",红字以"－"号表示。
- 最后一个科目的金额可以按"＝"键,以便快速准确写入。

2. 业务（2）操作要点

业务（2）涉及银行科目 100201 辅助核算。当选择银行科目"100201"时,系统会自动弹出"辅助项"窗口,输入结算方式"201",票号"XJ001",如图 3－26 所示。单击"确定"按钮,输入贷方金额"10 000",单击"保存"按钮,系统提示"是否登记支票"信息,单击"是",输入领用日期"2024.

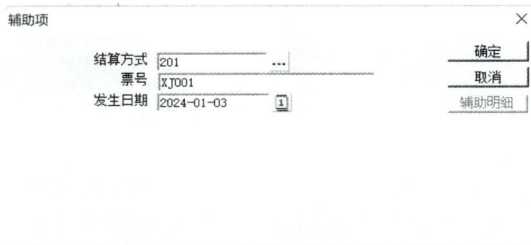

图 3－26　银行辅助核算

01.03"，领用部门"财务部"，姓名"王晶"，限额"10 000"，用途"备用金"，单击"确定"按钮，返回填制凭证界面。

3. 业务(3)操作要点

业务(3)涉及外币业务核算。当选择外币核算科目"100202"，输入具体结算方式和票号后，凭证格式自动转换为外币格式，输入外币金额"10 000"，根据自动显示的外币汇率6.725，自动算出并显示本币金额"67 250"，如图3-27所示。继续输入贷方科目后保存。

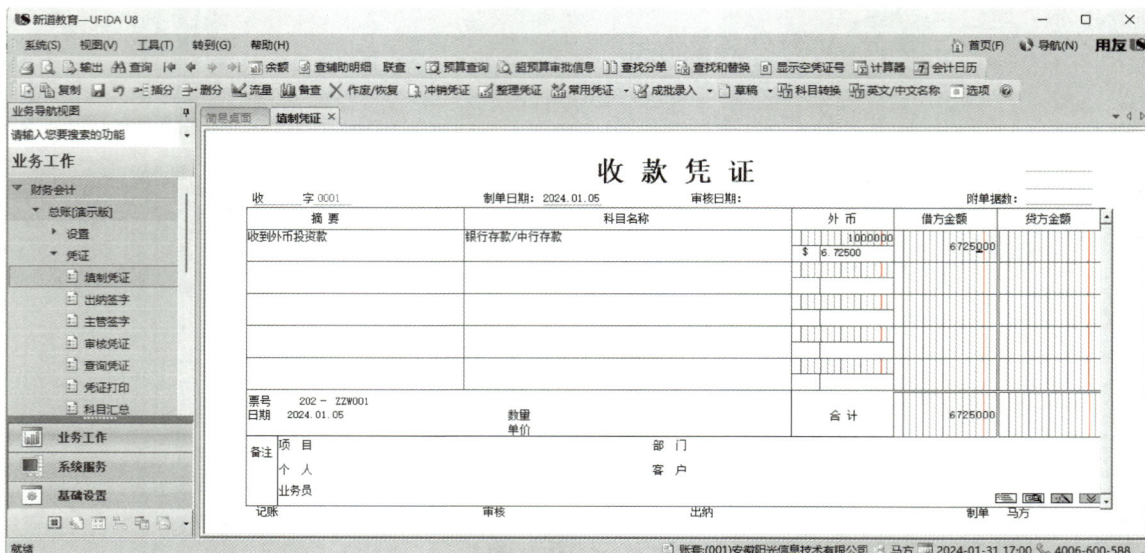

图 3-27 填制外币凭证

小提示！

➤ 汇率栏中内容是固定的，不能输入或修改，如使用浮动汇率，汇率栏中显示的是最近一次汇率，可以直接在汇率栏中修改。

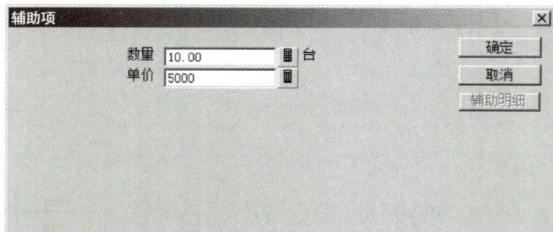

图 3-28 数量辅助核算

4. 业务(4)操作要点

业务(4)涉及数量辅助项核算。当选择数量核算科目"140301"时，系统弹出辅助项窗口，输入数量"10"、单价"5 000"，如图3-28所示。单击"确定"按钮，系统自动计算出金额并显示在金额栏，继续完成其他操作后保存。

5. 业务(5)操作要点

业务(5)涉及客户往来辅助核算。当选择客户往来科目"1122"时，系统弹出辅助项窗口，选择客户"华宏公司"、业务员"王丽"，如图3-29所示。单击"确定"按钮，返回填制凭证界面，完成其他操作后保存。

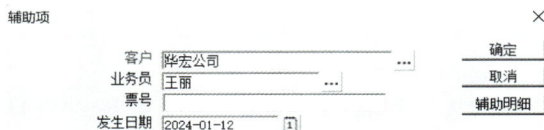

图 3 - 29　客户往来辅助核算

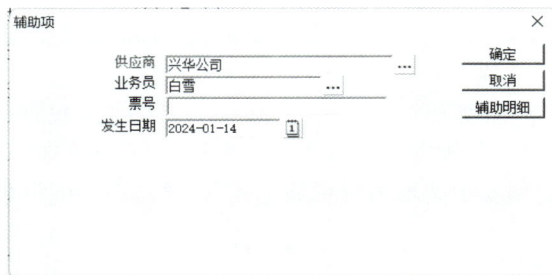

图 3 - 30　供应商往来辅助核算

6. 业务(6)操作要点

业务(6)涉及供应商往来辅助核算。当选择供应商往来科目"2202"时,系统弹出辅助项窗口,选择供应商"兴华公司"、业务员"白雪",如图 3 - 30 所示。单击"确定"按钮,返回填制凭证界面,完成其他操作后保存。

> **小提示!**
> ➤ 增加"140503 库存商品/光盘"会计科目,数量辅助核算,计量单位为"张"。
> ➤ 如果要使用"应收应付系统受控科目"管理客户往来和供应商往来业务,则需要在总账"选项"中选中"可以使用应收系统控制科目""可以使用应付系统控制科目",否则不能在总账系统的填制凭证功能中制单。

7. 业务(7)操作要点

业务(7)涉及部门辅助核算。当选择部门核算科目"660205"时,系统弹出辅助项窗口,选择部门"总经理办公室",如图 3 - 31 所示。单击"确定"按钮,返回填制凭证界面,完成其他操作后保存。

图 3 - 31　部门辅助核算

图 3 - 32　个人辅助核算

8. 业务(8)操作要点

业务(8)涉及个人辅助核算。当选择个人核算科目"122102"时,系统弹出辅助项窗口,选择部门"总经理办公室"、个人"肖剑",如图 3 - 32 所示。单击"确定"按钮,返回填制凭证界面,完成其他操作后保存。

9. 业务(9)操作要点

业务(9)涉及项目辅助核算。当选择项目核算科目"500101"时,系统弹出辅助项窗口,增加项目名称"计算机",如图 3 - 33 所示。单击

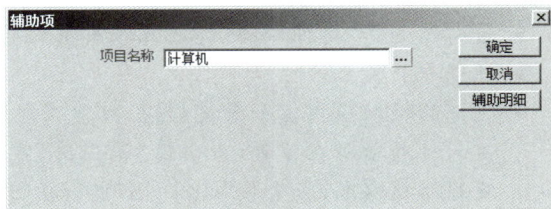

图 3 - 33　项目辅助核算

"确定"按钮,返回填制凭证界面,完成其他操作后保存。

10. 业务(10)操作要点

业务(10)涉及购买股票核算,因是短期持有,所以选择科目"110101",手续费记入科目"6111",投资收益属于收入类科目,必须在贷方,以红字在贷方显示,否则利润表无法取数,交易费用发生的增值税税额记入科目"22210101",保存后如图3-34所示。

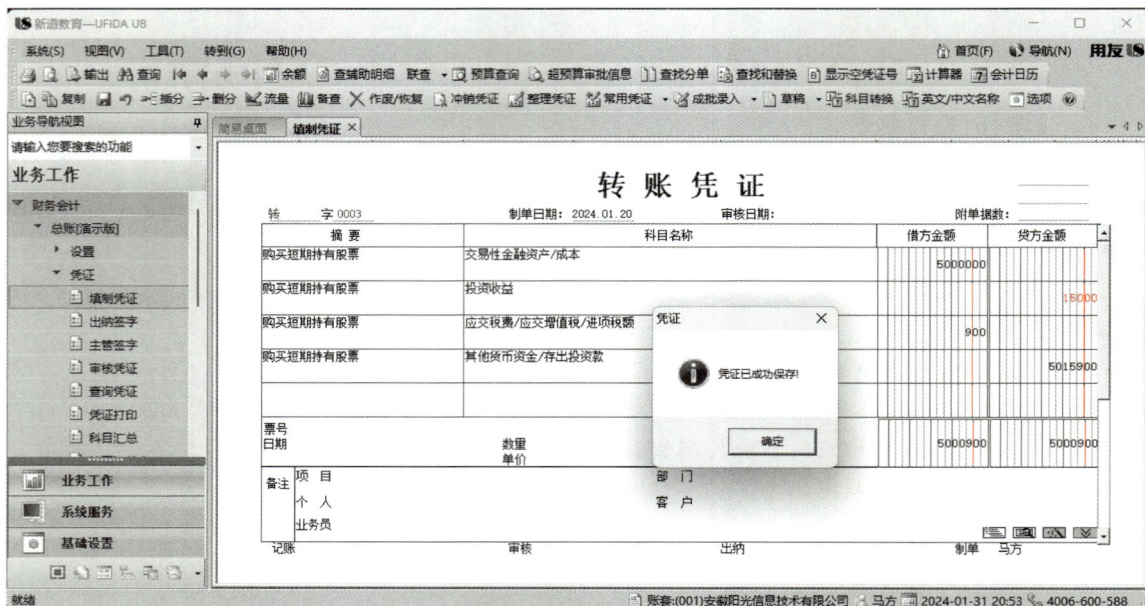

图 3-34　保存后的凭证

(三) 修改凭证

在填制凭证完成保存或者审核、记账后,有可能会发现凭证填制内容有误,需要进行凭证修改操作。

1. 无痕迹直接修改

当凭证填制完成保存后,发现所填凭证有误,此时凭证尚未审核,或已经审核,但尚未登记入账,可以通过"填制凭证"窗口调出原已录入的准备修改的凭证,直接修改内容即可,修改完成后单击"保存",将正确内容保存。这种修改不留下任何曾经修改的痕迹或线索,故称之为"无痕迹修改法"。

> **小提示!**
> ➤ 未经审核的错误凭证,可直接修改,已审核的凭证应先取消审核后,再进行修改。
> ➤ 若已采用"制单序时控制",则修改制单日期时,不能在上一张凭证的制单日期之前。
> ➤ 若取消选择"允许修改、作废他人填制的凭证"权限控制,则谁制单谁修改。
> ➤ 外部系统传来的凭证不能在总账系统中修改,只能在生成该张凭证的系统中进行修改。
> ➤ 凭证的辅助项内容如果有错误,可以在单击含有错误辅助项的会计科目后,将鼠标移到错误的辅助项所在位置,当出现"笔头状"光标时双击此处,弹出"辅助项"录入窗口,直接修改辅助项内容,或者按"Ctrl+S"键调出"辅助项"录入窗口再进行修改。

2. 有痕迹间接修改

当记账后发现所填凭证有误,可以使用类似手工操作的"红字冲销法"和"补充登记法"进行修改。这种留下修改的线索和痕迹的做法,称为"有痕迹修改法"。

> 小提示!
> ➤ 红字冲销只能针对已记账凭证进行。
> ➤ 通过红字冲销法增加的凭证,应视同正常凭证进行后续处理。

3

(四)作废及删除凭证

当某张凭证不需要了或出现不便修改的错误时,可将其作废或删除。只有尚未审核记账的凭证才能执行作废或删除凭证操作。当然,也可将作废凭证恢复为正常凭证。

作废凭证通过"填制凭证"窗口,执行"制单"/"作废"命令实现,凭证上出现"作废"字样,显示该凭证已经作废,作废凭证仍保留凭证内容及编号。若想删除,应将其再执行"整理"命令,系统会将作废凭证进行删除,并对未记账凭证进行重新编号。

> 小提示!
> ➤ 若本月已有凭证记账,则本月最后一张已记账凭证之前的凭证将不能作凭证整理,只能对其后面的未记账凭证进行凭证整理。若想作整理,则先执行"恢复记账前状态"功能恢复本月月初的记账前状态。才可以进行。
> ➤ 若要删除凭证,必须先进行"作废"操作,而后进行"整理",已删除凭证不可恢复。
> ➤ 账簿查询时查不到作废凭证的数据。

三、出纳签字

对于涉及现金、银行存款的收支凭证先要由出纳签字。出纳人员可通过出纳签字功能对制单员填制的带有现金、银行科目的凭证进行检查核对,主要核对出纳科目的金额是否正确,审查认为错误或异议的凭证,应交与填制人员修改后再核对。

是否需要出纳签字取决于"选项"设置。

出纳签字应先更换操作员,由具有出纳签字权限的人员进行。对于出纳凭证,可以"单张"签字,也可"成批"签字。

【业务处理】

安徽阳光公司会计核算需要出纳员王晶对1月份发生的业务处理进行出纳签字操作。

【操作步骤】

(1)以"002王晶"身份登录企业应用平台,单击"业务工作"/"财务会计"/"总账"/"凭证",双击"出纳签字",打开出纳签字窗口,单击"确定"按钮,进入出纳签字列表窗口,如图3-35所示。

(2)双击任何一张凭证,打开出纳签字窗口,单击"签字"按钮,或下拉"批处理"菜单,执行"成批出纳签字"命令,如图3-36所示。系统自动给出签字报告,单击"确定"按钮,返回出纳签字窗口,此时凭证底部的出纳处自动签上出纳姓名。

出纳签字

3

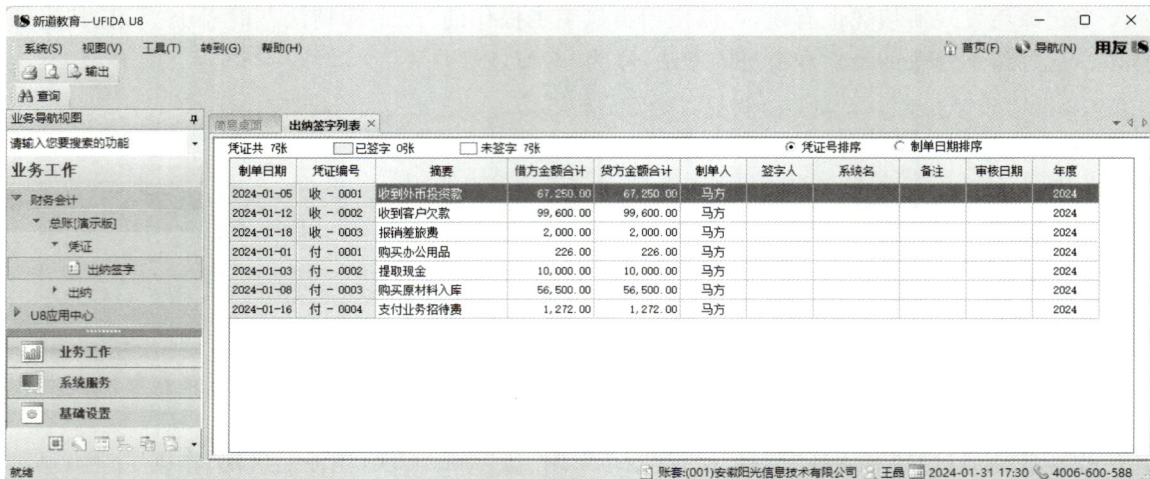

图 3-35 出纳签字列表

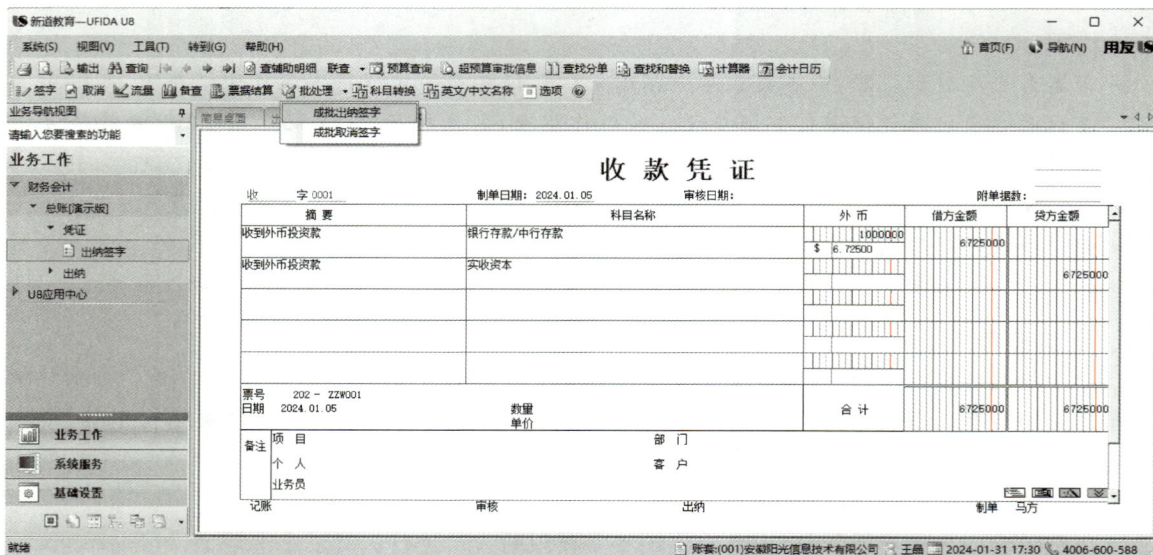

图 3-36 成批出纳签字

小提示！

➤ 凭证填制人和出纳签字人可以为不同的人，也可为同一个人。

➤ 出纳签字的前提条件是：（1）在总账选项设置了"出纳凭证必须经由出纳签字"参数，（2）在会计科目指定现金科目和银行科目。换言之，出纳签字并非审核凭证的必要步骤。

> ➢ 出纳审查时发现有错误或异议的凭证，应交与该张凭证的填制人员修改，核对无误后再签字。如果出纳对所有出纳凭证经核对无误后，可以执行“成批出纳签字”，以提高签字速度。
>
> ➢ 经签字的凭证不能修改或删除，只有取消签字后才可以修改或删除，取消出纳签字只能由出纳本人完成。

3

四、审核凭证

审核是具有审核权限的操作员按照会计制度规定，对制单员填制的记账凭证进行完整性、准确性和合法性检查。会计核算涉及国家、企业和个人的切身经济利益，而记账凭证的准确性是进行正确核算的基础，因此无论是直接在计算机上根据已审核的原始凭证编制记账凭证，还是直接将手工编制并审核的凭证输入系统，都需要经过他人的审核，才能作为正式凭证进行记账处理。

为了确保登记到账簿的每一笔经济业务的准确性和可靠性，制单员填制的每一张凭证都必须经过审核员的审核。根据会计制度规定，审核人和制单人始终是不同的操作员，这也是软件内控规则所体现的强制要求。审核认为错误或存有异议的凭证，应交与填制人员修改后再审核。

【业务资料】

以账套主管身份进行凭证审核操作。

【操作步骤】

审核凭证

(1) 以“001 学生本人”身份登录企业应用平台，单击“业务工作”/“财务会计”/“总账”/“凭证”，双击“审核凭证”，打开审核凭证窗口，单击“确定”按钮，进入凭证审核列表窗口，如图 3－37 所示。

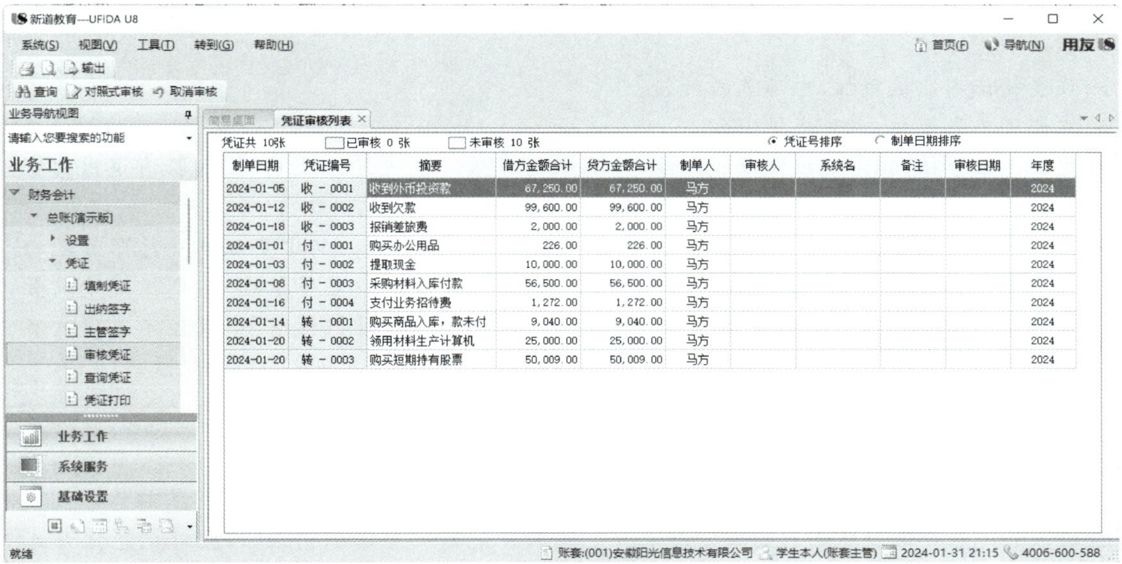

制单日期	凭证编号	摘要	借方金额合计	贷方金额合计	制单人	审核人	系统名	备注	审核日期	年度
2024-01-05	收 - 0001	收到外币投资款	67,250.00	67,250.00	马方					2024
2024-01-12	收 - 0002	收到欠款	99,600.00	99,600.00	马方					2024
2024-01-18	收 - 0003	报销差旅费	2,000.00	2,000.00	马方					2024
2024-01-01	付 - 0001	购买办公用品	226.00	226.00	马方					2024
2024-01-03	付 - 0002	提取现金	10,000.00	10,000.00	马方					2024
2024-01-08	付 - 0003	采购材料入库付款	56,500.00	56,500.00	马方					2024
2024-01-16	付 - 0004	支付业务招待费	1,272.00	1,272.00	马方					2024
2024-01-14	转 - 0001	购买商品入库，款未付	9,040.00	9,040.00	马方					2024
2024-01-20	转 - 0002	领用材料生产计算机	25,000.00	25,000.00	马方					2024
2024-01-20	转 - 0003	购买短期持有股票	50,009.00	50,009.00	马方					2024

图 3－37 凭证审核列表

(2) 单击“确定”按钮，打开审核凭证窗口，单击“审核”按钮，或下拉“批处理”菜单，执行“成批审核凭证”命令，如图 3－38 所示。系统自动给出审核报告，单击“确定”按钮，返回审核凭证窗口，此时凭证底部的审核处自动签上审核人姓名。

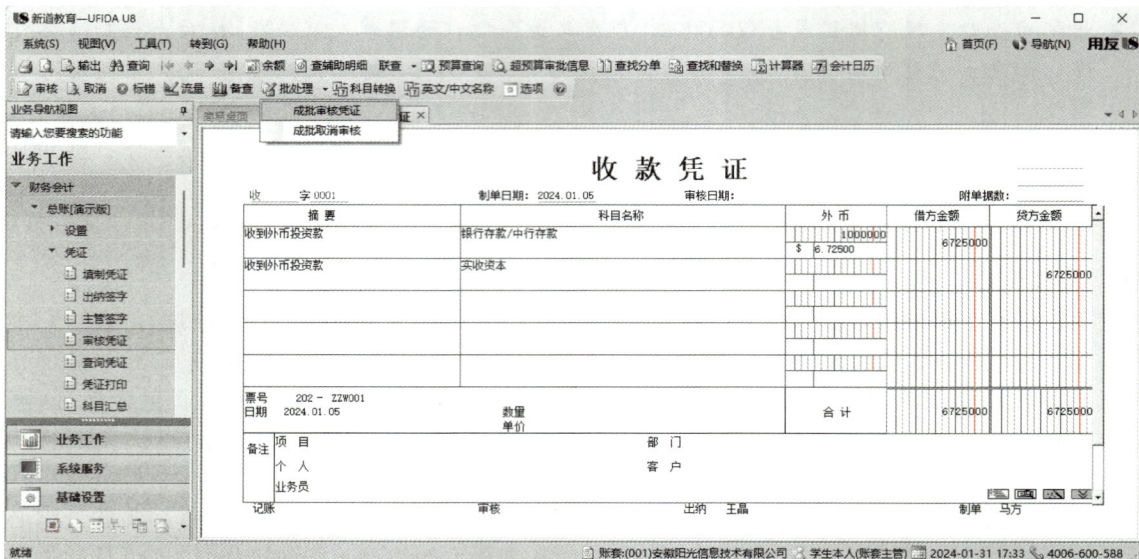

图 3-38 成批审核凭证

小提示！
- 出纳签字和主管签字非系统必需流程，而审核凭证则是系统必要步骤。
- 审核人和制单人不能是同一个人。
- 审核员若发现有错误的凭证，可单击"标错"按钮，先行标错后，再交与该凭证制单员进行修改。已标错的凭证不能被审核。若想审核，则必须先取消标错后才能进行。已审核的凭证不能标错。
- 作废凭证不能被审核，也不能被标错。
- 凭证可单张审核，也可成批审核。
- 凭证一经审核，就不能被修改或删除，只有取消审核才能进行修改或删除，取消审核由审核人本人进行。
- 凭证审核的操作权限应首先在"系统管理"的权限中进行授权；其次要注意在总账管理的选项中是否设置了"凭证审核控制到操作员"的选项。如果设置了该选项，则应继续设置审核的明细权限，即"数据权限"中的"用户"权限。只有在"数据权限"中设置了某用户有权审核其他某一用户所填制凭证的权限，该用户才真正拥有了审核凭证的权限。

五、记账

记账凭证经审核签字后，即可用来登记总账和明细账。手工方式下的记账是由会计人员根据已审核的记账凭证及所附原始凭证逐笔或汇总后登记有关总账和明细账，会计信息化方式下的记账则是由有记账权限的操作员发出记账指令，由计算机按照预先设定的记账程序自动进行合法性检查、科目汇总、登记账簿等。即记账工作是由计算机自动进行数据处理，采用向导方式，不需人工干涉。

【业务资料】

以账套主管身份进行记账操作。

记账处理

【操作步骤】

（1）以"001 学生本人"身份登录企业应用平台，单击"业务工作"/"财务会计"/"总账"/"凭证"，双击"记账"，打开记账窗口，单击"全选"按钮，记账范围内出现具备记账条件的凭证范围，如图 3-39 所示。

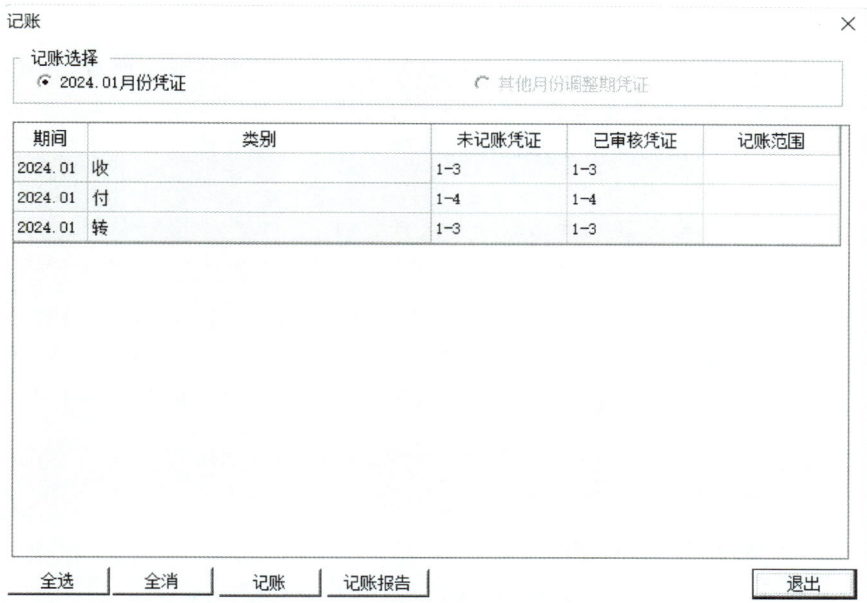

图 3-39 选择记账范围

（2）单击"记账"按钮，显示"期初试算平衡表"，单击"确定"按钮，系统开始自动记账，登记完毕后，弹出"记账完毕！"提示框，如图 3-40 所示。

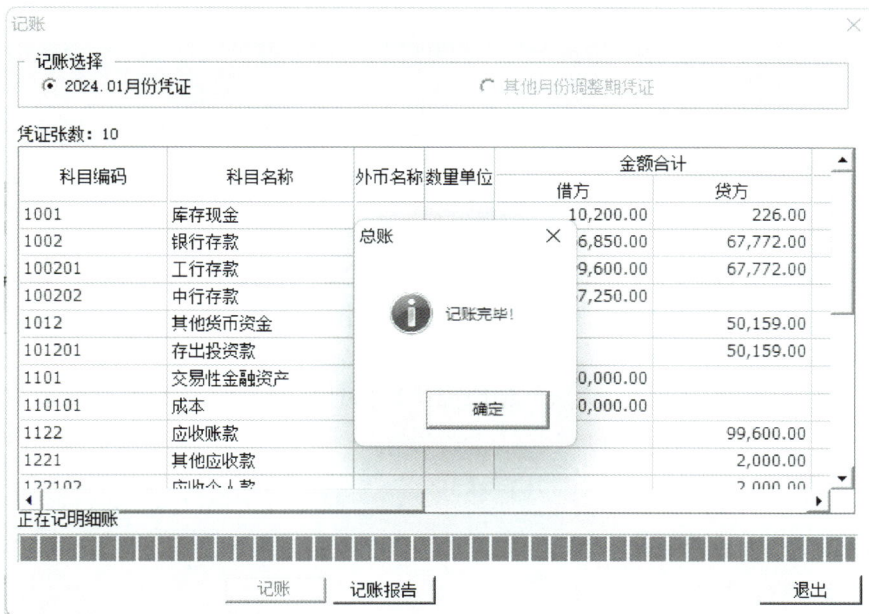

图 3-40 记账完毕

3

小提示！

➤ 第一次记账时，若期初余额试算不平衡，则不能记账。

➤ 上月未记账，本月不能记账。

➤ 未审核凭证不能记账。

➤ 作废凭证不需审核可直接记账。

➤ 在记账过程中，不得中断退出。记账过程一旦断电或其他原因造成中断后，系统将自动调用"恢复记账前状态"功能恢复数据，然后再重新记账。

➤ 凭证一经记账，就不能在凭证或登记这一业务的账簿上直接修改。此时修改可以采用"有痕迹修改法"。

➤ 记账功能随时可运行，每月可执行记账次数是任意的。

（3）如果由于某种原因，事后发现本月已记账的凭证有错误且必须在本月修改，可以利用"恢复记账前状态"命令，将本月已记账凭证恢复到未记账状态。单击"期末"，双击"对账"，按"Ctrl＋H"组合键，系统弹出"恢复记账前状态功能已被激活"提示框，如图 3－41 所示。

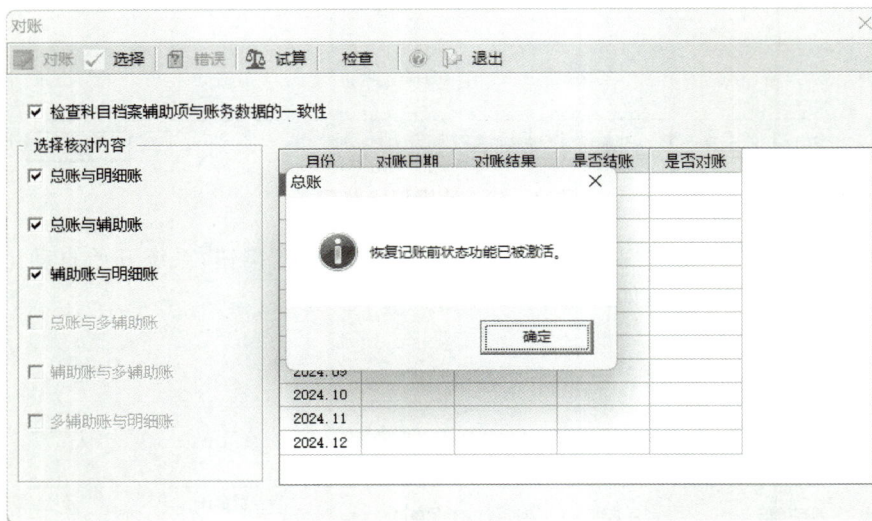

图 3－41　激活恢复记账前状态

（4）单击"确定"按钮，再单击"退出"按钮。单击"凭证"，双击"恢复记账前状态"，打开恢复记账前状态窗口。默认"最近一次记账前状态"单选按钮，单击"确定"按钮，系统弹出"请输入口令"对话框，输入口令，如图 3－42 所示。

（5）单击"确定"按钮，系统弹出"恢复记账完毕！"信息提示，单击"确定"按钮返回。

小提示！

➤ 取消记账只能由"账套主管"进行。

➤ 已结账的月份不能取消记账。

➤ 取消记账后，一定要重新记账。

▶ 总账管理日常业务处理完毕,将账套备份至"D：/001账套备份/财务管理/实验四总账管理日常业务处理"文件夹中。

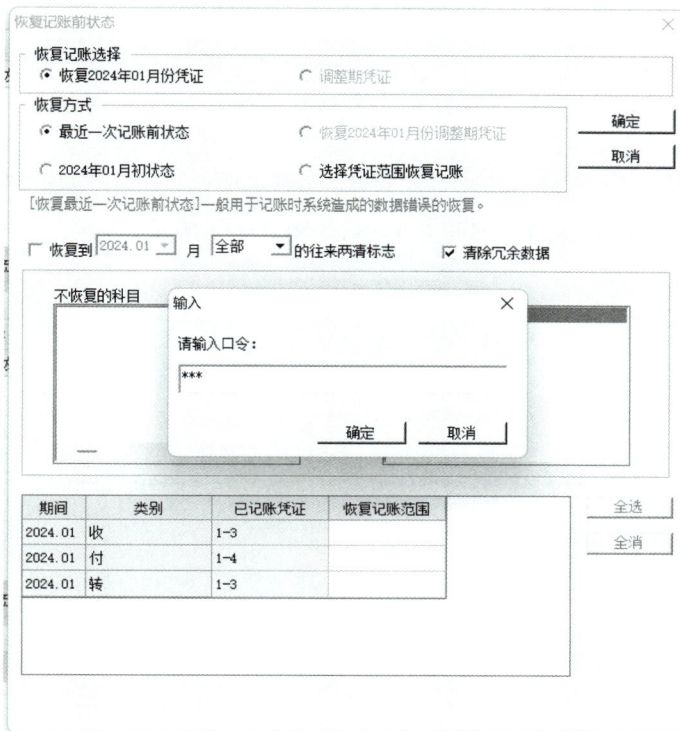

图 3-42 恢复记账

任务四 出 纳 管 理

【任务描述】

出纳管理是总账管理系统中为出纳员提供的一套管理工具,包括现金、银行存款日记账的查询和输出,支票登记簿的管理,资金日报表的查询及银行对账等。本任务要求掌握库存现金、银行存款日记账和资金日报表的查询,支票登记及银行对账等操作。

【知识准备与业务操作】

一、出纳账查询

(一)日记账查询和输出

日记账功能主要用于查询和打印输出。实行会计信息化后的现金和银行存款日记账可通过计算机系统打印输出的活页账替代原来手工系统使用的订本账。

【业务资料】

引入"实验四总账管理日常业务处理"账套备份文件,以"002王晶"的身份查询现金和银行

查询日记账

存款日记账。

【操作步骤】

（1）以“002 王晶”的身份登录企业应用平台，单击“业务工作”/“财务会计”/“总账”/“出纳”，双击“现金日记账”，打开现金日记账查询条件窗口。

小提示！

➤ 由于总账选项中设置了“明细账查询权限控制到科目”，因此需要给予 002 王晶分配现金和银行存款查询权限。

（2）单击“确定”按钮，进入现金日记账界面，如图 3－43 所示。

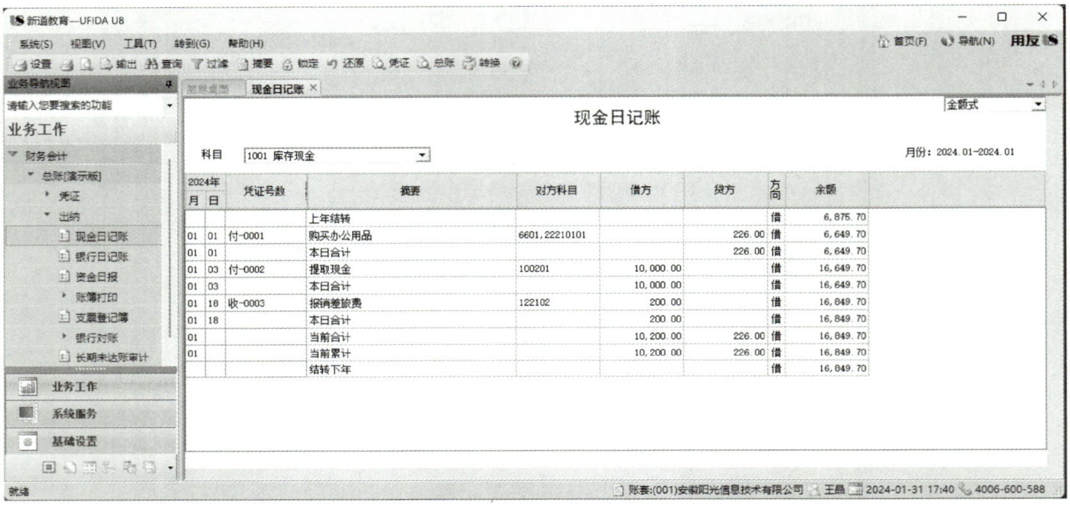

现金日记账

科目 1001 库存现金　　月份：2024.01-2024.01

2024年 月	日	凭证号数	摘要	对方科目	借方	贷方	方向	余额
			上年结转				借	6,875.70
01	01	付-0001	购买办公用品	6601,22210101		226.00	借	6,649.70
01	01		本日合计			226.00	借	6,649.70
01	03	付-0002	提取现金	100201	10,000.00		借	16,649.70
01	03		本日合计		10,000.00		借	16,649.70
01	18	收-0003	报销差旅费	122102	200.00		借	16,849.70
01	18		本日合计		200.00		借	16,849.70
01			当前合计		10,200.00	226.00	借	16,849.70
01			当前累计		10,200.00	226.00	借	16,849.70
			结转下年				借	16,849.70

图 3－43　现金日记账

（3）同理，查询银行存款日记账，如图 3－44 所示。

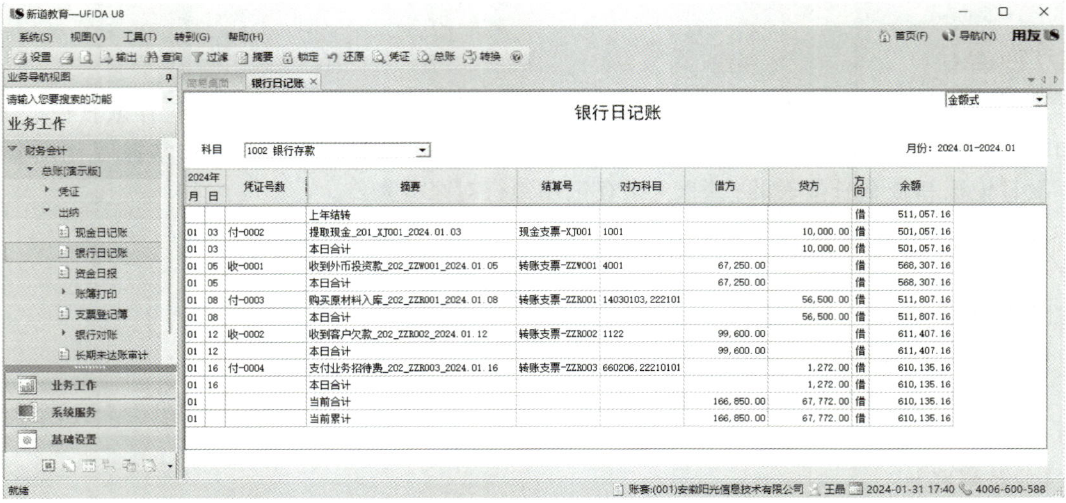

银行日记账

科目 1002 银行存款　　月份：2024.01-2024.01

2024年 月	日	凭证号数	摘要	结算号	对方科目	借方	贷方	方向	余额
			上年结转					借	511,057.16
01	03	付-0002	提取现金_201_XJ001_2024.01.03	现金支票-XJ001	1001		10,000.00	借	501,057.16
01	03		本日合计				10,000.00	借	501,057.16
01	05	收-0001	收到外币投资款_202_ZZW001_2024.01.05	转账支票-ZZW001	4001	67,250.00		借	568,307.16
01	05		本日合计			67,250.00		借	568,307.16
01	08	付-0003	购买原材料入库_202_ZZR001_2024.01.08	转账支票-ZZR001	14030103,222101		56,500.00	借	511,807.16
01	08		本日合计				56,500.00	借	511,807.16
01	12	收-0002	收到客户欠款_202_ZZR002_2024.01.12	转账支票-ZZR002	1122	99,600.00		借	611,407.16
01	12		本日合计			99,600.00		借	611,407.16
01	16	付-0004	支付业务招待费_202_ZZR003_2024.01.16	转账支票-ZZR003	660206,22210101		1,272.00	借	610,135.16
01	16		本日合计				1,272.00	借	610,135.16
01			当前合计			166,850.00	67,772.00	借	610,135.16
01			当前累计			166,850.00	67,772.00	借	610,135.16

图 3－44　银行日记账

（二）资金日报表的查询

资金日报是反映现金、银行存款每日发生额及余额情况的报表,其主要功能是查询输出现金、银行存款某日的发生额及余额情况。

【业务资料】

以"002 王晶"的身份查询 2024 年 1 月 12 日资金日报表。

【操作步骤】

（1）以"002 王晶"身份登录企业应用平台,单击"业务工作"/"财务会计"/"总账"/"出纳",双击"资金日报",打开资金日报表查询条件窗口。

（2）在"日期"文本框中输入"2024.01.12",单击"确定"按钮,进入资金日报表界面,如图 3-45 所示。

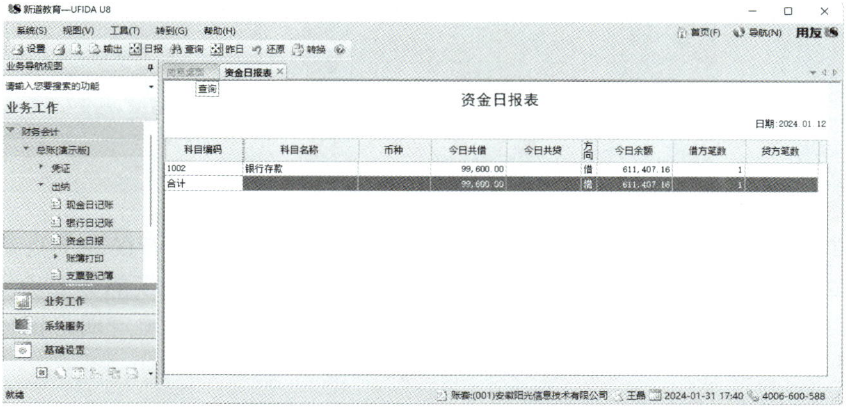

图 3-45　资金日报表

二、支票登记簿管理

支票管理是出纳员工作的重要内容。支票登记簿可详细记录支票领用人、领用日期、支票用途、是否报销等情况。领用日期和支票号必须输入,其他内容为可选项。只有在会计科目中设置银行账的科目才能使用支票登记簿。当需要使用支票登记簿功能时,应在结算方式设置中对需要使用支票登记簿的结算方式,在"是否票据管理"前打"√"。

【业务资料】

2024 年 1 月 25 日,采购部李平借转账支票一张,票号 155,预计金额 5 000 元。

【操作步骤】

（1）以"002 王晶"身份登录企业应用平台,单击"业务工作"/"财务会计"/"总账"/"出纳",双击"支票登记簿",系统弹出银行科目选择窗口,选择支票对应的银行存款科目,本业务默认,单击"确定"按钮,打开支票登记簿窗口。

（2）单击"增加"按钮,在该窗口中新增一空行,输入领用日期"2024.01.25"、领用部门"采购部"、领用人"李平"、支票号"155"、预计金额"5 000",如图 3-46 所示。

（3）单击"保存"按钮退出。

小提示！

➤ 将光标移到需要修改的数据项上,可直接修改支票登记簿内容。

➤ 支票登记簿中报销日期为空时,表示该支票未报销,否则系统认为该支票已报销。

> ➤ 已报销的支票不能进行修改,若想取消报销标志,只要将光标移到"报销日期"处,删掉报销日期即可。

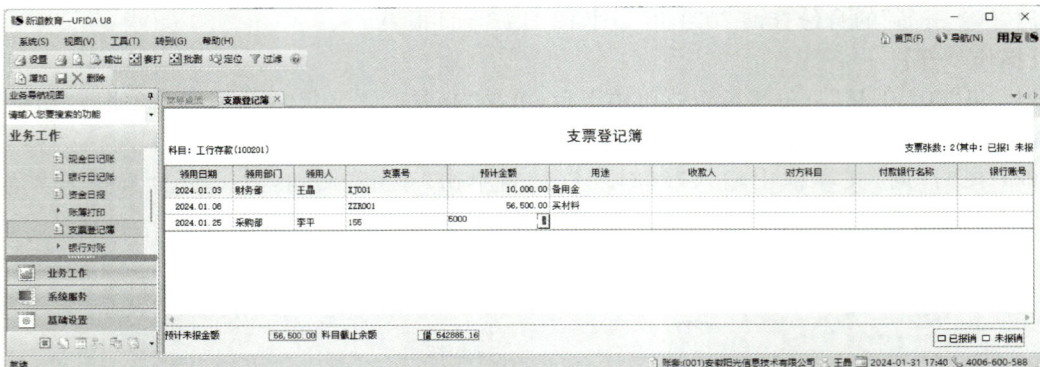

图 3 - 46　支票登记簿

三、银行对账

企业的结算业务大部分都要通过银行进行结算,但由于企业与银行的账务处理和入账时间不一致,往往会发生双方账面不一致的情况,即所谓的"未达账项"。为了能够准确掌握银行存款的实际余额,了解实际可动用的货币资金数量,防止记账差错,企业必须定期将银行存款日记账与银行出具的对账单进行核对,并编制银行存款余额调节表。

(一)录入银行对账期初数据

在使用银行对账功能前,为了确保银行对账的准确性,应根据给定的数据资料首先将银行存款日记账和银行对账单的未达账项录入系统。第一次使用银行对账功能前,系统要求录入银行存款日记账及对账单未达账项,在开始银行对账之后不再使用。

【业务资料】

安徽阳光公司银行账的启用日期为 2024 年 1 月 1 日,工行人民币账户企业日记账调整前余额为 511 057.16 元,银行对账单调整前余额为 533 829.16 元,未达账项一笔,系银行已收企业未收款 22 772.00 元(2023 年 12 月 30 日,结算方式 202,借方)。

【操作步骤】

(1)以"002 王晶"身份登录企业应用平台,单击"业务工作"/"财务会计"/"总账"/"出纳"/"银行对账",双击"银行对账期初录入",打开银行科目选择对话框,选择"100201 工行存款",单击"确定"按钮,进入银行对账期初窗口。

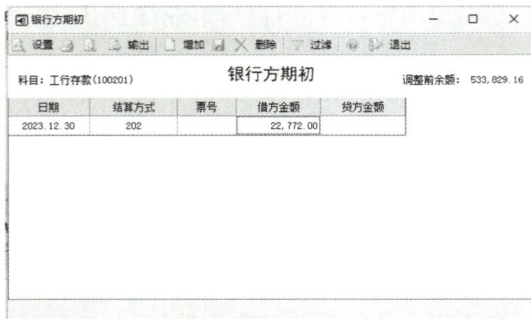

图 3 - 47　银行对账单期初录入

(2)输入单位日记账的调整前余额"511 057.16",输入银行对账单的调整前余额"533 829.16",单击"对账单期初未达项"按钮,进入银行方期初窗口,单击"增加"按钮,输入日期"2023.12.30",结算方式"202",借方金额"22 772.00",单击"保存"按钮,如图 3 - 47 所示。

(3)单击"退出"按钮,返回银行对账期初窗口,如图 3-48 所示。

小提示!

➤ 调整前余额应分别为启用日期时,该银行科目的银行存款日记账科目余额以及银行存款对账单余额。

➤ 期初未达账项为上次手工勾对截止日期到启用日期前的未达账项。

➤ 调整后余额应分别为上次手工勾对截止日期的该银行科目余额及银行存款余额。

➤ 在录入单位日记账和银行对账单期初未达账项完成后,请不要随意调整启用日期,尤其是向前调,这样可能会造成启用日期后的期初数不能再参与对账。

➤ 若银行科目已进行对账,在期初未达账项录入中,对于已勾对或已核销的记录不能再修改。

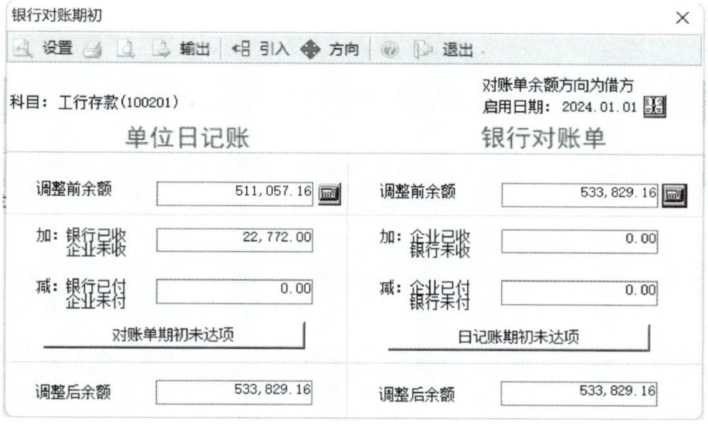

图 3-48 银行对账期初数据录入

(二)录入银行对账单

银行对账单由企业的开户银行提供,要求计算机自动进行银行对账,在月末对账前必须将银行开出的银行对账单输入计算机,存入"对账单文件"。根据给定的资料录入银行对账单。若企业在多家银行开户,对账单应与其对应账号所对应的银行存款下的末级科目一致。本功能用于平时输入、查询和引入银行对账单,在此功能中显示的银行对账单为启用日期之后的对账单。

【业务资料】

2024 年 1 月份,安徽阳光公司银行对账单如表 3-13 所示。要求录入银行对账单。

表 3-13　　　　　　　　　1 月份银行对账单

日　期	结算方式	票　号	借方金额	贷方金额
2024.01.03	201	XJ001		10 000
2024.01.06				60 000
2024.01.08	202	ZZR001		56 500
2024.01.12	202	ZZR002	99 600	

【操作步骤】

(1)以"002 王晶"身份登录企业应用平台,单击"业务工作"/"财务会计"/"总账"/"出纳"/

"银行对账",双击"银行对账单",打开银行科目选择对话框,选择"100201 工行存款",月份"2024.01—2024.01",单击"确定"按钮,进入银行对账单窗口。

(2)单击"增加"按钮,输入日期"2024.01.03",结算方式"201",票号"XJ001",贷方金额"10 000",同理继续增加对账单其他资料,保存后如图 3-49 所示。

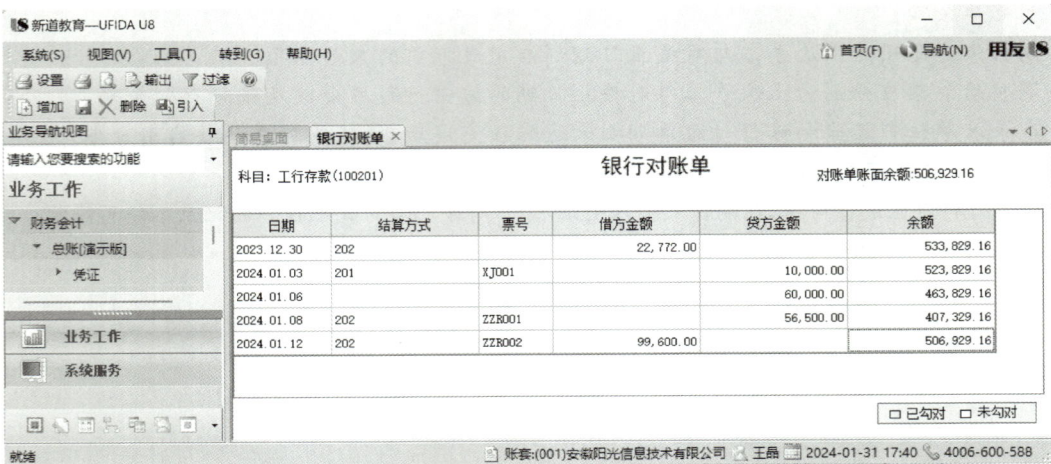

图 3-49　录入本月银行对账单

(三)银行对账

银行对账采用自动对账和手工对账相结合的方式。自动对账是计算机根据对账依据自动进行核对、勾销,对于已核对的银行业务,系统将自动在银行存款日记账和银行对账单双方写上两清标记,并视为已达账项。对于未在两清栏写上两清符号的记录,系统将视为未达账项。手工对账是自动对账的补充,使用自动对账后,可能还有一些特殊的已达账项没有对出来,而被视为未达账项,为了保证对账更彻底、更准确,可用手工对账来进行调整。

【业务资料】

安徽阳光公司要求以"002 王晶"的身份进行按最大条件执行银行对账操作。

【操作步骤】

(1)以"002 王晶"身份登录企业应用平台,单击"业务工作"/"财务会计"/"总账"/"出纳"/"银行对账",双击"银行对账",打开银行科目选择对话框,选择"100201 工行存款",月份"2024.01—2024.01",单击"确定"按钮,进入银行对账窗口,如图 3-50 所示。

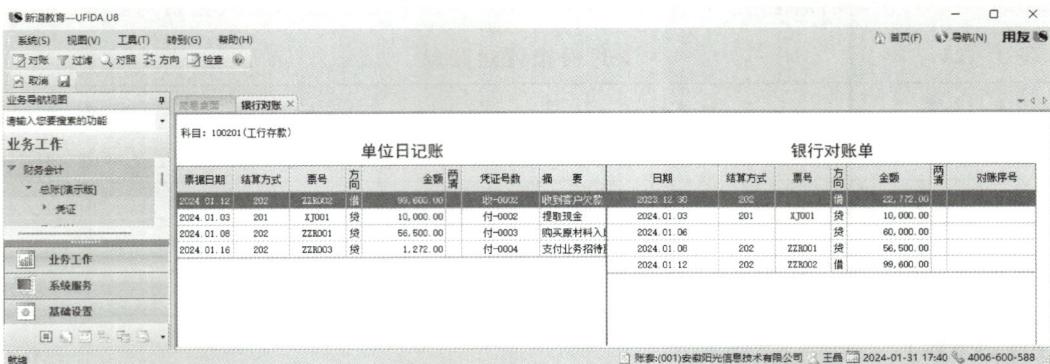

图 3-50　银行对账

（2）单击"对账"按钮，打开"自动对账"窗口，取消对账条件可选的复选框中的"√"，如图 3-51 所示。

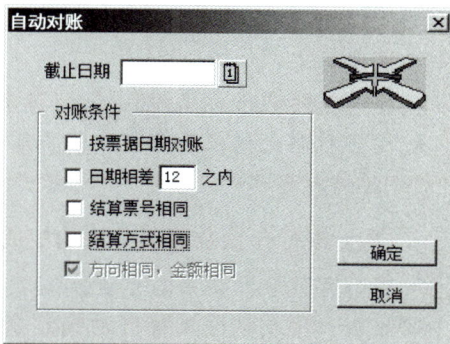

小提示！
➤ 对账条件中的"方向相同，金额相同"是必选对账条件（颜色为灰色），对账截止日期可不输。

（3）默认系统对账条件，单击"确定"按钮，显示自动对账结果，如图 3-52 所示。

图 3-51 自动对账条件

图 3-52 显示自动对账结果

小提示！
➤ 对于已达账项，系统自动对账后会在银行存款日记账和银行对账单双方的"两清"栏打上"○"标记。

（4）单击"取消"按钮，系统提示银行反对账范围，单击"确定"按钮，系统会显示"是否取消银行对账"提示，单击"是"按钮，所有的已达账项标记全部消失，又回到了尚未进行银行对账的状态。

（5）在银行对账窗口，观察其状态属于已达账项的账项，分别双击"两清"栏进行手工对账，如图 3-53 所示。

图 3-53 显示手工对账结果

3

小提示!

➤ 手工对账两清标记为"√",以区别于自动对账。

➤ 手工对账一般是在自动对账不能完全对上的情况下,作为补充方式加以应用的。

(四)银行存款余额调节表的生成

银行存款余额调节表是证实编表日(一般为期末)银行日记账和银行存款实际数额账相符的主要账表。用友软件具有自动编制余额调节表的功能。系统将根据自动勾对与手工勾对的情况,在对账结束后自动编制银行存款余额调节表,格式与手工编制的调节表完全相同。

【业务资料】

安徽阳光公司要求输出 2024 年 1 月 31 日的银行存款余额调节表。

【操作步骤】

(1)以"002 王晶"身份登录企业应用平台,单击"业务工作"/"财务会计"/"总账"/"出纳"/"银行对账",双击"余额调节表查询",进入银行存款余额调节表窗口。

(2)选择科目"100201 工行存款",单击"查看"或双击该行,即显示该银行账户的银行存款余额调节表,如图 3-54 所示。

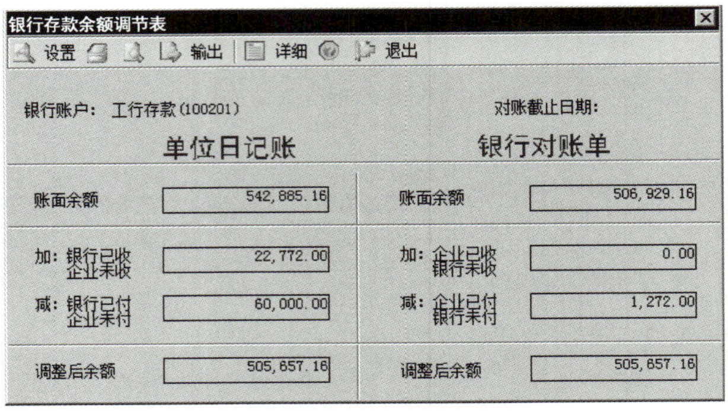

图 3-54　银行存款余额调节表

小提示!

➤ 将出纳管理账套数据备份至"D:/001 账套备份/财务管理/实验五出纳管理"文件夹。

任务五　账表管理

【任务描述】

总账管理系统在提供一般会计核算的基础上,提供了基本核算与辅助核算账簿管理功能。基本核算账簿管理主要包括总账、发生额和余额表、明细账、日记账、多栏账、日报表等;辅助核算账簿管理主要包括个人往来、客户往来、供应商往来、部门核算、项目核算账簿的总账和明细账,以及部门收支分析、项目统计表的查询等。本任务要求掌握总账、明细账、余额表、辅助账、多栏账等账簿的查询操作方法。

【知识准备与业务操作】

一、科目账查询

(一)总账

总账查询不但可以查询各总账科目年初余额、各月发生额合计和月末余额,而且还可以查询所有二至六级科目的年初余额、各月发生额和月末余额。查询总账时,标题显示为所查科目的"一级科目名称＋总账"。联查总账对应的明细账时,明细账显示为"一级科目明细账"。

【业务资料】

引入实验五出纳管理账套备份文件,安徽阳光公司要求以账套主管的身份查询银行存款总账。

【操作步骤】

(1)以"001 学生本人"身份登录企业应用平台,单击"业务工作"/"总账"/"账表"/"科目账",双击"总账",打开总账查询条件窗口,选择科目"1002",如图 3－55 所示。

(2)单击"确定"按钮,打开银行存款总账窗口,如图 3－56 所示。

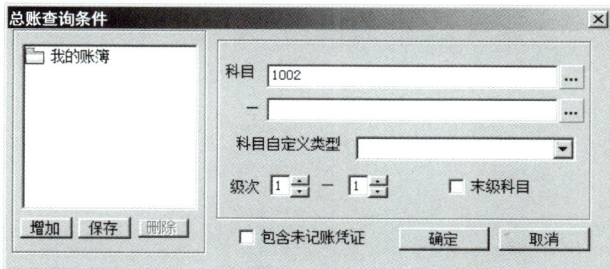

图 3－55 设置银行存款总账科目查询条件

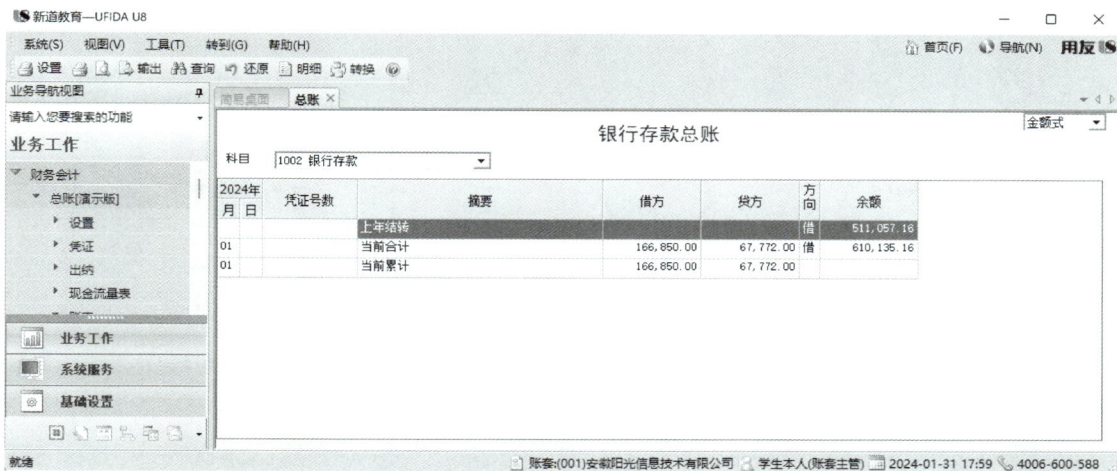

图 3－56 银行存款总账

(二)余额表

余额表用于查询统计各级科目的本期发生额、累计发生额和余额等。传统的总账是以总账科目分页设账,余额表则可输出某月或某几个月的所有总账科目或明细科目的期初余额、本期发生额、累计发生额、期末余额。实行计算机记账后,强烈建议用户用余额表代替总账。

【业务资料】

安徽阳光公司要求以账套主管的身份查询余额表。

【操作步骤】

(1)以"001 学生本人"身份登录企业应用平台,单击"业务工作"/"总账"/"账表"/"科目账",双击"余额表",打开发生额及余额查询条件窗口,如图 3－57 所示。

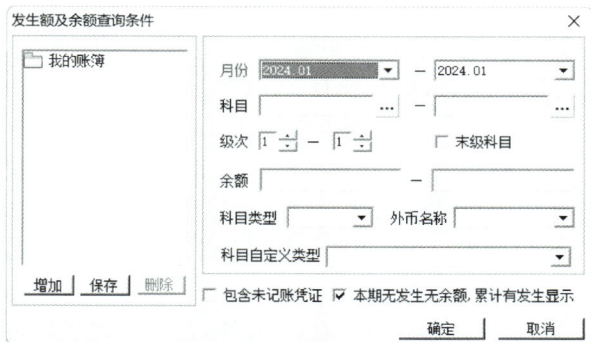

图 3－57 发生额及余额查询条件

（2）单击"确定"按钮，进入发生额及余额表窗口，如图 3-58 所示。

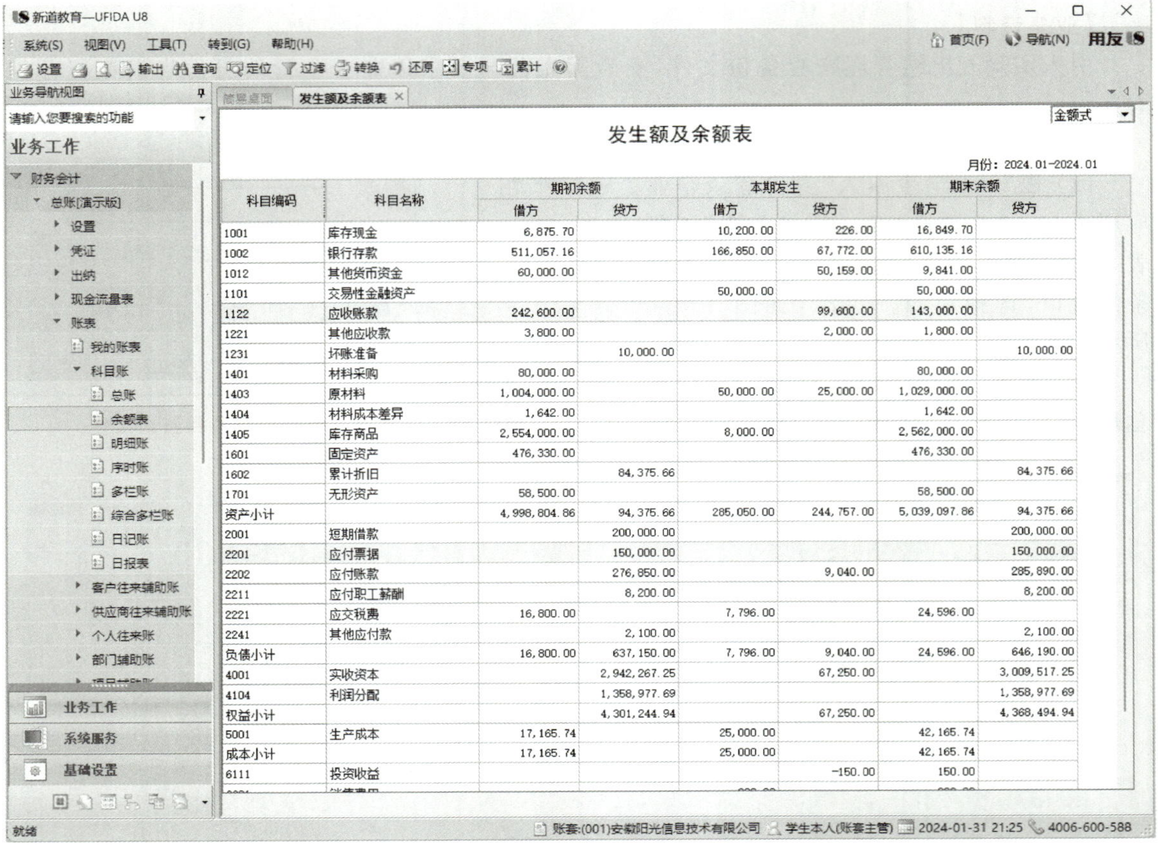

图 3-58　发生额及余额表

（三）明细账

明细账用于平时查询各账户的明细发生情况，以及按任意条件组合查询明细账。查询过程中可以包含未记账凭证。明细账功能提示了三种明细账的查询格式：普通明细账、按科目排序明细账和月份综合明细账。

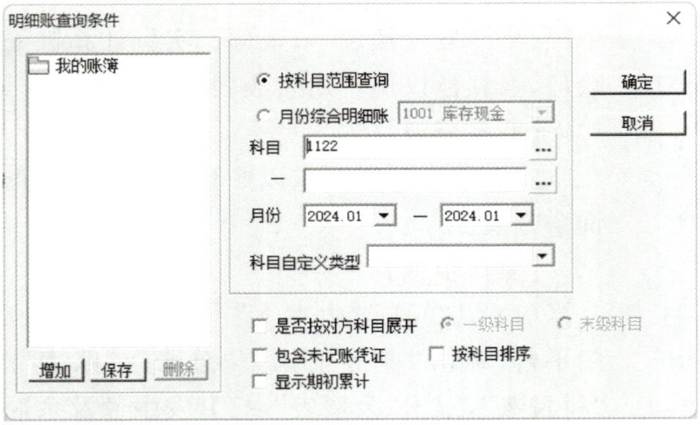

图 3-59　设置明细账查询条件

【业务资料】

安徽阳光公司要求以账套主管的身份查询应收账款明细账。

【操作步骤】

（1）以"001 学生本人"身份登录企业应用平台，单击"业务工作"/"总账"/"账表"/"科目账"，双击"明细账"，打开明细账查询条件窗口，选择科目"1122"，如图 3-59 所示。

（2）单击"确定"按钮，打开应收账款明细账窗口，如图 3-60 所示。

(四) 多栏账

多栏账是总账系统中一个很重要的功能,用户可以使用本功能设计自己企业需要的多栏明细账,按明细科目保存为不同的多栏账名称,方便以后查询。

【业务资料】

安徽阳光公司要求以账套主管的身份查询管理费用多栏账。

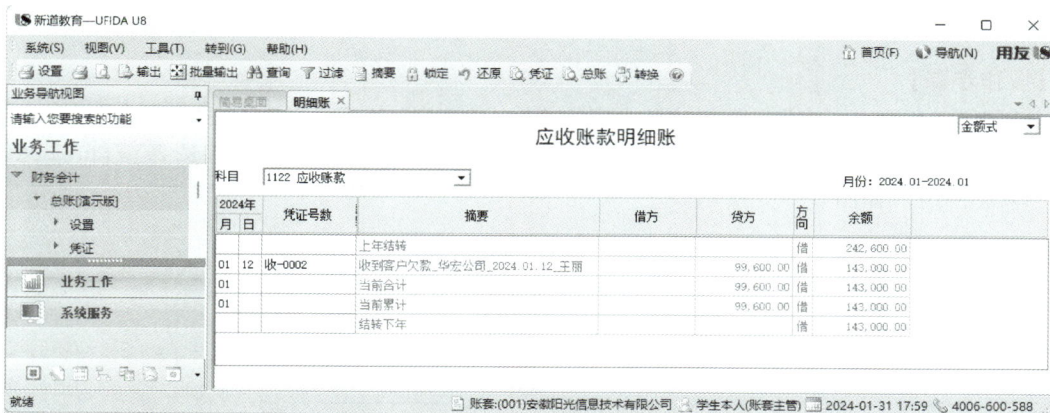

图 3-60　应收账款明细账

【操作步骤】

(1) 以"001 学生本人"身份登录企业应用平台,单击"业务工作"/"总账"/"账表"/"科目账",双击"多栏账",打开多栏账窗口,单击"增加"按钮,显示多栏账定义窗口。

(2) 选择核算科目"6602 管理费用",单击"自动编制"按钮,如图 3-61 所示。

(3) 单击"确定"按钮,返回多栏账窗口。单击"查询"按钮,打开多栏账查询窗口,单击"确定"按钮,显示"管理费用多栏账",如图 3-62 所示。

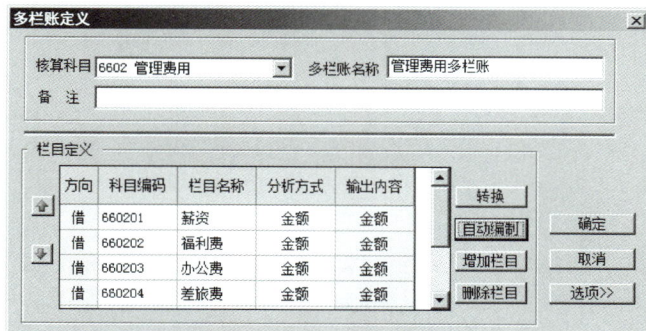

图 3-61　定义管理费用多栏账

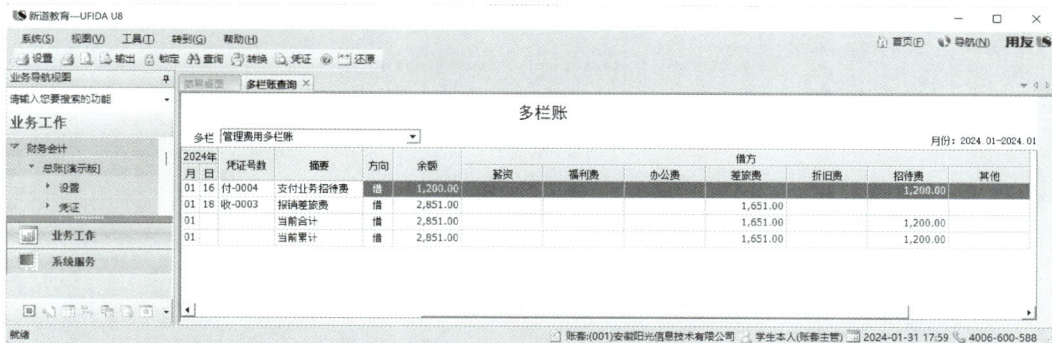

图 3-62　管理费用多栏账

二、辅助账查询

（一）客户、供应商往来辅助账

客户、供应商往来辅助账用于查询某个往来客户、供应商所有科目的明细账情况。这需要将进行往来核算科目（如应收账款、应付账款）设置成往来辅助核算，同时还需建立客户、供应商档案资料。

【业务资料】

安徽阳光公司要求以账套主管的身份查询客户华宏公司和供应商兴华公司所有科目的明细账情况。

【操作步骤】

（1）以"001 学生本人"身份登录企业应用平台，单击"业务工作"/"总账"/"账表"/"客户往来辅助账"/"客户往来明细账"，双击"客户明细账"，打开客户明细账查询条件选择窗口，选择客户"001 -华宏公司"，如图 3 - 63 所示。

客商往来
辅助账查
询

图 3 - 63　客户明细账查询条件

（2）单击"确定"按钮，显示华宏公司查询的结果，如图 3 - 64 所示。

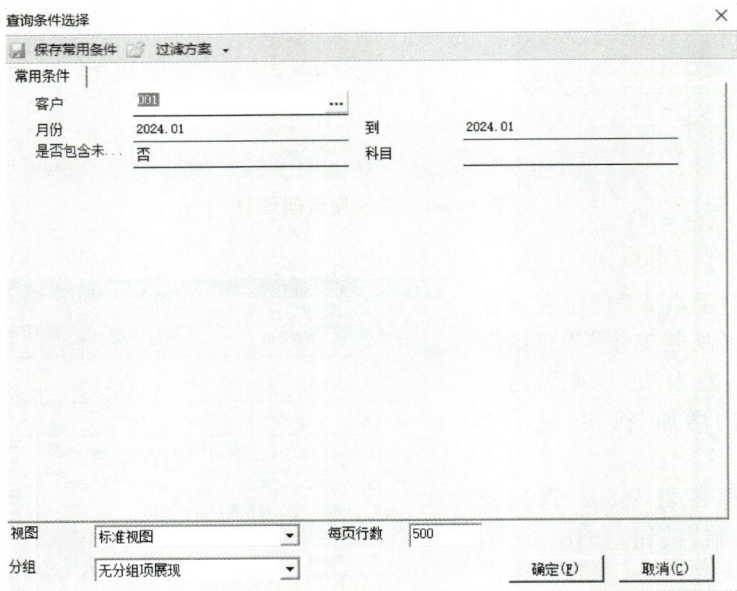

图 3 - 64　客户明细账

（3）同理，查询供应商兴华公司明细账，如图 3－65 所示。

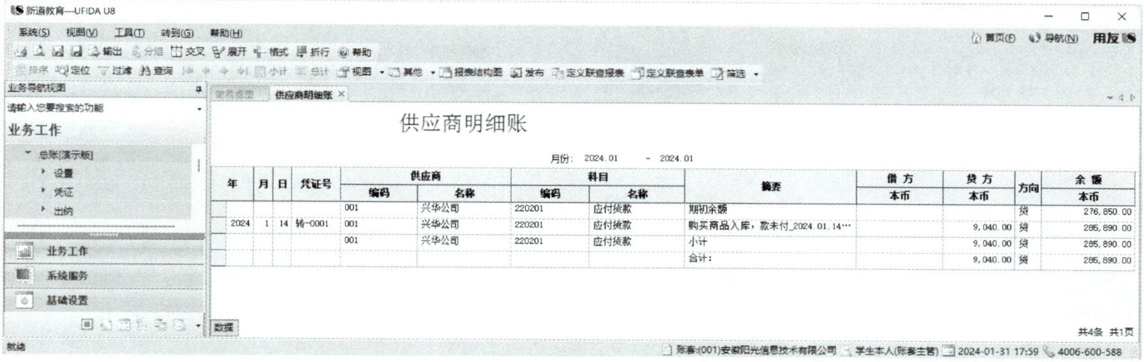

年	月	日	凭证号	供应商编码	供应商名称	科目编码	科目名称	摘要	借方本币	贷方本币	方向	余额本币
				001	兴华公司	220201	应付货款	期初余额			贷	276,850.00
2024	1	14	转-0001	001	兴华公司	220201	应付货款	购买商品入库，款未付_2024.01.14…		9,040.00	贷	285,890.00
				001	兴华公司	220201	应付货款	小计		9,040.00	贷	285,890.00
								合计：		9,040.00	贷	285,890.00

图 3－65 供应商明细账

（二）个人往来账

个人往来账用于查询某个人往来核算科目下所有个人的发生额及余额情况，能及时了解个人借款、还款情况，及时清理个人借款。个人往来账查询首先将需要个人往来的科目设置成个人往来辅助核算科目，同时还要建立个人档案与个人往来科目的联系。

【业务资料】

安徽阳光公司要求以账套主管的身份查询个人往来——肖剑的明细情况。

【操作步骤】

个人往来明细账查询

（1）以“001 学生本人”身份登录企业应用平台，单击“业务工作”/“总账”/“账表”/“个人往来账”/“个人往来明细账”，双击“个人科目明细账”，打开查询条件选择窗口，选择科目“122102”，如图 3－66 所示。

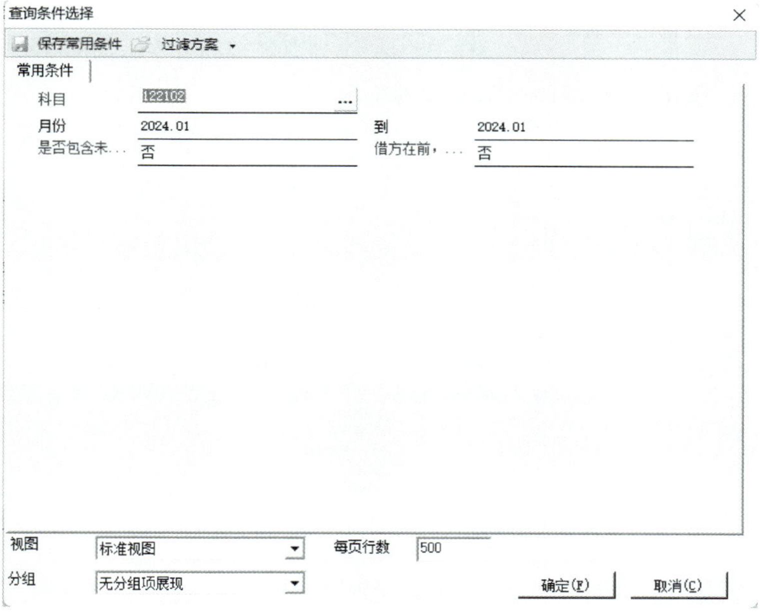

图 3－66 选择个人往来明细账查询条件

3

（2）单击“确定”，显示个人往来明细账查询结果，如图 3－67 所示。

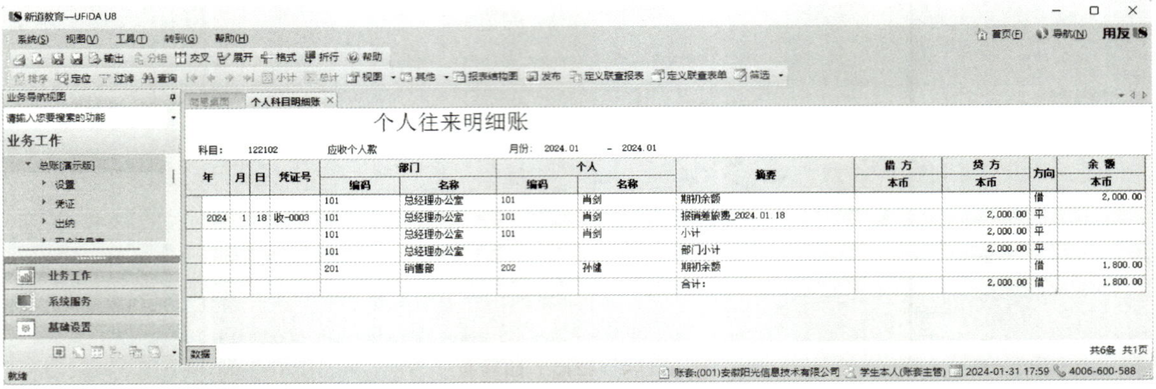

图 3－67 个人往来明细账查询结果

（三）部门辅助账

部门辅助账用于查询某部门的各个费用、收入科目的明细账。部门辅助账查询首先要建立部门档案，并且将需要部门核算的科目设置成部门辅助核算。

部门辅助账查询

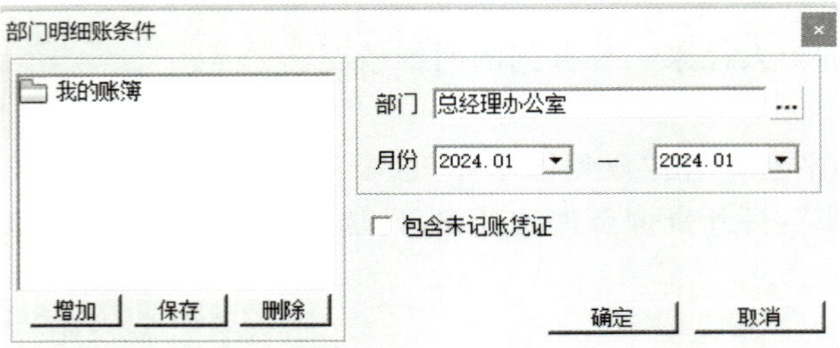

图 3－68 选择部门明细账查询条件

【业务资料】

安徽阳光公司要求以账套主管的身份查询总经理办公室费用开支情况。

【操作步骤】

（1）以“001 学生本人”身份登录企业应用平台，单击“业务工作”/“总账”/“账表”/“部门辅助账”/“部门明细账”，双击“部门明细账”，打开部门明细账条件窗口，部门选择“总经理办公室”，如图 3－68 所示。

（2）单击“确定”按钮，显示部门明细账查询结果，如图 3－69 所示。

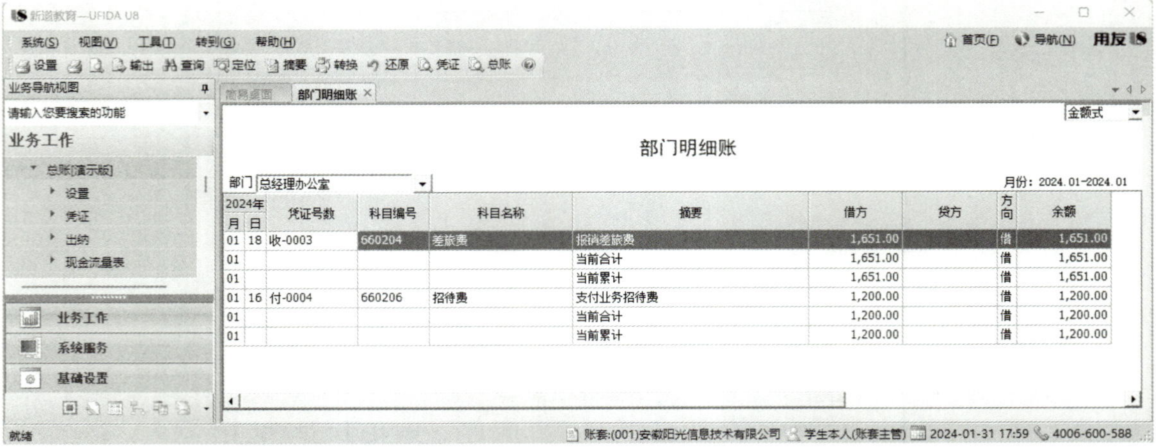

图 3－69 部门明细账查询结果

（四）项目核算辅助账

项目核算辅助账用于查询某项目及部门的各个收入、费用科目的明细账。项目核算辅助账查询首先要建立项目目录，并且将需要项目核算的会计科目设置成项目辅助核算。

【业务资料】

安徽阳光公司要求以账套主管的身份查询生产成本项目核算账。

【操作步骤】

（1）以"001 学生本人"身份登录企业应用平台，单击"业务工作"/"总账"/"账表"/"项目辅助账"/"项目明细账"，双击"项目明细账"，打开项目明细账条件窗口，选择项目大类"生产成本"，项目"计算机"，如图 3－70 所示。

（2）单击"确定"按钮，显示项目明细账查询结果，如图 3－71 所示。

图 3－70　选择项目明细账查询条件

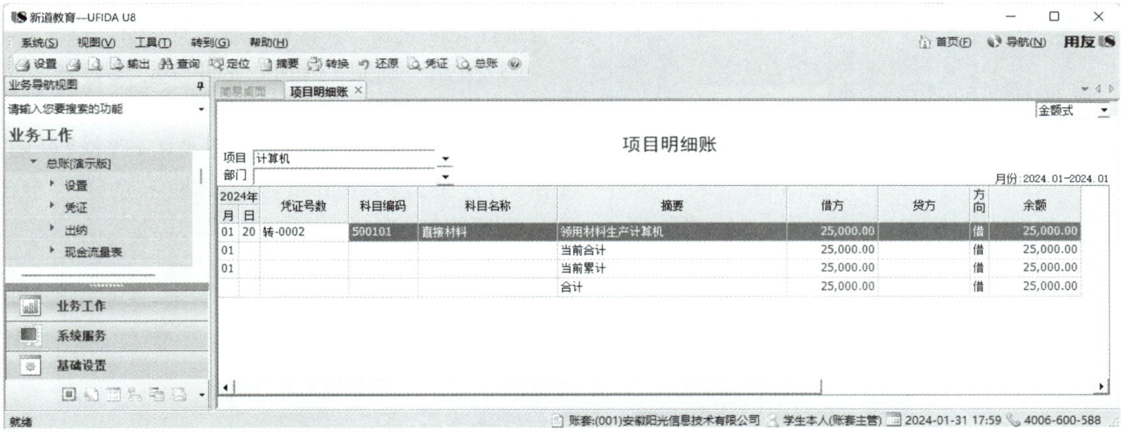

图 3－71　项目明细账查询结果

任务六　总账管理期末处理

【任务描述】

总账管理期末处理主要包括期末自动转账凭证的生成、对账和结账等内容。这些业务数据处理较复杂，但具有很强的规律性，因此比较适合计算机进行自动处理。本任务要求掌握总账管理自动转账凭证的定义及生成、对账及结账的操作方法。

【知识准备与业务操作】

一、自动转账凭证的定义与生成

对于每期都会有规律发生的业务，如计提税金、结转成本、结转本期损益，可以将它们所涉及的摘要、借贷科目、金额计算方法等预先定义并保存起来，即建立转账模型，系统就能根据自定义转账凭证模型快速生成机制记账凭证。

（一）自动转账的定义

自动转账的定义主要包括：

1. 自定义结转

自定义结转功能可以完成的转账业务主要有：费用分配的结转（如工资分配）、费用分摊的结转（如制造费用结转）、税金的计算（如增值税的计算）、提取各项费用的结转（如提取福利费）、各项辅助核算的结转。

如果使用应收应付款管理系统，则在总账系统中不能按客户、供应商辅助项结转，只能按科目总数进行结转。

【业务资料】

2024年1月31日，安徽阳光公司按短期借款期末余额的月息0.2%计提短期借款利息。

【操作步骤】

（1）以"003 马方"身份登录企业应用平台，单击"业务工作"/"财务会计"/"总账"/"期末"/"转账定义"，双击"自定义转账"，打开自定义转账设置窗口。

（2）单击"增加"按钮，打开转账目录窗口，输入转账序号"0001"、转账说明"计提短期借款利息"，选择凭证类别"转 转账凭证"，如图3-72所示。

（3）单击"确定"按钮，返回自定义转账设置窗口，单击"增行"按钮，选择科目编码"660301 利息支出"、方向"借"，双击金额公式栏，选择"参照"按钮，打开公式向导窗口，选择"期末余额"，单击"下一步"按钮，选择科目"2001"，其他默认，将"继续输入公式"选中，选择运算符"乘"，如图3-73所示。

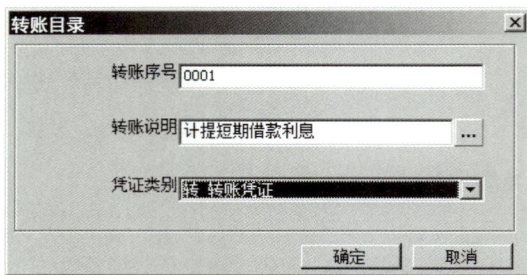

图3-72　转账目录设置

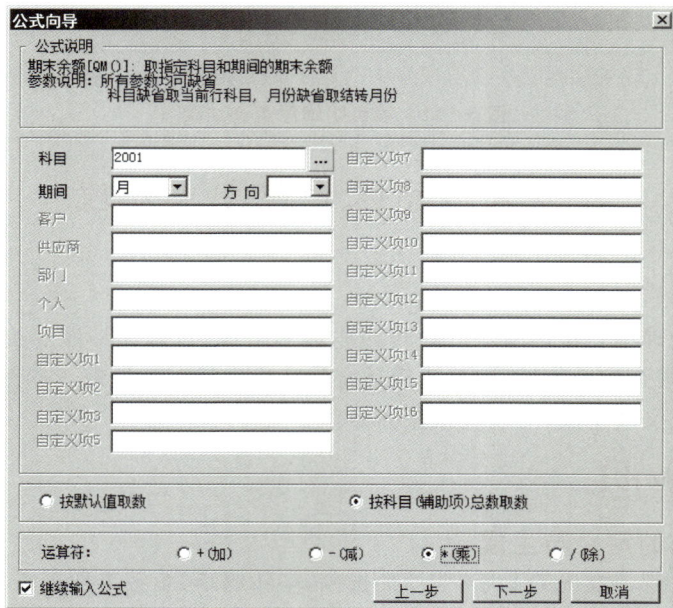

图3-73　定义公式（1）

（4）单击"下一步"按钮，选择函数类型"常数"，单击"下一步"按钮，在"常数"文本框中输入"0.002"，如图3-74所示。

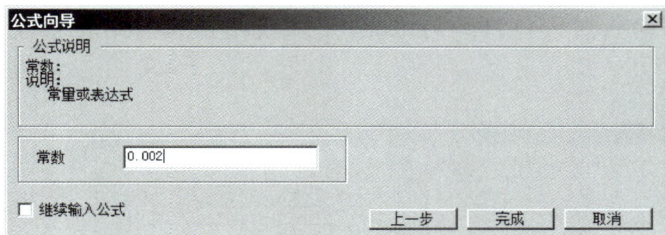

图3-74　定义公式（2）

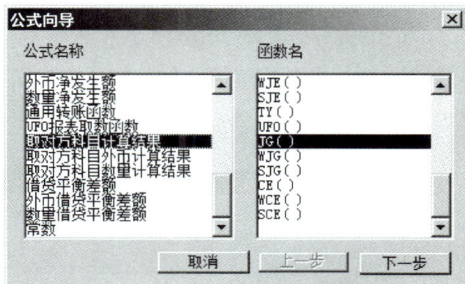

图3-75　定义公式（3）

（5）单击"完成"按钮，系统将定义完成的公式自动带至自定义转账设置中的金额公式栏，再单击"增行"按钮，继续定义贷方信息，选择科目编码"223101借款利息"，方向"贷"，双击金额公式栏，选择"参照"按钮，打开公式向导窗口，选择函数类型"取对方科目计算结果"，如图3-75所示。

（6）单击"下一步"按钮，默认后，单击"完成"按钮，系统将定义完成的公式自动带至自定义转账设置中的金额公式栏，如图3-76所示。

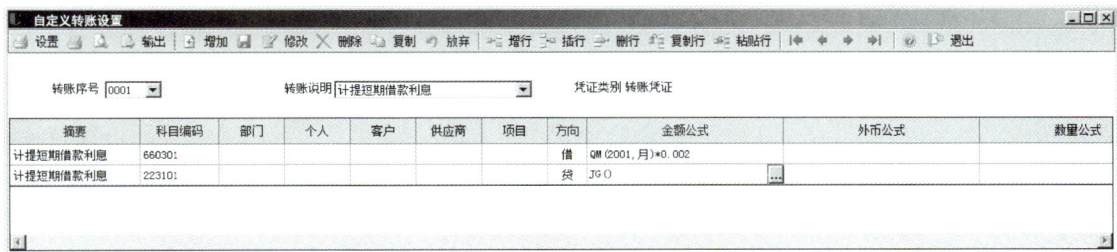

图3-76　定义公式（4）

（7）单击"保存"按钮。

小提示！
➤ 转账科目可以为非末级科目，部门可为空，表示所有部门。
➤ 输入转账计算公式有两种方法：① 直接输入计算公式；② 公式向导录入公式。
➤ 直接输入计算公式的符号必须为英文符号，否则系统提示"金额公式不合法：未知函数名"。

2. 对应结转

对应结转功能不仅可以进行两个科目一对一结转，还提供一对多结转，对应结转的科目可为上级科目，但其下级科目的科目结构必须一致（相同的明细科目），如有辅助核算也必须一一对应，本功能用于结转期末余额。如果结转发生额，只能到自定义结转。

【业务资料】

2024年1月31日，安徽阳光公司结转本期进项税额。

【操作步骤】

（1）以"003 马方"身份登录企业应用平台，单击"业务工作"/"财务会计"/"总账"/"期末"/"转账定义"，双击"对应结转"，打开对应结转设置窗口。

（2）输入编号"0001"，选择凭证类别"转 转账凭证"，摘要"进项税额转出"，转出科目"22210101 进项税额"，单击"增行"按钮，输入转入科目编码"222102 未交增值税"，结转系数"1.0"，如图 3-77 所示。

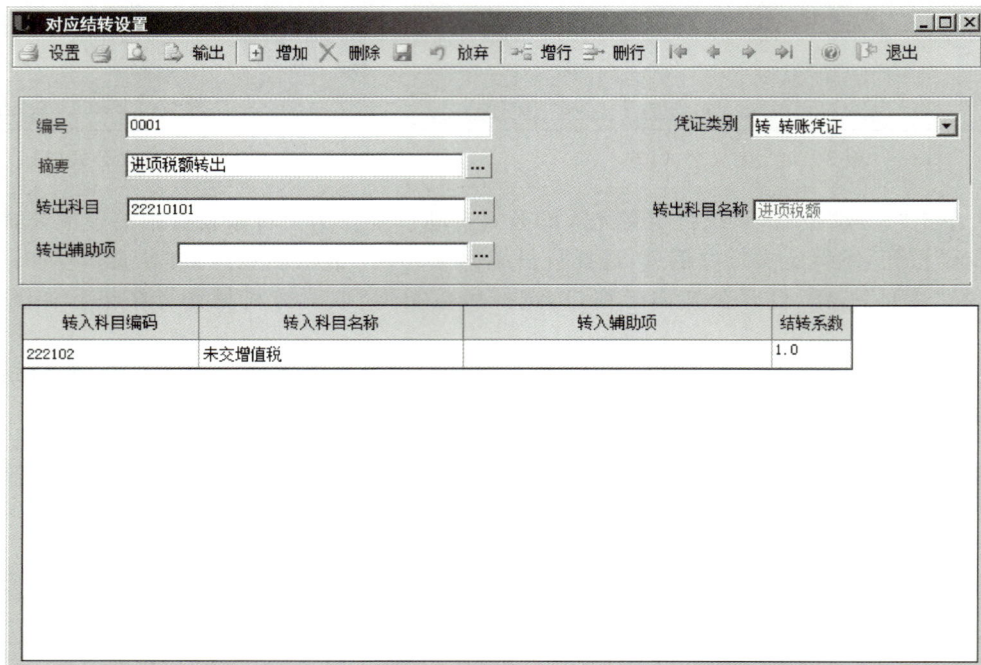

图 3-77　设置对应结转

（3）单击"保存"按钮退出。

3. 销售成本结转

销售成本结转是用来辅助没有启用购销存业务系统的企业完成销售成本的计算和结转，是指在总账系统中，月末基于全月平均法或售价（计划法）计算出库存商品的平均单价，进而计算各类产品销售成本，并对成本业务进行账务处理。在结转时严格要求会计科目设定"库存商品""主营业务收入""主营业务成本"科目下所有的明细科目必须有数量核算，即其辅助核算类型必须一致，且不能带有往来辅助核算，否则只能在自定义结转中设置。

4. 汇兑损益结转

汇兑损益结转用于期末自动计算外币账户的汇兑损益，并自动生成汇兑损益转账凭证。汇兑损益只处理外币账户。

【业务资料】

2024 年 1 月 31 日，美元外币汇率为 1：6.8。安徽阳光公司要求结转外币账户汇兑损益。

【操作步骤】

（1）以"001 学生本人"身份登录企业应用平台，进行期末外币汇率设置，如图 3-78 所示。

（2）以"003 马方"身份登录企业应用平台，单击"业务工作"/"财务会计"/"总账"/"期末"/

3

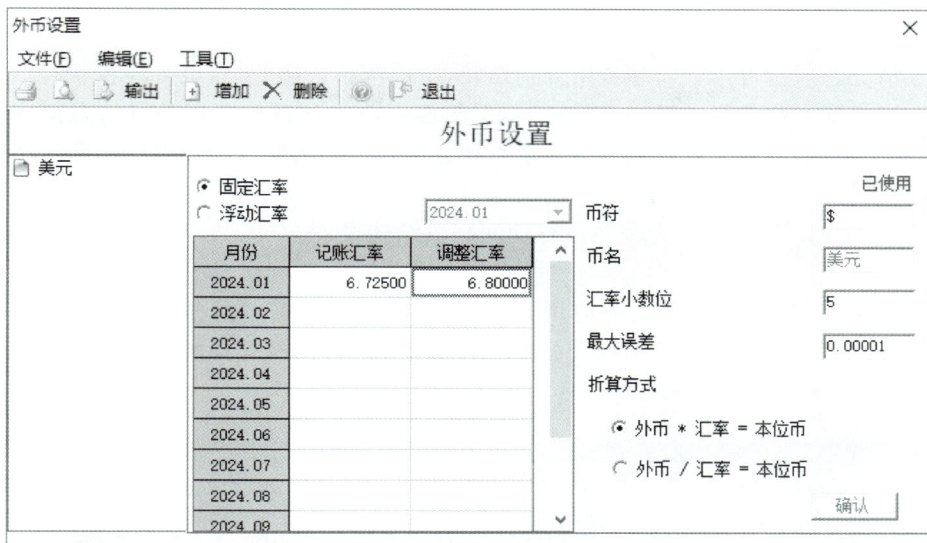

图 3 - 78　设置期末外币汇率

"转账定义",双击"汇兑损益",打开汇兑损益结转设置窗口,输入汇兑损益结转科目"660302 汇兑损益",系统将所有涉及外币核算的账户自动显示出来,双击"是否计算汇兑损益",如图 3 - 79 所示。

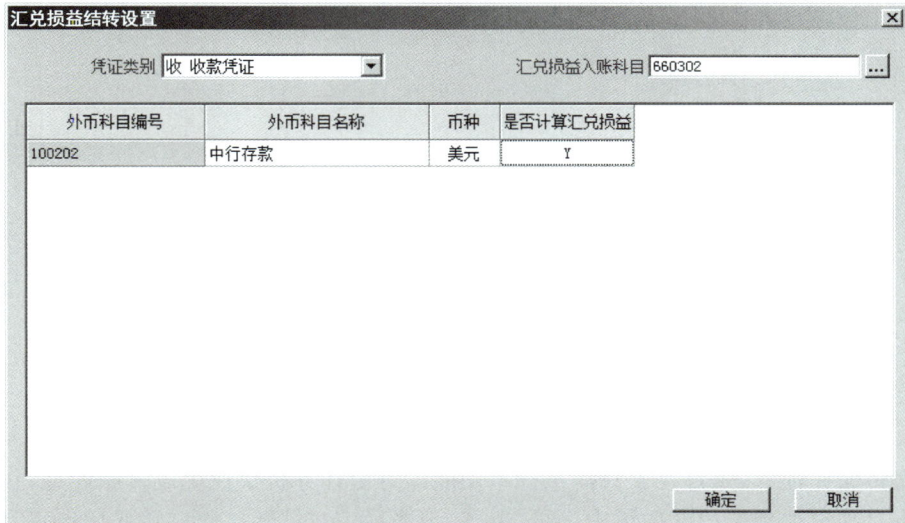

图 3 - 79　设置汇兑损益结转

（3）单击"确定"按钮,自动关闭汇兑损益结转设置窗口。

小提示!
➤ 为了保证汇兑损益计算正确,必须先将本月的所有未记账凭证记账。

5. 期间损益结转

本功能用于在一个会计期末，将损益类科目的余额结转到“本年利润”科目中，从而及时反映企业的盈亏情况。损益可按收入和费用分别结转，生成两种记账凭证，也可合在一起只生成一张记账凭证。当将期末业务集中于一张凭证时，系统根据收入项目和费用项目的余额情况自动调整“本年利润”科目的方向。若收入总额大于费用总额，“本年利润”科目在贷方，反之在借方。

【业务资料】

2024 年 1 月 31 日，安徽阳光公司进行期间损益结转设置。

3

【操作步骤】

期间损益结转设置

(1) 以“003 马方”身份登录企业应用平台，单击“业务工作”/“财务会计”/“总账”/“期末”/“转账定义”，双击“期间损益”，打开期间损益结转设置窗口，选择凭证类别“转 转账凭证”，本年利润科目“4103”，如图 3-80 所示。

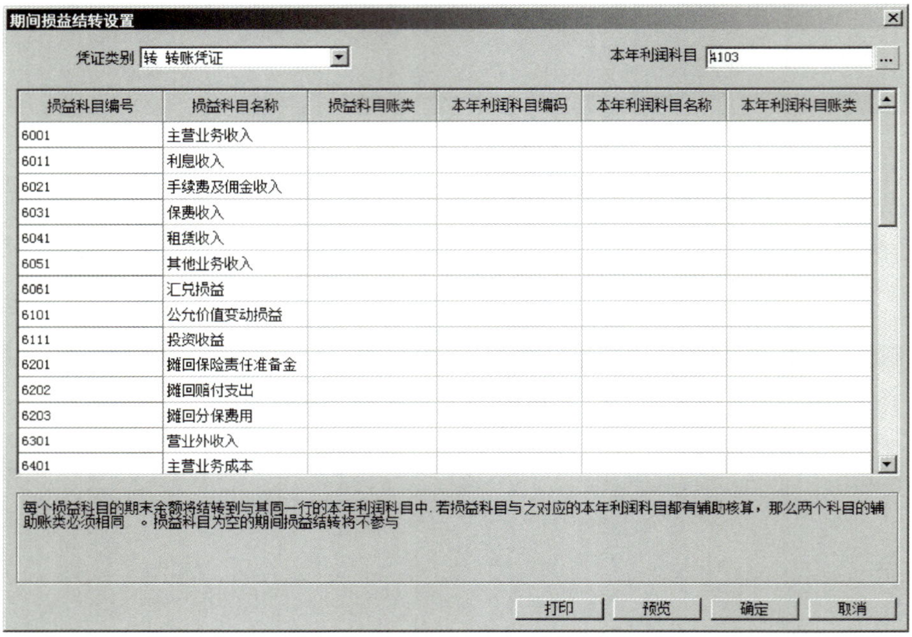

图 3-80 期间损益结转设置

(2) 单击“确定”按钮，自动关闭期间损益结转设置窗口。

(二) 自动转账的生成

定义完转账凭证后，每月月末只需执行本功能即可由计算机快速生成转账凭证，在此生成的转账凭证将自动追加到未记账凭证中，通过审核、记账后完成结转工作。转账凭证每月只生成一次，由于转账凭证中定义的公式基本都来自账簿，因此在月末转账前，必须将所有未记账凭证全部记账，否则生成的转账凭证中的数据可能不准确。特别是针对一组相关转账分录，必须按顺序依次进行转账生成、审核与记账。

【业务资料】

2024 年 1 月 31 日，安徽阳光公司执行自动转账凭证生成。

【操作步骤】

自动转账凭证生成

(1) 以“003 马方”身份登录企业应用平台，单击“业务工作”/“财务会计”/“总账”/“期末”，双击"转账生成",打开转账生成窗口。

（2）选择"自定义转账"单选按钮,单击"全选"按钮,单击"确定"按钮,系统自动生成短期借款利息转账凭证,单击"保存"按钮,如图3-81所示。

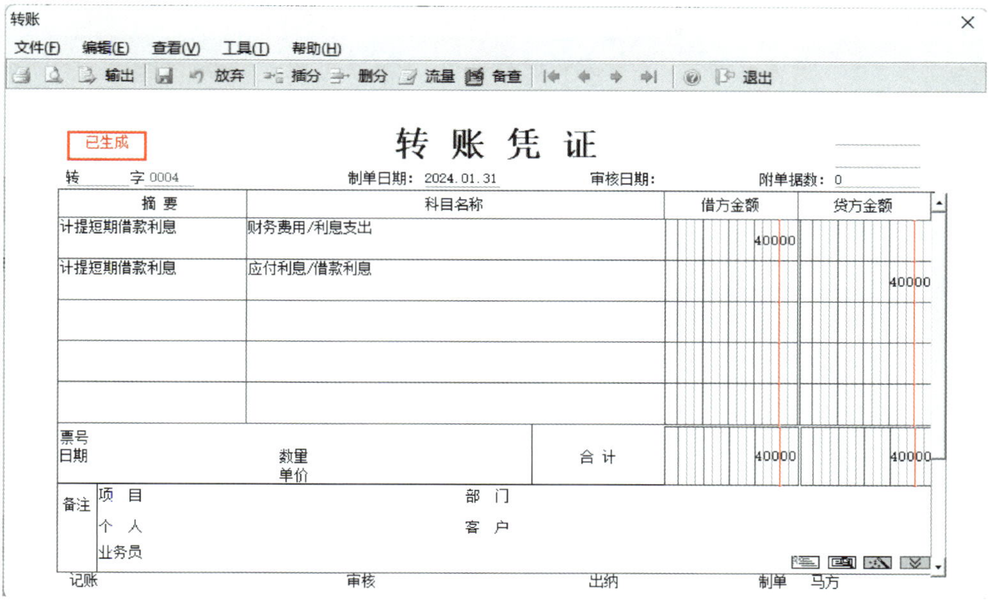

图 3-81　生成结息转账凭证

（3）单击"退出"按钮,返回转账生成窗口。

（4）单击"对应结转"单选按钮,单击"全选"按钮,单击"确定"按钮,系统提示"有未记账凭证,是否继续?",单击"是"按钮,系统自动生成进项税额转出凭证,单击"保存"按钮,如图3-82所示。

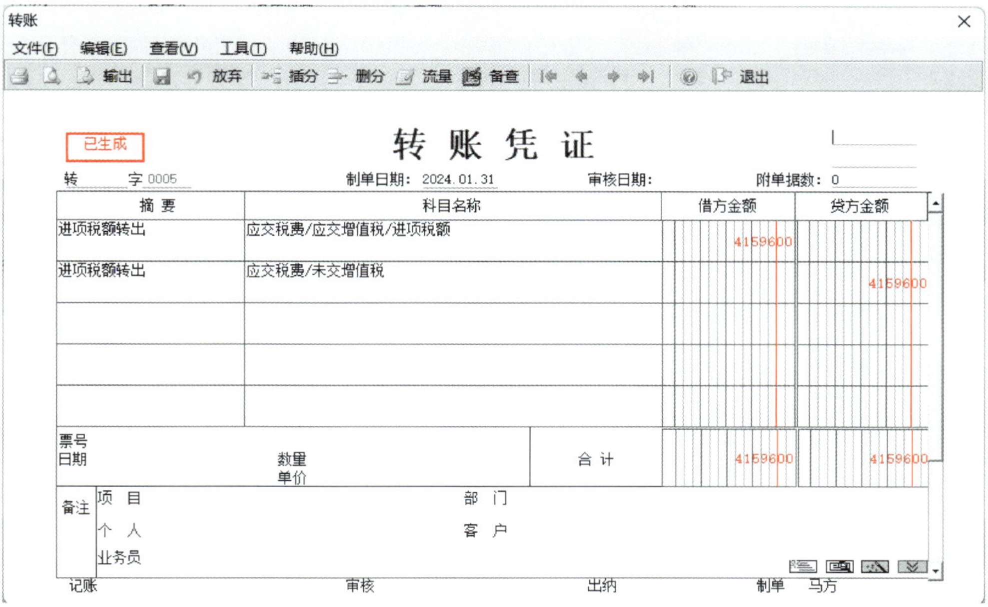

图 3-82　进项税额转出凭证

小提示!

➤ 在生成对应结转凭证的过程中，系统提示有未记账凭证，其实是指“短期借款利息结转凭证”，因不涉及进项税额科目，所以不影响系统计算进项税额的转出额，可以单击“是”继续进行结转。

（5）单击“退出”按钮，返回转账生成窗口。

（6）单击“汇兑损益结转”单选按钮，选择外币币种“美元”，单击“全选”按钮，单击“确定”按钮，系统提示“有未记账凭证，是否继续？”，单击“是”按钮，显示“汇兑损益试算表”，如图 3－83 所示。单击“确定”按钮，系统自动生成汇兑损益结转凭证，如图 3－84 所示。

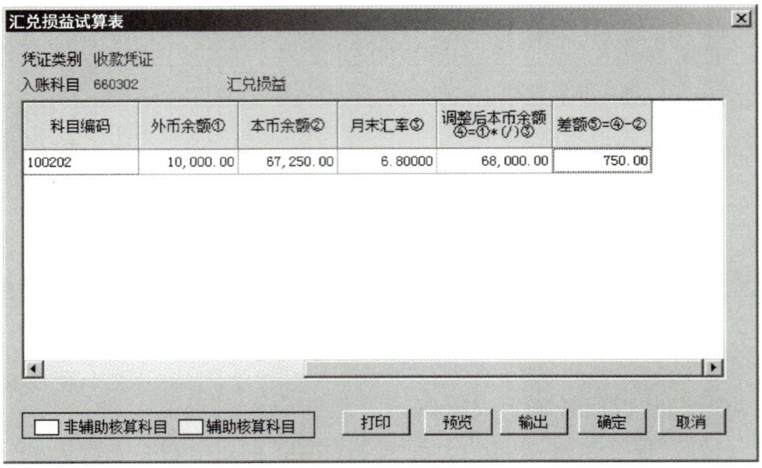
汇兑损益试算表
凭证类别 收款凭证
入账科目 660302 汇兑损益
科目编码 外币余额① 本币余额② 月末汇率③ 调整后本币余额④=①*(/)③ 差额⑤=④-②
100202 10,000.00 67,250.00 6.80000 68,000.00 750.00
非辅助核算科目 辅助核算科目
打印 预览 输出 确定 取消

图 3－83 汇兑损益试算表

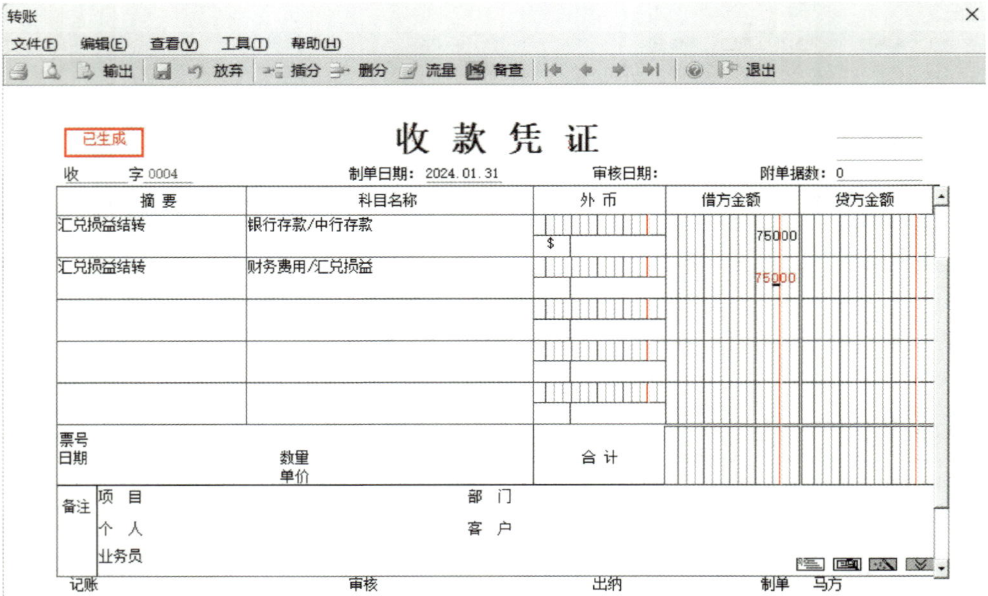
转账
文件(F) 编辑(E) 查看(V) 工具(T) 帮助(H)
输出 放弃 插分 删分 流量 备查 退出
已生成
收款凭证
收 字 0004
制单日期：2024.01.31
审核日期：
附单据数：0
摘要 科目名称 外币 借方金额 贷方金额
汇兑损益结转 银行存款/中行存款 $ 75000
汇兑损益结转 财务费用/汇兑损益 75000
票号
日期
数量
单价
合计
备注
项目
部门
个人
客户
业务员
记账 审核 出纳 制单 马方

图 3－84 汇兑损益结转凭证

3

小提示！
➤ 在生成汇兑损益结转凭证的过程中，系统又提示有未记账凭证，指的是"短期借款利息结转凭证"和"进项税额转出凭证"，由于它们都不涉及外币核算账户，不会影响系统计算汇兑损益结果，因此单击"是"，继续生成汇兑损益凭证结转操作。

（7）更换操作员，以"002 王晶"身份执行出纳签字操作，更换操作员以"001 学生本人"执行审核和记账。

（8）重新以"003 马方"身份登录企业应用平台，单击"业务工作"/"财务会计"/"总账"/"期末"，双击"转账生成"，打开转账生成窗口，单击"期间损益结转"单选按钮。

（9）单击"全选"按钮，单击"确定"按钮，系统生成期间损益结转凭证，单击"保存"按钮，如图 3-85 所示。

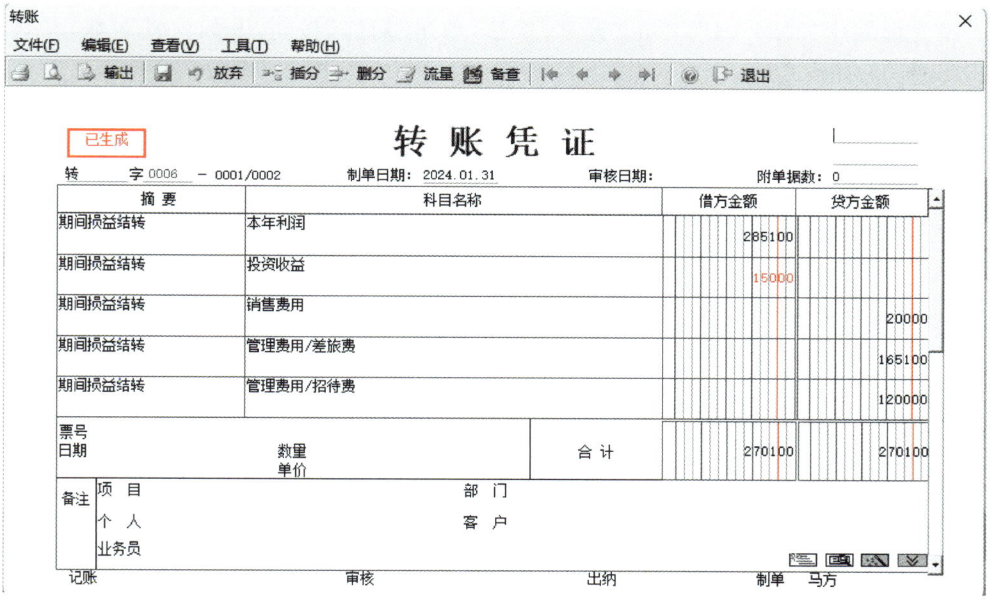

图 3-85 期间损益结转凭证

（10）更换"001 学生本人"身份进行审核、记账。

小提示！
➤ 若凭证类别、制单日期和附单据张数与实际情况有出入，可直接在当前凭证上进行修改，然后再保存。
➤ 自动转账凭证生成并保存后，凭证左上角出现"已生成"红色戳记，以区分日常业务处理中填制的凭证。
➤ 转账凭证生成是根据账簿数据计算并结转的，所以涉及即将生成的转账凭证的科目，首先要执行审核、记账，否则生成的转账凭证数据可能有误。
➤ 转账凭证生成后仍需审核、记账。

二、对账

对账是对账簿数据进行核对,以检查记账是否正确,以及账簿是否平衡。它主要是通过核对总账与明细账、总账与辅助账数据来完成账账核对。一般来说,实现计算机记账后,只要记账凭证正确,计算机自动记账后各种账簿都应是正确、平衡的。但由于非法操作、计算机病毒或其他原因,有时可能会造成某些数据被破坏,因而引起账账不符。为了保证账证相符、账账相符,用户应经常使用本功能进行对账,至少一个月一次,一般在月末结账前进行。

如果使用了应收款管理和应付款管理系统,则在总账管理系统中不能对往来客户账、供应商往来账进行对账。

【业务资料】

2024 年 1 月 31 日,安徽阳光公司以账套主管身份执行对账操作。

【操作步骤】

(1) 以"001 学生本人"身份登录企业应用平台,单击"业务工作"/"财务会计"/"总账"/"期末",双击"对账",进入对账窗口。

(2) 将光标置于"2024.01",单击"选择"按钮,单击"对账"按钮,开始自动对账,并显示对账结果,如图 3-86 所示。

图 3-86　对账

(3) 单击"试算"按钮,可以对各科目类别余额进行试算平衡,如图 3-87 所示。

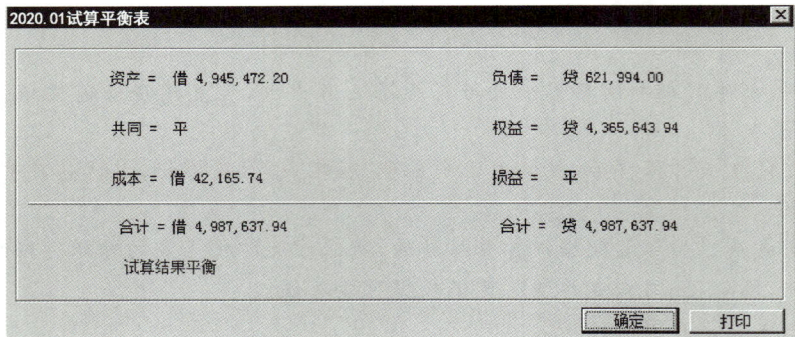

图 3-87　试算平衡

（4）单击"确定"按钮，返回对账窗口。

> **小提示！**
> ➤ 当对账出现错误或记账凭证有误时，系统允许恢复记账前状态，进行检查、修改，直到对账正确。
> ➤ 对账不正确，不能执行期末结账。

3

三、结账

　　企业每月月末都要进行结账处理。结账实际上就是计算和结转各账簿的本期发生额和期末余额，并终止本期的账务处理工作。相比手工处理，电算化方式下的结账工作简单多了，结账是一种成批数据处理，每月只结账一次，主要是对当月日常处理的限制和对下月账簿的初始化，由计算机自动完成。

　　结账前要进行数据备份。

　　如果结账后发现结账错误，可以进行"反结账"，取消结账标记，修正后再结账。

【业务资料】

2024 年 1 月 31 日，安徽阳光公司由 001 账套主管执行结账。

【操作步骤】

（1）以"001 学生本人"身份登录企业应用平台，单击"业务工作"/"财务会计"/"总账"/"期末"，双击"结账"，进入结账窗口。

（2）单击要结账的月份"2024.01"，单击"下一步"按钮。

（3）单击"对账"按钮，单击"下一步"按钮，系统显示"2024 年 01 月工作报告"，如图 3-88 所示。下拉滚动条可继续查看工作报告，如图 3-89 所示。

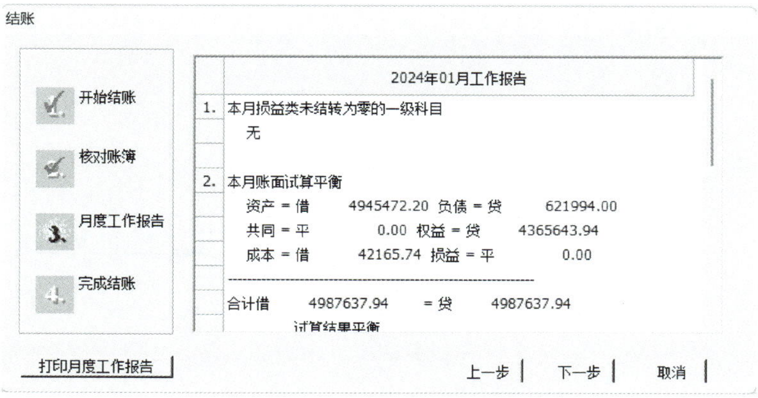

图 3-88　结账月度工作报告（1）

> **小提示！**
> ➤ 认真查看工作报告，分析不能顺利结账的各种原因。
> ➤ 损益类科目未全部结转不能结账。
> ➤ 试算结果不平衡不能结账。
> ➤ 对账不符不能结账。

3

> ➢ 若与其他系统联用,其他系统未结账,总账不能结账,如图3-90所示。
> ➢ 有未记账凭证不能结账。
> ➢ 上月未结账,本月不能结账,即结账必须按月连续进行。

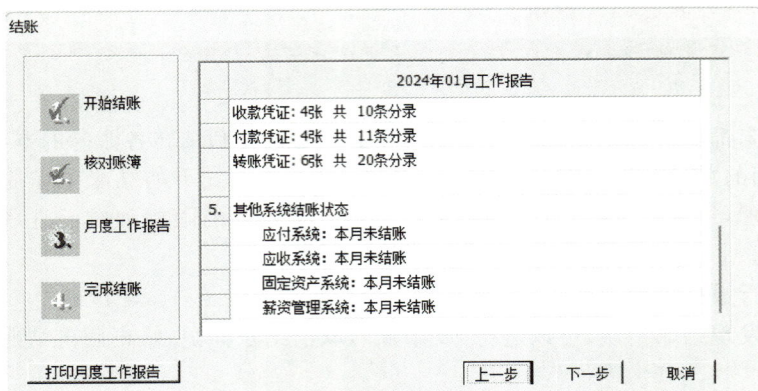

图3-89 结账月度工作报告(2)

(4)单击"下一步"按钮,再单击"结账"按钮,若符合结账要求,系统将进行结账,否则不予结账,如图3-90所示。

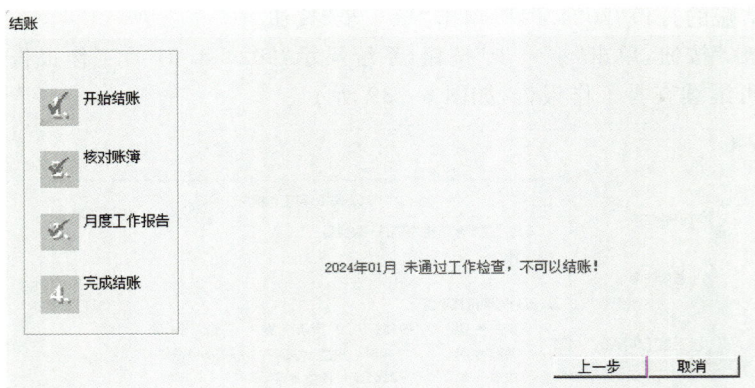

图3-90 不予结账

小提示!

> ➢ 由于安徽阳光公司账套核算启用了"应收系统""应付系统""固定资产系统""薪资管理系统"等其他子系统,其他系统未结账,所以总账管理系统不能结账。但可以到系统启用窗口中,取消其他子系统,再进行总账结账。
> ➢ 如果由于某种原因需要取消结账,由账套主管在"结账"窗口,按"Ctrl+Shift+F6"键激活"取消结账",输入主管口令,即可取消结账。
> ➢ 将总账期末处理数据账套(未结账)备份到"D:/001账套备份/财务管理/实验六总账管理期末处理"文件夹中。

项 目 小 结

"项目三 总账管理"内容结构如图3-91所示。

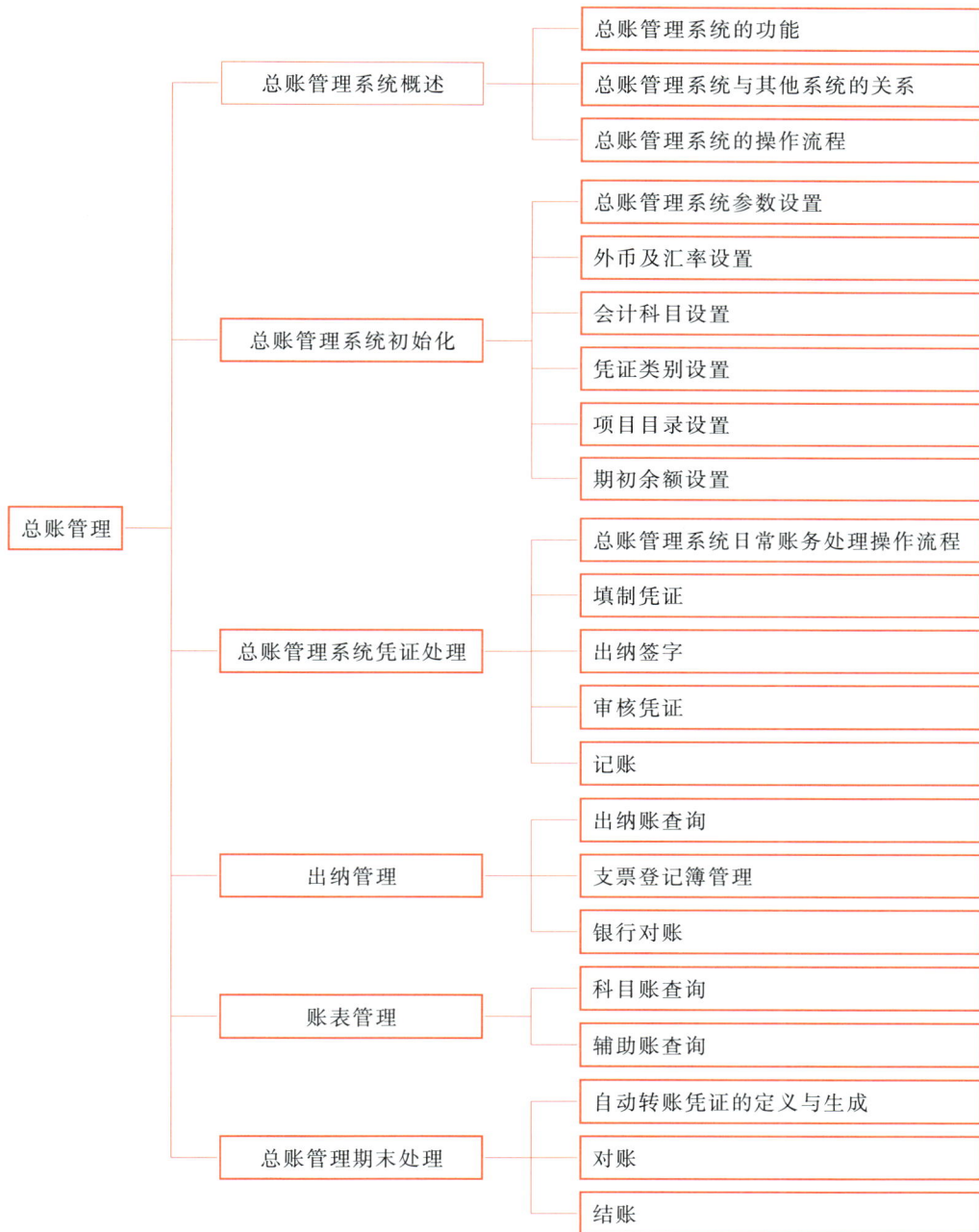

3

```
                    ┌─ 总账管理系统概述 ──┬─ 总账管理系统的功能
                    │                     ├─ 总账管理系统与其他系统的关系
                    │                     └─ 总账管理系统的操作流程
                    │
                    │                     ┌─ 总账管理系统参数设置
                    │                     ├─ 外币及汇率设置
                    ├─ 总账管理系统初始化 ─┼─ 会计科目设置
                    │                     ├─ 凭证类别设置
                    │                     ├─ 项目目录设置
                    │                     └─ 期初余额设置
                    │
                    │                     ┌─ 总账管理系统日常账务处理操作流程
                    │                     ├─ 填制凭证
总账管理 ───────────┼─ 总账管理系统凭证处理 ┼─ 出纳签字
                    │                     ├─ 审核凭证
                    │                     └─ 记账
                    │
                    │                     ┌─ 出纳账查询
                    ├─ 出纳管理 ──────────┼─ 支票登记簿管理
                    │                     └─ 银行对账
                    │
                    │                     ┌─ 科目账查询
                    ├─ 账表管理 ──────────┴─ 辅助账查询
                    │
                    │                     ┌─ 自动转账凭证的定义与生成
                    └─ 总账管理期末处理 ──┼─ 对账
                                          └─ 结账
```

图3-91 "项目三 总账管理"内容结构图

诚 信 纳
税,利 国
利民

项目四 薪资管理

◇ **职业能力目标**

了解薪资管理系统的功能,理解薪资管理系统与其他系统的关系,掌握薪资管理系统操作流程;掌握薪资管理系统初始化内容和操作方法;掌握职工工资及其所得税计算、日常数据处理以及薪资管理期末业务处理操作。

◇ **典型工作任务**

薪资管理认知;薪资管理系统初始化;薪资管理日常业务处理;薪资管理期末处理。

任务一 薪资管理认知

【任务描述】

薪资管理系统适用于各类企业、行政事业单位进行工资核算、工资发放、工资费用分摊、个人所得税核算等。它可以与总账管理系统集成使用,将工资凭证传递到总账中。本任务要求了解薪资管理系统的功能、薪资管理系统与其他系统的关系,掌握薪资管理系统操作流程。

【知识准备与业务操作】

一、薪资管理系统的功能

薪资管理系统可以与总账管理系统集成使用,将工资凭证传递到总账中,也可以与成本管理系统集成使用,为成本管理系统提供人员费用信息。

(一)初始设置

在薪资管理系统中,可结合企业实际情况,自行设置人员附加信息、工资类别适用部门(多工资类别)、工资人员档案,设置多次发放、自定义工资项目及计算公式,设置工资项目从人事系统获取数据的取数公式,还可进行多工资类别核算、工资核算币种、扣零处理、个人所得税扣税处理等账套参数设置。

(二)业务处理

在薪资管理系统中,可以进行工资数据变动、汇总处理,支持多套工资数据的汇总,提供工资分钱清单、部门分钱清单、人员分钱清单、工资发放取款单,月末自动完成工资分摊、计提、转账业务,并将生成的凭证传递到总账系统。系统提供灵活的银行代发功能,可预置银行代发模板,适用于由银行发放工资的单位;可实现在同一工资账中的人员由不同的银行代发工资,以及多种文件格式的输出,还提供个人所得税自动计算与申报功能。

(三)统计分析报表业务处理

薪资管理系统提供按月查询凭证的功能,提供工资表,包括工资发放签名表、工资发放条、工资卡、部门工资汇总表、人员类别汇总表、条件汇总表、条件明细表、条件统计表、多类别工资表等;提供工资分析表,包括工资项目分析表、工资增长分析表、员工工资汇总表、按月分类统计表、部门分类统计表、按项目分类统计表、员工工资项目统计表、分部门各月工资构成分析表、部门工资项目构成分析表等。

二、薪资管理系统与其他系统的关系

薪资管理系统与其他系统的主要关系如图4-1所示。

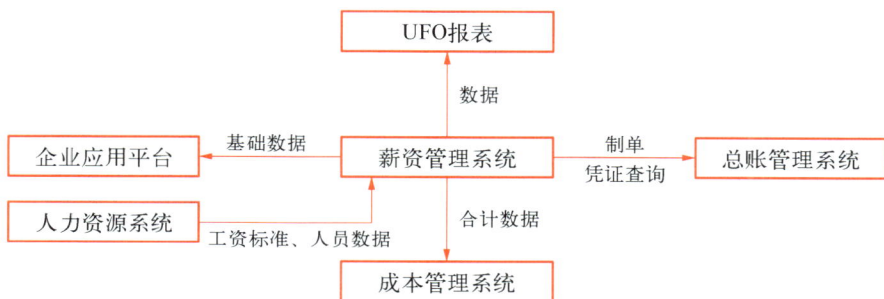

图4-1　薪资管理系统与其他系统的主要关系

薪资管理系统与企业门户共享基础数据。薪资管理系统需要的基础数据可以在企业门户中统一设置,也可以在薪资管理系统中设定。

薪资管理系统将工资费用的分配及各种经费计提的结果自动生成转账凭证,传递到总账管理系统,并可以查询凭证。

薪资管理系统可以向成本管理系统传送相关费用的合计数据。

人力资源系统将指定了对应关系的工资项目及人员属性对应信息传递到薪资管理系统中,同时薪资管理系统可以根据人力资源系统的要求从其中读取工资数据,作为社保等数据的计提基础。

三、薪资管理系统的应用方案及操作流程

(一)薪资管理系统的应用方案

薪资管理系统提供单类别工资核算和多类别工资核算两种应用方案。

1. 单类别工资核算应用方案

如果企业中所有员工的工资发放项目相同,工资计算方法也相同,则可以对全部员工进行统一的工资核算,此时选用单类别工资核算方案,可提高系统运行效率。

2. 多类别工资核算应用方案

如果企业存在不同类别人员,如企业需要分别对在职人员、退休人员、离休人员进行工资核算,或者企业需要将临时工同正式工区别开来,还有可能企业每月进行多次工资发放,月末需要统一核算,或工资发放时使用多种货币等,则需要选用系统提供的多类别工资核算应用方案。

(二)薪资管理系统的操作流程

1. 新用户操作流程

假设企业为多类别工资核算的企业,第一次启用薪资管理系统,应按如图 4-2 所示步骤进行操作。

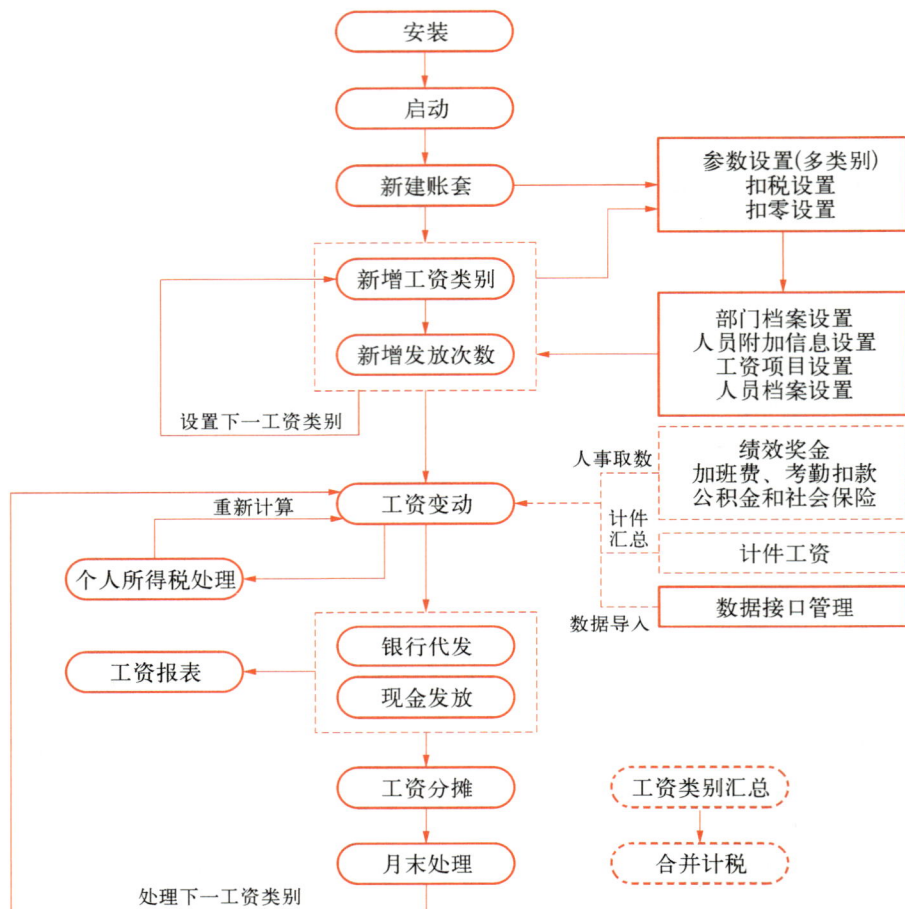

图 4-2　新用户多类别工资核算操作流程

如果是单类别工资核算的企业,第一次启用薪资管理系统,应按如图 4-3 所示步骤进行操作,不同于多类别工资核算的仅在于不做"新增工资类别"。

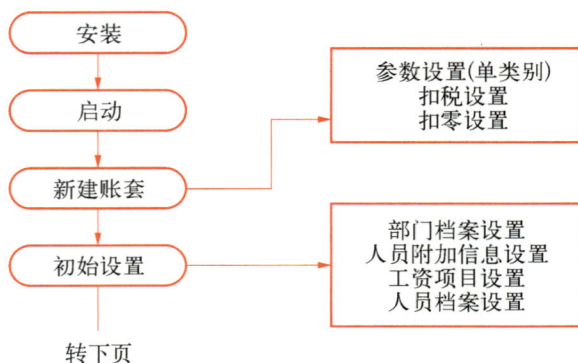

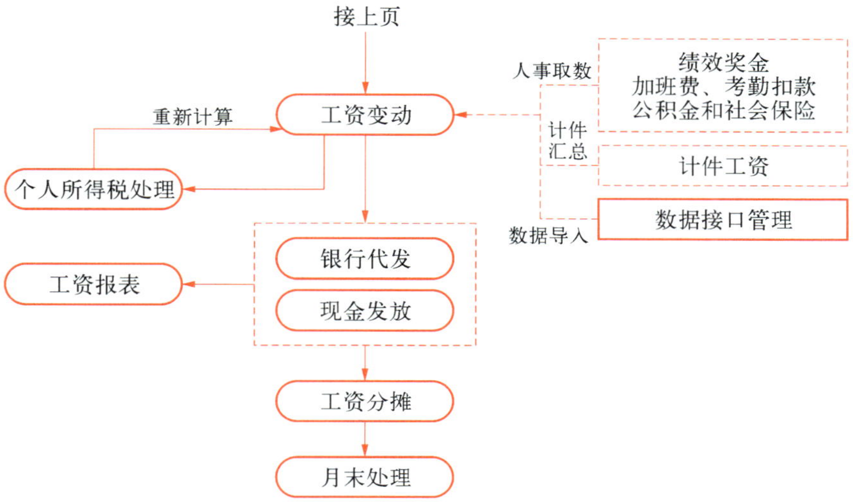

图 4-3　新用户单类别工资核算操作流程

2. 老用户的操作流程

如果已经使用了薪资管理系统，到了年末，应进行数据的结转，以便开始下一年度的工作。新年度开始时应按图 4-4 所示步骤进行操作。

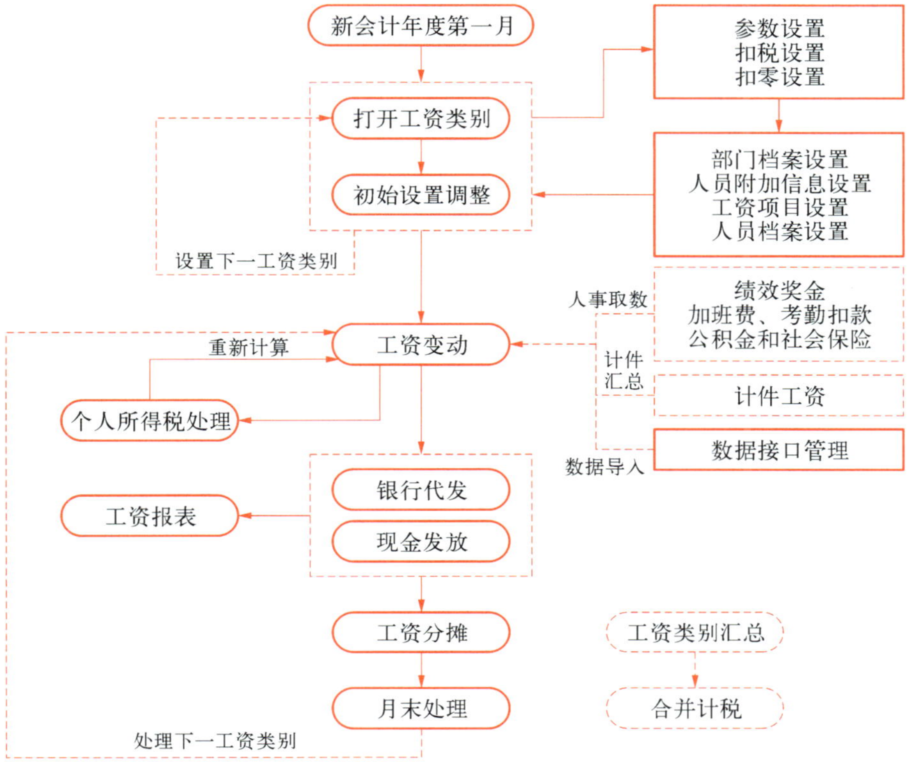

图 4-4　老用户操作流程

任务二　薪资管理系统初始化

【任务描述】

薪资管理系统初始化设置包括建立工资账套和基础信息设置两部分，是后期日常业务处理的基础。本任务要求了解薪资管理系统初始化内容，掌握薪资管理系统初始化操作步骤及方法。

【知识准备与业务操作】

一、建立工资账套

建立工资账套是整个薪资管理系统正确运行的基础。建立一个完整的账套是系统正常运行的根本保证。工资账套与系统管理中的账套是不同的概念，系统管理中的账套是针对整个核算系统，而工资账套则是针对薪资管理。要建立工资账套，前提是在系统管理中首先要建立本单位的核算账套。当启动薪资管理系统时，如果所选账套为首次使用，系统将自动建立建账向导。

【业务资料】

引入实验六总账管理期末处理备份账套，根据如下资料完成工资账套的建立。

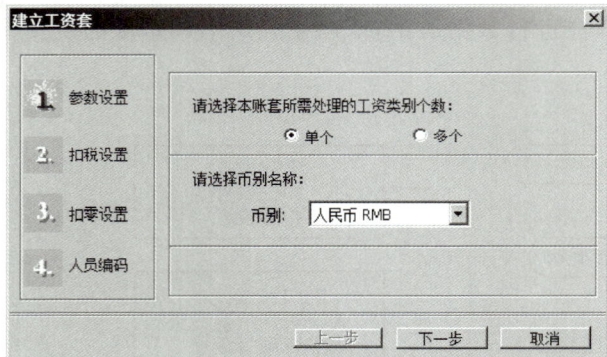

图 4-5　设置工资类别

安徽阳光公司从 2024 年 1 月 1 日启用薪资管理系统，工资类别"单个"，核算币种"人民币"，要求"代扣个人所得税"，不进行"扣零设置"。

【操作步骤】

（1）以"001 学生本人"身份登录企业应用平台，单击"业务工作"/"人力资源"/"薪资管理"，打开建立工资套窗口。

（2）在建账第一步"参数设置"中，默认本账套所需处理的工资类别个数为"单个"，选择币别为"人民币 RMB"，如图 4-5 所示。

> **小提示！**
> ➤ 计件工资是按计件单价支付劳动报酬的一种形式。由于对计时工资和计件工资核算方法不同，因此在薪资管理系统中对于企业是否存在计件工资特别设置了该选项。若选中，系统自动在工资项目中显示"计件工资"项目。

（3）单击"下一步"按钮，进入建账第二步"扣税设置"，选中"是否从工资中代扣个人所得税"复选框，如图 4-6 所示。

> **小提示！**
> ➤ 选择代扣个人所得税，系统将自动生成工资项目"代扣税"，并自动进行代扣税的计算。

（4）单击"下一步"按钮，进入建账第三步"扣零设置"，不做选择，如图 4-7 所示。

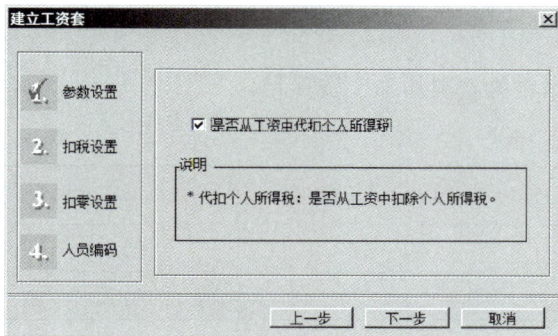

图 4-6　设置代扣税

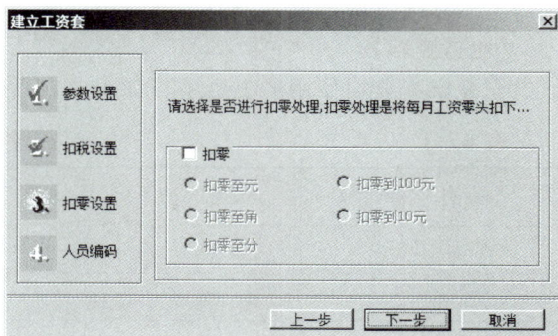

图 4-7　设置不扣零

小提示!
➤ 扣零处理是每次发放工资时将零头扣下,积累取整,于下次发放工资时补上,系统在计算工资时将依据"扣零至元""扣零至角""扣零至分"进行扣零计算。
➤ 选择扣零,系统自动在固定工资项目中增加"本月扣零"和"上月扣零"两个项目。

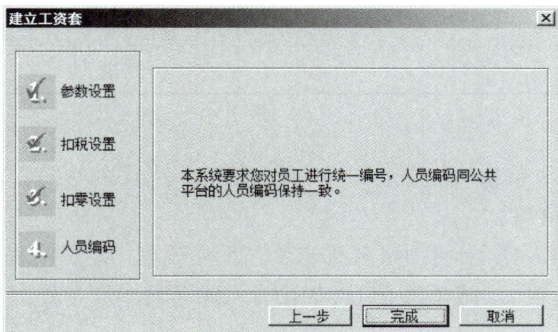

图 4-8　人员编码提示

二、基础信息设置

建立工资账套后,要对整个系统运行所需要的一些基础信息进行设置,包括部门设置、人员类别设置、人员附加信息设置、银行档案设置、工资项目设置等。其中,部门、人员类别已经在企业应用平台中的基础档案中进行设置。

(一)工资项目设置

工资项目设置即定义工资项目的名称、类型、宽度、小数及增减项。系统提供了一些固定的工资项目,是工资账套中必不可少的,包括应发合计、扣款合计和实发合计,这些项目不能删除和重命名。若设置了"代扣税",则系统在工资项目中自动生成"代扣税"项目,若设置了"扣零",则系统在工资项目中自动生成"本月扣零"和"上月扣零"两个项目。这些项目也不能删除和

(5)单击"下一步"按钮,进入建账第四步"人员编码",系统要求和基础档案中的人员编码一致,如图 4-8 所示。
(6)单击"完成"按钮。

小提示!
➤ 建账完成后,部分建账参数可以在"设置"/"选项"中,单击"编辑"进行修改,如图 4-9 所示。

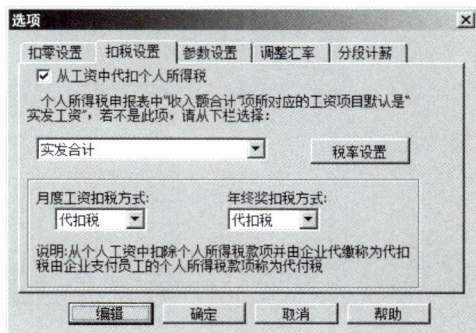

图 4-9　修改工资账套部分参数

重命名。其他各项可根据企业需要自由设置,如基本工资、奖金、请假扣款。

【业务资料】

安徽阳光公司使用的工资项目如表 4-1 所示,根据资料增加工资项目。

表 4-1　　　　　　　　　　工 资 项 目

项目名称	类型	长度	小数位数	增减项
基本工资	数字	8	2	增项
奖金	数字	8	2	增项
岗位津贴	数字	8	2	增项
应发合计	数字	10	2	增项
请假扣款	数字	8	2	减项
养老保险金	数字	8	2	减项
扣款合计	数字	10	2	减项
实发合计	数字	10	2	增项
代扣税	数字	10	2	减项
请假天数	数字	8	2	其他
计税工资	数字	8	2	其他

【操作步骤】

(1)以"001学生本人"身份登录企业应用平台,单击"业务工作"/"人力资源"/"薪资管理"/"设置",双击"工资项目设置",打开工资项目设置窗口。

(2)单击"增加"按钮,在工资项目列表中增加一空行,单击"名称参照"下拉表框,从下拉表框中选择"基本工资"选项,默认类型、长度、小数位数、增减项等信息,如图 4-10 所示。

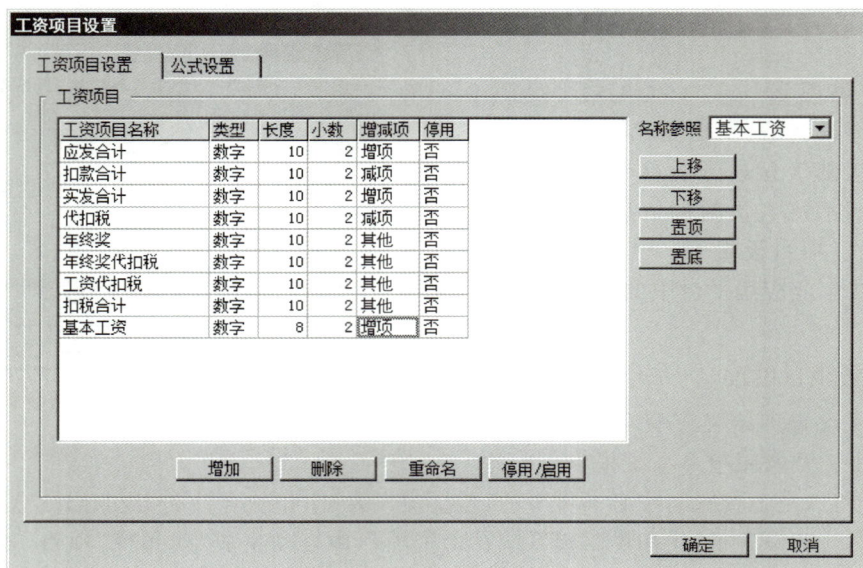

图 4-10　设置工资项目

（3）继续单击"增加"按钮，增加其他工资项目，输入完成后按资料调整顺序，如图 4 - 11 所示。

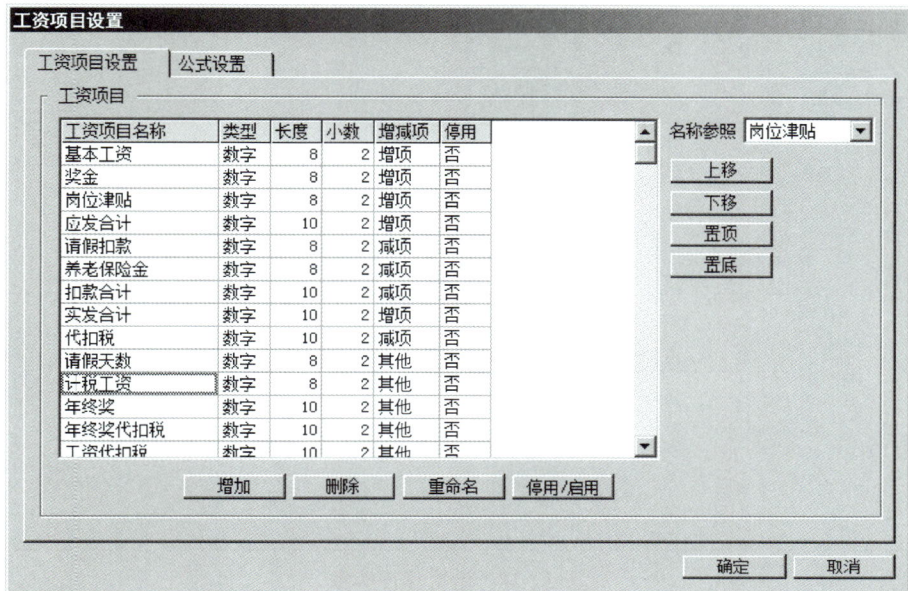

图 4 - 11　工资项目设置完成

小提示！

▶ 此处所设置的工资项目是针对所有工资类别需要使用的全部工资项目。

▶ 系统提供若干常用工资项目供参考，可选择输入。对于参照中未提供的工资项目，可以双击"工资项目名称"栏直接输入。

▶ 设置工资项目一定要注意其"增减项"属性。若为"增项"，则系统自动将其列为"应发合计"项目的组成部分；若为"减项"，则系统自动将其列为"扣款合计"项目的组成部分；若为"其他"，则既不构成应发合计项目，也不构成扣款合计项目，仅为其中某个工资项目的计算使用。

▶ 设置工资项目后，按照项目之间的逻辑顺序可以按"上移""下移"调整先后顺序。

（二）银行档案设置

银行档案用于设置企业所用的各银行总行的名称和编码，用于工资、人力资源管理、网上报销、网上银行等系统。可以设置多个发放工资的银行，以适应不同的需要。

【业务资料】

安徽阳光公司代发工资的银行为工商银行中关村分理处，编码 00014，企业账号定长 11 位。个人账户定长 11 位，自动带出账号 9 位。

【操作步骤】

（1）以"001 学生本人"身份登录企业应用平台，单击"基础设置"/"基础档案"/"收付结算"，双击"银行档案"，打开增加银行档案窗口。

（2）单击"增加"按钮，录入银行编码"00014"，银行名称"工商银行中关村分理处"，选中企业

银行档案
设置

账户规则中"定长",录入账号长度"11",选中个人账户规则"定长",录入账号长度"11",自动带出账号长度"9",如图 4－12 所示。

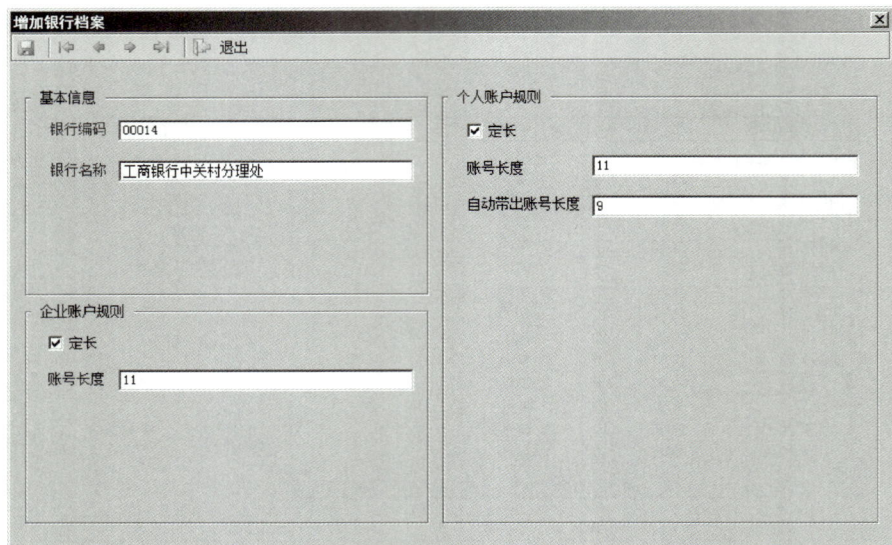

图 4－12　设置银行档案

（3）单击"保存"按钮。

小提示!
➢ 系统预置了 16 个银行名称,单位可以根据需要在此基础上删除或增加新的银行名称。
➢ 如果修改账号长度,则必须按键盘上的"Enter"键确认。

（三）人员档案设置

人员档案用于登记工资发放人员的姓名、编号、所在部门、人员类别等信息。我们在"基础档案"中已经设置了人员档案,此时人员档案设置只是将其纳入薪资管理系统中,以便参与薪资管理系统核算。

人员档案的操作是针对某个工资类别的,即应先打开相应的工资类别。

【业务资料】

安徽阳光公司职员档案如表 4－2 所示。

表 4－2　　　　　　　　　　　　职　员　档　案

人员编号	人员名称	部门名称	人员类别	账　　号	中方人员	是否计税	核算计件工资
101	肖　剑	总经理办公室	企业管理人员	20240080001	是	是	否
102	学生本人	财务部	企业管理人员	20240080002	是	是	否
103	王　晶	财务部	企业管理人员	20240080003	是	是	否
104	马　方	财务部	企业管理人员	20240080004	是	是	否

设置人员档案

续　表

人员编号	人员名称	部门名称	人员类别	账　　号	中方人员	是否计税	核算计件工资
201	王　丽	销售部	经营人员	20240080005	是	是	否
202	孙　健	销售部	经营人员	20240080006	是	是	否
211	白　雪	采购部	经营人员	20240080007	是	是	否
212	李　平	采购部	经营人员	20240080008	是	是	否
301	周　月	一车间	车间管理人员	20240080009	是	是	否
302	孟　强	一车间	生产人员	20240080010	是	是	否

4

【操作步骤】

（1）以"001学生本人"身份登录企业应用平台，单击"业务工作"/"人力资源"/"薪资管理"/"设置"，双击"人员档案"，打开人员档案设置窗口。

（2）单击工具栏"批增"按钮，打开人员批量增加窗口，在左侧的各部门列表框中，选中所有部门，单击"查询"后，所选部门人员档案出现在右侧列表框中，如图4-13所示。

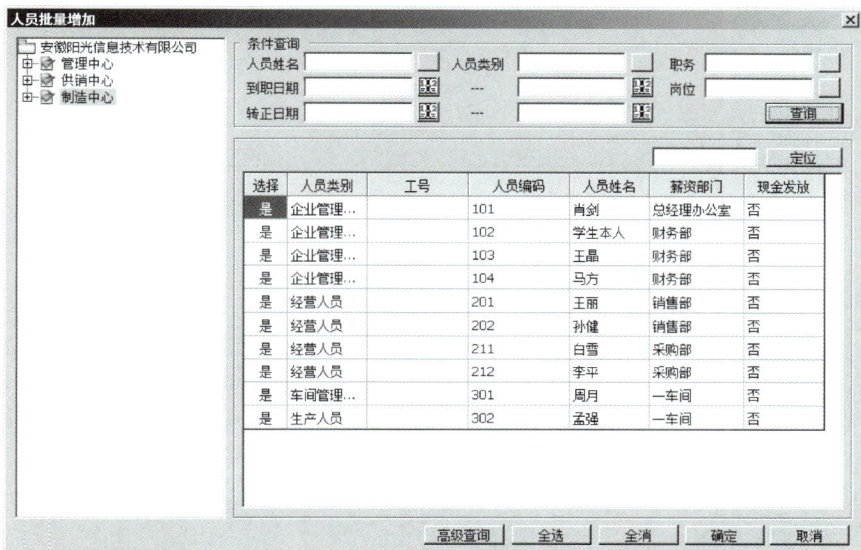

图4-13　批量增加职员档案

（3）单击"确定"按钮，系统自动将"基础档案"中的人员档案全部带入薪资管理系统中。

（4）单击"修改"按钮，将此处人员档案明细中的信息补充完整，如图4-14所示。

（5）单击"确定"按钮，系统提示"将新信息写入档案？"，单击"确定"按钮保存。

（6）同理完成其余人员的信息修改，所有人员档案信息完成后如图4-15所示。

小提示！

➤ 人员编号、人员姓名、人员类别来源于公共平台的人员档案信息，薪资管理系统中不能修改。如要修改，则需要在公共平台中进行，系统会自动将修改信息同步到薪资管理系统。

> ➤ 如果在银行名称设置中设置了"银行账号定长",则在输入人员档案的银行账号时,当输完第一个人员档案的银行账号后,第二人和以后的银行账号会自动带出已设置的银行账号定长的账号,只需输入剩余的账号即可。

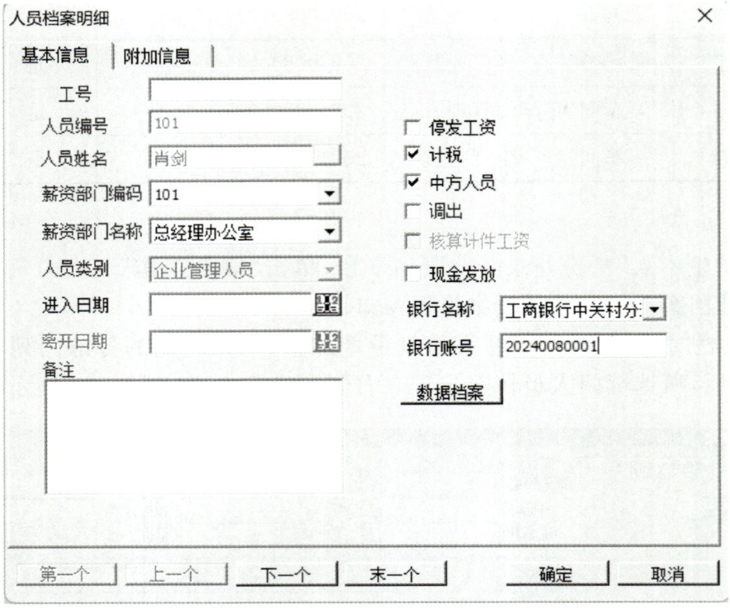

图 4–14   修改肖剑档案信息

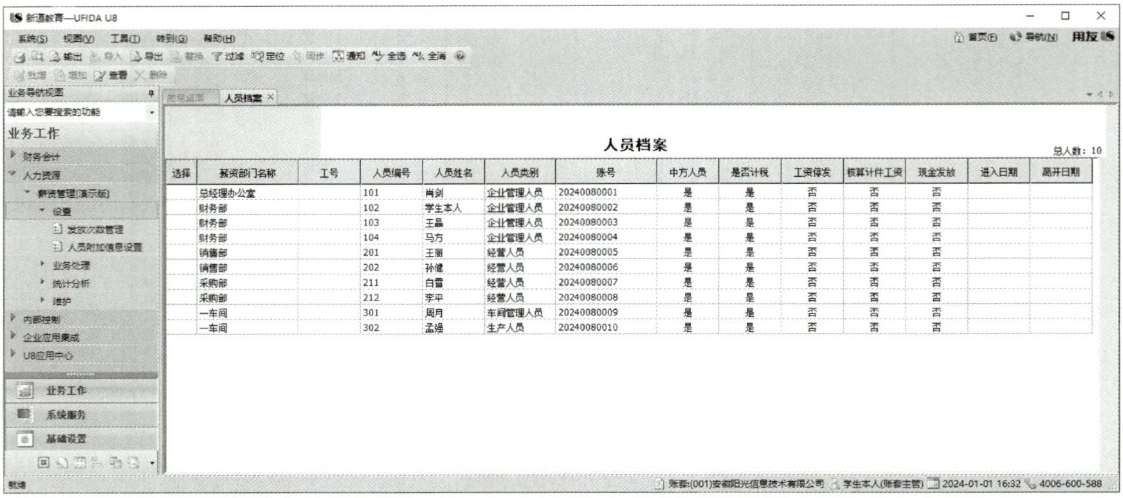

图 4–15   薪资管理系统中的人员档案

(四) 设置工资项目及定义工资项目计算公式

工资项目是本单位所有工资类别所需要的全部工资项目。不同的工资类别,工资发放项目不尽相同,计算公式也不同。在此应对某个指定的工资类别所需的工资项目进行设置,并为此设置工资项目的计算公式。

　　由于安徽阳光公司账套的薪资核算是单一工资类别，因此直接进入工资项目计算公式设置。

【业务资料】

　　安徽阳光公司需要设置工资项目的计算公式如表4-3所示。根据资料完成工资项目计算公式设置。

设置工资项目计算公式

表4-3　　　　　　　　　　　　　工资项目计算公式

工 资 项 目	定 义 公 式
岗位津贴	iff(人员类别＝"企业管理人员",600,iff(人员类别＝"车间管理人员",400,300))
请假扣款	请假天数×20
养老保险金	(基本工资＋奖金＋岗位津贴)×8％
计税工资	基本工资＋奖金＋岗位津贴－养老保险金

【操作步骤】

（1）以"001学生本人"身份登录企业应用平台，单击"业务工作"/"人力资源"/"薪资管理"/"设置"，双击"工资项目设置"，打开工资项目设置窗口，选择公式设置，如图4-16所示。

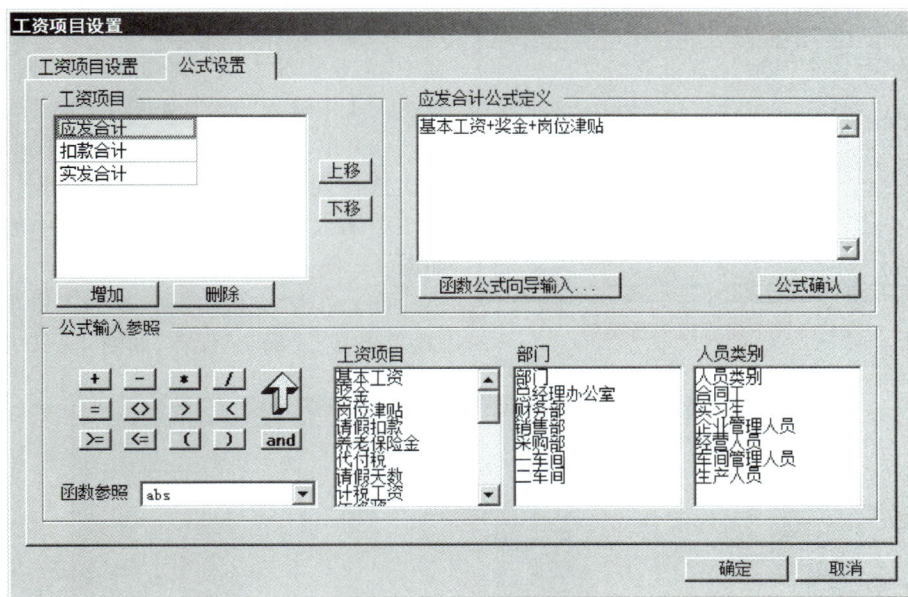

图4-16　设置工资项目的公式

小提示！
➤ 系统中自带了"应发合计""扣款合计"和"实发合计"三个公式。
➤ 应发合计公式包括了工资项目设置中的所有属性为"增项"的工资项目；扣款合计公式包括了工资项目设置中的所有属性为"减项"的工资项目；实发合计公式即应发合计与扣款合计的差额。

（2）单击"增加"按钮，增加一空行，下拉列表框选择"岗位津贴"项目，单击"应发合计公式定义"文本框，单击"函数公式向导输入"按钮，打开"函数向导——步骤之1"窗口，选择"iff"函数，如图4-17所示。

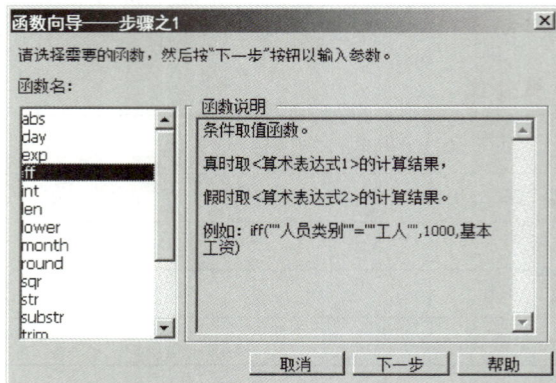

图4-17　选择iff函数

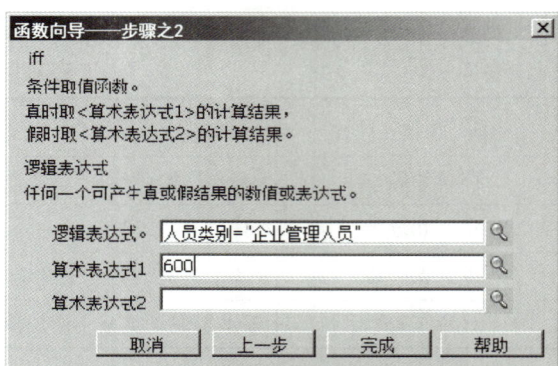

图4-18　设置企业管理人员类别

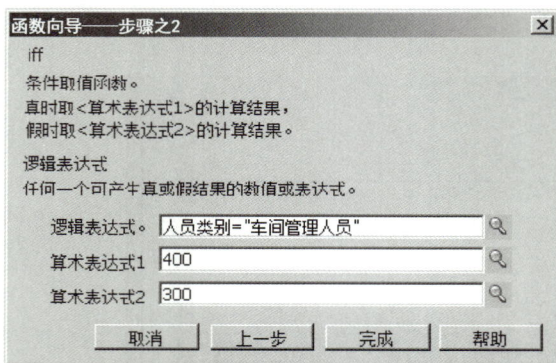

图4-19　设置车间管理人员类别

（3）单击"下一步"按钮，打开"函数向导——步骤之2"窗口，单击"逻辑表达式"参照按钮，从参照列表中选择"人员类别"，单击"="，再选中"企业管理人员"，单击"确定"按钮，在算术表达式1中输入"600"，如图4-18所示。

（4）单击"完成"按钮，再进入"iff"函数，做一次选择人员类别"车间管理人员"，算术表达式1中输入"400"，算术表达式2中输入"300"，如图4-19所示。

（5）单击"完成"按钮，返回工资项目设置窗口，单击"公式确认"保存，如图4-20所示。

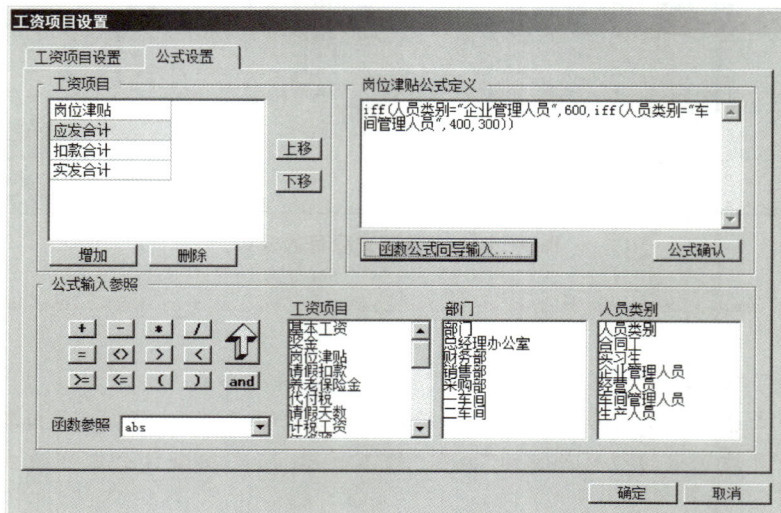

图4-20　定义岗位津贴公式

（6）再单击"增加"按钮，在"工资项目"列表中增加一空行，单击该行，在下拉表中选择"请假扣款"，单击"请假扣款公式定义"文本框，单击"工资项目"列表中的"请假天数"，单击运算符"＊"，在"＊"后单击，输入数字20，单击"公式确认"保存，如图4-21所示。

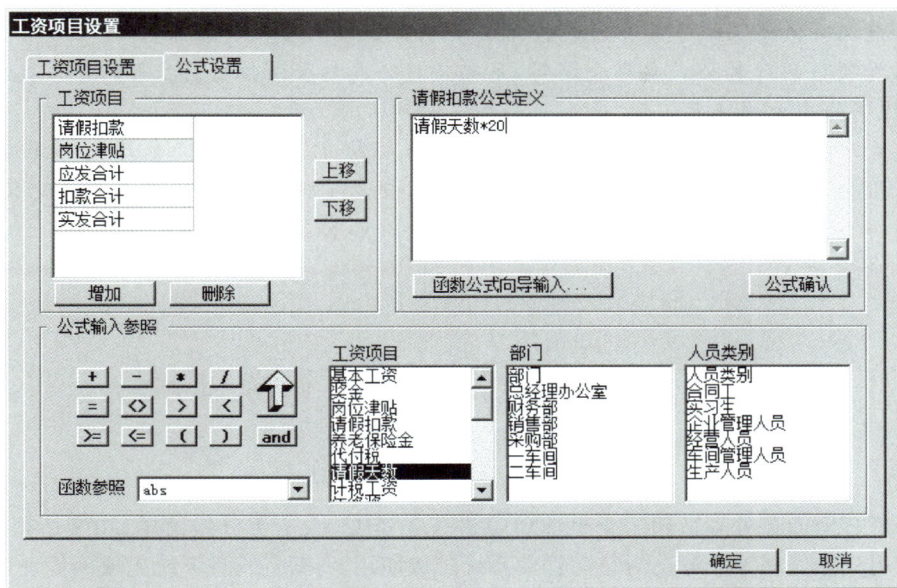

图4-21 定义请假扣款公式

（7）与请假扣款公式定义方法相同，设置养老保险金和计税工资公式，将所有公式设置完毕后，调整公式顺序如图4-22所示。

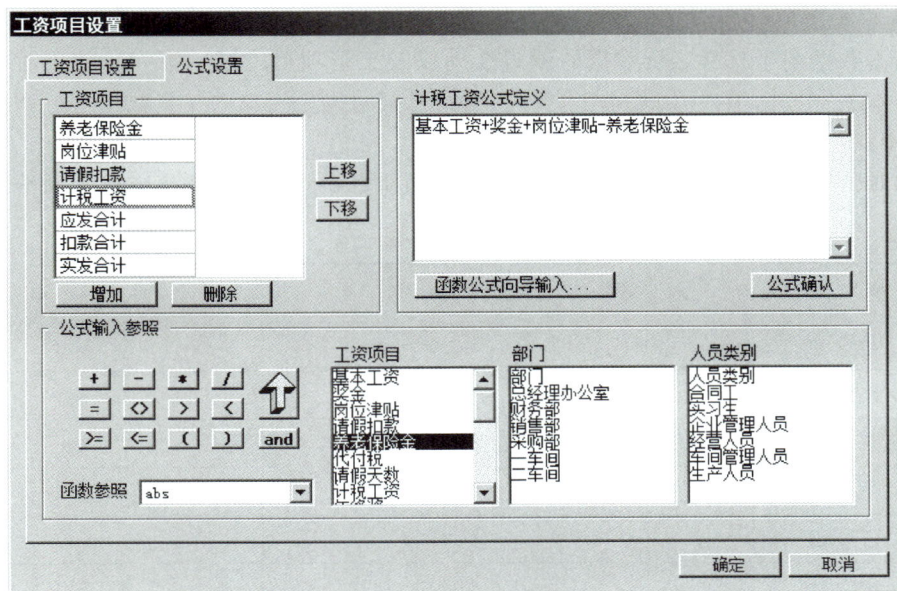

图4-22 所有公式设置完毕

（8）单击"确定"按钮，关闭公式设置窗口。

> **小提示！**
> ➤ 在定义工资项目计算公式前，必须建好人员类别和人员档案，否则公式设置页签呈现为"灰色"，打不开。
> ➤ 用户不能在公式定义文本框中进行固定工资项目公式的修改和删除。
> ➤ 定义工资项目的计算公式要符合逻辑，系统将对公式的合法性进行检验，若不符合逻辑关系，系统将给出出错提示。
> ➤ 定义公式时要注意公式的先后顺序，先得到的数据应先设置公式。如计税工资公式应在养老保险金和请假扣款公式之后。应发合计、扣款合计和实发合计应是公式定义框中的最后三个公式，并且实发合计的公式要在应发合计和扣款合计公式之后。

任务三　薪资管理日常业务处理

【任务描述】

薪资管理日常业务处理适用于企事业单位进行工资变动、工资分钱清单、扣缴所得税、银行代发和工资费用分摊处理等业务。与总账管理系统集成使用，将薪资管理系统生成的凭证传递到总账管理系统中，再进行审核、记账操作。本任务要求掌握薪资管理的日常业务处理的内容和操作方法。

【知识准备与业务操作】

一、工资变动

（一）工资基本数据

工资基本数据用于日常工资数据的调整变动以及工资项目增减。第一次使用时，必须将所有人员的基本工资数据录入，如基本工资。平时每月只对发生变动的工资数据进行调整。

【业务资料】

安徽阳光公司所有人员 2024 年 1 月初工资情况如表 4-4 所示，要求输入工资基本数据。

表 4-4　　　　　　　　　工 资 数 据

姓　名	基 本 工 资	奖　金
肖　剑	5 000	500
学生本人	3 000	300
王　晶	2 000	200
马　方	2 500	200
王　丽	4 500	450
孙　健	3 000	300
白　雪	3 000	300
李　平	2 000	200

续　表

姓　名	基 本 工 资	奖　金
周　月	4 500	450
孟　强	3 500	350

【操作步骤】

（1）以"001学生本人"身份登录企业应用平台，单击"业务工作"/"人力资源"/"薪资管理"/"业务处理"，双击"工资变动"，打开工资变动窗口。

（2）单击"过滤器"，选择"过滤设置"，打开项目过滤窗口，选择"基本工资"和"奖金"，单击" > "，将其选入"已选项目"，如图4-23所示。

（3）单击"确定"按钮，返回工资变动窗口，此时所有人的工资项目只显示两项，输入所有人员工资基本数据，完成后如图4-24所示。

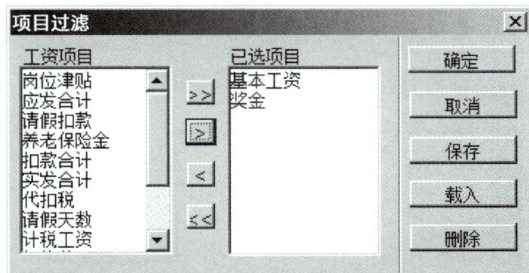

图 4-23　项目过滤

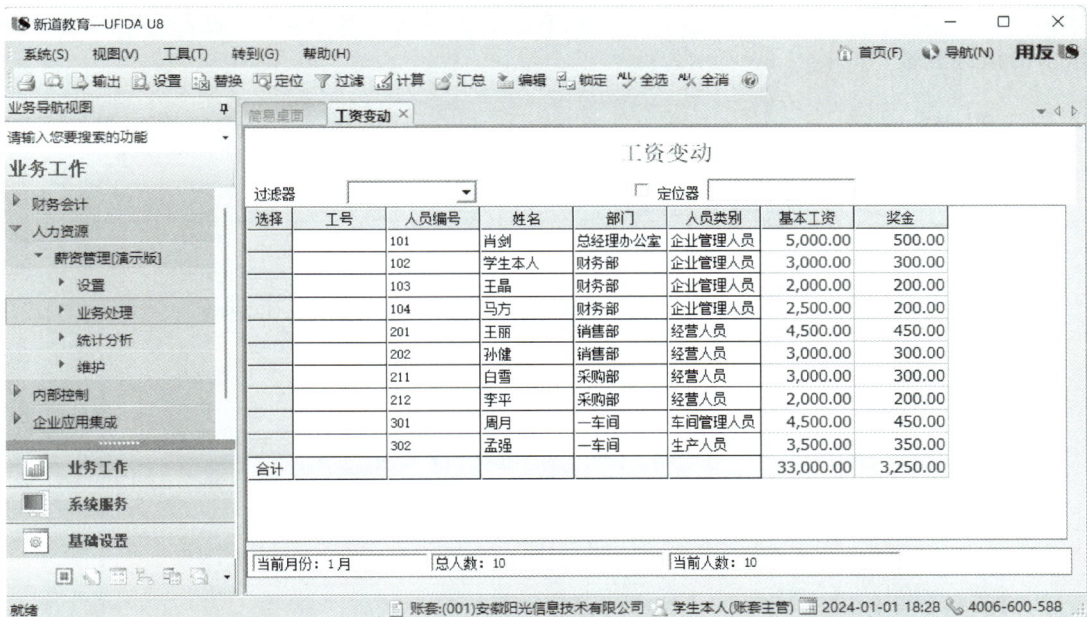

图 4-24　录入基本工资和奖金

小提示！

➤ 这里只输入没有进行公式设定的项目的数据，其余各项数据由系统根据计算公式自动计算生成。

➤ 如果只对某些项目进行录入，如基本工资、奖金，可使用项目"过滤"功能，选择已选项目进行数据录入。

（4）退出工资变动，系统提示"是否进行工资计算和汇总？"，单击"是"按钮关闭当前窗口。

（二）工资变动数据

工资变动
数据输入

1. 工资项目过滤

如果只需对工资项目中的某一个或几个项目进行更改，可将要改的项目过滤出来，以便于修改。

【业务资料】

安徽阳光公司 2024 年 1 月考勤情况是：王晶请假 2 天，白雪请假 3 天。要求输入请假天数项目数据。

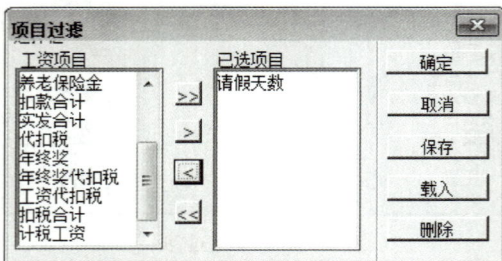

图 4 - 25　项目过滤器

【操作步骤】

（1）以"001 学生本人"身份登录企业应用平台，单击"业务工作"/"人力资源"/"薪资管理"/"业务处理"，双击"工资变动"，打开工资变动窗口。

（2）单击"过滤器"，选择"过滤设置"，打开项目过滤窗口，选择"请假天数"，单击" > "，将其选入"已选项目"，如图 4 - 25 所示。

（3）单击"确定"按钮，返回工资变动窗口，此时所有人的工资项目只显示"请假天数"项，输入资料中给出的请假天数，如图 4 - 26 所示。

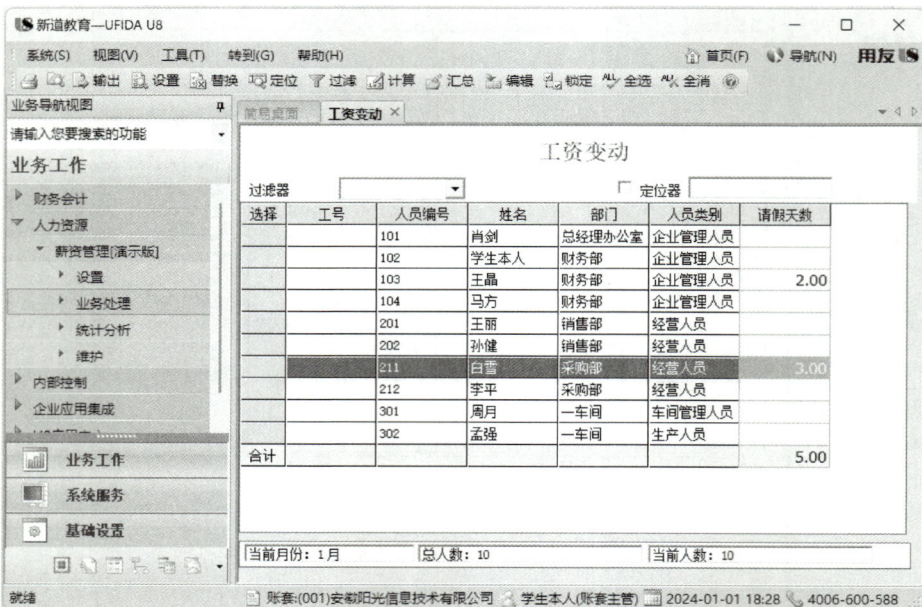

图 4 - 26　录入请假天数

（4）单击"计算"按钮，系统自动执行请假扣款公式计算。

2. 数据替换

当一批符合条件的某个工资项目的数据同时需要修改时，则用到替换功能。

【业务资料】

安徽阳光公司因去年销售部推广产品业绩较好，2024 年 1 月销售部每人增加奖金 500 元。

【操作步骤】

（1）以“001 学生本人”身份登录薪资管理系统，在工资变动窗口中，单击“全选”按钮，再单击工具栏中“替换”按钮，打开工资项数据替换窗口。

（2）单击“将工资项目”下拉列表框，选择“奖金”，在“替换成”文本框中，输入“奖金＋500”。

（3）在“替换条件”文本框中分别选择：“部门”“＝”“（201）销售部”，如图 4－27 所示。

图 4－27　工资项数据替换

4

（4）单击“确定”按钮，系统弹出“数据替换后将不能恢复，是否继续？”提示框，单击“是”按钮，系统弹出“2 条记录被替换，是否重新计算？”提示框，单击“是”按钮，系统自动完成工资计算，如图 4－28 所示。

选择	工号	人员编号	姓名	部门	人员类别	基本工资	奖金	岗位津贴	应发合计	请假扣款	养老保险金	代扣税	扣款合计	实发合计
		101	肖剑	总经理办公室	企业管理人员	5,000.00	500.00	600.00	6,100.00		488.00	106.20	594.20	5,505.80
		102	学生本人	财务部	企业管理人员	3,000.00	300.00	600.00	3,900.00		312.00	2.64	314.64	3,585.36
		103	王晶	财务部	企业管理人员	2,000.00	200.00	600.00	2,800.00	40.00	224.00		264.00	2,536.00
		104	马方	财务部	企业管理人员	2,500.00	200.00	600.00	3,300.00		264.00		264.00	3,036.00
		201	王丽	销售部	经营人员	4,500.00	950.00	300.00	5,750.00		460.00	74.00	534.00	5,216.00
		202	孙健	销售部	经营人员	3,000.00	800.00	300.00	4,100.00		328.00	8.16	336.16	3,763.84
		211	白雪	采购部	经营人员	3,000.00	300.00	300.00	3,600.00	60.00	288.00		348.00	3,252.00
		212	李平	采购部	经营人员	2,000.00	200.00	300.00	2,500.00		200.00		200.00	2,300.00
		301	周月	一车间	车间管理人员	4,500.00	450.00	400.00	5,350.00		428.00	42.66	470.66	4,879.34
		302	孟强	一车间	生产人员	3,500.00	350.00	300.00	4,150.00		332.00	9.54	341.54	3,808.46
合计						33,000.00	4,250.00	4,300.00	41,550.00	100.00	3,324.00	243.20	3,667.20	37,882.80

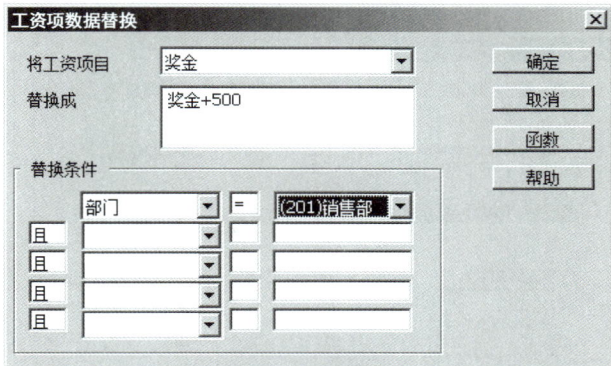

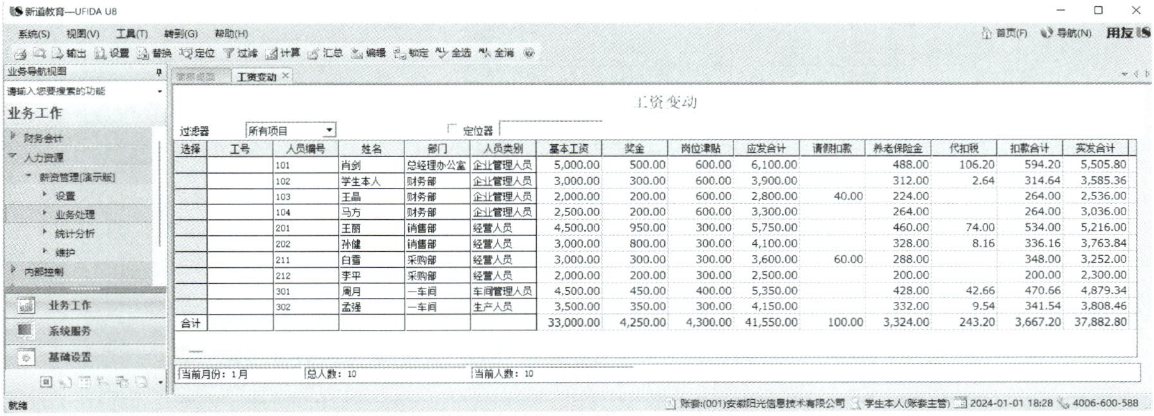

图 4－28　数据替换后的显示

二、工资分钱清单

工资分钱清单是按单位计算的工资发放分钱票面额清单，会计人员根据此清单从银行取款并发给各部门。执行本功能必须在个人数据输入调整完之后，如果个人数据在计算后又做了修改，须重新执行本功能，以保证数据正确。

本功能有部门分钱清单、人员分钱清单、工资发放取款单三部分，默认系统设置，显示结果。

三、个人所得税计算与申报

鉴于许多企事业单位计算职工工资薪金所得税工作量较大，系统提供了个人所得税自动计算功能，用户只需自定义所得税率，系统自动计算个人所得税。

（一）设置个人所得税申报表栏目

系统提供了个人所得税申报表标准栏目，如姓名、所得项目、所得期间、收入额合计、税率、币名，可以根据实际需要选择设置计算个人所得税的基数和税率。

设置计税工资项目及税率

【业务资料】

安徽阳光公司计算个人所得税基数设置为“计税工资”。要求设置计税工资项目。

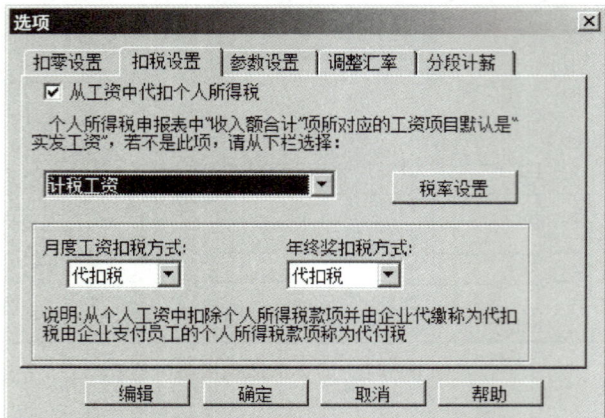

图 4-29　设置个人所得税计税基数

【操作步骤】

（1）以"001 学生本人"身份登录企业应用平台，单击"业务工作"/"人力资源"/"薪资管理"/"设置"，双击"选项"，打开选项窗口。

（2）单击"扣税设置"页签，单击"编辑"按钮，将"实发工资"改为"计税工资"，如图 4-29 所示。

（3）单击"税率设置"按钮，打开"个人所得税申报表——税率表"窗口，将系统默认的基数、附加费用和各级次应纳税所得额上下限、对应税率、速算扣除数等信息设置成个税最新信息，如图 4-30 所示。

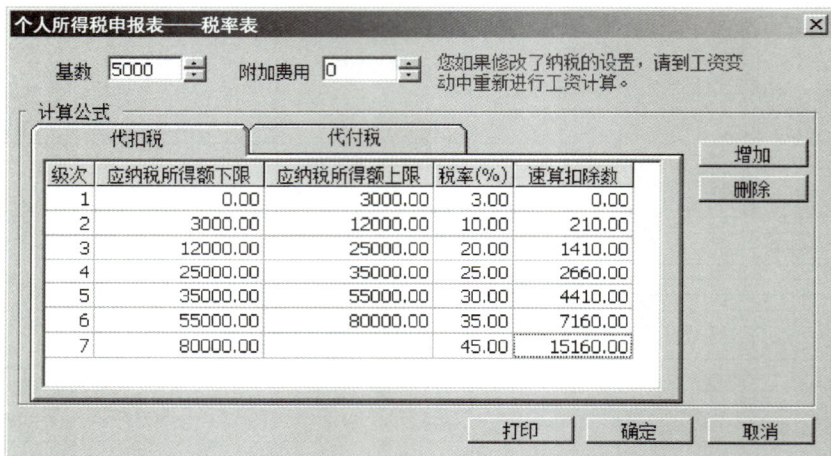

个人所得税申报表——税率表

基数 5000　附加费用 0　您如果修改了纳税的设置，请到工资变动中重新进行工资计算。

计算公式

级次	应纳税所得额下限	应纳税所得额上限	税率(%)	速算扣除数
1	0.00	3000.00	3.00	0.00
2	3000.00	12000.00	10.00	210.00
3	12000.00	25000.00	20.00	1410.00
4	25000.00	35000.00	25.00	2660.00
5	35000.00	55000.00	30.00	4410.00
6	55000.00	80000.00	35.00	7160.00
7	80000.00		45.00	15160.00

图 4-30　个人所得税信息设置

（4）单击"确定"按钮保存并关闭窗口。

（5）单击"确定"按钮，返回选项窗口，再单击"确定"按钮关闭并保存此设置。

小提示！

➤ 软件自带个人所得税税率表，与最新个税法规不一致，建议按照个税最新规定信息设置，否则影响系统计算代扣税额结果。一旦用户修改了"税率表"，则退出个人所得税功能后，必须到工资变动中进行重新计算，否则系统保留的数据为修改个人所得税前的数据。

（二）计算与申报个人所得税

个人所得税申报表显示栏目和税率确定后，系统自动计算个人工资所得税申报表。

【业务资料】

安徽阳光公司 2024 年 1 月 31 日需要查看个人所得税申报表。

【操作步骤】

（1）以“001 学生本人”身份登录企业应用平台，单击“业务工作”/“人力资源”/“薪资管理”/“业务处理”，双击“扣缴所得税”，打开个人所得税申报窗口。

（2）选择“个人所得税年度申报表”，单击“打开”按钮，再单击“确定”按钮，打开所得税申报窗口，如图 4-31 所示。

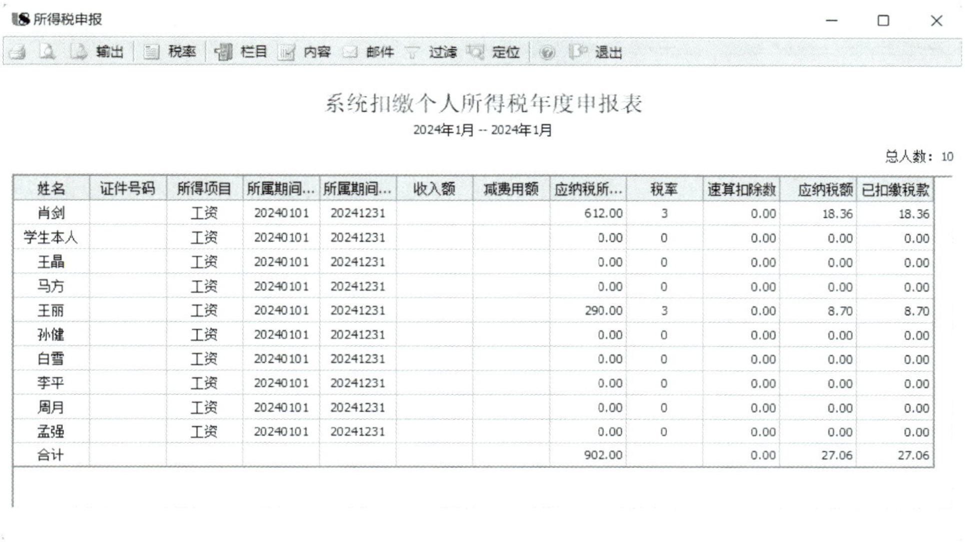

系统扣缴个人所得税年度申报表

2024年1月 -- 2024年1月

总人数：10

姓名	证件号码	所得项目	所属期间...	所属期间...	收入额	减费用额	应纳税所...	税率	速算扣除数	应纳税额	已扣缴税款
肖剑		工资	20240101	20241231			612.00	3	0.00	18.36	18.36
学生本人		工资	20240101	20241231			0.00	0	0.00	0.00	0.00
王晶		工资	20240101	20241231			0.00	0	0.00	0.00	0.00
马方		工资	20240101	20241231			0.00	0	0.00	0.00	0.00
王丽		工资	20240101	20241231			290.00	3	0.00	8.70	8.70
孙健		工资	20240101	20241231			0.00	0	0.00	0.00	0.00
白雪		工资	20240101	20241231			0.00	0	0.00	0.00	0.00
李平		工资	20240101	20241231			0.00	0	0.00	0.00	0.00
周月		工资	20240101	20241231			0.00	0	0.00	0.00	0.00
孟强		工资	20240101	20241231			0.00	0	0.00	0.00	0.00
合计							902.00		0.00	27.06	27.06

图 4-31 个人所得税年度申报表

四、银行代发

目前，许多单位发放工资都采用银行代发方式。银行代发业务处理每月末单位应向银行提供银行给定文件格式的软盘。这种做法既减轻了财务部门现金发放工资的繁重工作，又有效避免了财务人员去银行提取大笔款项所承担的风险，同时还提高了对员工个人工资的保密程度。

（一）银行代发文件格式设置

银行代发文件格式设置是根据银行要求，设置提供数据中所包含的项目，以及项目的数据类型、长度和数据来源。

【业务资料】

工商银行中关村分理处代发要求提交的数据盘中包括的数据内容和顺序如表 4-5 所示。要求设置银行代发文件格式。

设置银行代发文件格式

表 4-5 银行文件格式设置

栏目名称	数据类型	总 长 度	小数长度	数据来源
单位编号	字符型	6		666888
人员编号	字符型	10		人员编号
姓 名	字符型	8		人员姓名
账 号	字符型	11		账号
金 额	数字型	10	2	实发合计
录入日期	字符型	8		20240131

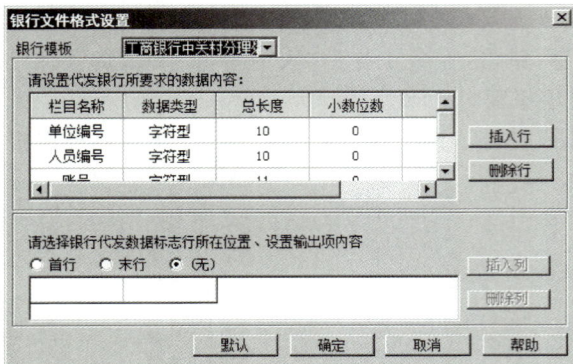

图 4－32　设置银行文件格式

【操作步骤】

（1）以"001 学生本人"身份登录薪资管理系统，单击"业务处理"，双击"银行代发"，打开选择部门范围，单击"确定"按钮，打开银行文件格式设置窗口。

（2）选择代发工资的银行"工商银行中关村分理处"，按照表 4－5 设置银行要求的数据内容，如图 4－32 所示。

（3）单击"确定"按钮，系统提示"保存银行文件格式设置？"，单击"是"按钮，生成银行代发一览表，如图 4－33 所示。银行代发金额合计与设置代扣税后工资变动窗口实发金额一致。

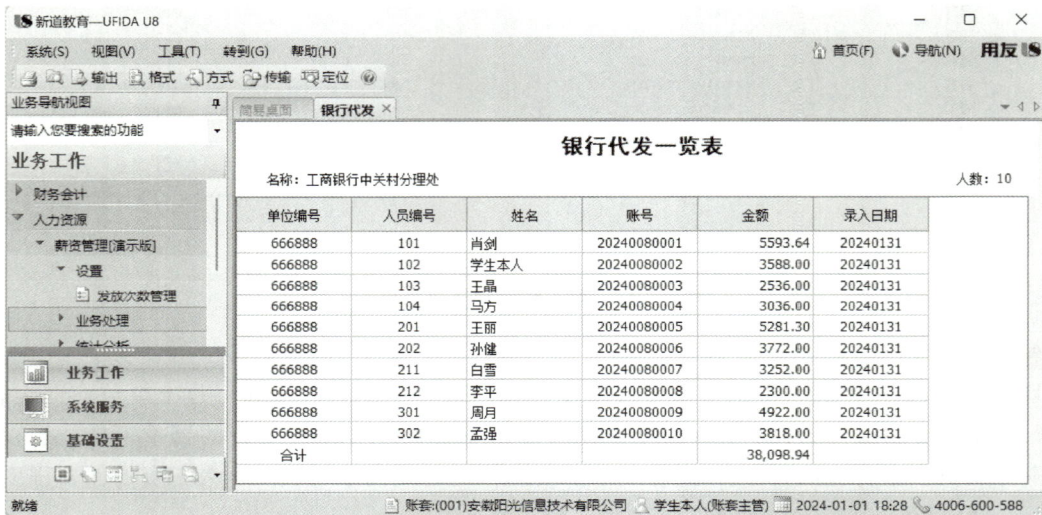

图 4－33　银行代发一览表

（二）磁盘输出格式设置

根据银行的要求，设置向银行提供的数据的存盘文件形式，且在文件中存放和区分各数据项目。

五、工资分摊

将银行代发工资的磁盘报送银行后，一个月的工资发放工作就基本做完了，但工资是费用中人工费最主要的部分，还需要对工资费用进行工资总额的计提、分配及各种经费的计提，并编制转账会计凭证，传递到总账管理系统中供登账使用。

首次使用工资分摊功能，应先进行工资总额和计提基数的设置。

【业务处理】

安徽阳光公司 2024 年 1 月份应付工资等于工资项目"应发合计"，工会经费、职工教育经费以此为计提基数。工资费用分配的转账分录如表 4－6 所示。

【操作步骤】

（1）以"001 学生本人"身份登录薪资管理系统，单击"业务处理"，双击"工资分摊"，打开工资分摊窗口，如图 4－34 所示。

表 4-6   工 资 分 摊

部门		应 付 工 资		工会经费 2%		职工教育经费 8%	
		借方科目	贷方科目	借方科目	贷方科目	借方科目	贷方科目
总经理办公室财务部	企业管理人员	660201	221101	660207	221103	660207	221104
销售部、采购部	经营人员	6601	221101	6601	221103	6601	221104
一车间、二车间	车间管理人员	510101	221101	510103	221103	510103	221104
	生产人员	500102	221101	500105	221103	500105	221104

注：生产成本科目涉及项目资料是"计算机"。

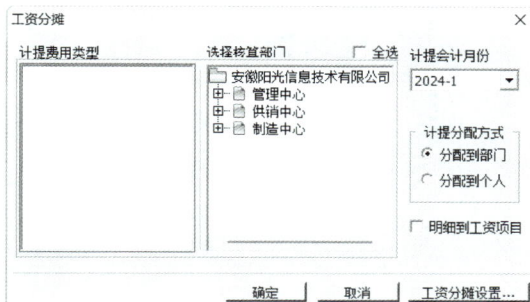

图 4-34 工资分摊 1

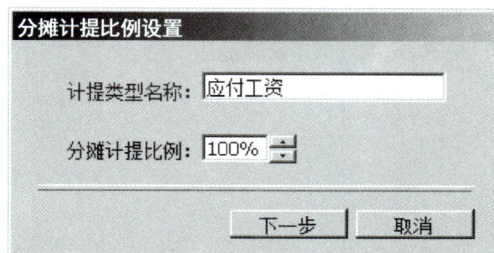

图 4-35 应付工资分摊设置

（2）单击"工资分摊设置"按钮，打开分摊类型设置窗口，单击"增加"按钮，录入计提类型名称"应付工资"，如图 4-35 所示。

（3）单击"下一步"按钮，进入分摊构成设置窗口，双击"部门名称"，单击参照选择"总经理办公室"和"财务部"，双击"借方科目"选择"660201 薪资"，双击"贷方科目"选择"221101 职工工资"，继续输入表 4-6 资料，完成后如图 4-36 所示。

图 4-36 设置应付工资分摊构成

小提示！
➤ 不同部门、相同人员类别可以设置不同的分摊科目。
➤ 不同部门、相同人员类别在设置时，可以一次选择多个部门。

（4）单击"完成"按钮，返回分摊类型设置窗口，再单击"返回"按钮，返回到工资分摊窗口。

（5）同理继续设置其他分摊类型，不同的是计提比例，完成后如图4-37所示。

小提示！
➤ 所有与工资相关的费用均须建立相应的分摊类型名称及分摊比例。

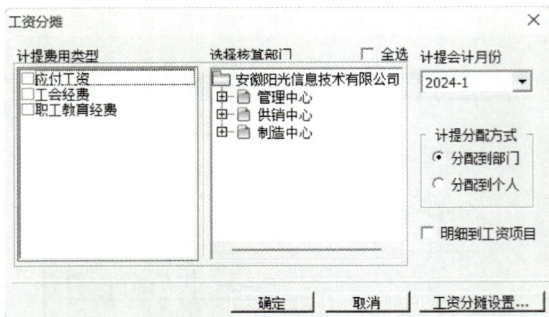

图4-37 工资分摊2

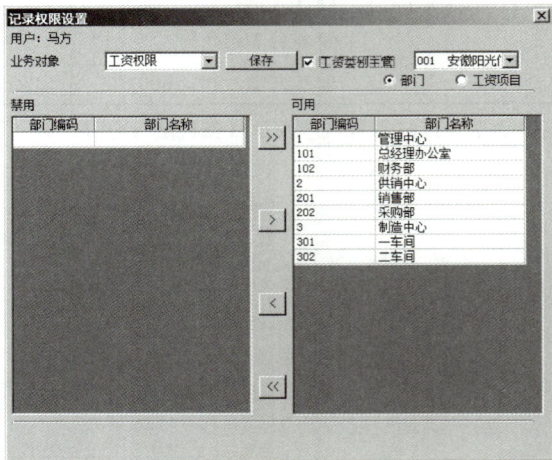

图4-38 授权003马方薪资主管权限

（6）以"001学生本人"登录企业应用平台，单击左下角"系统服务"/"权限"/"数据权限分配"，选中"003马方"，选择业务对象"工资权限"，单击"授权"按钮，选中"工资类别主管"，系统自动将禁用部门一次性改变成可用部门，单击"保存"按钮，如图4-38所示，系统提示"保存成功，重新登录企业门户，此配置才能生效"。

小提示！
➤ 薪资管理系统初始化由账套主管操作，更换操作员"003马方"进入薪资管理系统日常业务处理，执行工资分摊凭证生成，但前提必须要授予"003马方"薪资主管权限，否则"003马方"无权打开薪资管理系统。

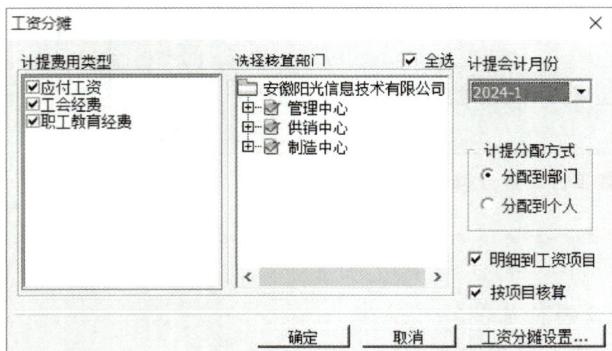

图4-39 工资分摊3

（7）更换操作员"003马方"，登录企业应用平台，打开工资分摊窗口，将"计提费用类型"全部勾选，单击"全选"核算部门，并勾选"明细到工资项目"和"按项目核算"，如图4-39所示。

小提示！
➤ 只有选择"明细到工资项目"和"按项目核算"，才能把分摊类型设置中借贷方科目和项目核算信息带入分摊一览表，否则分摊表中借贷方科目和项目核算均为空。

（8）单击"确定"按钮，显示"应付工资一览表"，选择"合并科目相同、辅助项相同的分录"，如图 4 - 40 所示。

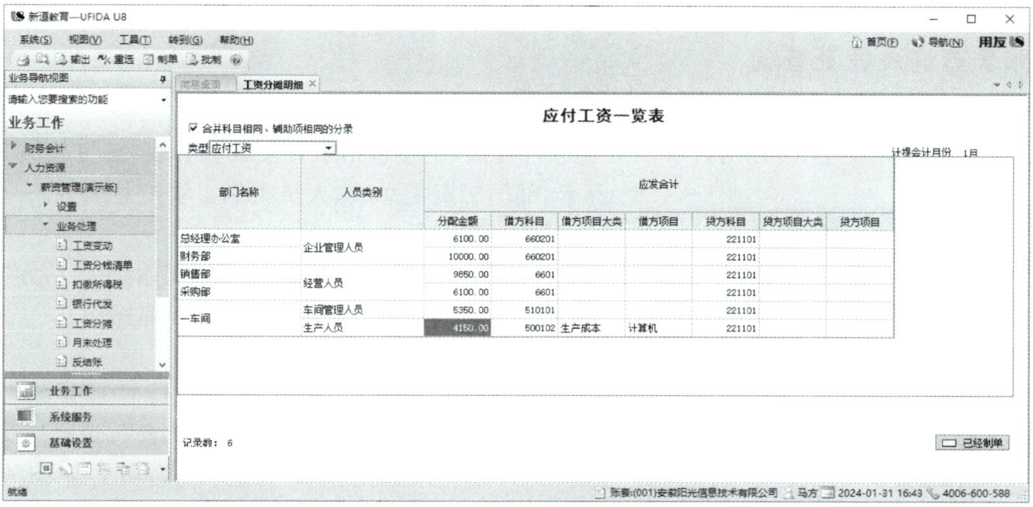

图 4 - 40 应付工资一览表

小提示！

➤ 如果不选择"合并科目相同、辅助项相同的分录"，则在生成凭证时将每一条分录都对应一个贷方科目。

➤ 如果单击"批制"按钮，可以一次性将所有本次参与分摊的"分摊类型"所对应的凭证全部生成。

（9）单击"制单"按钮，进入填制凭证，选择"转账凭证"，单击"保存"按钮，凭证左上角出现"已生成"红色字样，如图 4 - 41 所示。

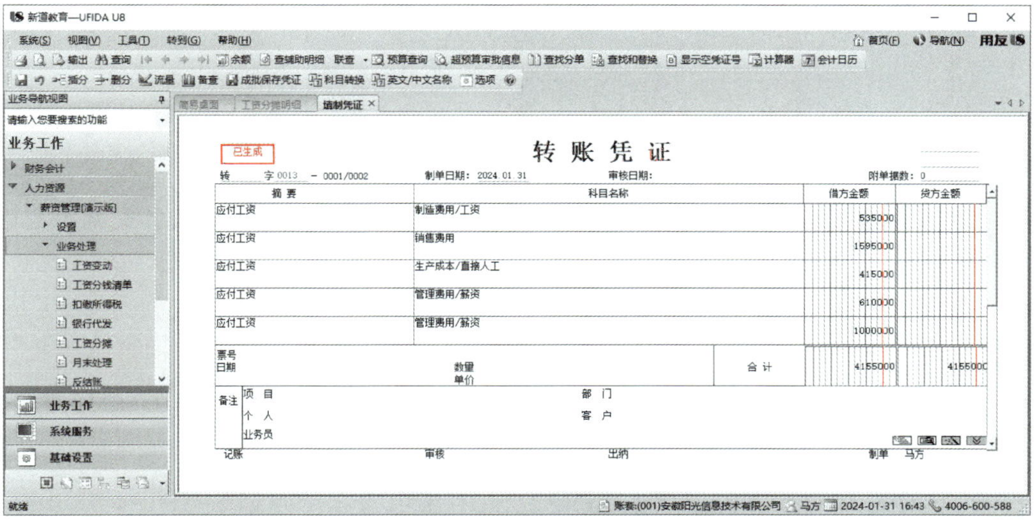

图 4 - 41 生成应付工资转账凭证

（10）同理，生成工会经费和职工教育经费凭证。

（11）更换操作员为"001学生本人"，进入总账管理系统，对来自薪资管理系统的应付工资、工会经费和职工教育经费三张凭证，执行审核并记账。

六、账表查询及凭证查询

（一）账表查询

在薪资管理系统中，可以对各种工资表进行查询，主要包括工资发放签名表、工资发放条、工资卡、部门工资汇总表、人员类别工资汇总表等。

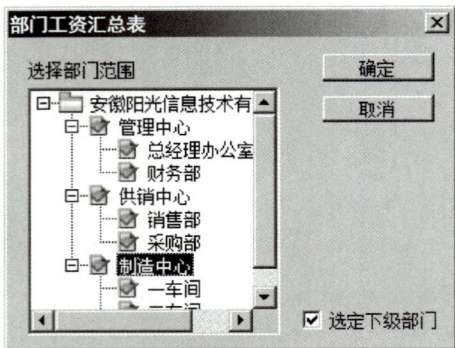

图 4 - 42　选择部门范围

【业务资料】

2024年1月31日，安徽阳光公司由"003马方"执行部门工资汇总表和人员类别汇总表查询操作。

【操作步骤】

（1）以"003马方"身份登录薪资管理系统，单击"统计分析"/"我的账表"，双击"工资表"，选择"部门工资汇总表"，选择全部部门，包括下级部门，如图 4 - 42 所示。

（2）单击"确定"按钮，显示部门工资汇总表，如图 4 - 43 所示。

部门工资汇总表
2024 年 1 月

会计月份 一月 ▼

部门	人数	基本工资	奖金	岗位津贴	应发合计	请假扣款	养老保险金	代扣税	扣款合计	实发合计	代付税	请假天数	计税工资	年终奖	年终奖代扣税	工资代扣税	扣税合计	年终奖代付
管理中心	4	12,500.00	1,200.00	2,400.00	16,100.00	40.00		1,288.00	18.36	1,346.36	14,753.64		2.00	14,812.00			18.36	18.36	
总经理办公室	1	5,000.00	1,200.00	600.00	6,100.00			488.00	18.36	506.36	5,593.64			5,612.00			18.36	18.36	
财务部	3	7,500.00		700.00	1,800.00	10,000.00	40.00		800.00		840.00	9,160.00		2.00	9,200.00					
供销中心	4	12,500.00	2,250.00	1,200.00	15,950.00	60.00		1,276.00	8.70	1,344.70	14,605.30		3.00	14,674.00			8.70	8.70	
销售部	2	7,500.00	1,750.00	600.00	9,850.00			788.00	8.70	796.70	9,053.30			9,062.00			8.70	8.70	
采购部	2	5,000.00	500.00	600.00	6,100.00	60.00		488.00		548.00	5,552.00		3.00	5,612.00					
制造中心	2	8,000.00	800.00	700.00	9,500.00			760.00		760.00	8,740.00			8,740.00					
一车间	2	8,000.00	800.00	700.00	9,500.00			760.00		760.00	8,740.00			8,740.00					
二车间	0																	
合计	10	33,000.00	4,250.00	4,300.00	41,550.00	100.00		3,324.00	27.06	3,451.06	38,098.94		5.00	38,226.00			27.06	27.06	

制表　　　　　　审核　　　　　　复核

图 4 - 43　查询部门工资汇总表

（3）在"工资表"中，选择"人员类别汇总表"，单击"查看"按钮，显示人员类别汇总表，如图 4 - 44 所示。

（二）凭证查询

薪资管理系统中的凭证查询功能可以对薪资管理系统生成的转账凭证进行查询、删除或冲销。而在总账管理系统中只能对这些凭证进行查询、审核和记账操作，不能进行修改或删除。

【业务资料】

查询2024年1月份安徽阳光公司计提的职工教育经费的记账凭证。

图 4-44　人员类别汇总表

【操作步骤】

（1）以"003 马方"身份登录薪资管理系统，单击"统计分析"，双击"凭证查询"命令，打开凭证查询窗口，如图 4-45 所示。

图 4-45　凭证查询

小提示！

➢ 标记"记账"字样，表明凭证已经在总账管理系统中执行审核记账操作。

➢ 如果标记"记账"后的凭证要执行修改，可以直接单击"冲销"按钮，系统生成一张红字金额凭证；未审核"记账"标记凭证的修改，可以单击"删除"按钮，总账管理系统中查看凭证时，左上角会出现"作废"红色字样。

（2）单击"职工教育经费"所在行，单击"凭证"按钮，打开计提的职工教育经费转账凭证如图 4-46 所示。

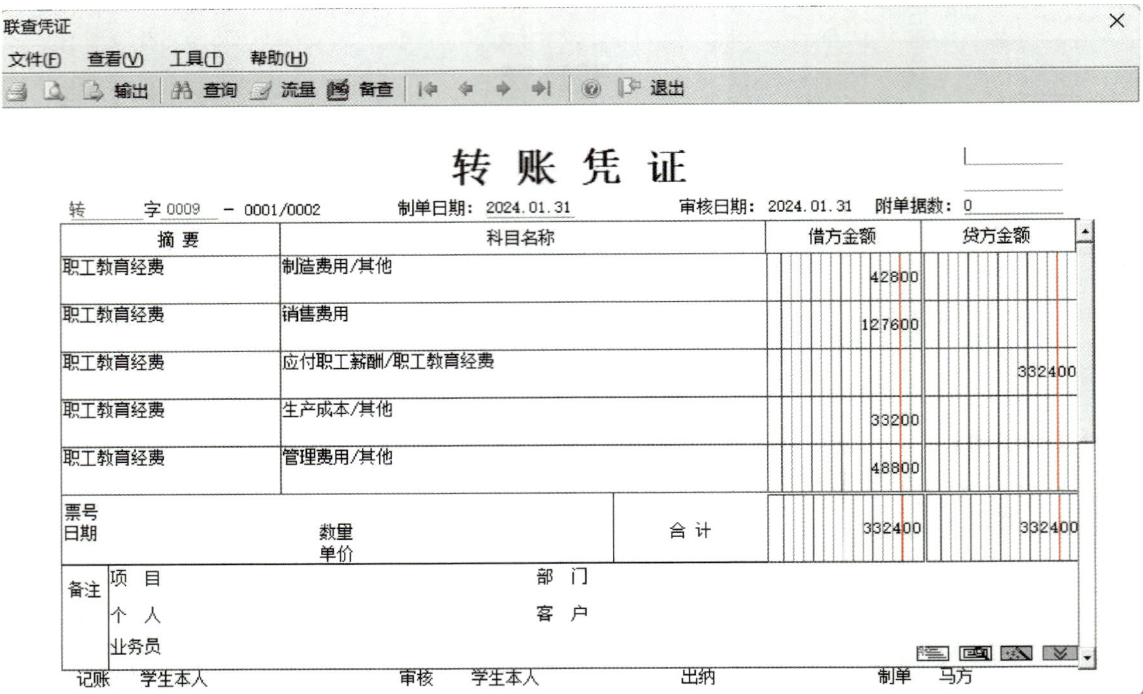

摘要	科目名称	借方金额	贷方金额
职工教育经费	制造费用/其他	42800	
职工教育经费	销售费用	127600	
职工教育经费	应付职工薪酬/职工教育经费		332400
职工教育经费	生产成本/其他	33200	
职工教育经费	管理费用/其他	48800	
票号 日期	数量 单价 合计	332400	332400

图 4-46 查询职工教育经费转账凭证

任务四 薪资管理期末处理

【任务描述】

当企业完成薪资管理本期日常业务处理后，就要进行期末处理，如工资项目清零处理、系统结账与反结账。本任务要求掌握薪资管理期末处理内容及方法。

【知识准备与业务操作】

一、月末结账

月末结账是将当月数据经过处理后结转至下一个月，每月工资数据处理完毕后均可进行。由于工资项目有的项目是变动的，即每月数据不相同，在对每月工资进行处理时，均需将其数据清零，而后输入下一个月的数据，此类项目即为清零项目。

【业务资料】

薪资管理月末结账

2024 年 1 月 31 日，安徽阳光公司由账套主管执行薪资管理系统月结处理，并将“奖金”“应发合计”“请假扣款”“养老保险金”“扣款合计”“实发合计”“代扣税”“请假天数”和“计税工资”设为清零项目。

【操作步骤】

（1）以“001 学生本人”身份登录薪资管理系统，单击“业务处理”，双击“月末处理”，打开月末处理窗口，如图 4-47 所示。

（2）单击"确定"按钮，系统提示"月末处理后不允许变动！"，单击"是"按钮，打开选择清零项目窗口。

（3）将资料要求的下月变动的工资项目设为清零项目，如图 4 - 48 所示。

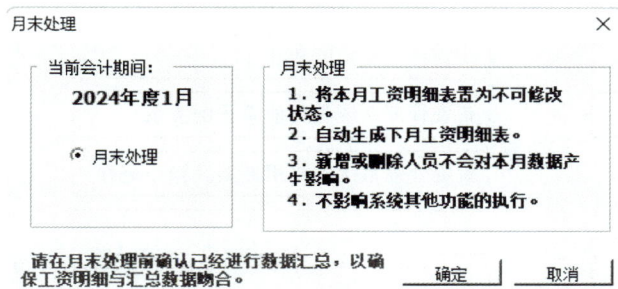

图 4 - 47　月末处理

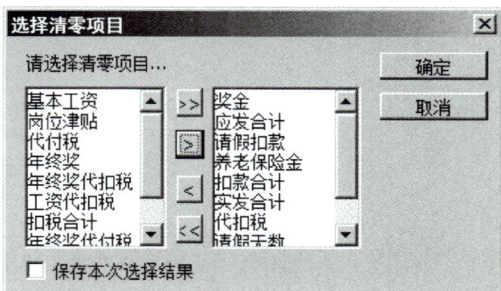

图 4 - 48　设置清零项目

（4）单击"确定"按钮，系统弹出"月末处理完毕！"提示框，单击"确定"按钮返回。

小提示！
- 月末结账只能在会计年度的 1 月—11 月进行。
- 如果是处理多工资类别，则应打开对应工资类别，分别进行月末结账。
- 如果本月工资数据未汇总，系统将不允许月末结账。
- 进行月末结账后，当月数据将不能再变动。

二、反结账

在进行月末处理后，如果发现还有一些业务或其他事项要在已进行月末处理的月份进行账务处理，可以由"账套主管"执行"反结账"功能。

【业务资料】

账套主管执行反结账操作。

【操作步骤】

（1）以"001 学生本人"身份登录薪资管理系统，单击"业务处理"，双击"反结账"，打开反结账窗口，如图 4 - 49 所示。

（2）单击"确定"按钮，系统提示"反结账操作完成！"。

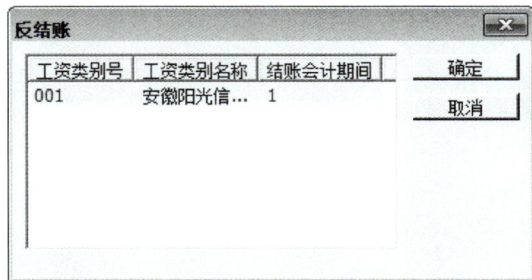

图 4 - 49　反结账

薪资管理
月末反结
账

小提示！
- 如果所在月份总账管理系统已结账，则薪资管理系统不能直接反结账。要先执行总账系统反结账操作后方可执行薪资管理系统反结账操作。
- 将月结后的薪资管理账套数据备份至"D：/001 账套备份/财务管理/实验七薪资管理"文件夹中。

项 目 小 结

"项目四 薪资管理"内容结构如图 4-50 所示。

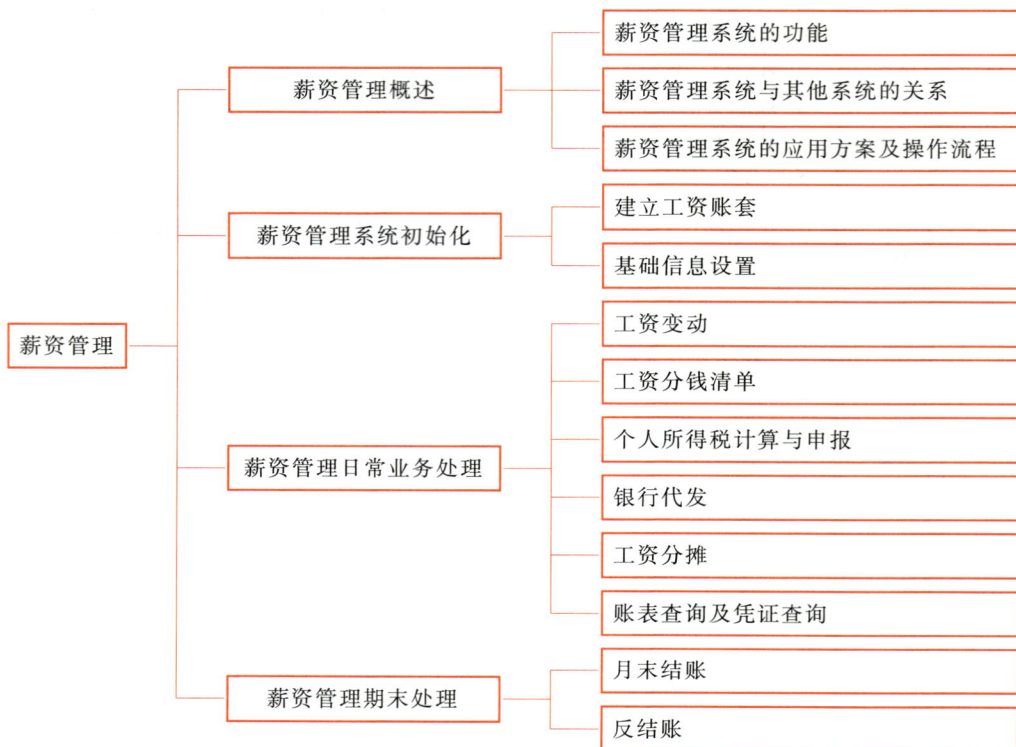

图 4-50　"项目四 薪资管理"内容结构图

项目五　固定资产管理

践行环保责任，共话绿色发展理念

◇ **职业能力目标**

　　了解固定资产管理系统的功能，理解固定资产管理系统与其他系统的关系，以及固定资产管理系统操作流程；了解固定资产管理系统初始化、日常业务处理及期末处理的各项内容；掌握固定资产管理系统初始化操作方法、固定资产增减变动、资产评估等日常业务处理操作方法以及计提减值准备、计提折旧、对账和结账等期末业务处理操作。

◇ **典型工作任务**

　　固定资产管理认知；固定资产管理系统初始化；固定资产管理日常业务处理；固定资产管理期末处理。

任务一　固定资产管理认知

【任务描述】

　　固定资产管理系统是用友 ERP－U8 V10.1 系统中专门处理固定资产相关业务的系统。本任务要求了解固定资产管理系统的功能，固定资产管理系统与其他系统的关系，理解固定资产管理系统的操作流程。

【知识准备与业务操作】

一、固定资产管理系统的功能

（一）管理固定资产卡片

　　系统提供灵活进行固定资产卡片的增加、删除、修改、查询、统计和汇总的功能，并可以随时输出固定资产的各种综合性统计信息。

（二）处理固定资产的增减变动业务

　　对固定资产的增减变动进行管理，更新固定资产卡片，按月汇总分部门、分类别、分增减变动种类的汇总数据，并打印出固定资产增减变动汇总表和增减变动明细表。

（三）计提折旧

　　自动实现固定资产折旧计提和分配，并打印计提折旧分配表。

（四）自动转账

系统可以根据固定资产折旧分配表，自动编制机制凭证，并可自动将其传递到总账管理和成本管理系统。

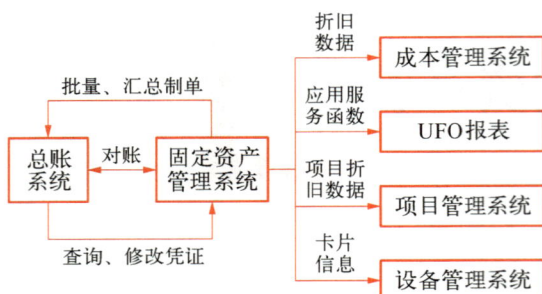

图 5-1　固定资产管理系统与其他系统的关系

二、固定资产管理系统与其他系统的关系

固定资产管理系统与用友其他产品的接口主要涉及的是总账系统。本系统资产增加（录入新卡片）、资产减少、卡片修改（涉及原值或累计折旧时）、资产评估（涉及原值或累计折旧变化时）、原值变动、累计折旧调整、计提减值准备调整、转回减值准备调整、折旧分配都要将有关数据通过记账凭证的形式传输到总账系统，同时通过对账保持固定资产账目的平衡。系统之间的接口关系如图 5-1 所示。

三、固定资产管理系统的操作流程

如果使用的是企业单位应用方案（整个账套计提折旧），按图 5-2 所示的固定资产管理系统操作流程步骤执行。

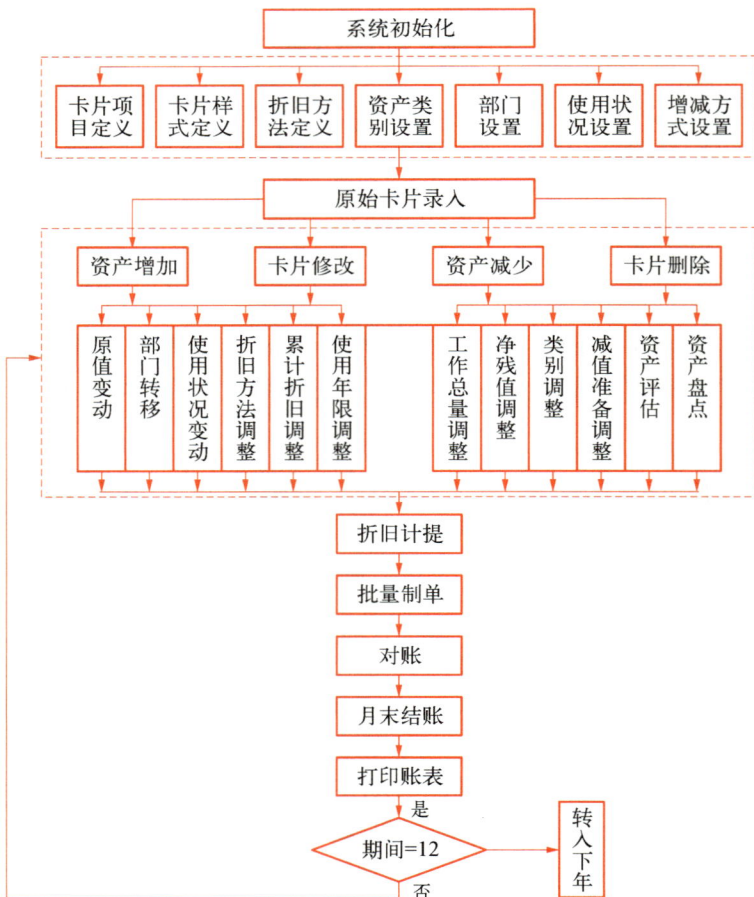

图 5-2　固定资产管理系统操作流程

任务二　固定资产管理系统初始化

【任务描述】

固定资产管理系统初始化是根据用户单位的具体情况,建立一个适合的固定资产子账套的过程。初始化内容包括设置固定资产控制参数、设置基础数据及输入固定资产原始卡片。本任务要求了解固定资产管理系统初始化内容,掌握固定资产管理系统初始化操作步骤及方法。

【知识准备与业务操作】

一、建立固定资产子账套

固定资产子账套与系统管理中的账套是不同的概念,系统管理中的账套是针对整个核算系统,而固定资产子账套则是针对固定资产管理。要建立固定资产子账套,前提是在系统管理中首先要建立本单位的核算账套。当启动固定资产管理系统时,如果所选账套为首次使用,系统将自动建立建账向导。

5

【业务资料】

引入实验七薪资管理账套备份文件,根据表 5 – 1 中资料,完成安徽阳光公司固定资产子账套的建立。

建立固定资产子账套

表 5 – 1　　　　　　　　　　固定资产子账套

控 制 参 数	参 数 设 置
约定及说明	我同意
启用月份	2024 – 01
折旧信息	本账套计提折旧 主要折旧方法:平均年限法(一) 折旧汇总分配周期:1 个月
编码方式	资产类别编码方式:2112 固定资产编码方式: 　　自动编码,按类别编号＋部门编号＋序号 卡片序号长度为 3
财务接口	与账务系统进行对账 对账科目: 　　固定资产对账科目:1601 　　累计折旧对账科目:1602 在对账不平情况下不允许固定资产月末结账
补充参数	业务发生后立即制单 月末结账前一定要完成制单登账业务 固定资产默认入账科目:1601 累计折旧默认入账科目:1602 减值准备默认入账科目:1603 增值税进项税额默认入账科目:22210101 固定资产清理默认入账科目:1606

【操作步骤】

(1) 以"001学生本人"身份登录企业应用平台，单击"业务工作"/"财务会计"/"固定资产"，系统提示"是否初始化?"，单击"是"按钮，进入初始化账套向导窗口，如图5-3所示。

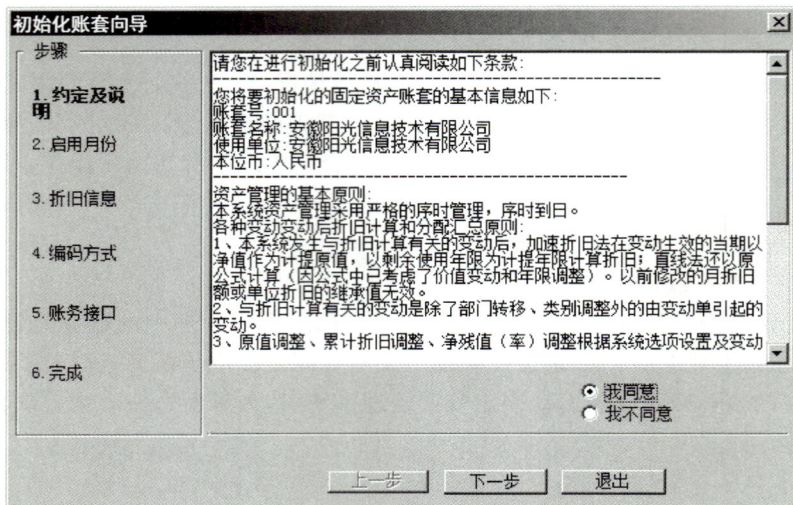

图5-3 固定资产初始化账套向导

(2) 选中"我同意"单选框，单击"下一步"按钮，打开启用月份窗口。

小提示!

➤ 在"启用月份"窗口中，所列示的启用月份是灰色的，表示只能查看，不能修改。启用日期确定后，在该日期前的所有固定资产都将作为期初数据，从启用月份开始计提折旧。

(3) 单击"下一步"按钮，打开折旧信息窗口，按资料设置折旧参数后如图5-4所示。

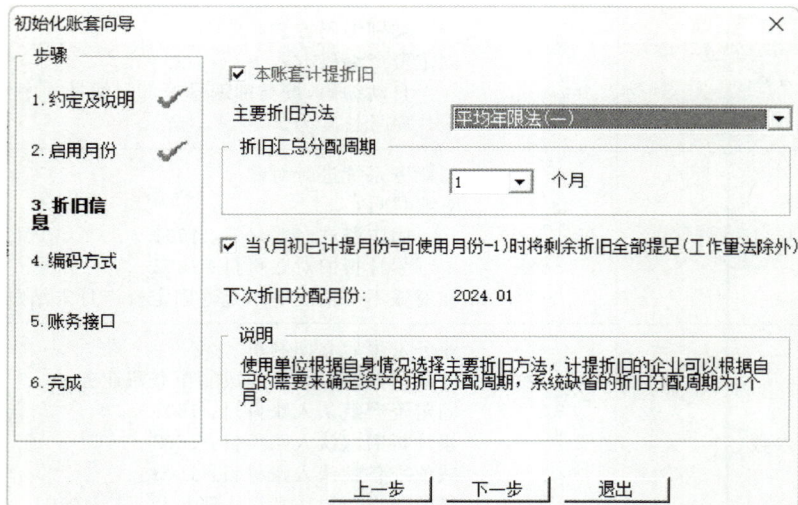

图5-4 设置固定资产折旧信息

（4）单击"下一步"按钮，打开编码方式窗口，按资料设定后如图5-5所示。

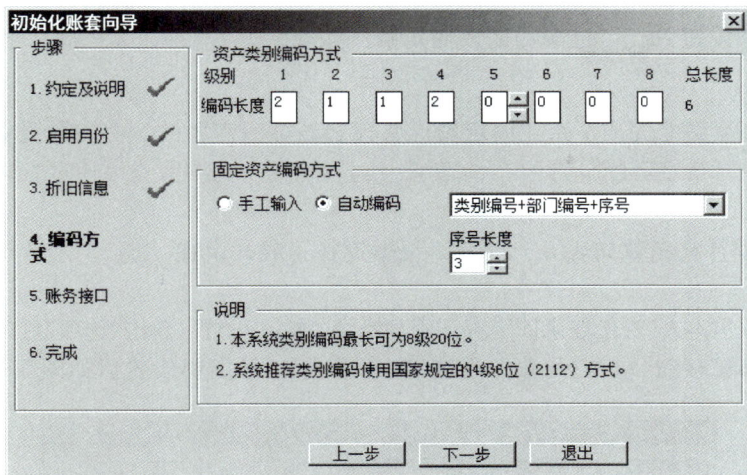

图5-5　设置固定资产编码方式

（5）单击"下一步"按钮，打开账务接口窗口，按资料设定后如图5-6所示。

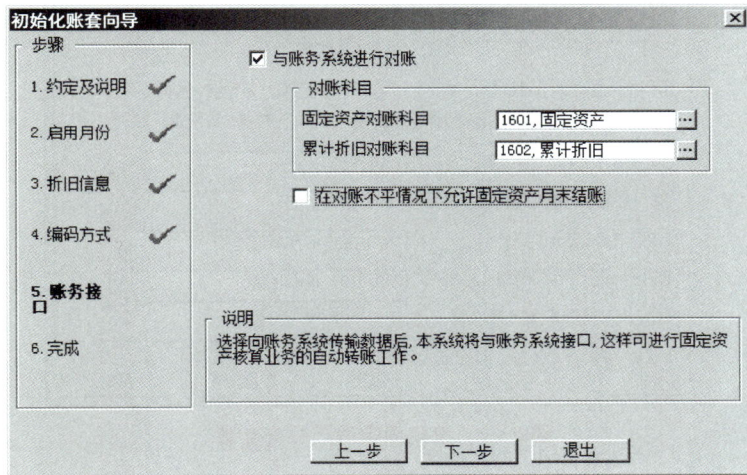

图5-6　设置固定资产账务接口

小提示！

➤ 在对账不平情况下不允许固定资产月末结账，是指固定资产管理系统中的"固定资产"和"累计折旧"两科目与总账管理系统中的"固定资产"和"累计折旧"两科目的期初余额和期末余额对账不相等时，固定资产管理系统月末则不能结账。这两种系统出现偏差，应予以调整，但是经常会在使用固定资产管理系统的第一个月中出现，原因是固定资产原始卡片资料没有全部输入到系统中。为了严格控制系统间的平衡，不能选中此项。

➤ 因固定资产管理系统提供要对账的数据是系统内资产的原值及累计折旧合计数，所以选择的对账科目与总账管理系统内对应的一级科目一致。

（6）单击"下一步"按钮，打开固定资产账套完成窗口。

（7）单击"完成"按钮，系统弹出"完成固定资产子账套建立所有的设置，是否保存？"的提示。

（8）单击"是"按钮，提示"已成功完成固定资产账套！"。

二、设置选项

固定资产子账套建立完成了企业固定资产管理和核算所需要的一些参数设置工作，其他参数可以通过"选项"进行设定，且固定资产子账套建立过程中的一些参数也可通过"选项"进行修改。

【业务资料】

固定资产管理补充参数如表 5－1 所示，根据资料完成其设置。

【操作步骤】

（1）以"001 学生本人"身份登录固定资产管理系统，单击"设置"，双击"选项"，打开选项窗口。

（2）单击"编辑"按钮，单击"与账务系统接口"选项卡，按资料设置后如图 5－7 所示。

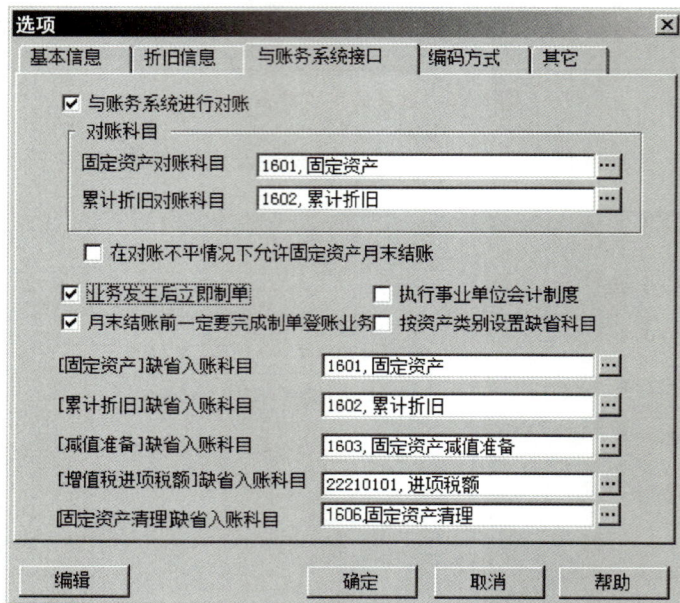

图 5－7　设定固定资产补充参数

（3）单击"确定"按钮返回。

> 小提示！
> ➤ 固定资产子账套建立完成后，在"选项"中可以修改的信息有：对账部分、折旧设置和类别及编码设置。不可修改信息有：本账套是否计提折旧和本账套开始时间。如果要改，只能通过"重新初始化"功能实现，但应注意重新初始化将清空之前对该子账套所做的一切工作。

三、设置基础数据

（一）资产类别设置

固定资产的种类繁多，规格不一，要强化固定资产管理，及时准确地做好固定资产核算，必须建立科学的固定资产分类体系,为核算和统计管理提供依据。企业可根据自身的特点和管理要求,确定一个较为合理的资产分类方法。

【业务资料】

安徽阳光公司固定资产管理系统中设置资产类别如表5-2所示。根据资料完成固定资产类别设置。

表5-2　　　　　　　　　　　固定资产类别

编　码	类　别　名　称	净残值率/%	计量单位	计提属性
01	交通运输设备	4		正常计提
011	经营用设备	4		正常计提
012	非经营用设备	4		正常计提
02	电子设备及其他设备	4		正常计提
021	经营用设备	4	台	正常计提
022	非经营用设备	4	台	正常计提

【操作步骤】

(1)以"001学生本人"身份登录固定资产管理系统,单击"设置",双击"资产类别",打开固定资产分类编码表列列表视图窗口。

(2)单击"增加"按钮,打开单张视图窗口,输入类别名称"交通运输设备",净残值率"4%",选择计提属性"正常计提",折旧方法"平均年限法(一)",卡片样式"通用样式(二)",如图5-8所示。

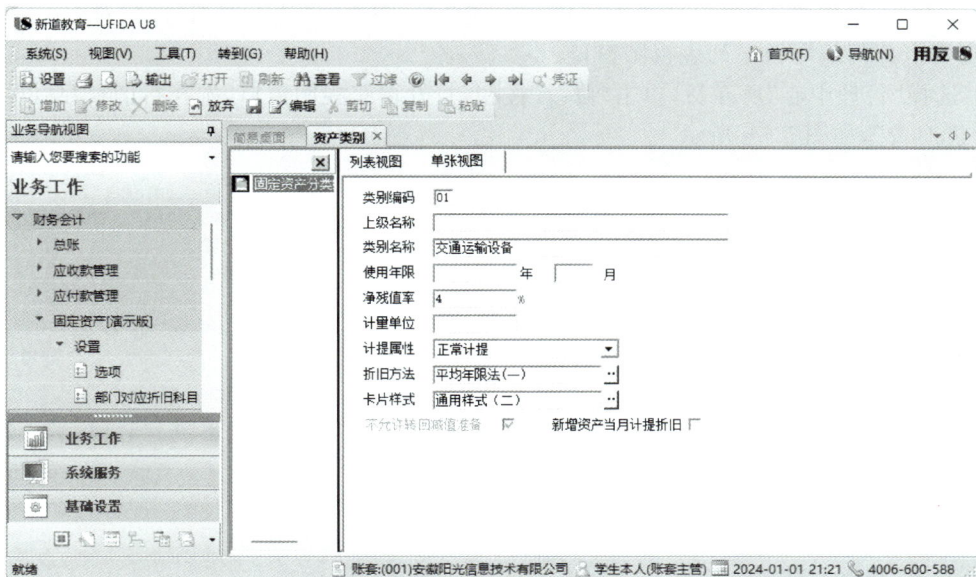

图5-8　增加资产类别

(3)单击"保存"按钮。

(4)同理,完成其他资产类别设置。

> **小提示!**
> ➤ 应先建立上级固定资产类别再建立下级类别。由于在建立交通运输设备时就设置了净残值率,其下级类别如果与上级类别设置相同,系统自动继承不用修改,若不同,则可以修改。
> ➤ 非明细级类别编码不能修改和删除,明细级类别编码修改时只能修改本级编码。
> ➤ 使用过的类别不允许增加下级和删除。

(二) 部门对应折旧科目设置

对应折旧科目是指折旧费用的入账科目。资产计提折旧后必须把折旧归入成本或费用,根据不同企业的具体情况,有按部门归集的,也有按类别归集的。部门对应折旧科目设置就是给每一个部门选择一个折旧科目,这样在输入卡片时,该科目自动添入卡片中,不必逐个输入。

【业务资料】

安徽阳光公司固定资产使用部门对应折旧科目如表 5-3 所示。根据资料完成其设置。

表 5-3　　　　　　　　　　　部门对应折旧科目

部　　门	对应折旧科目
管理中心、采购部	管理费用/折旧费
销售部	销售费用
制造中心	制造费用/折旧费

【操作步骤】

(1) 以"001 学生本人"身份登录固定资产管理系统,单击"设置",双击"部门对应折旧科目",打开固定资产部门编码目录列表视图窗口。

(2) 选择"管理中心"所在行,单击"修改"按钮,打开单张视图窗口,选择折旧科目"660205 管理费用/折旧费",如图 5-9 所示。

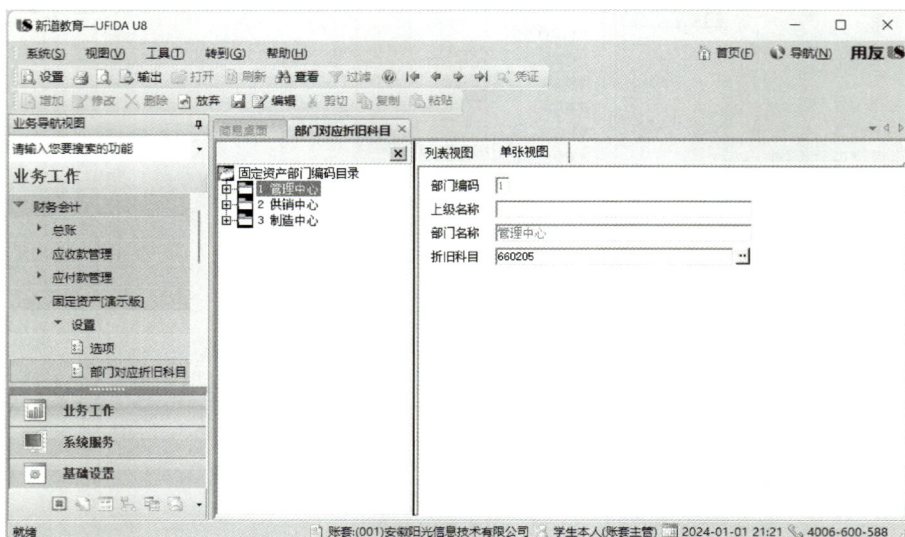

图 5-9　设置部门对应折旧科目

（3）单击"保存"按钮，系统提示如图5-10
所示。

（4）单击"是"按钮，替换后，即可看到管理中
心下的总经理办公室、财务部对应折旧科目均修
改为"管理费用/折旧费"。

（5）同理，完成其他部门折旧科目的设置。

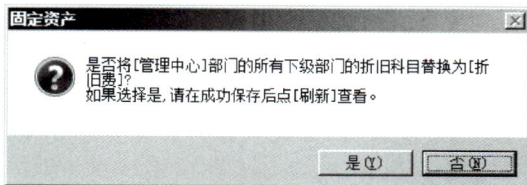

图5-10　上级部门对应折旧科目
自动传递下级提示

（三）增减方式对应入账科目设置

为了在增减固定资产发生时，固定资产管理系统能根据不同的增减方式自动生成凭证，可以
按照不同的增减方式设置对应的入账科目。

【业务资料】

安徽阳光公司固定资产增减方式对应入账科目有：

增加方式：直接购入100201，投资者投入4001，捐赠6301，盘盈6901，在建工程转入1604，
融资租入2701。

减少方式：出售100201，盘亏190102，投资转出1511，捐赠转出6711，报废1606，毁损1606，
资产交换1606。

根据资料设置增减方式对应入账科目。

【操作步骤】

（1）以"001学生本人"身份登录固定资产管理系统，单击"设置"，双击"增减方式"，打开增减
方式窗口。

（2）在左侧列表框中，单击"直接购入"增减方式，单击"修改"按钮，输入对应入账科目
"100201工行存款"，单击"保存"按钮。

（3）同理设置资料中其余对应入账科目信息，完成后如图5-11所示。

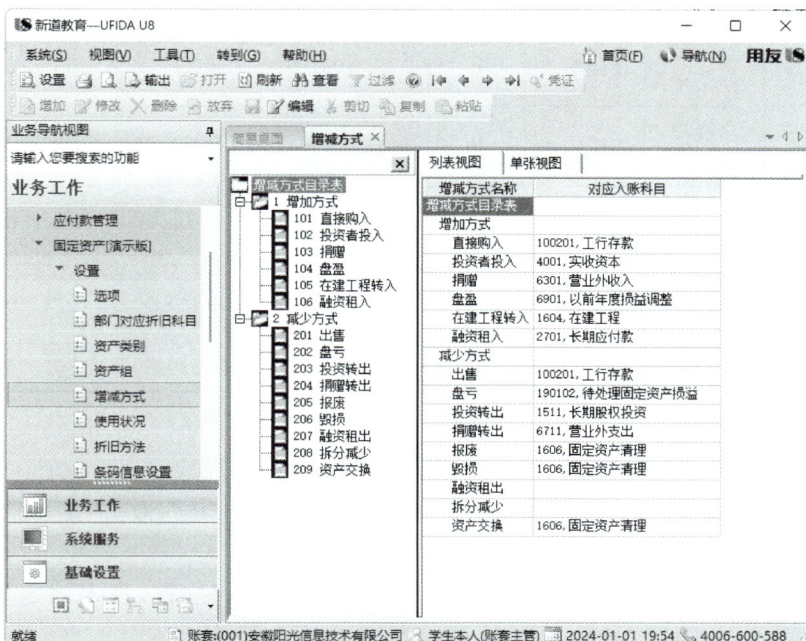

图5-11　设置增减方式对应入账科目

小提示！
➤ 在增减方式中设置对应入账科目是为了生成凭证时自动默认。
➤ 生成凭证时，如果入账科目发生了变化，可以当时修改。

四、录入原始卡片

固定资产卡片是固定资产核算和管理的基础依据。原始卡片是指固定资产管理系统开始使用时，企业已有的所记录的固定资产情况的卡片，即已使用过并已计提折旧的固定资产卡片。

为了保持历史资料的连续性，必须将建账日期之前的数据输入系统中。原始卡片的输入不限制必须在第一个期间结账前完成，任何时候都可以输入原始卡片。若原始卡片未能全部于启用固定资产第一个月内录入系统，则固定资产与总账对账不等，此时要使固定资产管理系统第一个月月末结账，则需要选中"在对账不平情况下允许固定资产月末结账"参数，反之，如固定资产与总账对账相等，固定资产管理系统选项中上述参数可以不选择。

【业务资料】

安徽阳光公司原始卡片资料如表 5-4 所示。根据资料完成原始卡片录入。

固定资产原始卡片录入

表 5-4　原始卡片资料

固定资产名称	类别编号	所在部门	增加方式	可使用年限/月	开始使用日期	原　值	累计折旧	对应折旧科目名称
轿车	012	总经理办公室	直接购入	72	2021-08-01	215 470.00	37 254.75	管理费用/折旧费
轿车	012	采购部	直接购入	72	2021-08-01	215 470.00	37 254.75	管理费用/折旧费
笔记本电脑	022	总经理办公室	直接购入	60	2022-09-01	28 900.00	5 548.80	管理费用/折旧费
传真机	022	总经理办公室	直接购入	60	2022-08-01	3 510.00	1 825.20	管理费用/折旧费
微机	021	一车间	直接购入	60	2020-09-01	6 490.00	1 246.08	制造费用/折旧费
微机	021	一车间	直接购入	60	2020-09-01	6 490.00	1 246.08	制造费用/折旧费
合计						476 330.00	84 375.66	

注：净残值率均为 4%，使用状况均为"在用"，折旧方法均采用平均年限法（一）。

【操作步骤】

（1）以"001 学生本人"身份登录固定资产管理系统，单击"卡片"，双击"录入原始卡片"，打开固定资产类别档案窗口。

（2）选择固定资产类别"012 非经营用设备"，单击"确认"按钮，进入固定资产卡片录入窗口。

（3）输入固定资产名称"轿车"，使用部门选择"总经理办公室"，增加方式选择"直接购入"，

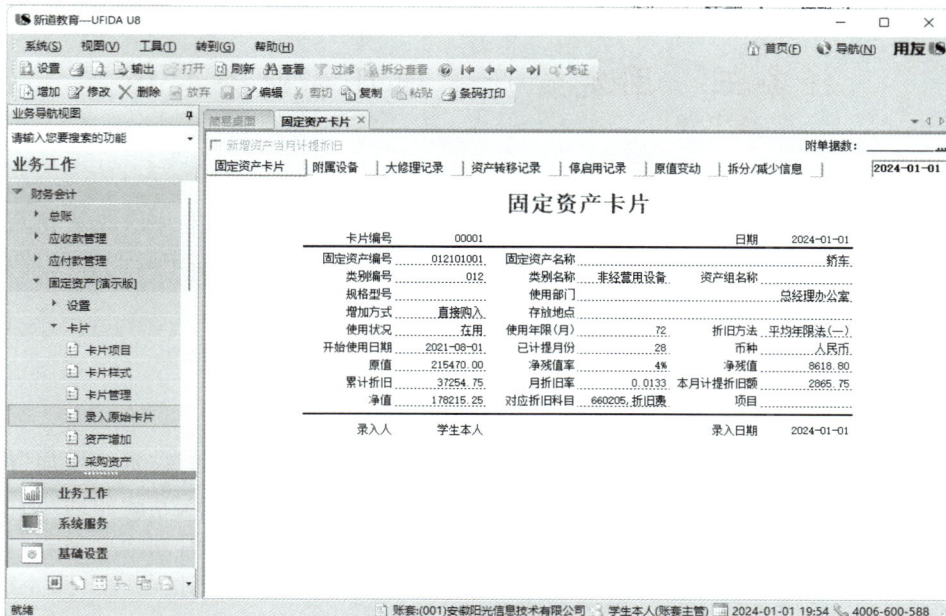

图 5－12　录入固定资产原始卡片

使用状况选择"在用",输入开始使用日期"2021－8－1",原值"215 470.00",累计折旧"37 254.75",使用年限(月)"72",其他信息自动算出,如图 5－12 所示。

(4) 单击"保存"按钮,系统弹出"数据保存成功!"提示框。单击"确定"按钮。

(5) 同理完成其他固定资产原始卡片的录入。

(6) 全部原始卡片录入完成后,可单击"处理",双击"对账",系统将固定资产管理系统录入的期初明细资料数据汇总并与总账管理系统期初余额核对,显示与财务对账结果,如图 5－13 所示。

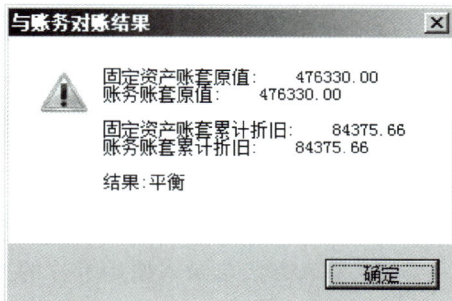

图 5－13　固定资产期初对账结果

小提示!

➤ 在固定资产卡片窗口中,除固定资产主卡片外,还有若干附属选项卡,其信息只供参考,不参与计算。

➤ 使用部门可以选择多个部门,并且要分配比例。

➤ 一项固定资产对应一张卡片,当录入相同的固定资产卡片时,可以使用"复制"功能。

➤ 当卡片有录入错误,或资产使用过程中有必要修改卡片的一些内容时,可以通过卡片"修改"功能实现,这种修改称为"无痕迹"修改。

➤ 原始卡片原值、使用部门、工作总量、使用状况、累计折旧、净残值(率)、折旧方法、使用年限、资产类别在没有做过变动单或评估单的情况下,录入当月可以实现"无痕迹"修改,如果做过变动单,只有删除变动单才能进行无痕迹修改。若做过一次结账,只能通过变动单或评估单调整,不能通过卡片修改调整。

任务三   固定资产管理日常业务处理

【任务描述】

固定资产管理日常业务处理不仅包括了卡片操作（新增卡片录入、卡片修改及删除、资产减少等），还包括资产变动操作、计提折旧、制单等操作。本任务要求掌握固定资产管理日常业务处理的内容和操作方法。

【知识准备与业务操作】

一、固定资产增加

企业日常工作中，可能会通过购进或其他方式增加固定资产，此时通过"资产增加"操作将所增加的固定资产信息录入系统，其实相当于新卡片录入，与原始卡片录入方法相同，不同之处在于：原始卡片的开始使用日期应在输入月份之前，新增卡片的开始使用日期应与输入月份相同；原始卡片中可以自动显示月折旧额和月折旧率，但新增卡片由于还没有计提折旧，还不能显示月折旧额和月折旧率。

【业务资料】

2024 年 1 月 21 日，安徽阳光公司财务部购买扫描仪一台，不含税价格为 1 500 元，净残值率4%，预计使用年限 5 年（使用含税卡片）。

根据资料完成新增固定资产操作。

【操作步骤】

（1）以"003 马方"身份登录固定资产管理系统，单击"卡片"，双击"资产增加"，打开资产类别窗口。

（2）选择固定资产类别"022 非经营用设备"，单击"确认"按钮，进入固定资产卡片录入窗口。

（3）录入方法与录入原始卡片的方法相同，根据资料录入卡片信息，如图 5-14 所示。

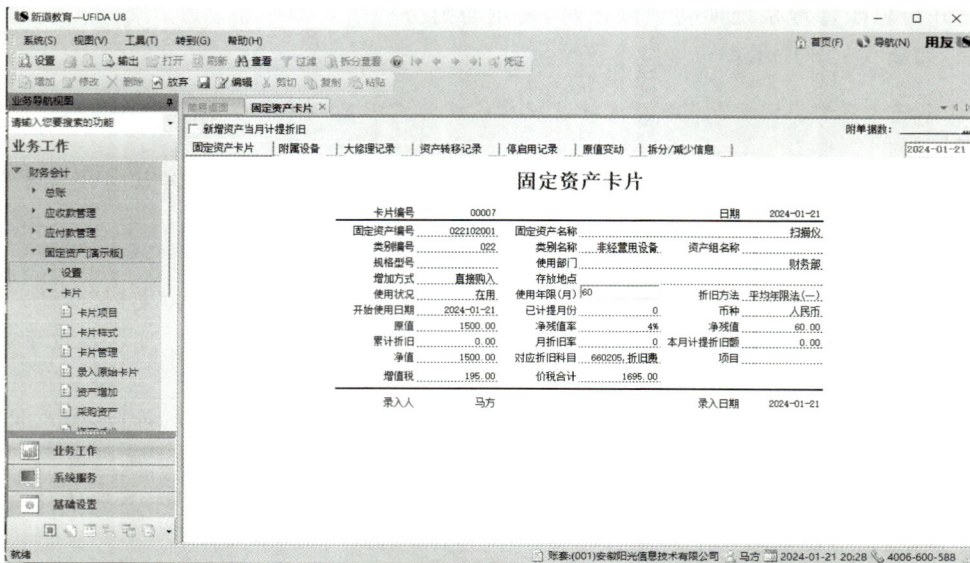

图 5-14   固定资产增加

（4）单击"保存"按钮，进入填制凭证窗口，选择凭证类别"付款凭证"，制单日期"2024-1-21"，单击"保存"按钮，如图5-15所示。

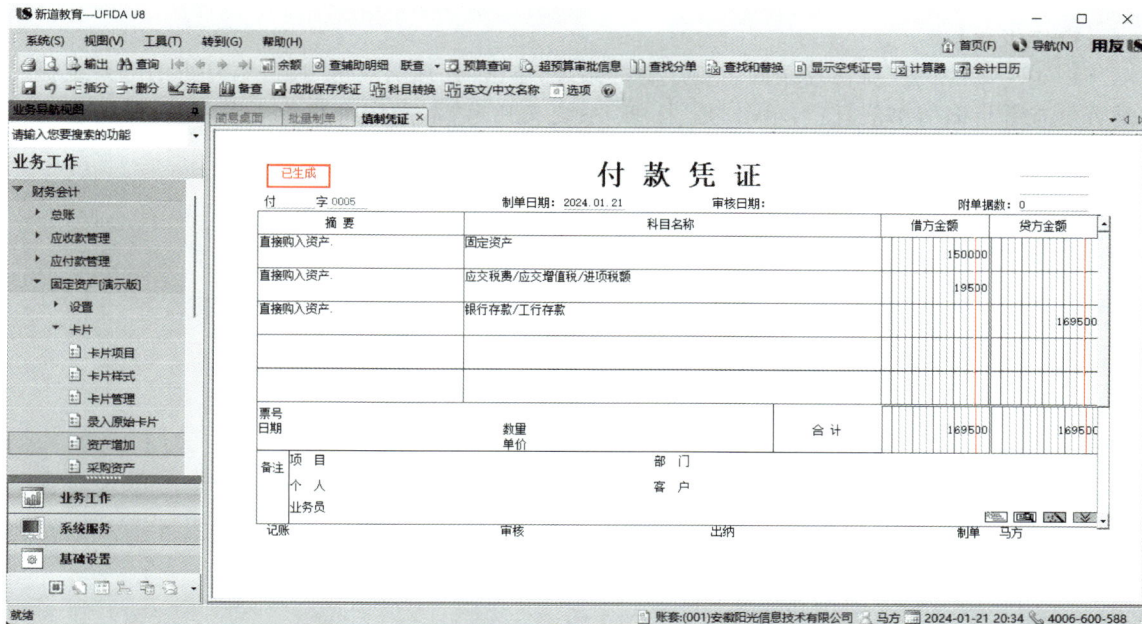

图5-15　固定资产增加凭证

（5）单击"退出"按钮，系统提示"数据成功保存！"，单击"确定"按钮返回。

小提示！
➤ 本月卡片样式需要设置为含税卡片样式，卡片中增值税项目才能显现。
➤ 新卡片录入的第一个月不提折旧，折旧额为空或为零。
➤ 原值录入的必须是卡片录入月初的价值，否则将会出现计算错误。
➤ 如果录入的累计折旧、累计工作量大于零，说明是旧资产，该累计折旧或累计工作量是进入本单位之前的值。
➤ 在固定资产管理"选项"中，设置了"业务发生后立即制单"参数，所以当固定资产卡片保存时，系统直接进入填制凭证窗口。若未设置该项参数，则固定资产凭证生成在"批量制单"中完成。

二、折旧处理

自动计算折旧是固定资产管理系统中的主要功能之一。它可以根据录入系统的固定资产卡片资料，利用系统提供的"计提本月折旧"功能，对需要计提折旧的资产每期计提一次折旧，并自动生成折旧分配表，然后生成折旧凭证。

当开始计提折旧时，系统将自动计算所有资产当期折旧额，并将当期的折旧额自动累加到累计折旧项目中。计提折旧完成后，需要进行折旧分配，系统除了自动生成折旧清单外，还生成折旧分配表。折旧分配表是制作记账凭证，把计提折旧额分配到有关成本和费用的依据。折旧分配表有两种类型：类别折旧分配表和部门折旧分配表。因此折旧凭证必须在生成折旧分配表后进行。

【业务资料】

2024 年 1 月 31 日,安徽阳光公司计提本月折旧费用操作。

【操作步骤】

(1) 以"003 马方"身份登录固定资产管理系统,单击"处理",双击"计提本月折旧",系统提示"是否要查看折旧清单信息?",单击"是"按钮,系统又弹出"本操作将花费一定时间,是否继续?"提示框,单击"是"按钮,系统显示折旧清单,如图 5-16 所示。

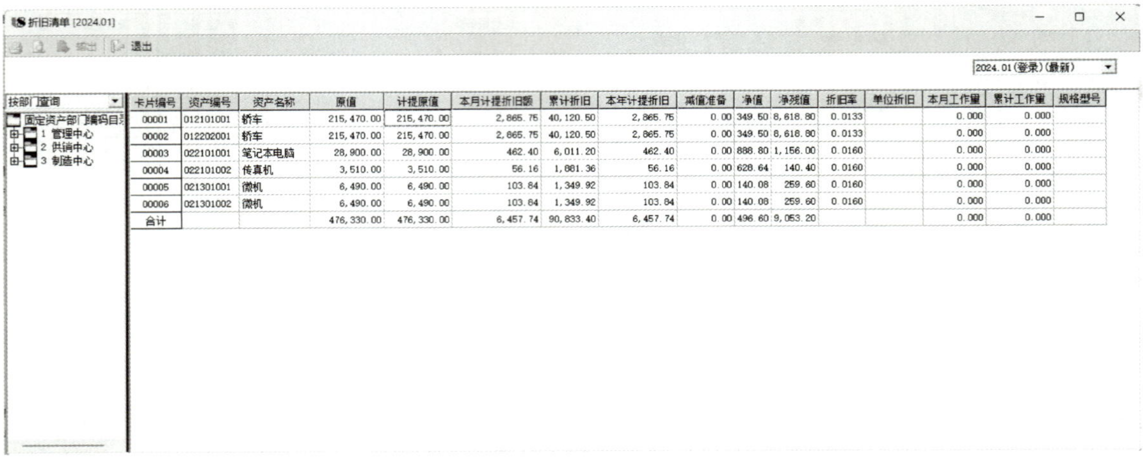

图 5-16　折旧清单

(2) 单击"退出"按钮,系统显示折旧分配表,如图 5-17 所示。

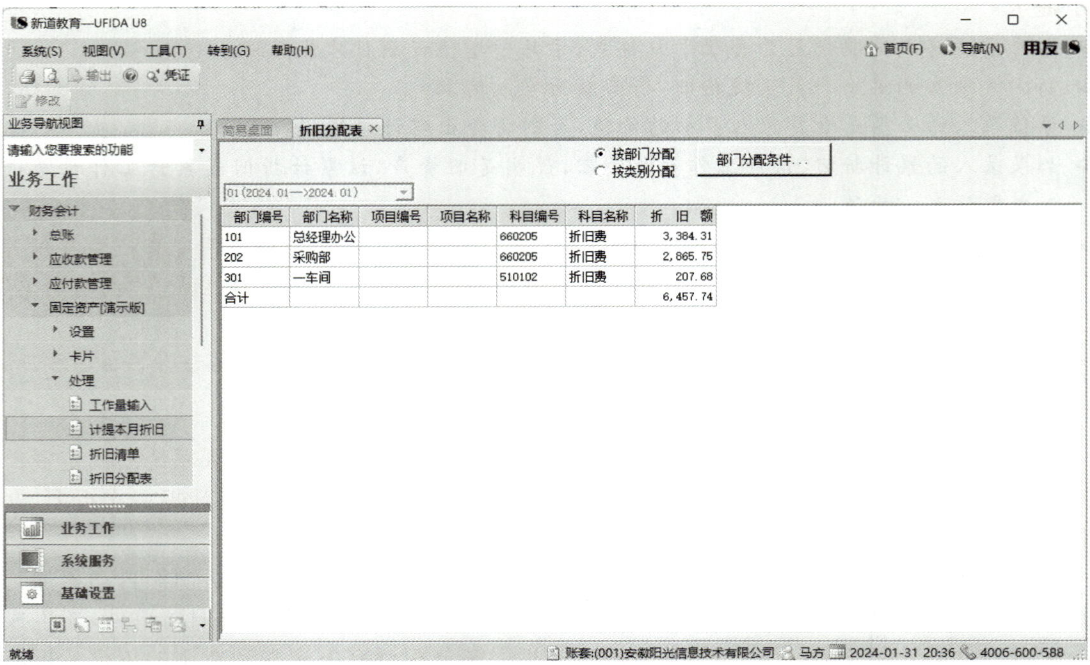

图 5-17　折旧分配表

（3）单击"退出"按钮，进入填制凭证窗口，选择凭证类别"转账凭证"，单击"保存"按钮，如图 5-18 所示。

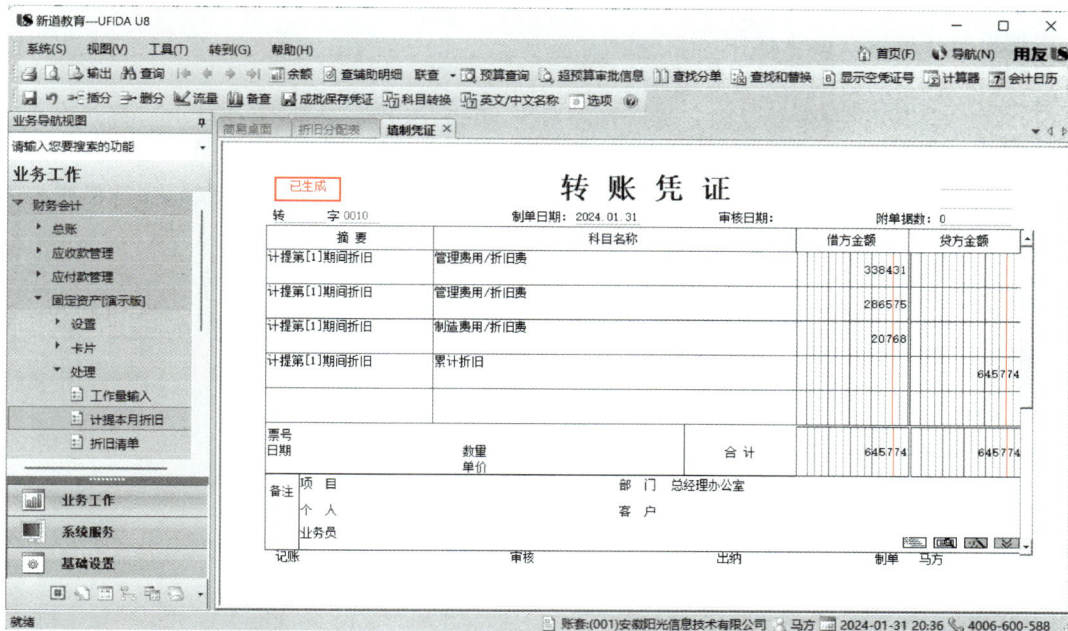

图 5-18　折旧凭证

（4）单击"退出"按钮，系统提示"固定资产计提折旧完成！"。

小提示！
➤ 计提折旧功能是对各项资产每期计提一次折旧，并自动生成折旧分配表，然后制成凭证，将本期的折旧费用自动登账。
➤ 在一个期间可以多次计提折旧，每次计提折旧后，只是将计提的折旧额累加到月初的累计折旧上，不会重复累计。
➤ 如果有固定资产按"工作量法"计提折旧，则需要输入本月工作量才能计提折旧。
➤ 若上次计提折旧已制单，则必须删除凭证才能重新计提折旧。
➤ 计提折旧后又对账套进行了影响折旧计算或分配的操作，必须重新计提折旧，否则系统不允许结账。
➤ 在折旧费用分配表窗口中，可以单击"制单"按钮制单，也可利用"批量制单"功能进行制单。

三、固定资产减少

固定资产在使用过程中，会由于各种原因，如毁损、出售、盘亏等退出企业，此时要做资产减少处理。资产减少操作需要选择资产减少卡片并说明资产减少原因。

只有当账套开始计提折旧后，才可以使用资产减少功能，否则减少资产只能通过删除卡片来完成。资产减少操作成功的资产可以通过卡片管理中"已减少资产"来查看。

对于误操作减少的资产，可以使用系统提供的纠错功能来恢复。只有当月减少的资产才可以恢复。如果资产减少已生成凭证，必须删除凭证后才能恢复。

【业务操作】

2024 年 1 月 31 日,安徽阳光公司一车间的一台计算机,由于性能不良,决定提前报废,报废时残值变价收入为 1 000 元,增值税税额 130 元,收入已通过工行结算(现金支票,票号:XJ008)。

固定资产
减少

根据资料完成资产减少操作。

【操作步骤】

(1)以"003 马方"身份登录固定资产管理系统,单击"卡片",双击"资产减少",打开资产减少窗口。

(2)选择"00006 微机"卡片,单击"增加"按钮,系统将微机卡片资料自动带入,选择减少方式"报废",输入清理收入"1 000",增值税"130",清理原因"性能不良",如图 5-19 所示。

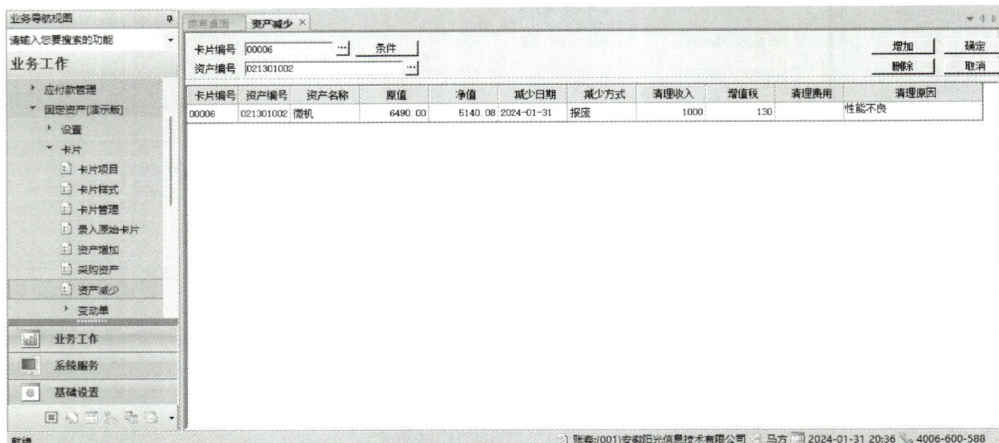

图 5-19　资产减少

(3)单击"确定"按钮,进入填制凭证窗口,选择凭证类别"收款凭证",将不完整的凭证信息补齐,清理收入和增值税对应的科目分别为"100201 工行存款"(现金支票,XJ008)、22210102 销项税额,单击"保存"按钮,如图 5-20 所示。

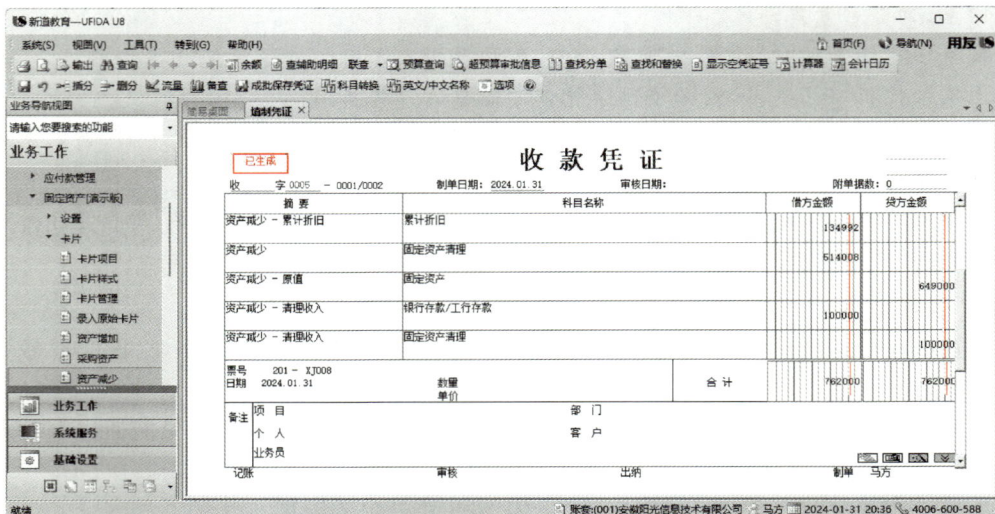

图 5-20　资产减少收款凭证

（4）单击"退出"按钮，系统提示所减少资产成功信息，单击"确定"按钮返回。

（5）单击"业务工作"/"财务会计"/"总账"/"凭证"，双击"填制凭证"命令，打开填制凭证窗口，手工输入"结转固定资产处置损益"凭证，如图 5－21 所示。

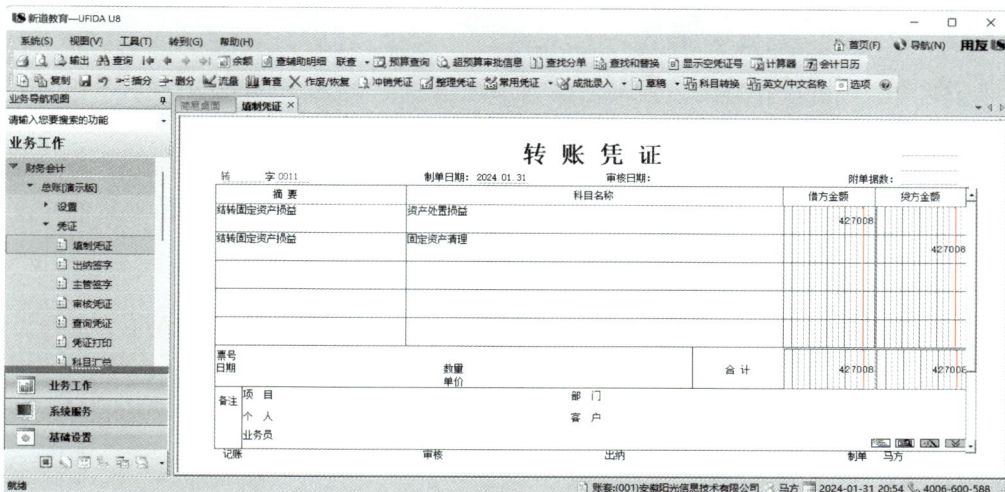

图 5－21 结转固定资产处置损益凭证

（6）双击"卡片管理"，选择"已减少资产"，可以查看减少的资产列表信息，如图 5－22 所示。

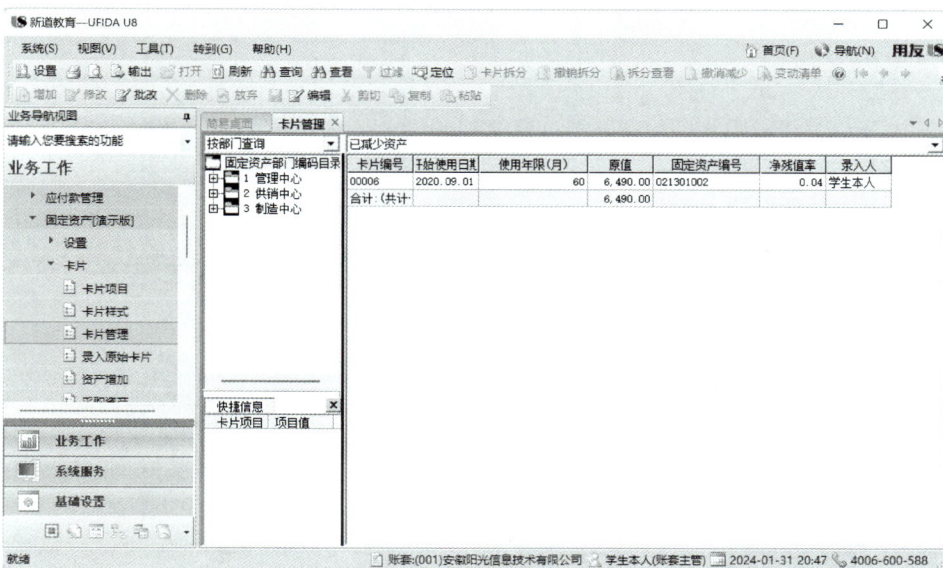

图 5－22 查看已减少资产

> **小提示！**
> ➤ 固定资产的减少，必须在每月计提折旧后，未发生其他任何业务（如资产增加）的情况下进行。如果当月还没提折旧，系统会提示"本账套需要进行计提折旧后，才能减少资产！"。

> ➤ 固定资产处置损益结转凭证必须在总账管理系统中手工输入，处理时注意不要遗漏。
> ➤ 如果减少资产误操作，在没有生成资产减少凭证前，可以在已减少资产查看窗口中，单击"撤销减少"，将误减少的资产恢复到"在役资产"中。若已制单，要在"凭证查询"中，将凭证删除后再执行"撤销减少"操作。

四、资产变动

资产变动包括原值变动、部门转移、使用状况变动、使用年限调整、折旧方法调整、净残值（率）调整、工作总量调整、累计折旧调整、资产类别调整、变动单管理等。其他项目的修改，如名称、编号、自定义项目可以直接在卡片上进行。

资产变动要求输入相应的"变动单"记录资产调整的结果。

本月录入的卡片和本月增加的资产卡片本月不允许进行变动处理，只能在下月进行。

【业务资料】

2024 年 2 月 16 日，安徽阳光公司为总经理办公室的轿车支付现金支票（XJ002）10 000 元添置新配件。根据资料要求进行资产变动处理。

【操作步骤】

固定资产变动处理

（1）以"001 学生本人"身份对 1 月份固定资产管理系统进行结账处理。

（2）将系统日期设置为 2024 年 2 月 29 日。

（3）以"003 马方"身份登录固定资产管理系统，单击"卡片"/"变动单"，双击"原值增加"，打开固定资产变动单窗口，选择卡片"轿车"，输入增加金额"10 000"，变动原因"增加新配件"，如图 5-23 所示。

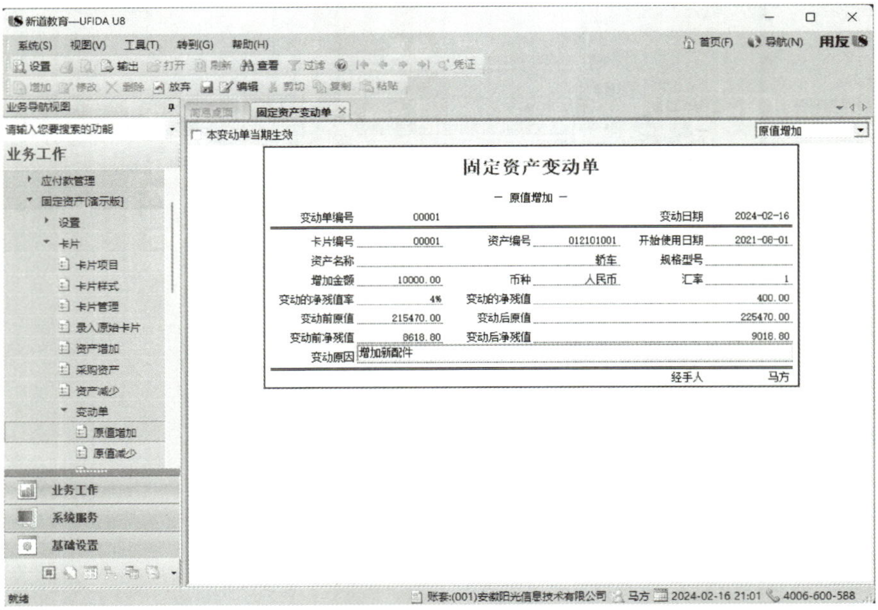

图 5-23　录入固定资产变动单

（4）单击"保存"按钮，进入填制凭证窗口，选择凭证类别"付款凭证"，制单日期"2024-2-16"，贷方科目"100201"，并输入辅助项"现金支票（XJ002）"，单击"保存"按钮，如图 5-24 所示，系统提示"数据成功保存！"。

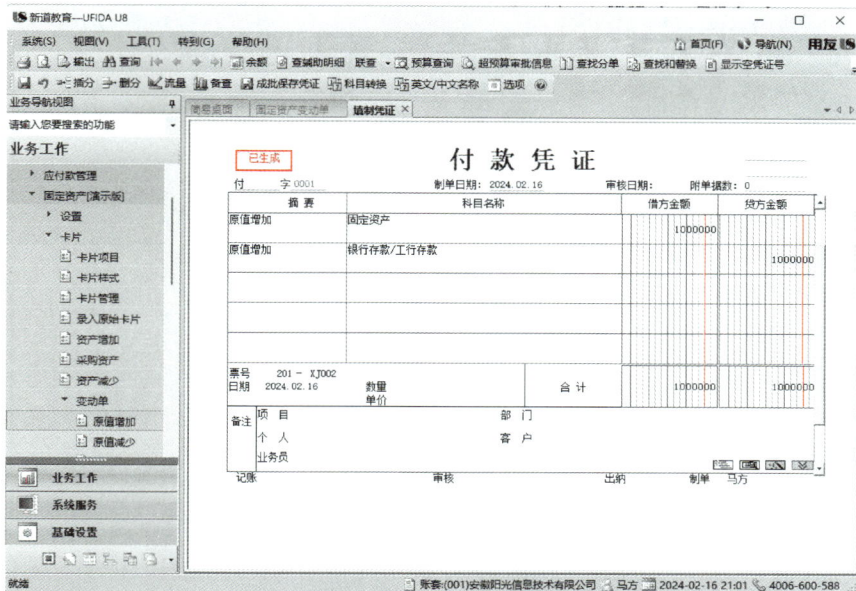

图 5－24　固定资产变动付款凭证

五、资产盘点

用友 ERP－U8 V10.1 软件提供对固定资产盘点的管理,并输出固定资产盘点单。固定资产盘点可以选择部门或类别进行盘点,录入盘点数据,与账面上记录的盘点单进行核对,查核资产的完整性。

【业务资料】

2024 年 2 月 29 日,安徽阳光公司对总经理办公室的资产进行盘点,结果为只有一辆编号为 012101001 的轿车。

【操作步骤】

(1)以“003 马方”身份登录固定资产管理系统,单击“卡片”,双击“资产盘点”,进入盘点单管理窗口。

(2)单击“增加”按钮,打开新增盘点单窗口。单击“范围”按钮,打开盘点范围设置窗口,选择盘点方式“按使用部门盘点”,使用部门“总经理办公室”,如图 5－25 所示。

(3)单击“确定”按钮,系统将盘点部门的资产记录自动带入新增盘点单窗口,单击“保存”按钮保存盘点单。

(4)选择“固定资产编号 012101001 轿车”,单击“核对”按钮,系统自动与总经理办公室的固定资产账面记录进行核对,并生成盘点结果清单,如图 5－26 所示。

图 5－25　设置盘点范围

5

图 5-26   固定资产盘点结果清单

六、生成凭证

固定资产管理系统与总账管理系统之间存在着数据的自动传输,这种传输是由固定资产管理系统通过记账凭证向总账管理系统传递有关数据。制作记账凭证可以采取"业务发生后立即制单"和"批量制单"的方法实现。

上述业务由于在固定资产选项参数设置了"业务发生后立即制单",所以当发生资产增减、资产评估等业务操作时,系统直接进入填制凭证窗口。

若未设置"业务发生后立即制单"参数,所有凭证就要到"批量制单"窗口,如图 5-27 所示。

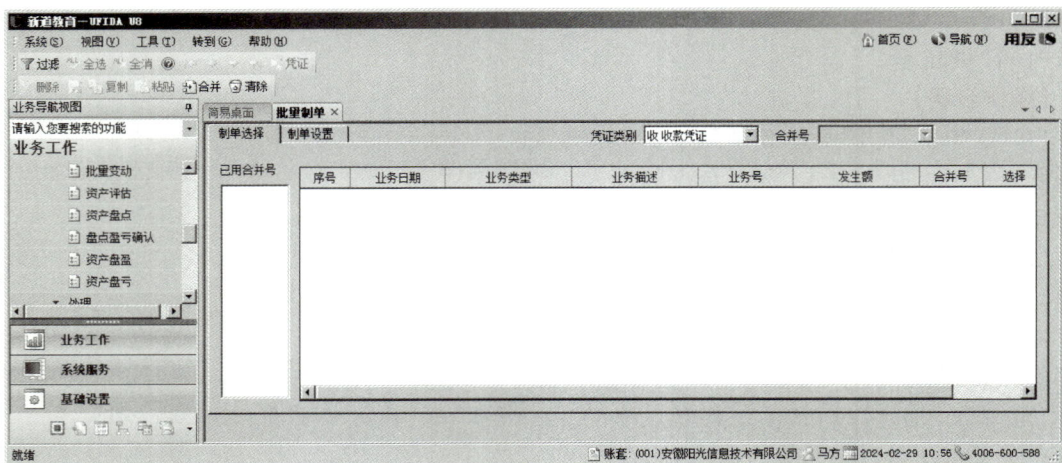

图 5-27   批量制单

小提示!
➤ 固定资产管理系统发生相关业务生成凭证后,批量制单列表显示为空。

任务四　固定资产管理期末处理

【任务描述】

固定资产管理期末处理工作包括计提减值准备、计提折旧、对账和月末结账等内容。本任务要求掌握固定资产管理期末处理的内容和操作方法。

【知识准备与业务操作】

一、固定资产对账

初次启动固定资产的参数设置，或选项中参数设置了"与账务系统进行对账"时，才可使用本系统的对账功能。

为保证固定资产管理系统资产价值与总账管理系统中固定资产、累计折旧科目数值相等，可随时使用对账功能对两个系统进行审查。系统在执行月末结账时自动对账一次，并给出对账结果。

【业务资料】

2024年1月31日，安徽阳光公司执行固定资产对账操作。

【操作步骤】

（1）将固定资产管理系统1月份生成的凭证，以"002王晶"身份登录总账管理系统执行出纳签字，以"001学生本人"身份登录总账管理系统执行审核和记账。

（2）以"003马方"身份登录固定资产管理系统，单击"处理"，双击"凭证查询"，查询固定资产管理系统生成的凭证标志"记账"，如图5-28所示。

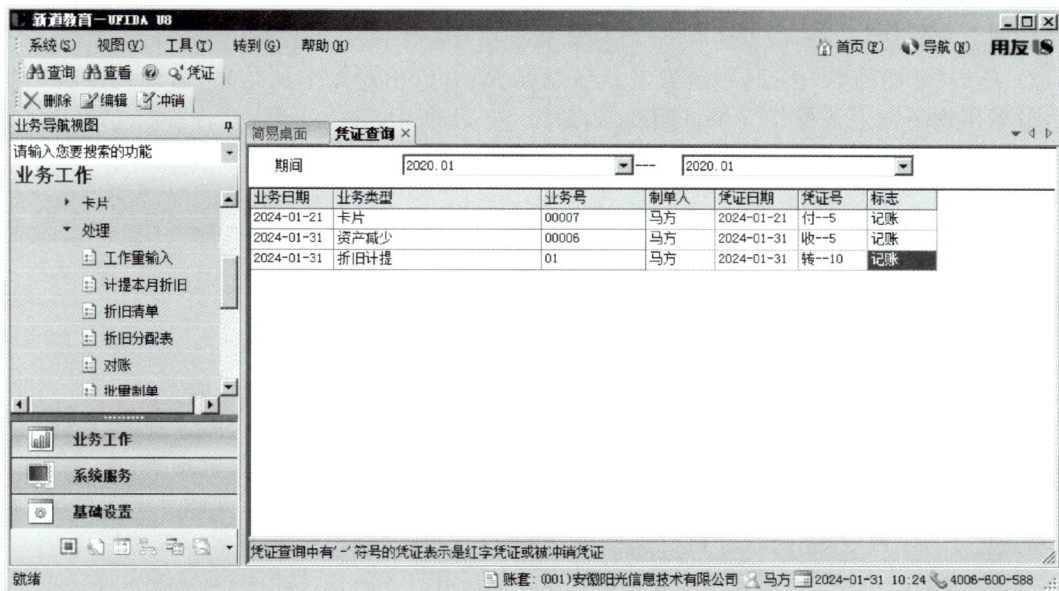

图 5-28　查询固定资产管理系统中凭证

（3）单击"对账"，系统给出对账结果，如图5-29所示。

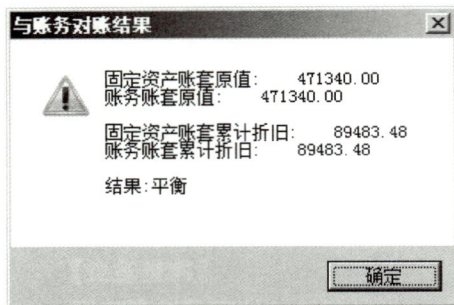

图 5 - 29　对账结果

小提示!

➤ 如果对账不平,需要根据选项中"在对账不平情况下允许固定资产月末结账"来判断是否可以进行月结处理。

➤ 本账套固定资产期初原始卡片全部录入完毕,期初数据对账平衡,1月份固定资产管理系统中生成 3 张凭证,并执行审核记账,所以期末数据对账也是平衡的。

二、固定资产月末结账

当固定资产管理系统完成了本月全部制单业务后,可以进行月末结账,结账后当期数据不能修改。如有错必须修改,可通过系统提供的"恢复月末结账前状态"功能进行反结账,再进行修改。

本期不结账,将不能处理下期的数据。结账前一定要进行数据备份,以防数据丢失,造成无法挽回的后果。

【业务资料】

2024 年 1 月 31 日,安徽阳光公司执行固定资产管理系统月末结账。

【操作步骤】

(1) 以"003 马方"身份登录固定资产管理系统,单击"处理",双击"月末结账",打开月末结账窗口,如图 5 - 30 所示。

图 5 - 30　月末结账

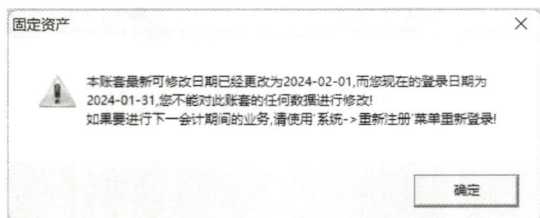

(2) 单击"开始结账"按钮,系统自动执行结账操作,给出对账平衡结果,出现结账成功提示信息,最后出现下期业务操作登录日期提示,如图 5 - 31 所示。

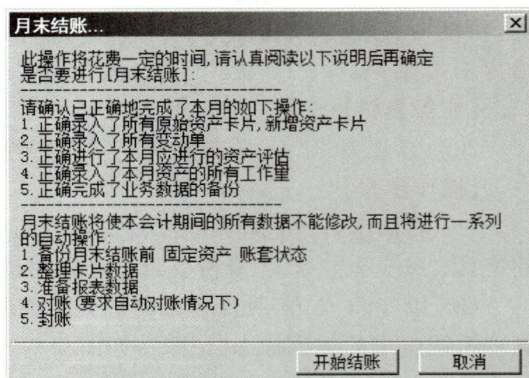

图 5 - 31　结账成功提示信息

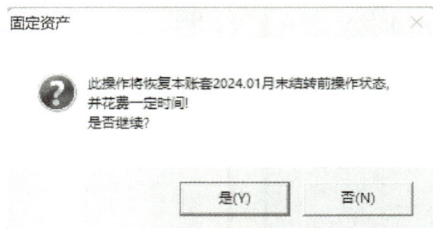

图 5 - 32　恢复结账前状态提示

(3) 单击"确定"按钮返回。

(4) 单击"处理",双击"恢复月末结账前状态",系统弹出信息提示框,如图 5 - 32 所示。

(5) 单击"是"按钮,系统自动执行反结账,稍后出现提示"恢复结账前状态成功!"。

小提示!

➤ 当月不结账,系统将不允许处理下一会计期间的数据。

> ➤ 有时在固定资产计提折旧后，又做了影响折旧计提的一些操作，则月末结账就会出现提示信息，导致结账不能执行。解决方案是：将本期折旧凭证删除，重新执行本期折旧计提操作，并生成折旧凭证，再执行审核记账操作。
> ➤ 如果结账后发现结账前操作有误，必须要修改结账前数据，则可以使用"恢复月末结账前状态"功能，即将数据恢复到月末结账前状态。
> ➤ 将1月份月结后的固定资产账套数据备份到"D：/001账套备份/财务管理/实验八固定资产管理"文件夹。

三、固定资产减值准备

企业应在期末或至少在每年年末，对固定资产逐项进行检查。如果市价持续下跌，或技术陈旧原因导致其可收回金额低于账面价值的，应当将可收回金额低于账面价值的差额作为固定资产减值准备，固定资产减值准备必须按单项资产计提。

【业务资料】

2024年2月29日，安徽阳光公司经核查，对2022年购入的笔记本电脑计提1 000元减值准备。

根据资料执行固定资产减值准备操作。

【操作步骤】

（1）以"003马方"身份登录固定资产管理系统，单击"卡片"/"变动单"，双击"计提减值准备"，打开固定资产变动单窗口。

（2）选择卡片编号"00003"，输入减值准备金额"1 000"，变动原因"技术进步"，如图5-33所示。

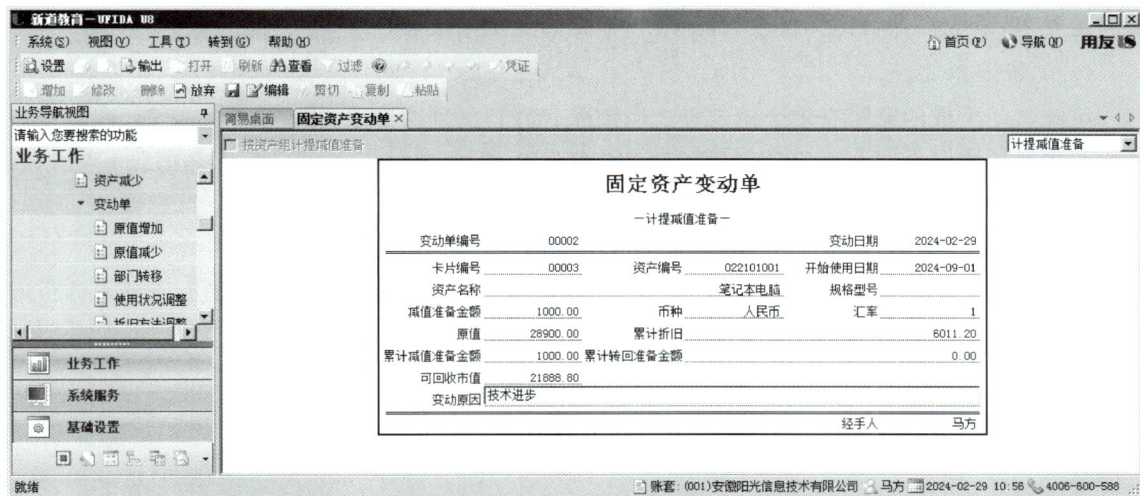

图5-33　录入减值准备

（3）单击"保存"按钮，进入填制凭证窗口。选择凭证类别"转账凭证"，手工选择借方科目"6701资产减值损失"，单击"保存"按钮，如图5-34所示。

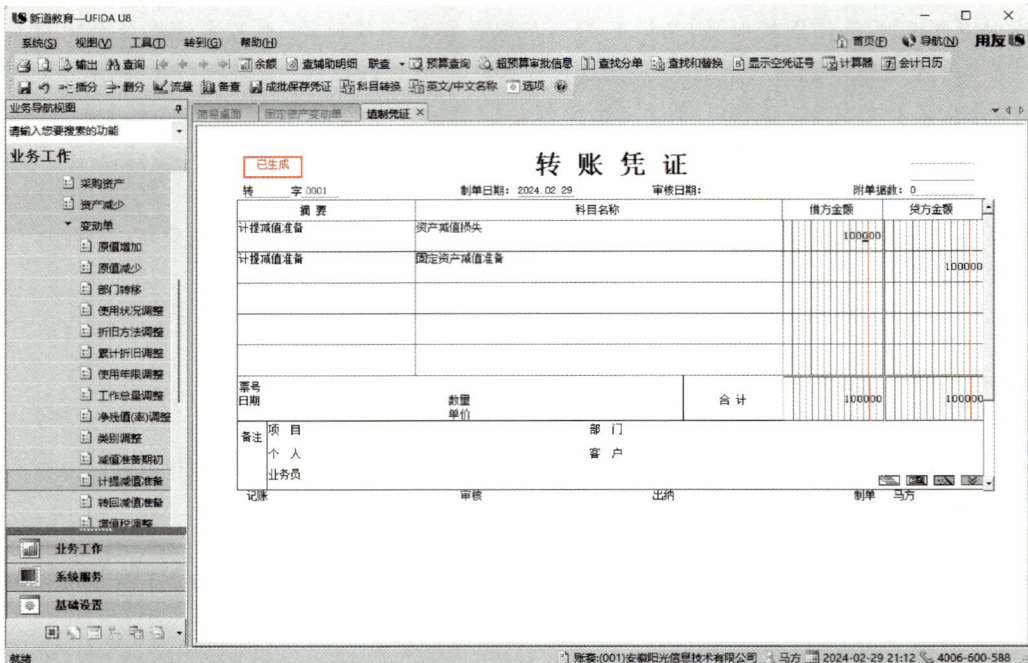

图 5-34　计提减值准备转账凭证

四、固定资产管理账表管理

固定资产管理过程中，需要及时掌握资产的统计、汇总和其他各方面的信息。本系统根据用户对系统的日常操作，自动提供这些信息，以报表的形式提供给财务人员和资产管理人员。本系统提供的报表分为账簿、折旧表、统计表、分析表、减值准备表五类。另外，如果所提供的报表不能满足要求，系统提供自定义报表功能，可以根据需要定义报表。

(一)账簿

系统自动生成的账簿有单个固定资产明细账、部门/类别明细账、固定资产登记簿、固定资产总账。这些账簿以不同方式，序时反映资产变化情况，在查询过程中可以联查某时期(部门、类别)明细及相应的原始凭证。

(二)折旧表

系统提供了四种折旧表：部门折旧计提汇总表、固定资产折旧明细表、固定资产及累计折旧表(一)和(二)。通过该类表可以了解本企业所有资产本期、本年乃至某部门计提折旧及其明细情况。

(三)统计表

统计表是出于管理需要，按管理目的汇总的统计数据。

(四)分析表

分析表主要通过对固定资产的综合分析，为管理者提供管理和决策依据。

(五)减值准备表

减值准备表包括减值准备总账、减值准备明细账和减值准备余额表等。

项 目 小 结

"项目五 固定资产管理"内容结构如图 5-35 所示。

5

```
固定资产管理
├─ 固定资产管理概述
│   ├─ 固定资产管理系统的功能
│   ├─ 固定资产管理系统与其他系统的关系
│   └─ 固定资产管理系统的操作流程
├─ 固定资产管理系统初始化
│   ├─ 建立固定资产子账套
│   ├─ 设置选项
│   ├─ 设置基础数据
│   └─ 录入原始卡片
├─ 固定资产管理日常业务处理
│   ├─ 固定资产增加
│   ├─ 折旧处理
│   ├─ 固定资产减少
│   ├─ 资产变动
│   ├─ 资产盘点
│   └─ 生成凭证
└─ 固定资产管理期末处理
    ├─ 固定资产对账
    ├─ 固定资产月末结账
    ├─ 固定资产减值准备
    └─ 固定资产账表管理
```

图 5-35 "项目五 固定资产管理"内容结构图

应收账款
风险管理

项目六　应收款管理

◇ **职业能力目标**

了解应收款管理系统的应用方案及功能,应收款管理系统与其他系统的关系,掌握应收款管理系统的操作流程;了解应收款管理系统初始化、日常业务处理及期末处理的各项内容;掌握应收款管理系统初始化操作方法,日常业务处理包括票据处理、单据结算、凭证处理、坏账和转账处理的操作方法,以及期末处理的操作方法。

◇ **典型工作任务**

应收款管理认知;应收款管理系统初始化;应收款管理日常业务处理;应收款管理期末处理。

任务一　应收款管理认知

【任务描述】

应收款管理主要用于工商企业对业务往来账款进行核算与管理。本任务要求了解应收款管理系统的功能、应收款管理系统与其他系统的关系,掌握应收款管理系统的操作流程。

【知识准备与业务操作】

一、应收款管理系统的应用方案及功能

(一)应收款管理系统的应用方案

应收款管理系统,通过发票、其他应收单、收款单等单据的录入,对企业的往来账款进行综合管理,及时、准确地提供客户的往来账款余额资料,提供各种分析报表,如账龄分析、周转分析、欠款分析、坏账分析、回款分析情况,通过各种分析报表,帮助单位合理地进行资金的调配,提高资金的利用效率。

根据对客户往来款项核算和管理的程度不同,系统提供了应收账款核算模型"详细核算"和客户往来款项"简单核算"两种应用方案供选择。

1. 详细核算

如果企业销售业务以及应收款核算与管理业务比较复杂,或者需要追踪每一笔业务的应收款、收款等情况,或者需要将应收款核算到产品一级,那么可以选择"详细核算"方案。该方案能够展示每一客户每笔业务详细的应收情况、收款情况及余额情况,并进行账龄分析,加强客户及

往来款项的管理,便于企业依据每一客户的具体情况,实施不同的收款策略。

2. 简单核算

如果企业销售业务以及应收账款业务比较简单,或者现销业务很多,则可以选择"简单核算"方案。该方案着重于对客户的往来款项进行查询和分析。

具体选择哪一种方案,可在应收款管理系统中通过设置系统选项"应收账款核算模型"进行设置。

(二)应收款管理的功能

1. 设置

设置功能提供系统参数的定义,用户结合企业管理要求进行的参数设置,是整个系统运行的基础。提供单据类型设置、账龄区间的设置和坏账初始设置,为各种应收款业务的日常处理及统计分析作准备。提供期初余额的录入,保证数据的完整性与连续性。

2. 日常处理

日常处理提供应收单据、收款单据的录入、处理、核销、转账、汇兑损益、制单等操作处理。

3. 单据查询

单据查询提供查阅各类单据的功能。各类单据、详细核销信息、报警信息、凭证等内容的查询。

4. 账表管理

账表管理提供总账表、余额表、明细账等多种账表查询功能。提供应收账款分析、收款账龄分析、欠款分析等丰富的统计分析功能。

5. 其他处理

其他处理提供用户进行远程数据传递的功能。提供用户对核销、转账等处理进行恢复的功能,以便进行修改,还提供月末结账等功能。

二、应收款管理系统与其他系统的关系

应收款管理系统与其他系统的关系如图 6-1 所示。

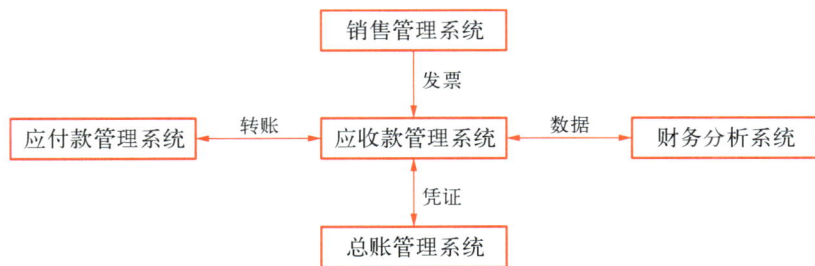

图 6-1 应收款管理系统与其他系统的关系

(一)应收款管理系统与企业门户的关系

应收款管理系统与企业门户共享基础数据,即应收款管理系统需要的基础数据既可以在企业门户中统一设置,也可在应收款管理系统中自行录入,最终由各模块共享使用。

(二)应收款管理系统与销售管理系统的关系

销售管理系统为应收款管理系统提供已审核的销售发票、销售调拨单及代垫费用单,在此生

成凭证,并对发票进行收款结算处理。应收款管理系统为销售管理系统提供销售发票、销售调拨单的收款结算信息及代垫费用核销信息。

（三）应收款管理系统与总账管理系统的关系

应收款管理系统向总账管理系统传递凭证,并能够查询其所生成的凭证。

（四）应收款管理系统与应付款管理系统的关系

应收款管理系统与应付款管理系统之间可以进行转账处理,如应收冲应付。

（五）应收款管理系统与财务分析系统的关系

应收款管理系统向财务分析系统提供各种分析所用的数据。

三、应收款管理系统的操作流程

如果第一年使用应收款管理系统,可按照以下操作流程进行,如图 6-2 所示。

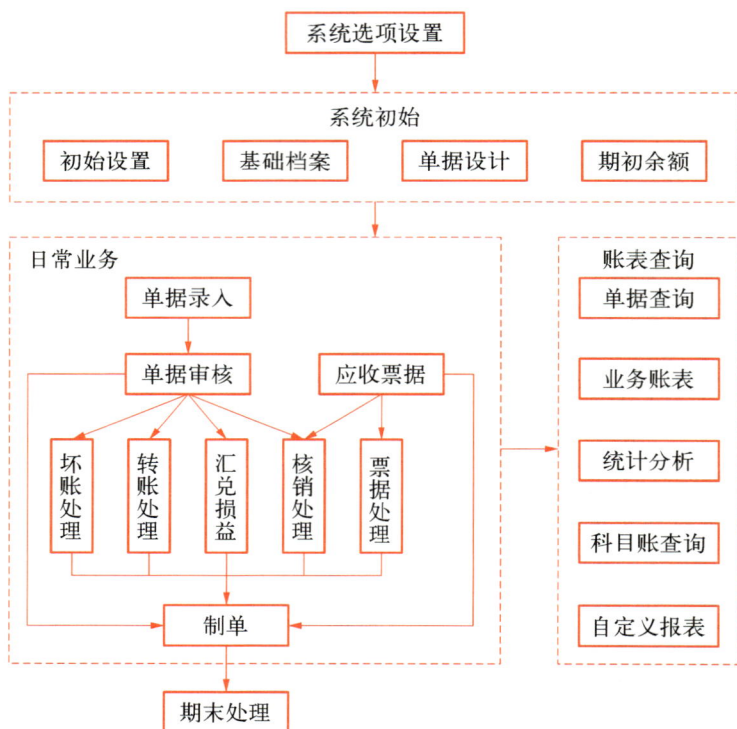

图 6-2　应收款管理系统的操作流程

任务二　应收款管理系统初始化

【任务描述】

应收款管理系统初始化是指手工记账和计算机记账系统的交接过程,是使用应收款管理系统之前,设置运行所需要的参数、设置基本信息、初始设置及期初余额录入。本任务要求掌握应收款管理系统初始化的内容及操作方法。

【知识准备与业务操作】

一、参数设置

在运行应收款管理系统前,应通过"选项"设置所需要的账套参数,以便系统根据所设定的参数进行相应的处理。

(一)常规设置

1. 单据审核日期依据

系统提供两种确认单据审核日期的依据,即单据日期和业务日期。单据日期是当单据审核时,自动将单据日期(入账日期)记为单据的审核日期,系统默认单据日期。业务日期是当单据审核时,自动将单据的业务日期记为单据的审核日期。

2. 坏账处理方式

系统提供两种坏账处理方式,即备抵法和直接转销法。备抵法系统提供了应收余额百分比法、销售百分比法和账龄分析法。一般采用应收余额百分比法。

3. 代垫费用类型

根据初始设置中"单据类型设置",应收单的类型若分为多种,在此选择核算代垫费用单的单据类型,若应收单不分类,则无此选项。

4. 应收账款核算模型

系统提供两种应收账款核算模型,即简单核算和详细核算。若应收款管理系统只完成将销售管理系统传递来的发票生成凭证传递给总账,在总账中以凭证为依据进行往来业务查询,即为简单核算类型。若应收款管理系统可以对往来业务进行详细的核算、控制、查询、分析等,即为详细核算,一般用于销售业务及应收款核算与管理业务比较复杂的企业。

5. 自动计算现金折扣

为了鼓励客户在信用期间内提前付款而采用现金折扣政策,如果选择显示现金折扣,系统会在单据结算中显示"可享受折扣"和"本次折扣",并计算可享受的折扣。否则,系统既不计算,也不显示现金折扣。

(二)与制作凭证相关的设置

1. 受控科目制单方式

系统提供了明细到客户和明细到单据两种制单方式。明细到客户是将一个客户的多笔业务合并生成一张凭证时,如果核算这多笔业务的控制科目相同,系统自动将其合并成一条分录。使用这种方式可以在总账管理中根据客户来查询其详细信息。明细到单据是将一个客户的多笔业务合并生成一张凭证时,系统会将每笔业务形成一条分录。使用这种方式可以在总账管理中查看到每个客户的每笔业务的详细信息。

2. 非受控科目制单方式

系统提供明细到客户、明细到单据和汇总制单三种方式。汇总制单方式是指将多个客户的多笔业务合并生成一张凭证时,如果核算这多笔业务的非控制科目相同,系统自动将其合并成一条分录。这种方式的使用在总账管理中只能查看到该科目的一个总的发生额。

3. 控制科目依据

系统默认按客户设置是为每种客户设置不同的应收科目和预收科目。这种设置适合特殊客户的需要。

4. 销售科目依据

存货分类是根据存货属性对存货所划分的分类,根据存货分类设置不同的科目。

5. 月结前全部生成凭证

月末结账前,将检查截止到结账月是否有未制单的单据和业务处理,若有,则系统提示不能进行本次月结处理。

6. 核销生成凭证

如果不选择,不管核销双方单据的入账科目是否相同,均不需要对这些记录进行制单。

7. 预收冲应收生成凭证

系统默认该项,对于预收冲应收业务,当预收、应收科目不相同时,需要生成一张转账凭证。

(三) 权限与预警设置

是否启用客户权限和是否启用部门权限,只有在"数据权限控制"设置中选择了对客户和部门进行记录级数据权限控制时,此选项才能设置。

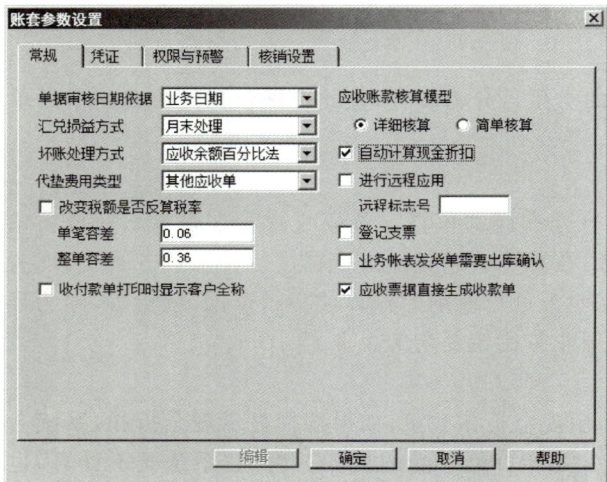

图 6 - 3　设置选项

【业务资料】

引入实验八固定资产管理账套备份文件。安徽阳光公司应收账款核算所需参数有:坏账处理方式为"应收余额百分比法",自动计算现金折扣,其余参数默认。

根据资料设置应收款管理核算控制参数。

【操作步骤】

(1) 以"001 学生本人"登录应收款管理系统,单击"设置",双击"选项",打开账套参数设置窗口。

(2) 单击"编辑"按钮,坏账处理方式选择"应收余额百分比法",选中"自动计算现金折扣",如图 6 - 3 所示。

小提示!

➤ 如果当年已计提坏账准备,则坏账处理方式不允许修改,只能在下一年度修改。

➤ 关于应收账款核算模型,在系统启用时或还没有进行任何业务处理的情况下,才允许从"简单核算"改为"详细核算",而从"详细核算"改为"简单核算"可以随时进行。

(3) 单击"确定"按钮保存。

二、基本信息设置

基本信息设置包括数据精度、编码方案、客户分类、客户档案、地区分类、存货分类、存货档案、部门档案、人员档案、外币及汇率、结算方式、付款条件、单据设计等设置。除单据设计外,其他信息的设置已经在"项目二 任务三基础档案设置"中设置。

利用"单据设计"功能可以对各系统主要单据的屏幕显示界面及打印页面的格式两种对象自行设计,以符合企业实际需要。在应收款管理系统中,可根据需要对普通发票、专用发票、各类应收单等单据格式进行设计。单据设计内容包括单据头栏目设计和单据体栏目的增加、删除和布局。对于各种单据,系统均设置了默认的格式及显示项目,若对默认的内容不满意,用户可按需要调整。

【业务资料】

安徽阳光公司在应收款管理系统开具销售发票,取消销售普通发票和专用发票中表头项目"销售类型"。

【操作步骤】

(1)以"001 学生本人"身份登录企业应用平台,单击"基础设置"栏,单击"单据设置",双击"单据格式设置",打开单据格式设置窗口。

(2)单击"销售管理"/"销售专用发票"/"显示",双击"销售专用发票显示模板",单击"表头按钮",打开表头窗口,取消"销售类型"选项,如图 6-4 所示。

(3)单击"确定"按钮,此时销售类型项目从表头项目消失,再单击"保存"按钮保存。

(4)同理设置销售普通发票。

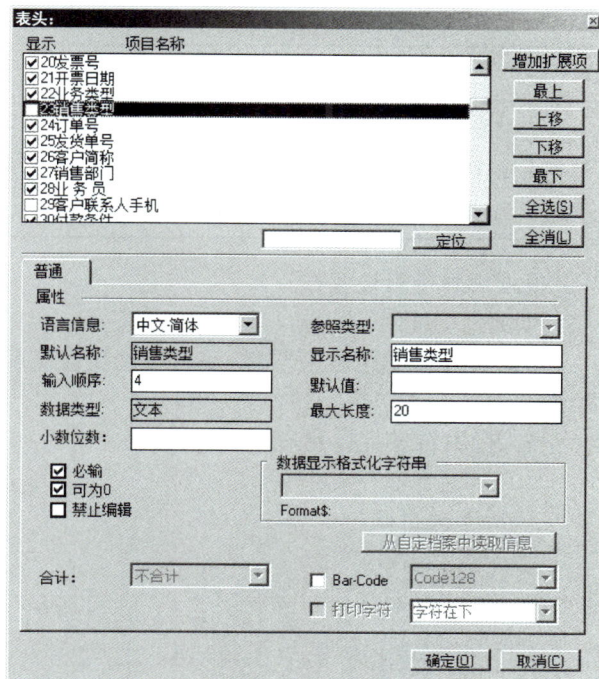

图 6-4 设置销售专用发票表头

小提示!

➤ 由于基础档案中没有增加销售类型档案资料,且又属于销售发票中显示项目(蓝色),为了应收款管理系统日常业务处理正常进行,需要取消销售类型表头项目。

三、初始设置

(一)设置科目

企业应收业务类型比较固定,生成的凭证类型也较固定,为了简化凭证生成操作,可在此处将各业务类型凭证中常用科目预先设置好。

【业务资料】

安徽阳光公司应收款凭证生成科目设置如表 6-1 所示。

表 6-1 会计科目设置

科 目 类 别	设 置 方 式
基本科目设置	应收科目 1122 预收科目 2203 销售收入科目 6001 应交增值税科目 22210102 汇兑损益科目 660302
控制科目设置	所有客户的控制科目: 应收科目 1122 预收科目 2203

续　表

科　目　类　别	设　置　方　式
结算方式科目设置	结算方式：现金；币种：人民币；科目 1001 结算方式：现金支票；币种：人民币；科目：100201 结算方式：转账支票；币种：人民币；科目：100201 结算方式：其他；币种：人民币；科目：100201

根据资料进行设置。

【操作步骤】

(1) 以"001 学生本人"身份登录应收款管理系统，单击"设置"，双击"初始设置"，打开初始设置窗口。

(2) 按资料进行设置，基本科目设置完成后如图 6-5 所示。

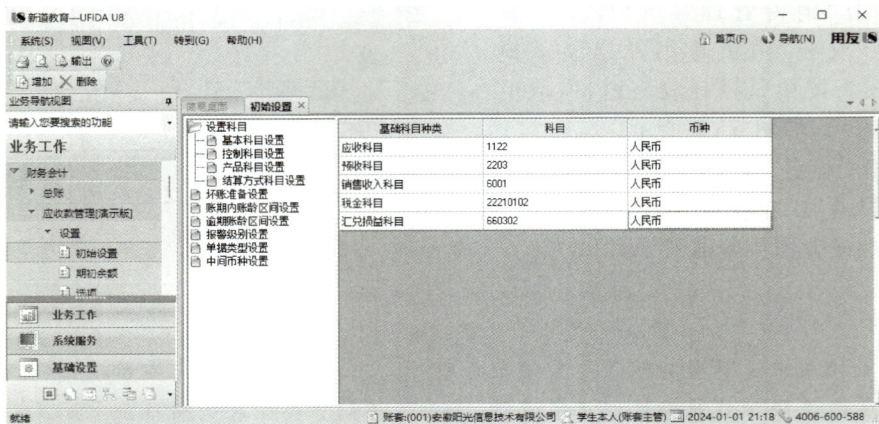

图 6-5　设置基本科目

小提示!

➤ 在基本科目设置的应收科目"1122 应收账款"、预收科目"2203 预收账款"及商业承兑科目、银行承兑科目"1121 应收票据"，应在会计科目中设置其辅助核算内容为"客户往来"并且其受控系统为"应收系统"，否则在此不能被选中。

➤ 应收科目是指输入最常用的核算本位币和外币赊销欠款的科目；预收科目是指输入最常用的核算本位币和外币预收款的科目；销售收入科目是指输入最常用的核算销售收入的科目；应交增值税科目是指核算销项税的科目；销售退回科目是指输入最常用的核算销售退回，可以和销售收入科目相同；银行承兑科目和商业承兑科目是指输入核算银行承兑汇票和商业承兑汇票的科目；现金折扣科目是指企业在销售过程中有现金折扣业务；票据利息科目是指输入核算应收票据利息的科目，同现金折扣的入账科目；票据费用科目是指输入核算应收票据费用的科目，如财务费用；汇兑损益是指客户往来有外币核算时，输入核算汇兑损益的科目；坏账入账科目是指在此输入坏账的入账科目。

➤ 只有在此设置了基本科目，在生成凭证时才能直接生成凭证中的会计科目，否则凭证中将没有这个科目，只能手工输入。

（3）控制科目设置完成后如图 6-6 所示。

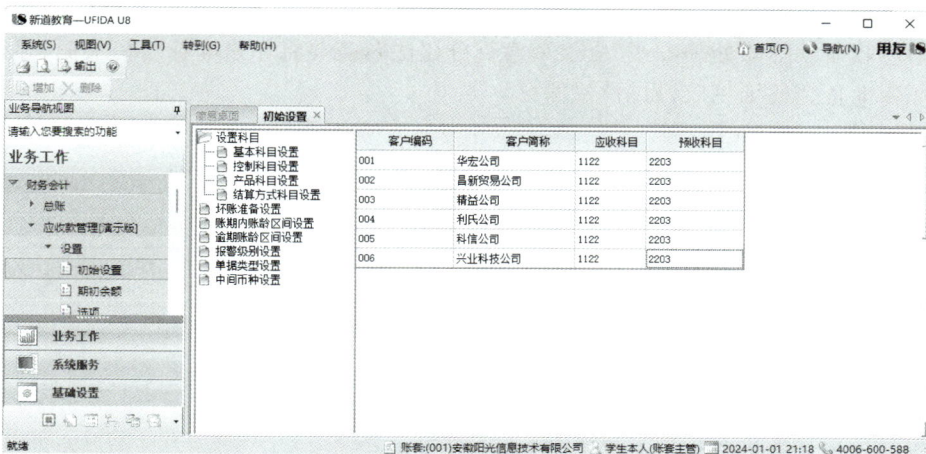

图 6-6　设置控制科目

小提示！
➤ 如果在核算客户的赊销欠款时，针对不同的客户分别设置不同的应收账款科目和预收账款科目，可以先在账套参数中选择设置的依据，并且应收、预收科目与基本科目设置中的应收科目、预收科目不同，则可在此进行设置。

（4）结算方式科目设置完成后如图 6-7 所示。

图 6-7　设置结算方式科目

小提示！
➤ 在收、付款时，只要告诉系统结算时使用的结算方式，就可以由系统自动生成该种结算方式所使用的会计科目。如果不设置，则在填制收款或付款凭证时可以手工输入会计科目。

(二) 坏账准备设置

应收款管理系统可以根据发生的应收业务情况,提供自动计提坏账准备金的功能。根据选项中设置的应收账款坏账处理方式"应收余额百分比法",需要将坏账准备期初余额、坏账准备计提比率及坏账准备金凭证生成科目设置保存。

【业务资料】

安徽阳光公司应收款管理坏账准备设置如表6-2所示。

表 6-2   坏账准备设置

控 制 参 数	参 数 设 置	控 制 参 数	参 数 设 置
提取比率	0.5%	坏账准备科目	1231
坏账准备期初余额	10 000 元	对方科目	6702

根据资料进行坏账准备设置。

【操作步骤】

(1) 以"001学生本人"身份登录应收款管理系统,单击"设置",双击"初始设置",打开初始设置窗口。

(2) 单击"坏账准备"栏,按资料输入提取比率"0.5",坏账准备期初余额"10 000",坏账准备科目"1231",对方科目"6702",如图6-8所示。

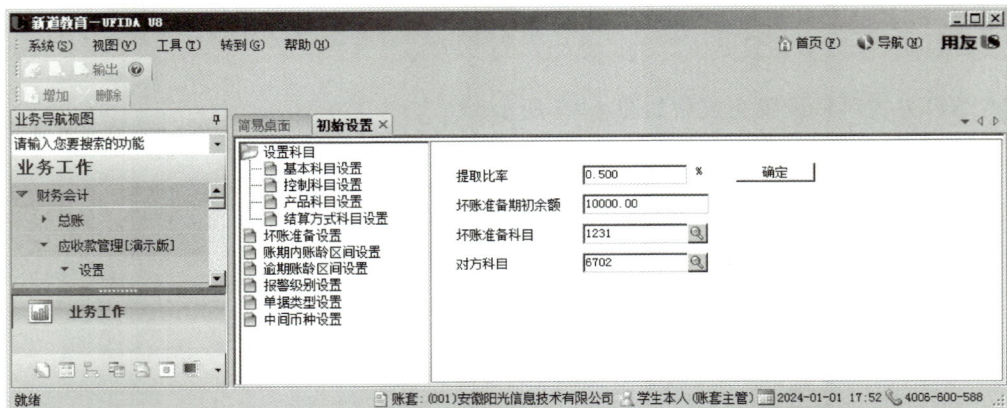

图 6-8   设置坏账准备

(3) 单击"确定"按钮保存。

> **小提示!**
> ➤ 若在应收账款"选项"中,未选中坏账处理方式为"应收余额百分比法",则在此处就不能录入应收余额百分比法所需要的初始设置,即此处的初始设置是与选项中所选择的坏账处理方式相对应的。
> ➤ 坏账准备期初余额应与总账管理系统中所录入的坏账准备的期初余额一致,但是系统没有坏账准备期初余额的自动对账功能,只能人工核对。 坏账准备期初余额如果在借方,则用"—"号表示。如果没有期初余额,也应将期初余额录入为"0",否则,系统将不予确认。

> 坏账准备期初余额被确认后,只要进行了坏账准备的日常业务处理就不允许再修改。下一个年度使用本系统时,可以修改提取比率、科目。

四、期初余额录入

初次使用本系统时,要将启用应收款管理系统时未处理完的所有客户的应收账款、预收账款、应收票据等数据录入到本系统,以便以后的核销处理。当进入第二个年度处理时,系统会自动将上个年度未处理完的单据转为下一个年度的期初余额。在下一个会计年度的第一个会计期间,可以进行期初余额的调整。

【业务资料】

2024 年 1 月 1 日,安徽阳光公司"应收账款"科目的期初余额为 242 600 元,均以"应收单"形式录入,资料如表 6-3 所示。

表 6-3　　　　　　　应收账款期初余额　　　　　　　金额单位:元

日　期	客　户	方　向	金　额	业务员
2023-12-10	昌新贸易公司	借	58 000	王　丽
2023-12-15	科信公司	借	85 000	孙　健
2023-12-25	华宏公司	借	99 600	王　丽

根据资料录入应收款管理系统期初余额。

【操作步骤】

(1) 以"001 学生本人"身份登录应收款管理系统,单击"设置",双击"期初余额",打开期初余额窗口。

(2) 单击"确定"按钮,打开期初余额明细表窗口。

(3) 单击"增加"按钮,打开单据类别窗口,选择单据名称"应收单",单击"确定"按钮,打开单据录入窗口。

(4) 单击"增加"按钮,输入单据日期"2023-12-10",选择客户"昌新贸易公司",输入金额"58 000",单击"保存"按钮如图 6-9 所示。

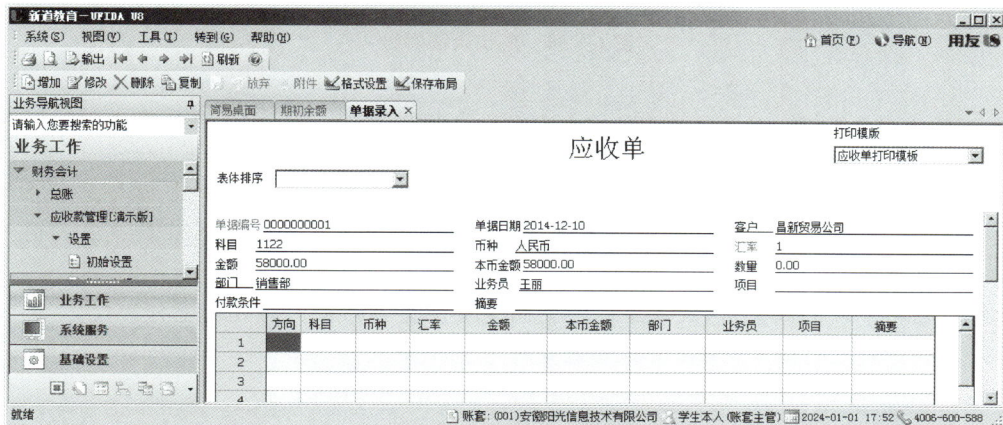

图 6-9　录入应收单

小提示！

- 在录入应收单时只需录入表头部分内容。
- 应收单中的会计科目必须录入正确，否则将无法与总账管理系统进行对账。
- 注意应收单和发票录入的方向是正向还是负向，如果是预收款和应收票据，则不用选择方向，系统默认预收款方向为贷，应收票据方向为借。
- 单据日期必须早于该账套启用时间（第一年使用）或者该年度会计期初时间（以后年度使用）。
- 如果在初始设置的基本科目设置中设置了承兑汇票的入账科目，则可以录入该科目下期初应收票据，否则不能录入期初应收票据。
- 单据中科目栏用于输入该笔业务的入账科目，可以为空，建议最好录入科目信息，这样不仅可以执行与总账的对账功能，还可查询正确的科目明细账和总账。

（5）同理录入剩余期初余额资料。

（6）退出单据录入窗口，返回期初余额明细表窗口，单击“刷新”按钮，再单击“对账”，结果如图 6－10 所示。

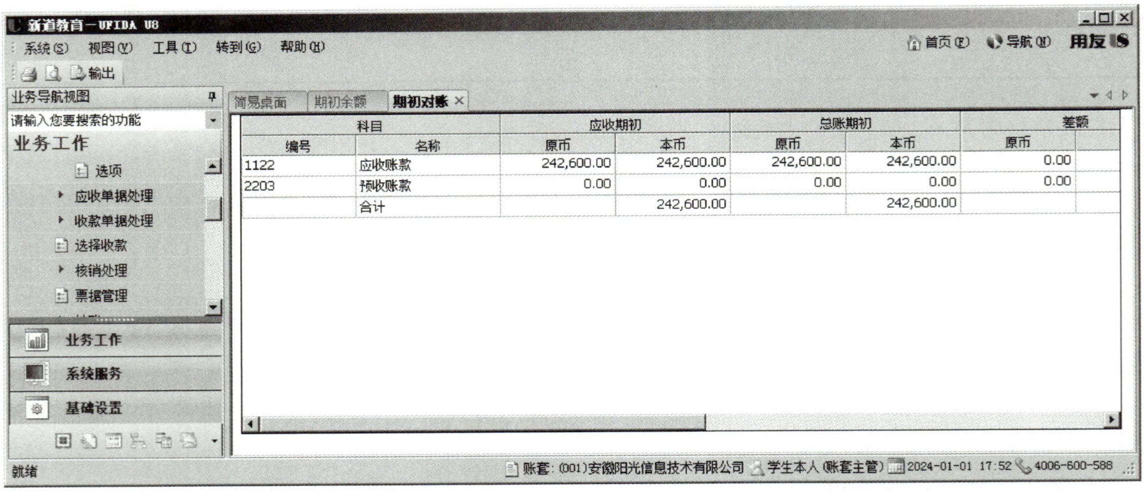
新道教育－UFIDA U8
系统(S) 视图(V) 工具(T) 转到(G) 帮助(H)
首页(F) 导航(N) 用友
输出
业务导航视图
请输入您要搜索的功能
业务工作
选项
应收单据处理
收款单据处理
选择收款
核销处理
票据管理
业务工作
系统服务
基础设置
简易桌面 期初余额 期初对账
科目 应收期初 总账期初 差额
编号 名称 原币 本币 原币 本币 原币
1122 应收账款 242,600.00 242,600.00 242,600.00 242,600.00 0.00
2203 预收账款 0.00 0.00 0.00 0.00 0.00
合计 242,600.00 242,600.00
就绪
账套:(001)安徽阳光信息技术有限公司 学生本人(账套主管) 2024-01-01 17:52 4006-600-588

图 6－10 期初余额对账

小提示！

- 完成全部应收款期初余额录入后，应通过“对账”功能将应收系统期初余额与总账系统期初余额进行核对。但是应收管理与总账管理对账，必须要在总账和应收款系统同时启用后才可以进行。
- 保存了期初余额的结果后，或在第二年使用需要调整期初余额时可以进行修改。
- 第一个会计期已结账后，期初余额只能查询不能再修改。
- 期初余额所录入的票据保存后系统自动审核。

任务三　应收款管理日常业务处理

【任务描述】

应收款管理日常业务处理包括应收单据处理、收款单据处理、票据管理、转账处理、坏账处理、制单处理等操作。本任务要求掌握应收款管理日常主要业务处理的内容及操作方法。

【知识准备与业务操作】

一、应收单据处理

销售发票与应收单据是应收账款日常核算的原始单据，单据处理是本系统处理的起点。在此，可以录入销售业务中的各类发票，以及销售业务之外的应收单。根据业务模型不同，单据处理类型也不同。如果同时使用应收款管理系统和销售管理系统，则销售发票和代垫费用单产生的单据由销售系统录入、审核，自动传递到应收款管理系统，在本系统可以对这些单据进行查询、核销、制单，在本系统需要录入的单据仅限于应收单。如果没有使用销售管理系统，则各类发票和应收单均应在应收款管理系统录入并审核。

应收款管理系统单据处理的操作流程如图 6-11 所示。

图 6-11　应收款管理系统单据处理流程

销售发票是指销售业务中的各类普通发票和专用发票。

应收单是销售业务之外的应收单单据（如代垫运费）等。

【业务资料 1】

2024 年 1 月 2 日，安徽阳光公司销售部售给华宏公司计算机 10 台，含税单价 6 500 元，开出销售普通发票，货已发出。

【操作步骤】

（1）以"003 马方"身份登录应收款管理系统，单击"应收单据处理"，双击"应收单据录入"，打开单据类别窗口。

（2）选择单据名称"销售发票"，单据类型"普通发票"，单击"确认"按钮，打开销售发票窗口。

（3）单击"增加"按钮，输入开票日期"2024-01-02"，客户简称"华宏公司"，存货名称"计算机"，数量"10"，含税单价"6 500"，如图 6-12 所示。

销售普通
发票处理

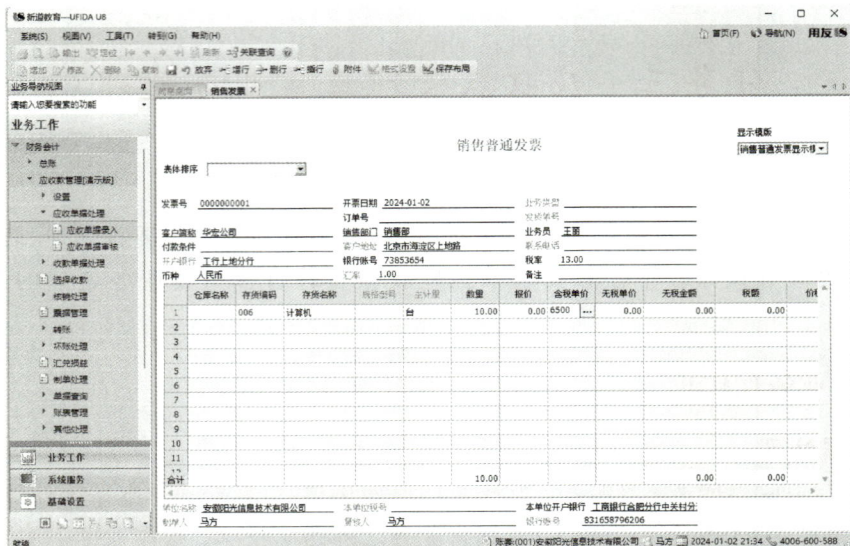

图 6 - 12　录入销售普通发票

（4）单击"保存"按钮，再单击"审核"按钮，系统弹出"是否立即制单?"提示信息。

小提示!

> 审核应收单据，则先到数据权限分配中，对"003 马方"进行"用户"授权，或者在数据权限控制设置中，取消"用户"控制记录限制，如图 6 - 13 所示。

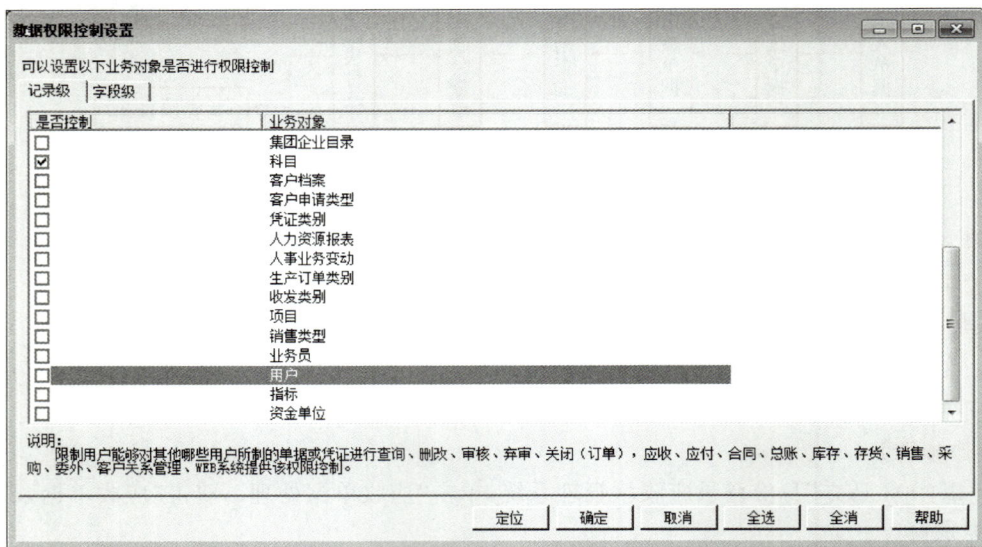

图 6 - 13　对"用户"数据权限控制设置

> 由于凭证为"序时控制"，前面若干实验内容已经生成很多凭证，且日期最晚也都到了"2024 - 01 - 31"。若要按照业务发生日期生成凭证，则要进入总账打开"选项"，取消"序时控制"选项，凭证才能成功保存。否则系统则会提示制单不序时，拒绝保存。

> ➢ 保存后但未审核的销售发票可以修改,其方法是在打开"销售专用/普通发票"窗口中,单击"放弃"按钮,进入"查询"状态,翻页找到需要修改的销售发票,直接修改,修改后单击"保存"按钮。

（5）单击"是"按钮,打开填制凭证窗口,选择凭证类别"转账凭证",制单日期"2024.01.02",单击"保存"按钮如图 6-14 所示。

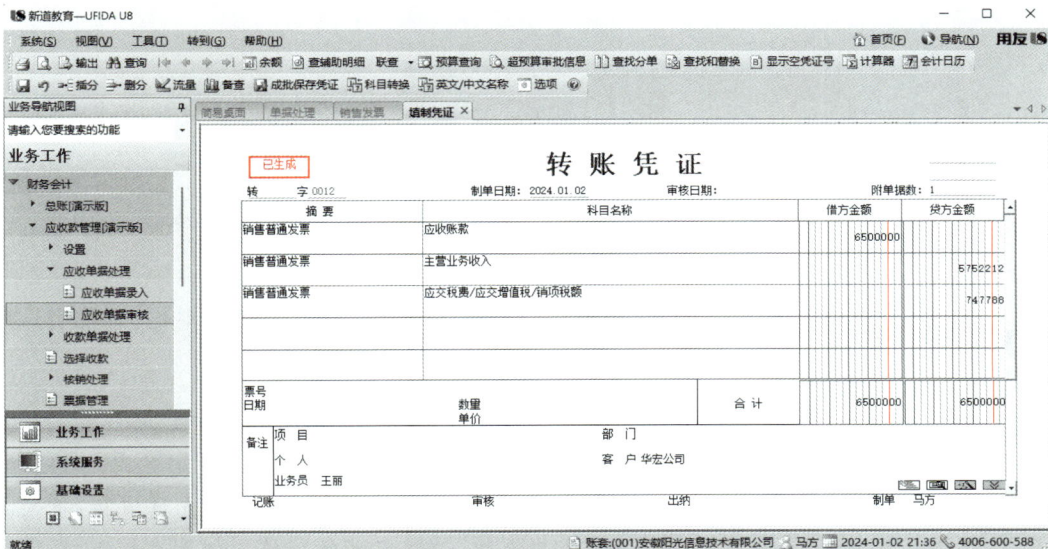

图 6-14　生成发票制单凭证

小提示!
> ➢ 在不启用供应链系统的情况下,在应收款管理中只能对销售业务的资金流进行会计核算,即可以进行应收款、已收款以及收入情况的核算,而其物流的核算,即存货出库成本的核算还需在总账系统中手工进行结转。
> ➢ 在录入销售发票后可以直接进行审核,审核后系统会提示"是否立即制单?",此时可以直接制单。如果录入销售发票不直接审核,可以在"应收单据审核"功能集中审核,再到"制单处理"中制单。

【业务资料 2】
2024 年 1 月 4 日,安徽阳光公司销售部出售给精益公司 23 英寸液晶屏 20 台,无税单价 2 500 元,开出销售专用发票,货已发出,同时开出现金支票（票号：XJ007）代垫运费 5 000 元。

【操作步骤】
（1）以"003 马方"身份登录应收款管理系统,增加一张销售专用发票,保存后如图 6-15 所示。
（2）审核销售专用发票,暂不制单。
（3）双击"应收单据录入",打开单据类别窗口,选择"应收单",如图 6-16 所示。

销售专用
发票处理

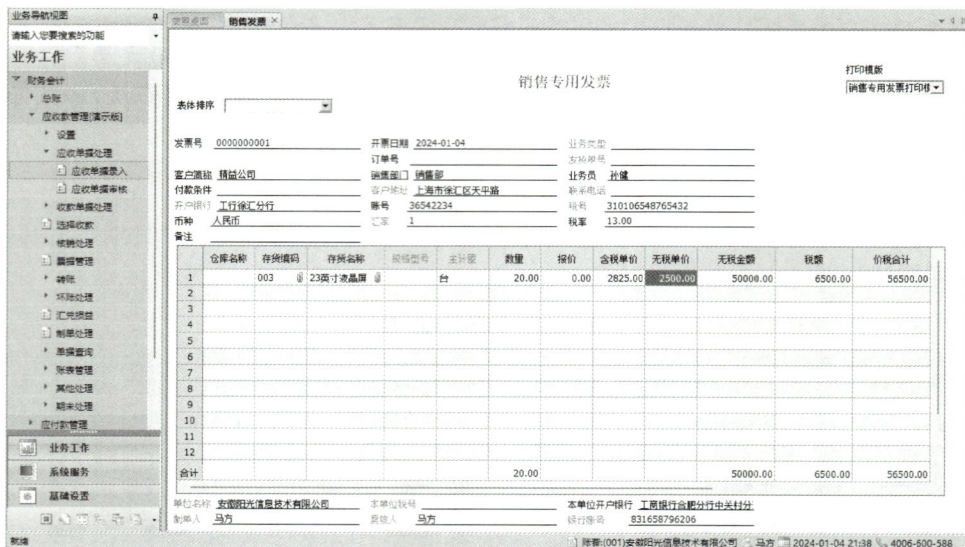

图 6-15 录入销售专用发票

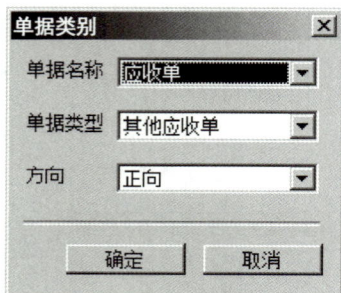

图 6-16 应收单

（4）单击"确定"按钮，打开应收单窗口，单击"增加"按钮，输入相关资料保存后如图 6-17 所示。

（5）审核应收单，暂不制单。

小提示！

➤ 应收单和销售发票一样，可以在保存后直接审核，也可以在"应收单据审核"功能中进行审核。如果直接审核，系统会提示是否立即制单，如果在"应收单据审核"功能中审核，只有到"制单处理"中制单。

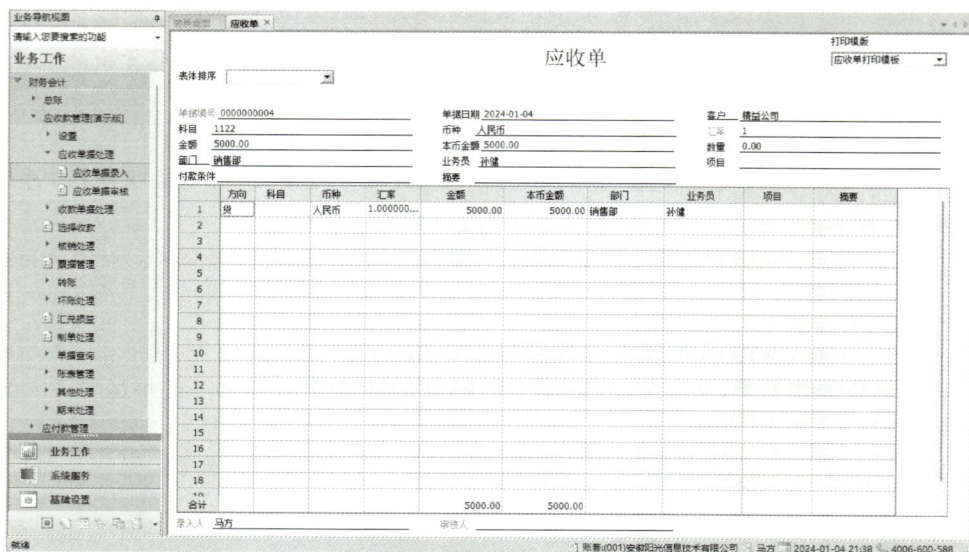

图 6-17 录入应收单

（6）单击"制单处理"，打开制单查询窗口，选择"发票制单"和"应收单制单"，如图 6 - 18 所示。

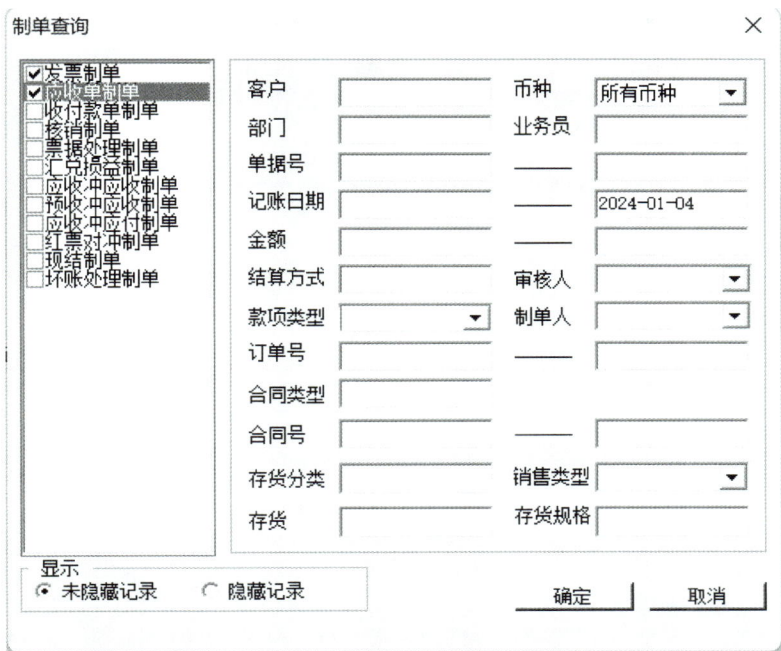

图 6 - 18 选择制单单据

（7）单击"确定"按钮，打开"应收制单"列表，如图 6 - 19 所示。

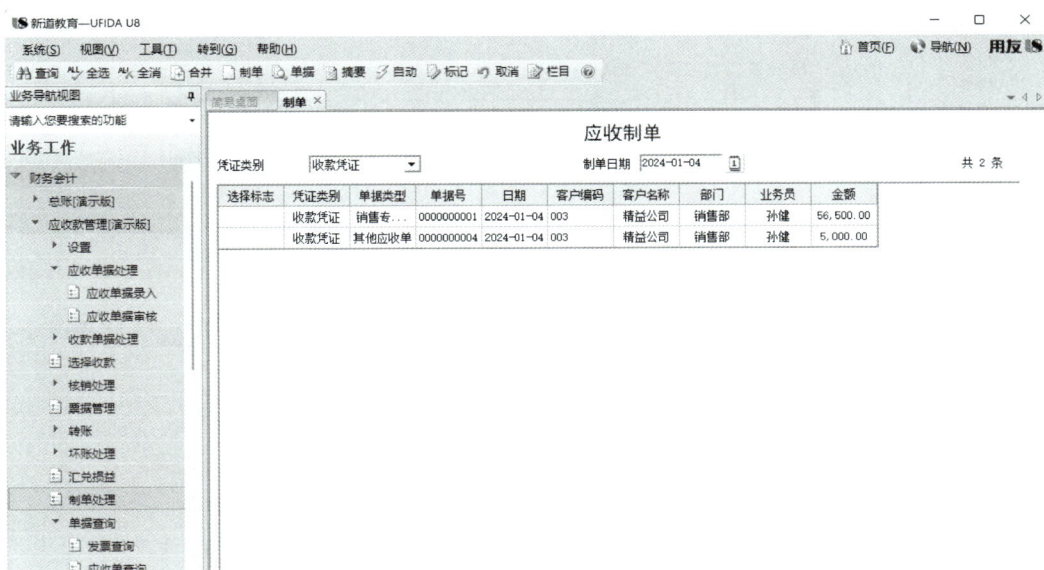

图 6 - 19 应收单制单列表

（8）单击"全选"按钮，再单击"制单"按钮，生成两张凭证保存后如图 6 - 20、图 6 - 21 所示。

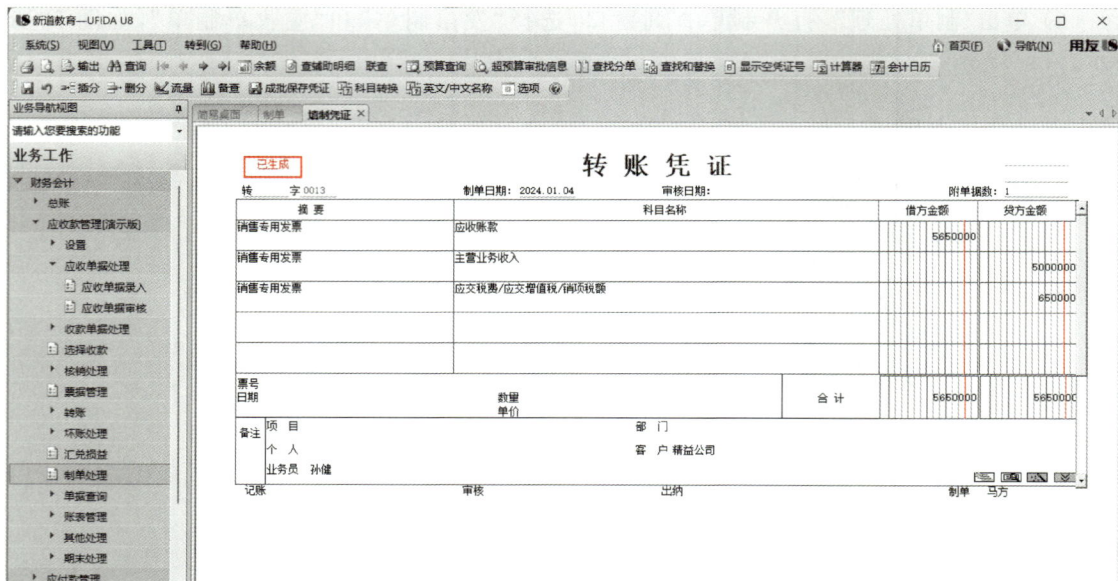

图 6-20　生成发票制单凭证

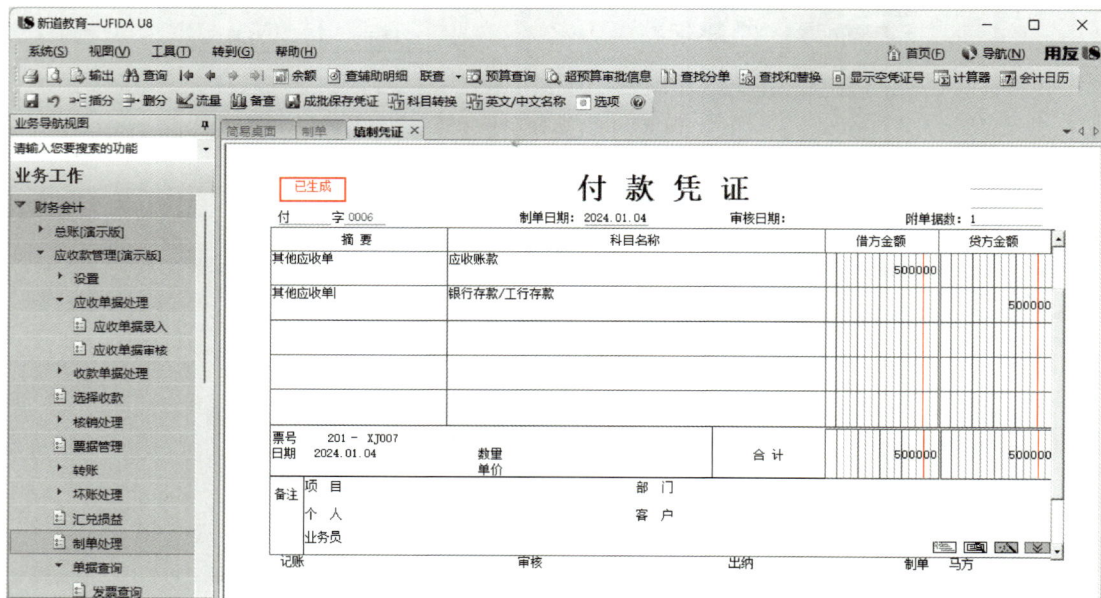

图 6-21　生成应收单凭证

小提示！

➤ 在应收单制单凭证窗口中，需要手工输入贷方科目"100201"，辅助项信息选择"现金支票"方式和票号"XJ007"。

➤ 如果在应收单列表中，在单击"制单"按钮前，单击"合并"按钮，则生成的两张凭证将会合并在一张凭证中，如图 6-22 所示。

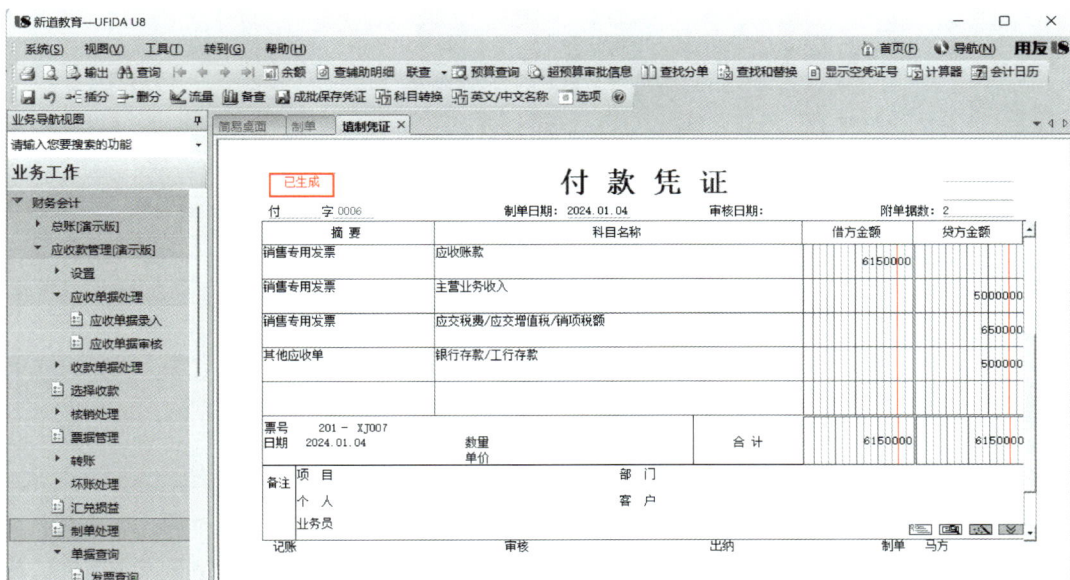

图 6 - 22　发票和应收单合并制单凭证

二、收款单据处理

收款单据处理主要是对结算单据(收款单、付款单即红字收款单)进行管理,包括收款单、付款单的录入与审核。

应收款管理的收款单是用来记录企业所收到的客户款项,款项性质包括应收款、预收款和其他费用等,其中应收款、预收款性质的收款单将与发票、应收单进行核销勾对。

【业务资料 1】

2024 年 1 月 5 日,安徽阳光公司收到华宏公司交来转账支票一张,金额 65 000 元,转账支票号 ZZ001,用以归还前欠货款。

【操作步骤】

(1) 以"003 马方"身份登录应收款管理系统,单击"收款单据处理",双击"收款单据录入",打开收付款单录入窗口。

(2) 单击"增加"按钮,输入日期"2024 - 01 - 05",客户"华宏公司",结算方式"转账支票",金额"65 000",票据号"ZZ001",单击"保存"按钮,如图 6 - 23 所示。

收款单据
(应收款)
处理

> 小提示!
> ➤ 在单击收款单的"保存"按钮后,系统会自动生成收款单表体的内容。
> ➤ 表体中的款项类型系统默认为"应收款",可以修改,款项类型还包括"预收款"和"其他费用"。
> ➤ 如果是退款给客户,则可以单击"切换"按钮,填制红字收款单。

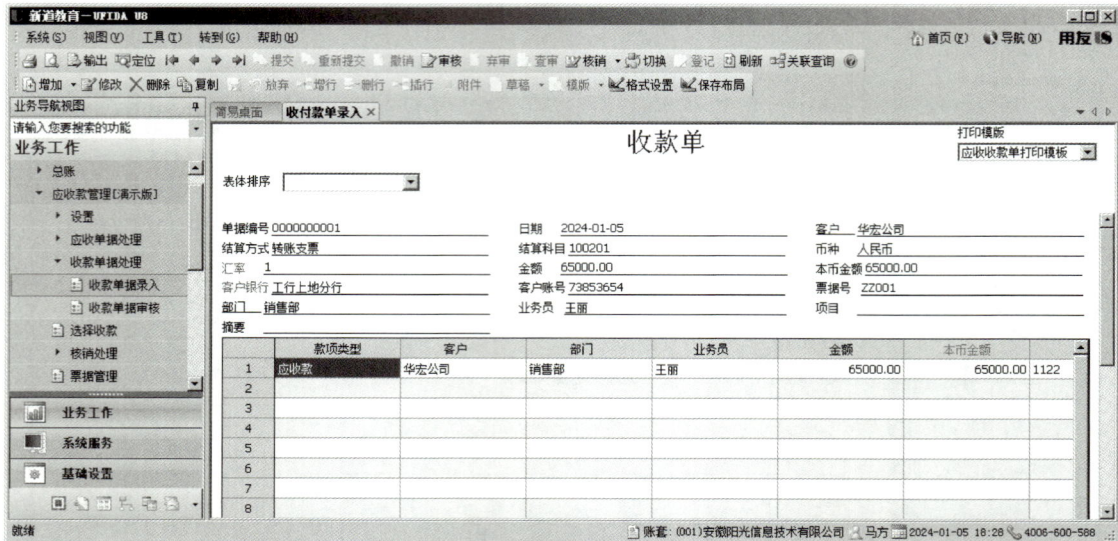

图 6-23　录入收款单

（3）单击"审核"按钮，系统提示"是否立即制单？"，单击"是"按钮，进入填制凭证窗口，修改制单日期为"2024.01.05"，单击"保存"按钮，如图 6-24 所示。

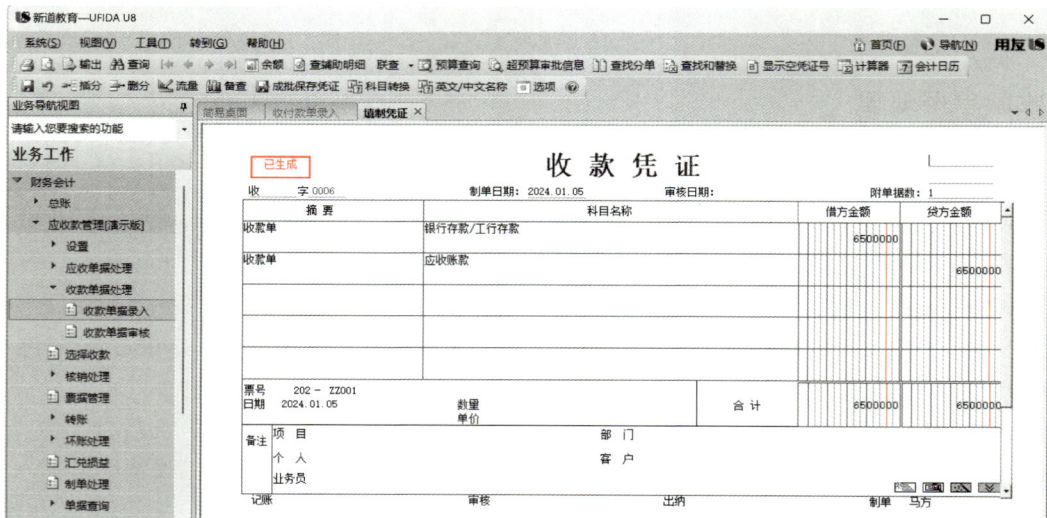

图 6-24　生成收款单凭证

【业务资料2】

2024 年 1 月 9 日，安徽阳光公司收到华宏公司交来转账支票一张，金额 10 000 元，支票号 ZZ003，作为预购酷睿双核处理器的订金。

收款单据（预收款）处理

【操作步骤】

（1）以"003 马方"身份登录应收款管理系统，单击"收款单据处理"，双击"收款单据录入"，打开收付款单录入窗口。

（2）输入收款单表头资料，表体中"款项类型"为"预收款"，再单击"保存"按钮。保存后如图 6-25 所示。

图 6 - 25　录入预收款单

（3）审核收款单，制单保存后如图 6 - 26 所示。

6

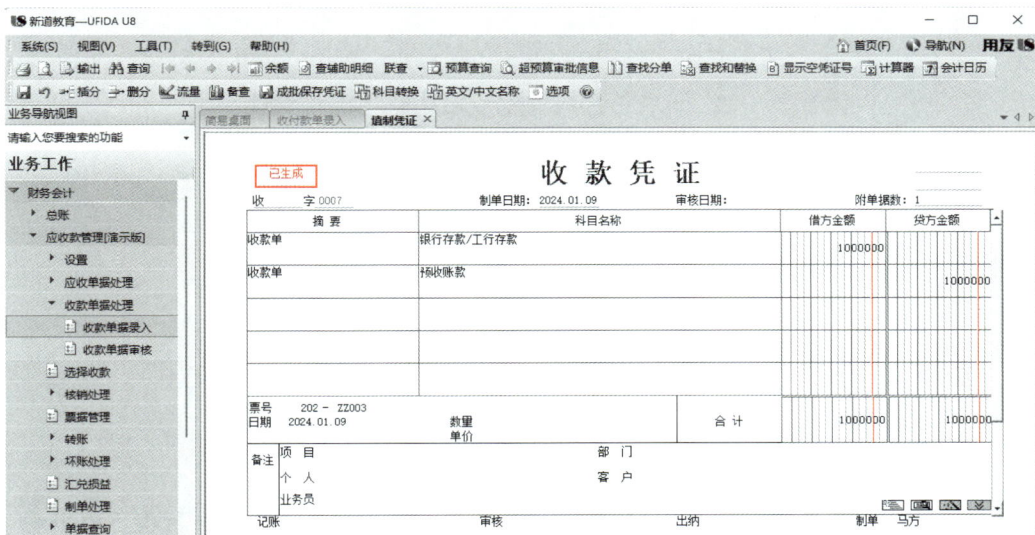

图 6 - 26　生成预收款凭证

小提示！

➢ 收款单保存后，表体中款项类型默认为"应收款"，需要手工修改为"预收款"，审核后制单生成的凭证中，贷方科目才是"预收账款"。

三、核销处理

核销处理是将已收款与应收款进行核销，建立收款与应收款的核销记录，以加强往来款项管理。

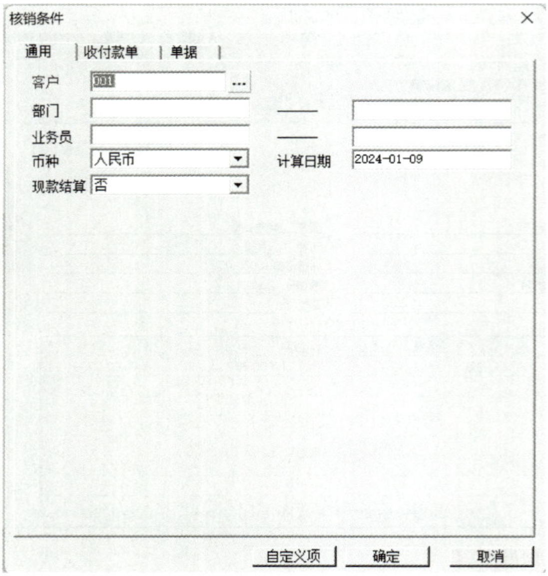

图 6-27　选择核销客户

核销处理可以在收款单录入后，直接单击"核销"按钮进行核销处理，也可通过"核销处理"功能进行处理，包括手工核销和自动核销两种方式。

【业务资料】

安徽阳光公司对华宏公司 65 000 元应收账款进行手工核销处理。

【操作步骤】

（1）以"003 马方"身份登录应收款管理系统，单击"核销处理"，双击"手工核销"，打开核销条件窗口。

（2）选择客户"华宏公司"，单击"确定"按钮，如图 6-27 所示。

（3）在销售发票 65 000 元所在行的"本次结算"栏目手工输入"65 000"，如图 6-28 所示。

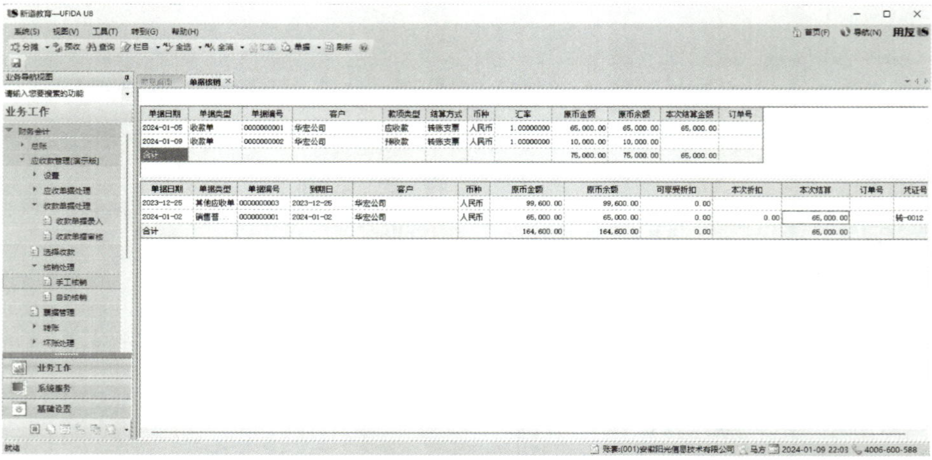

图 6-28　手工输入核销金额

（4）单击"保存"按钮，核销 65 000 元对应的收款单和销售普通发票所在行将不再出现。

小提示！

➤ 系统在"其他处理"/"取消操作"功能中提供了"取消核销"功能，可以恢复核销前状态，如图 6-29 所示，用以修改核销误操作。

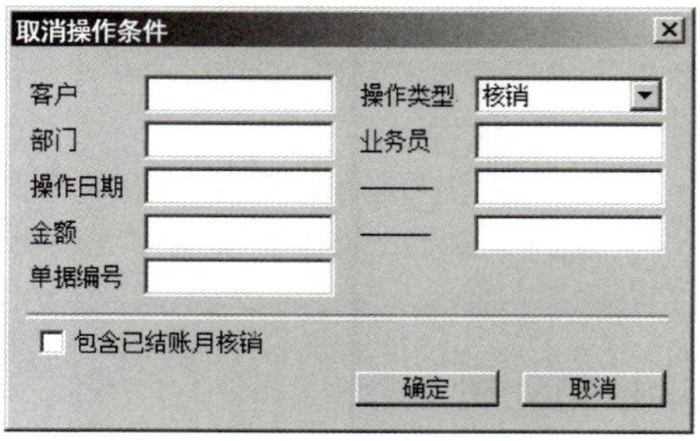

图 6-29　取消核销

四、转账处理

在日常业务处理中,经常会发生以下几种转账处理情况:某客户有预收款时,可用该客户的一笔预收款冲一笔应收款;若某客户既是供应商又是客户,则可能发生应收款冲应付款;当发生退货时,用红字发票对冲蓝字发票;当一个客户为另一个客户代付款时,发生应收款冲应收款的情况。

应收款管理系统中的转账处理包括应收冲应收、预收冲应收、应收冲应付和红票对冲业务。其操作基本类似,在此主要以应收冲应收和预收冲应收操作为例。

【业务资料1】

2024年1月10日,安徽阳光公司将精益公司购买23英寸液晶屏的应收款56 500元转给昌新贸易公司。

应收冲应收转账处理

【操作步骤】

(1)以"003 马方"身份登录应收款管理系统,单击"转账",双击"应收冲应收",打开应收冲应收窗口。

(2)选择转出户"精益公司",转入户"昌新贸易公司",如图6-30所示。

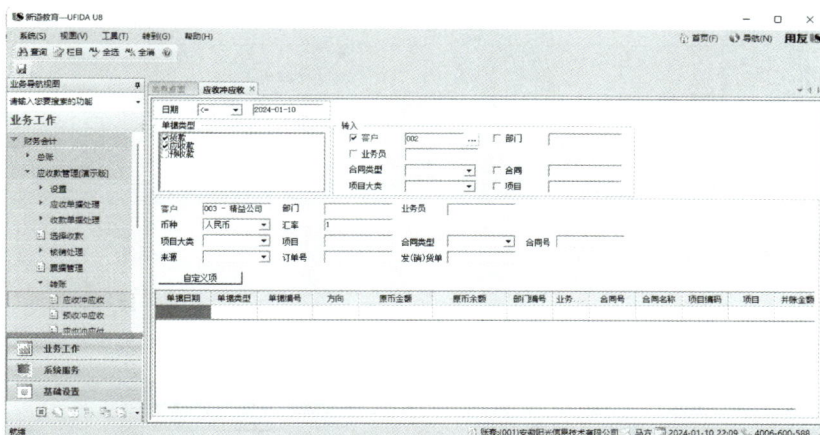

图6-30　设置应收冲应收转入和转出户

(3)单击"查询"按钮,在第1行"并账金额"中输入"56 500",如图6-31所示,系统自动进行转出和转入处理。

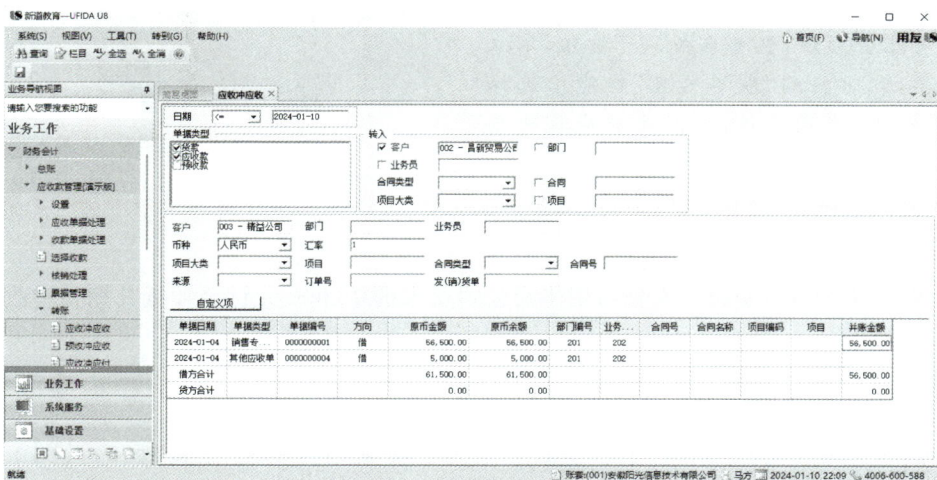

图6-31　输入并账金额

（4）单击"保存"按钮，系统提示"是否立即制单？"，单击"是"按钮，进入填制凭证窗口，选择凭证类别"转账凭证"，制单日期"2024.01.10"，单击"保存"后如图 6－32 所示。

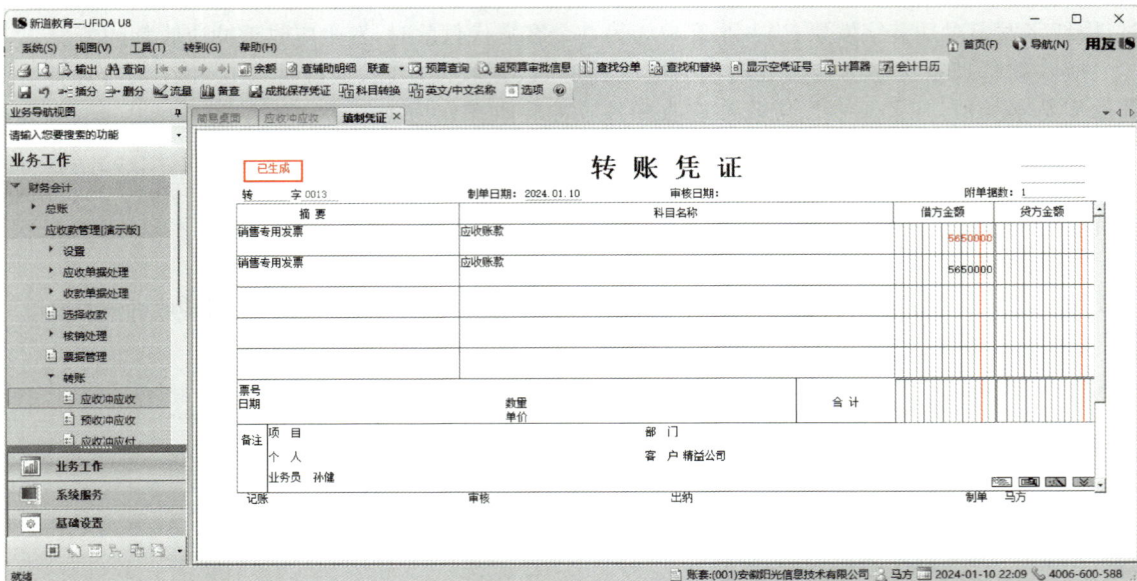

图 6－32　生成应收冲应收转账凭证

小提示！

➤ 每一笔应收款的并账金额不能大于其余额。

➤ 系统提供了"取消操作"/"取消应收冲应收"功能，可以恢复应收冲应收之前的状态操作，如图 6－33 所示。前提是应收冲应收转账并没有制单。若制单，则必须先删除并单制单凭证，才能执行取消应收冲应收操作。

➤ 确定并账金额后，也可单击"否"按钮，不立即制单，此时要到"制单处理"功能中选择"并账制单"查询条件，才能生成应收冲应收凭证。

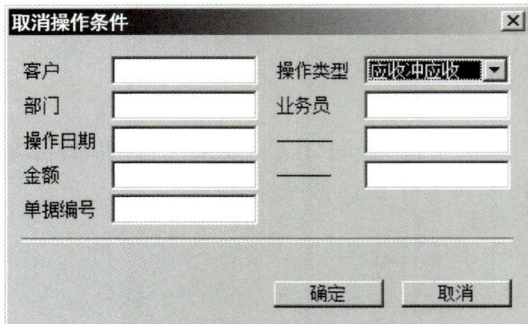

图 6－33　取消应收冲应收

【业务资料 2】

2024 年 1 月 11 日，安徽阳光公司用华宏公司交来的 10 000 元订金冲抵其期初应收款项。

【操作步骤】

（1）以"003 马方"身份登录应收款管理系统，单击"转账"，双击"预收冲应收"，打开预收冲应收窗口。

（2）在"客户"栏选择"华宏公司"，单击"过滤"按钮，在"转账金额"栏输入"10 000"，如图 6－34 所示。

预收冲应收转账处理

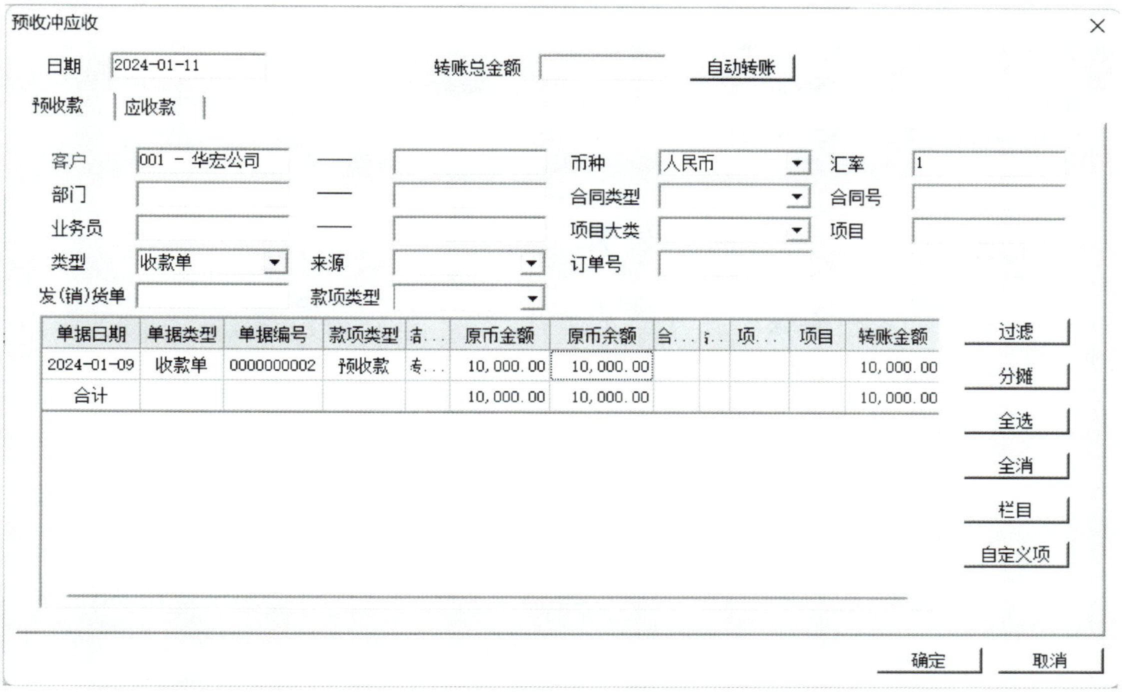

图 6 - 34　设置客户及转账金额

（3）单击"应收款"选项卡，单击"过滤"按钮，在"转账金额"栏输入"10 000"，如图 6 - 35 所示。

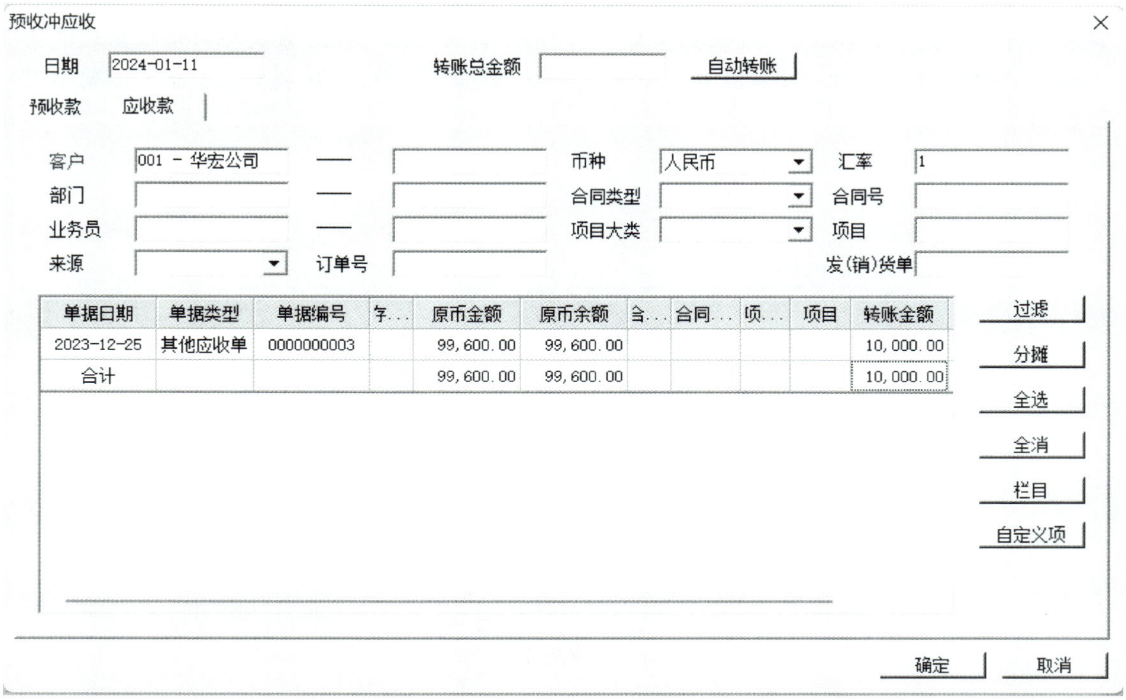

图 6 - 35　录入转账金额

（4）单击"确定"按钮，系统提示"是否立即制单？"，单击"是"按钮，打开填制凭证窗口，修改凭证类别为"转账凭证"，保存后如图 6-36 所示。

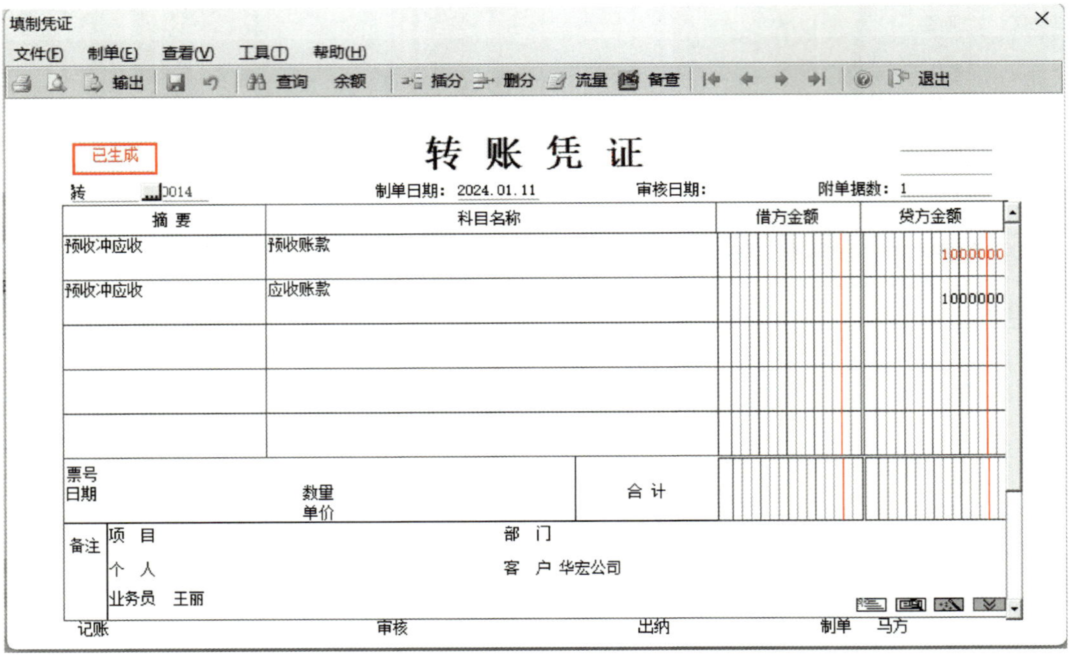

图 6-36 生成预收冲应收凭证

小提示！
➤ 预收冲应收还可以在输入"转账总金额"后，单击"自动转账"按钮，系统会自动根据过滤条件进行预收冲应收工作，如图 6-37 所示。单击"是"按钮，系统提示"是否立即制单？"信息。

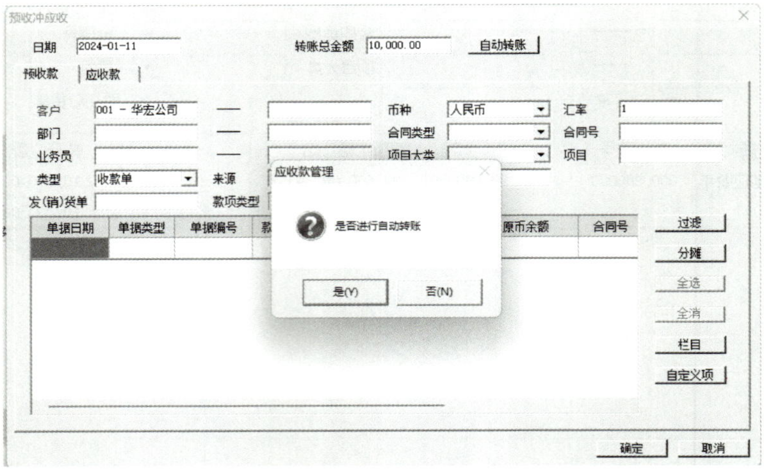

图 6-37 预收冲应收自动转账

> 系统提供了"取消操作"/"取消预收冲应收"功能,可以恢复预收冲应收之前的状态。前提是预收冲应收转账并没有制单。若已制单,则必须先删除并单制单凭证,才能执行取消预收冲应收操作。

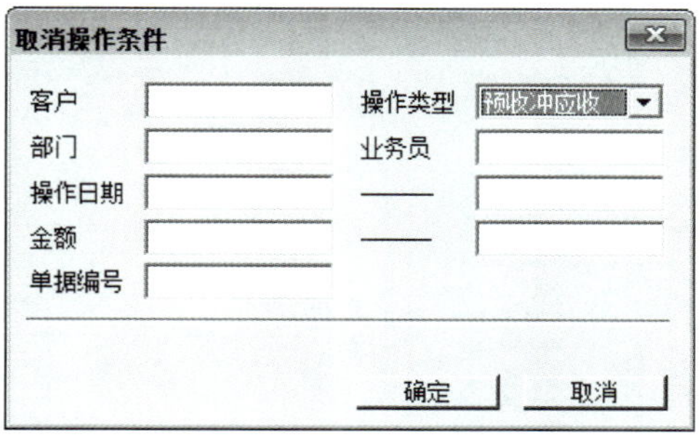

图 6-38　取消预收冲应收操作

五、坏账处理

坏账是由某种原因造成的货款不能回收的信用风险。坏账处理包括计提坏账准备、坏账发生、坏账回收和坏账查询等操作。在此主要以坏账发生和计提坏账准备操作为例。

【业务资料 1】

2024 年 1 月 17 日,安徽阳光公司确认本月 4 日为精益公司代垫运费 5 000 元,作为坏账处理。

【操作步骤】

(1) 以"003 马方"身份登录应收款管理系统,单击"坏账处理",双击"坏账发生",打开坏账发生窗口。

(2) 修改日期"2024-01-17",选择客户"精益公司",如图 6-39 所示。

(3) 单击"确定"按钮,打开发生坏账损失窗口。在"本次发生坏账金额"栏中输入"5 000",如图 6-40 所示。

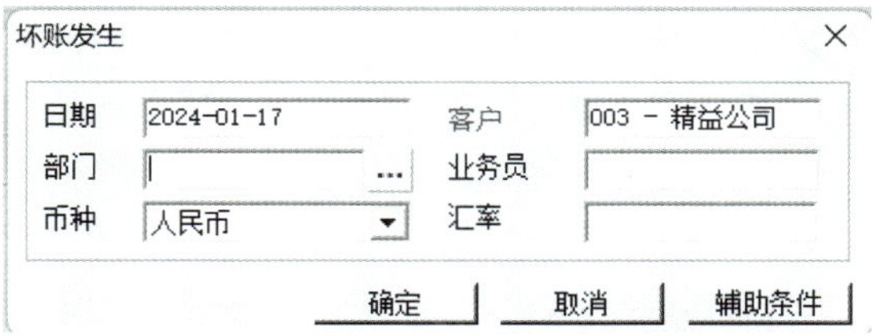

图 6-39　设置坏账发生客户信息

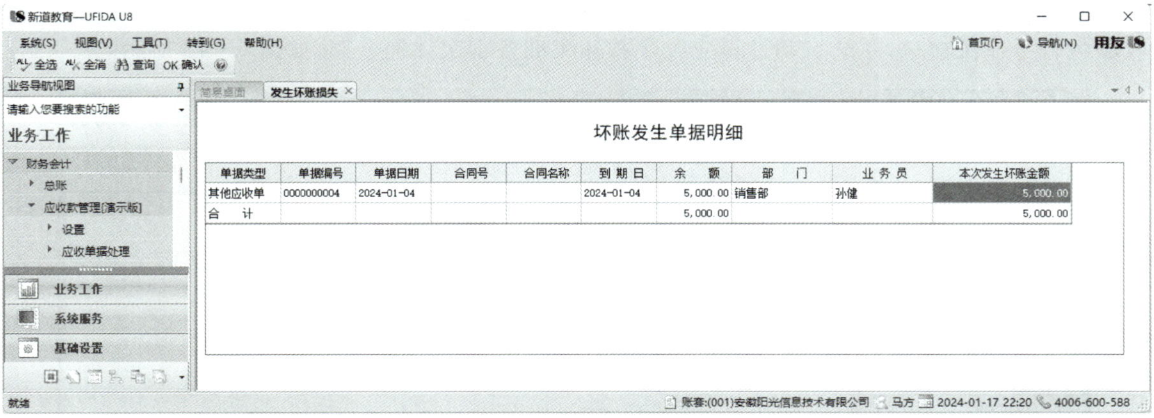

图 6-40　坏账发生单据明细

(4) 单击"OK 确认"按钮,系统提示"是否立即制单?",单击"是"按钮,打开填制凭证窗口,选择凭证类别"转账凭证",制单日期"2024.01.17",单击"保存"按钮后如图 6-41 所示。

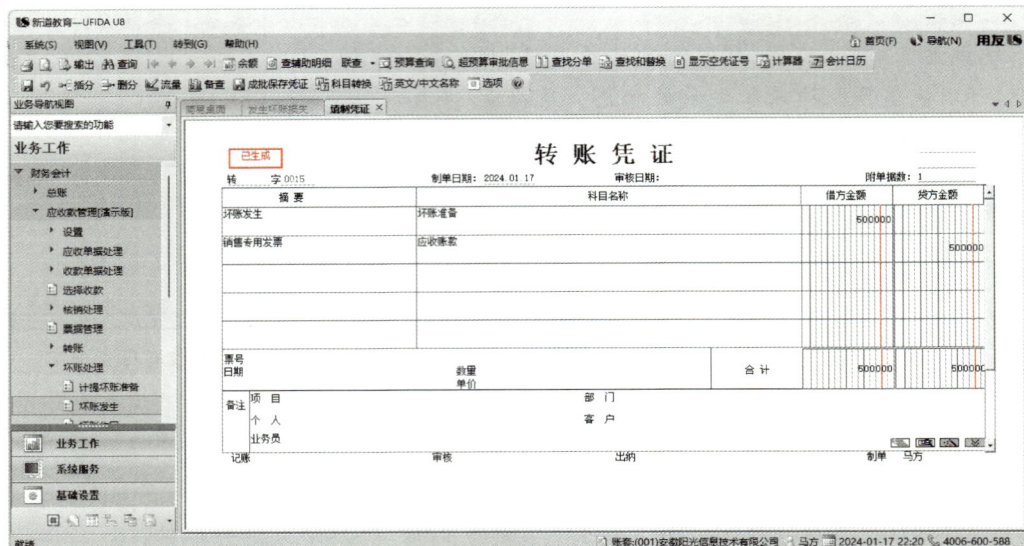

图 6-41 生成发生坏账凭证

小提示！
- 本次发生坏账金额只能小于或等于单据金额。
- 系统提供了"取消操作"/"取消坏账处理"功能，可以取消坏账发生操作。
- 不立即制单，需要在"制单处理"中选择"坏账处理制单"查询条件，进行发生坏账凭证生成操作。

【业务资料 2】

2024 年 1 月 31 日，安徽阳光公司计提坏账准备。

【操作步骤】

(1) 以"003 马方"身份登录应收款管理系统，单击"坏账处理"，双击"计提坏账准备"，打开应收账款**百分比**法窗口，系统自动计算应收账款坏账准备本次计提金额，如图 6-42 所示。

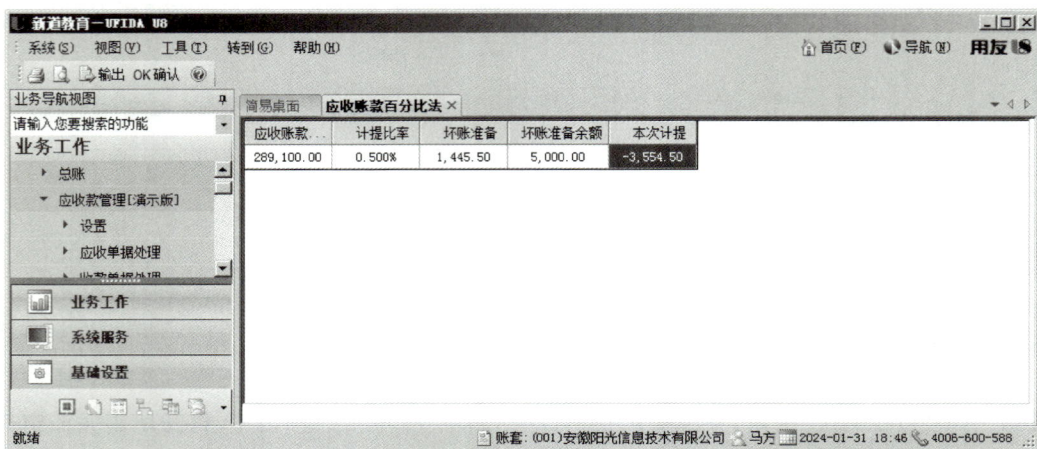

图 6-42 计提坏账准备

（2）单击"OK确认"按钮，系统提示"是否立即制单？"，单击"是"按钮，打开填制凭证窗口，选择凭证类别"转账凭证"，单击"保存"如图6-43所示。

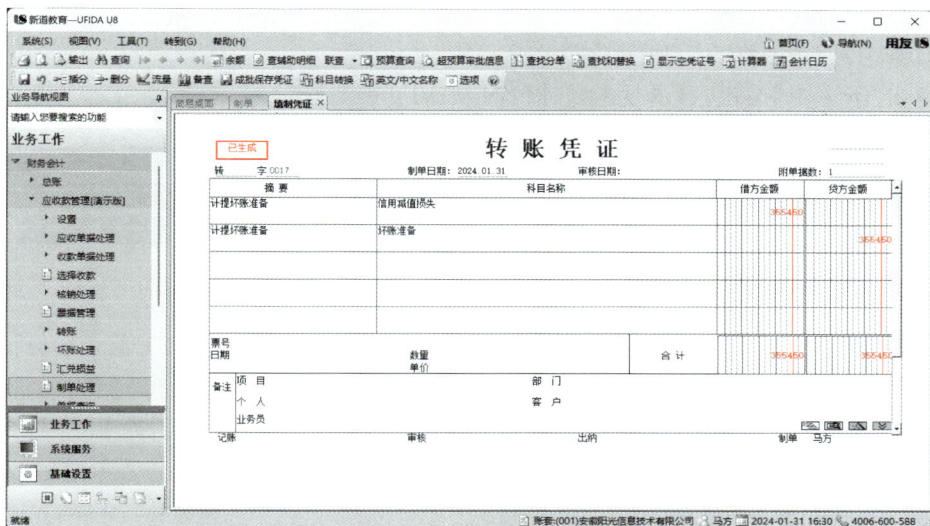

图6-43　计提坏账准备凭证

小提示！
➤ 系统自动按照应收账款余额百分比法计算本期应计提坏账准备金额。
➤ 系统提供了"取消操作"/"取消坏账处理"功能，可以取消计提坏账准备操作。
➤ 不立即制单，需要在"制单处理"中选择"坏账处理制单"查询条件，进行计提坏账准备凭证生成操作。
➤ 应收款管理系统生成的凭证，还要更换操作员进入总账管理系统进行出纳签字、审核和记账操作。

任务四　应收款管理期末处理

【任务描述】

在完成应收款管理日常业务处理后，须进行期末处理，即月末结账。本任务要求掌握应收款管理月末结账的操作方法。

【知识准备与业务操作】

一、月末结账

如果当月应收款业务已经全部处理完毕，应执行月末结账功能。月末结账是在系统引导方式下进行的。在进行月末处理时，一次只能选择一个月进行结账，前一个月如果没有结账，则本月不能结账；结算单还有未核销的，不能结账；单据在结账前应该全部审核。

【业务资料】

2024年1月31日，安徽阳光公司执行应收款管理系统月末结账。

应收款管理月末结账

【操作步骤】

（1）以"003 马方"身份登录应收款管理系统，单击"期末处理"，双击"月末结账"，打开月末处理窗口。

（2）双击一月"结账标志"，如图 6-44 所示。

（3）单击"下一步"按钮，显示月末处理情况，如图 6-45 所示。

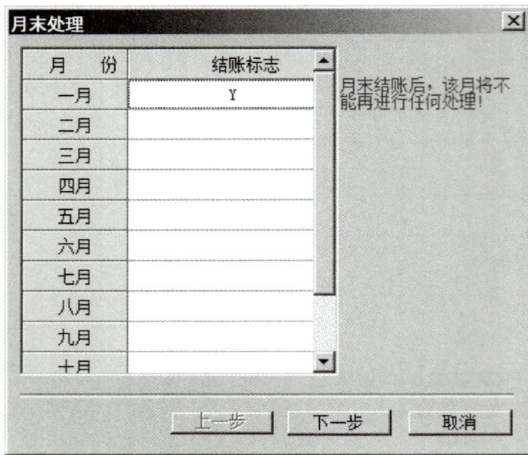

图 6-44 月末处理

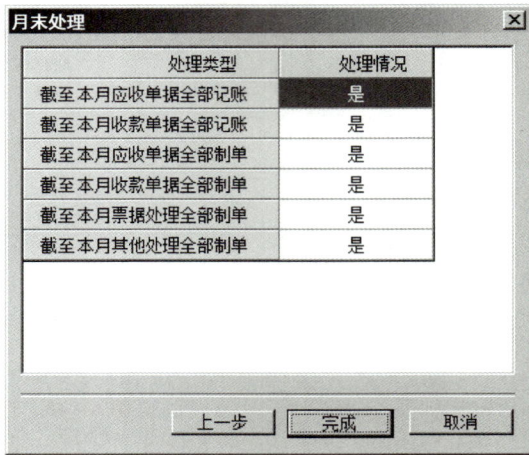

图 6-45 月末处理情况

（4）单击"完成"按钮，系统提示"1 月份结账成功！"信息。

（5）单击"确定"按钮返回。

小提示！

➤ 只有当月结账后，才能执行下月的工作。

➤ 月结后，该月将不能进行任何处理。

➤ 将月结后的应收款管理账套数据备份到"D：/001 账套备份/财务管理/实验九应收款管理"文件夹。

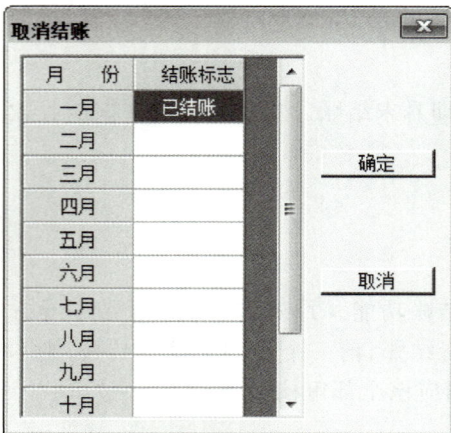

图 6-46 取消结账

应收款管理取消月末结账

二、取消月结

在执行月末结账后，发现该月还需处理有关业务，或该月有关业务处理有误，需要修改，则可以对应收款管理系统取消结账。

【业务资料】

2024 年 1 月 31 日，安徽阳光公司取消月结操作。

【操作步骤】

（1）以"003 马方"身份登录应收款管理系统，单击"期末处理"，双击"取消月结"，打开取消结账窗口，如图 6-46 所示。

（2）单击"确定"按钮，系统提示"取消结账成功！"。

项 目 小 结

"项目六 应收款管理"内容结构如图 6 - 47 所示。

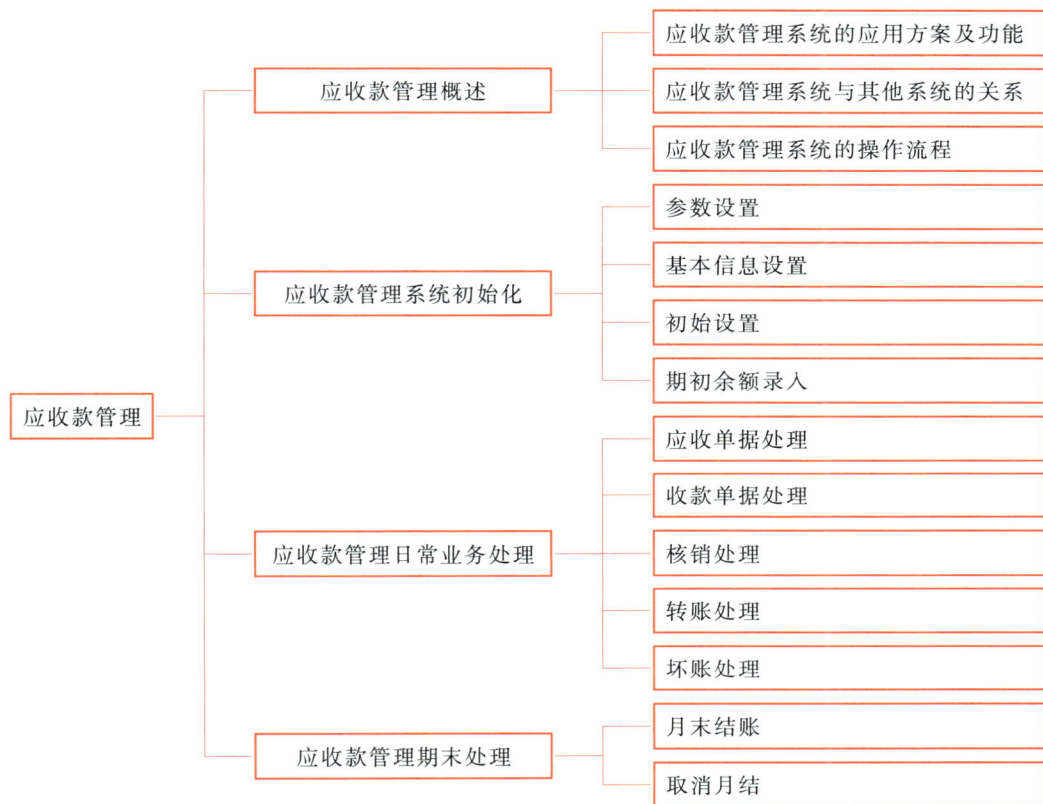

图 6 - 47　"项目六 应收款管理"内容结构图

中国现代
会计之父

项目七　应付款管理

◇ **职业能力目标**

　　了解应付款管理系统的应用方案及功能,应付款管理系统与其他系统的关系,掌握应付款管理系统的操作流程;了解应付款管理系统初始化、日常业务处理及期末处理的各项内容;掌握应付款管理系统初始化操作方法,日常业务处理包括单据处理、票据处理、制单处理和转账处理的操作方法,以及期末处理的操作方法。

◇ **典型工作任务**

　　应付款管理认知;应付款管理系统初始化;应付款管理日常业务处理;应付款管理期末处理。

任务一　应付款管理认知

【任务描述】

　　应付款管理系统主要用于核算和管理供应商往来款项,记录采购业务及其他业务所形成的往来款项,处理应付款支付、转账等情况,也提供票据处理功能。本任务要求了解应付款管理系统的功能、应付款管理系统与其他系统的关系,掌握应付款管理系统的操作流程。

【知识准备与业务操作】

一、应付款管理系统的功能

　　应收与应付是企业经营活动的两个方面,应付款管理主要用于核算和管理供应商往来款项,系统根据对供应商往来款项核算和管理程度的不同,提供两种方案。

(一)在应付款管理系统核算供应商往来款项

　　如果采购业务及应付核算与管理业务比较复杂,需要追踪每一笔业务的欠款和支付等情况,或者需要将应付款核算到产品一级,则可以选择这个方案。在这个方案下,所有的供应商往来凭证全部由应付款管理系统生成,其他系统不再生成这类凭证。其功能有以下几个方面。

　　(1)根据输入的单据记录应付款项的形成,包括由于商品交易和非商品交易所形成的所有应付项目。

　　(2)处理应付项目的付款及转账情况。

　　(3)对应付票据的记录和管理。

（4）在应付项目的处理中生成凭证，并向总账管理系统进行传递。

（5）对外币业务及汇兑损益进行处理。

（6）根据所提供的条件，提供各种查询及分析。

（二）在总账管理系统中核算供应商往来款项

如果采购业务及应付款业务并不十分复杂，或者现购业务很多，则可以选择总账管理系统中通过辅助核算完成供应商往来核算。这一方案着重于对供应商的往来款项进行查询和分析，其主要功能包括以下两个方面。

（1）若同时使用采购管理系统，可接收采购管理系统的发票，并对其进行制单处理，并为制单而预先设置科目。

（2）供应商往来业务在总账管理系统中生成凭证后，可以在此进行查询。

具体选择哪种方案，可以在总账管理系统通过账簿选项方式设置。因此，在使用应付款管理系统的情况下，应先启用总账管理系统，才能启用应付款管理系统。

二、应付款管理系统与其他系统的关系

不同的应用方案，其系统功能、操作流程均不同。以第一种应用方案为例，应付款管理系统与其他系统的关系如图 7-1 所示。

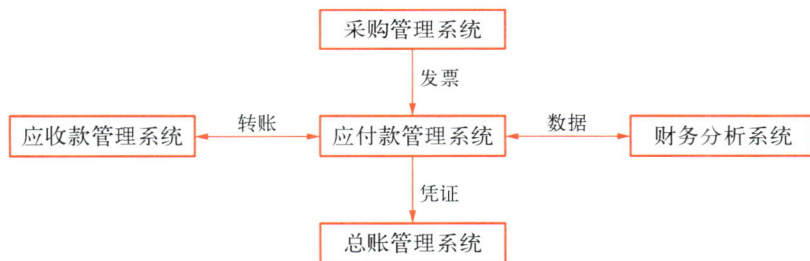

图 7-1　应付款管理系统与其他系统的关系

（一）应付款管理系统与企业应用平台的关系

应付款管理系统与企业门户共享基础数据，即应付款管理系统需要的基础数据既可以在企业门户中统一设置，也可在应付款管理系统中自行录入，最终由各模块共享使用。

（二）应付款管理系统与采购管理系统的关系

应付款管理系统接收采购管理系统提供的各种发票，在此生成凭证，并对发票进行付款结算处理。

（三）应付款管理系统与总账管理系统的关系

应付款管理系统向总账管理系统传递凭证，并能够查询其所生成的凭证。

（四）应付款管理系统与应收款管理系统的关系

应付款管理系统与应收款管理系统之间可以进行转账处理。

（五）应付款管理系统与财务分析系统的关系

应付款管理系统向财务分析系统提供各种分析所用的数据。

三、应付款管理系统的操作流程

应付款管理系统的操作流程如图 7-2 所示。

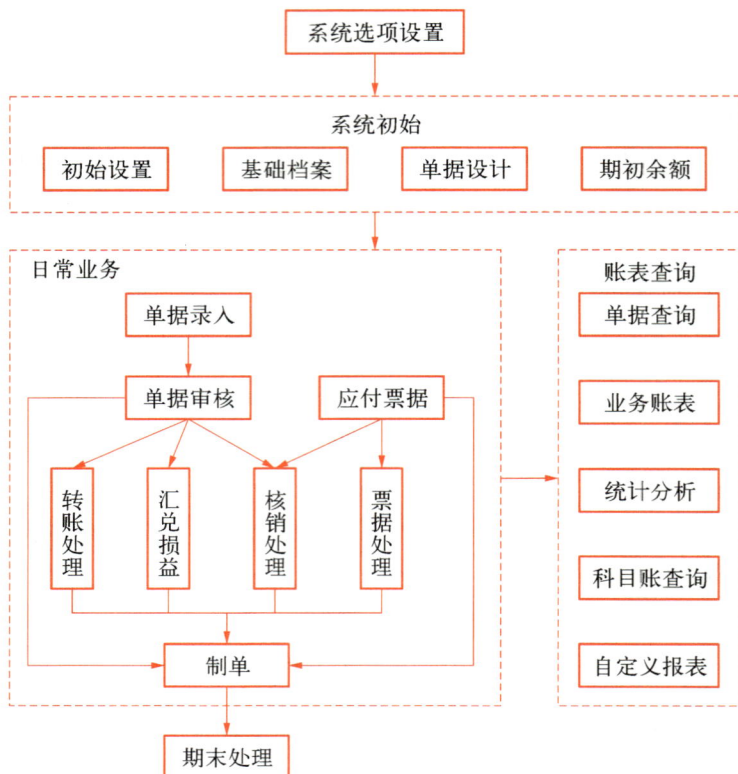

图 7 - 2　应付款管理系统的操作流程

任务二　应付款管理系统初始化

应付款管
理初始化

【任务描述】

应付款管理系统初始化是使用应付款管理系统之前,设置运行所需要的参数、设置基本信息、初始设置及期初余额录入。本任务要求掌握应付款管理系统初始化的内容及操作方法。

【知识准备与业务操作】

一、系统参数设置

在运行应付款管理系统前,应在此设置运行所需的账套参数,以便系统根据所选定的参数进行相应处理,如图 7-3 所示。安徽阳光公司账套应付款管理保持系统默认参数设置。

二、初始设置

企业应付业务类型和生成的凭证类型均较固定,为了简化凭证生成操作,可在此处将各业务类型凭证中常用科目预先设置好。

【业务资料】

引入"实验九应收款管理"账套备份文件,安徽阳光公司应付款管理核算初始设置资料如表 7-1 所示。根据资料设置科目。

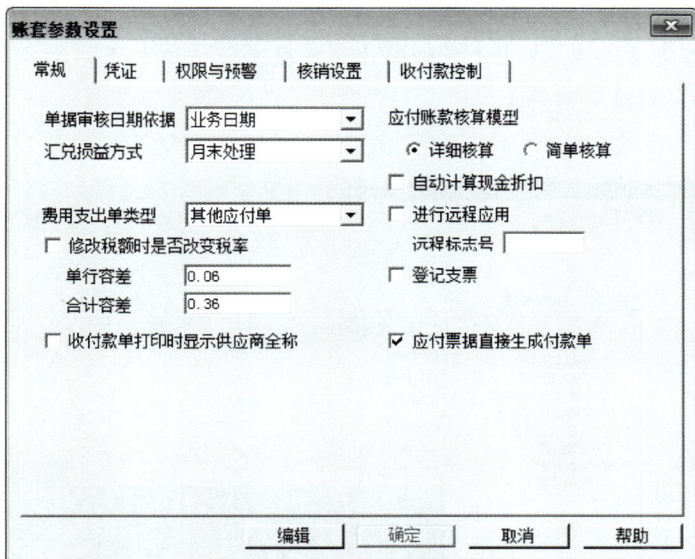

图 7-3　应付款管理系统的参数设置

表 7-1　　　　　　　　　会计科目设置

科　目　类　别	设　置　方　式
基本科目设置	应付科目 220201 预付科目 1123 采购科目 1402 采购税金科目 22210101 银行承兑科目 2201 商业承兑科目 2201
控制科目设置	所有供应商的控制科目： 应付科目 220201 预付科目 1123
结算方式科目设置	结算方式：现金；币种：人民币；科目 1001 结算方式：现金支票；币种：人民币；科目：100201 结算方式：转账支票；币种：人民币；科目：100201 结算方式：其他；币种：人民币；科目：100201
产品科目设置	固定资产 1601

【操作步骤】

（1）以"001 学生本人"身份登录企业应用平台，打开"财务会计"/"应付款管理"，单击"设置"，双击"初始设置"，打开初始设置窗口。

（2）按表 7-1 资料设置基本科目，如图 7-4 所示。

小提示！

➤ 在基本科目设置的应付科目"220201 应付货款"、预付科目"1123 预付账款"及商业承兑科目、银行承兑科目"2201 应付票据"，应在会计科目中设置其辅助核算为"供应商往来"，并且其受控系统为"应付系统"，否则在此不能被选中。

7

> ➤ 只有在此设置了基本科目,在生成凭证时才能直接生成凭证中的会计科目,否则凭证中将没有这些科目,只能手工输入。

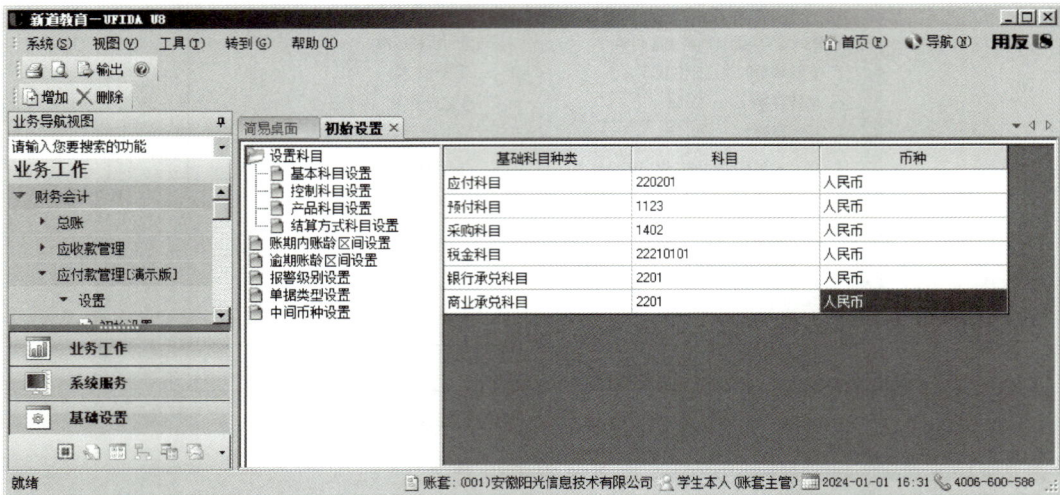

图 7-4　设置基本科目

(3) 控制科目设置完成后如图 7-5 所示。

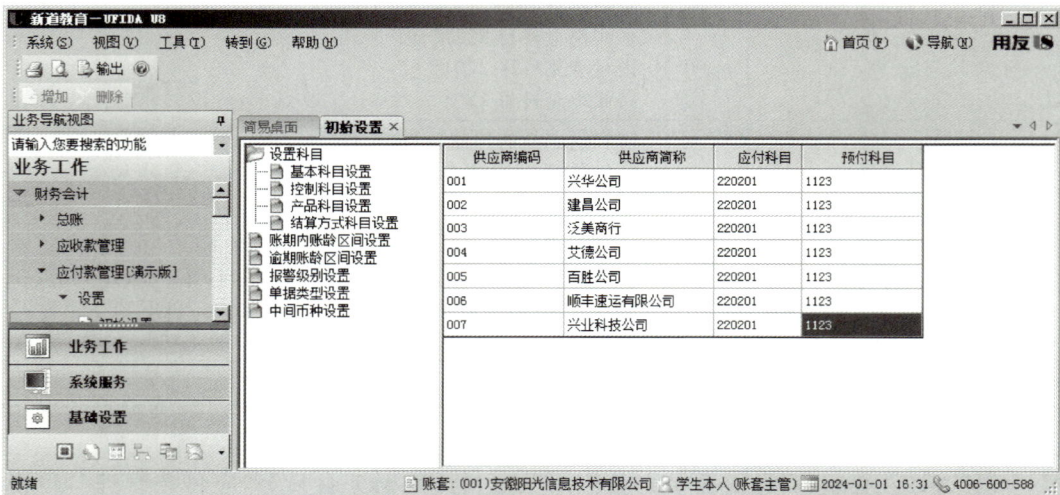

图 7-5　设置控制科目

(4) 结算方式科目设置完成如图 7-6 所示。

小提示!

> ➤ 在收付款时,只要告诉系统结算时使用的结算方式,系统可自动生成该种结算方式所使用的会计科目。如果不设置,则在收款或付款凭证中可以手工输入会计科目。

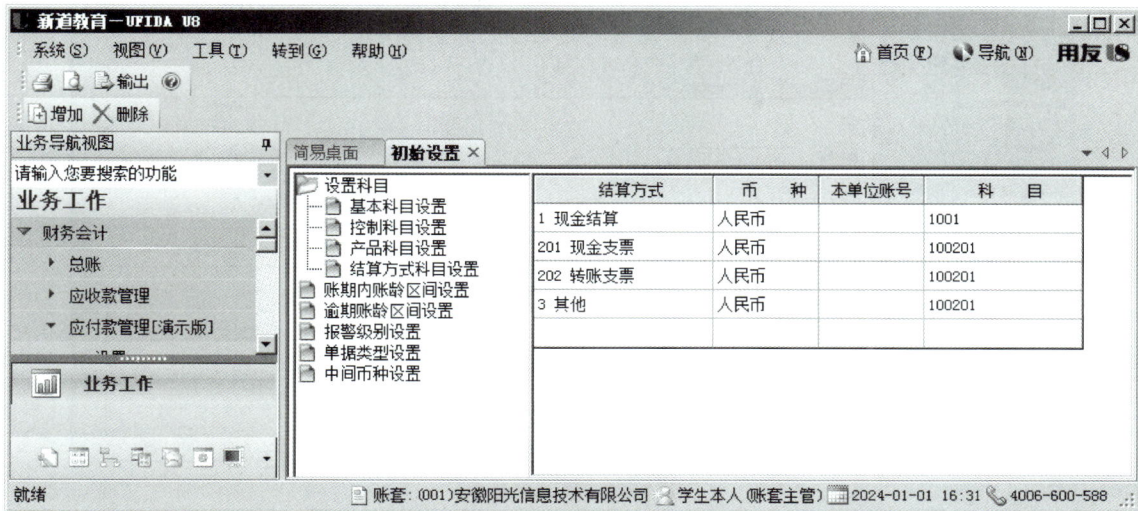

图7-6　设置结算方式科目

三、期初余额录入

初次使用本系统时，要将启用应付款管理系统时未处理完的所有供应商的应付账款、预付账款、应付票据等数据录入到本系统，以便以后的核销处理。当进入第二个年度处理时，系统会自动将上个年度未处理完的单据转为下一个年度的期初余额。在下一个会计年度的第一个会计期间，可以进行期初余额的调整。

【业务资料】

2024年1月1日，安徽阳光公司"应付账款——应付货款"科目和"应付票据——商业承兑汇票"的期初余额资料如表7-2和表7-3所示。根据资料录入应付款管理期初余额。

表7-2　　"应付账款——应付货款"期初余额（应付单录入）　金额单位：元

日　期	客　户	方　向	金　额	业务员
2023-12-20	兴华公司	贷	276 850.00	白　雪

表7-3　　"应付票据——商业承兑汇票"期初余额　金额单位：元

日　期	客　户	方　向	金　额	业务员	票据号	到期日
2023-12-22	百胜公司	贷	150 000	李平	20231222	2024.03.22

【操作步骤】

（1）以"001学生本人"身份登录应付款管理系统，单击"设置"，双击"期初余额"，打开期初余额窗口。

（2）单击"确定"按钮，打开期初余额明细表。

（3）单击"增加"按钮，打开单据类别窗口。选择单据名称"应付单"，单击"确定"按钮，打开单据录入窗口。

（4）单击"增加"按钮，输入单据日期"2023-12-20"，选择供应商"兴华公司"，输入金额"276 850"，单击"保存"按钮，如图7-7所示。

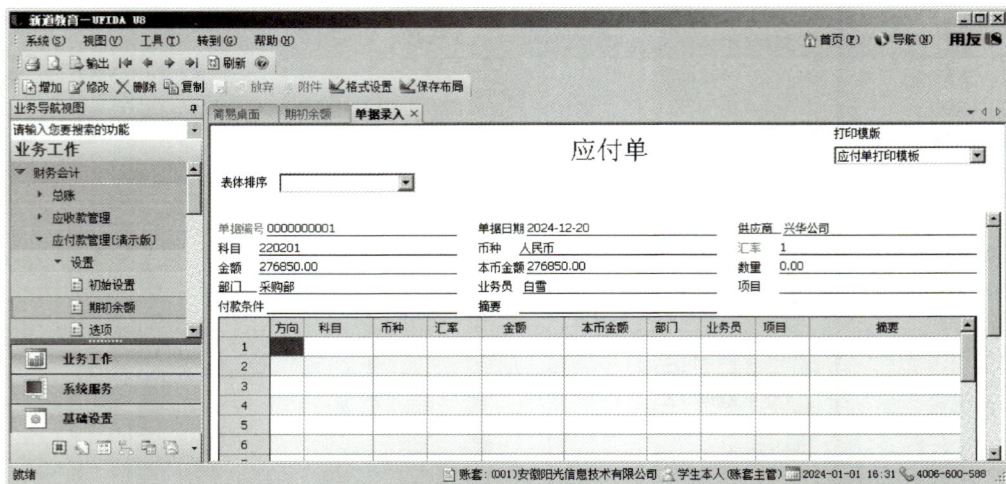

图 7 - 7　录入应付单

> **小提示！**
> ➤ 在录入应付单时只需录入表格上半部分的内容。
> ➤ 应付单中的会计科目必须录入正确，否则将无法与总账管理系统进行对账。

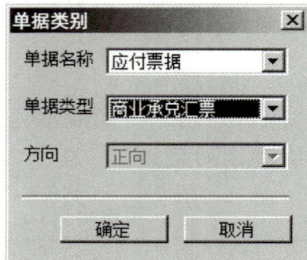

图 7 - 8　选择应付票据单据类别

（5）单击"增加"按钮，打开单据类别窗口。选择单据名称"应付票据"，如图 7 - 8 所示。

（6）单击"确定"按钮，打开期初单据录入窗口，单击"增加"按钮，输入相关信息保存后如图 7 - 9 所示。

（7）退出期初单据录入窗口，返回期初余额明细表，单击"刷新"按钮，再单击"对账"，如图 7 - 10 所示。

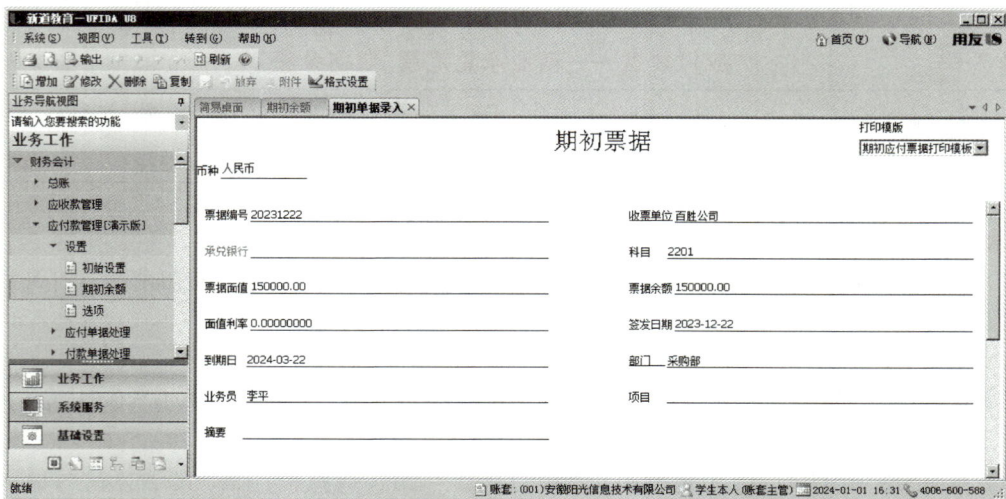

图 7 - 9　录入期初票据

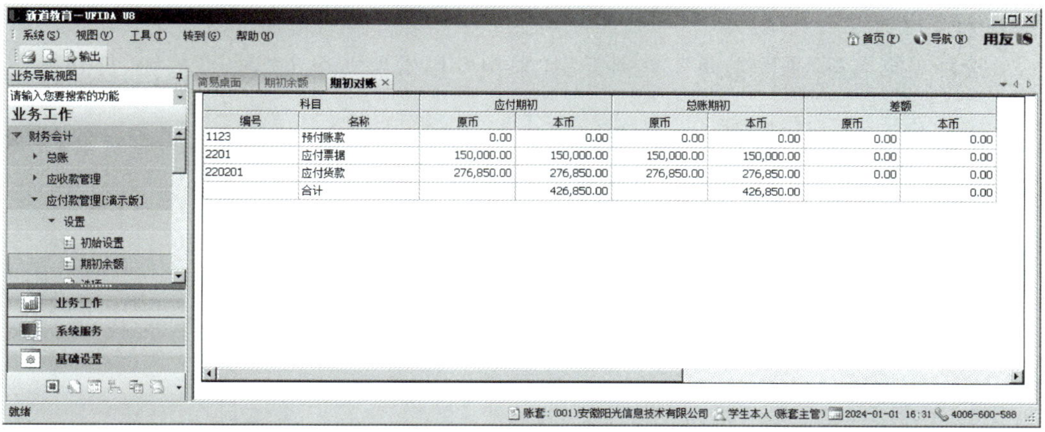

图7-10　期初对账

小提示！
➤ 完成全部应付款期初余额录入后,应通过"对账"功能将应付系统期初余额与总账系统期初余额进行核对。
➤ 保存了期初余额的结果后,或在第二年使用需要调整期初余额时可以进行修改。第一个会计期已结账后,期初余额只能查询不能再修改。

7

任务三　应付款管理日常业务处理

【任务描述】

应付款管理日常业务处理包括应付单据处理、付款单据处理、票据管理、转账处理、制单处理等操作。本任务要求掌握应付款管理日常主要业务处理的内容及操作方法。

【知识准备与业务操作】

一、应付单据处理

采购发票与应付单据是应付账款日常核算的原始单据。单据处理是本系统处理的起点。采购发票是指采购业务中的各类普通发票和专用发票。应付单是采购业务之外的应付单单据(如运费)。

如果同时使用应付款管理系统和采购管理系统,则采购发票和运费单产生的单据由采购系统录入、审核,自动传递到应付款管理系统,在本系统可以对这些单据进行查询、核销、制单,在本系统需要录入的单据仅限于应付单。如果没有使用采购管理系统,则各类发票和应付单均应在应付款管理系统录入并审核。

【业务资料1】

2024年1月8日,安徽阳光公司从建昌公司采购键盘300只,单价95元,增值税税率13%。根据资料录入采购发票并进行会计核算处理。

【操作步骤】

(1)以"003马方"身份进入应付款管理系统,单击"应付单据处理",双击"应付单据录入",打

采购专用
发票处理

开单据类别窗口。

（2）选择单据名称"采购发票"，单据类型"采购专用发票"，单击"确定"按钮，打开采购发票窗口。

（3）单击"增加"按钮，输入开票日期"2024-01-08"，供应商"建昌公司"，存货编码"004键盘"，数量"300"，单价"95"，如图7-11所示。

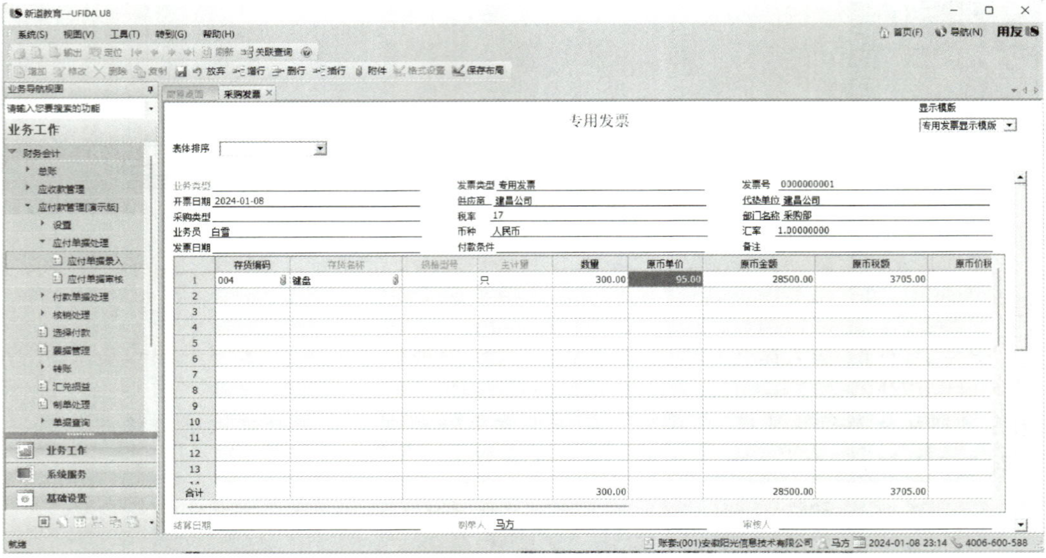

图 7-11　录入采购专用发票

（4）单击"保存"按钮，再单击"审核"按钮，系统弹出"是否立即制单？"提示信息。

（5）单击"是"按钮，打开填制凭证窗口，选择凭证类别"转账凭证"，制单日期"2024-01-08"，单击"保存"按钮，如图7-12所示。

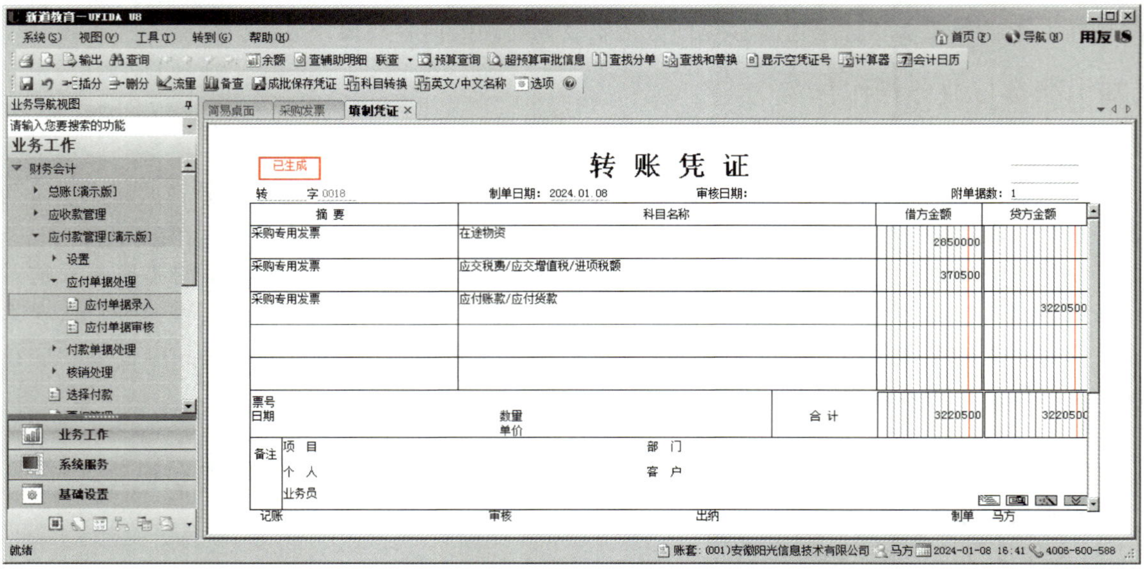

图 7-12　采购发票生成应付凭证

小提示！

➤ 如果只使用应付款管理系统,则所有发票和应付单都在该系统中录入;若应付款管理系统和采购管理系统同时使用,则发票在采购管理系统录入。

➤ 在不启用供应链系统的情况下,在应付款管理系统中只能对采购业务的资金流进行会计核算,即可以进行应付款、已付款以及采购情况的核算;而其物流的核算,即存货入库成本的核算还需在总账系统中手工进行结转。

➤ 在录入采购发票后可以直接进行审核,审核后系统会提示"是否立即制单?",此时可以直接制单。如果录入采购发票不直接审核,可以在"应付单据审核"功能集中审核,再到"制单处理"中制单。

【业务资料 2】

2024 年 1 月 10 日,安徽阳光公司向建昌公司购买 500GB 硬盘 200 盒,单价为 800 元,另外,在采购的过程中,发生了一笔运输费 200 元(供应商:顺丰速运),税率为 9%。

根据资料录入采购发票和运费发票并做会计核算处理。

采购专用发票和运费发票合并处理

【操作步骤】

(1) 以"003 马方"身份进入应付款管理系统,增加并保存一张购买 500GB 硬盘的采购专用发票。

(2) 审核采购专用发票,暂不制单。

(3) 再增加一张采购专用发票,按 9% 税率开具运输费 200 元发票,保存后如图 7 - 13 所示。

7

小提示！

➤ 按税收制度规定,运费可以按 9% 的税率进行增值税进项税抵扣。

➤ 如果在启用应付款管理系统的同时启用采购管理系统,则应在采购管理系统中填制"运费发票",在应付款管理系统中对采购管理系统传递过来的"运费发票"进行应付款及付款核销等操作。

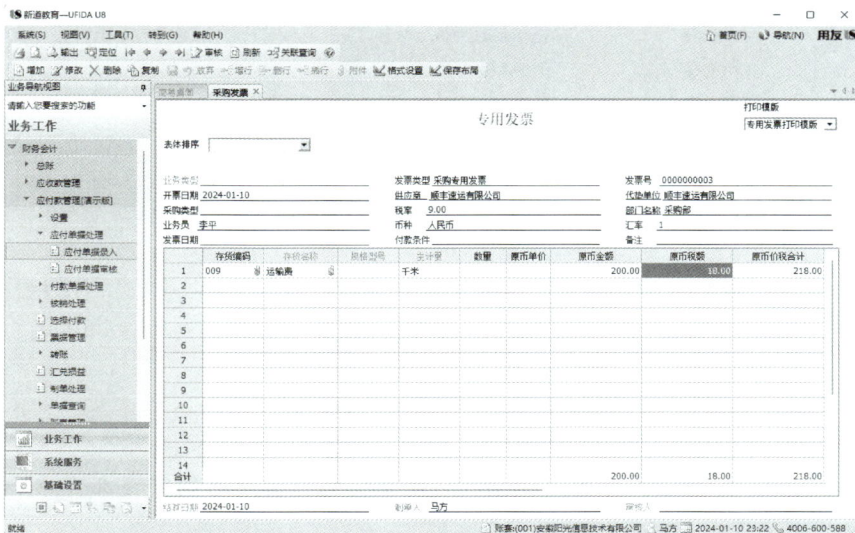

图 7 - 13　录入运费专用发票

（4）单击"审核"按钮，审核运费专用发票，暂不制单。

（5）双击"制单处理"，打开"制单查询"，选择"发票制单"，单击"确定"按钮，打开制单窗口，如图7-14。

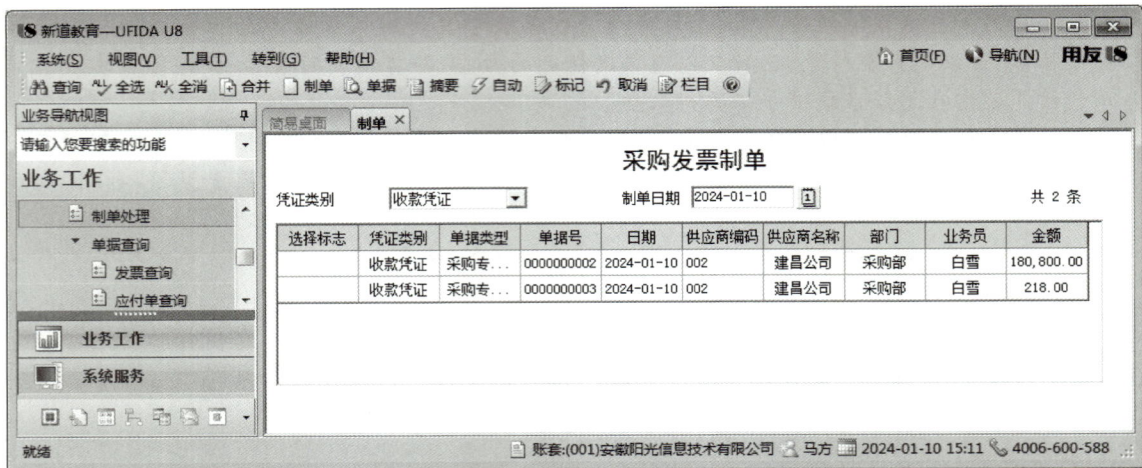

图7-14　采购发票制单列表

（6）单击"全选"按钮，单击"合并"按钮，再单击"制单"按钮，打开填制凭证窗口，选择凭证类别"转账凭证"，制单日期"2024-01-10"，单击"保存"按钮，如图7-15所示。

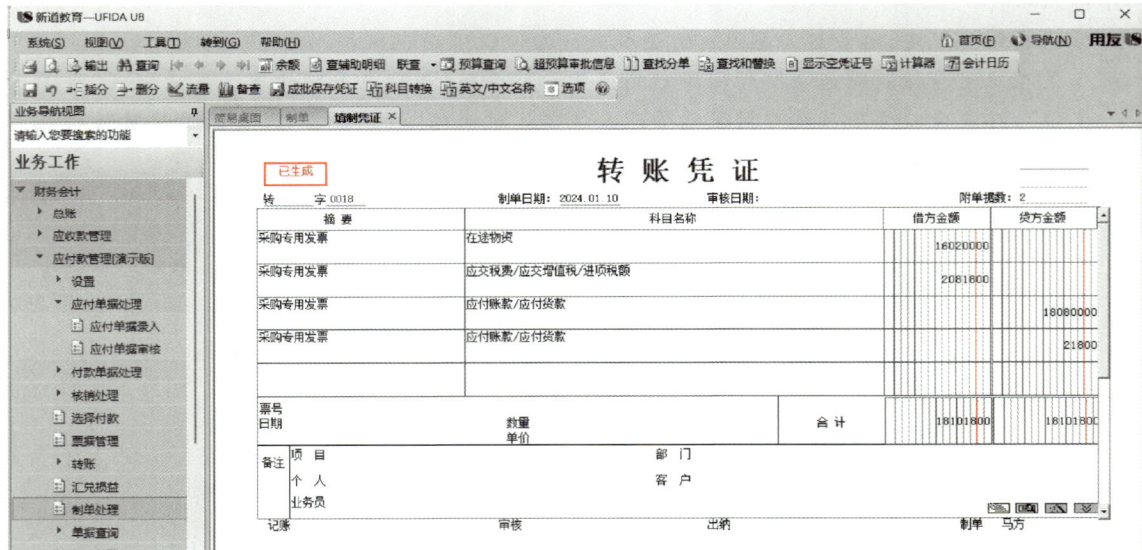

图7-15　采购发票合并生成凭证

小提示！

➤ 在制单处理中，单击"制单"命令前，不单击"合并"，就可实现对购买商品发票和运输费发票单据分别制单。

二、付款单据处理

付款单据处理主要是对结算单据进行管理,包括付款单的录入与审核。

应付款管理系统的付款单是用来记录企业所付出的供应商款项,款项性质包括应付款、预付款和其他费用等,其中应付款、预付款性质的付款单将与发票、应付单进行核销勾对。

【业务资料1】

2024年1月12日,安徽阳光公司以工行转账支票(ZZ005)向建昌公司支付购买键盘300只的货税款32 205元。

根据资料录入付款单并做会计核算处理。

【操作步骤】

(1)以"003马方"身份进入应付款管理系统,单击"付款单据处理",双击"付款单据录入",打开收付款单录入窗口。

(2)单击"增加"按钮,输入日期"2024 - 01 - 12",供应商"建昌公司",结算方式"转账支票",票号"ZZ005",金额"32 205",单击"保存"按钮,如图7 - 16所示。

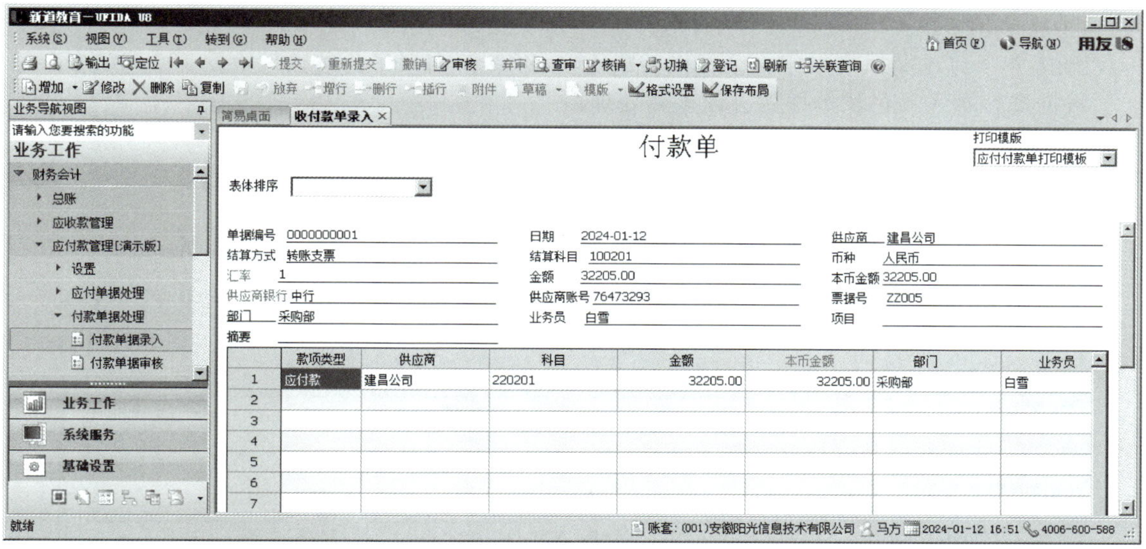

图7 - 16　录入付款单

小提示!

➤ 在单击付款单的"保存"按钮后,系统会自动生成付款单表体的内容。

➤ 表体中的款项类型系统默认为"应付款",可以修改,款项类型还包括"预付款"和"其他费用"。

➤ 如果是供应商退款,则可以单击"切换"按钮,填制红字付款单。

---

(3)单击"审核"按钮,系统提示"是否立即制单?",单击"是"按钮,打开填制凭证窗口,选择凭证类别"付款凭证",单击"保存"按钮,如图7 - 17所示。

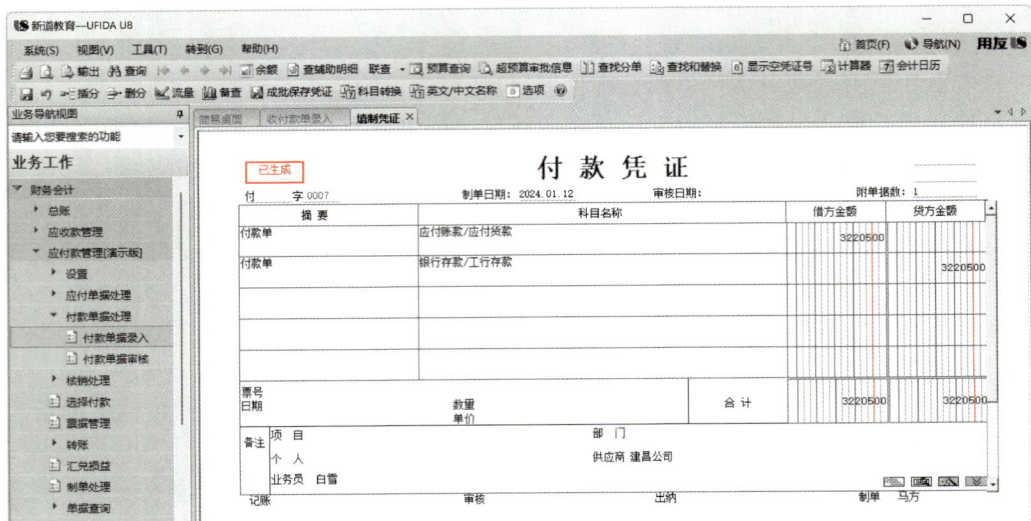

图 7 - 17 付款单生成凭证

【业务资料 2】

2024 年 1 月 15 日,安徽阳光公司以转账支票(ZZ006)向兴华公司预付货款 100 000 元。根据资料录入预付款单并做会计核算处理。

【操作步骤】

(1) 以"003 马方"身份进入应付款管理系统,单击"付款单据处理",双击"付款单据录入",打开收付款单录入窗口。

(2) 输入付款单表头资料,表体中款项类型为"预付款",保存后如图 7 - 18 所示。

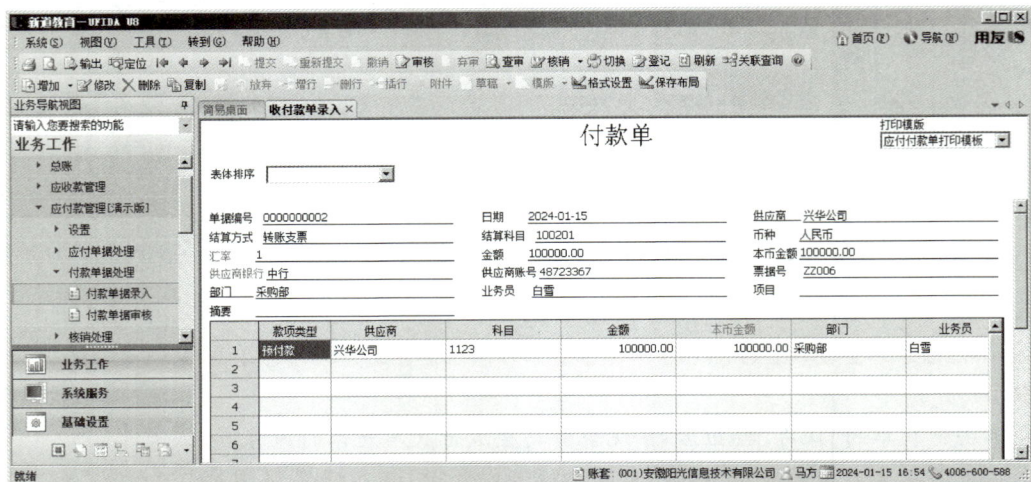

图 7 - 18 录入预付款单

(3) 审核付款单,选择凭证类别"付",单击"保存"按钮后如图 7 - 19 所示。

小提示!

➤ 付款单保存后默认表体中款项类型"应付款",需要手工修改为"预付款",审核后制单生成的凭证中的贷方科目才是"预付账款"。

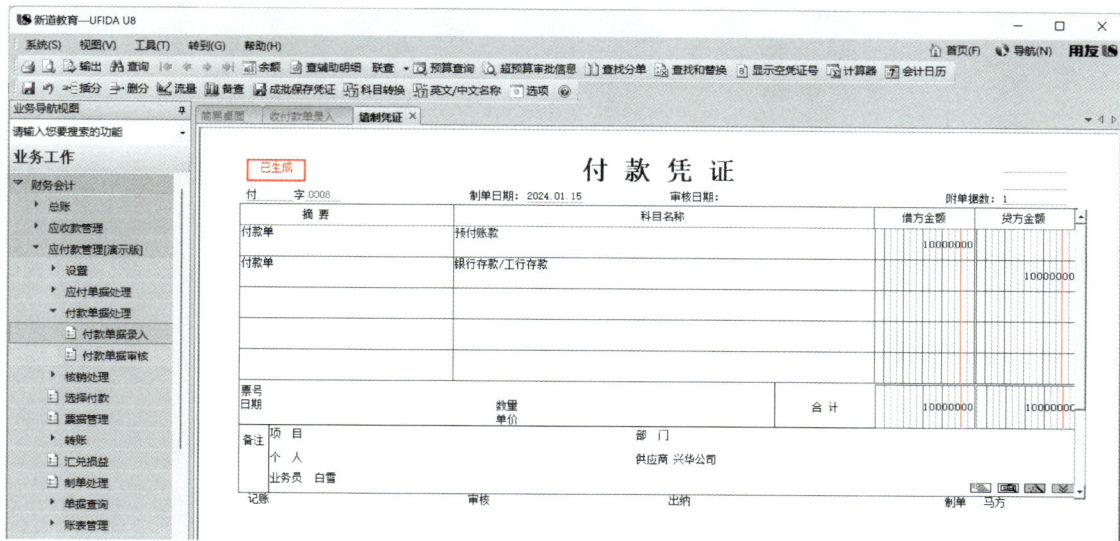

图 7 - 19　生成预付款凭证

三、核销处理

核销处理是将已付款与应付款进行核销，建立付款与应付款的核销记录，以加强往来款项管理。

核销处理可以在付款单录入后，直接单击"核销"按钮进行核销处理。也可通过"核销处理"功能进行处理，包括手工核销和自动核销两种方式。

【业务资料】

安徽阳光公司对建昌公司进行自动核销处理。

【操作步骤】

（1）以"003 马方"身份进入应付款管理，单击"核销处理"，双击"手动核销"，打开核销条件窗口，选择供应商"建昌公司"，如图 7 - 20 所示。

（2）单击"确定"按钮，系统提示"是否自动核销？"，单击"是"，系统自动核销，并给出自动核销报告，如图 7 - 21 所示。

（3）单击"确定"按钮退出核销。

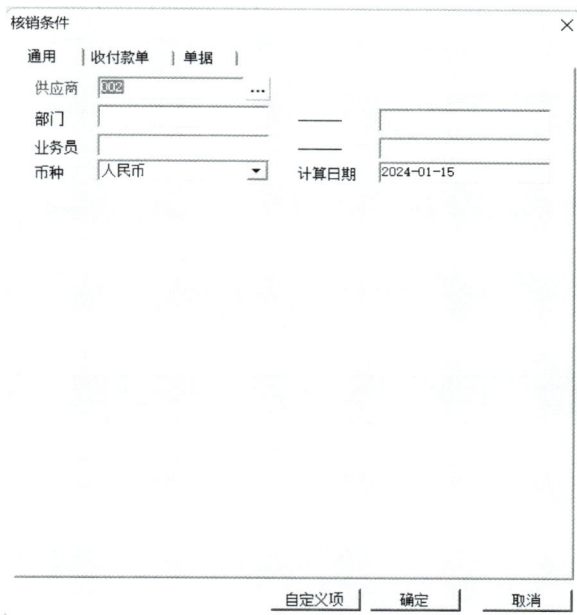

图 7 - 20　选择核销供应商

小提示！
> 系统在"其他处理"/"取消操作"功能中提供了"取消核销"功能，可以恢复核销前状态，用以修改核销误操作。
> 核销也可使用"手工核销"方式进行核销处理。

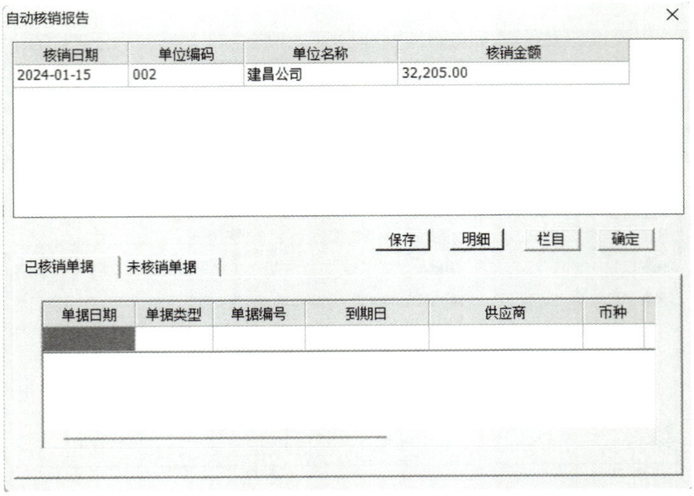

图 7-21　自动核销报告

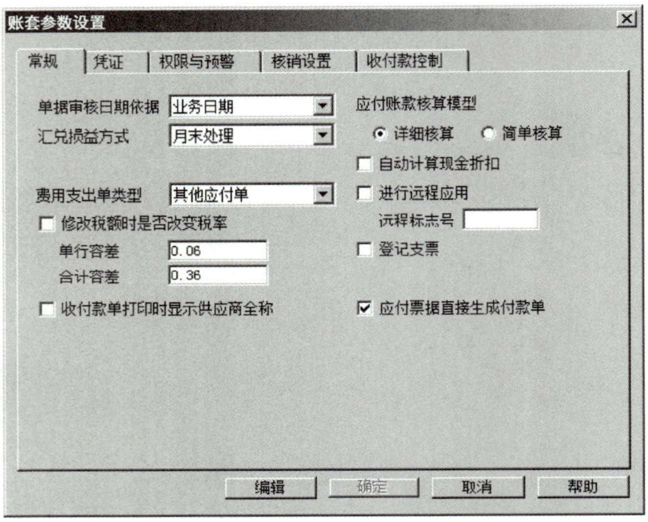

图 7-22　"应付票据直接生成付款单"选项

应付票据录入处理

四、票据管理

当支付给供应商承兑汇票时,需将该汇票录入应付系统的票据管理中。如果应付款管理系统"选项"中选中"应付票据直接生成付款单"选项,如图 7-22 所示,则系统保存当前票据,同时生成一张付款单。如果未选中,则需要单击"付款"按钮才生成付款单。

【业务资料1】

2024 年 1 月 18 日,安徽阳光公司向建昌公司签发并承兑商业承兑汇票一张(NO.12345),面值为 180 800 元,到期日为 2024 年 1 月 28 日。

根据资料录入商业承兑汇票并做会计核算处理。

【操作步骤】

(1)以"003 马方"身份进入应付款管理系统,双击"票据管理",打开票据查询窗口,单击"确定"按钮,打开票据管理窗口。

(2)单击"增加"按钮,打开应付票据窗口,选择票据类型"商业承兑汇票",票据编号"12345",结算方式"其他",收到日期和出票日期为"2024-01-18",到期日期为"2024-01-28",收款人"建昌公司",金额"180 800",单击"保存"后如图 7-23 所示。

小提示!

➤ 保存一张商业汇票后,系统会自动生成一张付款单。这张付款单还需经过"审核"之后再到制单处理中生成记账凭证,才可完成应付账款转为应付票据的核算过程。

➤ 商业承兑汇票不能有承兑银行,银行承兑汇票必须有承兑银行。

➤ 由票据生成的付款单不能修改。

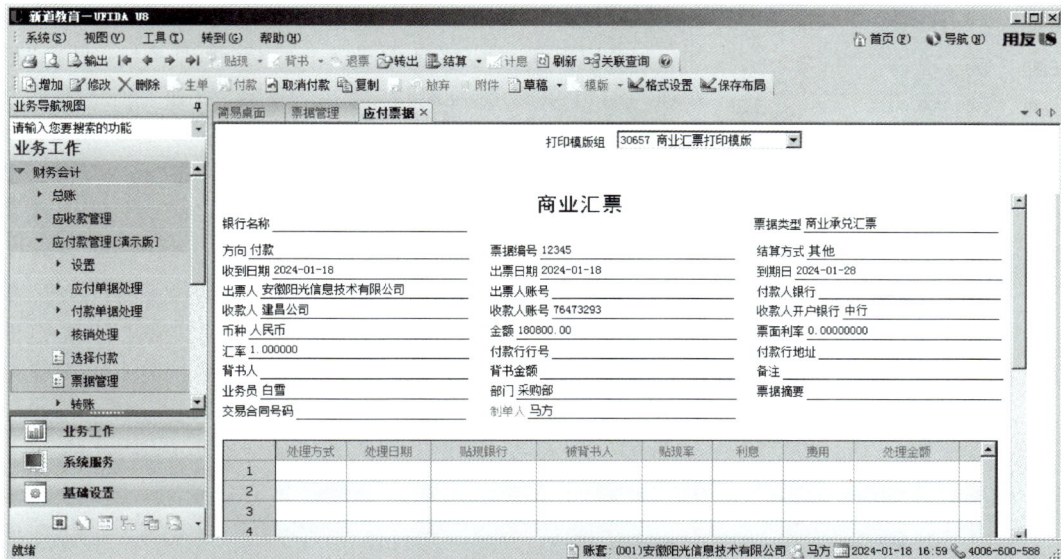

图 7－23　录入商业承兑汇票

（3）单击"付款单据处理"，双击"付款单据审核"，审核由商业承兑汇票自动生成的付款单。

（4）双击"制单处理"，打开制单查询窗口，选中"收付款单制单"，单击"确定"按钮，进入"收付款单制单"列表，选中付款单单据，单击"制单"按钮，打开填制凭证窗口，选择凭证类别"转账凭证"，制单日期"2024－01－18"，单击"保存"按钮，如图7－24所示。

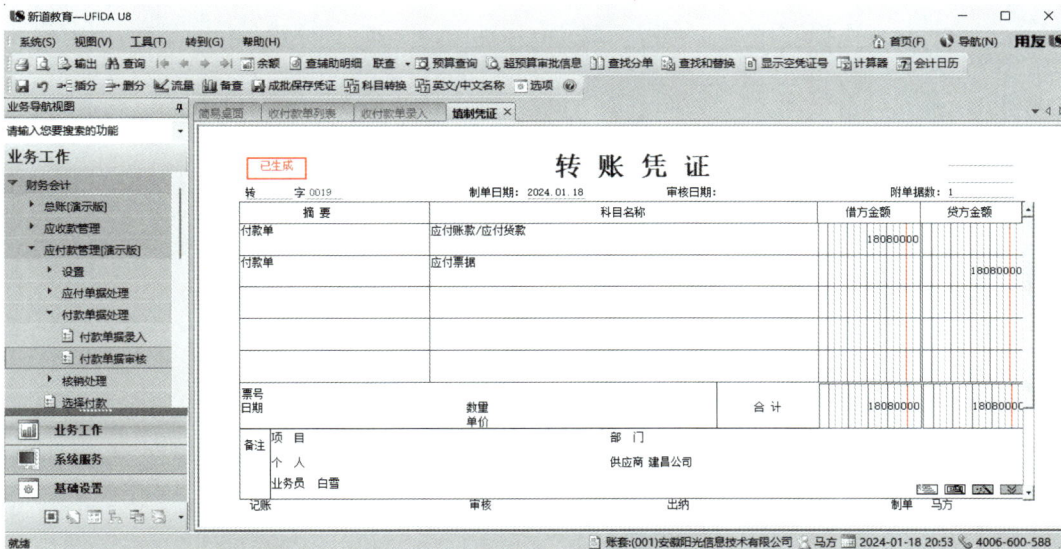

图 7－24　商业承兑汇票生成转账凭证

【业务资料2】

2024 年 1 月 28 日，安徽阳光公司将 2024 年 1 月 18 日向建昌公司签发并承兑的商业汇票（NO.12345）结算。

根据资料进行商业承兑汇票结算处理，并做会计核算处理。

应付票据
结算处理

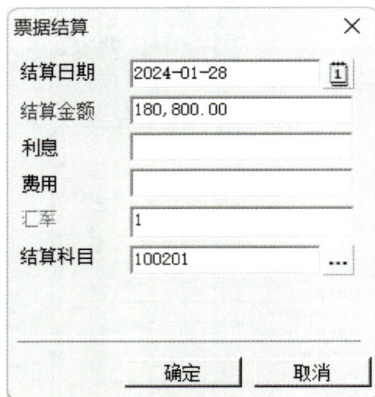

图 7-25　设置票据结算

【操作步骤】

（1）以"003 马方"身份进入应付款管理系统，双击"票据管理"，打开票据查询窗口，单击"确定"按钮，打开票据管理窗口。

（2）双击需结算的商业票据，单击"结算"按钮，打开票据结算窗口，修改结算日期为"2024-01-28"，选择结算科目"100201 工行存款"，如图 7-25 所示。

（3）单击"确定"按钮，系统提示"是否立即制单？"，单击"是"按钮，打开填制凭证窗口，选择凭证类别"付款凭证"，制单日期"2024-01-28"，单击"保存"按钮，如图 7-26 所示。

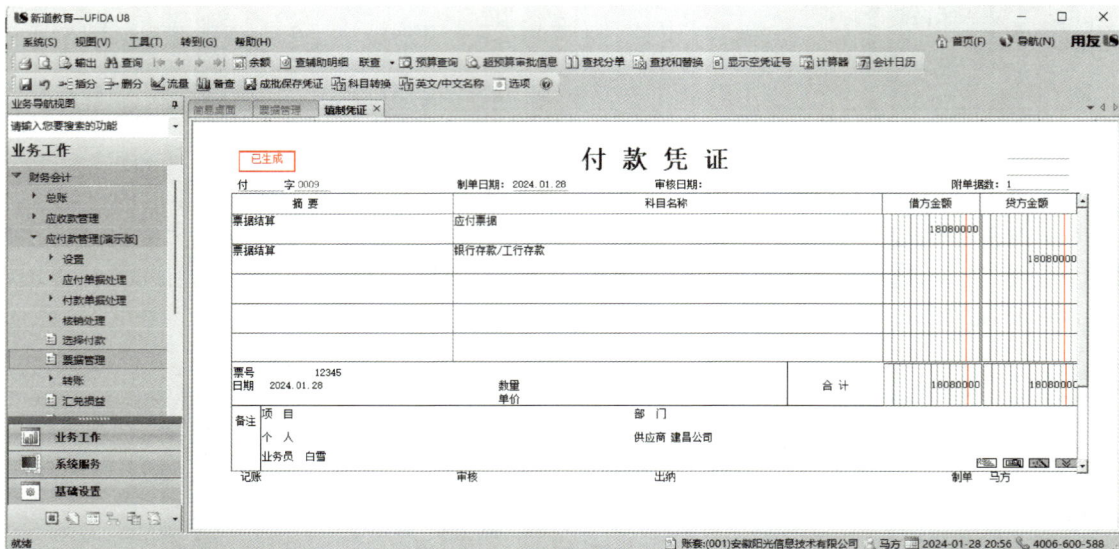

图 7-26　生成票据到期结算凭证

小提示！
➤ 当票据到期付款时，才能执行票据结算处理。
➤ 进行票据结算时，结算金额应是通过结算实际支付的金额。
➤ 票据结算后，不能再进行其他与票据相关的处理。

五、转账处理

应付款管理系统中的转账处理包括应付冲应付、预付冲应付、应付冲应收和红票对冲业务。其操作基本类似，在此主要以应付冲应付和预付冲应付操作为例。

【业务资料 1】

2024 年 1 月 31 日，经三方同意，安徽阳光公司将 2023 年 12 月 20 日形成的应向兴华公司支付的货税款中的 176 850 元转为向艾德公司的应付账款。

根据资料进行转账，并做会计核算处理。

应付冲应付转账处理

【操作步骤】

（1）以"003 马方"身份进入应付款管理系统，单击"转账"，双击"应付冲应付"，打开应付冲应付窗口。

（2）选择转出户"兴华公司"，转入户"艾德公司"，单击"查询"按钮，在第 1 行"并账金额"中输入"176 850"，如图 7 - 27 所示，系统自动进行转出和转入处理。

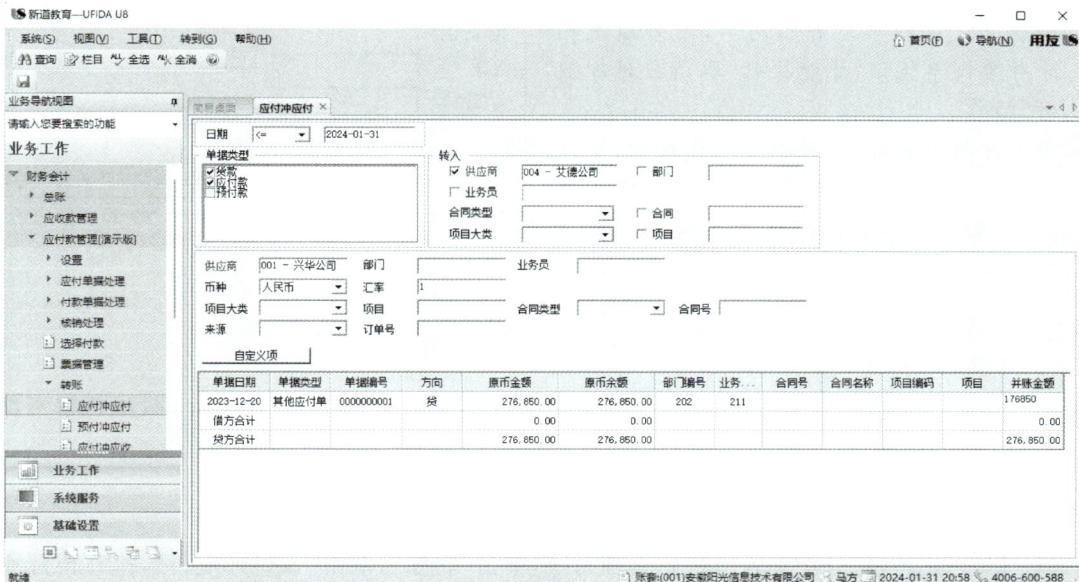

图 7 - 27　输入并账金额

（3）单击"保存"按钮，系统提示"是否立即制单？"，单击"是"按钮，打开填制凭证窗口，选择凭证类别"转账凭证"，制单日期"2024 - 01 - 31"，单击"保存"后如图 7 - 28 所示。

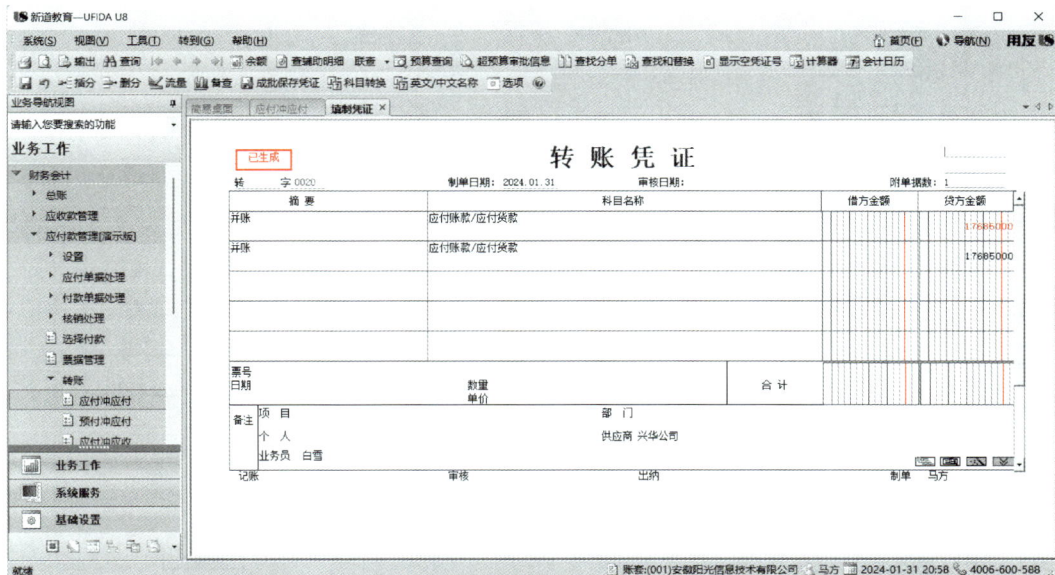

图 7 - 28　生成应付冲应付转账凭证

小提示！

➤ 每一笔应付款的并账金额不能大于其余额。

➤ 系统提供了"取消操作"/"取消应付冲应付"功能，可以恢复应付冲应付之前的状态，如图 7-29 所示。前提是应付冲应付转账并没有制单。若已制单，则必须先删除并单制单凭证，才能执行"取消应付冲应付"操作。

➤ 确定并账金额后，也可单击"否"按钮，不立即制单，此时要到"制单处理"功能中选择"并账制单"查询条件，才能生成应付冲应付凭证。

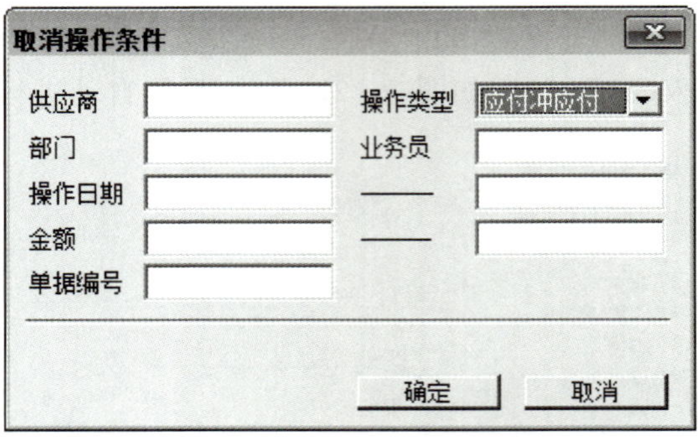

图 7-29　取消应付冲应付

【业务资料 2】

2024 年 1 月 31 日，经双方同意，安徽阳光公司将兴华公司 2023 年 12 月 20 日应付款与预付款 100 000 元进行冲抵。

根据资料进行预付冲应付处理，并做会计核算处理。

【操作步骤】

（1）以"003 马方"身份进入应付款管理系统，单击"转账"，双击"预付冲应付"，打开预付冲应付窗口。

（2）在供应商栏选择"兴华公司"，单击"过滤"按钮，在转账金额栏输入"100 000"，如图 7-30 所示。

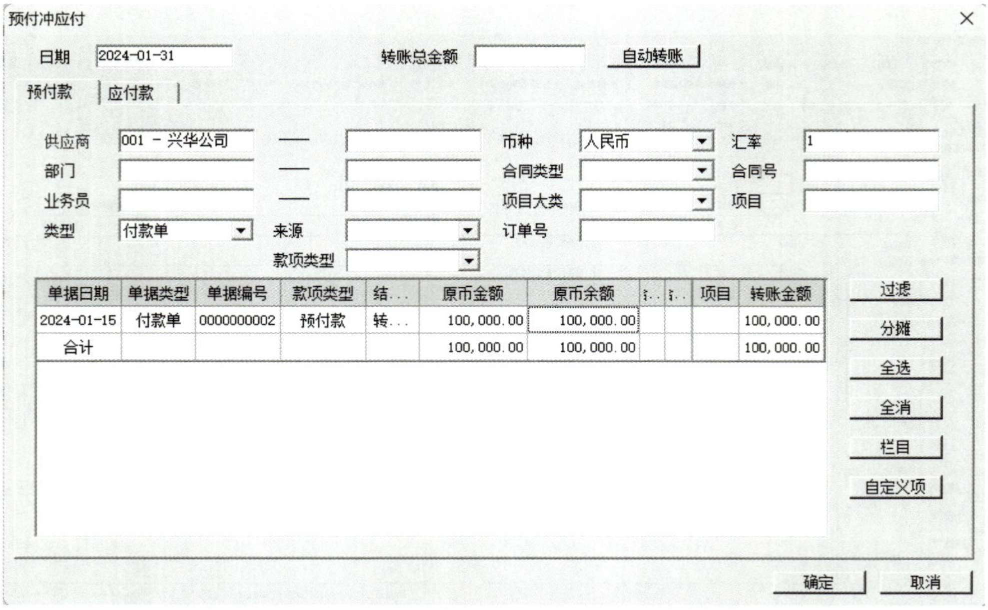

图 7-30　设置供应商及转账金额

（3）单击"应付款"选项卡，单击"过滤"按钮，在转账金额栏输入"100 000"，如图7-31所示。

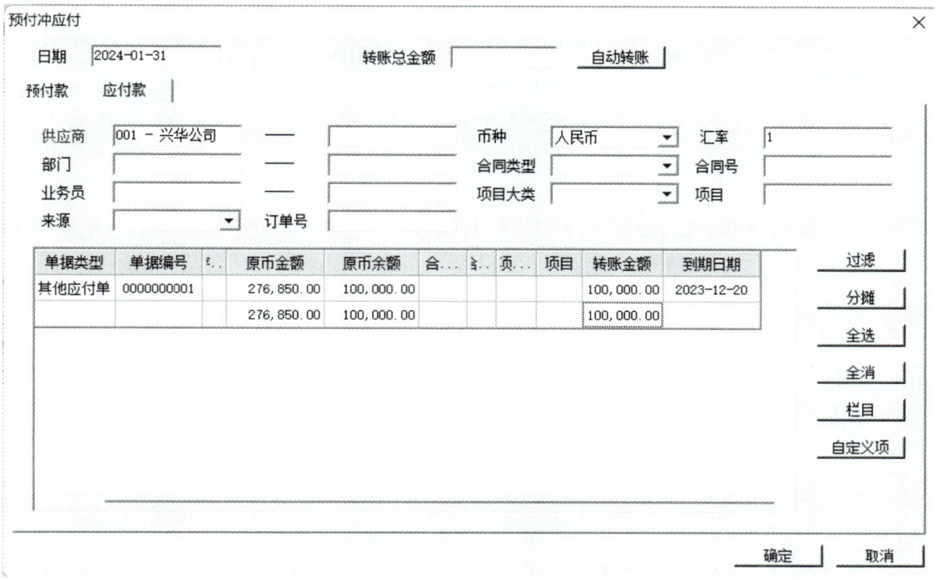

图7-31 录入转账金额

（4）单击"确定"按钮，系统提示"是否立即制单？"，单击"是"按钮，打开填制凭证窗口，选择凭证类别"转账凭证"，制单日期"2024-01-31"，单击"保存"按钮，如图7-32所示。

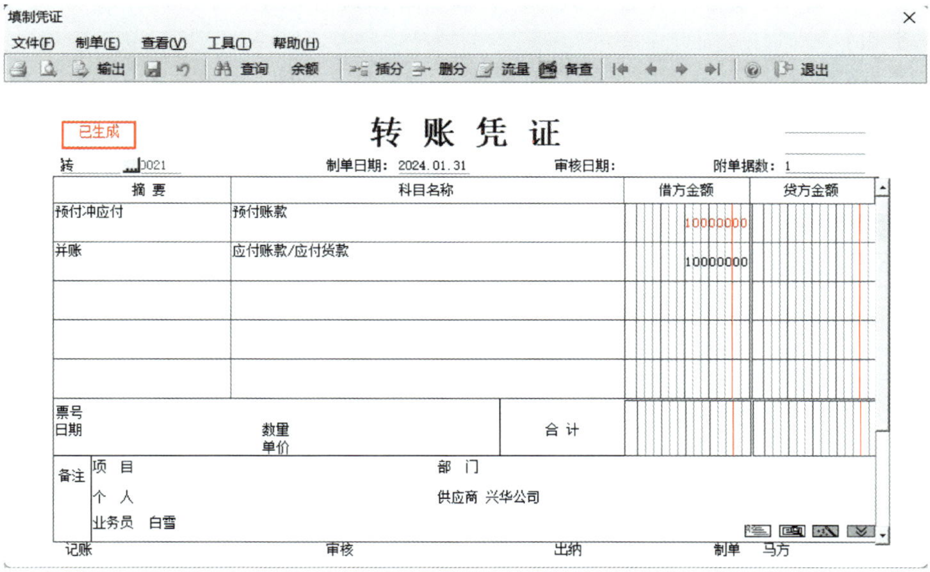

图7-32 生成预付冲应付转账凭证

小提示！
➤ 预付冲应付可以在输入转账总金额后单击"自动转账"按钮，系统会自动根据过滤条件进行预付冲应付工作。

7

> ➤ 系统提供了"取消操作"/"取消预付冲应付"功能,可以恢复预付冲应付之前的状态。前提是预付冲应付转账并没有制单。若已制单,则必须先删除并单制单凭证,才能执行取消预付冲应付操作。

任务四　应付款管理期末处理

【任务描述】

在完成应付款管理日常业务处理后,须进行期末处理,即月末结账。本任务要求掌握应付款管理系统月末结账的操作方法。

【知识准备与业务操作】

一、月末结账

如果当月应付款业务已经全部处理完毕,应执行"月末结账"功能。月末结账是在系统引导方式下进行的。在进行月末处理时,一次只能选择一个月进行结账,前一个月如果没有结账,则本月不能结账;结算单还有未核销的,不能结账;单据在结账前应该全部审核。

【业务资料】

2024 年 1 月 31 日,安徽阳光公司执行应付款管理系统月末结账。

【操作步骤】

(1) 以"003 马方"身份进入应收款管理系统,单击"期末处理",双击"月末结账",打开月末处理窗口。

(2) 双击一月结账标志,如图 7-33 所示。

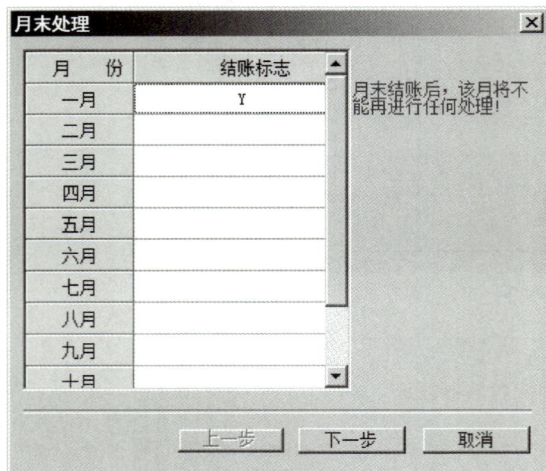

图 7-33　月末处理结账标志

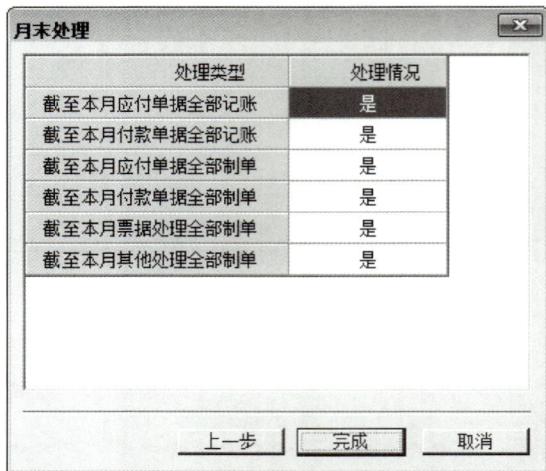

图 7-34　月末处理情况

(3) 单击"下一步"按钮,显示月末处理情况,如图 7-34 所示。

(4) 单击"完成"按钮,系统提示"1 月份结账成功!"信息。

（5）单击"确定"按钮返回。

小提示！

➤ 只有当月结账后，才能执行下月的工作。

➤ 月结后，该月将不能再进行任何处理。

➤ 将月结后的应付款管理账套数据备份到"D：/001 账套备份/财务管理/实验十应付款管理"文件夹。

二、取消月结

在执行月末结账后，发现该月还需处理有关业务，或该月有关业务处理有误，需要修改，则可以对应付款管理系统取消结账。

【业务资料】

2024 年 1 月 31 日，安徽阳光公司取消应付款管理月结操作。

【操作步骤】

（1）以"003 马方"身份进入应付款管理系统，单击"期末处理"，双击"取消月结"，打开取消结账窗口，如图 7-35 所示。

应付款管理取消月结

7

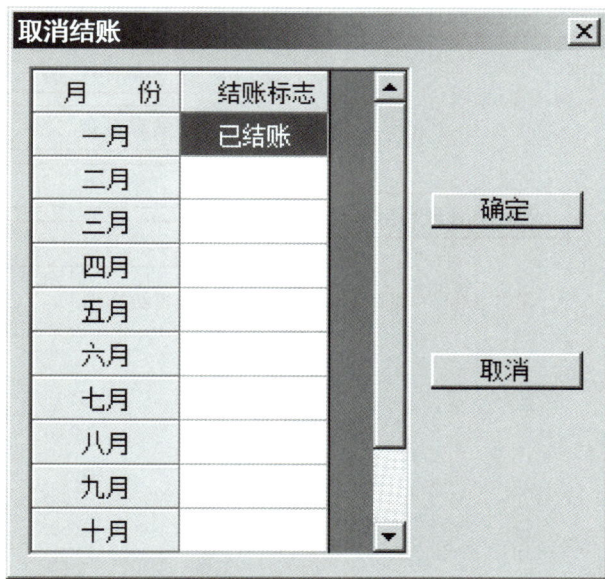

图 7-35　取消结账

（2）单击"确定"按钮，系统提示"取消结账成功！"。

项 目 小 结

"项目七 应付款管理"内容结构如图 7-36 所示。

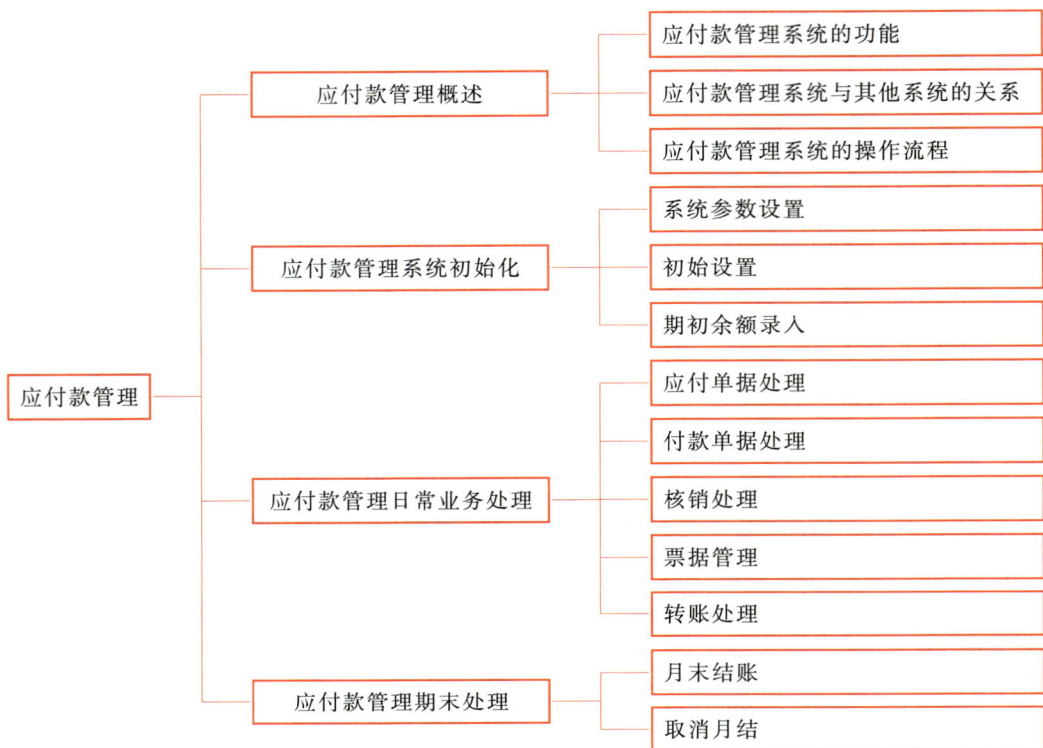

```
应付款管理 ─┬─ 应付款管理概述 ─┬─ 应付款管理系统的功能
            │                  ├─ 应付款管理系统与其他系统的关系
            │                  └─ 应付款管理系统的操作流程
            │
            ├─ 应付款管理系统初始化 ─┬─ 系统参数设置
            │                        ├─ 初始设置
            │                        └─ 期初余额录入
            │
            ├─ 应付款管理日常业务处理 ─┬─ 应付单据处理
            │                          ├─ 付款单据处理
            │                          ├─ 核销处理
            │                          ├─ 票据管理
            │                          └─ 转账处理
            │
            └─ 应付款管理期末处理 ─┬─ 月末结账
                                   └─ 取消月结
```

图 7-36　"项目七 应付款管理"内容结构图

项目八　UFO 报　表

分析京沪高铁报表，激发爱路报国情怀

◇ **职业能力目标**

了解 UFO 报表处理业务流程及基本概念；掌握利用 UFO 报表模板编制资产负债表和利润表。

◇ **典型工作任务**

UFO 报表处理业务流程认知；利用报表模板生成报表。

任务一　UFO 报表处理业务流程认知

【任务描述】

UFO 报表是报表处理的工具，利用 UFO 报表能够编制各种报表。其主要任务是从总账管理系统或其他业务系统取得有关数据，自动编制各种会计报表，并生成各种分析图。本任务要求了解 UFO 报表业务处理流程及基本概念，为后续编制报表奠定基础。

【知识准备与业务操作】

一、UFO 报表处理业务流程

UFO 报表处理业务流程如图 8-1 所示。

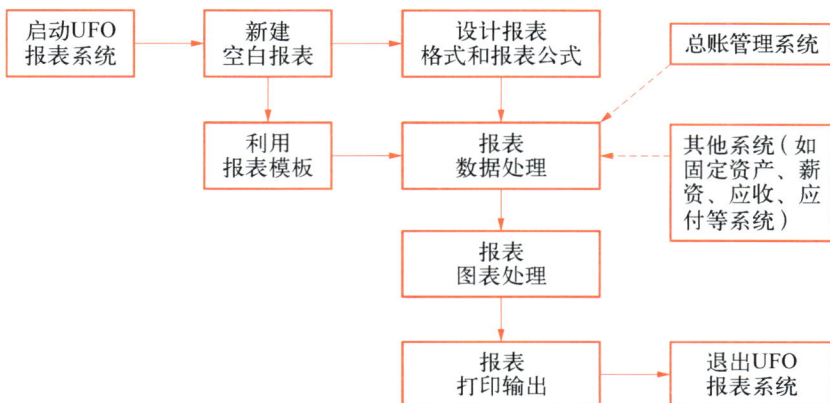

图 8-1　UFO 报表处理业务流程

二、UFO 报表基本概念

（一）报表及报表文件

报表也称表页，是报表系统存储数据的基本单位，由若干行和若干列组成的二维表。具有相同格式不同数据的每张报表称为一个表页。一个 UFO 报表最多可容纳 99 999 张表页。表页在报表中的序号在表页下方以标签形式出现，称为"页标"，用"第 1 页"—"第 99 999 页"表示。在表达式中，表页以"@＜表页号＞"标识，如"@3"表示当前表的第 3 页。

报表文件是一张或多张报表以文件形式保存在存储介质中。每个报表文件都有一个"名称"和".扩展名"组成的表名，如"资产负债表.rep"。每个报表文件可以包含若干张报表（表页），如利润表报表文件中可以存放多个月的多张利润表，每一张表都有一个表名。在报表文件中确定一个数据所在位置的标识为"表页名""行"和"列"，因此，报表文件相当于一个三维表。

（二）格式状态和数据状态

UFO 报表工具将报表分格式状态和数据状态两种状态来处理不同的工作。

在"格式"状态下，可以对报表格式进行相关操作，如设置表尺寸、行高列宽、组合单元、单元属性、关键字，还可以定义报表的单元公式、审核公式和舍位平衡公式。在格式状态下所进行的操作，对本报表所有的表页都发生作用，并且此状态下只能看到报表的格式，不能进行数据的录入、计算等操作，报表的数据全部被隐藏了。新建一张空白报表默认的是格式状态。

在"数据"状态下，可以管理报表的数据，如录入数据、增加或删除表页、计算数据、进行审核及舍位操作、制作图表等。在数据状态下不能修改报表的格式，但能看到报表的全部内容，包括格式和数据。

要进行"格式"状态和"数据"状态的切换，可以单击报表工作区左下角的"格式/数据"按钮。

（三）关键字

关键字是游离单元之外的特殊数据单元，可以唯一标识一个表页，用于在大量表页中快速选择表页，其实质就是一个取值函数。

关键字的显示位置在格式状态下设置，其数值则在数据状态下录入，每个报表可以定义多个关键字。作为一个标识，主要有单位名称、单位编号、年、季、月、日等六种。除此之外，为了满足需要，系统还提供了自定义关键字。

任务二　利用报表模板生成报表

【任务描述】

目前 UFO 报表系统提供了 34 个行业的标准财务报表模板，本任务要求了解通过 UFO 报表系统提供的不同行业的报表模板功能，掌握从总账管理系统中取得有关会计数据，自动编制资产负债表和利润表。

【知识准备与业务操作】

一、编制资产负债表

安徽阳光公司启用了"总账管理""固定资产管理""薪资管理""应收款管理"和"应付款管理"等系统，总账管理接收其他系统的凭证后，需要更换操作员进行出纳签字、审核和记账操作。涉及损益类会计科目，还要进行期间损益结转凭证的生成、审核和记账。

【业务资料】

引入实验十应付款管理账套备份文件，利用报表模板编制 2024 年 1 月 31 日的资产负债表。

资产负债表生成

【操作步骤】

（1）以“003 马方”身份登录总账管理系统，完成“制造费用结转”和“期间损益结转”凭证生成，并更换为“001 学生本人”审核记账。

（2）以“001 学生本人”身份登录总账管理系统，打开账表中的“发生额及余额表”，检查一下期末还有没有尚未处理完的转账处理，如图 8－2 所示。

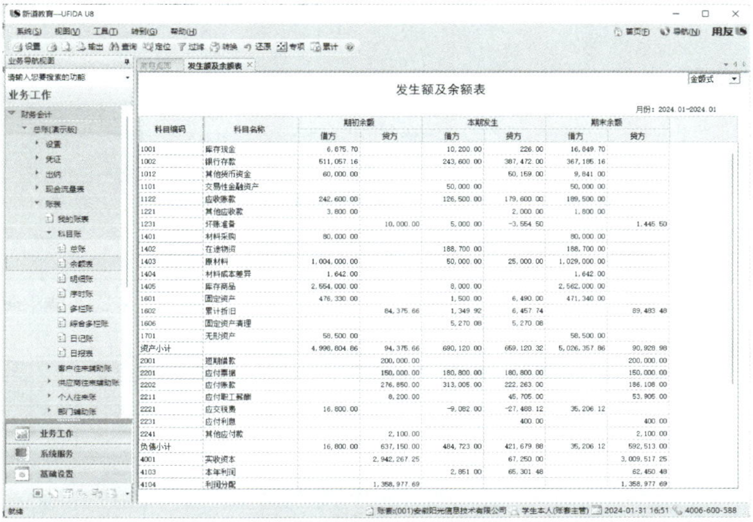

图 8－2　报表生成前的发生额及余额表

8

（3）以“001 学生本人”身份进入企业应用平台，单击“业务工作”/“财务会计”，双击“UFO 报表”，打开 UFO 报表窗口。

（4）单击“新建”按钮，创建一张空表，如图 8－3 所示。

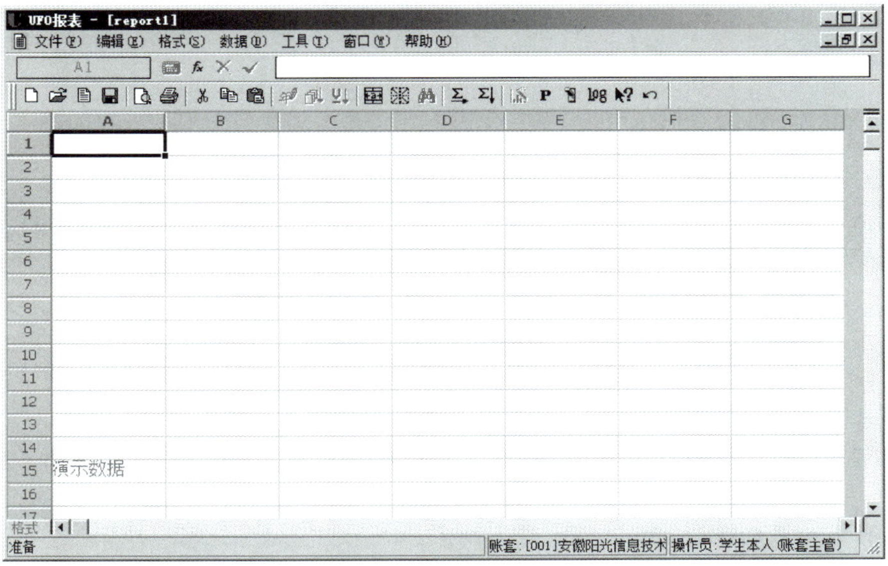

图 8－3　新建一张空表

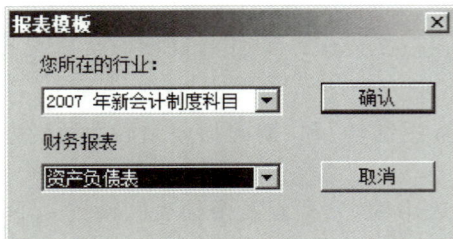

图 8-4　设置报表模板

（5）下拉"格式"菜单，选择"报表模板"，打开报表模板窗口。单击"您所在的行业"栏的下三角按钮，选择"2007 年新会计制度科目"，再单击"财务报表"栏的下三角按钮，选择"资产负债表"，如图 8-4 所示。

（6）单击"确认"按钮，系统弹出"模板格式将覆盖本表格式，是否继续？"信息提示框，单击"确定"按钮，打开2007 年新会计制度科目设置的"资产负债表"模板，如图8-5 所示。

图 8-5　资产负债表模板

小提示！

➤ 在编制报表之前，需要确保来自固定资产、薪资管理、应收及应付款管理系统的凭证已经在总账管理系统中审核、记账。由于传递至总账管理系统中涉及损益类账户和制造费用账户，因此还需再次执行期间损益结转和自定义结转凭证生成，并审核记账，以确保所有损益类账户期末无余额，以及制造费用期末无余额。

➤ 在调用报表模板时，一定要注意选择正确的所在行业相应的会计报表。否则不同行业的会计报表其会计科目设置有所不同，直接影响报表项目公式取数的正确性。

➤ 如果被调用的报表模板与实际需要的报表格式或公式不完全一致，可以在此基础上进行修改。

➤ 资产负债表模板默认的"年、月、日"为关键字。

（7）单击“格式”按钮，将资产负债表转换为“数据”状态，下拉“数据”菜单中的“关键字”/“录入”，打开录入关键字窗口，如图 8－6 所示。

（8）单击“确认”按钮，系统提示“是否重算第 1 页?”，单击“是”按钮，系统自动生成资产负债表数据，如图 8－7 和图 8－8 所示。

（9）单击“保存”按钮，保存资产负债表文件，如图 8－9 所示。

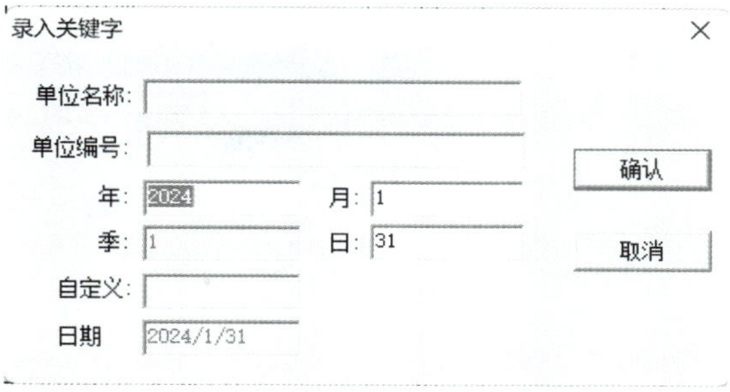

图 8－6　录入关键字

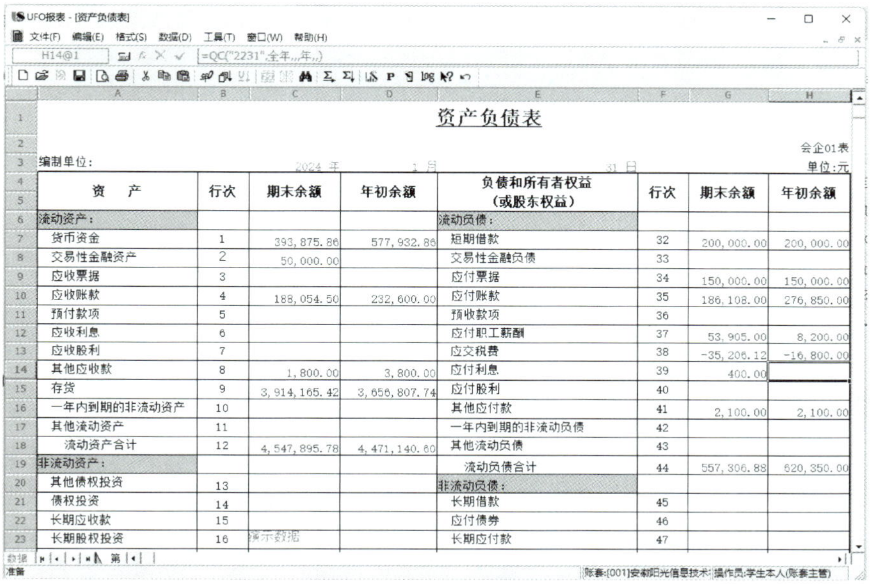

资产负债表

资　产	行次	期末余额	年初余额	负债和所有者权益（或股东权益）	行次	期末余额	年初余额
流动资产：				流动负债：			
货币资金	1	393,875.86	577,932.86	短期借款	32	200,000.00	200,000.00
交易性金融资产	2	50,000.00		交易性金融负债	33		
应收票据	3			应付票据	34	150,000.00	150,000.00
应收账款	4	188,054.50	232,600.00	应付账款	35	186,108.00	276,850.00
预付款项	5			预收款项	36		
应收利息	6			应付职工薪酬	37	53,905.00	8,200.00
应收股利	7			应交税费	38	-35,206.12	-16,800.00
其他应收款	8	1,800.00	3,800.00	应付利息	39	400.00	
存货	9	3,914,165.42	3,656,807.74	应付股利	40		
一年内到期的非流动资产	10			其他应付款	41	2,100.00	2,100.00
其他流动资产	11			一年内到期的非流动负债	42		
流动资产合计	12	4,547,895.78	4,471,140.60	其他流动负债	43		
非流动资产：				流动负债合计	44	557,306.88	620,350.00
其他债权投资	13			非流动负债：			
债权投资	14			长期借款	45		
长期应收款	15			应付债券	46		
长期股权投资	16	演示数据		长期应付款	47		

图 8－7　生成资产负债表（1）

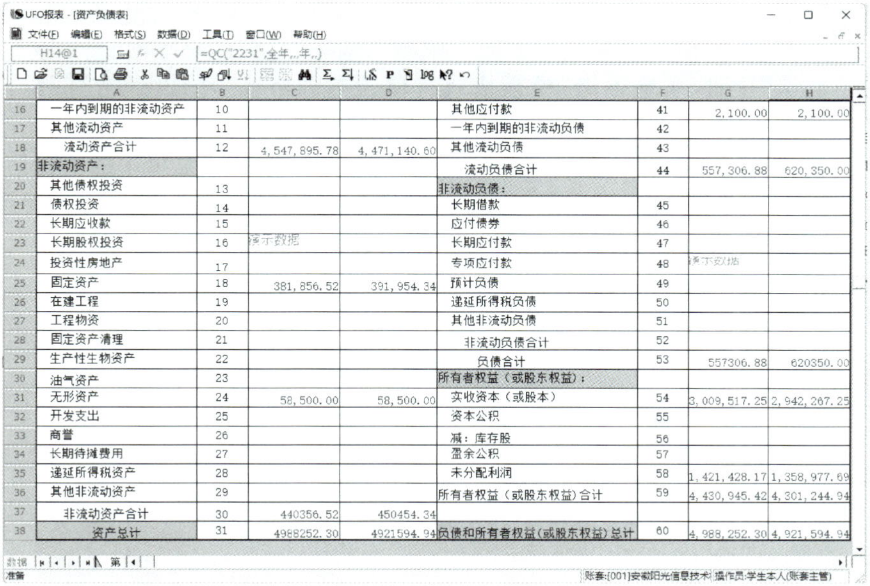

资　产	行次	期末余额	年初余额	负债和所有者权益（或股东权益）	行次	期末余额	年初余额
一年内到期的非流动资产	10			其他应付款	41	2,100.00	2,100.00
其他流动资产	11			一年内到期的非流动负债	42		
流动资产合计	12	4,547,895.78	4,471,140.60	其他流动负债	43		
非流动资产：				流动负债合计	44	557,306.88	620,350.00
其他债权投资	13			非流动负债：			
债权投资	14			长期借款	45		
长期应收款	15			应付债券	46		
长期股权投资	16	演示数据		长期应付款	47		
投资性房地产	17			专项应付款	48	演示数据	
固定资产	18	381,856.52	391,954.34	预计负债	49		
在建工程	19			递延所得税负债	50		
工程物资	20			其他非流动负债	51		
固定资产清理	21			非流动负债合计	52		
生产性生物资产	22			负债合计	53	557306.88	620350.00
油气资产	23			所有者权益（或股东权益）：			
无形资产	24	58,500.00	58,500.00	实收资本（或股本）	54	3,009,517.25	2,942,267.25
开发支出	25			资本公积	55		
商誉	26			减：库存股	56		
长期待摊费用	27			盈余公积	57		
递延所得税资产	28			未分配利润	58	1,421,428.17	1,358,977.69
其他非流动资产	29			所有者权益（或股东权益）合计	59	4,430,945.42	4,301,244.94
非流动资产合计	30	440356.52	450454.34				
资产总计	31	4988252.30	4921594.94	负债和所有者权益（或股东权益）总计	60	4,988,252.30	4,921,594.94

图 8－8　生成资产负债表（2）

8

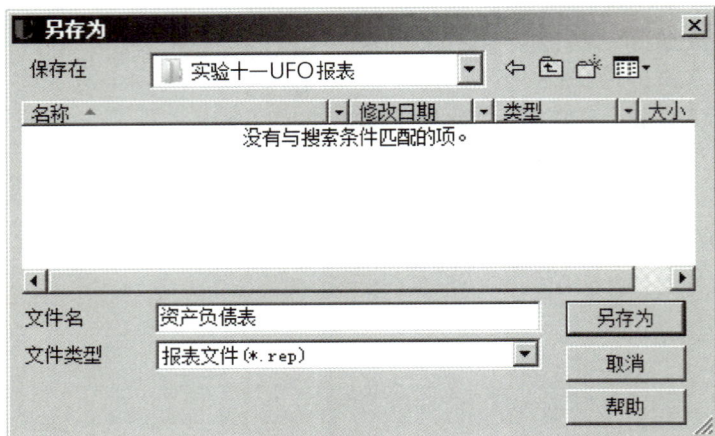

图 8 - 9 保存资产负债表

（10）单击"另存为"按钮,保存资产负债表。

二、编制利润表

【业务资料】

利用报表模板编制 2024 年 1 月的利润表。

图 8 - 10 报表模板设置

【操作步骤】

（1）以"001 学生本人"身份登录企业应用平台,双击"UFO 报表",打开 UFO 报表窗口。

（2）单击"新建"按钮,创建一张空表。

（3）下拉"格式"菜单,选择"报表模板",打开报表模板窗口。单击"您所在的行业"栏的下三角按钮,选择"2007 年新会计制度科目",再单击"财务报表"栏的下三角按钮,选择"利润表",如图 8 - 10 所示。

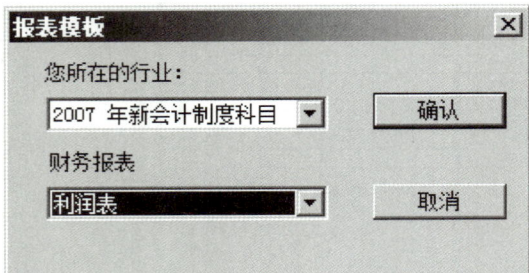

（4）单击"确认"按钮,系统弹出"模板格式将覆盖本表格式,是否继续?"信息提示框,单击"确定"按钮,打开 2007 年新会计制度科目设置的利润表模板,如图 8 - 11 所示。

（5）单击"格式"按钮,将利润表转换为"数据"状态,下拉"数据"菜单中的"关键字"/"录入",打开录入关键字窗口,单击"确认"按钮,系统提示"是否重算第 1 页?"信息提示,单击"是"按钮,系统自动生成利润表数据,如图 8 - 12 所示。

（6）单击"保存"按钮,保存利润表文件,如图 8 - 13 所示。

小提示!

➢ 保存后的报表表现为 资产负债表.rep / UFO-电子表 41 KB 和 利润表.rep / UFO-电子表 28 KB 。

➢ 将保存后的资产负债表和利润表备份在"D:/001 账套备份/财务管理/实验十一 UFO 报表"文件夹中。同时,再次进行账套输出,也保存在该文件夹中。

➢ 保存后的报表不能直接打开,必须先引入对应账套数据后,打开"UFO 报表",选择"资产负债表"或"利润表"才能打开。

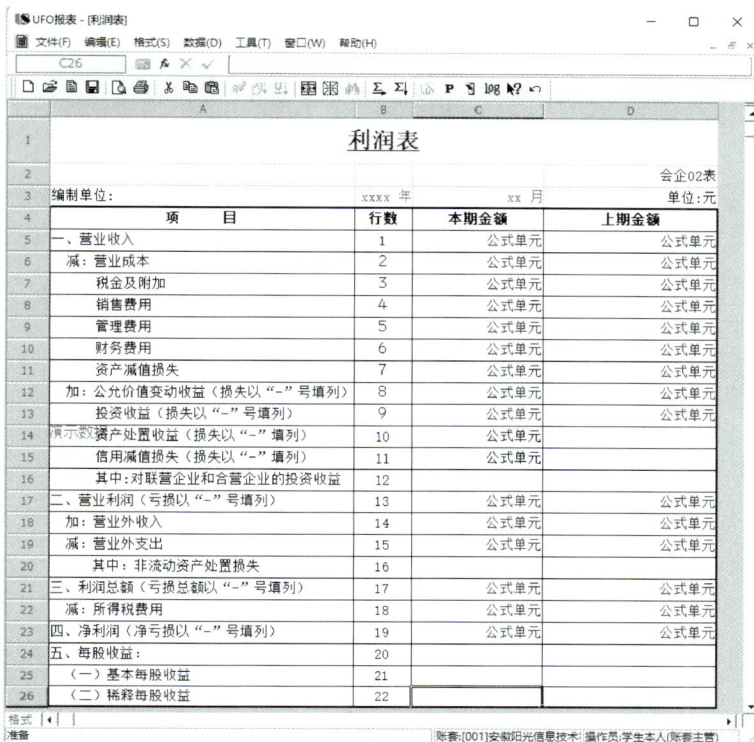

图 8 - 11　利润表模板

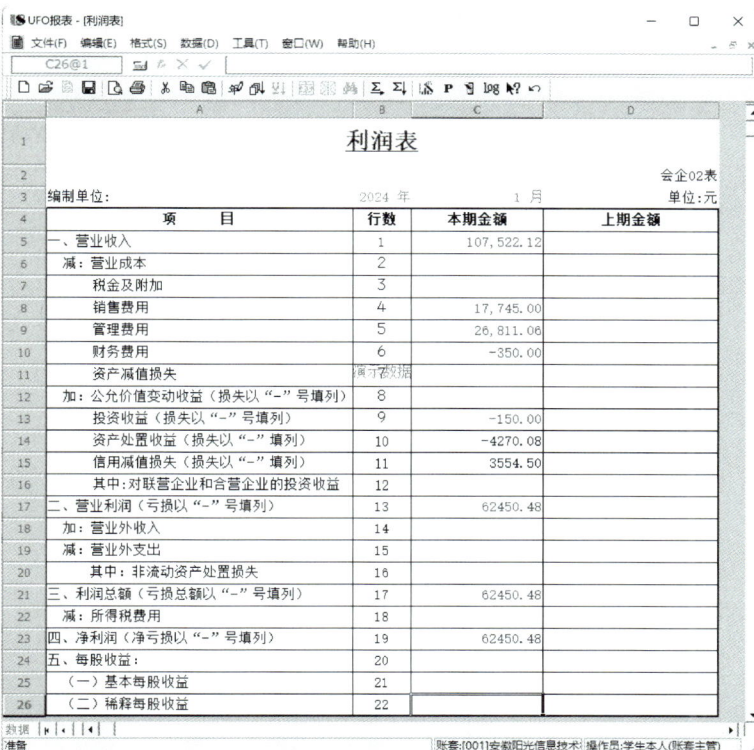

图 8 - 12　生成利润表数据

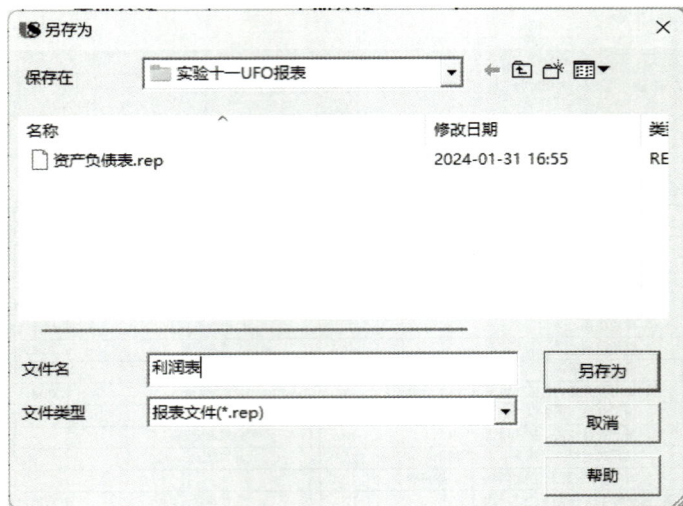

图 8‑13　保存利润表

项 目 小 结

"项目八 UFO 报表"内容结构如图 8‑14 所示。

图 8‑14　"项目八 UFO 报表"内容结构图

项目九　供应链管理初始化

◇ **职业能力目标**

了解供应链管理的概念、基本内容及构成；掌握供应链管理各模块间的数据传递关系及管理流程；掌握供应链管理系统初始化内容以及操作方法。

◇ **典型工作任务**

供应链管理认知；业务档案设置；供应链管理业务相关会计科目设置；供应链管理系统参数设置；期初数据录入。

任务一　供应链管理认知

【任务描述】

供应链管理是用友 ERP－U8 V10.1 管理系统中的重要组成部分，其实质是对企业物流、资金流和信息流的优化管理。为了更好地掌握供应链管理各模块操作流程及方法，需要整体把握供应链管理的基本理论知识，包括供应链的概念、基本内容及构成，以及供应链管理各模块间的数据传递关系和管理流程。

【知识准备与业务操作】

一、供应链管理的概念

供应链是涉及产品自原材料至最终用户移动过程中全部相关的活动，包括资源采购、产品设计、生产计划、物料管理、订单处理、库存管理、运输、仓储管理和客户服务。特别重要的是，它还包含了信息系统，这在连接供应链各个环节中具有非常重要的意义。

供应链管理（supply chain management）就是对企业供应链的管理，是对供应、需求、原材料采购、市场、生产、库存、订单、分销发货等进行管理，包括从订单、生产到发货，从供应商的供应商到顾客的顾客的每一个环节。供应链是企业赖以生存的商业循环系统，是企业电子商务管理中最重要的课题。

因此，可以定义供应链为："供应链是围绕核心企业的，将供应商、制造商、分销商、零售商直到最终用户连成一个整体的功能网链。"在供应链中，每个企业是一个节点，节点企业间是一种需求与供应的关系。对于核心企业而言，供应链是连接其供应商、供应商的供应商以及用户、用户的用户的一个网链，在供应链中涉及三种不同的流，即产品流（物流）、资金流和信息流，如图 9－1 所示。

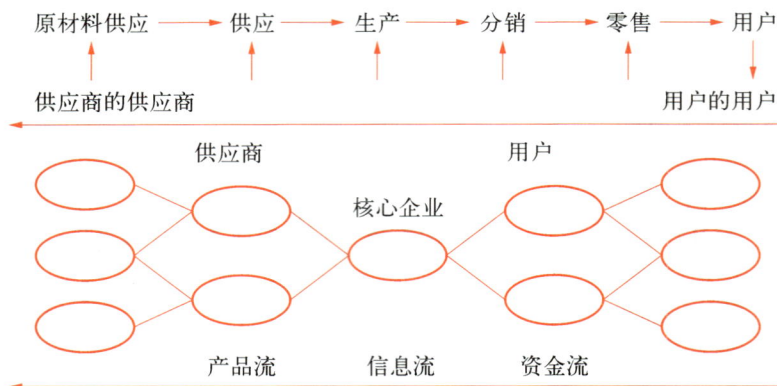

图 9 - 1   供应链结构

二、供应链管理的基本内容

企业内部供应链是一种较狭义的供应链管理流程,是指制造企业的一个内部过程,是将采购的原材料和收到的零部件,通过生产的转换和销售等过程传递到制造企业的用户这一过程的管理。

广义的供应链管理流程是拆除了"企业的围墙",将各个企业独立的信息孤岛连接在一起,建立起一种跨企业的协作,以此来追求和分享市场机会,通过 Internet、电子商务把过去分离的业务过程集成起来,覆盖了从供应商到客户的全部过程,包括原材料供应、外协加工和组装、生产制造、销售分销与运输、批发、零售、仓储和客户服务等,实现了从生产领域到流通领域的全业务过程。广义的供应链管理概念注重了与其他企业的联系,注意了供应链外部环境,偏向于定义它为通过链中不同企业的制造、组装、分销、零售等过程将原材料转换成产品到最终用户的转换过程。

三、供应链管理构成

供应链管理是用友 ERP - U8 V10.1 管理系统的重要组成部分,是以企业购销存业务环节中的各项活动为对象,不仅记录各项业务的发生,还有效跟踪其发展过程,为财务核算、业务分析、管理决策提供依据,并实现了财务业务一体化全面管理,实现物流、资金流管理的统一。

用友 ERP - U8 V10.1 供应链管理系统主要包括采购管理、销售管理、库存管理、存货核算等模块。主要功能在于增加预测的准确性,减少库存,提高发货供货能力,减少工作流程周期,提高生产效率,降低供应链成本,减少总体采购成本,缩短生产周期,加快市场响应速度。同时提供了对采购、销售等业务环节的控制,以及对库存资金占用的控制,完成对存货出入库成本的核算。

(一)采购管理

采购管理帮助企业对采购业务的全部流程进行管理。提供请购、订货、到货、入库、开票、采购结算的完整采购流程,支持普通采购、受托代销、直运等多种类型的采购业务,支持按询比价方式选择供应商,支持以订单为核心的业务模式。企业还可以根据实际情况进行采购流程的定制,既可选择按规范的标准流程操作,又可按简化的流程来处理实际业务,便于企业构建自己的采购业务管理平台。

(二)销售管理

销售管理帮助企业对销售业务的全部流程进行管理。提供报价、订货、发货、开票的完整销售流程,支持普通销售、委托代销、分期收款、直运、零售、销售调拨等多种类型的销售业务,支持以订单为核心的业务模式,并可对销售价格和信用进行实时监控。企业可以根据实际情况进行销售流程的定制,构建自己的销售业务管理平台。

（三）库存管理

库存管理主要是从数量的角度管理存货的出入库业务，能够满足采购入库、销售出库、产成品入库、材料出库、其他出入库、盘点管理等业务需要，提供多计量单位使用、仓库货位管理、批次管理、保质期管理、出库跟踪、入库管理、可用量管理等全面的业务应用。通过存货收发存业务处理，及时动态地掌握各种库存存货信息，对库存安全性进行控制，提供各种储备分析，避免库存积压占用资金，或材料短缺影响生产。

（四）存货核算

存货核算是从资金的角度管理存货的出入库业务，掌握存货的耗用情况，及时准确地把各类存货成本归集到各成本项目和成本对象上。存货核算主要用于核算企业的入库成本、出库成本、结余成本，反映和监督存货的收发、领退和保管情况，反映和监督存货资金的占用情况，动态反映存货资金的增减变动，提供存货资金周转和占用分析，以降低库存，减少资金积压。

四、用友 ERP－U8 V10.1 供应链管理各模块间的数据传递关系

（一）应用模式

用友 ERP－U8 V10.1 供应链管理系统中，很多模块既可以单独应用，也可与其他相关子系统联合使用，这种应用关系如表 9－1 所示。

表 9－1　　　　　　　　用友供应链管理各模块的应用模式

	单独使用	可以联合使用的模块	特殊要求
物流需求计划		采购、销售、库存、成本	先启用采购、库存
采购管理	√	物流需求计划、销售、库存、存货、应付款	
销售管理	√	物流需求计划、采购、库存、存货、应付款	
库存管理	√	物流需求计划、采购、销售、存货	
存货核算	√	物流需求计划、采购、销售、库存	

（二）数据流程

在企业的日常业务中，采购供应部门、仓库、销售部门、财务部门等都涉及购销业务及核算处理，各部门管理内容是不同的，工作间的延续性是通过单据在不同部门间的传递来完成。计算机环境下的业务处理流程与手工环境下的业务处理流程肯定存在差异，如果缺乏对供应链管理业务流程的了解，就无法实现企业各部门间的协调配合，就会影响系统的效率。

在供应链管理各模块集成应用的情况下，供应链管理各模块间的数据传递关系如图 9－2 所示。

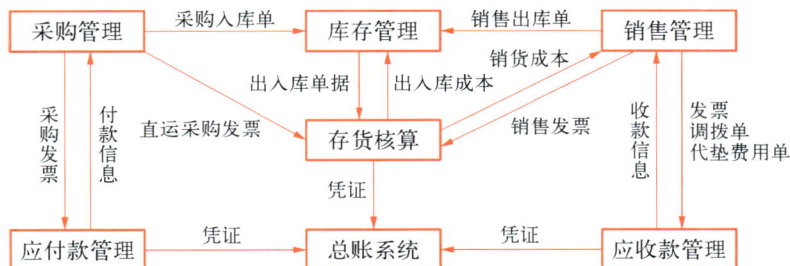

图 9－2　供应链管理系统的数据流程

五、供应链管理的流程

ERP 是从制造企业的管理需求出发开发完善的系统,制造业的关键流程是从接单开始,将订单排入主生产计划,发出采购订单及生产订单,再经过收料、发料、生产完工,到产成品出货给客户为止,其过程涉及很多部门,发生系列经济业务,他们之间有着密切的联系,具体流程如图 9 - 3 所示。

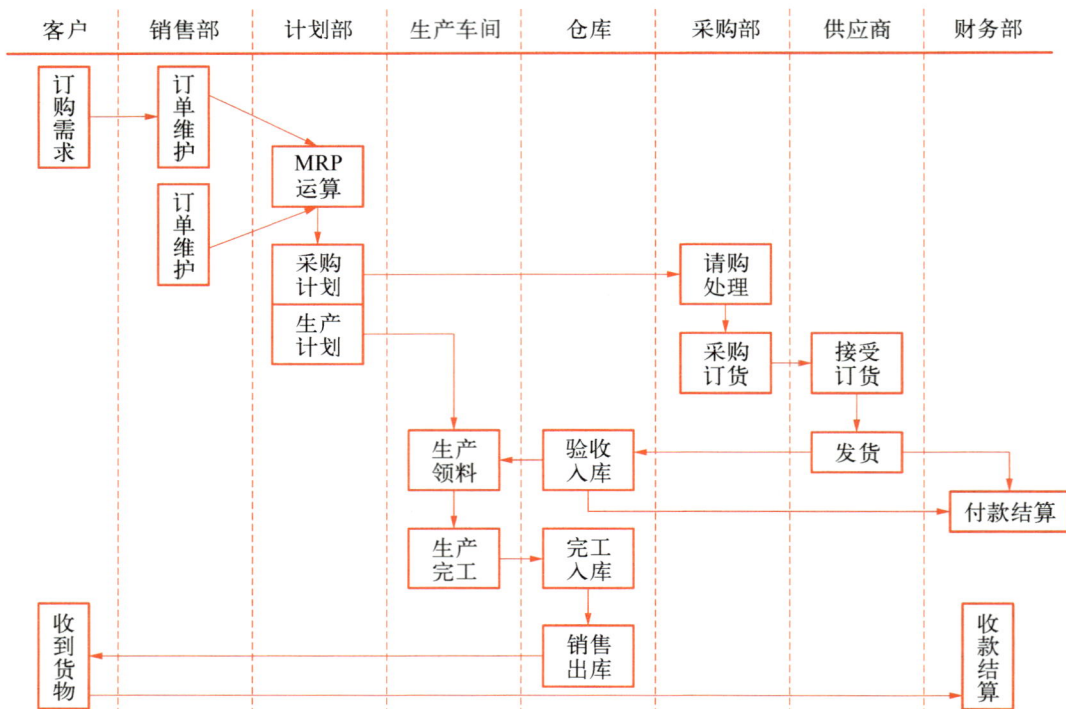

图 9 - 3 供应链管理流程

任务二　业务档案设置

【任务描述】

前述各项目中基础档案的设置,基本限于与财务相关的信息。供应链管理还需要增设与业务处理相关的基础信息。本任务要求掌握供应链管理业务档案设置的内容及操作方法。

【知识准备与业务操作】

一、供应链管理各系统启用

供应链管理系统主要包括采购管理、销售管理、库存管理和存货核算四个模块。各模块既可以独立使用,也可与相关系统集成使用。在供应链各系统使用之前,必须设置各系统启用时间。每个模块的启用日期与账套启用日期可以不同,但必须晚于等于账套的启用日期,如账套启用日期为 2024 年 1 月 1 日,供应链各系统启用的日期应为 2024 年 1 月 1 日或之后,否则不能登录操作。

系统启用此时只能在企业应用平台中由账套主管进行。

【业务资料】

引入"实验三总账管理初始化"完成后的账套备份文件，由账套主管"001 学生本人"启用供应链管理各系统，时间设置为 2024 年 1 月 1 日。

【操作步骤】

（1）以"001 学生本人"身份登录企业应用平台，单击"基础设置"/"基本信息"，双击"系统启用"，打开系统启用窗口。

（2）分别将"销售管理""采购管理""库存管理""存货核算"四个系统选中，设置启用时间为"2024 年 1 月 1 日"，设置完成后如图 9-4 所示。

图 9-4　启用供应链管理各系统

供应链管理各模块启用

小提示！

➤ 由于用友 ERP-U8 V10.1 管理系统中包含众多子系统，特别是在子系统启用期间不一致的情况下，更要注意其先后顺序。供应链管理各系统和应收应付款管理系统启用关系如图 9-5 所示。

图 9-5　供应链管理各系统启用关系

9

二、业务档案设置

实验二基础档案已经设置了部门档案、人员档案、往来单位、存货档案、收付结算等信息，但供应链管理系统还需增设与业务相关的基础信息档案，一般是购销存业务单据上必须输入的项目，如仓库、采购类型、销售类型，预先设置好这些信息，才能顺利录入业务单据、避免因基础信息不全而被迫终止业务进程，这些信息也是系统进行分类查询、统计、汇总的依据。

（一）仓库档案

仓库是用于存放存货的场所，对存货进行核算和管理，首先应对仓库进行管理。因此设置仓库档案是供应链管理系统中的重要基础工作之一。但此处设置的仓库可以是企业实际拥有的仓库，也可以是企业虚拟的仓库。

【业务资料】

安徽阳光公司的仓库档案如表 9-2 所示，根据资料完成仓库档案设置。

仓库档案设置

表 9 - 2　　　　　　　　　　　　仓 库 档 案

仓库编码	仓库名称	计价方式
1	原料库	移动平均法
2	成品库	移动平均法
3	配套用品库	全月平均法
4	固定资产(资产仓属性)	全月平均法

【操作步骤】

（1）以"001 学生本人"身份登录企业应用平台，单击"基础设置"/"基础档案"/"业务"，双击"仓库档案"，打开仓库档案窗口。

（2）单击"增加"按钮，打开增加仓库档案窗口，输入仓库编码"1"，仓库名称"原料库"，单击计价方法选择"移动平均法"，如图 9 - 6 所示。

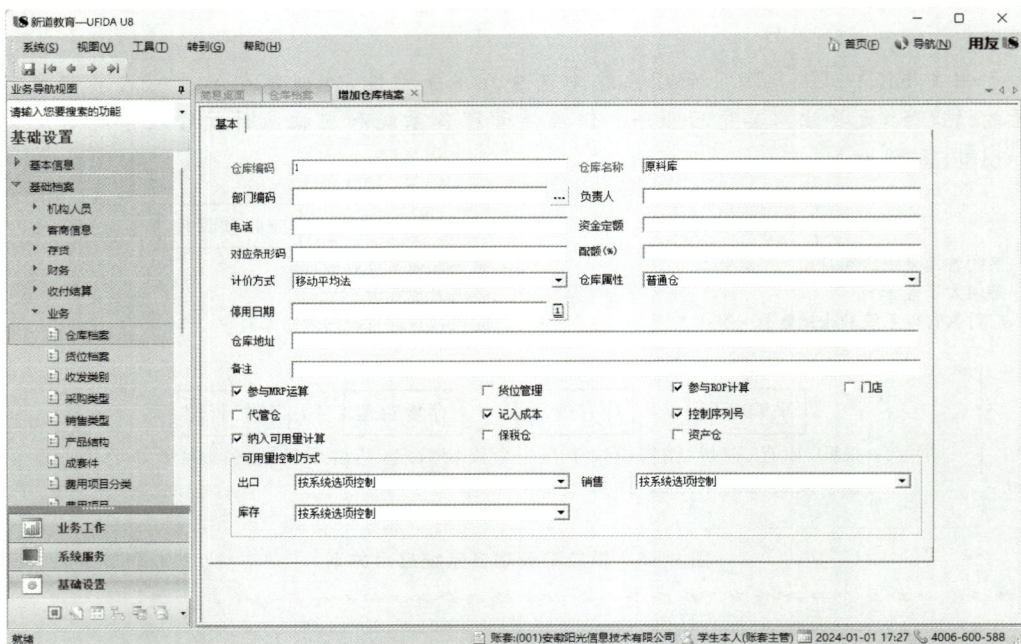

图 9 - 6　增加仓库档案

（3）单击"保存"按钮，继续增加其余仓库档案。

小提示！

➢ 仓库编码、仓库名称必须录入，且仓库编码必须唯一。

➢ 系统提供了六种计价方式。工业有计划价法、全月平均法、移动平均法、先进先出法、后进先出法和个别计价法。商业有售价法、全月平均法、移动平均法、先进先出法、后进先出法和个别计价法。每个仓库必须选择一种计价方式。注意，我国会计编制不允许采用后进先出法。

➢ 增加固定资产档案时，注意与上述仓库档案区别，它是资产仓属性。

（二）收发类别

设置收发类别的目的是便于用户对企业的出入库情况进行分类汇总统计,用以标识材料的出入库类型。用户可以根据企业的实际情况进行灵活设置。

【业务资料】

安徽阳光公司的收发类别档案如表9-3所示,根据资料完成收发类别档案设置。

表9-3 收发类别

编　码	名　称	标　志	编　码	名　称	标　志
1	正常入库	收	3	正常出库	发
101	采购入库	收	301	销售出库	发
102	产成品入库	收	302	领料出库	发
103	调拨入库	收	303	调拨出库	发
2	非正常入库	收	4	非正常出库	发
201	盘盈入库	收	401	盘亏出库	发
202	其他入库	收	402	其他出库	发

【操作步骤】

（1）以“001学生本人”身份登录企业应用平台,单击“基础设置”/“基础档案”/“业务”,双击“收发类别”,打开收发类别窗口。

（2）单击“增加”按钮,输入收发类别编码“1”,收发类别名称“正常入库”,单击收发标志“收”。

（3）单击“保存”按钮,继续增加其余收发类别档案资料,完成后如图9-7所示。

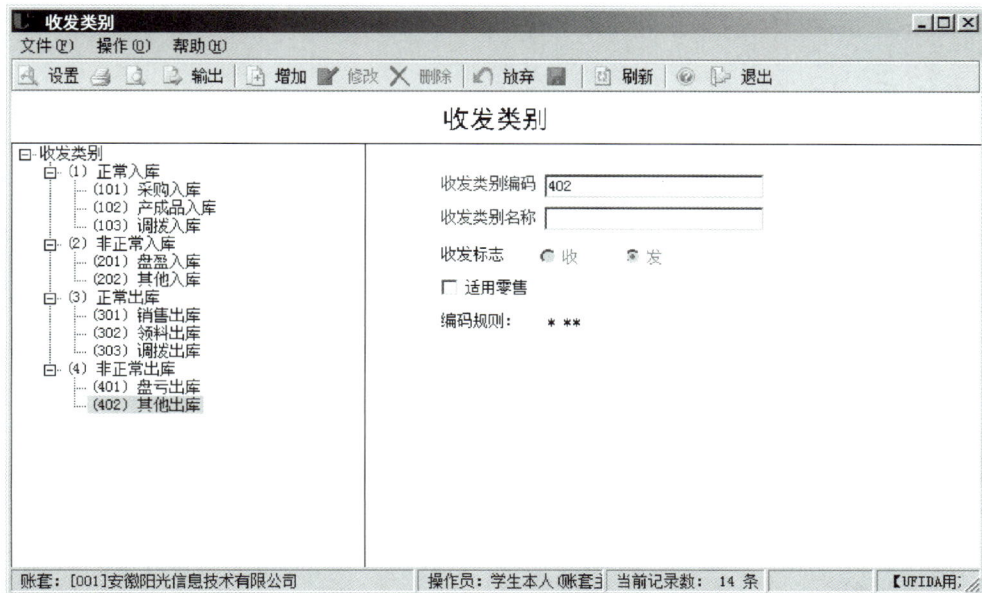

图9-7　设置收发类别档案

小提示!
➤ 必须按照编码方案设定的编码规则输入。
➤ 先建立上级收发类别,再建立下级类别。

(三) 采购类型

采购类型是用户对采购业务所作的一种分类,是采购单据上的必填项。如果企业需要按照采购类别进行采购统计,则必须设置采购类型。

【业务资料】

安徽阳光公司的采购类型档案如表9-4所示,根据资料完成采购类型档案设置。

采购类型
设置

表9-4   采 购 类 型

采购类型编码	采购类型名称	入库类别	是否默认值
1	普通采购	采购入库	是
2	直运采购	采购入库	否

【操作步骤】

(1)以“001学生本人”身份登录企业应用平台,单击“基础设置”/“基础档案”/“业务”,双击“采购类型”,打开采购类型窗口。

(2)单击“增加”按钮,输入采购类型编码“1”,采购类型名称“普通采购”,选择入库类别“采购入库”,是否默认值“是”,如图9-8所示。

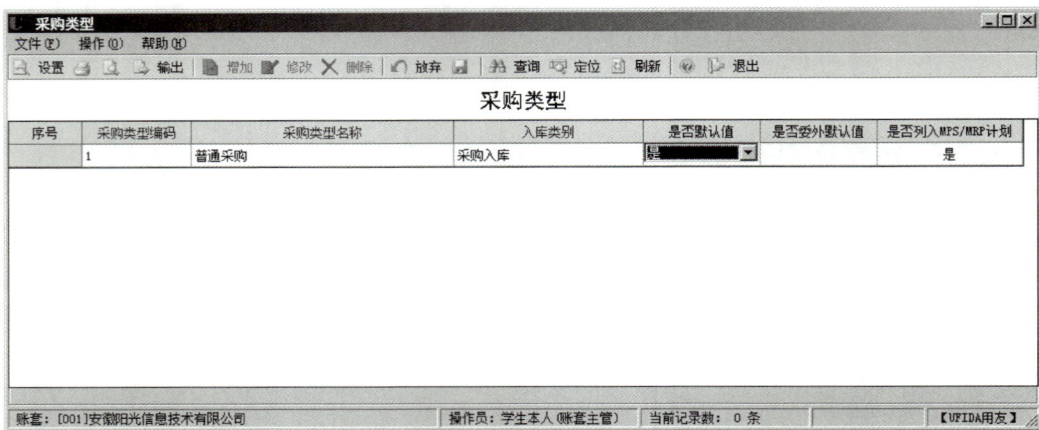

图9-8 增加采购类型

(3)单击“保存”按钮,继续增加其他采购类型档案资料。

小提示!
➤ 采购类型编码、采购类型名称及入库类别必须输入。
➤ “入库类别”是设定在填制采购入库单时,输入采购类型系统时出现的默认的入库类别,以便加快录入速度。

> "是否默认值"是设定某个采购类型作为填制单据时默认的采购类型,对于最常发生的采购类型,可以设定该采购类型为默认的采购类型。

(四)销售类型

销售类型是用户自定义销售业务的类型,其目的在于可以根据销售类型对销售业务数据进行统计与分析。

【业务资料】

安徽阳光公司的销售类型档案如表9-5所示,根据资料完成销售类型档案设置。

表9-5　　　　　　　　　　　　　　　　销 售 类 型

销售类型编码	销售类型名称	出库类别	是否默认值
1	经销	销售出库	是
2	代销	销售出库	否

【操作步骤】

(1)以"001学生本人"身份登录企业应用平台,单击"基础设置"/"基础档案"/"业务",双击"销售类型",打开销售类型窗口。

(2)单击"增加"按钮,输入销售类型编码"1",销售类型名称"经销",选择入库类别"销售出库",是否默认值"是",如图9-9所示。

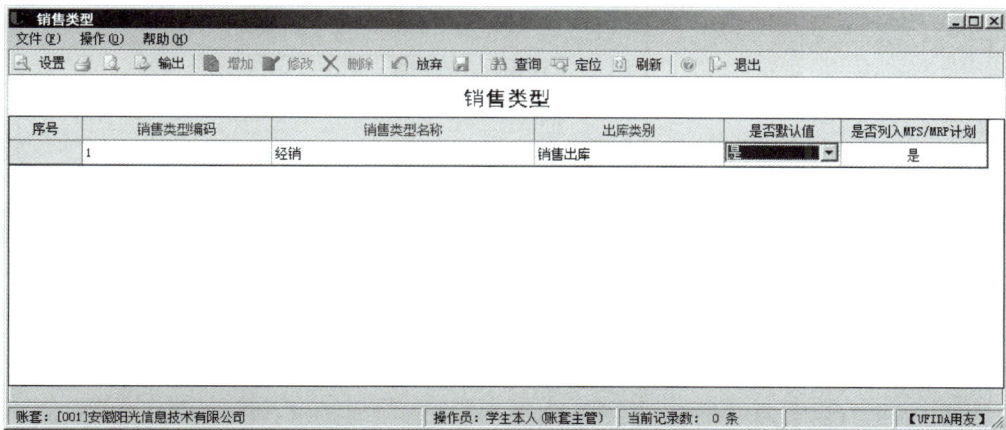

图9-9　增加销售类型

(3)单击"保存"按钮,继续增加其他销售类型档案。

小提示!
> 销售类型和销售编码必须输入。
> "出库类别"是设定在销售类型中填制销售出库单、输入销售类型时系统默认的出库类别,以便销售业务数据传递到库存管理系统和存货核算系统时进行出库统计和财务制单处理。
> "是否默认值"是设定某个销售类型作为填制单据时默认的销售类型,只能设定一种。

（五）费用项目

费用项目主要用于处理在销售活动中支付的代垫费用、各种销售费用等业务。

【业务资料】

安徽阳光公司费用项目如表9-6所示，根据资料设置费用项目档案。

表9-6　　　　　　　　　　　　费 用 项 目

费用项目编码	费用项目名称
1	运输费
2	其　他

【操作步骤】

（1）以"001学生本人"身份登录企业应用平台，单击"基础设置"/"基础档案"/"业务"，双击"费用项目分类"，打开费用项目分类窗口。

（2）单击"增加"按钮，输入分类编码"1"，分类名称"无分类"，如图9-10所示。

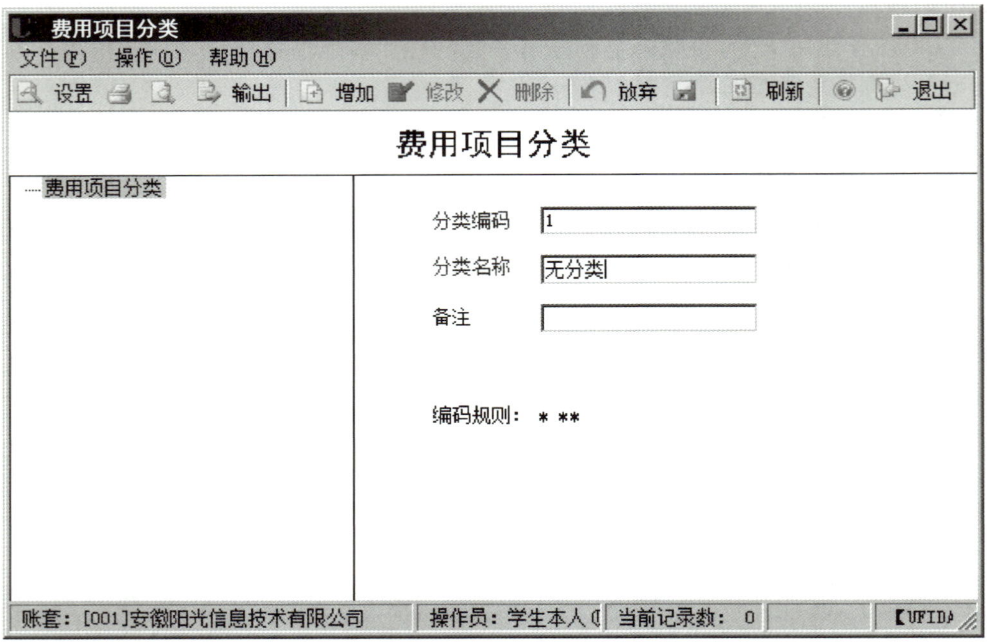

图9-10　增加费用项目分类

小提示！

➢ 系统预设了费用项目分类，所以在没有费用项目分类资料的前提下，可先增加费用项目分类"无分类"，而后在此分类下增加各费用项目档案。

（3）单击"保存"按钮，单击"退出"按钮。

（4）双击"费用项目"，将光标放置"无分类"，单击"增加"按钮，输入费用项目编码"1"，费用项目名称"运输费"，选择费用项目分类"无分类"，如图9-11所示。

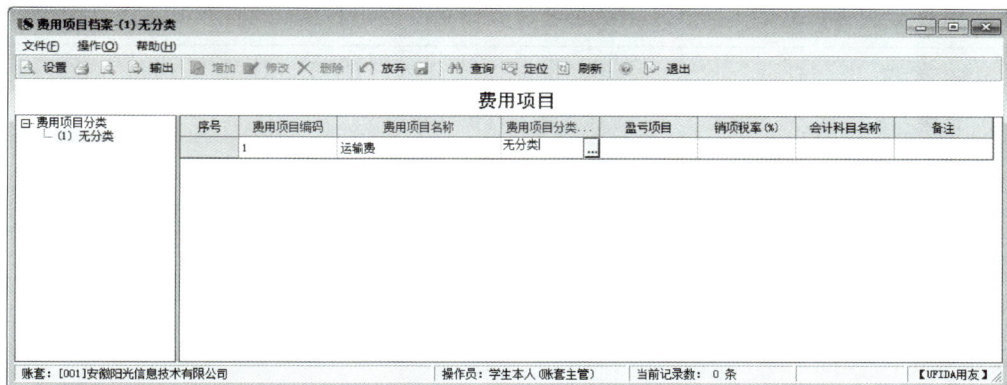

图 9-11　增加费用项目

（5）单击"保存"按钮，继续增加其余费用项目资料。

任务三　供应链管理业务相关会计科目设置

【任务描述】

在实验三总账管理初始化中，已经设置过会计科目，但与存货核算相关的会计科目并没有设置。为了快速、准确地在存货核算系统中完成凭证制单操作，应事先设置存货的采购、销售及其他出入库业务凭证的相关会计科目。本任务要求掌握存货核算系统业务会计科目设置内容及操作方法。

【知识准备与业务操作】

一、供应链管理系统基础会计科目设置

存货核算系统是供应链管理系统与财务管理系统之间的桥梁，各种存货的购进、销售及其他出入库业务，均要在存货核算系统中生成凭证，并传递到总账系统，然后再进行审核记账操作。为了方便存货核算系统生成凭证，应预先设置存货核算系统相关凭证上的会计科目。

【业务资料】

安徽阳光公司存货核算系统使用的会计科目如表 9-7 和表 9-8 所示，根据资料完成会计科目的设置。

存货核算
会计科目
设置

表 9-7　　　　　　　　　　存 货 科 目

仓　　库	存 货 编 码	存 货 科 目
	001	酷睿双核处理器（14030101）
	002	500GB 硬盘（14030102）
原料库	003	23 英寸液晶屏（14030103）
	004	键盘（14030104）
	005	鼠标（14030105）
成品库	006	计算机（140501）
配套用品库	007	HP 激光打印机（140502）

表 9-8　　　　　　　　　　　　　存货对方科目

收 发 类 别	对 方 科 目
采购入库	在途物资(1402)
产成品入库	生产成本/直接材料(500101)
盘盈入库	待处理财产损溢/待处理流动资产损溢(190101)
销售出库	主营业务成本(6401)
领料出库	生产成本/直接材料(500101)

【操作步骤】

(1) 以"001 学生本人"身份登录企业应用平台,单击"业务工作"/"供应链"/"存货核算"/"初始设置"/"科目设置",双击"存货科目",打开存货科目窗口。

(2) 单击"增加"按钮,选择仓库"原料库",存货科目编码"14030101",继续增加其他仓库对应存货科目编码,录入完成后,单击"保存"按钮,如图 9-12 所示。

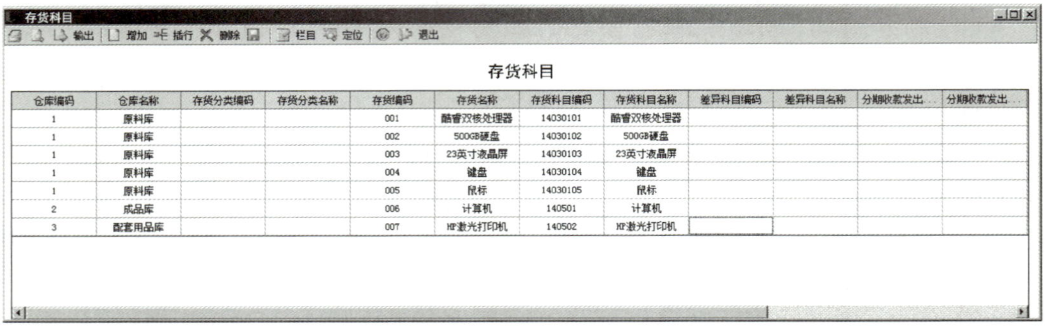

图 9-12　设置存货科目

(3) 单击"退出"按钮返回。

小提示!
➤ 此功能用于设置存货核算系统中生成凭证所需要的各种存货科目、差异科目、分期收款发出商品科目、委托代销科目,因此用户在制单之前,应先在系统中将存货科目设置正确、完整,否则系统生成凭证时无法自动带出科目。

(4) 双击"对方科目",打开对方科目窗口。

(5) 单击"增加"按钮,选择收发类别"采购入库",对方科目"1402",继续增加其他入库类别对应的对方科目,完成后如图 9-13 所示。

(6) 单击"退出"返回。

小提示!
➤ 此功能用于设置存货核算系统中生成凭证所需要的存货对方科目(即收发类别)所对应的会计科目,因此用户在制单之前,应先在系统中将存货对方科目设置正确、完整,否则无法生成科目完整的凭证。

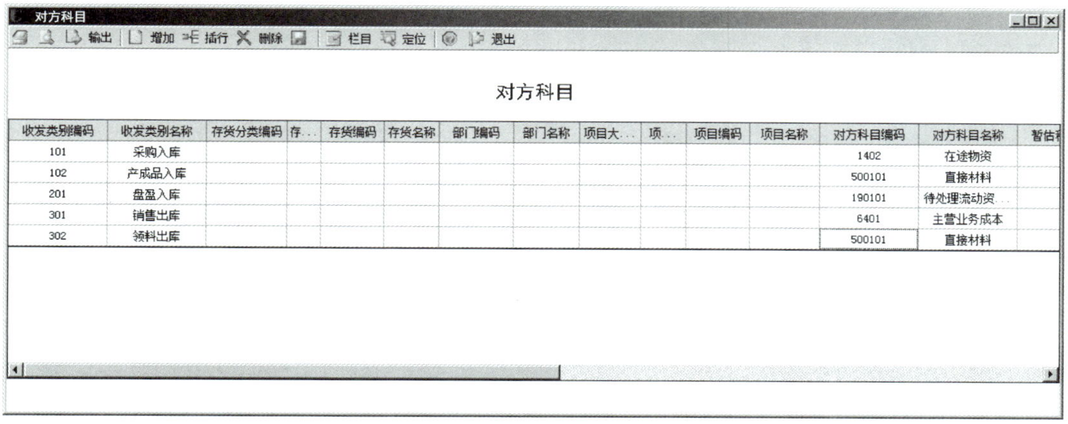

图 9 - 13　对方科目设置

二、应收款、应付款管理会计科目设置及期初余额录入

应付款管理系统与采购管理系统联用,应收款管理系统与销售管理系统联用,它们之间存在着数据传递关系,因此,应收应付管理系统初始设置都应在采购和销售日常业务处理之前完成。

(一)应收款管理系统初始设置

【业务资料】

安徽阳光公司应收款凭证生成科目设置如表9-9所示。根据资料进行会计科目设置。

表 9 - 9　　　　　　　　　　　会计科目设置

科　目　类　别	设　置　方　式
基本科目设置	应收科目 1122 预收科目 2203 销售收入科目 6001 税金科目 22210102
结算方式科目设置	结算方式:现金;币种:人民币;科目 1001 结算方式:现金支票;币种:人民币;科目:100201 结算方式:转账支票;币种:人民币;科目:100201 结算方式:其他;币种:人民币;科目:100201

【操作步骤】

(1)以"001学生本人"身份进入应收款管理系统,单击"设置",双击"初始设置",打开初始设置窗口。

(2)按资料设置基本科目,如图9-14所示。

小提示!

➤ 在基本科目设置的应收科目"1122 应收账款"、预收科目"2203 预收账款"及商业承兑科目、银行承兑科目"1121 应收票据",应在会计科目中设置其辅助核算内容为"客户往来"并且其受控系统为"应收系统",否则在此不能被选中。

➤ 只有在此设置了基本科目,在生成凭证时才能直接生成凭证中的会计科目,否则凭证中将没有这个科目,只能手工输入。

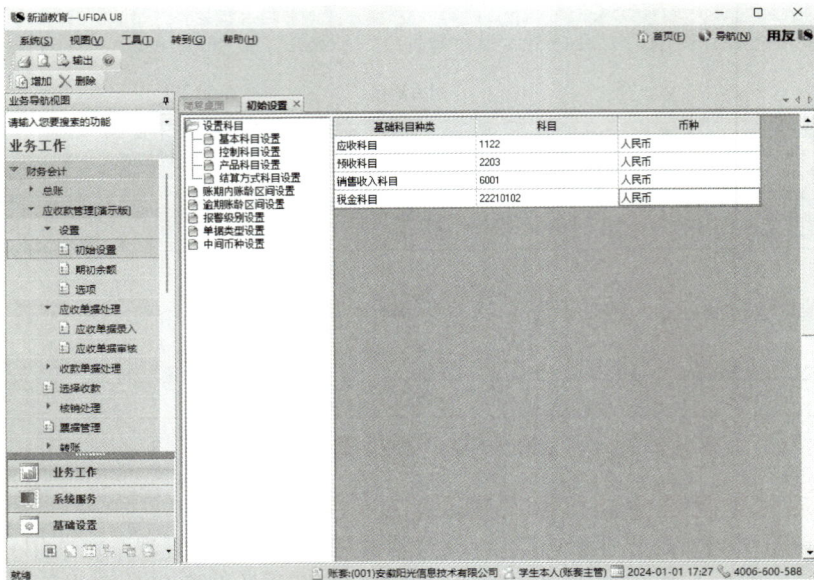

图 9-14　设置基本科目

（3）结算方式科目设置如图 9-15 所示。

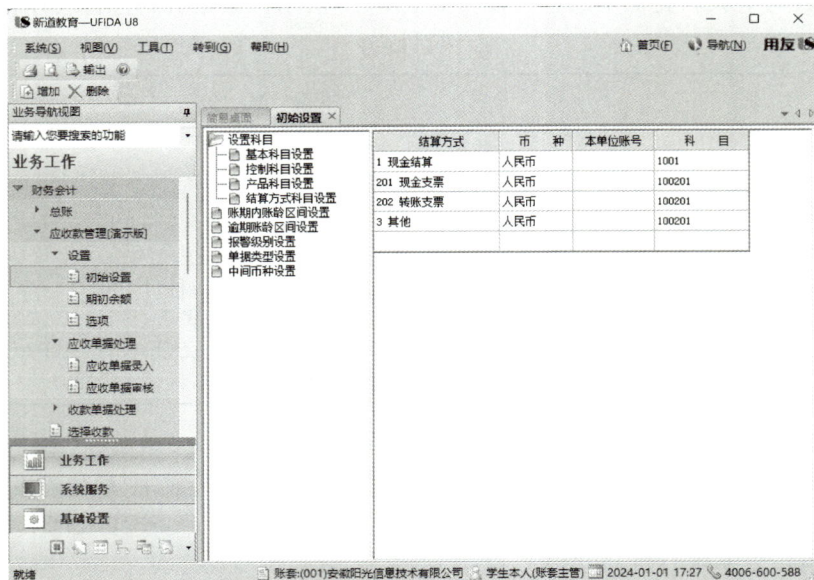

图 9-15　设置结算方式科目

小提示！

➤ 在收款时，只要告诉系统结算时使用的结算方式，就可以由系统自动生成该种结算方式所使用的会计科目。如果不设置，则生成收款凭证时，只能手工输入会计科目。

➤ 应收款管理期初余额录入资料如项目六应收款管理表 6-3 所示。

(二) 应付款管理系统初始设置

【业务资料】

安徽阳光公司应付款管理核算初始设置如表9-10所示。根据资料设置科目。

表9-10 会计科目设置

科 目 类 别	设 置 方 式
基本科目设置	应付科目 220201 预付科目 1123 采购科目 1402 税金科目 22210101 银行承兑科目 2201 商业承兑科目 2201
结算方式科目设置	结算方式：现金；币种：人民币；科目 1001 结算方式：现金支票；币种：人民币；科目 100201 结算方式：转账支票；币种：人民币；科目 100201 结算方式：其他；币种：人民币；科目 100201
产品科目设置	固定资产科目 1601

【操作步骤】

(1) 以"001学生本人"身份进入应付款管理系统，单击"设置"，双击"初始设置"，打开初始设置窗口。

(2) 按资料进行基本科目设置，如图9-16所示。

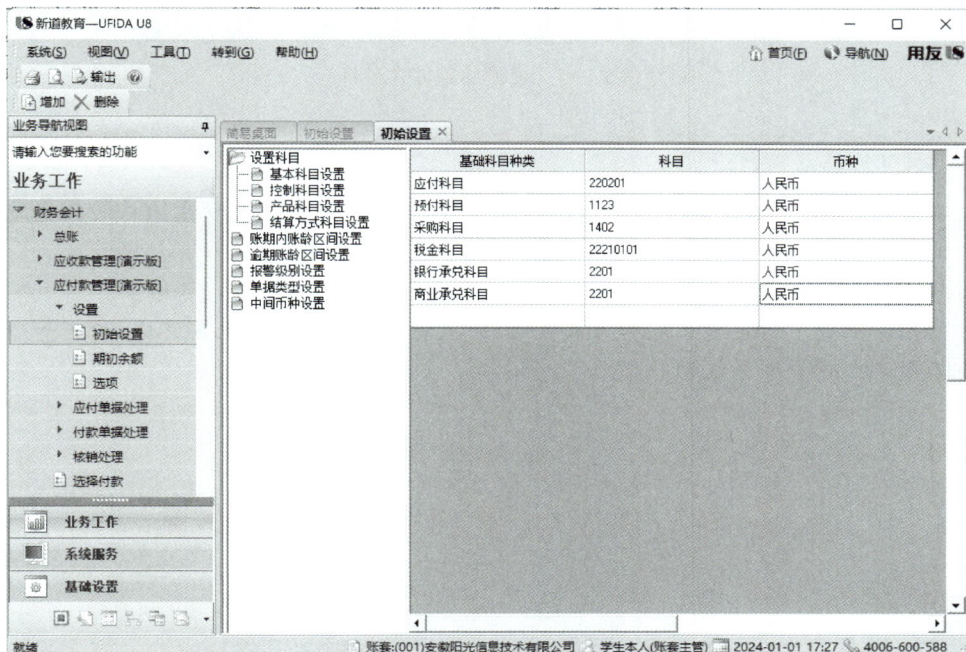

图9-16 设置基本科目

小提示!
➤ 在基本科目设置的应付科目"220201 应付货款"、预付科目"1123 预付账款"及商业承兑科目、银行承兑科目"2201 应付票据",应在总账管理系统中设置其辅助核算内容为"供应商往来",并且其受控系统为"应付系统",否则在此不能被选中。
➤ 只有在此设置了基本科目,在生成凭证时才能直接生成凭证中的会计科目,否则凭证中将没有这个科目,只能手工输入。

(3)结算方式科目设置后如图 9-17 所示。

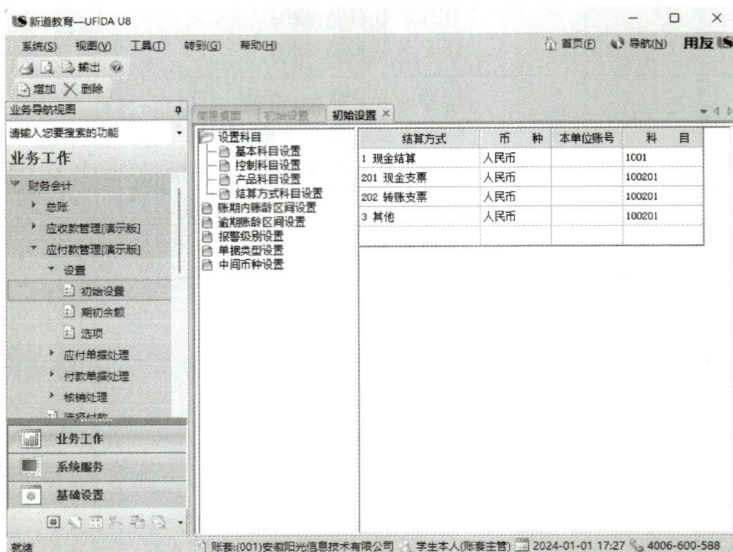

图 9-17 设置结算方式科目

小提示!
➤ 在付款时,只要告诉系统结算时使用的结算方式,就可以由系统自动生成该种结算方式所使用的会计科目。如果不设置,则在生成付款凭证时,只能手工输入会计科目。
➤ 应付款管理期初余额录入资料如项目七应付款管理表 7-2 和表 7-3 所示。
➤ 为方便采购业务中固定资产采购业务处理,固定资产初始化操作也要完成,资料如项目五任务二固定资产管理系统初始化。

任务四 供应链管理系统参数设置

【任务描述】

在供应链管理各系统日常业务处理之前,首先要进行系统参数的设置。系统参数规定了企业业务处理的规则及业务处理的范围。本任务要求了解各项参数的意义,明晰设置某项参数后对业务流程、核算方式会造成哪些影响,以及各项参数设置的方法。

【知识准备与业务操作】

一、采购管理系统参数设置

以账套主管的身份登录采购管理系统,单击"设置"/"采购选项",打开采购系统选项设置窗口,如图 9-18 所示。

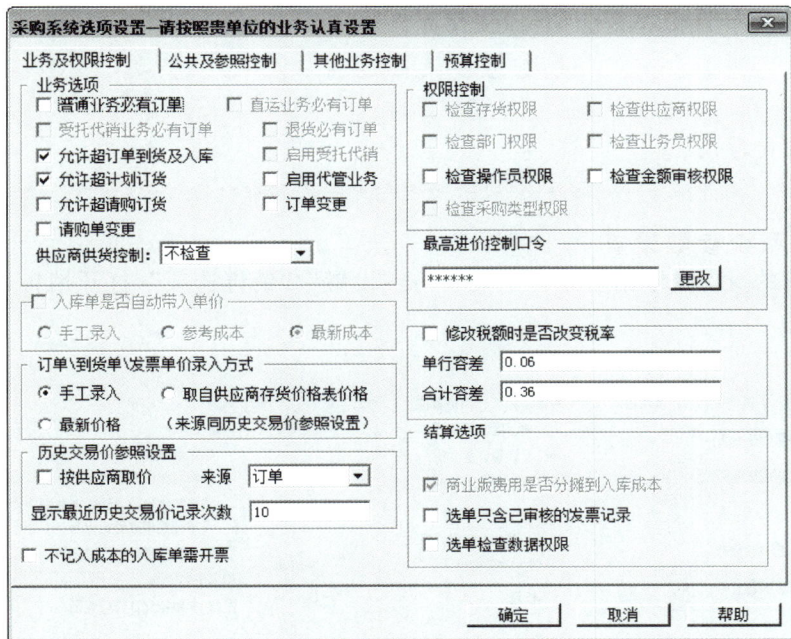

图 9-18　采购系统选项设置

(一)普通业务必有订单

以订单为中心的采购管理是标准、规范的采购管理模式,订单是整个采购业务的核心,整个业务流程的执行都会回写到采购订单,通过采购订单可以跟踪采购的整个业务流程。

> 小提示!
> ➤ 该参数可随时修改。

(二)直运业务必有订单

直运业务是指产品无需入库即可完成的购销业务,由供应商直接将商品发给企业的客户。此处置灰,不能选择。

> 小提示!
> ➤ 对于直运业务来说,一定是由销售活动主导。因此该选项需要首先在"销售管理"选项中选中"是否有直运销售业务"且"直运销售必有订单"两个选项后,该选项自动选中。

（三）启用受托代销

只有在建立账套时选择企业类型为"商业"的账套,才能启用受托代销业务。将该项打上勾,表示企业有受托代销业务,采购管理菜单中就会出现有关受托代销的单据、受托代销结算功能以及受托代销统计功能。

（四）是否允许超订单到货及入库

如不允许,则参照订单生成到货单、入库单时,不可超订单数量。否则,可超订单数量,但不能超过订单数量入库上限,入库上限可在"存货档案"中设置。

> **小提示！**
> ➤ 该参数可随时修改。

二、销售管理系统参数设置

以账套主管的身份登录销售管理系统,单击"设置"/"销售选项",打开销售选项窗口,如图 9－19 所示。

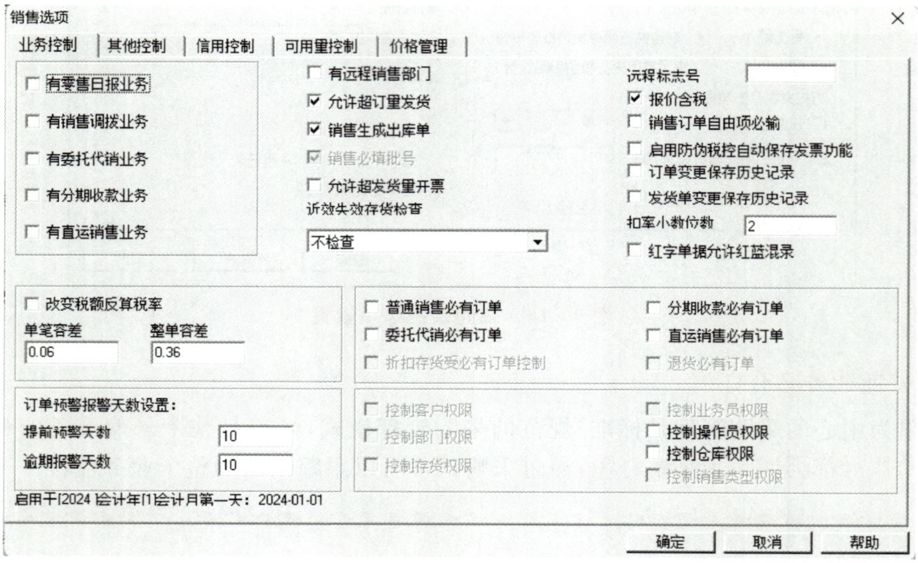

图 9－19　销售选项"业务控制"

（一）是否有委托代销业务

委托代销业务是指企业将商品委托他人进行销售但商品所有权仍归本企业的销售方式,委托代销商品销售后,受托方与企业进行结算,并开具正式销售发票,形成销售收入,商品所有权转移。若选中该参数,则系统在业务下增加"委托代销"菜单项,增加委托代销明细账等账表,否则系统不能处理委托代销业务。

> **小提示！**
> ➤ 该参数设置后不可更改。

（二）是否有分期收款业务

分期收款业务类似于委托代销业务，货物提前发给客户，分期收回货款，收入与成本按照收款情况分期确认。其特点是一次发货，当时不确认收入，分次确认收入，在确认收入同时配比地结转成本。

若选中该项参数，填制销售单据时可选择分期收款业务类型，否则不可用。

（三）是否有直运销售业务

若有，可选择该参数，否则不可用。"销售管理"的直运业务选项影响"采购管理"的直运业务。

（四）是否允许超定量发货控制

用户可以设置在参照订单开发货单、销售发票时是否可超过订单的数量，通过该参数可根据销售订单控制销售发货数量，限制业务人员权限，降低出货回款的风险。

（五）是否销售生成出库单

若选择该项，销售管理的发货单、销售发票、零售日报和销售调拨单在"审核/复核"时，自动生成销售出库单，并传递到库存管理和存货核算，库存管理中不可修改出库数量，即一次发货全部出库。否则，销售出库单由库存管理参照上述单据生成，在参照时，可以修改本次出库数量，即可以一次发货多次出库。

> **小提示！**
> ➤ 在由"库存管理"生成销售出库单向"销售管理"生成销售出库单转化时，如果有已审核/复核的发货单、发票，还未在库存管理中生成销售出库单的，将无法改变此项参数，因此应检查已审核/复核的销售单据是否在库存管理中均已全部生成销售出库单后再切换。

（六）报价是否含税

报价单是指单据上的报价栏目的价格。报价可根据取价方式规则取报价，用户可修改，也可手工录入。报价含税时，含税单价＝报价×扣率×扣率2；报价不含税时，无税单价＝报价×扣率×扣率2。

> **小提示！**
> ➤ 该选项一旦设置不可随意更改。

（七）必有订单业务模式选择

普通销售必有订单被选中，则发货单、发票不可手工填制。
委托代销业务必有订单被选中，则发货单不可手工填制。
分期收款必有订单被选中，则发货单、发票不可手工填制。
直运业务必有订单被选中，则直运采购订单必须参照直运销售订单，直运采购发票必须参照直运销售订单，直运销售发票必须参照直运销售订单。

（八）其他控制

单击"其他控制"页签，如图9-20所示。可以设置新增发货单默认、新增退货单默认、新增发票默认等参数。系统提供"不参照单据""参照订单"和"参照发货"等选项供选择。

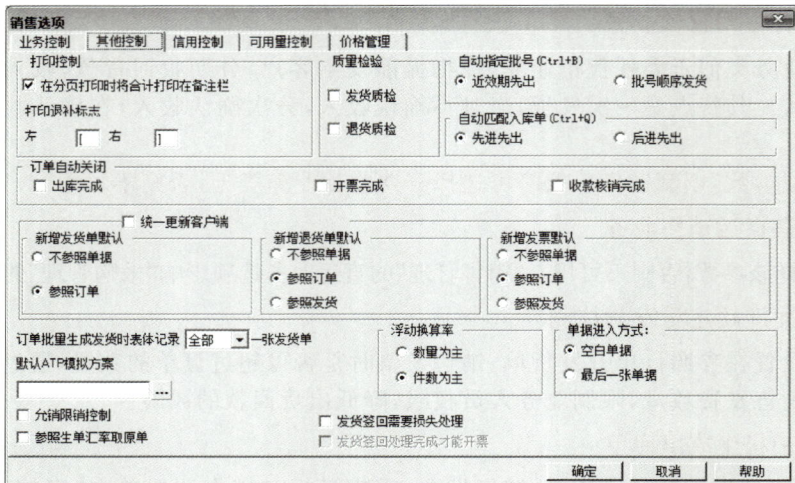

图 9 - 20　销售选项"其他控制"

小提示!
➤ 新增发货单默认、新增退货单默认和新增发票默认参数设置,可随时更改。

三、库存管理系统参数设置

以账套主管的身份登录库存管理系统,单击"初始设置"/"选项",打开库存选项设置窗口,如图 9 - 21 所示。

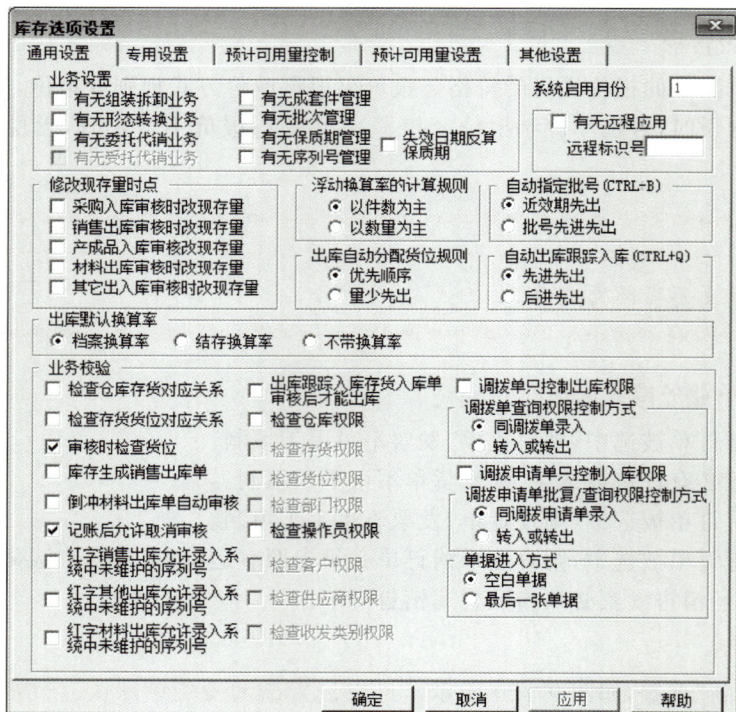

图 9 - 21　库存管理选项设置

（一）有无委托代销业务

用户可以在库存管理系统中设置，也可在销售管理系统中设置，在其中一个系统的设置，同时改变另一个系统的对应选项。

（二）有无受托代销业务

只有商业版才能选择有受托代销业务。用户可以在库存管理系统中设置，也可在采购管理系统中设置，在其中一个系统的设置，同时改变另一个系统的对应选项。

（三）是否库存生成销售出库单

默认为否，可随时更改。若销售选项设置中选中"销售生成出库单"，则库存选项设置中"库存生成销售出库单"就取消控制；反之则控制。

（四）业务开关

单击"专用设置"页签，如图 9 - 22 所示。可以设置超单据出入库设置，包括"超发货单出库""超调拨单出库"等。如允许超单据出入库，当出入库数量没有超过来源单据数量的超额上限，即来源单据数量 * （1＋出入库上限），则可以出入库，超过上限时不可出入库。

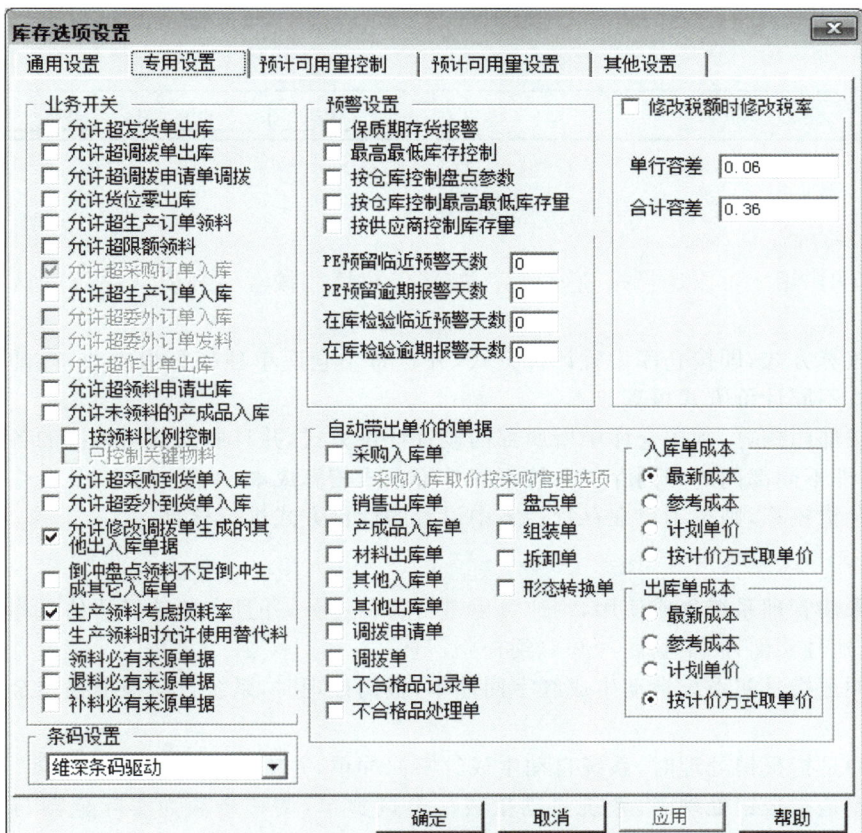

图 9 - 22 库存选项设置"专用设置"

四、存货核算系统参数设置

以账套主管的身份登录存货核算系统，单击"初始设置"/"选项"/"选项录入"，打开选项录入窗口，如图 9 - 23 所示。

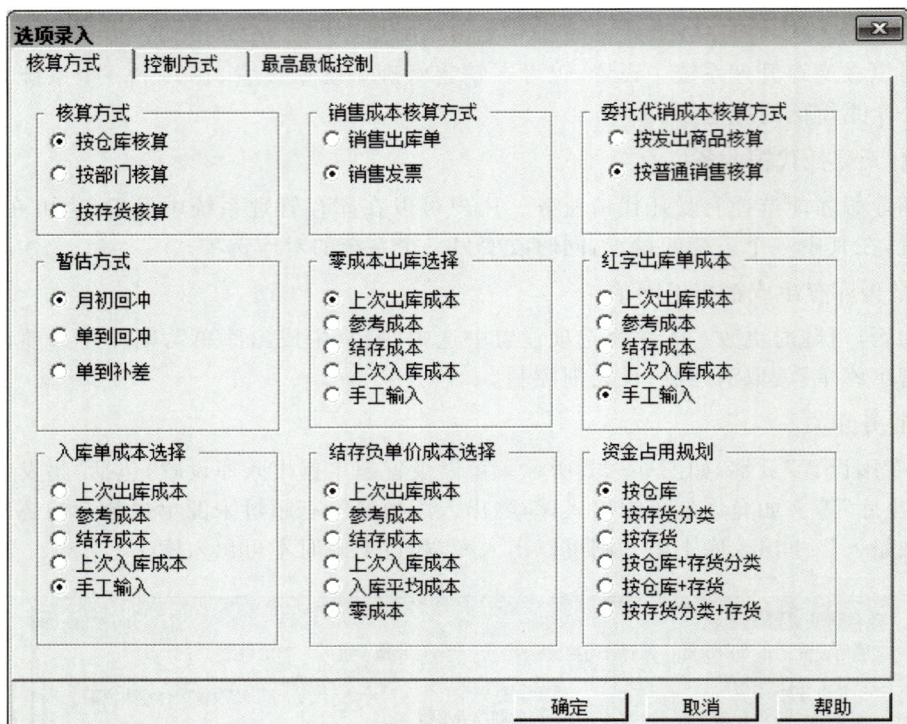

图 9 - 23　选项录入

(一) 核算方式

初建账套时,用户可以选择按仓库核算、按部门核算和按存货核算。系统默认按仓库核算方式。

按仓库核算方式,即按仓库设置计价方式,并且每个仓库单独核算出库成本,即不同仓库的相同存货可按不同计价方式核算成本。

如果是按部门核算,则按仓库中所属部门设置计价方式,并且所属部门相同的各仓库统一核算出库成本,即不同部门的相同存货可按不同计价方式核算成本。

如果按存货核算,则按用户在存货档案中设置的计价方式进行核算。

(二) 暂估方式

如果与采购管理系统集成使用,用户可以进行暂估业务,并且在此选择暂估入库存货成本的回冲方式,包括月初回冲、单到回冲和单到补差三种。

月初回冲是指月初系统自动生成红字回冲单,报销处理时,系统自动根据报销金额生成采购报销入库单。

单到回冲是指报销处理时,系统自动生成红字回冲单,并生成采购报销入库单。

单到补差是指报销处理时,系统自动生成一笔调整单,调整金额为实际金额与暂估金额的差额。

小提示!

➤ 如果明细账中有暂估业务未报销或本期未进行期末处理,此时暂估方式将不允许修改。

（三）销售成本核算方式

销售管理系统启用后，用户可选择用销售发票或销售出库单记账，默认为销售出库单。销售出库成本核算方式选项修改的约束条件是在本月没有对销售单据记账前，并且在销售单据（发货单、发票）的业务全部处理完毕（即发货单已全部生成出库单和发票，发票全部生成出库单和发货单）后可修改。

（四）委托代销成本核算方式

用户可以选择委托代销成本是"按发出商品核算"，还是"按普通销售核算"。

如果用户选择"按发出商品核算"方式，则按"发货单＋发票"记账。

若用户选择"按普通销售核算"方式，则按系统选项中销售成本核算方式中选择的"销售发票或销售出库单"进行记账。

（五）零出库成本选择

零出库成本选择是指核算出库成本时，如果出现账中为零成本或负成本，造成出库成本不可计算时，出库成本的取值方式。

"上次出库成本"是取明细账中此存货的上一次出库单价，作为本出库单据的出库单价，计算出库成本。

"参考成本"是取存货目录中此存货的参考成本，即参考单价作为本出库单据的出库单价，计算出库成本。

"结存成本"是取明细账中的此存货的结存单价，作为本出库单据的出库单价，计算出库成本。注意：当批量记账时，结存成本取批量记账前明细账中的此存货的结存单价，作为本出库单据的出库单价。

"上次入库成本"是取明细账中此存货的上一次入库单价，作为本出库单据的出库单价，计算出库成本。

"手工输入"是提示用户输入单价，作为本出库单据的出库单价，计算出库成本。

> **小提示！**
> ➤ 用户可以随时对零出库成本进行重新选择。

9

（六）控制方式选择

单击"控制方式"页签，如图 9－24 所示。

单据审核后记账是指如果用户选择单据审核后才能记账，则正常单据记账的过滤条件"包含未审核单据"选项就只能选择不包含，在显示要记账的单据列表时，未审核的单据不显示。

如果用户选择"单据审核后才能记账"，系统应自动将库存的选项记账后允许取消审核，改为不选择。

此选项只针对采购入库单、产成品入库单、其他入库单、销售出库单、材料出库单、其他出库单六种库存单据有效，入库调整单、出库调整单和假退料单不受此选项的约束。

> **小提示！**
> ➤ 库存管理未启用时，此选项置灰，用户不可选择。
> ➤ 此项参数可随时修改。

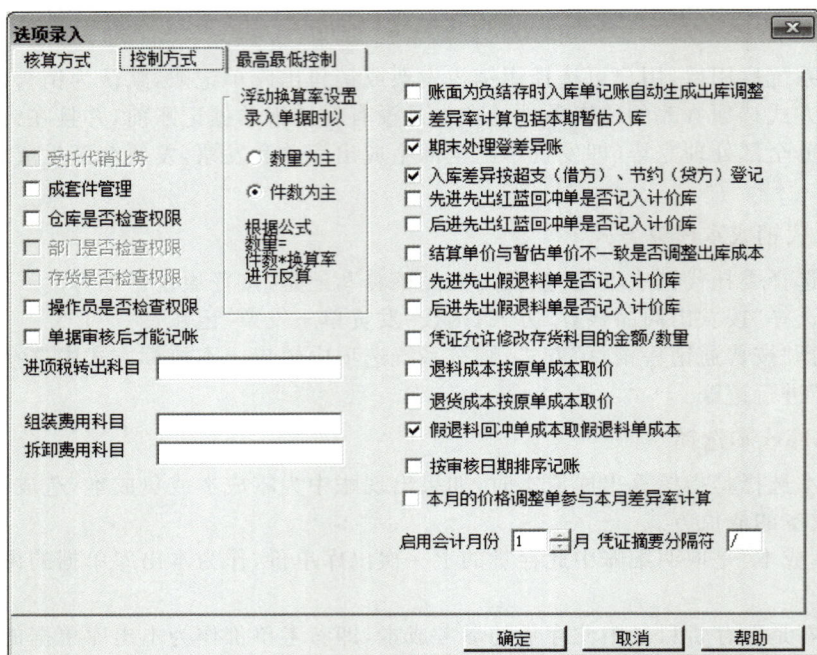

图 9-24 选项录入"控制方式"

任务五 供应链管理系统的期初数据录入

【任务描述】

在供应链管理系统中,期初数据录入是个非常关键的环节,它直接影响供应链管理各系统日常业务处理。本任务要求掌握供应链管理系统期初数据的录入内容及操作方法。

【知识准备与业务操作】

供应链管理系统中期初数据录入内容及顺序如表 9-11 所示。

表 9-11 供应链管理系统期初数据

系 统 名 称	操 作	内 容	说 明
采购管理	录 入	期初暂估入库	暂估入库是指货到票未到
		期初在途存货	在途存货是指票到货未到
	期初记账	采购期初数据	若没有期初数据,也要执行采购期初记账,否则不能开始日常业务
销售管理	录入并审核	期初发货单	已发货、出库,但未开票
		期初委托代销发货单	已发货未结算的数量
		期初分期收款发货单	已发货未结算的数量

续　表

系 统 名 称	操　作	内　　容	说　　明
库存管理	录入（取数）	库存期初余额	库存和存货共用期初数据
	审　核	不合格期初数据	未处理的不合格品结存量
存货核算	录入（取数）	存货期初余额	
	记　账	期初分期收款发出商品余额	

【业务资料】

安徽阳光公司供应链管理各系统期初数据如下，根据资料完成供应链各系统期初余额录入。

采购管理系统期初数据：2023 年 12 月 25 日，收到兴华公司提供的 500GB 硬盘 100 盒，单价（暂估价）为 800 元，商品已验收入原料仓库，至今尚未收到发票。

销售管理系统期初数据：2023 年 12 月 28 日，销售部向昌新贸易公司出售计算机 10 台，无税单价为 6 500 元，由成品仓库发货，该发货单尚未开票。

库存管理和存货核算系统期初数据：2023 年 12 月 31 日，对各个仓库进行了盘点，结果如表 9-12 所示。

表 9-12　　　　　　　　　　库存/存货期初数据

仓 库 名 称	存 货 名 称	数　量	结存单价/元
原料库	酷睿双核处理器	700	1 200
	500GB 硬盘	200	820
成品库	计算机	380	4 800
配套用品库	HP 激光打印机	400	1 825

【操作步骤】

（1）以"001 学生本人"身份登录企业应用平台，单击"业务工作"/"供应链"/"采购管理"/"采购入库"，双击"采购入库单"，打开期初采购入库单窗口。

（2）单击"增加"按钮，输入入库日期"2023-12-25"，选择仓库"原料库"，供货单位"兴华公司"，存货编码"002"，输入数量"100"，本币单价"800"，如图 9-25 所示。

（3）单击"保存"按钮后退出。

（4）单击"设置"，双击"采购期初记账"，弹出期初记账提示框如图 9-26 所示。

（5）单击"记账"按钮，系统提示"期初记账完毕"，单击"确定"按钮返回。

小提示！

➤ 在采购期初记账前，采购管理系统中的"采购入库"，只能录入期初采购入库单，期初记账后，采购入库单需要在库存管理中录入或生成。

➤ 采购期初记账前，期初入库单可以修改或删除，期初记账后，需要先取消期初记账，才能修改或删除。

> ➤ 如果采购的货物尚未运达企业，但发票已经收到，可以录入期初采购发票，表示企业的在途物资，待货物到达企业后再执行采购结算。
> ➤ 采购管理系统必须要执行期初记账，即使没有期初余额。否则无法执行采购日常业务处理，还影响到库存管理系统和存货核算系统记账操作。

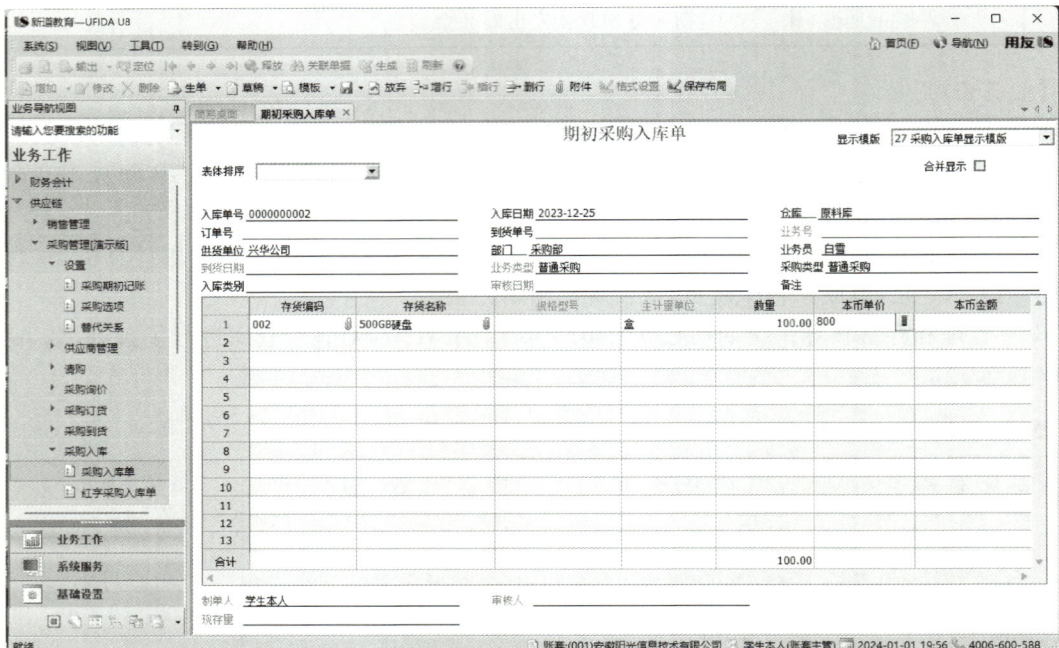

图 9 - 25 录入期初采购入库单

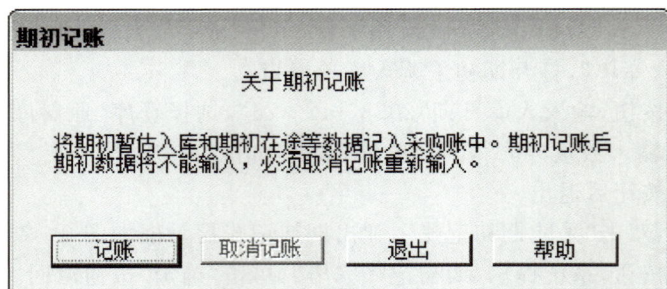

图 9 - 26 采购期初记账

（6）单击"销售管理"/"设置"/"期初录入"，双击"期初发货单"，打开期初发货单窗口。

（7）单击"增加"按钮，输入发货日期"2023 - 12 - 28"，选择客户名称"昌新贸易公司"，仓库名称"成品库"，存货"计算机"，输入数量"10"，无税单价"6 500"，如图 9 - 27 所示。

（8）单击"保存"按钮。

（9）单击"审核"按钮。

图 9-27　录入期初发货单

小提示!

➤ 在实际业务执行过程中,审核常常是对当前业务完成的确认。有的单据只有经过审核,才是有效单据,才能进入下一流程,才能被其他单据参照。

➤ 审核后的发货单不能修改或删除,如果要修改或删除,必须先取消审核,即单击"弃审"按钮。但如果期初发货单有下游单据生成,即根据发货单生成了销售发票或存货核算系统已经记账等,则期初发货单不能弃审,也不能修改或删除。

（10）单击"存货核算"/"初始设置"/"期初数据",双击"期初余额",打开期初余额窗口。

（11）选择仓库"原料库",单击"增加"按钮,选择存货编码"001 酷睿双核处理器",输入数量"700"、单价"1 200",再单击"增加"按钮,输入"500GB 硬盘"的期初数据,如图 9-28 所示。

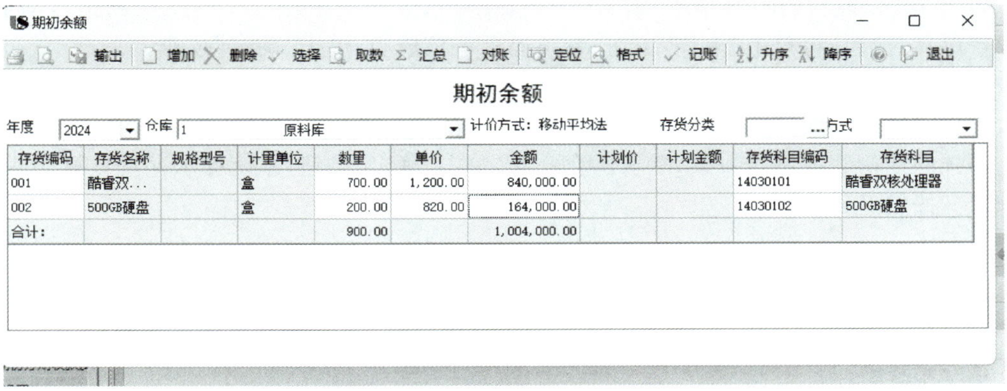

图 9-28　录入原料库期初数据

（12）选择仓库"成品库"，单击"增加"按钮，输入存货编码"006 计算机"，输入数量"380"，单价"4 800"，如图 9 - 29 所示。

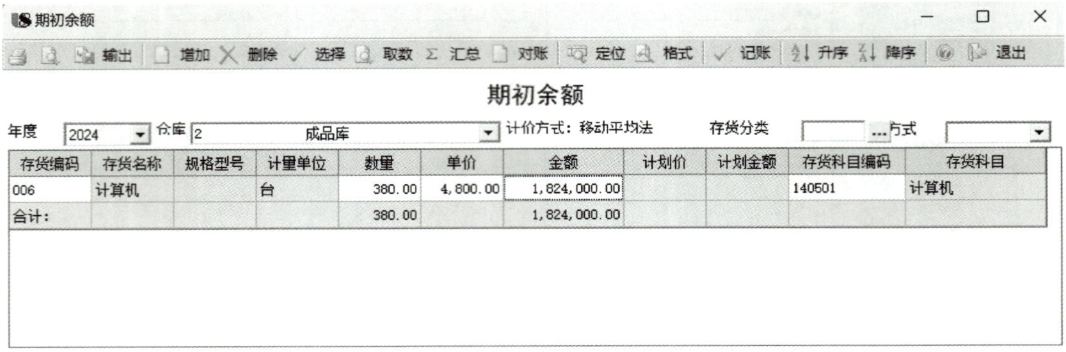

图 9 - 29 录入成品库期初数据

（13）选择仓库"配套用品库"，单击"增加"按钮，输入存货编码"007 HP 激光打印机"，输入数量"400"，单价"1 825"，如图 9 - 30 所示。

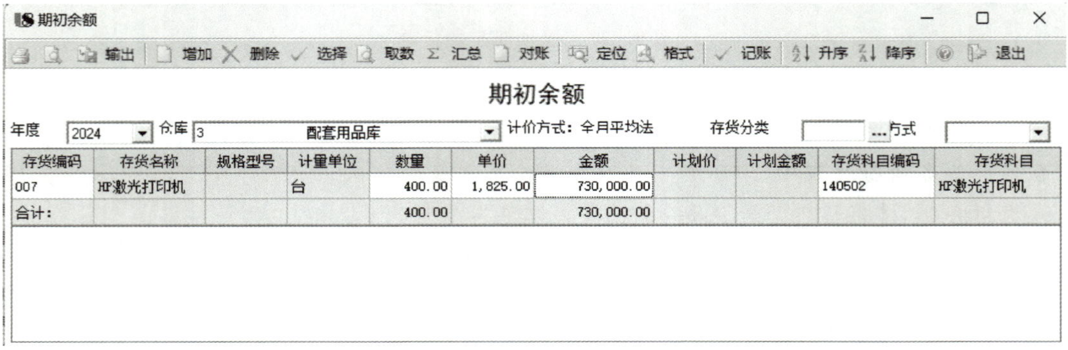

图 9 - 30 录入配套用品库期初数据

（14）单击"记账"按钮，系统对所有的仓库进行记账操作，稍候，系统提示期初记账成功信息。

（15）单击"库存管理"/"初始设置"，双击"期初结存"，打开期初结存窗口。

（16）单击"修改"按钮，再单击"取数"按钮，存货核算系统中原料库的期初数据自动显示出来，单击"保存"按钮，再单击"审核"按钮，系统提示审核成功，单击"确定"按钮。

（17）同理，通过取数方式输入其他仓库存货期初数据。

（18）所有仓库期初数据取数、保存和审核完成后，单击"对账"按钮，核对库存管理系统和存货核算系统的期初数据是否一致，默认所有仓库，单击"确定"按钮，系统提示存货核算对账成功。单击"确定"按钮返回。

小提示！
➤ 各个仓库存货的期初余额既可在库存管理系统中录入，也可在存货核算系统中录入，因涉及总账系统，因此建议在存货核算系统中录入。

➤ 存货核算记账是将有关期初数据计入相应的账表中，标志着供应链管理各系统的初始工作全部结束，相关的参数和期初数据不能修改、删除。

➤ 如果供应链管理系统集成使用，则期初记账应该遵循一定的顺序，即采购管理系统先记账，库存管理系统必须审核确认，最后存货核算系统记账。

➤ 如果没有期初存货数据，可以不输入期初数据，但必须执行记账操作。

➤ 记账后也可取消记账，在存货核算系统期初余额窗口，单击"恢复"按钮，即可完成恢复记账操作。

➤ 存货核算系统在期初记账之前，可以修改存货计价方式，期初记账后则不能修改。

➤ 将供应链管理初始化数据账套备份到"D：/001 账套备份/供应链管理/实验—供应链管理初始化"文件夹。

项 目 小 结

"项目九 供应链管理初始化"内容结构如图 9 - 31 所示。

图 9 - 31　"项目九 供应链管理初始化"内容结构图

项目十 采 购 管 理

◇ **职业能力目标**

了解采购管理任务、采购业务类型和业务应用模式,理解采购管理系统与其他系统的数据传递关系;掌握采购管理日常采购业务处理方法。

◇ **典型工作任务**

采购管理认知;普通采购业务;采购特殊业务。

任务一 采购管理认知

【任务描述】

在现代企业中,采购成本在总成本中所占的比重相当高,企业会对采购活动进行严格管理和控制。然而,许多高层管理人员往往只知道要求采购人员取得最低的采购成本,而忽略了真正目标是要降低总成本,这是一种"见树不见林"的做法。本任务要求了解采购管理任务,以及采购业务类型和应用模式,理解采购管理系统与其他系统之间的数据关系,有利于采购管理日常业务处理操作的整体把控。

【知识准备与业务操作】

一、采购管理的任务

用友 ERP-U8 V10.1 采购管理系统可以通过各种可能的采购流程对采购业务进行有效的控制和管理,帮助企业降低采购成本,提升企业竞争力。企业所属行业和生产类型不同,采购形式也多种多样,但采购管理的主要任务是相同的。

（一）有效管理供应商

对供应商进行分类管理,维护供应商档案信息和供应商存货对照表,建立长期稳定的采购渠道。

（二）严格管理采购价格

供应链管理系统可以对采购价格进行严格管理,为企业降低采购成本提供依据。

（三）可以选择采购流程

企业可根据采购计划、请购单、销售订单生成采购订单,也可以手工输入请购单、采购订单。

采购业务可以从请购开始,也可以直接从采购开始,还可以在收到采购货物时直接输入采购到货单,或者根据采购订单拷贝采购到货单,质量检验部门对货物验收后,输入采购入库单,或者根据采购到货单生成采购入库单。可以灵活选择的采购流程,为企业对不同采购业务进行不同管理提供了方便。

(四)及时进行采购结算

接收供应商开具的采购发票后,直接将采购发票与采购入库单进行采购结算,并将结算单直接转给财务部门进行相应账务处理,便于及时支付货款。

(五)采购执行情况分析

可以对采购订单的执行情况进行分析,便于分清责任,及时发现、解决采购过程中出现的问题,以便及时组织采购,保证生产顺利进行,并能保持较低的库存,为降低成本提供保证。

二、采购管理系统与其他系统之间的数据关系

采购管理系统既可以单独使用,也可以与用友 ERP－U8 V10.1 供应链管理系统的库存管理、存货核算、销售管理等系统集成使用,采购必然形成应付,因此与财务管理系统中的应付款管理系统有紧密联系,它们的数据关系如图 10－1 所示。

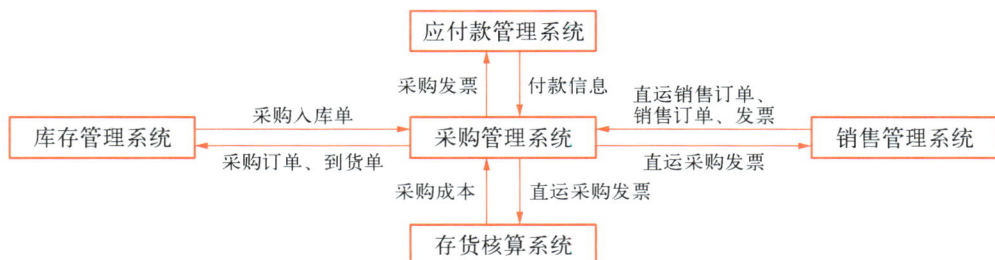

图 10－1　采购管理系统与其他系统之间的数据关系

采购管理系统可参照销售管理系统的销售订单生成采购订单,在直运业务必有订单模式下,直运采购订单必须参照直运销售订单生成,直运采购发票必须参照直运采购订单生成,如果直运业务非必有订单,那么直运采购发票和直运销售发票可相互参照。

库存管理系统可以参照采购管理系统的采购订单、采购到货单生成采购入库单,并将入库情况反馈到采购管理系统。

采购发票在采购管理系统录入后,在应付款管理系统中审核登记应付明细账,进行制单生成凭证。应付款系统进行付款并核销相应应付单据后回写付款核销信息。

直运采购发票在存货核算系统进行记账,登记存货明细表并制单生成凭证。

采购结算单在存货核算系统进行制单生成凭证,存货核算系统为采购管理系统提供采购成本。

三、采购业务类型和业务应用模式

企业在日常采购活动中,由于采购方式不同,以及采购物品所有权等问题,导致企业采购流程呈现多样化,从而产生了不同的采购业务类型及业务应用模式。

(一)采购业务类型

1. 普通采购业务

普通采购业务支持所有正常的采购业务,适用于大多数企业的一般采购业务。

2. 受托代销业务

受托代销业务是一种先销售后结算的采购模式。其他企业委托本企业代销其商品,但商品的所有权仍归委托方,代销商品售出后,本企业与委托方进行结算,由对方开具正式的发票,商品所有权转移。

3. 直运业务

直运业务是指产品无需入库即可完成的购销业务。由供应商直接将商品发给企业的客户,结算时,由购销双方分别与企业结算。直运业务包括直运销售业务和直运采购业务,没有实物的出入库,货物流向是直接从供应商到客户,财务结算通过直运销售发票和直运采购发票解决。直运业务适用于大型电器、汽车、设备等产品的销售。

(二)采购业务应用模式

1. 可选的采购流程

用户可以根据企业的实际业务应用,结合系统对采购流程进行配置。在采购流程中,采购请购单、采购订单、采购到货单为可选单据,用户可以使用,也可以不使用。

2. 采购退货业务

采购退货是指因采购货物的质量、品种、数量等不符合要求而将已购货物退回。按照退货发生的不同时点,处理方式也有所区别。

3. 必有订单业务模式

以订单为中心的采购管理是标准、规范的采购管理模式,订单是整个采购业务的核心,整个业务流程的执行都回写到采购订单,通过采购订单可以跟踪采购的整个业务流程。

任务二　普通采购业务

【任务描述】

一笔采购业务的发生,应根据不同情况在各个不同系统中完成相应的业务处理和账务处理。普通采购业务适合于大多数企业的日常采购,提供对采购请购、订货、到货、入库、采购发票、采购结算和采购付款等全过程管理。本任务要求掌握普通采购业务处理的内容和操作方法。

【知识准备与业务操作】

一、普通采购业务流程

普通采购业务适用于大多数企业的日常采购业务,与其他系统一起,提供对采购请购、采购订货、采购入库、采购发票、采购成本核算、采购付款全过程管理。用户也可以根据企业的实际业务应用情况,结合本系统对采购流程进行灵活配置。

普通采购业务流程如图 10-2 所示。

普通采购数据流程如图 10-3 所示。

> **小提示!**
> ➤ 图中"虚线"标注的是可选流程,"实线"标注的是必选流程。
> ➤ 如果是必有订单模式,则采购订单必选,且采购入库单、采购发票必须参照订单生成。

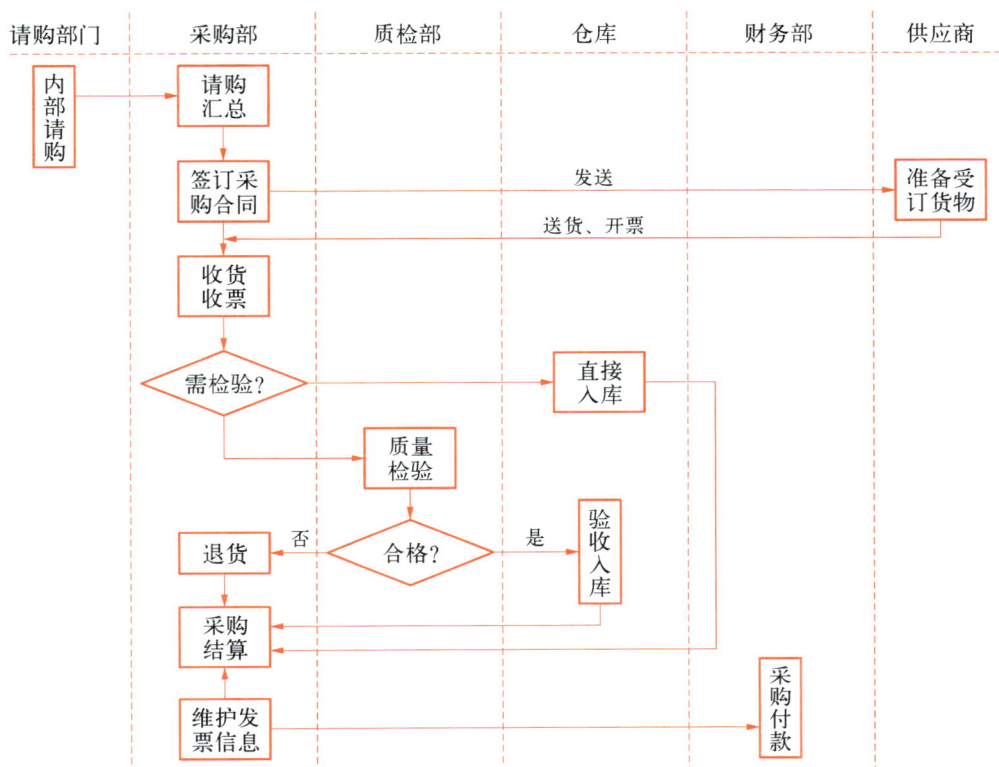

图 10 - 2　普通采购业务流程

图 10 - 3　普通采购数据流程

二、请购

　　采购请购是指企业内部向采购部门提出采购申请,或采购部门汇总企业内部采购需求提出采购清单。请购是采购业务处理的起点,用于描述和生成采购的需求,如采购什么货物、采购多少、何时使用、谁用等内容,同时,也可为采购订单提供建议内容,如建议供应商、建议订货日期等。

　　采购请购单是可选单据,用户可以根据业务需要选用。

　　请购业务数据流程如图 10 - 4 所示。

图 10 - 4　请购业务数据流程

三、订货

　　采购订单是企业与供应商之间签订的采购合同、购销协议等,主要内容包括采购什么货物、采购多少、由谁供货、什么时间到货、到货地点、运输方式、价格、运费等。它可以是企业采购合同中关于货物的明细内容,也可以是一种订货的口头协议。通过采购订单的管理,可以帮助企业实现采购业务的事前预测、事中控制、事后统计。

采购订单适用于采购业务复杂、对采购业务管理有严格要求的单位,采购订单是可选单据,根据业务需要选用。整个业务流程的执行都回写到采购订单,通过采购订单可以跟踪采购的整个业务流程。

订货业务数据流程如图 10 - 5 所示。

图 10 - 5　订货业务数据流程

四、到货

采购到货是采购订货和采购入库的中间环节,一般由采购业务员根据供货方通知或送货单填写,确认对方所送货物、数量、价格等信息,以入库通知单的形式传递到仓库作为保管员收货的依据。

采购到货单是可选单据,用户可以根据业务需要选用。

采购到货单可以手工录入,也可参照生成,到货业务数据流程如图 10 - 6 所示。

图 10 - 6　到货业务数据流程

五、入库

采购入库是通过采购到货、质量检验环节,对合格到货的存货进行入库验收。采购入库是指将供应商提供的物料检验(也可以免检)确定为合格后,放入指定仓库的业务。

当采购管理系统与库存管理系统集成使用时,入库业务在库存管理系统中进行处理。当采购管理系统不与库存管理系统集成使用时,入库业务在采购管理系统中进行处理。

在采购业务流程中,入库处理是必需的。入库业务数据流程如图 10 - 7 所示。

图 10 - 7　入库业务数据流程

六、采购发票

采购发票是供应商开出的销售货物的凭证,系统将根据采购发票确认采购成本,并据以登记应付账款。企业在收到供货单位的发票后,如果没有收到供货单位的货物,可以对发票压单处理,货物到达后,再输入系统作报账结算处理,也可以先将发票输入系统,以便实时统计在途货物。

采购发票按业务性质分为蓝字发票和红字发票;按发票类型分为增值税专用发票、普通发票和运费发票。

采购发票业务数据流程如图10-8所示。

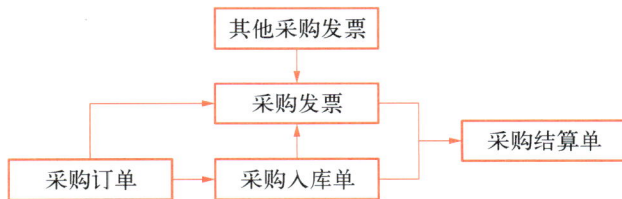

图10-8　采购发票业务数据流程

小提示!

➤ 采购专用发票中的表头税率是根据专用发票默认税率带入的,可进行修改。采购专用发票的单价是无税单价,金额是无税金额,税额为"无税金额×税率"。

➤ 普通采购发票的表头税率默认为0,运费发票的表头税率默认为17%,均可进行修改。普通发票、运费发票的单价为含税单价,金额为价税合计,税额为"价税合计×税率"。

七、采购结算

采购结算也称采购报账,是指采购核算人员根据采购发票、采购入库单核算采购入库成本。采购结算的结果是采购结算单,它是记载采购入库单记录与采购发票记录对应关系的结算对照表。

采购结算从操作处理上分为自动结算和手工结算两种方式,另外运费发票可以单独进行费用折扣结算。

自动结算是由计算机系统自动将相同供货单位的、存货相同且数量相等的采购入库单和采购发票进行结算。

使用"手工结算"功能可以进行正数入库单与负数入库单结算、正数发票与负数发票结算、正数入库单与正数发票结算,费用发票单独结算。手工结算时可以结算入库单中部分货物,未结算的货物可以在取得发票后再结算。可以同时对多张入库单和多张发票进行报账结算。手工结算还支持到下级单位采购,付款给其上级主管单位的结算,支持三角债结算,即支持甲单位的发票可以结算乙单位的货物。

如果费用发票在货物发票已经结算后才收到,为了将该笔费用计入对应存货的采购成本,需要采用费用发票单独结算的方式。

采购结算数据流程如图10-9所示。

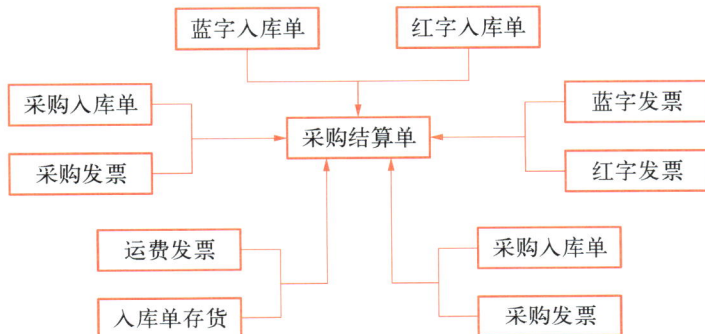

图10-9　采购结算数据流程

10

引入"实验—供应链管理初始化"账套备份文件,安徽阳光公司 2024 年 1 月份采购业务如下:

【业务资料1】

1 日,业务员白雪向建昌公司询问键盘的价格(95 元/个),评估后确认价格合理,随即向公司上级主管提出请购要求,请购数量为 300 个,2 日签订采购合同。

根据原始单据完成各相关业务操作。背景单据如图 10－10、图 10－11、图 10－12 和图 10－13 所示。

完整普通
采购环节
业务处理

购 销 合 同

合同编号:CG01

卖方:建昌公司(以下简称甲方)

买方:安徽阳光信息技术有限公司(以下简称乙方)

为保护买卖双方的合法权益,根据《中华人民共和国民法典》的有关规定,经友好协商,买卖双方一致同意签订本合同并共同遵守。

一、货物的名称、数量及金额

品　名	单　位	无税单价(元/个)	数　量	金额(元)
键　盘	只	95.00	300	28 500.00

二、合同总金额:人民币贰万捌仟伍佰元整(￥28 500.00)。

三、交货及验收

1. 交货实行送货制,即甲方应按订单所规定时间(2024 年 1 月 3 日)将商品运至乙方所指定的交货地点交与乙方。

2. 甲方交货时,货到现场时商品从卸货到进入乙方仓库中所发生的搬运工作一律由甲方负责,货到现场收货人仅点收数量或件数,以后乙方开箱时如发现商品数量、质量等不符合合同约定,则由甲方负责。

……

甲　　方:建昌公司

授权代表:林凌　合同章

日　　期:2024 年 1 月 2 日

乙　　方:安徽阳光信息技术有限公司

法定代表人:肖剑合同章

日　　期:2024 年 1 月 2 日

图 10－10　采购合同

入　库　单

2024 年 01 月 03 日

单号:20240103

交来单位及部门	建昌公司	发票号码或生产单号码	CG01	验收仓库	原料库	入库日期	2024.01.03

编码	名称及规格	单位	数　量		实际价格		计划价格		价格差异	
			交库	实收	单价	金额	单价	金额		会计联
	键盘	个	300	300						
	合　　计									

部门经理:略　　　　　会计:略　　　　　仓库:略　　　　　经办人:略

图 10－11　入库单

北京增值税专用发票　　№ 10008001

发　票　联　　开票日期：2024 年 1 月 3 日

国税局〔2024〕562号海南华森实业公司

购买方	名　　称：安徽阳光信息技术有限公司 纳税人识别号：340019884734788 地 址、电 话：安徽合肥市潜山路 2 号　0551－68011107 开户行及账号：工商银行合肥分行中关村分理处 831658796206				密码区	略	
货物或应税劳务、服务名称	规格型号	单位	数量	单价	金额	税率	税额
键　盘		个	300	95.00	28 500.00	13%	3 705.00
合　计					￥28 500.00		￥3 705.00
价税合计（大写）	⊗叁万贰仟贰佰零伍元整				（小写）￥32 205.00		
销售方	名　　称：建昌公司 纳税人识别号：110479865267583 地 址、电 话：北京市海淀区开拓路 108 号 010－6606600 开户行及账号：中行 76473293				备注	建昌公司 110479865267583 发票专用章	

第三联：发票联　购买方记账凭证

收款人：略　　复核：略　　开票人：略　　销售方：（章）略

图 10－12　采购发票

【操作步骤】

（1）以“004 白雪”身份于日期“2024－01－01”登录企业应用平台，单击“业务工作”/“供应链”/“采购管理”/“请购”，双击“请购单”，打开采购请购单窗口，单击“增加”，输入请购部门“采购部”，请购人员“白雪”，选择存货编码“004 键盘”，输入数量“300”、本币单价“95”，如图 10－14 所示。

（2）单击“保存”按钮，再单击“审核”按钮。

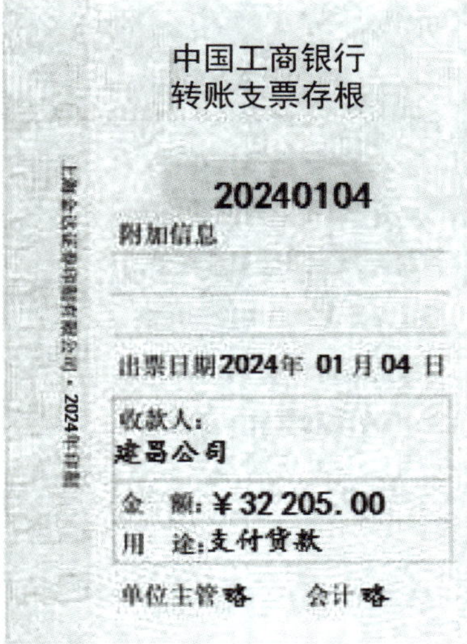
中国工商银行
转账支票存根

20240104
附加信息

出票日期 2024 年 01 月 04 日
收款人：建昌公司
金　额：￥32 205.00
用　途：支付货款
单位主管 略　会计 略

图 10－13　转账支票存根

> **小提示！**
> - 请购单的制单人与审核人可以是同一人。
> - 审核后的请购单不能直接修改，如果要修改，则要先“弃审”，再“修改”。
> - 审核后的请购单才能作为下游单据参照生成的单据。

（3）以“004 白雪”身份于日期“2024－01－02”登录采购管理系统，单击“采购订货”，双击“采购订单”，打开采购订单窗口，单击“增加”，再单击“生单”，选择“请购单”选项，打开过滤条件窗口，单击“过滤”，进入“订单拷贝请购单表头列表”窗口。双击需要参照的采购请购单的“选择”栏，单击“确定（OK）”按钮，将采购请购单相关信息带入采购订单，输入订单编号“CG01”、供应商“002 建昌公司”、部门“202 采购部”、表体中计划到货日期“2024－01－03”，如图 10－15 所示。

10

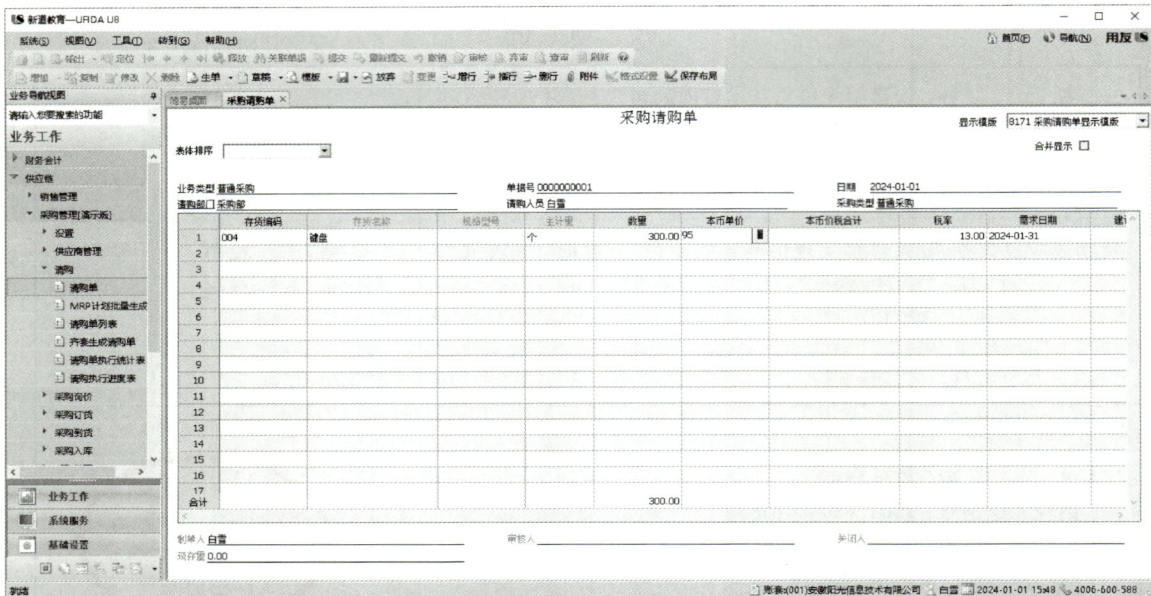

图 10 - 14　录入采购请购单

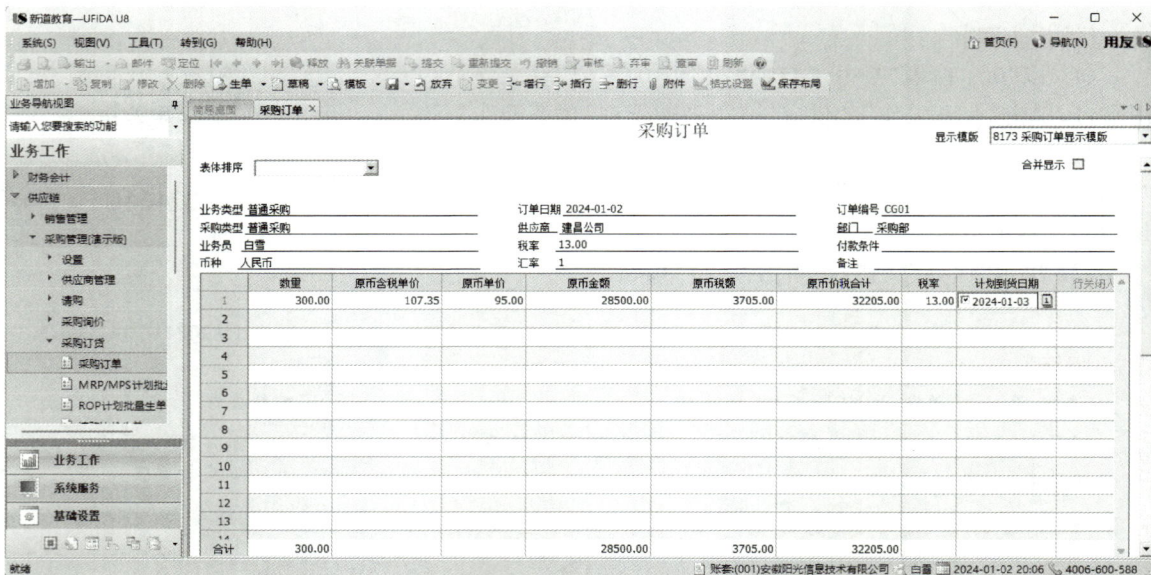

图 10 - 15　采购订单生单

小提示！

➤ 采购订单编号既可由系统自动编定，也可完全由人工录入。如果要由人工录入，要事先由账套主管单击"基础设置"/"单据设置"，双击"单据编号设置"，选中"采购订单"，将"完全手工编号"选中，如图 10 - 16 所示，单击"保存"。

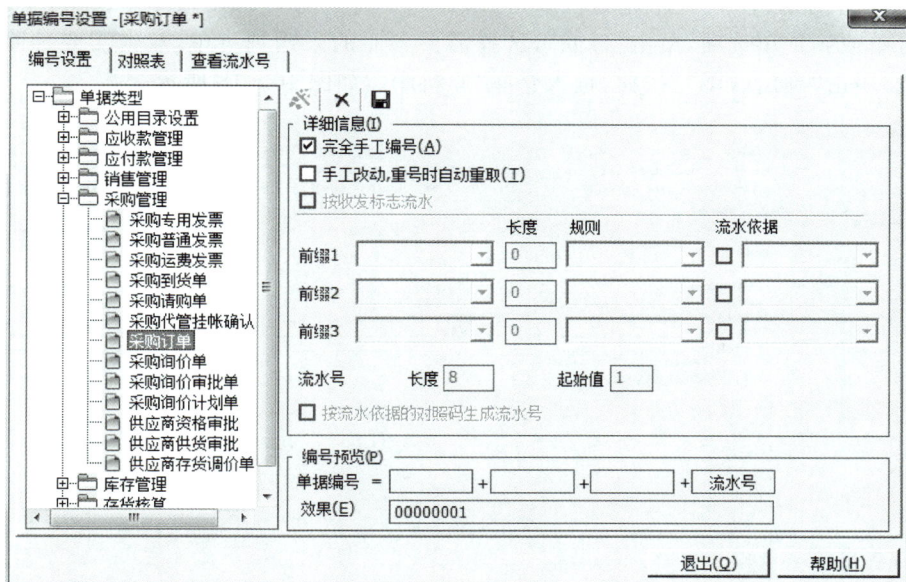

图 10-16　设置单据编号

（4）单击"保存"，再单击"审核"。

（5）以"004 白雪"身份于日期"2024-01-03"重新登录采购管理系统，单击"采购到货"，双击"到货单"，打开到货单窗口，单击"增加"按钮，再单击"生单"按钮，选择"采购订单"选项，打开过滤条件窗口，单击"过滤"，进入到货单拷贝订单表头列表窗口。双击需要参照的采购订单的"选择"栏，单击"确定(OK)"按钮，将采购订单相关信息带入采购到货单，如图 10-17 所示。

图 10-17　到货单生单

（6）单击"保存"按钮，再单击"审核"按钮。

（7）单击"库存管理"/"入库业务"，双击"采购入库单"，打开采购入库单窗口，单击"生单"，选择采购订单或到货单选项，单击"过滤"，选择需要参照的采购到货单，双击需要参照的到货单的"选择"栏，单击"确定（OK）"按钮，输入仓库"原料库"，如图 10 - 18 所示。

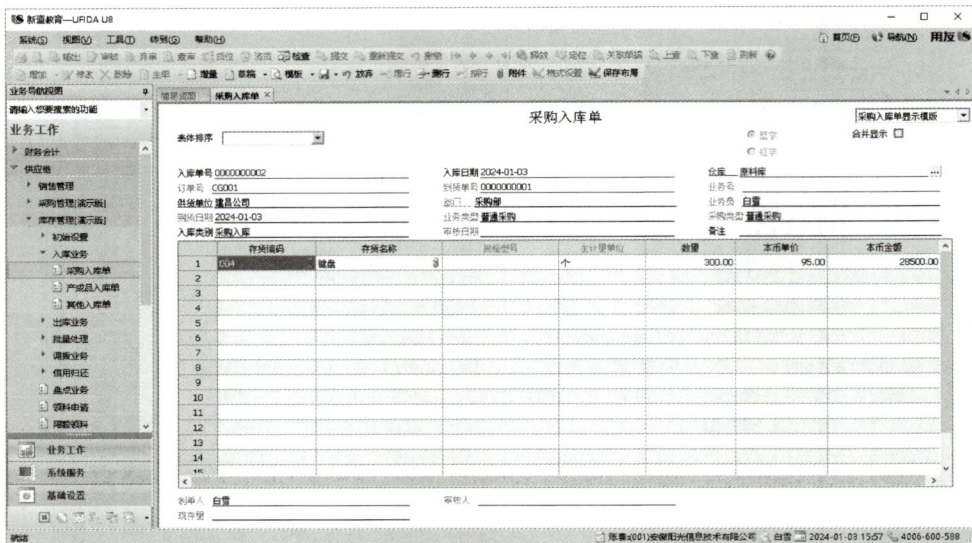

图 10 - 18 采购入库单生单

（8）单击"保存"按钮，再单击"审核"按钮。

小提示！

➤ 只有采购管理系统与库存管理系统集成使用时，库存管理系统才能通过"生单"按钮生成采购入库单。

➤ 生单参照的单据是采购管理系统中已审核未关闭的采购订单和到货单。

➤ 采购管理系统如果设置必有订单业务模式时，不可手工录入采购入库单。

➤ 库存管理系统中的采购入库单可以在采购管理系统中作为参照生成相应的采购发票。

（9）单击"采购管理"/"采购发票"，双击"专用采购发票"，打开专用发票窗口，单击"增加"按钮，再单击"生单"按钮，选择"采购入库单"选项，单击"过滤"按钮，进入发票拷贝入库单表头列表窗口，双击需要参照的采购入库单，单击"确定"按钮，将采购入库单信息带入采购专用发票，输入发票号"10008001"，如图 10 - 19 所示。

（10）单击"保存"按钮。

小提示！

➤ 采购专用发票号既可由系统自动编定，也可完全由人工录入。如果要由人工编号，要事先由账套主管单击"基础设置"/"单据设置"，双击"单据编号设置"，选中"采购专用发票"，将"完全手工编号"选中，如图 10 - 20 所示，单击"保存"按钮。同理，设置采购运费发票也是手工编号。

10

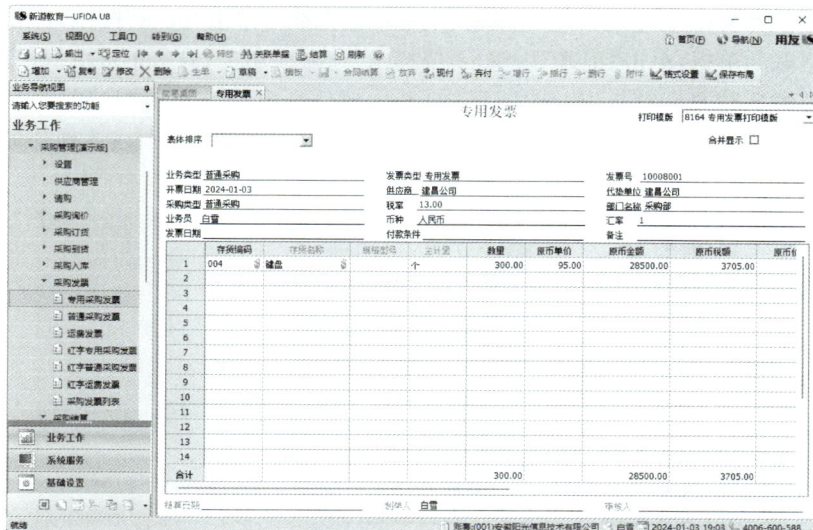

图 10-19 专用发票生单

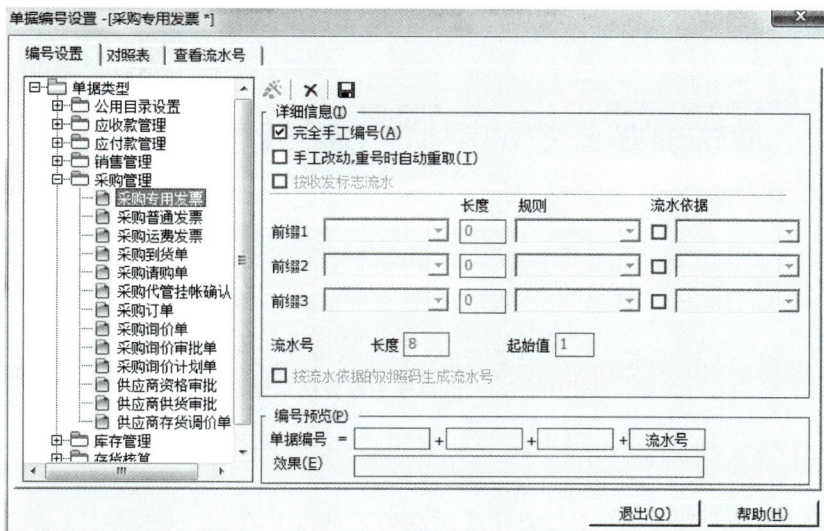

图 10-20 设置采购专用发票单据编号手工编号

（11）在采购专用发票窗口，单击"结算"按钮，系统执行自动结算，稍后，专用发票左上角出现"已结算"红色标记。

小提示！

➢ 系统按照三种结算模式进行自动结算：入库单和发票、红蓝入库单和红蓝发票。

➢ 采购结算生成采购结算单，可以在"结算单列表"中查询。

➢ 如果要修改或删除采购入库单、采购发票时，需要先删除采购结算单，取消采购结算。

（12）单击"存货核算"/"业务核算"，双击"正常单据记账"，单击"过滤"按钮，打开正常单据记账列表。选择要记账的单据，单击"记账"按钮，系统提示"记账成功！"，退出正常单据记账窗口。

（13）单击"财务核算"，双击"生成凭证"，打开生成凭证窗口。单击"选择"按钮，打开查询条件窗口，如图 10-21 所示，单击"确定"按钮，打开未生成凭证单据一览表，选择要制单的记录行，如图 10-22 所示。

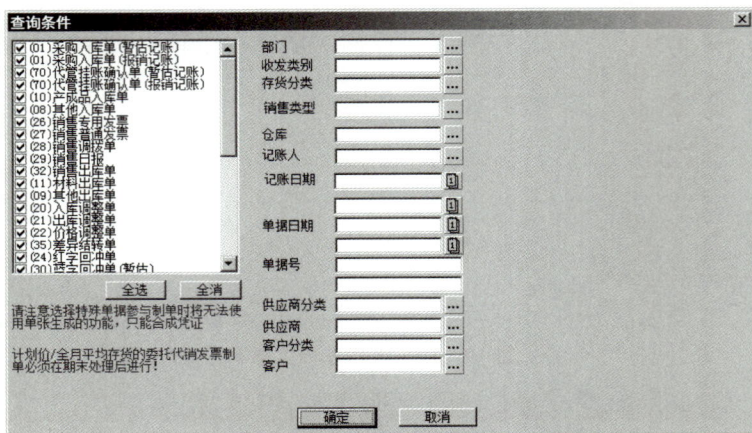

图 10-21　设置查询条件

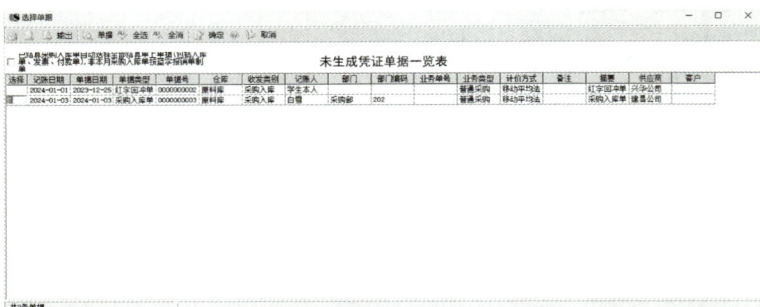

图 10-22　选择未生成凭证单据

10

> **小提示！**
> ➤ 采购入库单（报销记账）指的是已进行结算后的采购入库单；采购入库单（暂估记账）则指的是未结算的采购入库单。

（14）单击"确定"按钮，打开生成凭证窗口，单击"生成"按钮，进入填制凭证窗口，选择凭证类别"转账凭证"，单击"保存"按钮，如图 10-23 所示。

> **小提示！**
> ➤ 采购入库单是采购入库成本核算的载体。采购业务成本核算其中一种情况是货票同行。通过在采购系统对采购入库单与采购发票进行结算，确定外购存货成本。存货核算系统接收从采购管理系统中传递过来的已结算的采购入库单，进行单据记账操作。记账完成后，可以对其进行制单，凭证传递到总账系统。

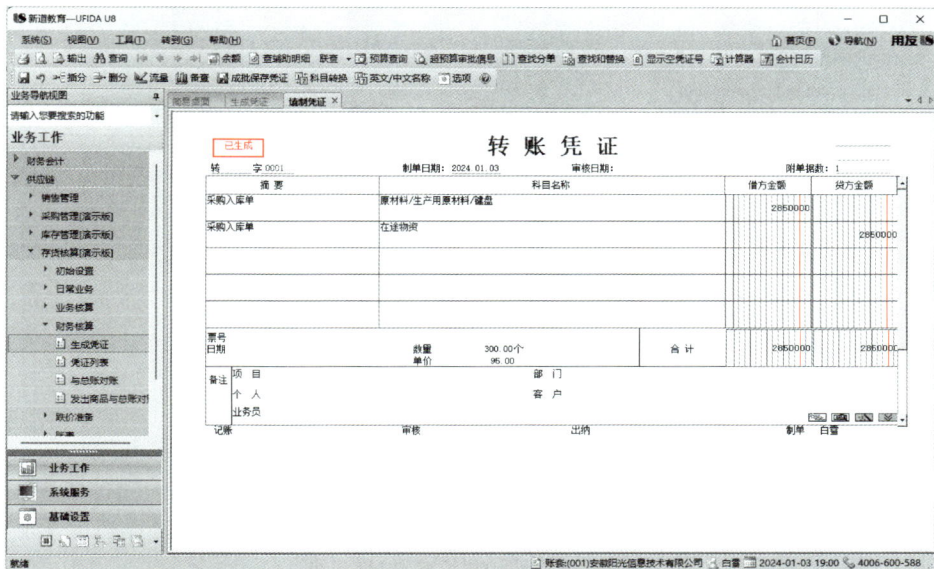

图 10 - 23 生成入库凭证

（15）以"003 马方"身份于日期"2024 - 01 - 03"打开应付款管理系统，执行应付单据审核操作处理，双击"应付单据审核"，单击"确定"按钮，打开应付单据列表，选择要审核的单据，如图10 - 24 所示。

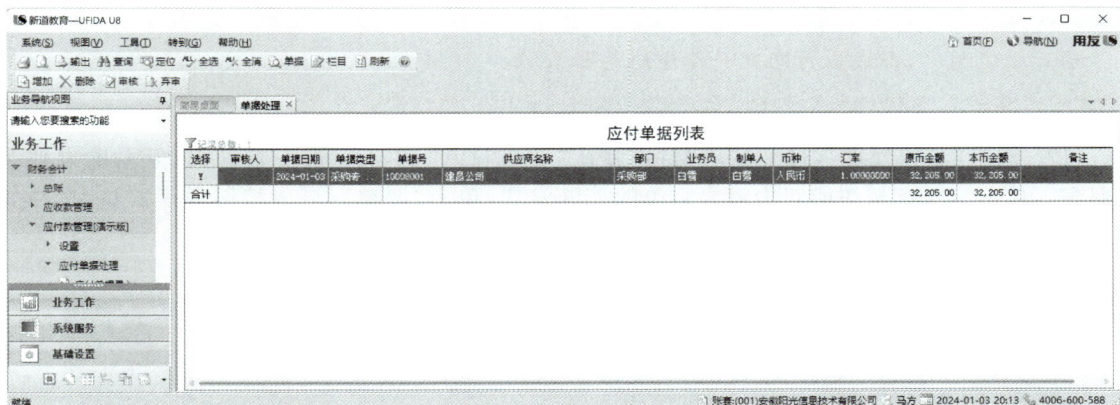

图 10 - 24 应付单据审核

小提示！

➤ 更换"003 马方"进入应付款系统，审核"004 白雪"在采购管理系统中的已结算的采购发票，若"应付单据列表"中无任何需审核的发票，即马方查询不到已结算的采购发票，原因是系统默认控制"用户"记录，需取消对用户控制，才能过滤出需要审核的单据。操作方法：更换"账套主管"进入企业应用平台，单击左下角"系统服务"/"权限"，双击"数据权限控制设置"，取消"用户"前的"√"符号，即不控制，如图10 - 25 所示。

10

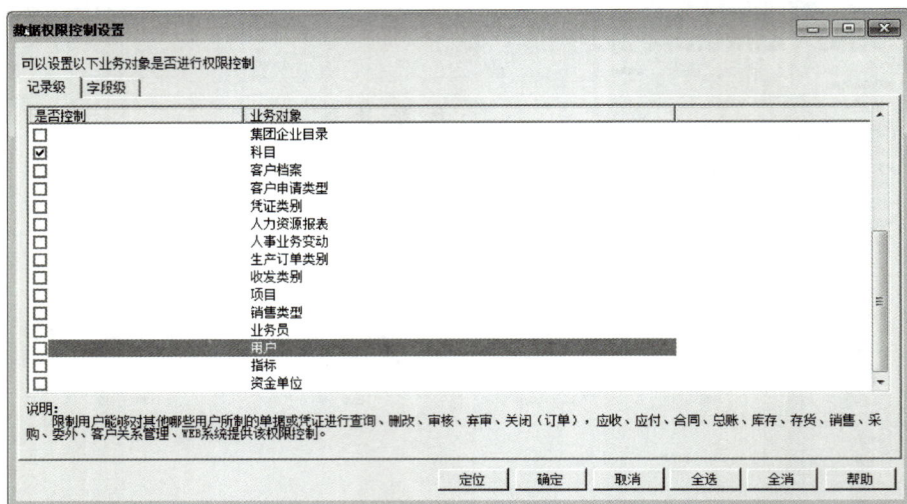

图 10 - 25   取消"用户"控制记录

（16）单击"审核"按钮，系统提示"审核成功！"，单击"确定"按钮返回后退出。

小提示！
> 采购结算后的采购发票会自动传递到应付款管理系统，需要在应付款管理系统中"审核"确认才能制单，形成应付账款并传递给总账系统。

（17）双击"制单处理"，打开制单窗口，默认"发票制单"，单击"确定"按钮，打开采购发票制单列表。单击"全选"按钮或双击需要制单的采购发票，单击"制单"，进入填制凭证窗口，选择凭证类别"转账凭证"，单击"保存"按钮，如图 10 - 26 所示。

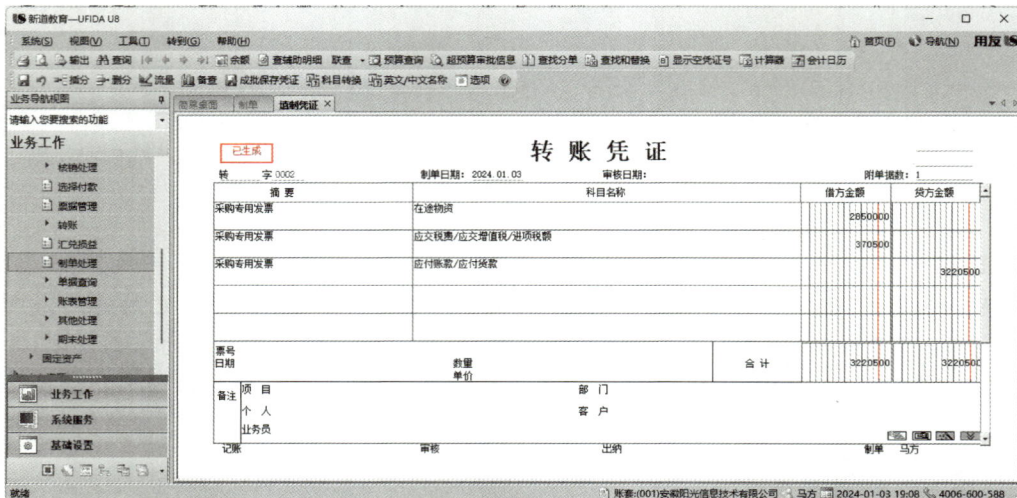

图 10 - 26   生成应付凭证

小提示！
➤ 在应付款管理系统中可以根据采购发票制单，也可根据应付单或其他单据制单。
➤ 可以在采购结算后针对每笔业务制单，也可以在月末一次性制单。

（18）以"003 马方"身份于日期"2024－01－04"打开应付款管理系统，执行付款单据录入操作，单击"增加"按钮，选择供应商"建昌公司"，结算方式"转账支票"，金额"32 205"，票据号"20240104"，如图 10－27 所示。

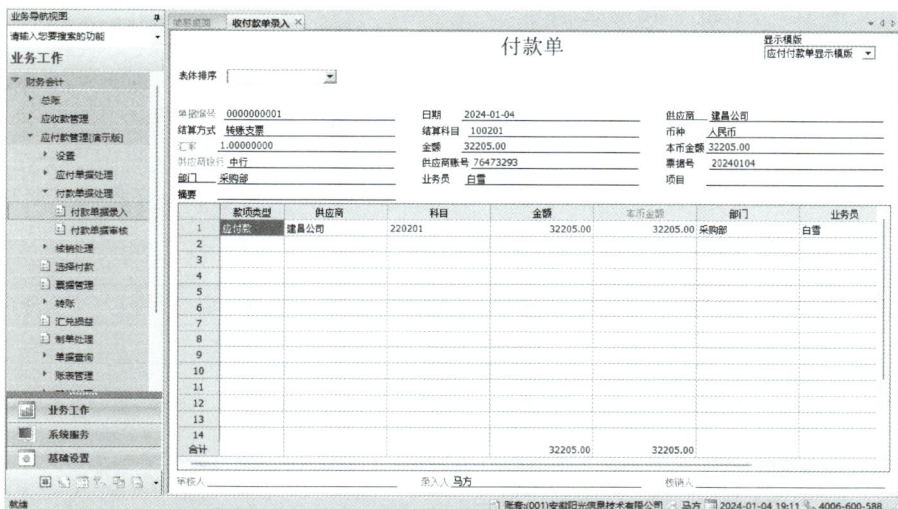

图 10－27　录入付款单

（19）单击"保存"按钮，再单击"审核"按钮，系统提示"是否立即制单？"，单击"是"按钮，进入填制凭证窗口，选择凭证类别"付款凭证"，单击"保存"按钮，如图 10－28 所示。

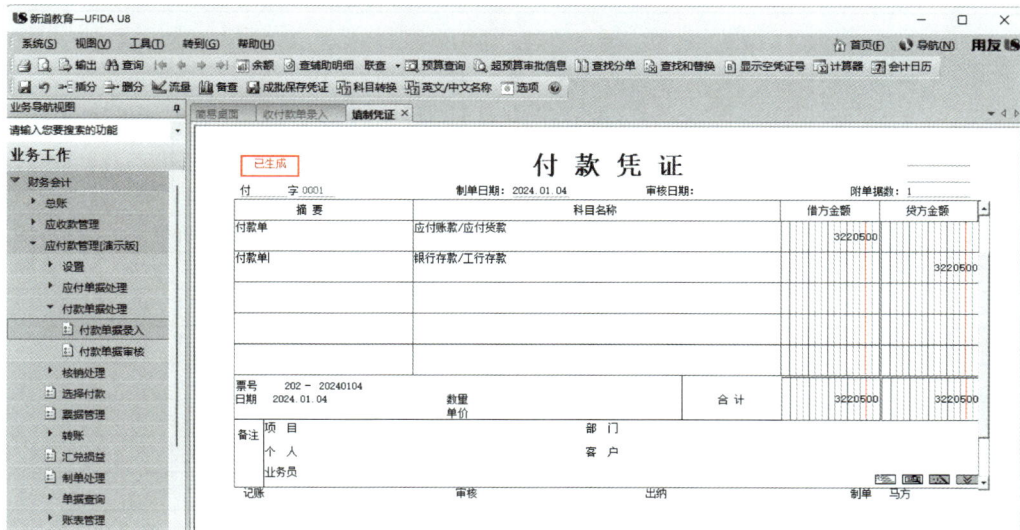

图 10－28　生成付款凭证

10

小提示！
➤ 付款操作也可通过"选择性付款"命令操作完成。
➤ "选择性付款"命令执行必须建立在付款单据录入与审核是同一个人的基础上方能使用。使用"选择性付款"比付款单录入操作更为简单,因为它是集付款处理和核销处理为一体的操作命令。

【业务资料2】

5日,安徽阳光公司和建昌公司签订采购合同。根据原始单据完成业务,背景单据如图10-29、图10-30、图10-31和图10-32所示。

采购现付
业务处理

购 销 合 同

合同编号：CG02

卖方：建昌公司(以下简称甲方)
买方：安徽阳光信息技术有限公司(以下简称乙方)

为保护买卖双方的合法权益,根据《中华人民共和国民法典》的有关规定,经友好协商,买卖双方一致同意签订本合同并共同遵守。
一、货物的名称、数量及金额

品　名	单　位	无税单价(元/个)	数　量	金额(元)
鼠标	个	50.00	300	15 000.00

二、合同总金额：人民币壹万伍仟元整(￥15 000.00)。
三、交货及验收

1. 交货实行送货制,即甲方应按订单所规定时间(2024年1月5日)将商品运至乙方所指定的交货地点交与乙方。
2. 甲方交货时,货到现场时商品从卸货到进入乙方仓库中所发生的搬运工作一律由甲方负责,货到现场收货人仅点收数量或件数,以后乙方开箱时如发现商品数量、质量等不符合合同约定,则由甲方负责。
……

甲　方：建昌公司
授权代表：林凌 合同章
日　期：2024年1月5日

乙　方：安徽阳光信息技术有限公司
法定代表人：肖剑合同章
日　期：2024年1月5日

图 10-29 采购合同

入 库 单

2024 年 01 月 05 日

单号：20240105

交来单位及部门	建昌公司	发票号码或生产单号码	CG02	验收仓库	原料库	入库日期	2024.01.05

编码	名称及规格	单位	数量		实际价格		计划价格		价格差异
			交库	实收	单价	金额	单价	金额	
	鼠标	个	300	300					
	合　计								

会计联

部门经理：略　　　　会计：略　　　　仓库：略　　　　经办人：略

图 10-30 入库单

10

北京增值税专用发票

No 10085011

发票联

开票日期：2024 年 1 月 5 日

购买方	名　　　称：安徽阳光信息技术有限公司 纳税人识别号：340019884734788 地址、电话：安徽合肥潜山路 2 号　0551－680111017 开户行及账号：工商银行合肥分行中关村分理处 831658796206	密码区	略

货物或应税劳务、服务名称	规格型号	单位	数量	单价	金额	税率	税额
鼠　标		个	300	50.00	15 000.00	13％	1 950.00
合　计					￥15 000.00		￥1 950.00

价税合计（大写）	⊗壹万陆仟玖佰伍拾元整	（小写）￥16 950.00

销售方	名　　　称：建昌公司 纳税人识别号：110479865267583 地址、电话：北京市海淀区开拓路 108 号 010－6606600 开户行及账号：中行 76473293	备注	建昌公司 110479865267583 发票专用章

收款人：略　　　复核：略　　　开票人：略　　　销售方：（章）略

图 10-31　专用发票

【操作步骤】

（1）以"004 白雪"身份于日期"2024-01-05"登录企业应用平台，进入"采购管理"，单击"采购订货"，双击"采购订单"，按照采购合同（图 10-29）手工增加一张（CG02）订单，并执行审核操作。

（2）单击"采购到货"，双击"到货单"，根据采购订单生成一张到货单，并审核。

（3）以"004 白雪"身份进入库存管理系统，根据到货单生成一张采购入库单，并审核。

（4）在采购管理系统中，根据采购入库单拷贝生成采购专用发票，修改发票号为"10085011"，单击"保存"。

（5）单击"现付"按钮，打开采购现付窗口，选择结算方式"转账支票"，输入原币金额"16 950"，支票号"Z011"，如图 10-33 所示。

（6）单击"确定"按钮，发票左上角显示"已现付"红色标记。再单击"结算"按钮，自动完成采购结算，发票左上角显示"已结算"红色标记。

（7）进入存货核算系统中，执行正常单据记账操作，并生成入库凭证，如图 10-34 所示。

（8）以"003 马方"身份于日期"2024-01-05"进入应付款管理系统，执行应付单据审核操作，在应付单过滤条件中选中"包含已现结发票"，如图 10-35 所示。

（9）在应付款管理系统中，执行制单处理，在制单查询中选中"现结制单"，生成凭证保存后如图 10-36 所示。

中国工商银行
转账支票存根

Z011

附加信息

出票日期 2024年 01月 05日

收款人：建昌公司

金　额：￥16 950.00

用　途：支付货款

单位主管 略　　会计 略

图 10-32　转账支票

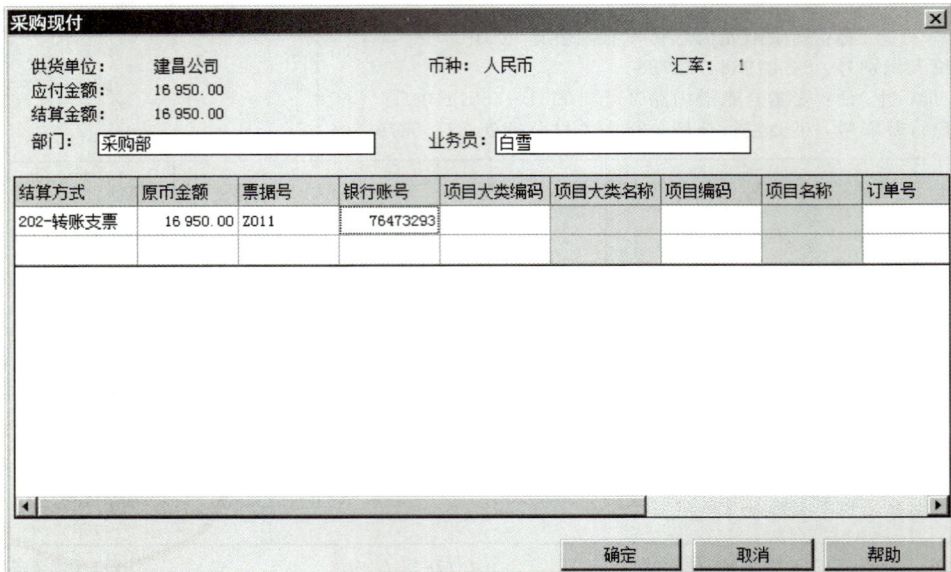

图 10-33　现付录入

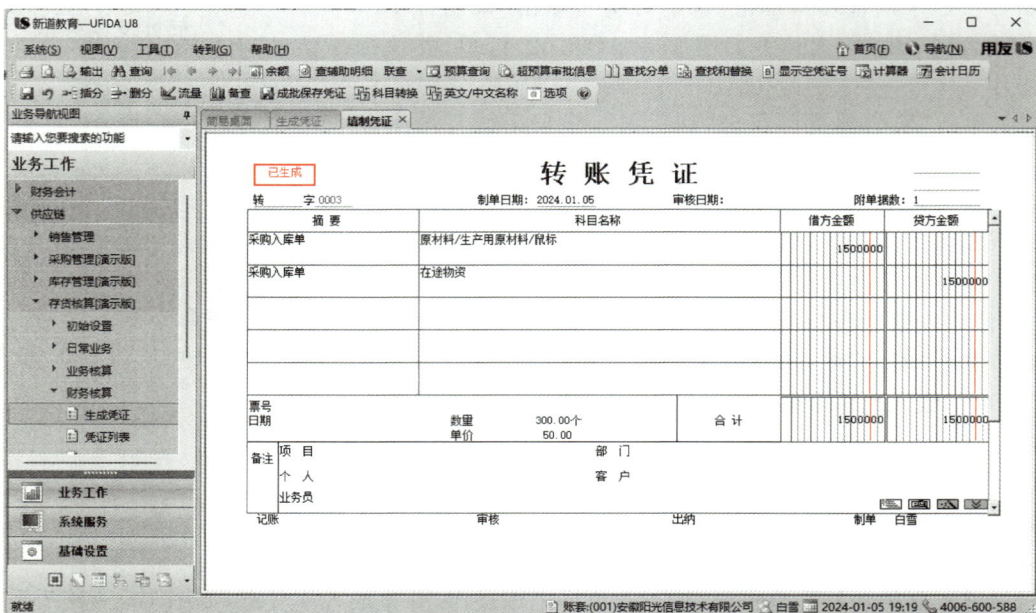

图 10-34　生成入库凭证

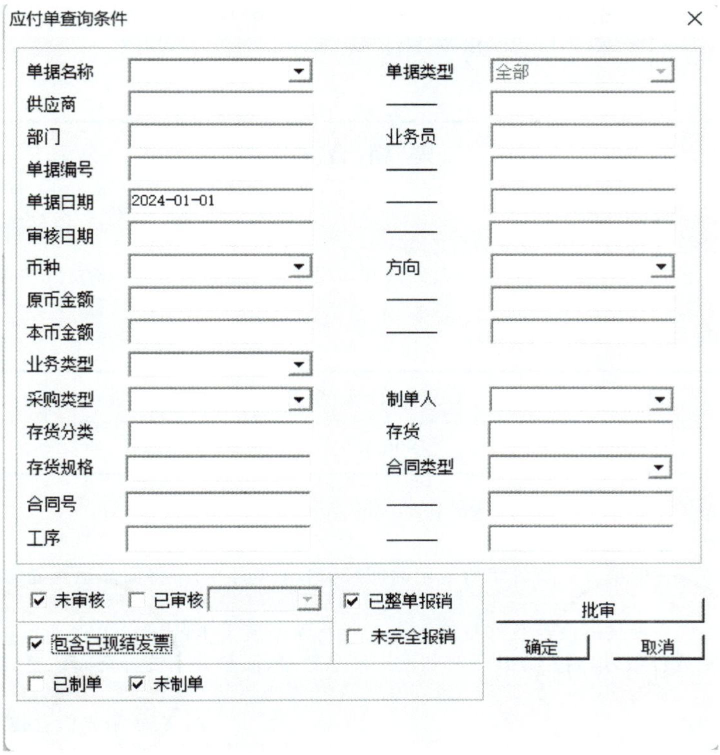

图 10 - 35　审核已现结发票

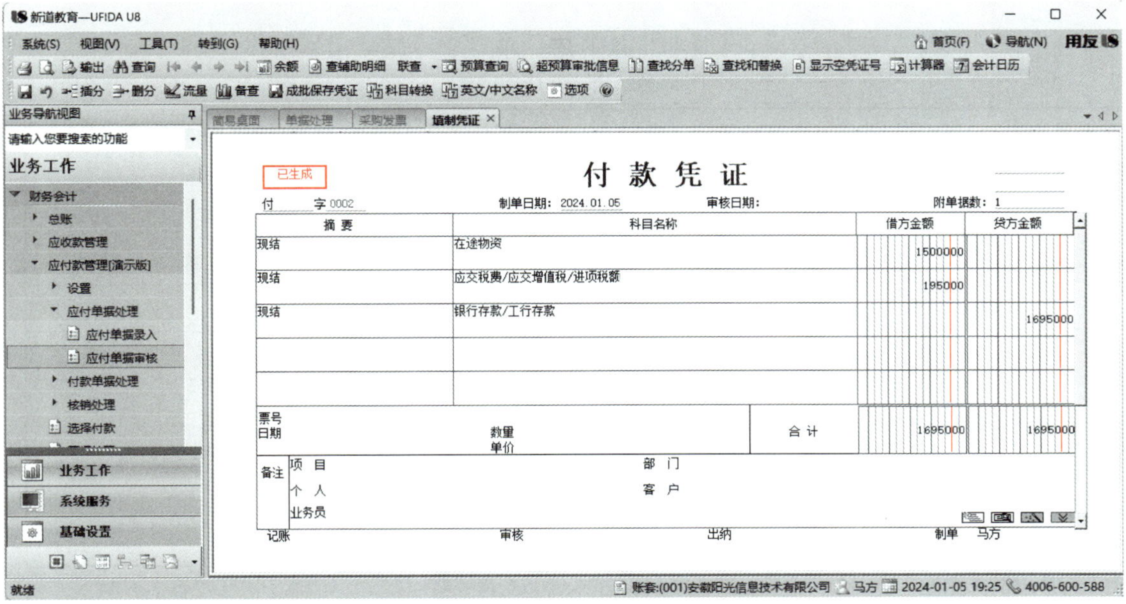

10

图 10 - 36　现结制单

【业务资料3】

6日,安徽阳光公司和建昌公司签订采购合同,根据原始单据完成业务(合并制单)。背景单据如图10-37、图10-38、图10-39和图10-40所示。

分摊采购
运费的采
购业务处
理

购 销 合 同

合同编号:CG03

卖方:建昌公司(以下简称甲方)

买方:安徽阳光信息技术有限公司(以下简称乙方)

为保护买卖双方的合法权益,根据《中华人民共和国民法典》的有关规定,经友好协商,买卖双方一致同意签订本合同并共同遵守。

一、货物的名称、数量及金额

品 名	单 位	无税单价(元/盒)	数 量	金额(元)
500GB 硬盘	盒	800.00	200	160 000.00

二、合同总金额:人民币壹拾陆万元整(¥160 000.00)。

三、交货及验收

1. 交货实行送货制,即甲方应按订单所规定时间(2024年1月6日)将商品运至乙方所指定的交货地点交与乙方。

2. 甲方交货时,货到现场时商品从卸货到进入乙方仓库中所发生的搬运工作一律由甲方负责,货到现场收货人仅点收数量或件数,以后乙方开箱时如发现商品数量、质量等不符合合同约定,则由甲方负责。

……

甲　　方:建昌公司

授权代表:林凌 合同章

日　　期:2024 年 1 月 6 日

乙　　方:安徽阳光信息技术有限公司

法定代表人:肖剑 合同章

日　　期:2024 年 1 月 6 日

图 10-37　采购合同

入 库 单

2024 年 01 月 06 日

单号:20240106

交来单位及部门	建昌公司	发票号码或生产单号码	CG03	验收仓库	原料库	入库日期	2024.01.06	
编码	名称及规格	单位	数量		实际价格		计划价格		价格差异
			交库	实收	单价	金额	单价	金额	
	500GB 硬盘	盒	200	200					
	合　计								

部门经理:略　　　　会计:略　　　　仓库:略　　　　经办人:略

图 10-38　入库单

10

会计联

北京增值税专用发票　　No 10085012

发票联

开票日期：2024 年 01 月 06 日

| 购买方 | 名　　　称：安徽阳光信息技术有限公司
纳税人识别号：340019884734788
地　址、电话：安徽合肥市潜山路 2 号　0551-68011107
开户行及账号：工商银行合肥分行中关村分理处 831657896206 | | | | 密码区 | 略 | | |

货物或应税劳务、服务名称	规格型号	单位	数量	单价	金额	税率	税额
500GB 硬盘		盒	200	800.00	160 000.00	13%	20 800.00
合　计					¥160 000.00		¥20 800.00

价税合计（大写）	⊗壹拾捌万零捌佰元整	（小写）¥180 800.00

| 销售方 | 名　　　称：建昌公司
纳税人识别号：110479865267583
地　址、电话：北京市海淀区开拓路 108 号 010-6606600
开户行及账号：中行 76473293 | 备注 | 建 昌 公 司
110479865267583
发票专用章 |

收款人：略　　　　复核：略　　　　开票人：略　　　　销售方：（章）略

国税局〔2023〕562号海南华森实业公司

第三联：发票联　购买方记账凭证

图 10-39　采购发票

北京增值税专用发票　　No 10005678

发票联

开票日期：2024 年 01 月 06 日

| 购买方 | 名　　　称：安徽阳光信息技术有限公司
纳税人识别号：340019884734788
地　址、电话：安徽合肥市潜山路 2 号　0551-68011107
开户行及账号：工商银行合肥分行中关村分理处 831658796206 | | | | 密码区 | 略 | | |

货物或应税劳务、服务名称	规格型号	单位	数量	单价	金额	税率	税额
运输费		千米			200.00	9%	18.00
合　计					¥200.00		¥18.00

价税合计（大写）	⊗贰佰壹拾捌元整	（小写）¥218.00

| 销售方 | 名　　　称：顺丰速运有限公司
纳税人识别号：110678685524564
地　址、电话：北京市丰台区宋庄路 12 号 010-6606623
开户行及账号：工行 55689743 | 备注 | 顺丰速运有限公司
110678685524564
发票专用章 |

收款人：略　　　　复核：略　　　　开票人：略　　　　销售方：（章）略

图 10-40　运费发票

10

【操作步骤】

（1）以"004 白雪"身份于日期"2024-01-06"进入采购管理系统，根据合同填制并审核订单（订单编号 CG03），根据订单生成到货单并审核，之后进入库存管理系统填制并审核采购入库单。

（2）在采购管理系统中，根据"采购入库单"拷贝生成"采购专用发票"，修改发票号为"10085012"，单击"保存"按钮。

（3）双击"专用采购发票"，单击"增加"按钮，修改发票号为"10005678"，输入供货单位"顺丰速运有限公司"、存货"运输费"、原币金额"200"，单击"保存"按钮，如图10-41所示。

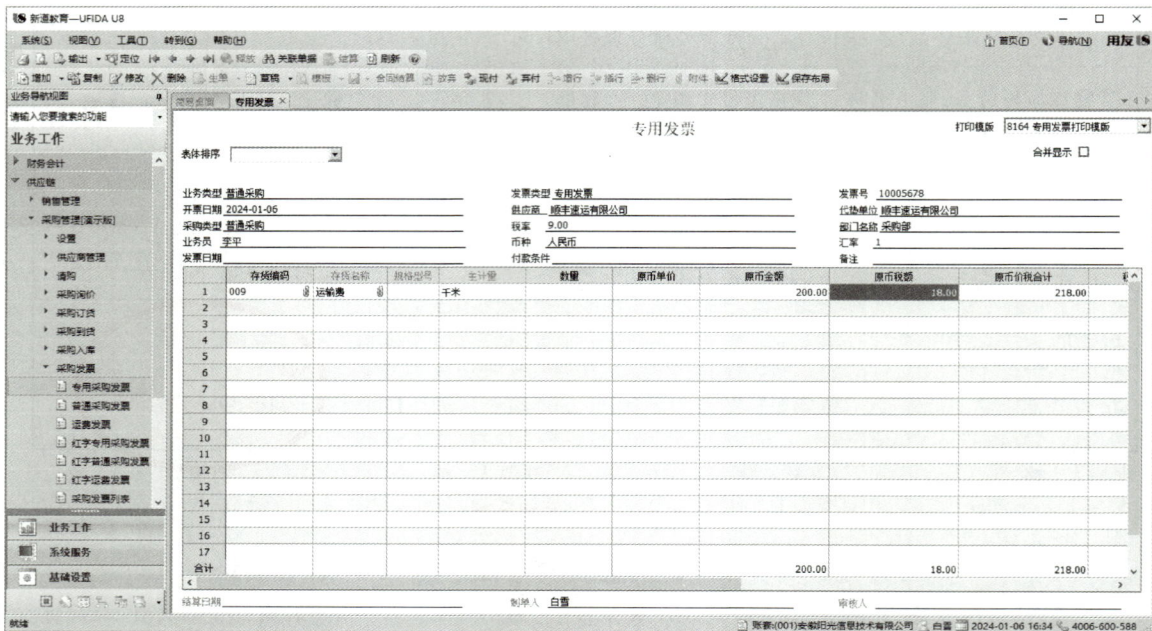

图10-41　录入运费发票

> **小提示！**
> ➤ 采购发票（运费）只能手工录入，运输费必须具有"应税劳务"属性。

（4）单击"采购结算"，双击"手工结算"，打开手工结算窗口。单击"选单"按钮，再单击"查询"按钮，选择入库单和发票，上方显示采购发票和运费发票，下方显示入库单，选择要结算的入库单和发票，如图10-42所示。

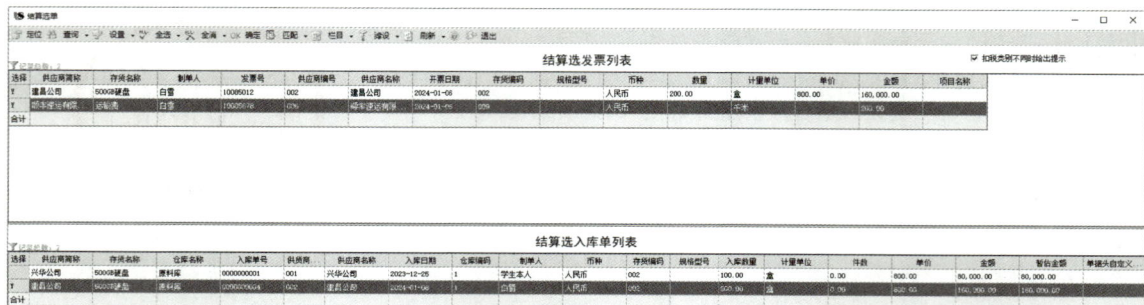

图10-42　手工结算选单

（5）单击"确定"按钮，默认"按金额"或选择费用分摊方式"按数量"，如图10-43所示。

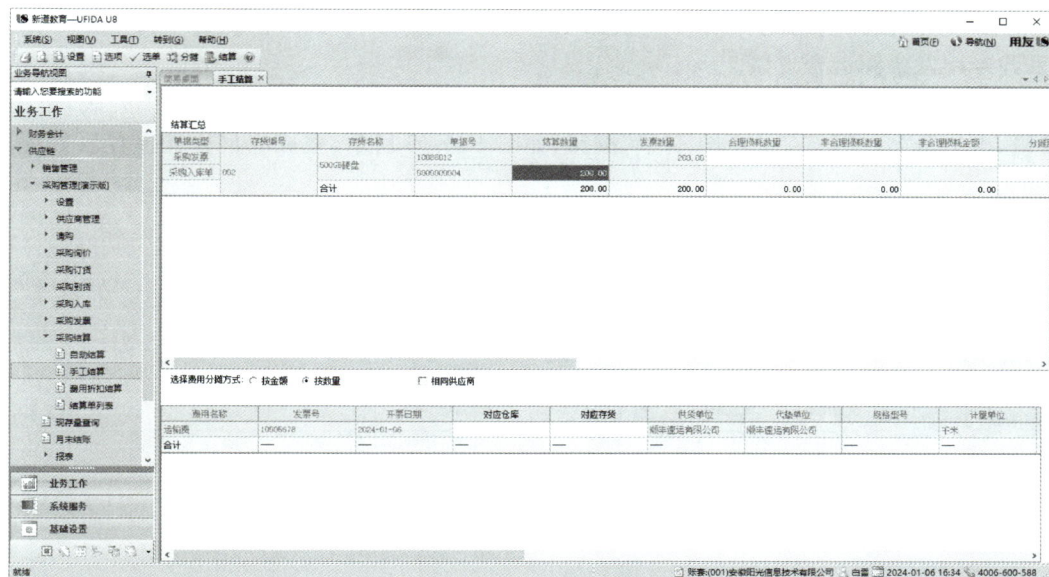

图 10-43　手工结算

（6）单击"分摊"按钮，系统弹出分摊方式确认信息，单击"是"按钮，系统提示"分摊完毕！"，再单击"结算"按钮，系统提示结算完成信息，单击"确定"按钮返回。

小提示！
➤ 采购发票、运费采购发票和采购入库单之间只能通过手工结算完成采购结算。
➤ 不管采购入库单上有无单价，采购结算后，其单价都被自动修改为发票上的存货单价。
➤ 将采购取得的运费分摊至采购存货中，存货的总成本、单位成本会发生变化，可通过费用结算单查看分摊后的存货成本。

（7）进入存货核算系统中，执行正常单据记账操作，生成入库凭证保存后如图 10-44 所示。

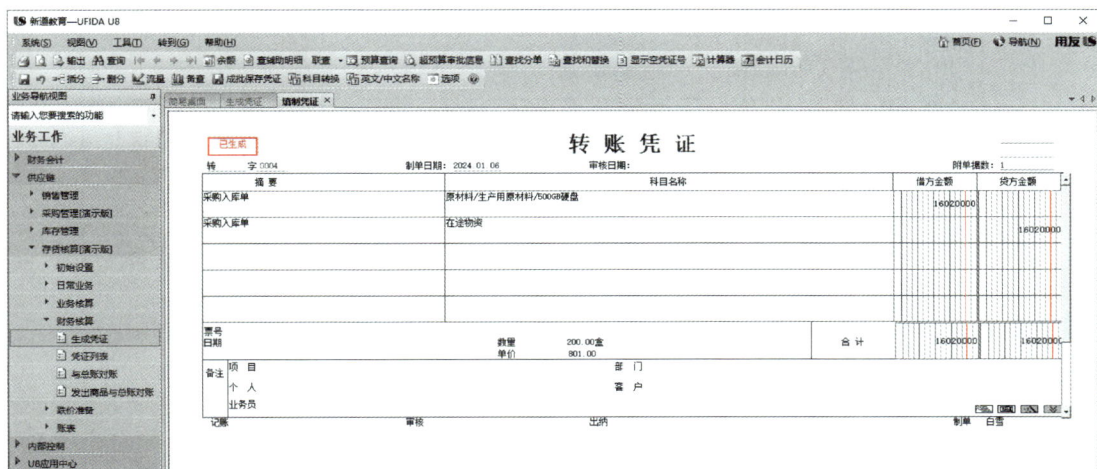

图 10-44　生成入库凭证

（8）以"003 马方"身份于日期"2024 – 01 – 06"进入应付款管理系统,执行应付单据审核已结算的采购专用发票和运费发票。

（9）在应付款管理中,双击"制单处理",选择"发票制单",打开采购发票制单列表,单击"全选"按钮,再单击"合并"按钮,单击"制单"按钮,如图 10 – 45 所示,生成应付凭证保存后如图 10 – 46 所示。

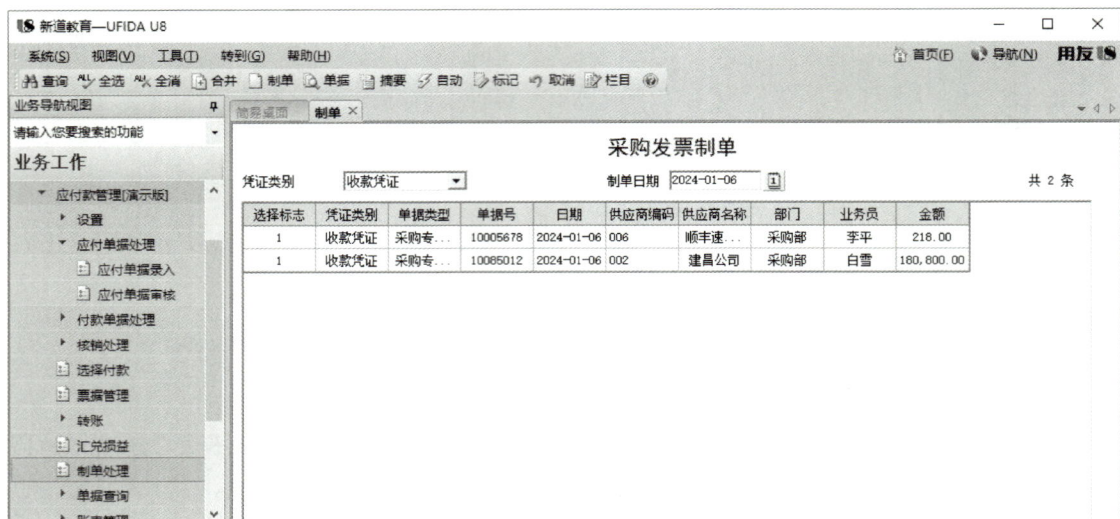

图 10 – 45　合并制单

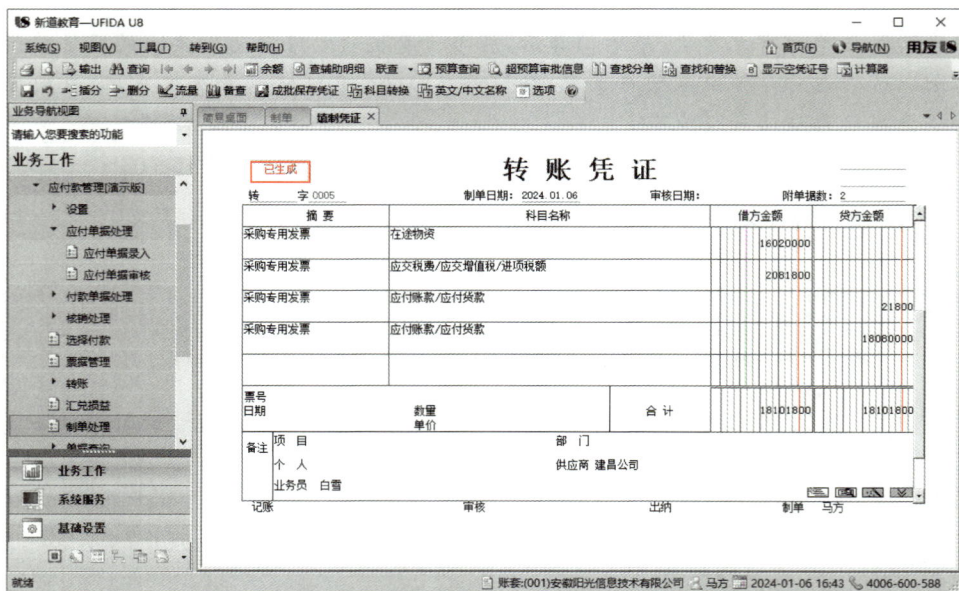

图 10 – 46　生成应付款凭证

【业务资料 4】

9 日,安徽阳光公司收到兴华公司提供的上月已验收入库的 80 盒 500GB 硬盘的专用发票一张,根据图 10 – 47 的原始单据完成业务。

北京增值税专用发票

发 票 联　　　No 10048210

开票日期：2024 年 01 月 09 日

国税局〔2023〕562号海南华森实业公司

| 购买方 | 名　称：安徽阳光信息技术有限公司
纳税人识别号：340019884734788
地址、电话：安徽合肥市潜山路2号　0551-68011107
开户行及账号：工商银行合肥分行中关村分理处 831657896206 | | | | 密码区 | | 略 | | |

货物或应税劳务、服务名称	规格型号	单位	数量	单价	金额	税率	税额
500GB 硬盘		盒	80	820.00	65 600.00	13%	8 528.00
合　计					￥65 600.00		￥8 528.00

价税合计（大写）　⊗柒万肆仟壹佰贰拾捌元整　　　　（小写）￥74 128.00

| 销售方 | 名　称：兴华公司
纳税人识别号：110567453698462
地址、电话：北京市朝阳区十里堡8号 010-6565000
开户行及账号：中行 48723367 | 备注 | 兴华公司
110567453698462
发票专用章 |

收款人：略　　　复核：略　　　开票人：略　　　销售方：（章）略

第三联：发票联　购买方记账凭证

图 10-47　采购发票

【操作步骤】

（1）以"004 白雪"身份于日期"2024-01-09"进入采购管理系统，根据期初采购入库单拷贝生成采购专用发票，输入发票号"10048210"，发票数量修改为"80"，发票单价修改为"820"，单击"保存"。

（2）单击"采购结算"，执行手工结算，选择要结算的入库单和发票，单击"确定"按钮，返回手工结算窗口，在"合理损耗数量"栏录入"-20"，如图 10-48 所示。

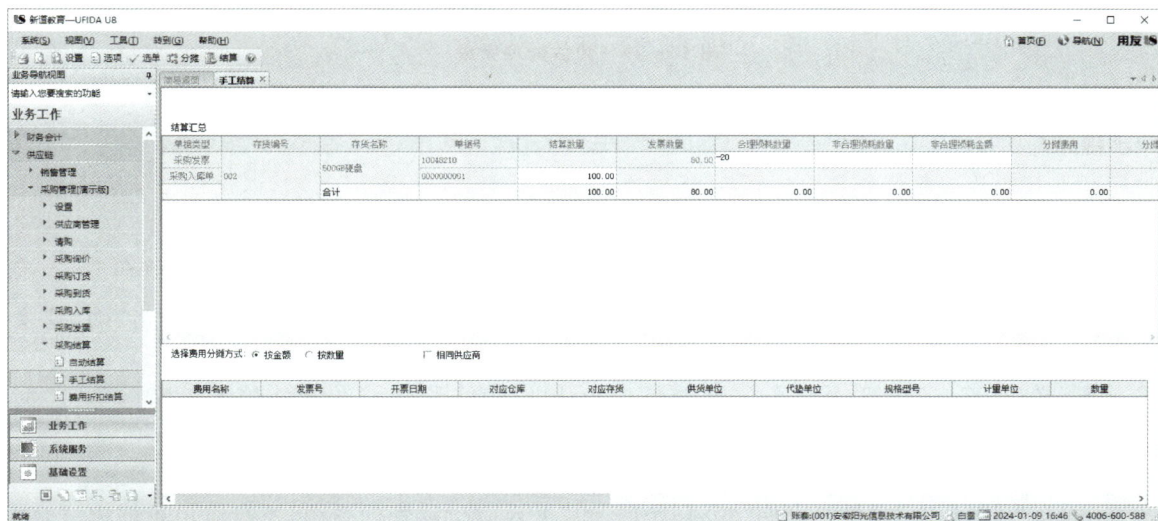

图 10-48　手工结算

10

> **小提示！**
> - 若采购入库单和采购发票数量不一致，即发生采购溢缺，只能采用手工结算。
> - 只有"发票数量＝结算数量＋合理损耗量＋非合理损耗量"，入库单记录与发票记录才能进行采购结算。
> - 若"入库单数量＞发票数量"，则发生采购溢余，应在合理损耗量中输入"负数"，系统则按赠品处理。
> - 若"入库单数量＜发票数量"，则发生采购短缺，应在合理损耗量中输入"正数"，若属于非合理损耗性质，还需转出进项税额。

（3）单击"结算"按钮，系统提示完成结算信息，单击"确定"按钮返回。

（4）在存货核算中，单击"业务核算"，双击"结算成本处理"，打开暂估处理查询窗口，选择"原料库"，单击"确定"按钮，打开结算成本处理窗口，选择需要进行暂估结算的单据。单击"暂估"按钮，完成暂估处理，如图 10-49 所示。

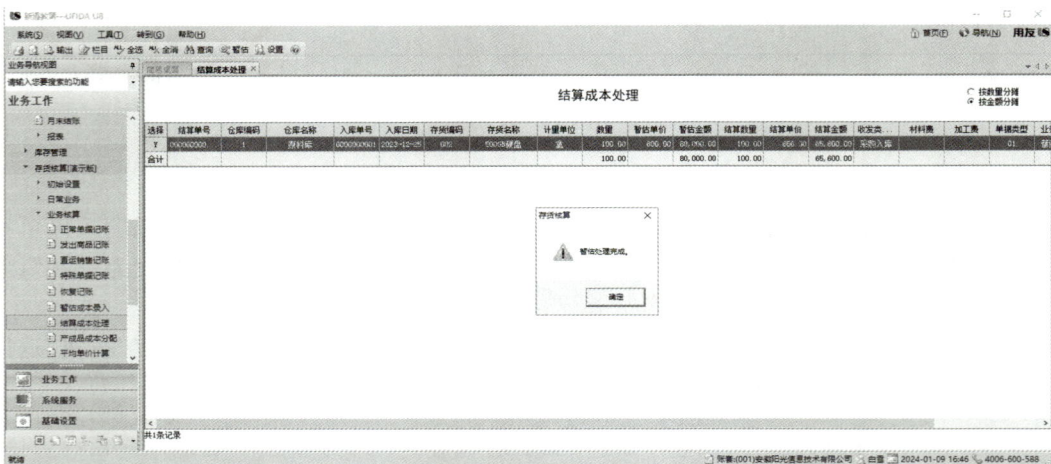

图 10-49　暂估处理完成

> **小提示！**
> - 对上月暂估业务执行采购结算后，还需在存货核算中进行"暂估"处理，以便根据采购发票价格改写账簿资料，确认采购成本。

（5）单击"财务核算"，双击"生成凭证"，单击"选择"按钮，打开查询条件窗口，单击"确定"按钮，单击"全选"按钮，如图 10-50 所示。

（6）单击"确定"按钮，输入红字回冲单对方科目"应付账款/应付暂估款 220202"，单击"生成"，修改凭证类别为"转账凭证"，保存后如图 10-51 所示。

（7）单击填制凭证中"下一张凭证"，修改凭证类别为"转"字，保存后如图 10-52 所示。

（8）以"003 马方"身份于日期"2024-01-09"进入应付款管理系统，执行应付单据审核，再执行制单处理，生成应付款凭证保存后如图 10-53 所示。

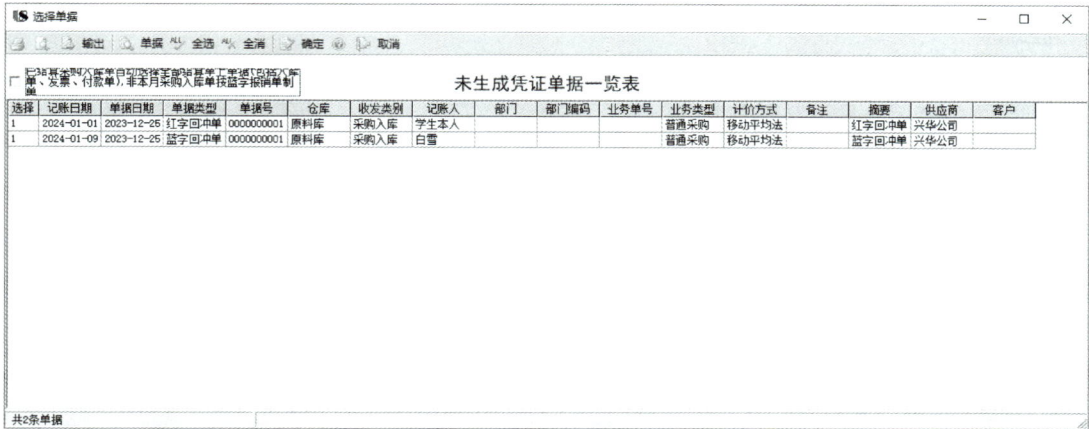

图 10-50 未生成凭证窗口

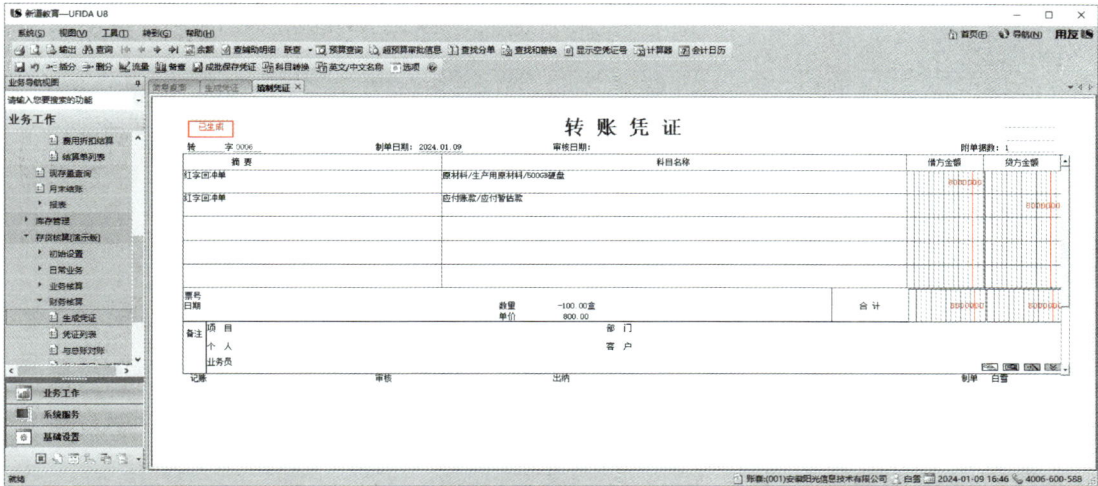

图 10-51 红字回冲凭证

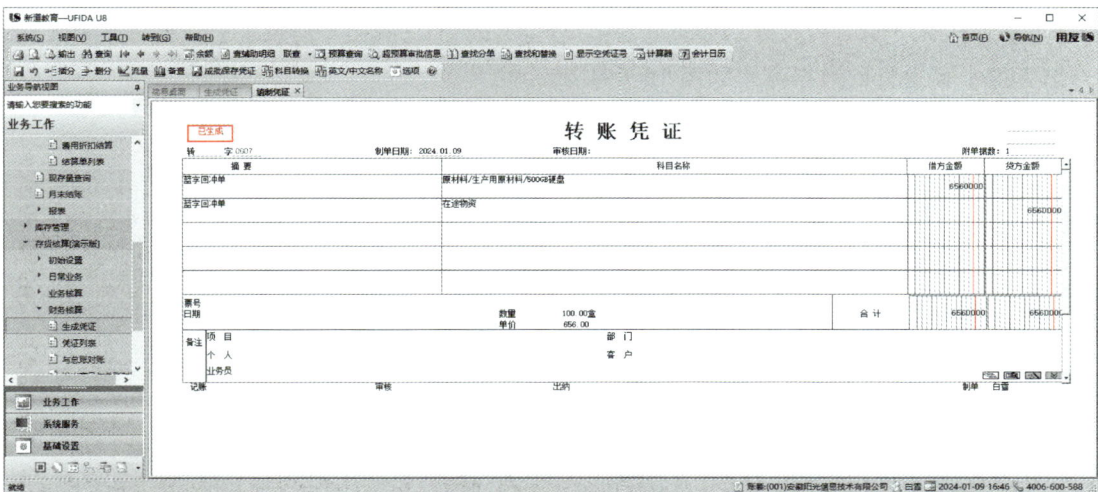

图 10-52 蓝字回冲凭证

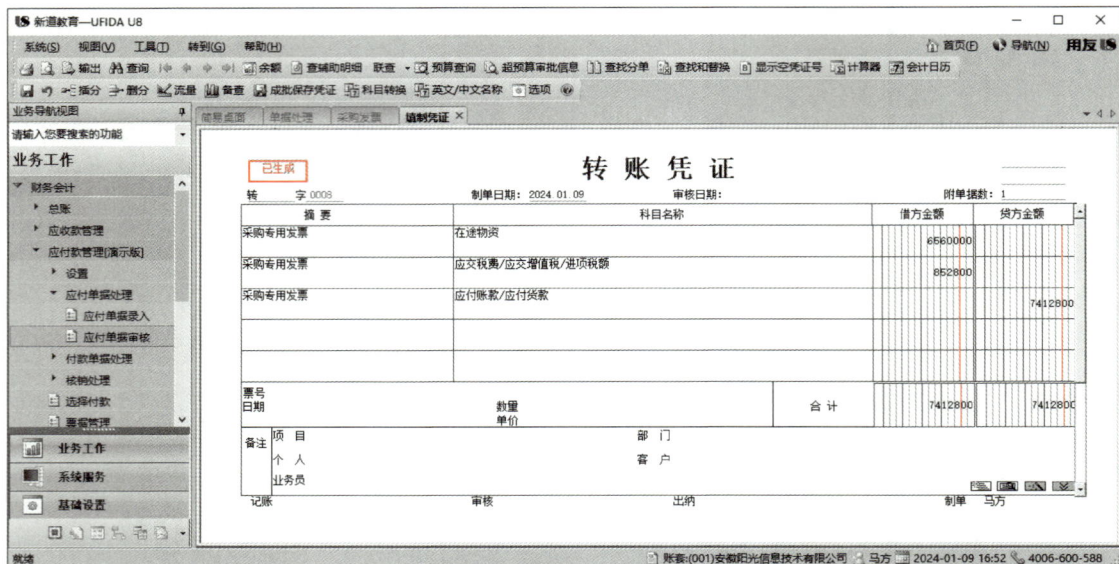

图 10 - 53　生成应付款凭证

任务三　采购特殊业务

【任务描述】

采购环节的特殊业务主要包括采购退货、采购固定资产、债务重组、非货币性资产交换、采购暂估等业务。本任务要求掌握采购各特殊业务处理的操作步骤和方法。

【知识准备与业务操作】

一、采购退货业务

（一）结算前全额退货业务

结算前全额退货的数据流程如图 10 - 54 所示。

图 10 - 54　结算前全额退货数据流程

（二）结算前部分退货业务

采购入库单已录入，但未进行采购结算，这时发生部分退货。结算数据流程如图 10 - 55 所示。

图 10 - 55　结算前部分退货数据流程

【业务资料】

2024 年 1 月 10 日，安徽阳光公司和建昌公司签订合同，购买 23 英寸液晶屏 202 台，产品到货按照合同验收入库，1 月 11 日，仓库反映有 2 台液晶屏有质量问题，要求退回给供应商。根据原始单据（图 10-56、图 10-57、图 10-58 和图 10-59）完成业务。

结算前部分退货的采购业务处理

购 销 合 同

合同编号：CG04

卖方：建昌公司（以下简称甲方）
买方：安徽阳光信息技术有限公司（以下简称乙方）

为保护买卖双方的合法权益，根据《中华人民共和国民法典》的有关规定，经友好协商，买卖双方一致同意签订本合同并共同遵守。

一、货物的名称、数量及金额

品　名	单　位	无税单价（元/台）	数　量	金额（元）
23 英寸液晶屏	台	1 150.00	202	232 300.00

二、合同总金额：人民币贰拾叁万贰仟叁佰元整（￥232 300.00）。

三、交货及验收

1. 交货实行送货制，即甲方应按订单所规定时间（2024 年 1 月 10 日）将商品运至乙方所指定的交货地点交与乙方。

2. 甲方交货时，货到现场时商品从卸货到进入乙方仓库中所发生的搬运工作一律由甲方负责，货到现场收货人仅点收数量或件数，以后乙方开箱时如发现商品数量、质量等不符合合同约定，则由甲方负责。

……

甲　　方：建昌公司　　　　　　　　　　乙　　方：安徽阳光信息技术有限公司
授权代表：林凌　　合同章　　　　　　　　法定代表人：肖剑　合同章
日　　期：2024 年 1 月 10 日　　　　　　日　　期：2024 年 1 月 10 日

图 10-56　采购合同

北京增值税专用发票

No 10085016

发 票 联

开票日期：2024 年 01 月 11 日

购买方	名　　称：安徽阳光信息技术有限公司 纳税人识别号：340019884734788 地　址、电　话：安徽合肥市潜山路 2 号　0551-68011107 开户行及账号：工商银行合肥分行中关村分理处 831657896206	密码区	略

货物或应税劳务、服务名称	规格型号	单位	数量	单价	金额	税率	税额
23 英寸液晶屏		台	200	1 150.00	230 000.00	13%	29 900.00
合　计					￥230 000.00		￥29 900.00

价税合计（大写）	⊗贰拾伍万玖仟玖佰元整	（小写）￥259 900.00

销售方	名　　称：建昌公司 纳税人识别号：110479865267583 地　址、电　话：北京市海淀区开拓路 8 号　010-68011107 开户行及账号：中行 76473293	备注	建昌公司 110479865267583 发票专用章

收款人：略　　　复核：略　　　开票人：略　　　销售方：（章）略

第三联：发票联　购买方记账凭证

国税局〔2023〕562 号海南华森实业公司

图 10-57　采购发票

10

入 库 单

2024 年 01 月 10 日   单号：20240110

交来单位及部门	建昌公司	发票号码或生产单号码	CG04	验收仓库	原料库	入库日期	2024.01.10	
编码	名称及规格	单位	数 量		实际价格		计划价格		价格差异
			交库	实收	单价	金额	单价	金额	
	23 英寸液晶屏	台	202	202					
合　计									

部门经理：略   会计：略   仓库：略   经办人：略

（会计联）

图 10 - 58　入库单

入 库 单

2024 年 01 月 11 日   单号：20240111

交来单位及部门	建昌公司	发票号码或生产单号码	CG04	验收仓库	原料库	入库日期	2024.01.11	
编码	名称及规格	单位	数 量		实际价格		计划价格		价格差异
			交库	实收	单价	金额	单价	金额	
	23 英寸液晶屏	台	－2	－2					
合　计									

部门经理：略   会计：略   仓库：略   经办人：略

（会计联）

图 10 - 59　退货单

【操作步骤】

（1）以"004 白雪"身份于日期"2024 - 01 - 10"进入采购管理系统，根据合同填制并审核订单，订单编号"CG04"，之后进入库存管理系统填制并审核采购入库单，如图 10 - 60 所示。

（2）以"004 白雪"身份于日期"2024 - 01 - 11"进入库存管理系统，打开采购入库单窗口，单击"增加"按钮，选择窗口右上角"红字"选项，录入存货编码"003"、数量"－2"、本币单价"1 150"，如图 10 - 61 所示。

（3）单击"保存"按钮，再单击"审核"按钮。

（4）以"004 白雪"身份于日期"2024 - 01 - 11"进入采购管理系统，根据入库单拷贝生成采购专用发票，输入发票号"10085016"，单击"保存"按钮。

（5）对采购入库单、红字采购入库单和采购专用发票进行结算处理。

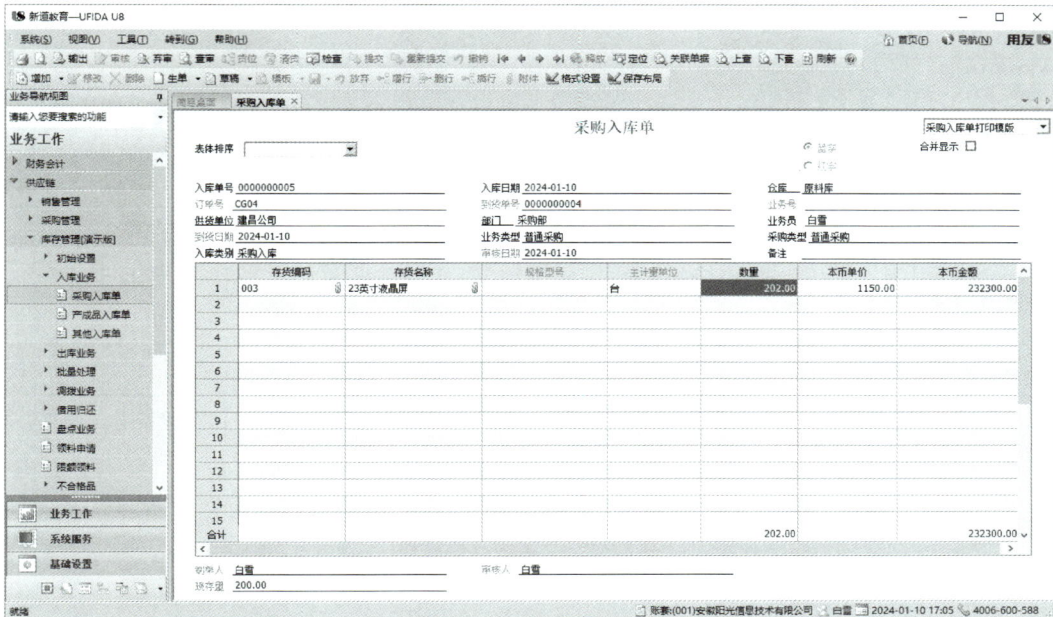

图 10-60　采购入库单(202 盒)

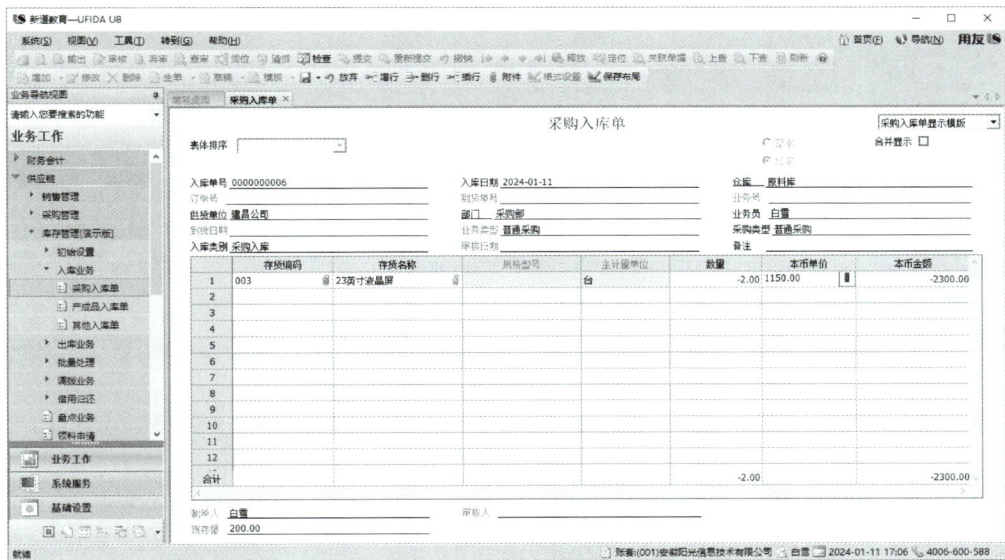

图 10-61　录入红字采购入库单

小提示!

➤ 以"004 白雪"身份于日期"2024-01-11"进入存货核算系统,执行正常单据记账,合成生成入库凭证如图 10-62 所示。

➤ 以"003 马方"身份于日期"2024-01-11"进入应付款管理系统,审核发票,生成应付款凭证保存后如图 10-63 所示。

10

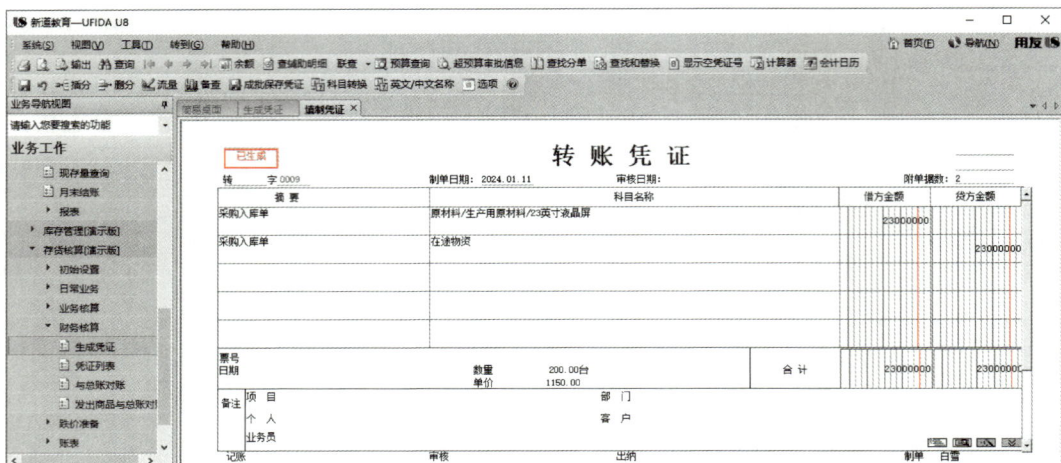

图 10 - 62 生成入库凭证

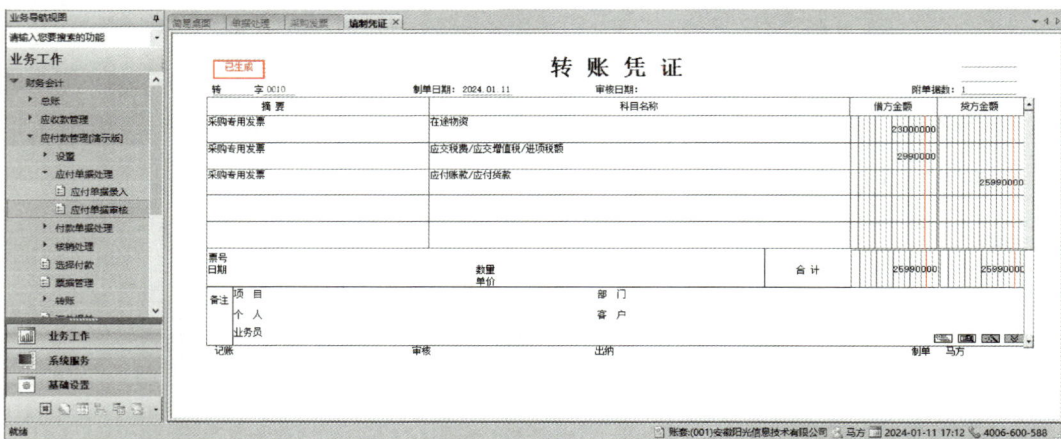

图 10 - 63 生成应付款凭证

（三）结算后退货业务

结算后退货数据流程如图 10 - 64 所示。

图 10 - 64 结算后退货数据流程

【业务资料】

2024 年 1 月 13 日,安徽阳光公司发现,从建昌公司购入的键盘质量有问题,退回 2 个,根据原始单据(图 10 - 65 和图 10 - 66)完成业务。

结算后部分退货的采购业务处理

入　库　单

2024 年 01 月 13 日　　　　　　　　　　　单号：20240113

交来单位及部门	建昌公司		发票号码或生产单号码	CG01		验收仓库	原料库		入库日期	2024.01.13	
编码	名称及规格	单位	数　量		实际价格		计划价格		价格差异		会计联
			交库	实收	单价	金额	单价	金额			
	键盘	个	－2	－2							
	合　计										

部门经理：略　　　　　会计：略　　　　　仓库：略　　　　　经办人：略

图 10－65　入库单

北京增值税专用发票　　No 10085019

发　票　联

开票日期：2024 年 01 月 13 日

购买方	名　　　称：安徽阳光信息技术有限公司 纳税人识别号：340019884734788 地　址、电话：安徽合肥潜山路 2 号　0551－68011107 开户行及账号：工商银行合肥市分行中关村分理处 831658796206	密码区	略
货物或应税劳务、服务名称	规格型号	单位	数量	单价	金额	税率	税额
---	---	---	---	---	---	---	---

货物或应税劳务、服务名称	规格型号	单位	数量	单价	金额	税率	税额
键盘		个	－2	95.00	－190.00	13%	24.70
合　计					¥－190.00		¥－24.70

价税合计（大写）	⊗贰佰壹拾肆元柒角整（负数）	（小写）¥－214.70

销售方	名　　　称：建昌公司 纳税人识别号：110479865267583 地　址、电话：北京市海淀区开拓路 8 号　010－6606600 开户行及账号：中行 76473293	备注	建　昌　公　司 110479865267583 发票专用章

收款人：略　　　　复核：略　　　　开票人：略　　　　销售方：（章）略

第三联：发票联　购买方记账凭证

国税局〔2023〕562 号海南华森实业公司

图 10－66　红字专用发票

【操作步骤】

（1）以"004 白雪"身份于日期"2024－01－13"进入库存管理系统，填制并审核红字采购入库单，如图 10－67 所示。

（2）在采购管理系统中，打开采购发票，双击"红字专用采购发票"，单击"增加"按钮，单击"生单"按钮，选择"入库单"选项，单击"过滤"按钮，选择红字入库单，生成红字专用发票，输入发票号"10085019"，单击"保存"后如图 10－68 所示。

（3）对红字采购入库单和红字采购专用发票进行自动结算处理，冲抵原入库数据。

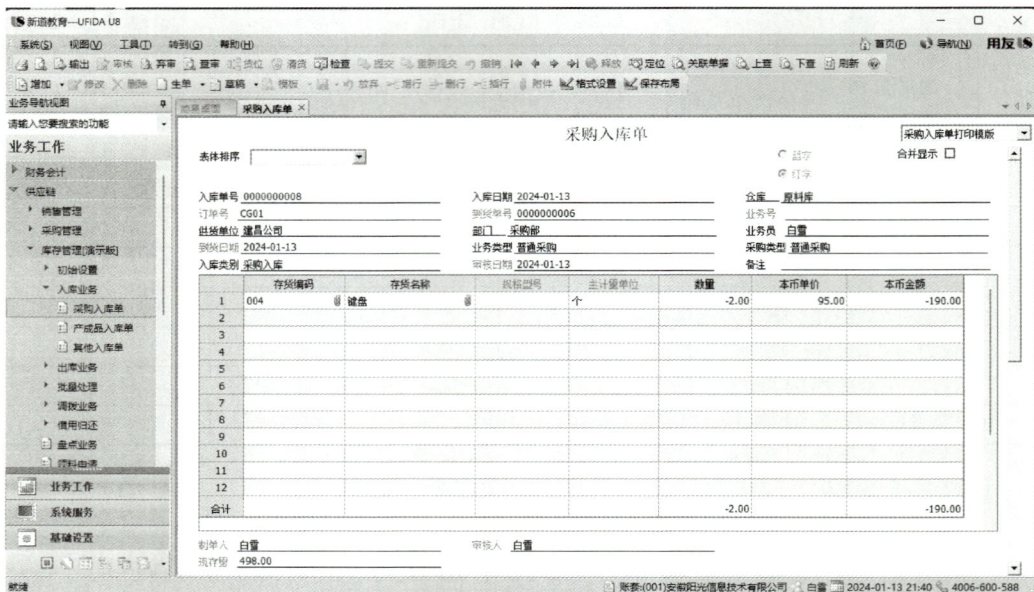

图 10 - 67 录入红字采购入库单

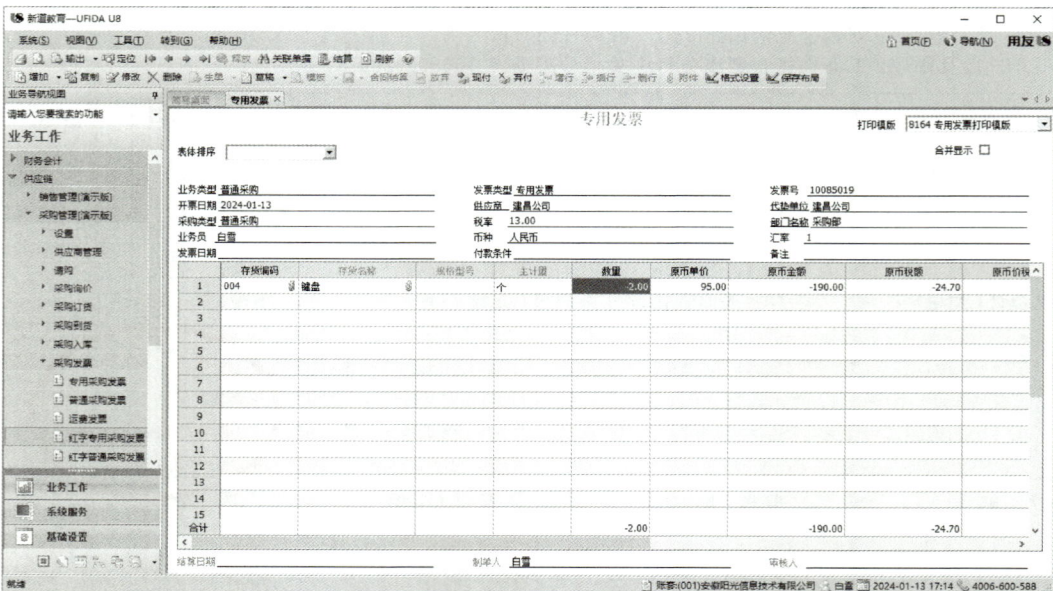

图 10 - 68 录入红字专用采购发票

小提示！

➤ 本业务生成退货出库红字凭证和红字应付凭证如图 10－69 和图 10－70 所示。

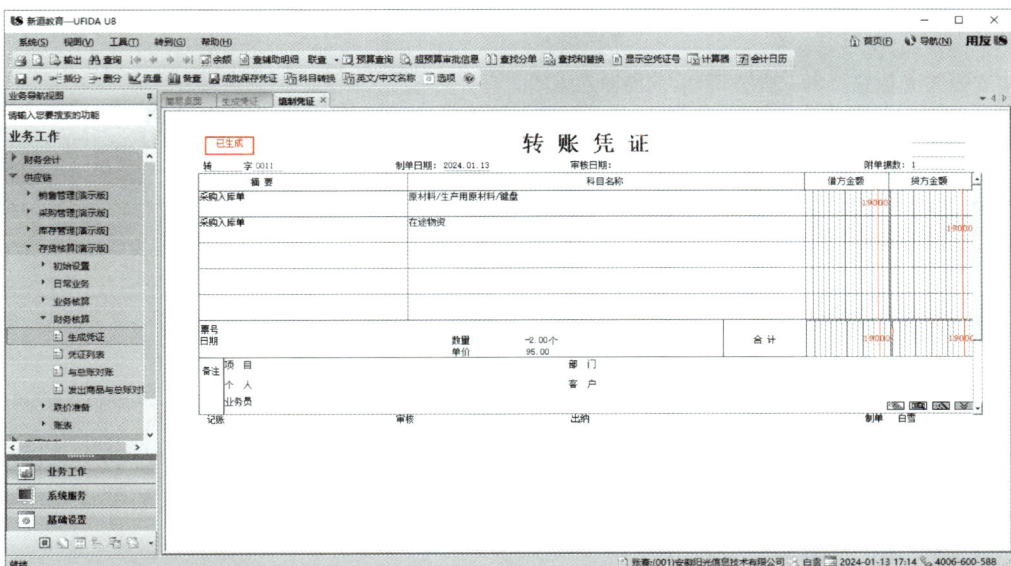

图 10－69　生成退货出库红字凭证

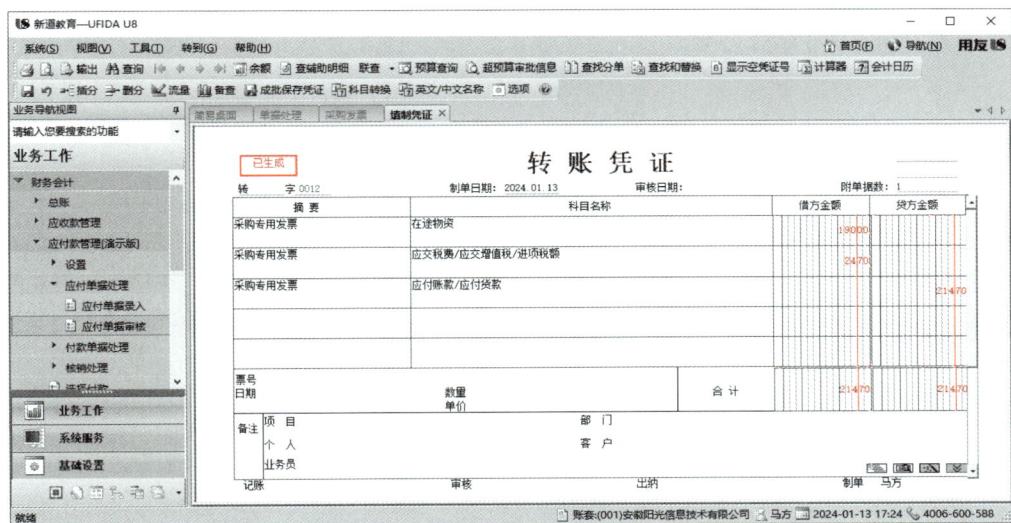

图 10－70　生成红字应付凭证

二、采购固定资产

在前述单独启用固定资产管理项目中,本月采购固定资产业务,是先通过"资产增加"完成新增固定资产卡片信息录入,然后再执行生成本月新增固定资产会计处理。现将供应链与固定资产管理共同启用,固定资产采购业务操作处理则不同了。

【业务资料】

2024 年 1 月 15 日,安徽阳光公司向百胜公司采购固定资产 A 生产线,根据原始单据(图 10－71、图 10－72、图 10－73 和图 10－74)完成业务处理。

10

采购固定资产

购 销 合 同

合同编号：GD01

卖方：百胜公司（以下简称甲方）
买方：安徽阳光信息技术有限公司（以下简称乙方）

为保护买卖双方的合法权益，根据《中华人民共和国民法典》的有关规定，经友好协商，买卖双方一致同意签订本合同并共同遵守。

一、货物的名称、数量及金额

品　名	单　位	无税单价（元/条）	数　量	金额（元）
A生产线	条	50 000.00	1	50 000.00

二、合同总金额：人民币伍万元整（￥50 000.00）。

三、交货及验收

1. 交货实行送货制，即甲方应按订单所规定时间（2024年1月15日）将商品运至乙方所指定的交货地点交与乙方。

2. 甲方交货时，货到现场时商品从卸货到进入乙方仓库中所发生的搬运工作一律由甲方负责，货到现场收货人仅点收数量或件数，以后乙方开箱时如发现商品数量、质量等不符合合同约定，则由甲方负责。

……

甲　　方：百胜公司　　　　　　　　　　乙　　方：安徽阳光信息技术有限公司
授权代表：百胜合同专用章　　　　　　　法定代表人：肖剑合同章
日　　期：2024年1月15日　　　　　　　日　　期：2024年1月15日

图 10-71　采购合同

上海增值税专用发票

No 00755469

发 票 联

开票日期：2024 年 01 月 15 日

购买方	名　　称：安徽阳光信息技术有限公司 纳税人识别号：340019884734788 地址、电话：安徽合肥市潜山路2号 0551-68011107 开户行及账号：工商银行合肥分行中关村分理处 831658796206	密码区	略

货物或应税劳务、服务名称	规格型号	单位	数量	单价	金额	税率	税额
A生产线		条	1	50 000.00	50 000.00	13%	6 500.00
合　计					￥50 000.00		￥6 500.00

价税合计（大写）　　⊗伍万陆仟伍佰元整　　　　　（小写）￥56 500.00

销售方	名　　称：百胜公司 纳税人识别号：330023587622011 地址、电话：上海市长宁区天山路5号，021-3487120 开户行及账号：工行 77568823	备注	百胜公司 330023587622011 发票专用章

收款人：略　　　　复核：略　　　　开票人：略　　　　销售方：（章）略

图 10-72　采购专用发票

图 10-73 转账支票存根

固定资产验收单

2024 年 01 月 15 日   编号：000000001

名　　称	规格型号	来源	数量	购（造）价	使用年限	预计残值
A 生产线		外购	1	50 000.00	10 年	4%
安装费	月折旧率	建造单位		交工日期	附件	
				2024 年 01 月 15 日		
验收部门	一车间	验收人员		管理部门	采购部	管理人员	白雪
备注：						

审核：略   制单：略

图 10-74 固定资产验收单

【操作步骤】

（1）以"004 白雪"身份于日期"2024-01-15"进入采购管理系统，根据合同填制订单，业务类型选择"固定资产"，订单编号 GD01，供应商"百胜公司"，存货编码"010A 生产线"，数量"1"，不含税单价"50 000"，保存并审核订单，如图 10-75 所示。

（2）在库存管理系统中，根据"采购订单"拷贝生成"采购入库单"，仓库选择"固定资产"，单击"保存"按钮，再单击"审核"按钮，如图 10-76 所示。

小提示！
➢ 固定资产仓库档案须是"资产仓"属性，才能在采购入库单中选择"固定资产"仓库类型。

（3）在采购管理系统中，打开"采购发票"，双击"专用采购发票"，单击"增加"按钮，修改业务类型为"固定资产"，单击"生单"，选择"入库单"选项，单击"过滤"按钮，选择"入库单"，生成"采购专用发票"，输入发票号"00755469"，单击"保存"按钮。

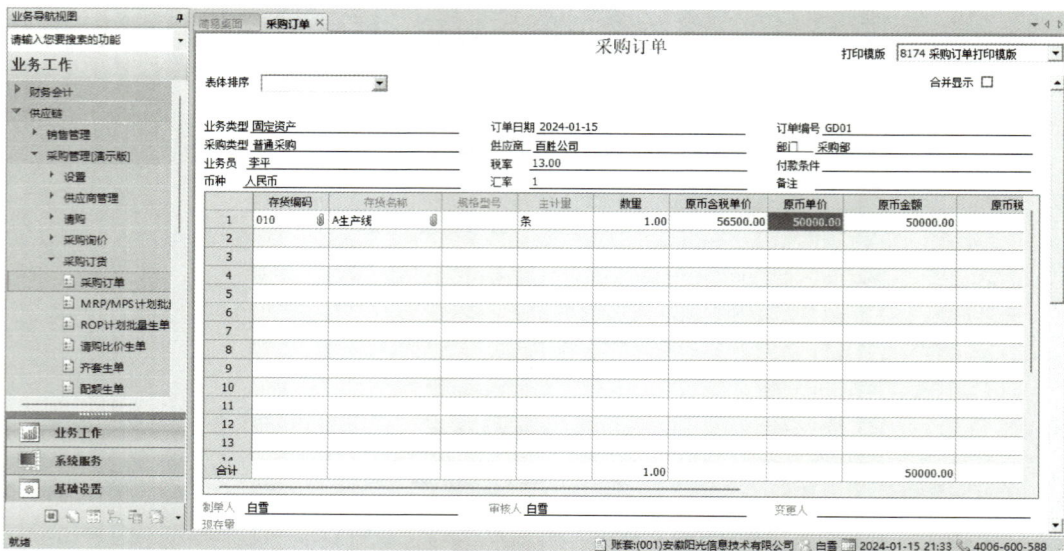

图 10-75 固定资产采购订单

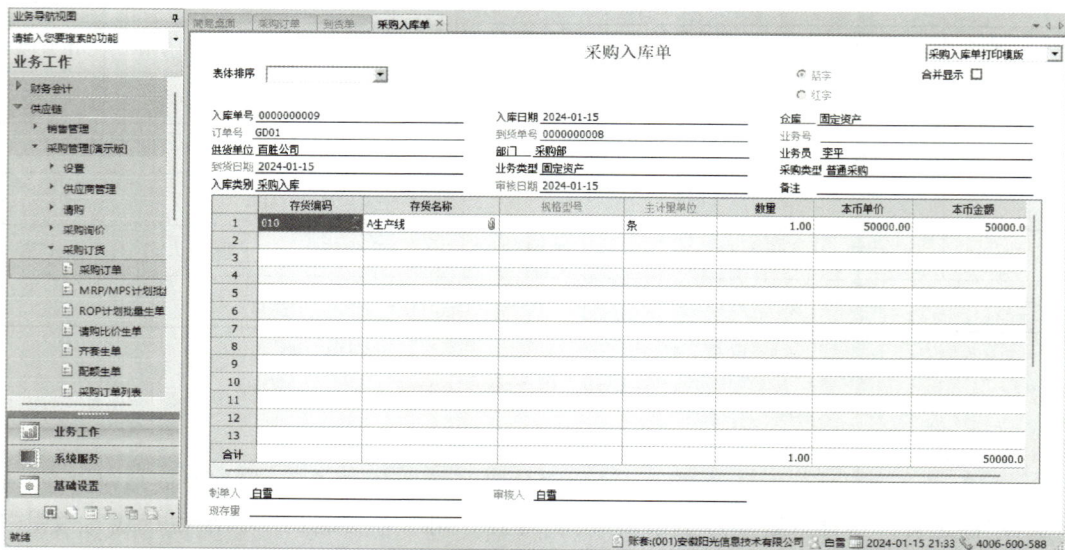

图 10-76 采购入库单

（4）单击采购专用发票上的"现付"按钮，打开现付窗口，选择结算方式"转账支票"，输入结算金额"56 500"，支票号"Z88052"，单击"确定"按钮，再单击"结算"按钮，自动完成采购结算，发票左上角显示"已结算""已现付"红色标记，如图 10-77 所示。

（5）以"003 马方"身份于日期"2024-01-15"打开应付款管理系统，执行现结发票审核操作，双击"应付单据审核"，选择"包含已现结发票"，单击"确定"按钮，打开应付单据列表，选择要审核的单据执行审核，选择"现结制单"，单击"确定"按钮，打开制单窗口，选中并单击制单，打开填制凭证窗口，修改凭证为"付"字和"在途物资"为"固定资产"，单击"保存"按钮。如图 10-78 所示。

（6）以"003 马方"身份于日期"2024-01-15"进入固定资产系统，选择"卡片"/"采购资产"，选择未转采购资产订单列表的 GD01 订单，点击"增加"按钮，输入类别编号"021"、使用部门"一车间"、使用状况"在用"和使用年限（月）"120"信息后，再单击"保存"按钮，系统提示成功生成固定资产卡片，如图 10-79 所示。

（7）再保存固定资产卡片。

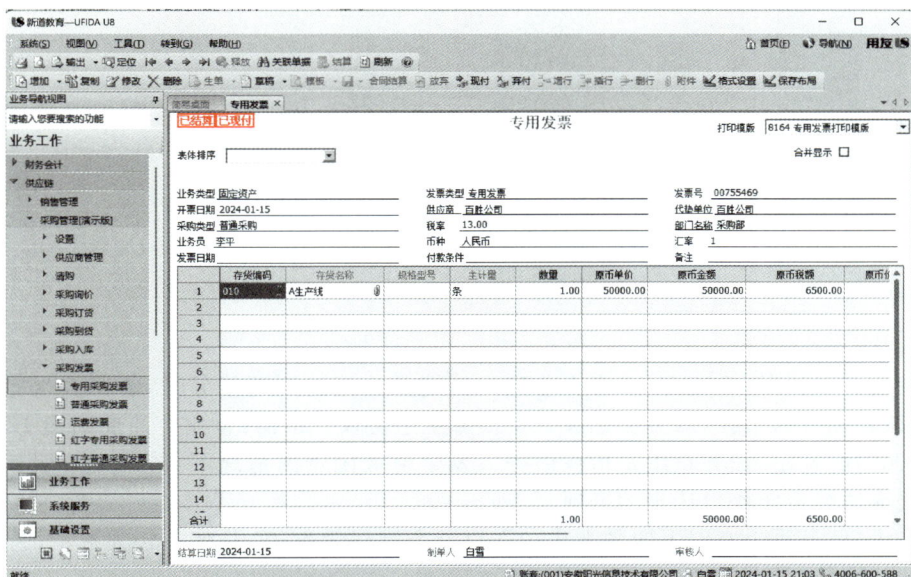

图 10-77 采购发票

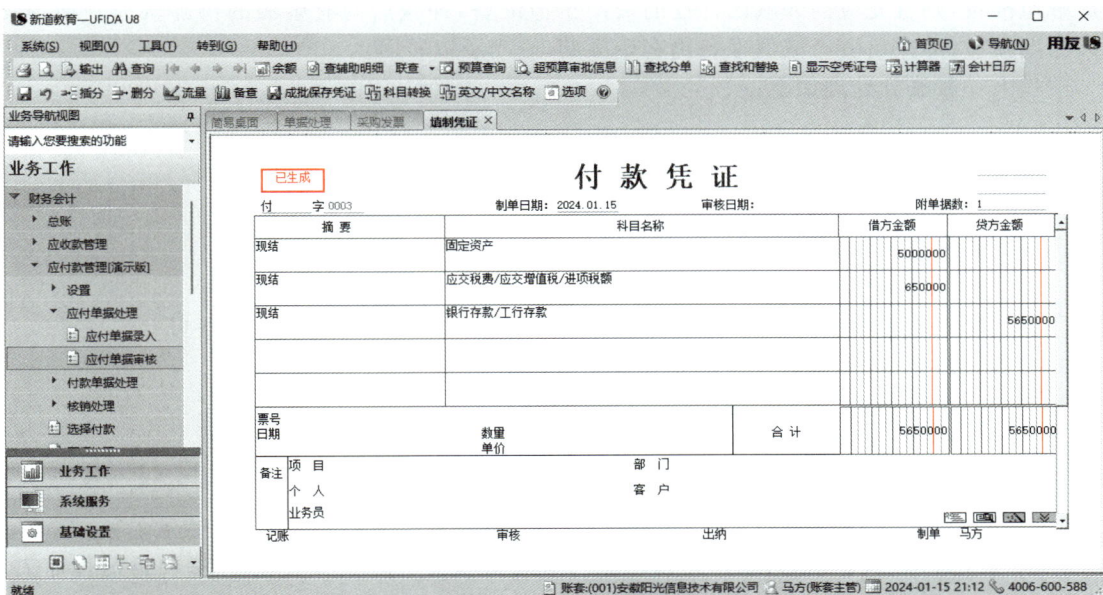

图 10-78 购买固定资产付款凭证

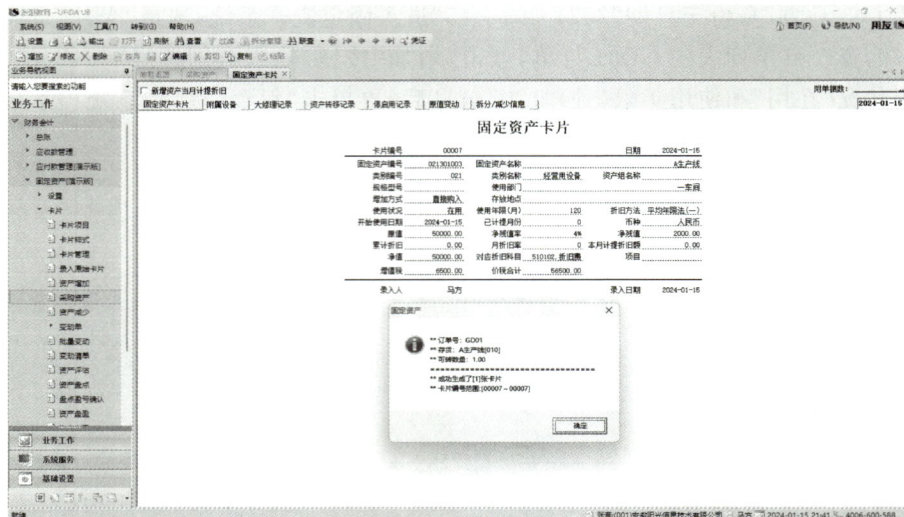

图 10-79 固定资产卡片

三、债务重组

当今社会,市场环境千变万化,当企业陷入困境无法偿还到期债务时,债权人可能会作出某些让步,以减轻债务人负担,双方会达成一个债务重组协议。根据《企业会计准则第 12 号——债务重组》(2006)的规定,债务重组是指在债务人发生财务困难的情况下,债权人按照其与债务人达成的协议或法院裁定作出让步的事项。

具体来说,债务重组有以下四种方式:① 以资产清偿债务;② 将债务转为资本;③ 修改其他债务条件;④ 以上三种方式的组合。

在债务重组协议中,债权人应将取得的资产或修改条件后的新债权以债务重组日的公允价值入账,并将其低于重组债权账面余额的金额确认为一项损失。 如果债权人对重组债权计提了资产减值准备,则首先应当冲减已计提的资产价值准备,冲减后尚有余额的再确认为一项损失,计入当期损益;冲减后资产减值准备仍有余额的,应当予以转回。

债权人一般账务处理如下:

借:换入的非货币性资产(公允价值)
　　应交税费——应交增值税(进项税额)
　　银行存款(收到的补价)
　　坏账准备
　　资产处置损益——债务重组损失(当重组损失额大于已提减值准备时)
　　贷:应收账款(账面余额)
　　　　银行存款(支付的补价)
　　　　资产减值损失(当重组损失额小于已提减值准备时)

【业务资料】

2024 年 1 月 18 日,科信公司因运营困难与安徽阳光公司达成协议,以存货硬盘抵付前欠货款 85 000 元,已计提坏账准备 425 元,根据原始单据(图 10-80、图 10-81 和图 10-82)完成业务。(需新增供应商"008 科信公司"档案)

债务重组处理

债务重组协议

　　科信公司前欠安徽阳光信息技术有限公司捌万伍仟元整,因科信公司运营困难,与安徽阳光公司达成协议,以 90 盒 500GB 硬盘,单价 800.00 元/盒,用于抵付前欠货款,该货款已计提坏账准备 425 元。

2024 年 01 月 18 日

图 10-80　债务重组协议

入 库 单

2024 年 01 月 18 日　　　　　　　　　　　　　单号:20240118

交来单位及部门	科信公司	发票号码或生产单号码	ZW01		验收仓库	原料库		入库日期	2024.01.18	
编码	名称及规格	单位	数　量		实际价格		计划价格		价格差异	会计联
			交库	实收	单价	金额	单价	金额		
	500GB 硬盘	盒	90	90						
	合　　计									

部门经理:略　　　　会计:略　　　　　　仓库:略　　　　　　　经办人:略

图 10-81　采购入库单

上海增值税专用发票

发 票 联

No 00751367

开票日期:2024 年 01 月 18 日

购买方	名　　称:安徽阳光信息技术有限公司 纳税人识别号:340019884734788 地址、电话:安徽合肥潜山路 2 号　0551-68011107 开户行及账号:工商银行合肥市分行中关村分理处 831658796206					密码区		略		
货物或应税劳务、服务名称	规格型号	单位	数量	单价	金额	税率	税额			
500GB 硬盘		盒	90	800.00	72 000.00	13%	9 360.00			
合　　计					¥72 000.00		¥9 360.00			
价税合计(大写)		⊗捌万壹仟叁佰陆拾元整				(小写)¥81 360.00				
销售方	名　　称:科信公司 纳税人识别号:312586643765436 地址、电话:上海市闵行区剑川路 15 号　021-65023214 开户行及账号:工行闵行支行 65533254					备注		312586643765436 发票专用章		

第三联:发票联　购买方记账凭证

10

收款人:略　　　　　复核:略　　　　　　开票人:略　　　　　　销售方:(章)略

图 10-82　采购发票

【操作步骤】

（1）以"004 白雪"身份于日期"2024-01-18"进入采购管理系统，填制采购订单（订单编号 ZW01）并审核，根据"采购订单"生成"到货单"并审核，之后进入库存管理系统生成"采购入库单"并审核。

（2）在采购管理系统中，根据"采购入库单"拷贝生成"采购专用发票（编号 00751367）"，单击"结算"按钮，自动完成采购结算。

（3）在存货核算系统中，进行正常单据记账操作，生成存货入库凭证保存，如图 10-83 所示。

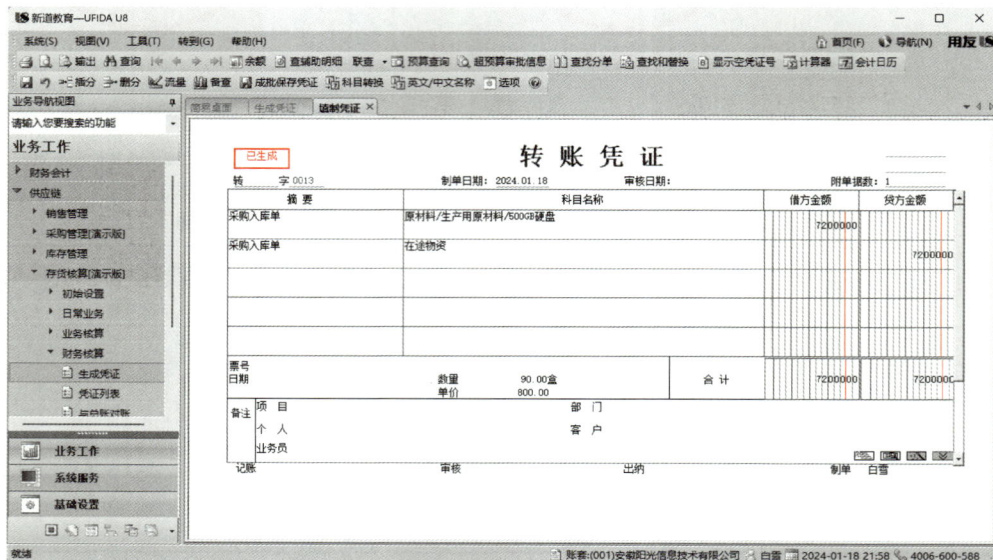

图 10-83　生成存货入库凭证

（4）以"003 马方"身份于日期"2024-01-18"进入应付款管理系统，执行应付单据审核并制单，如图 10-84 所示。

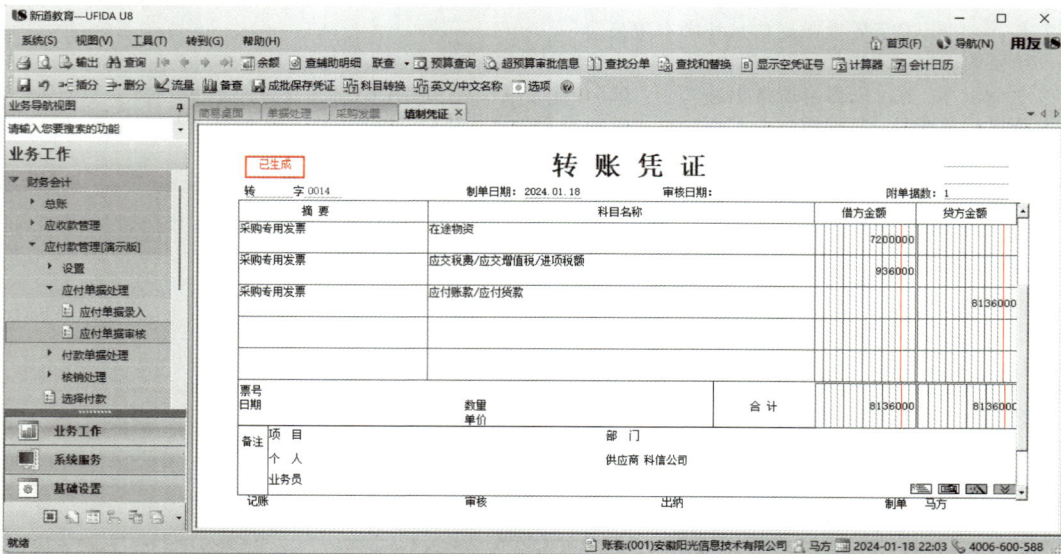

图 10-84　生成采购凭证

（5）以"003马方"于日期"2024-01-18"进入应收款管理系统,执行"坏账处理/坏账发生"操作,选择"科信公司",如图10-85所示。

（6）在本次发生坏账金额处输入"425",单击"确认",生成凭证保存,如图10-86所示。

（7）以"003马方"身份于日期"2024-01-18"进入应付款管理系统,执行"应付冲应收"转账

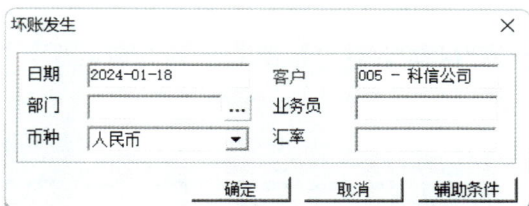

图10-85 执行坏账发生操作

操作处理,选择应付方供应商"科信公司",应收方客户"科信公司",单击"确定"按钮,输入转账金额"81 360",如图10-87所示。

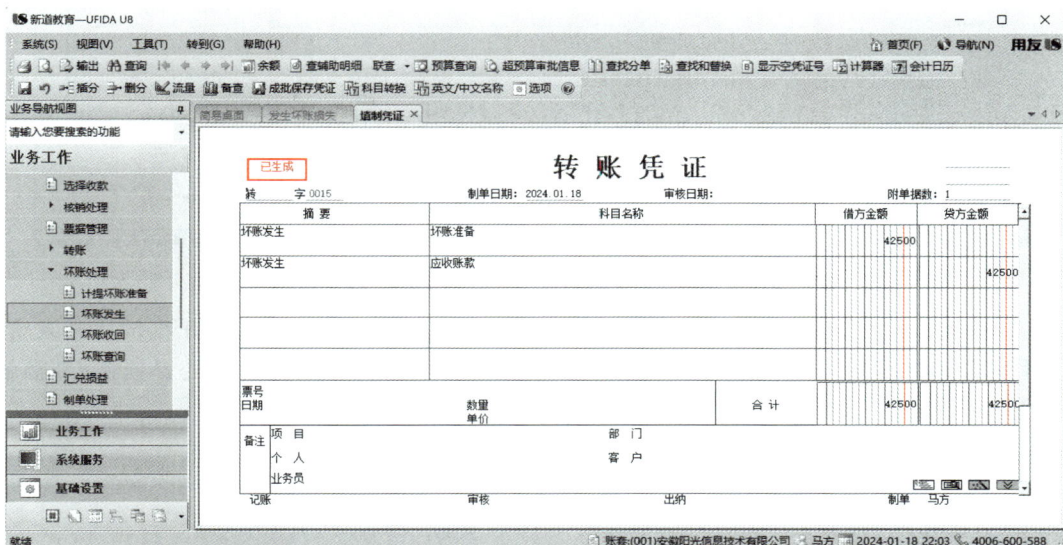

图10-86 生成坏账发生凭证

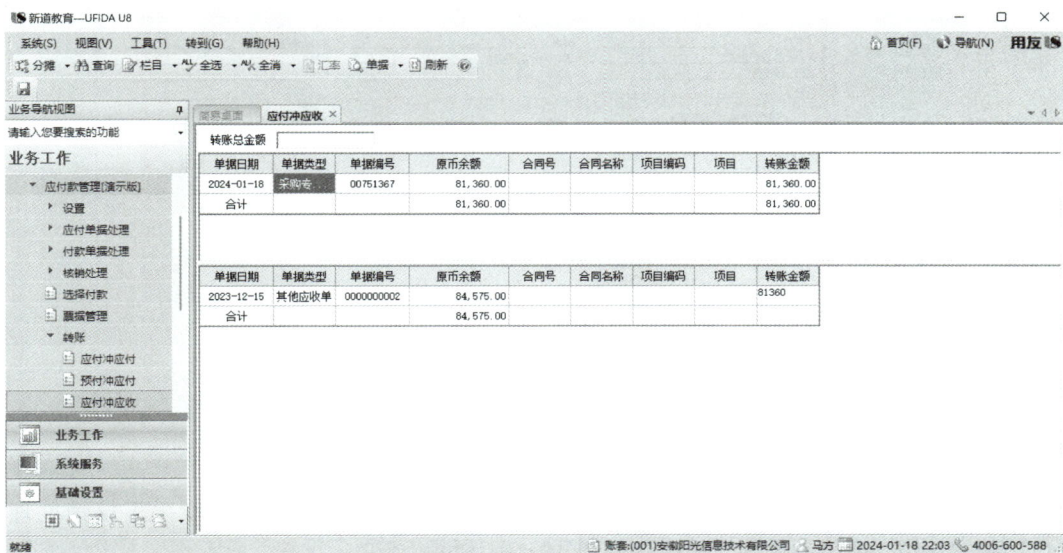

图10-87 应付冲应收设置转账金额

10

（8）单击"保存"按钮，系统提示"是否立即制单?"，单击"是"按钮，修改凭证类别为"转"字，单击"保存"按钮后如图 10-88 所示。

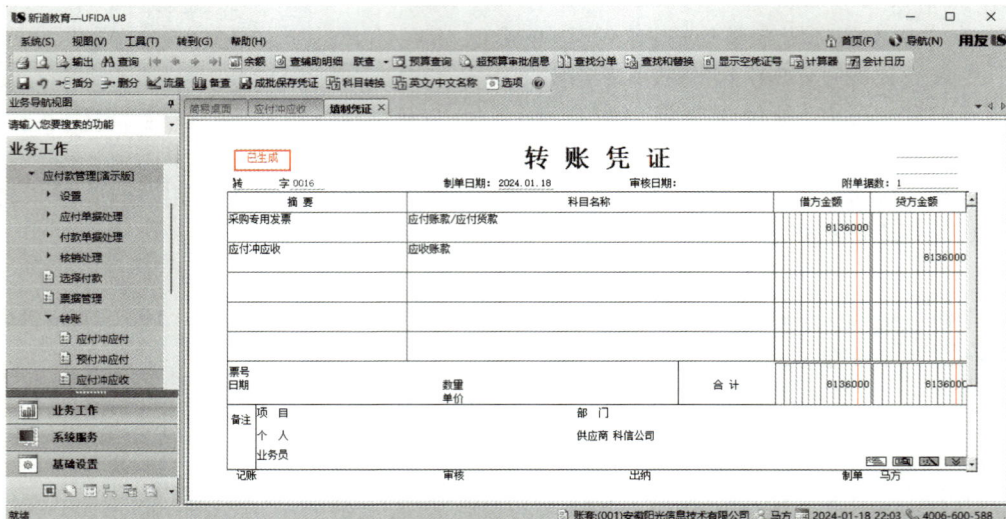

图 10-88　应付冲应收转账凭证

（9）以"003 马方"身份于日期"2024-01-18"进入应收款管理系统，打开收付款录入窗口，点击"增加"，选择客户"科信公司"，结算方式"其他"，结算科目"6115"资产处置损益，金额输入"3 215"，单击"保存"按钮后如图 10-89 所示。

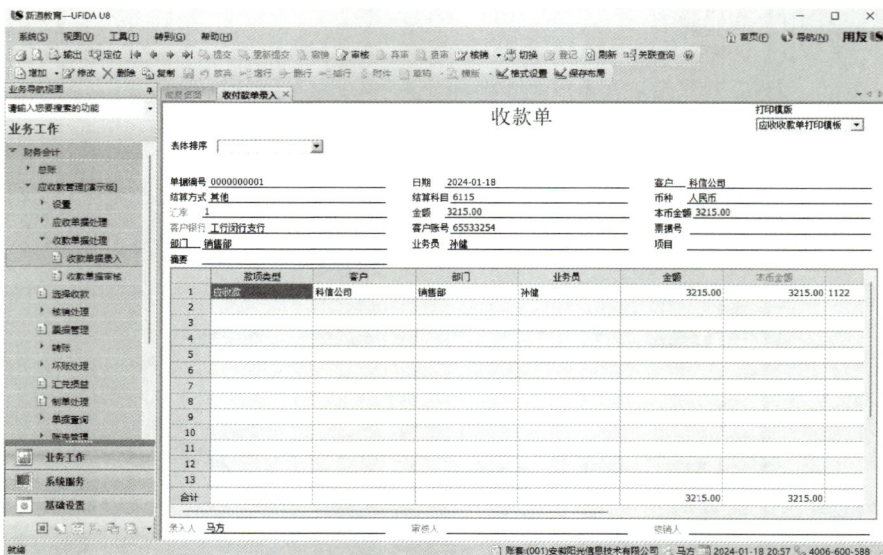

图 10-89　录入收款单

（10）单击"审核"，生成收款凭证保存如图 10-90 所示。

（11）以"003 马方"身份于日期"2024-01-18"进入应收款管理系统，执行手工核销处理，选择客户"科信公司"，核销金额为"3 215"，如图 10-91 所示。

（12）单击"保存"按钮，核销完毕。

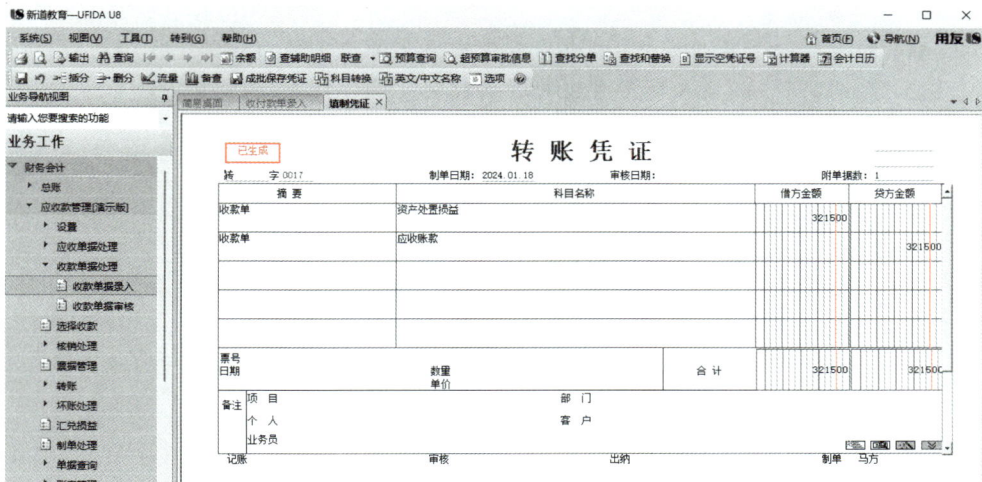

图 10-90 生成收款凭证

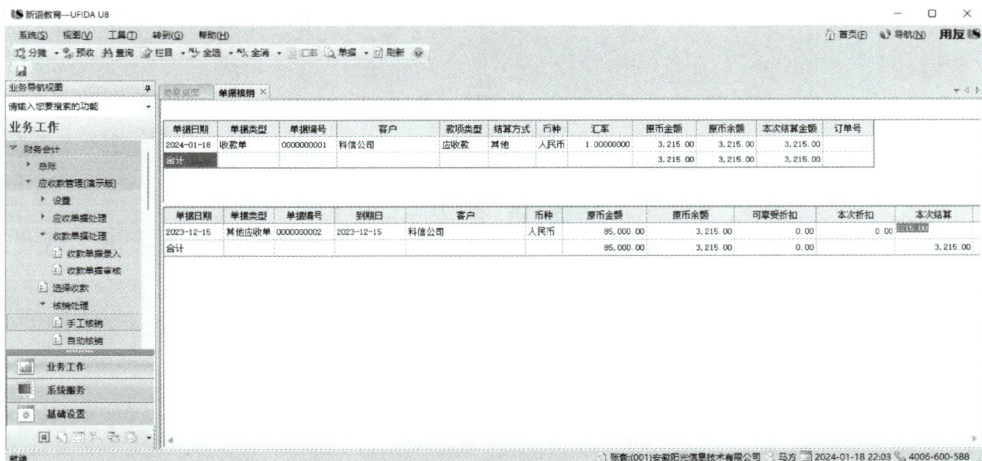

图 10-91 核销操作

四、非货币性资产交换

所谓非货币性资产,是指在将来不对应一笔固定的货币资金量的资产。如:固定资产、存货、无形资产以及不准备持有至到期的债券投资、股权投资。所谓非货币性资产交换,是指交易双方以非货币性资产进行的交换。这种交换不涉及或只涉及少量的货币资产,简称以物易物。当补价占整个交易额的比重小于 25% 时,该交易仍被定性为非货币性资产交易。否则,应被定性为货币性资产交换。

公允价值计量模式下,如果换出的是固定资产,则一般会计处理如下:

(1)借:固定资产清理(账面价值)

    累计折旧

    固定资产减值准备

   贷:固定资产

(2)借:固定资产清理

   贷:银行存款(清理费)

（3）借：换入的非货币性资产［换出固定资产公允价值＋销项税额＋支付的补价（一收到的补价）－换入资产对应的进项税额］

应交税费——应交增值税（进项税额）

银行存款（收到的补价）

贷：固定资产清理（换出固定资产的公允价值）

应交税费——应交增值税（销项税额）

银行存款（支付的补价）

（4）借：固定资产清理

贷：资产处置损益（换出固定资产的公允价值－换出固定资产的账面价值－相关税费）

或：

借：资产处置损益（换出固定资产的公允价值－换出固定资产的账面价值－相关税费）

贷：固定资产清理

【业务资料】

非货币性资产交换业务处理

2024 年 1 月 31 日，安徽阳光公司与建昌公司达成协议，以笔记本电脑置换键盘，根据原始单据（图 10-92、图 10-93 和图 10-94）完成业务。

购 销 合 同

合同编号：CG05

卖方：建昌公司（以下简称甲方）

买方：安徽阳光信息技术有限公司（以下简称乙方）

为保护买卖双方的合法权益，根据《中华人民共和国民法典》的有关规定，经友好协商，买卖双方一致同意签订本合同并共同遵守。

一、双方置换资产

乙方置换资产

品　名	单　位	不含税单价	数　量	金　额
笔记本电脑	台	20 000.00	1	20 000.00
合计人民币（大写）：贰万元整				

甲方置换资产

品　名	单　位	不含税单价	数　量	金　额
键盘	个	95.00	200	19 000.00
合计人民币（大写）：壹万玖仟元整				

二、交货及验收

1. 交货实行送货制，即甲方应按订单所规定时间（2024 年 1 月 31 日）将商品运至乙方所指定的交货地点交与乙方。乙方应按订单所规定时间（2024 年 1 月 31 日）将商品运至甲方所指定的交货地点交与甲方。

2. 甲方交货时，货到现场时商品从卸货到进入乙方仓库中所发生的搬运工作一律由甲方负责，货到现场收货人仅点收数量或件数，以后乙方开箱时如发现商品数量、质量等不符合合同约定，则由甲方负责。

……

甲　方：建昌公司	乙　方：安徽阳光信息技术有限公司
授权代表：林凌　合同章	法定代表人：肖剑　合同章
日　期：2024 年 1 月 31 日	日　期：2024 年 1 月 31 日

图 10-92　资产交换合同

国税局〔2023〕562号海南华森实业公司

北京增值税专用发票 No 00886546

发 票 联

开票日期：2024 年 01 月 31 日

购买方	名 称：安徽阳光信息技术有限公司 纳税人识别号：340019884734788 地 址、电 话：安徽合肥市潜山路 2 号 0551－68011107 开户行及账号：工商银行合肥分行中关村分理处 831557896206				密码区	略	
货物或应税劳务、服务名称	规格型号	单位	数量	单价	金额	税率	税额
键 盘		个	200	95.00	19 000.00	13%	2 470.00
合 计					￥19 000.00		￥2 470.00
价税合计(大写)	⊗贰万壹仟肆佰柒拾元整				(小写)￥21 470.00		
销售方	名 称：建昌公司 纳税人识别号：110479865267583 地 址、电 话：北京市海淀区开拓路 8 号 010－68011107 开户行及账号：中行 76473293				备注	建昌公司 110479865267583 发票专用章	

收款人：略 复核：略 开票人：略 销售方：(章) 略

第三联：发票联 购买方记账凭证

图 10－93 发票

入 库 单

2024 年 01 月 31 日 单号：20240131

交来单位及部门	建昌公司	发票号码或生产单号码	CG05	验收仓库	原料库	入库日期	2024.01.31	
编码	名称及规格	单位	数量		实际价格		计划价格		价格差异
			交库	实收	单价	金额	单价	金额	
	键盘	个	200	200					
合 计									

部门经理：略 会计：略 仓库：略 经办人：略

会计联

图 10－94 入库单

10

【操作步骤】

(1) 以“003 马方”身份于日期“2024－01－31”进入固定资产管理系统，先执行计提折旧处理，再执行资产减少操作，选择资产“笔记本电脑”，减少方式选择“资产交换”，如图 10－95 所示。

(2) 单击“确定”按钮，系统提示“所选卡片减少成功!”，并生成一张凭证，修改凭证为“转”字，保存后如图 10－96 所示。

(3) 以“004 白雪”身份于日期“2024－01－31”进入采购管理系统，根据合同填制并审核键盘“采购订单”，订单编号为“CG05”，根据订单生成“到货单”并审核，之后进入库存管理系统填制并审核“采购入库单”。

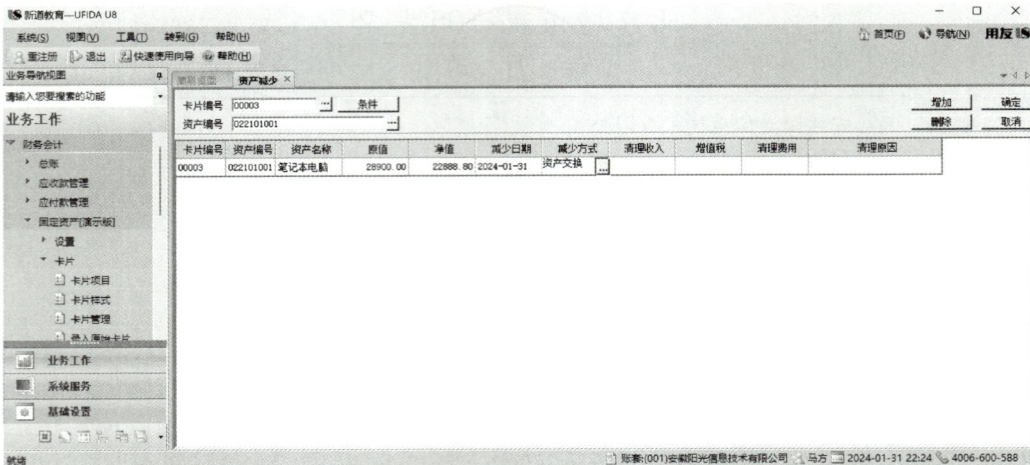

图 10－95　资产减少

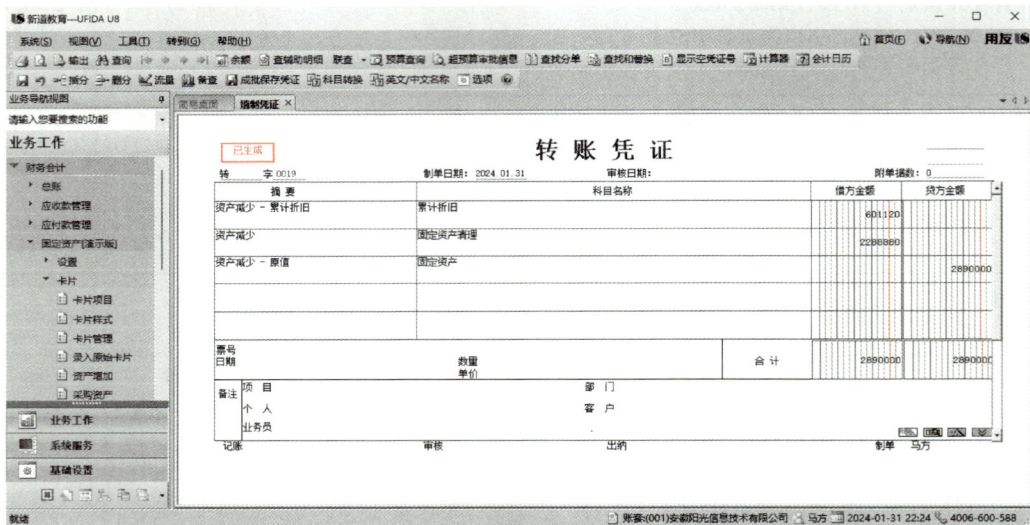

图 10－96　生成资产减少凭证

（4）根据"采购入库单"拷贝生成"采购专用发票（编号 00886546）"，单击"结算"按钮，自动完成采购结算。

（5）以"003 马方"身份于日期"2024－01－31"进入应付款管理系统，执行应付单据审核，但不制单。

（6）以"004 白雪"身份于日期"2024－01－31"重新进入存货核算系统，执行正常单据记账操作，而后打开生成凭证窗口，单击"选择"，打开查询条件窗口，单击"确定"按钮，进入未生成凭证单据一览表，勾选"已结算采购入库单自动选择全部结算单上单据（包括入库单、发票、付款单），非本月采购入库单按蓝字报销单制单"，如图 10－97 所示。

（7）选择要制单的记录行，打开填制凭证窗口，根据非货币性资产交换会计分录，点击"插分"修改凭证，保存后如图 10－98 所示。

（8）以"003 马方"身份于日期"2024－01－31"进入总账系统填制凭证，结转固定资产清理并保存，如图 10－99 所示。

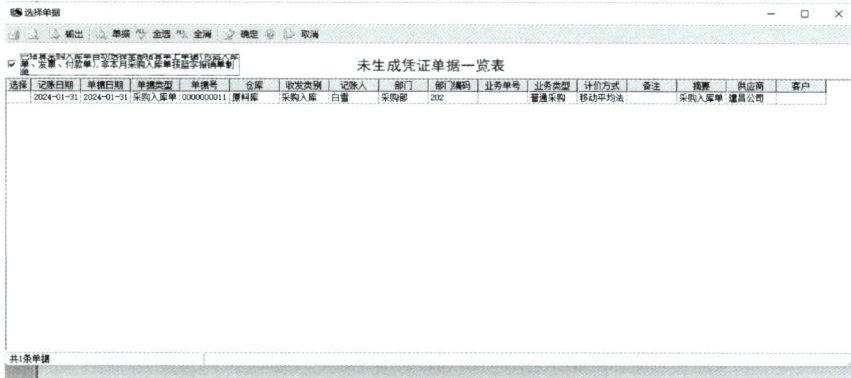

图 10 - 97　生成凭证单据一览表

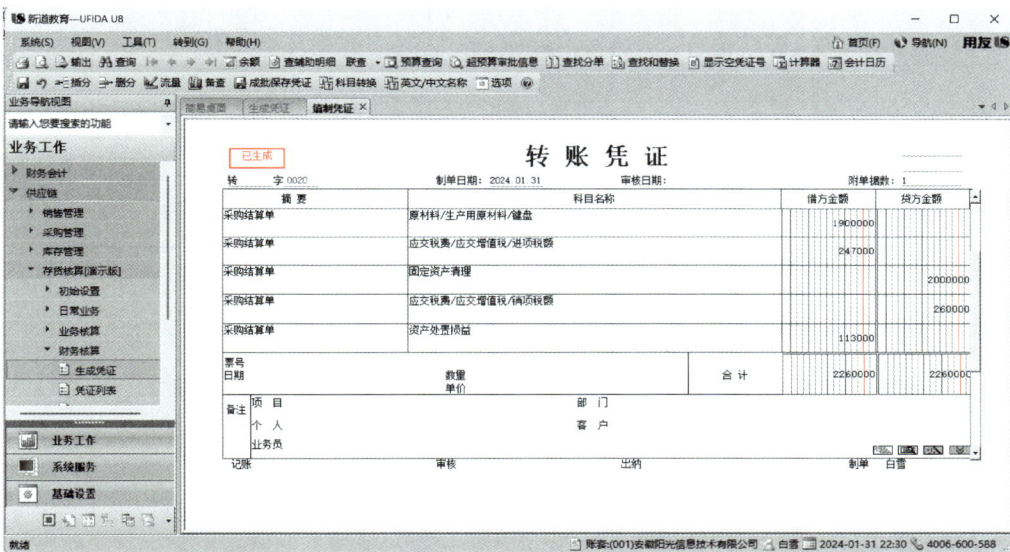

图 10 - 98　存货凭证

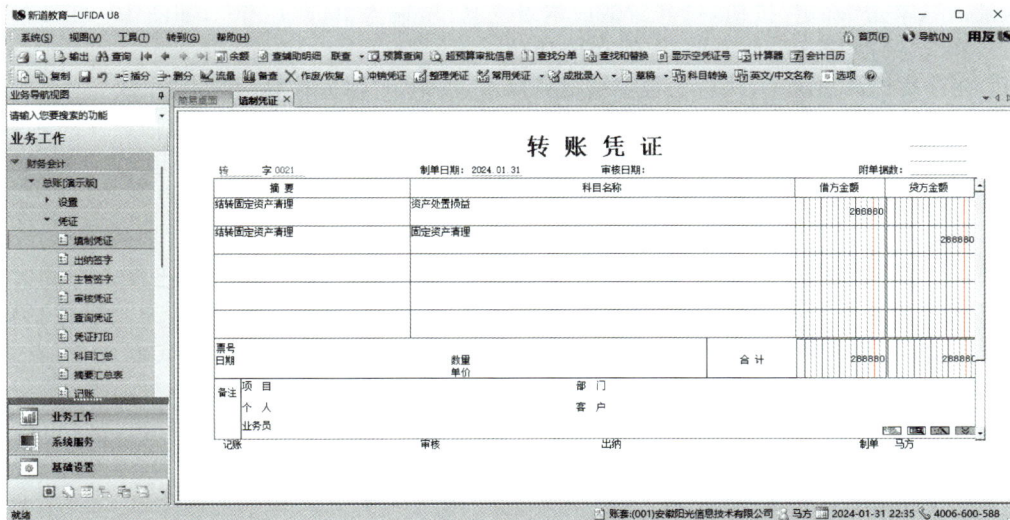

图 10 - 99　结转固定资产清理凭证

五、采购暂估业务

采购入库之后,要进行入库成本的确认。采购业务成本核算的情况之一就是暂估业务,即外购入库的货物发票未到,在不知道具体单价时,财务人员应当于期末暂时按估计价格入账。

【业务资料】

2024年1月31日,安徽阳光公司9日收到艾德公司提供的 HP 激光打印机 100 台,由于到了月底仍未收到发票,该批货物的暂估成本为 1 500 元/台。

入　库　单

2024 年 01 月 09 日　　　　　　　　　　　　　　单号:20240109

交来单位及部门	艾德公司	发票号码或生产单号码		验收仓库	原料库	入库日期	2024.01.09	
编码	名称及规格	单位	数　量		实际价格		计划价格		价格差异
			交库	实收	单价	金额	单价	金额	
	HP 激光打印机	台	100	100					
	合　计								

部门经理:略　　　　　会计:略　　　　　仓库:略　　　　　经办人:略

图 10 - 100　入库单

【操作步骤】

(1) 以“004 白雪”身份于日期“2024 - 01 - 09”进入库存管理系统,填制并审核采购入库单。

> **小提示!**
> ➤ 采购入库单上不必填写单价。

(2) 以“004 白雪”身份于日期“2024 - 01 - 31”进入存货核算系统,单击“业务核算”,双击“暂估成本录入”,单击“确定”按钮,打开暂估成本录入窗口,输入单价“1 500”,如图 10 - 101 所示。

(3) 单击“保存”按钮,系统提示“保存成功!”。

(4) 在存货核算系统中,执行正常单据记账操作,再单击“财务核算”,双击“生成凭证”,单击“选择”,默认查询条件,单击“确定”按钮,选择要生单的单据,单击“确定”按钮,手工选择贷方科目“应付账款/应付暂估款 220202”,单击“生成”按钮,选择凭证类别“转账凭证”,保存后如图 10 - 102 所示。

> **小提示!**
> ➤ 由于此时尚未收到采购发票,还未进行采购结算,暂不确认应付账款,不生成应付凭证。
> ➤ 若月底采购发票仍未收到,月底要对采购入库单进行暂估成本录入,然后才能执行正常单据记账,生成采购暂估凭证,待次月再将暂估凭证予以冲回,具体回冲方式取决于“存货核算”系统暂估方式参数的勾选。
> ➤ 采购系统所有业务处理完毕,更换操作员为“002 王晶”进入总账管理系统,执行出纳签字,再更换操作员为“001 学生本人”,执行审核和记账。
> ➤ 将采购管理数据账套备份至“D:/001 账套备份/供应链管理/实验二采购管理”文件夹中。

10

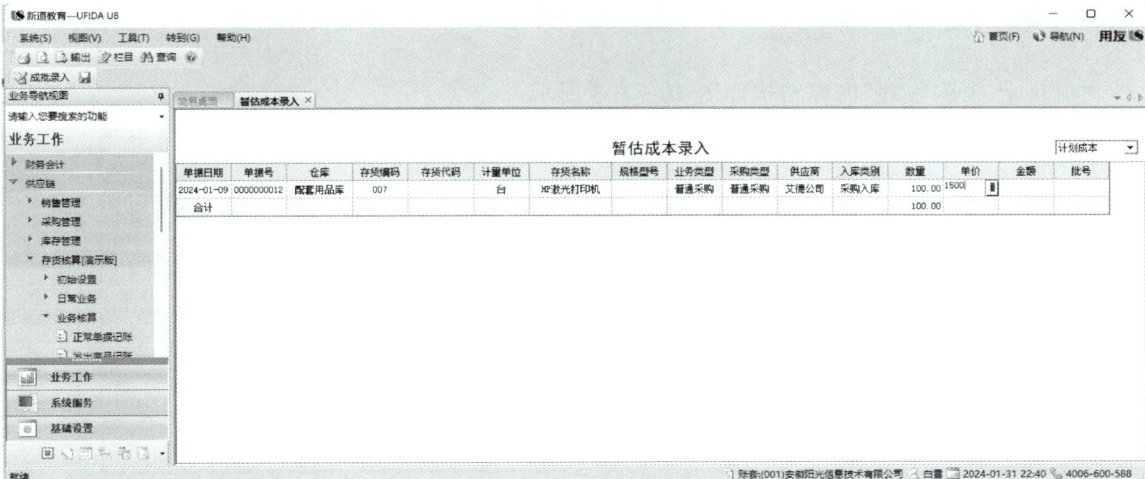

图 10－101 暂估成本录入

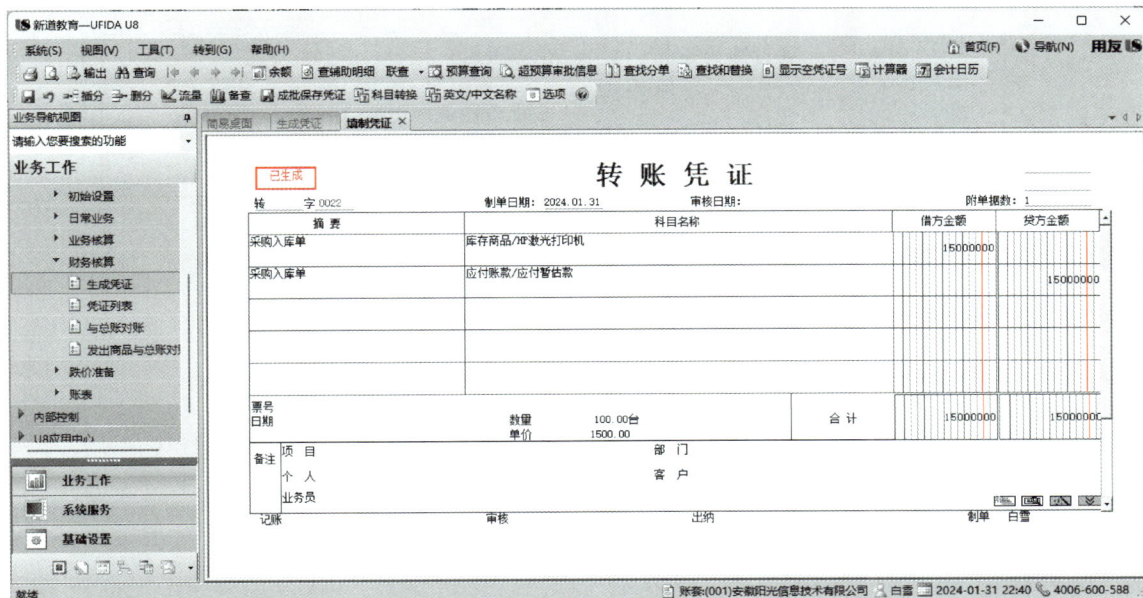

图 10－102 生成暂估入库凭证

项 目 小 结

"项目十 采购管理"内容结构如图 10-103 所示。

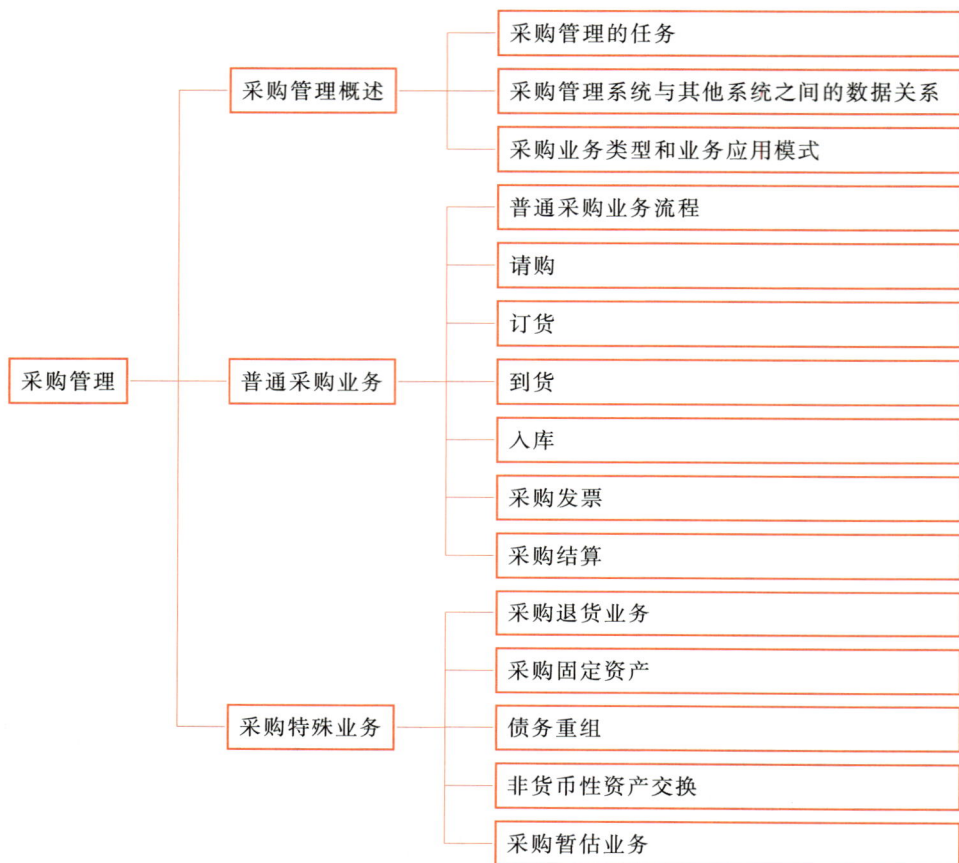

```
                                    ┌─ 采购管理的任务
                    采购管理概述 ─────┼─ 采购管理系统与其他系统之间的数据关系
                                    └─ 采购业务类型和业务应用模式

                                    ┌─ 普通采购业务流程
                                    ├─ 请购
                                    ├─ 订货
    采购管理 ────────  普通采购业务 ────┼─ 到货
                                    ├─ 入库
                                    ├─ 采购发票
                                    └─ 采购结算

                                    ┌─ 采购退货业务
                                    ├─ 采购固定资产
                    采购特殊业务 ─────┼─ 债务重组
                                    ├─ 非货币性资产交换
                                    └─ 采购暂估业务
```

图 10-103 "项目十 采购管理"内容结构图

项目十一　销　售　管　理

数智化助推行业转型升级

◇ **职业能力目标**

了解销售管理任务、销售业务类型和业务应用模式，理解销售管理系统与其他系统的数据传递关系；掌握销售管理日常业务的处理方法。

◇ **典型工作任务**

销售管理认知；普通销售业务；委托代销业务；分期收款销售业务；直运销售业务。

任务一　销售管理认知

【任务描述】

销售是企业生产经营成果的实现过程，是企业经营活动的中心。销售部门在供应链中处于市场与企业接口的位置，主要职能是为客户提供产品服务，从而实现企业的资金转换并获取利润，为企业提供生存与发展的动力源泉。本任务要求了解销售管理的任务、销售业务类型和业务应用模式，理解销售管理系统与其他系统的数据关系。

【知识准备与业务操作】

一、销售管理的任务

企业所属行业和生产类型不同，销售形式也多种多样，但销售管理的主要任务是相同的。

（一）有效管理客户

对客户进行分类管理，维护客户档案信息，制定针对客户的价格政策，建立长期稳定的销售渠道。

（二）产品销售预测

根据市场需求信息，进行产品销售预测。

（三）编制销售计划

销售计划的编制是按照客户订单、市场预测情况和企业生产情况，对某一段时期内企业的销售品种、各品种的销售量与销售价格作出安排。企业也可以制订针对某个部门或某个业务员的销售计划。

（四）销售订单管理

根据客户的订单数量,输入、修改、查询、审核销售订单,了解订单执行情况。

（五）销售物流管理

根据销售订单填制或生成销售发货单,并根据销售发货单生成销售出库单,在库存管理系统中办理出库。

（六）销售资金流管理

依据销售发货单开具销售发票,发票审核后即可确认收入,形成应收账款,在应收款管理系统中可以查询和制单,并据此收款。

二、销售管理系统与其他系统的关系

销售管理系统既可以单独使用,也可以与用友 ERP - U8 V10.1 供应链管理系统的物料需求计划、库存管理、存货核算和采购管理系统集成使用,销售必然形成应收,因此与财务管理系统中的应收款管理系统有紧密关系,其间的数据关系如图 11 - 1 所示。

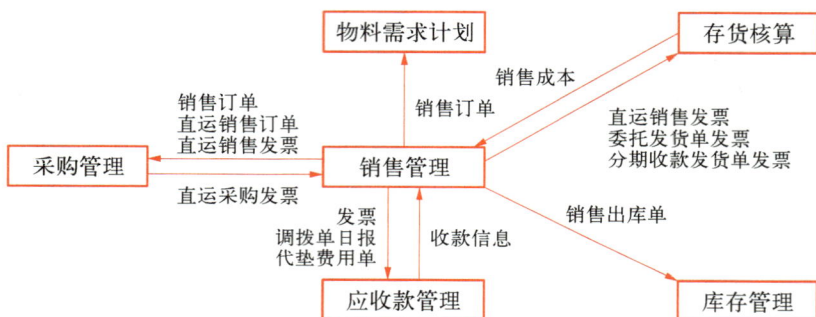

图 11 - 1　销售管理系统与其他系统的关系

采购管理可参照销售管理的销售订单生成采购订单,在直运业务必有订单模式下,直运采购订单必须参照直运销售订单生成,如果直运业务非必有订单,那么直运采购发票和直运销售发票可相互参照。

根据选项设置,销售出库单既可以在销售管理系统生成,传递到库存管理系统审核,也可以在库存管理系统参照销售管理系统的单据生成销售出库单,库存管理系统为销售管理系统提供可用于销售的存货的可用量。

销售发票、销售调拨单、零售日报、代垫费用单在应收款管理系统中审核登记应收明细账,进行制单生成凭证,应收款系统进行收款并核销相应应收单据后回写收款核销信息。

直运销售发票、委托代销发货单发票、分期收款发货单发票在存货核算系统登记存货明细账,并制单生成凭证,存货核算系统为销售管理系统提供销售成本。

三、销售业务类型与业务模式

（一）销售业务类型

销售业务流程是通过各种单据的流转体现出来的,在填制销售单据时,必须指定销售业务类型,以便于按销售类型对销售业务数据进行统计和分析。

1. 普通销售

普通销售业务支持正常的销售业务,适用于大多数企业的日常销售业务。普通销售业务根据发货—发票的业务流程不同,又可分为"先发货后开票业务"和"开票直接发货业务"两种业务模式。系统处理这两种业务模式的流程不同,但允许两种流程并存。系统判断两种流程的依据是先录入发货单还是先录入发票。

2. 委托代销

委托代销业务是指企业将商品委托他人进行销售,但商品所有权仍归本企业的销售方式。委托代销商品销售后,受托方与企业进行结算,并开具正式的销售发票,形成销售收入,商品所有权转移。

3. 直运业务

直运业务是指产品无须入库即可完成购销业务,由供应商直接将商品发给企业的客户,由购销双方分别与企业结算。

4. 分期收款业务

分期收款发出商品业务类似于委托代销业务,货物提前发给客户,分期收回货款,收入与成本按照收款情况分期确认。

5. 销售调拨业务

销售调拨业务一般是处理集团企业内部有销售结算关系的销售部门或分公司之间的销售业务。销售调拨单是一种特殊的确认销售收入的单据,与发票相比,销售调拨单处理的销售业务不涉及销售税金。

6. 零售业务

零售业务是指商业企业用户将商品销售给零售客户的销售业务,本系统通过零售日报的方式接收用户的零售业务原始数据。零售日报不是原始的销售单据,而是零售业务数据的日汇总,这种业务常见于商场、超市等零售企业。

(二) 销售业务模式

不同模式业务的处理流程不同,企业的销售业务可以包含不同的业务模式。

1. 先发货后开票

先发货后开票是指根据销售订单或其他销售合同,向客户发出货物,发货之后根据发货单开具发票并结算,适用于普通销售、分期收款、委托代销业务。

2. 开票直接发货

开票直接发货是指根据销售订单或其他销售合同,向客户开具销售发票,客户根据发票到指定仓库提货,适用于普通销售、销售调拨、零售日报业务。

3. 销售退货业务

销售退货业务是指客户因货物质量、品种、数量等不符合要求而将已购货物退回给本单位的业务。

4. 必有订单业务模式

必有订单的销售管理是标准、规范的销售管理模式,订单是整个销售业务的核心,整个业务流程的执行都回写到销售订单,通过销售订单可以跟踪销售的整个业务流程。

任务二　普通销售业务

【任务描述】

普通销售业务支持正常的销售业务,适用于大多数企业的日常销售业务,与其他系统一起,提供对销售报价、销售订货、销售发货、销售出库、销售开票、销售收款结算、结转销售成本全过程管理。本任务要求掌握普通销售业务处理的流程和操作方法。

【知识准备与业务操作】

一、普通销售业务模式

（一）先发货后开票业务模式

先发货后开票模式的业务流程及单据流程如图 11-2 所示。

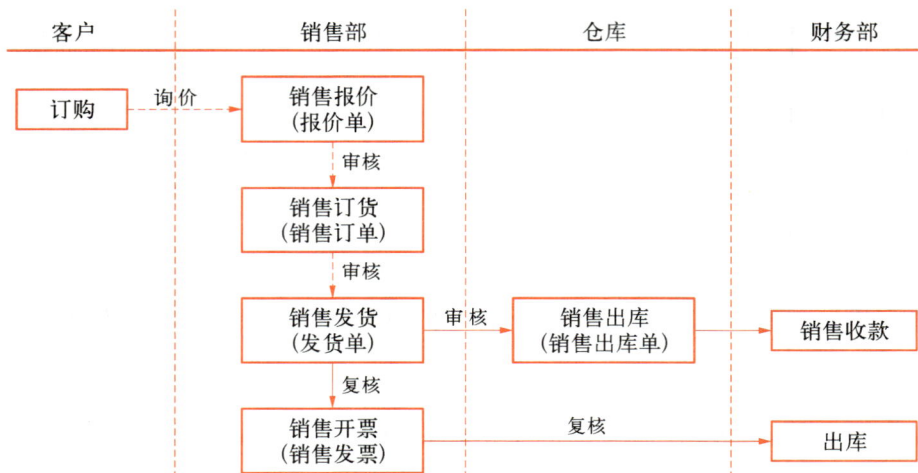

图 11-2　先发货后开票模式的业务流程及单据流程

（二）开票直接发货业务模式

开票直接发货模式的业务流程及单据流程，如图 11-3 所示。

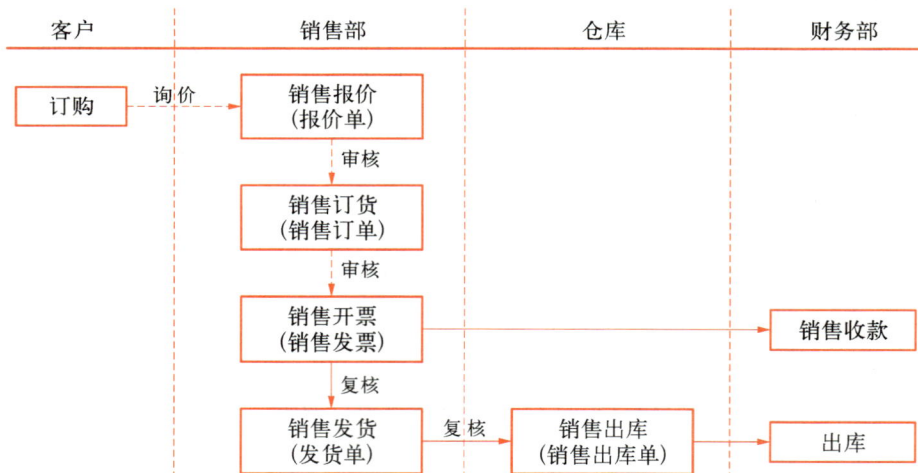

图 11-3　开票直接发货模式的业务流程及单据流程

小提示！
➤ 图中"虚线"标注的是可选流程，"实线"标注的是必选流程。

> ➤ 如果是必有订单模式，则销售订单必选。
> ➤ 图中用"（）"标注的是相应业务处理环节产生的单据。

二、普通销售业务处理

（一）销售报价

销售报价是企业向客户提供货品、规格、价格、结算方式等信息，双方达成协议后，销售报价单转为有效力的销售订单。企业可以针对不同客户、不同存货、不同批量提出不同的报价、扣率。

销售报价单是可选单据，用户可根据业务的实际需要选用。

销售报价数据流程如图 11-4 所示。

客户需求 → 报价单录入 → 报价单审核 → 参照生成销售订单

图 11-4　销售报价数据流程

（二）销售订货

销售订货是指由购销双方确认的客户的要货过程，用户根据销售订单组织货源，并对订单的执行进行管理、控制和追踪。销售订单是反映由购销双方确认的客户要货需求的单据，它可以是企业销售合同中关于货物的明细内容，也可以是一种订货的口头协议。

若销售选项设置"必有订单业务模式"，则销售订单是必用单据，发货单、销售发票必须根据销售订单生成。如果不选，则销售订单是可选单据。用户可以根据业务实际需求选用。

销售订货数据流程如图 11-5 所示。

手工录入销售订单 ⌐
参照报价单生成销售订单 ⌐ → 销售订单审核 → 参照生成销售发货单 / 发票

图 11-5　销售订货数据流程

（三）销售发货

销售发货是企业执行与客户签订的销售合同或销售订单，将货物发往客户的行为，是销售业务的执行阶段。发货单是销售方给客户发货的凭据，是销售发货业务的执行载体。无论工业企业还是商业企业，发货单都是销售管理的核心单据。

先发货后开票模式下发货单数据流程如图 11-6 所示。

手工录入发货单 ⌐
参照销售订单生成发货单 ⌐ → 发货单审核 → 生成销售发票 / 生成销售出库单

图 11-6　先发货后开票模式下发货单数据流程

开票直接发货模式下发货单数据流程如图 11-7 所示。

销售发票录入 ⌐
参照销售订单生成销售发票 ⌐ → 销售发票复核 → 自动生成销售发货单 / 参照生成销售出库单

图 11-7　开票直接发货模式下发货单数据流程

（四）销售开票

销售开票是在销售过程中企业给客户开具销售发票及其所附清单的过程,它是销售收入确认、销售成本计算、应交销售税金确认和应收账款确认的依据,是销售业务的重要环节。销售发票是在销售开票过程中,用户所开具的原始销售单据,包括增值税专用发票、普通发票及其所附清单。对于未录入税号的客户,可以开具普通发票,不可开具专用发票。销售发票复核后通知财务部门的应收款管理核算应收账款,在应收款管理系统中,审核登记应收明细账,制单生成凭证。

先发货后开票模式下销售发票的数据流程如图 11-8 所示。

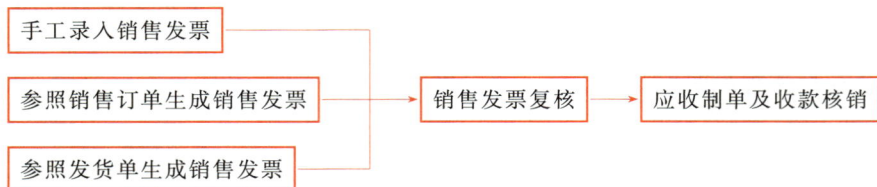

图 11-8　先发货后开票模式下销售发票数据流程

开票直接发货模式下发货单的数据流程如图 11-9 所示。

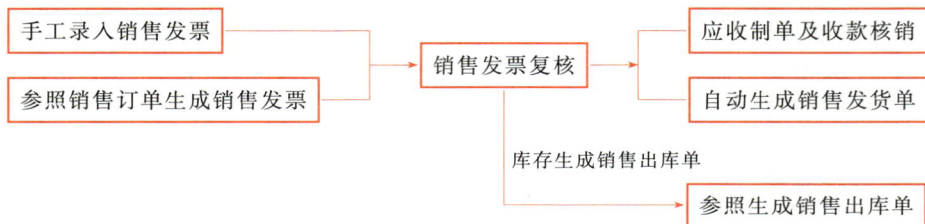

图 11-9　开票直接发货模式下发货单数据流程

小提示!
➤ 如果在销售选项中设置了"销售生成出库单",则销售出库单由销售发货单审核后自动生成。

（五）销售出库

销售出库单是销售出库业务的主要凭证,在库存管理系统中用于存货出库数量核算,在存货核算系统中用于存货出库成本核算(如果存货核算系统中销售成本的核算选择依据是销售出库单)。

如果销售管理系统与库存管理系统集成使用,则销售出库单的生成方式取决于销售系统相关参数的设置。若在销售管理系统选项中,选中"销售生成出库单"选项,则销售出库单在销售管理系统中由发货单审核时自动生成(先发货后开票),或根据复核后的销售发票先生成发货单,再根据发货单生成销售出库单(开票直接发货)。销售出库的数据流程如图 11-10 所示。

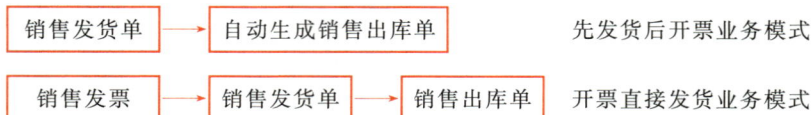

图 11-10　销售管理系统生成销售出库单的数据流程

如果在销售管理系统选项未选择"销售生成出库单"选项,则在库存管理系统中生成销售出库单。销售出库的数据流程如图 11-11 所示。

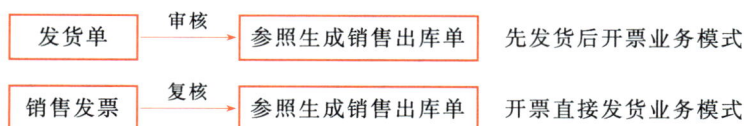

图 11-11 库存管理系统生成销售出库单

小提示!
➤ 如果由销售管理系统生成销售出库单,只能一次销售全部出库,而由库存管理系统生成销售出库单,可实现一次销售分次出库。

(六)出库成本确认

销售出库(开票)之后,要进行出库成本的确认。对于先进先出法、后进先出法、移动平均法和个别计价法这四种计价方式的存货,在存货核算系统进行单据记账时进行出库成本核算,而全月平均法和计划价/零售价计价的存货则在期末处理时,才能进行出库成本核算。

销售出库成本确认标准有根据销售出库单确认和根据销售发票确认两种,只能从中选择一项。当销售管理系统启用后,用户可选择用销售发票或销售出库单记账,默认为销售发票。销售出库成本确认数据流程如图 11-12 所示。

图 11-12 销售出库成本确认数据流程

(七)应收账款确认及收款处理

及时进行应收账款确认及收款处理,是财务核算工作的基本要求,可在应收款管理系统中完成。

复核后的销售发票会自动传递给应收款管理系统,审核后进行制单形成应收账款传递到总账系统。应收账款确认数据流程如图 11-13 所示。

图 11-13 应收账款确认数据流程

收到客户货款后,在应收款管理系统中录入收款单据,并与该客户以前的应收款核销。如果"收到货款=应收款",则完全核销;如果"收到货款<应收款",则部分核销;如果"收到货款>应收款",则余款作为预收款处理。收款核销处理生成的凭证自动传到总账系统。收款处理的数据流程如图 11-14 所示。

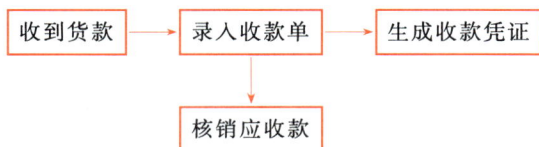

图 11-14 收款核销数据流程

引入"实验一供应链管理"初始化账套备份文件,安徽阳光公司 2024 年 1 月份销售业务如下:

【业务资料 1】

2024 年 1 月 14 日,安徽阳光公司销售部向昌新贸易公司报价计算机价格(不含税单价)为 6 500 元/台,根据背景资料(图 11 - 15、图 11 - 16、图 11 - 17 和图 11 - 18)完成业务。

完整销售
环节的业
务处理

购 销 合 同

合同编号:XS01

卖方:安徽阳光信息技术有限公司(以下简称甲方)
买方:昌新贸易公司(以下简称乙方)

为保护买卖双方的合法权益,根据《中华人民共和国民法典》的有关规定,经友好协商,买卖双方一致同意签订本合同并共同遵守。

一、货物的名称、数量及金额

品　名	单　位	无税单价(元/台)	数　量	金额(元)
计算机	台	6 500.00	10	65 000.00

二、合同总金额:人民币陆万伍仟元整(¥65 000.00)。

三、交货及验收

1. 交货实行送货制,即甲方应按订单所规定时间(2024 年 1 月 16 日)将商品运至乙方所指定的交货地点交与乙方。

2. 甲方交货时,货到现场时商品从卸货到进入乙方仓库中所发生的搬运工作一律由甲方负责,货到现场收货人仅点收数量或件数,以后乙方开箱时如发现商品数量、质量等不符合合同约定,则由甲方负责。

3. 结算金额不包括增值税税额。

……

甲　　方:安徽阳光信息技术有限公司　　　　乙　　方:昌新贸易公司
法定代表人:肖剑　　　　　　　　　　　　法人代表:王强
日　　期:2024 年 1 月 14 日　　　　　　日　　期:2024 年 1 月 14 日

图 11 - 15　销售合同

出 库 单

出货单位:安徽阳光信息技术有限公司　　　　2024 年 01 月 16 日　　　　单号:20240001

提货单位或领货部门	昌新贸易公司	销售单号	XS01	发出仓库	成品库	出库日期	2024.01.16
编号	名称及规格	单位	数量 应发	数量 实发	单　价	金　额	
	计算机	台	10	10			
合　　计			10	10			

部门经理:略　　　　会计:略　　　　仓库:略　　　　经办人:略

图 11 - 16　出库单

国税局〔2023〕562号海南华森实业公司

安徽增值税专用发票 № 17011631

此联不作报销、扣税凭证使用 开票日期：2024 年 01 月 16 日

购买方	名　　　称：昌新贸易公司 纳税人识别号：120008456732310 地 址、电 话：天津市南开区华苑路 1 号 022 - 6801339 开户行及账号：工行华苑分行 69325581					密码区	略	
货物或应税劳务、服务名称	规格型号	单位	数量	单价	金额	税率	税额	
计算机		台	10	6 500.00	65 000.00	13%	8 450.00	
合　计					￥65 000.00		￥8 450.00	
价税合计(大写)	⊗柒万叁仟肆佰伍拾元整				（小写）￥73 450.00			
销售方	名　　　称：安徽阳光信息技术有限公司 纳税人识别号：340019884734788 地 址、电 话：安徽合肥市潜山路 2 号 0551 - 68011107 开户行及账号：工商银行合肥分行中关村分理处 831658796206					备注	安徽阳光信息技术有限公司 340019884734788 发票专用章	

第一联：记账联 销售方记账凭证

收款人：略　　复核：略　　开票人：略　　销售方：（章）略

图 11 - 17　销售发票

ICBC 中国工商银行　**进账单**（收账通知）　3

贰零贰肆年 零壹月壹拾柒日

出票人	全　称	昌新贸易公司	收款人	全　称	安徽阳光信息技术有限公司
	账　号	69325581		账　号	831658796206
	开户银行	工行华苑分行		开户银行	工商银行合肥分行中关村分理处
金额	人民币（大写）	柒万叁仟肆佰伍拾元整		亿千百十万千百十元角分	￥7345000
票据种类	转账支票	票据张数	一张		
票据号码	1155				
复核 略　记账 略				收款人开户银行签章	

此联是收款人开户银行交给收款人的收账通知

图 11 - 18　银行进账单

【操作步骤】

（1）以“005 王丽”身份于日期“2024 - 01 - 14”登录企业应用平台，单击“业务工作”/“供应链”/“销售管理”/“设置”，双击“销售选项”，取消“报价含税”参数设置，选中“销售生成出库单”，如图 11 - 19 所示，单击“确定”按钮保存。

（2）单击“销售报价”，双击“销售报价单”，打开销售报价单窗口。单击“增加”按钮，输入客户名称“昌新贸易公司”，选择存货编码“006”，输入数量“10”，报价“6 500”，如图 11 - 20 所示。

（3）单击“保存”按钮，再单击“审核”按钮后退出。

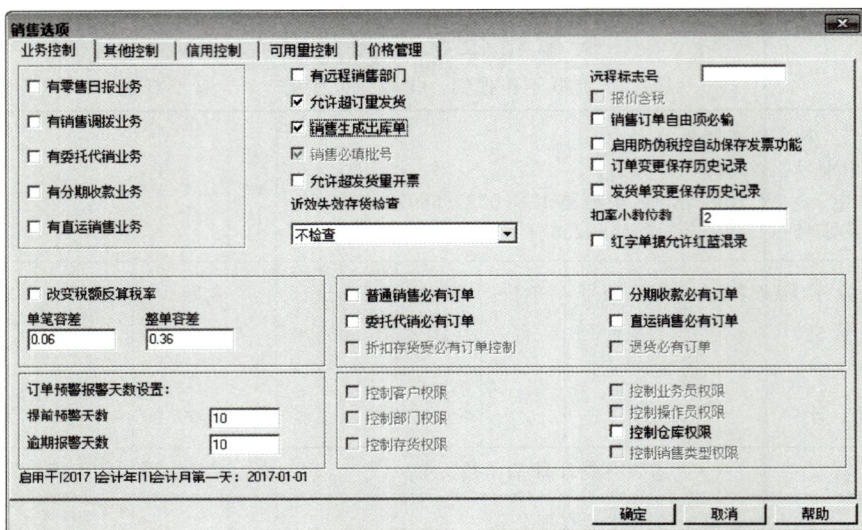

图 11 - 19　取消报价含税选项

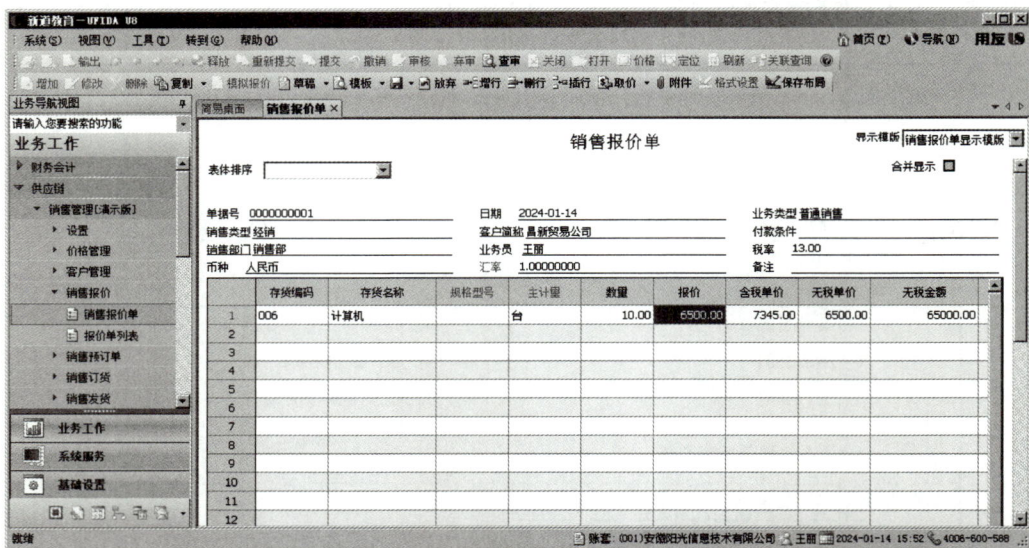

图 11 - 20　录入销售报价单

11

> **小提示!**
> ➤ 报价单的业务类型可以选择普通销售、委托代销、直运销售、分期收款。只有在销售选项中设置了相关业务,才可以选择相应的业务类型,系统默认为普通销售。
> ➤ 销售报价单的五种状态:一是录入(正在录入过程中的报价单);二是未审核(已保存的报价单);三是已审核(确认的报价单);四是已执行(已被其他单据或系统调用的报价单);五是关闭(单据执行完毕或确实不能执行的报价单)。
> ➤ 销售报价单修改或删除时,要注意查看此时报价单属于何种状态。已审核单据不能直接修改或删除,必须先弃审;已关闭单据不能修改或删除,必须先打开并弃审;已执行单据需先将下游单据删除,或取消其他系统相关操作(如记账、制单),再弃审。

（4）单击"销售订货"，双击"销售订单"，打开销售订单窗口。单击"增加"按钮，单击"生单"按钮，打开"报价单"，单击"过滤"按钮，选择参照的报价单记录，单击"确定"按钮，将报价单信息带入销售订单，输入订单编号"XS01"，预发货日期"2024-01-16"，如图11-21所示。

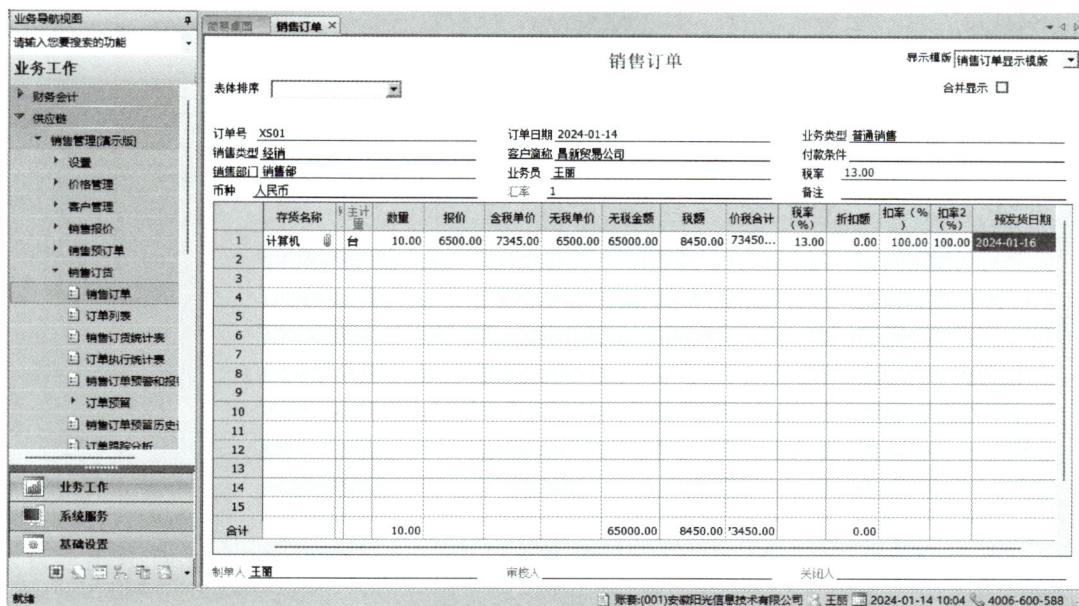

图11-21　销售订单生单

（5）单击"保存"按钮，再单击"审核"按钮后退出。

小提示！
- 从报价单带入的信息均可修改，还可以在销售订单上增行或删行操作。
- 销售订单编号系统默认自动编号，若要手工输入，需要进行"单据编号"设置。
- 预发货日期应晚于订货日期。因预发货日期为2024-01-16，则必须以该业务日期登录，销售订单预发货日期才是2024-01-16，否则默认为业务操作日期（2024-01-31），并且无法修改。
- 已审核未关闭的销售订单可以参照生成销售发货单或销售发票。

11

（6）以"005 王丽"身份于日期"2024-01-16"登录销售管理系统，单击"销售发货"，双击"发货单"，打开发货单窗口。单击"增加"按钮，打开选择订单窗口，单击"过滤"按钮，选择参照的"销售订单"，单击"确定"按钮，将销售订单信息带入发货单，输入仓库名称"成品库"，如图11-22所示。

小提示！
- 根据销售选项"是否有超订量发货控制"，决定是否可超销售订单数量进行发货。

（7）单击"保存"按钮，再单击"审核"按钮后退出。

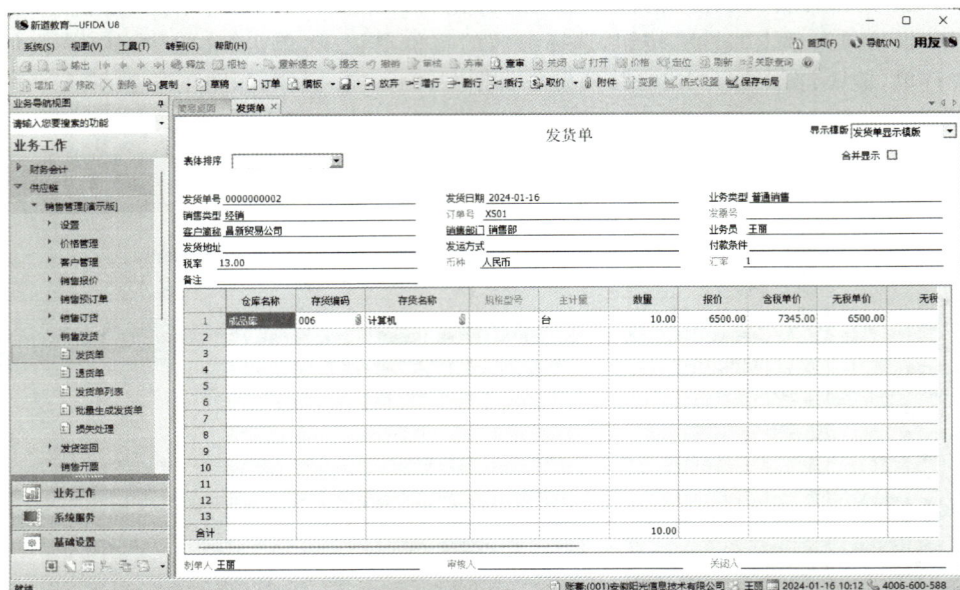

图 11 - 22　发货单生单

（8）单击"设置"，双击"销售选项"，打开销售选项窗口，单击"其他控制"页签，选择新增发票默认为"参照发货"，如图 11 - 23 所示，单击"确定"按钮保存。

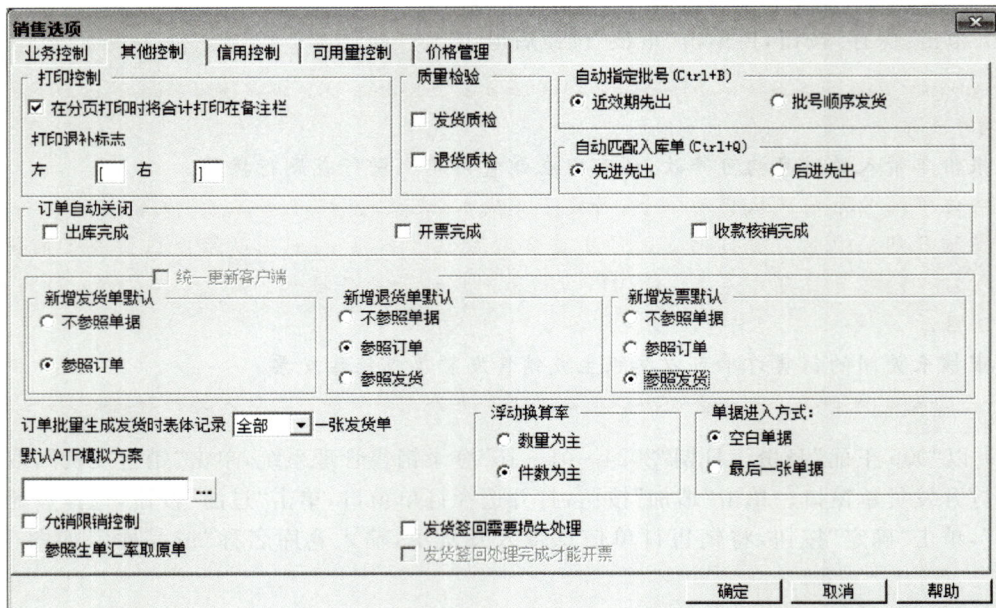

图 11 - 23　销售选项

（9）单击"销售开票"，双击"销售专用发票"，打开销售专用发票窗口，单击"增加"按钮，系统自动打开选择发货单窗口，单击"过滤"按钮，选择要参照的发货单，单击"确定"按钮，将发货单信息带入销售专用发票，输入发票号"17011631"，如图 11 - 24 所示。

小提示！

➤ 销售专用发票可以参照生成，也可手工录入。若销售管理选项中"普通业务必有订单"选项被选中，则只能参照生成。

➤ 销售专用发票号系统默认自动编号，若手工输入，需要进行"单据编号"设置。

➤ 销售管理选项中默认新增发票"参照订单"，若采用"发货单"生单，则必须将新增发票改为"参照发货单"。

➤ 销售管理系统中所有单据上的税率均为13%。

➤ 如果客户档案中未录入税号，只能对该客户开具普通发票。

图 11-24　销售专用发票生单

（10）单击"保存"按钮，再单击"复核"按钮后退出。

小提示！

➤ 经复核的发票才为有效发票，可在应收款管理系统中进行审核、制单。

（11）单击"供应链"/"库存管理"/"出库业务"，双击"销售出库单"，打开销售出库单窗口。单击"末张"按钮，系统直接根据审核后的"发货单"生成了"销售出库单"，如图 11-25 所示。

（12）单击"审核"按钮，系统弹出"审核成功"提示，单击"确定"按钮返回。

（13）单击"存货核算"/"业务核算"，双击"正常单据记账"，单击"过滤"按钮，打开正常单据记账窗口，选择需要记账的单据，单击"记账"按钮，系统自动执行记账。

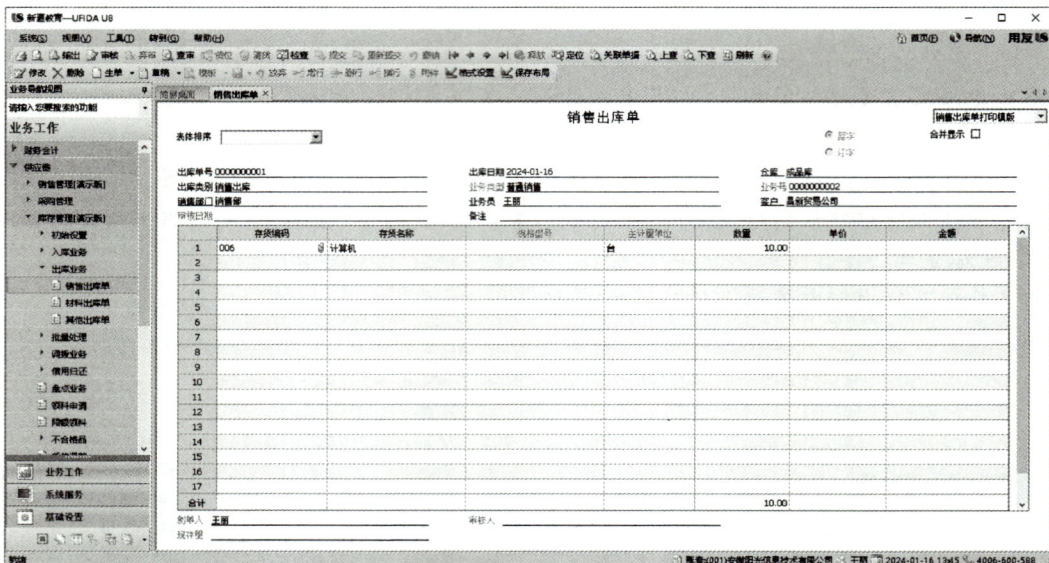

图 11-25 自动生成的销售出库单

小提示!

➢ 在存货核算"选项录入"中,系统默认销售成本核算方式"销售发票",如图 11-26。即在存货核算中记账单据是销售发票,销售成本结转所依据的单据也是销售发票。若选中"销售出库单",则存货核算中记账单据是销售出库单,销售成本结转所依据的单据也是销售出库单。

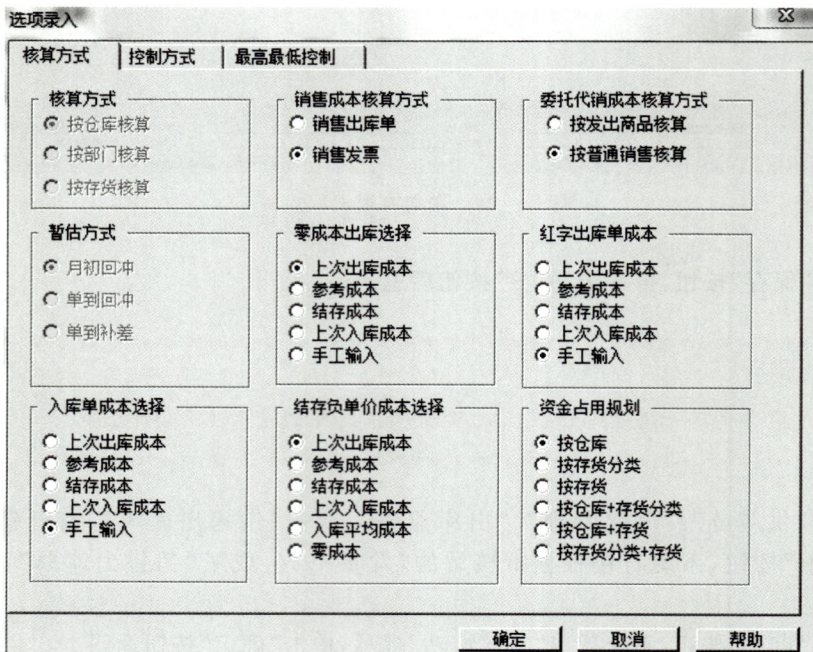

图 11-26 销售成本核算方式默认"销售发票"

（14）单击"财务核算"，双击"生成凭证"，打开生成凭证窗口。单击"选择"按钮，打开查询条件，单击"确定"按钮，打开选择单据窗口，单击"全选"按钮或取消所有查询后选择"销售专用发票"选项，单击"确定"按钮，打开未生成凭证单据一览表，如图 11 - 27 所示。

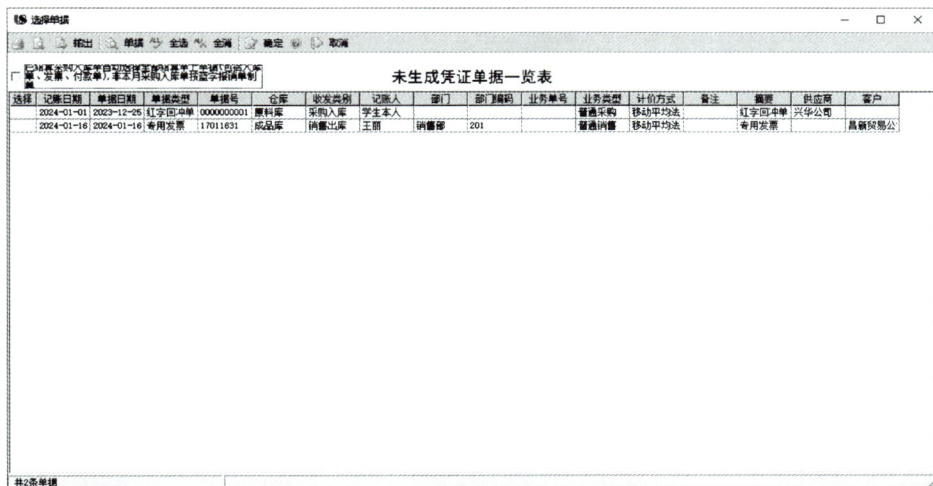

图 11 - 27　选择生成凭证单据

（15）单击"选择"按钮后，再单击"确定"按钮，打开生成凭证窗口，如图 11 - 28 所示。

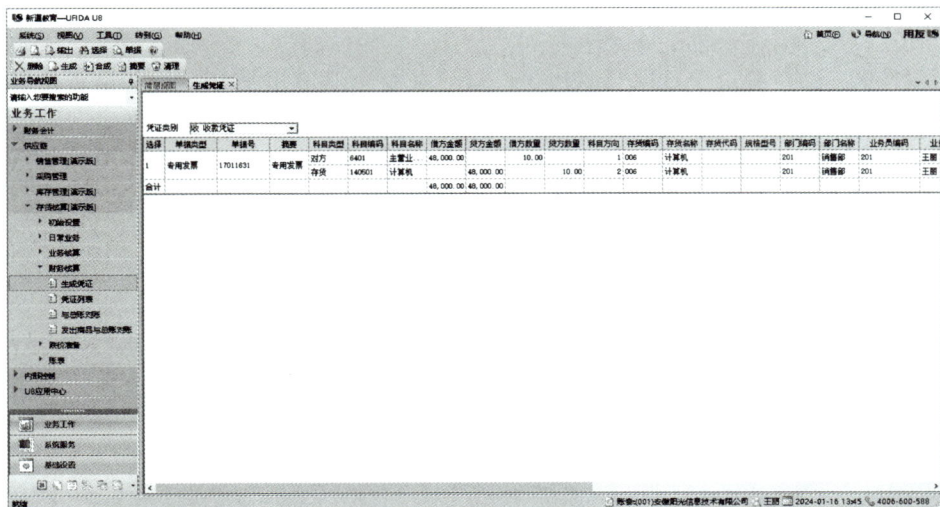

图 11 - 28　生成凭证窗口

（16）单击"生成"按钮，打开填制凭证窗口，修改凭证类别为"转账凭证"，输入制单日期"2024 - 01 - 16"，单击"保存"按钮后如图 11 - 29 所示。

小提示！
➤ 存货核算系统必须执行正常单据记账后，才能确认销售出库的成本，并生成结转销售成本凭证。

11

> ➤ 可以根据每笔业务执行记账操作,并结转销售成本凭证,也可月末集中结转,合并生成结转凭证。
>
> ➤ 存货采用除了"全月平均法"和"计划法(售价法)"之外的方法,都可以随时结转销售成本,否则只能在月末处理后,系统才能自动计算并结转销售成本。

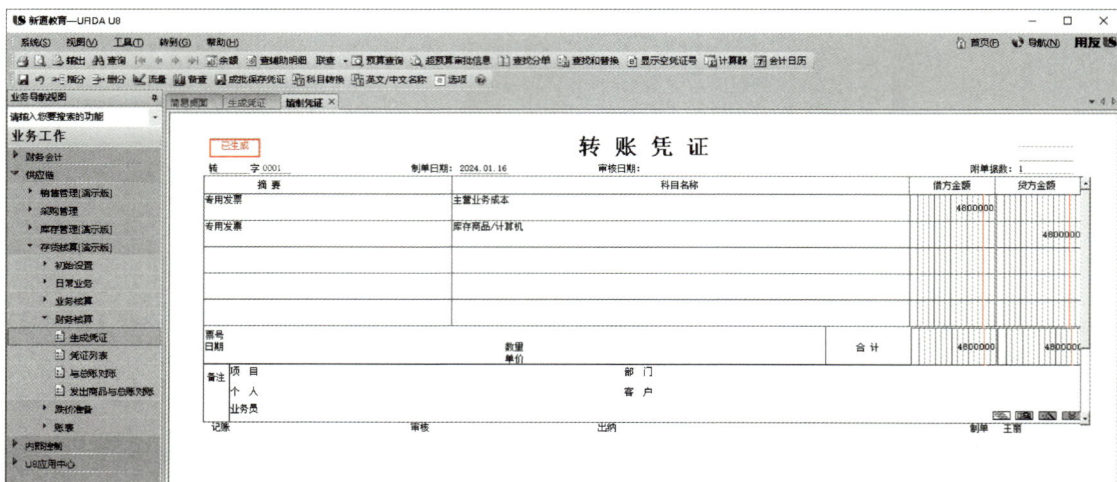

图 11-29 销售成本结转凭证

(17) 以"003 马方"身份于日期"2024-01-16"登录企业应用平台,单击"财务会计"/"应收款管理"/"应收单据处理",双击"应收单据审核",打开单据过滤窗口,单击"确定"按钮,进入"应收单据列表"。选择要审核的单据,单击"审核"按钮,系统提示"审核成功",审核人处马方签名,如图 11-30 所示。单击"确定"按钮返回。

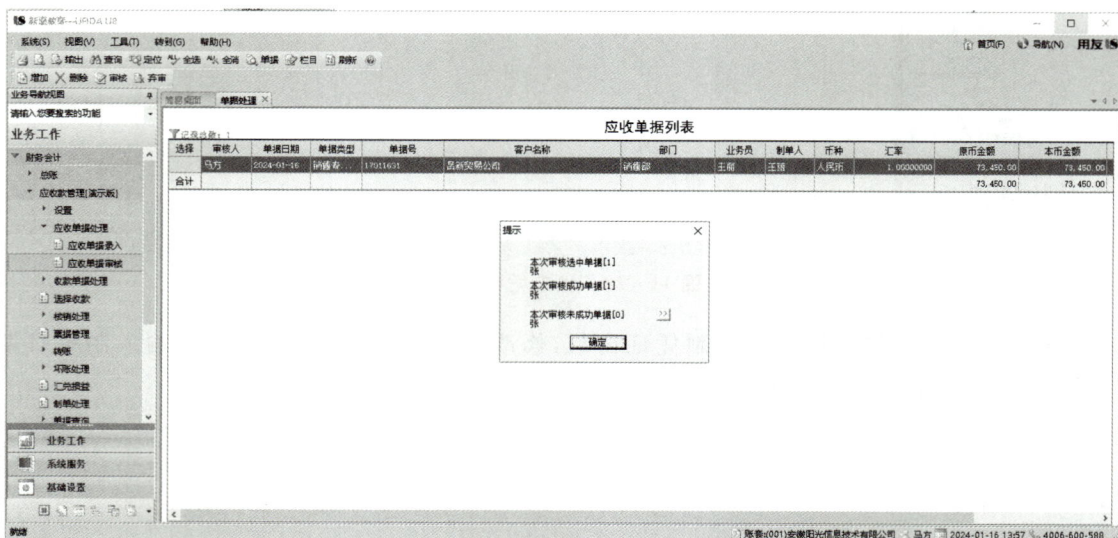

图 11-30 应收单据审核

（18）双击"制单处理"，打开制单窗口，选中"发票制单"复选框，单击"确定"按钮，进入销售发票制单，如图11-31所示。

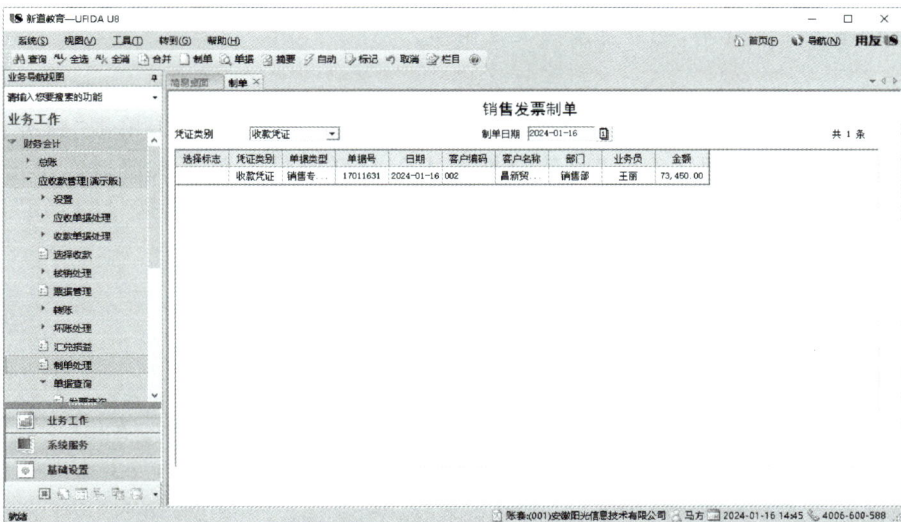

图11-31 销售发票制单

（19）单击"全选"按钮，单击"制单"按钮，打开填制凭证窗口，修改凭证类别为"转账凭证"，单击"保存"按钮后如图11-32所示。

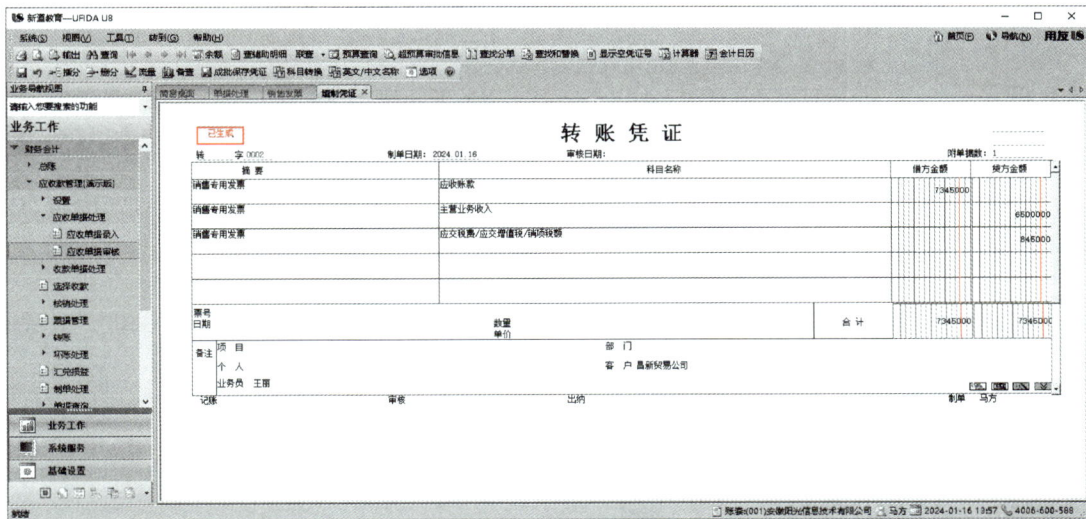

图11-32 生成应收凭证

小提示！
➤ 当销售管理系统与应收款管理系统集成使用时，销售管理系统中的销售发票"复核"后，自动生成应收单并传递至应收款管理系统，需要在应收款管理系统中"审核"确认，才能形成应收款项。

> ➤ 由销售发票自动生成的应收单不能直接修改，如果需要修改，则必须在销售管理系统中取消复核，单击"修改""保存"和"复核"按钮后，才是修改后的应收单。
> ➤ 可以根据每笔业务制单，也可月末一次性制单。

（20）以"003 马方"身份于日期"2024-01-17"登录企业应用平台，单击"财务会计"/"应收款管理"/"收款单据处理"，双击"收款单据录入"，打开收付款单录入窗口。单击"增加"按钮，输入客户"昌新贸易公司"，结算方式"转账支票"，金额"73 450"，票据号"1155"，如图 11-33 所示。

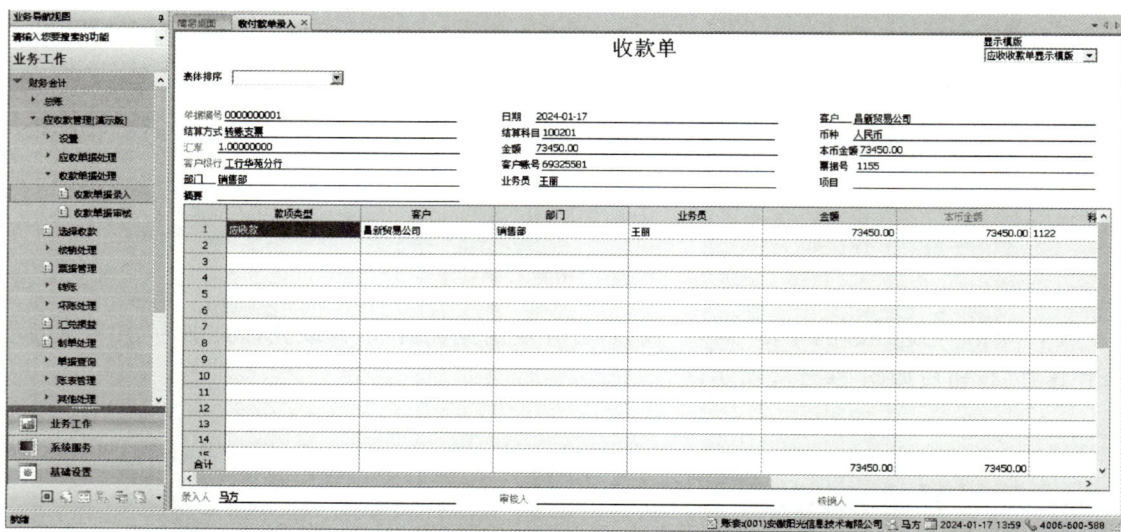

图 11-33　录入收款单

（21）单击"保存"按钮，再单击"审核"按钮，系统提示"是否立即制单？"，单击"是"按钮，打开填制凭证窗口，凭证类型为"收"字，单击"保存"后如图 11-34 所示。

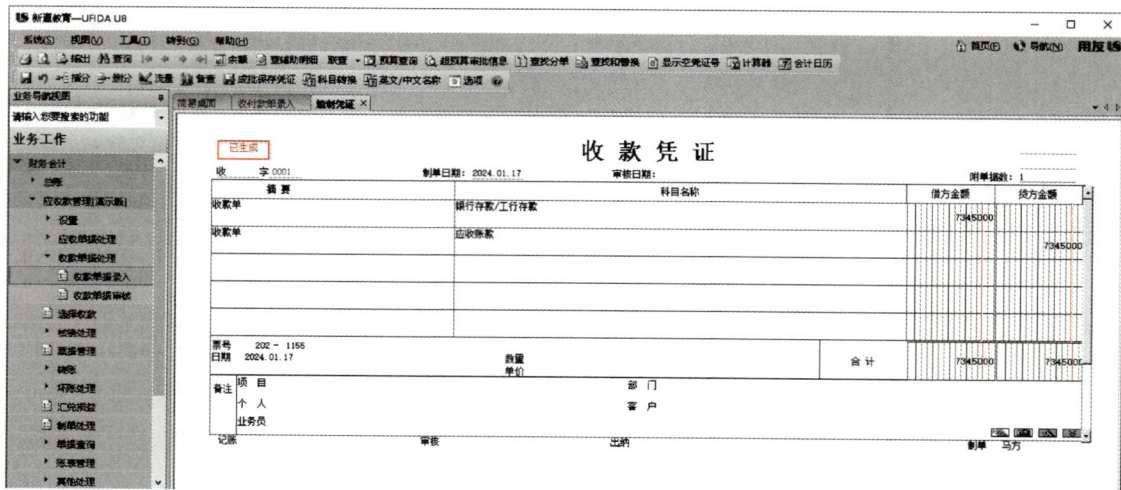

图 11-34　生成收款凭证

小提示！
➤ 收款单审核后，也可以不立即制单。在"制单处理"中，进行收款单制单。
➤ 收款操作，若收款单制单人和审核人是同一个人，也可使用"选择收款"操作处理，且使用选择收款处理更为快捷方便，因为它是集收款和核销操作为一体化的处理方式。

【业务资料2】

2024年1月17日，安徽阳光公司销售部向昌新贸易公司出售HP激光打印机，根据背景资料（图11-35、图11-36和图11-37）完成业务。

赊销业务处理

购 销 合 同

合同编号：XS02

卖方：安徽阳光信息技术有限公司（以下简称甲方）
买方：昌新贸易公司（以下简称乙方）

为保护买卖双方的合法权益，根据《中华人民共和国民法典》的有关规定，经友好协商，买卖双方一致同意签订本合同并共同遵守。

一、货物的名称、数量及金额

品　名	单　位	无税单价（元/台）	数　量	金额（元）
HP激光打印机	台	2 300.00	5	11 500.00

二、合同总金额：人民币壹万壹仟伍佰元整（￥11 500.00）。

三、交货及验收

1. 交货实行送货制，即甲方应按订单所规定时间（2024年1月17日）将商品运至乙方所指定的交货地点交与乙方。

2. 甲方交货时，货到现场时商品从卸货到进入乙方仓库中所发生的搬运工作一律由甲方负责，货到现场收货人仅点收数量或件数，以后乙方开箱时如发现商品数量、质量等不符合合同约定，则由甲方负责。

3. 结算金额不包括增值税税额。

四、结算方式

报价为2 300元/台，成交价为报价90%，不包括增值税税额。

……

甲　方：安徽阳光信息技术有限公司
法定代表人：肖剑
日　期：2024年1月17日

乙　方：昌新贸易公司
法人代表：王强
日　期：2024年1月17日

图11-35 销售合同

出 库 单

出货单位：安徽阳光信息技术有限公司　　2024年01月17日　　单号：20240002

提货单位或领货部门	昌新贸易公司	销售单号	XS02	发出仓库	配套用品库	出库日期	2024.01.16	
编号	名称及规格	单位	数量 应发	数量 实发	单价		金额	会计联
01	HP激光打印机	台	5	5				
合　计			5	5				

部门经理：略　　会计：略　　仓库：略　　经办人：略

图11-36 出库单

安徽增值税专用发票 №17011731

此联不作报销、扣税凭证使用　　开票日期：2024年1月17日

国税局〔2023〕562号海南华森实业公司

购买方	名　　称：昌新贸易公司 纳税人识别号：120008456732310 地 址、电 话：天津市南开区华苑路1号 022-6801339 开户行及账号：工行华苑分行 69325581				密码区	略	
货物或应税劳务、服务名称	规格型号	单位	数量	单价	金额	税率	税额
HP激光打印机		台	5	2 070.00	10 350.00	13%	1 345.50
合　计					¥10 350.00		¥1 345.50
价税合计（大写）	⊗壹万壹仟陆佰玖拾伍元伍角整				（小写）¥11 695.50		
销售方	名　　称：安徽阳光信息技术有限公司 纳税人识别号：340019884734788 地 址、电 话：安徽合肥市潜山路2号 0551-68011107 开户行及账号：工商银行合肥分行中关村分理处 831658796206				备注	安徽阳光信息技术有限公司 340019884734788 发票专用章	

收款人：略　　复核：略　　开票人：略　　销售方：（章）

第一联：记账联　销售方记账凭证

图11-37　销售发票

【操作步骤】

(1) 以“005 王丽”身份于日期“2024-01-17”登录销售管理系统，填制销售订单（扣率90%）并审核，如图11-38所示。

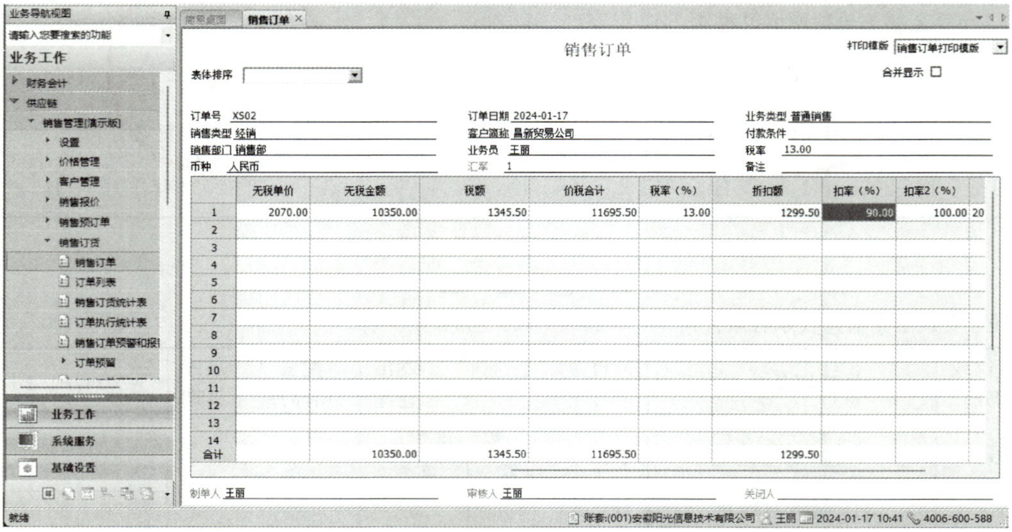

图11-38　销售订单

> **小提示！**
> ➤ 输入销售订单时，要输入扣率“90%”，系统自动根据报价计算出折扣额。

11

（2）根据"销售订单"生成"发货单"并审核。

（3）进入库存管理系统，审核自动生成的"销售出库单"。

（4）根据发货单填制并复核销售发票（发票号 17011731），如图 11-39 所示。

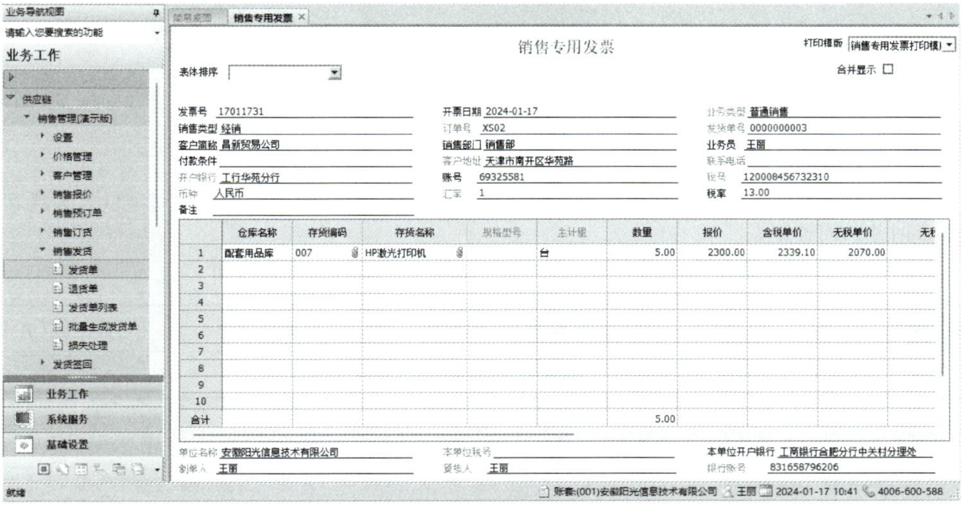

图 11-39 复核后的销售发票

小提示！

- 销售发票复核后，还需更换操作员"003 马方"进入应收款系统审核发票，生成应收销售收入凭证如图 11-40 所示。

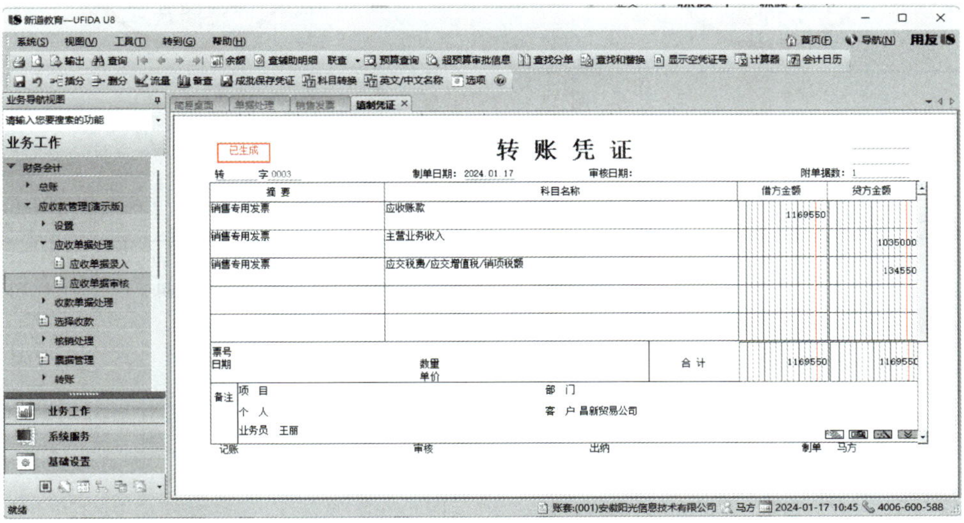

图 11-40 生成应收凭证

- 由于配套用品库计价方式是"全月平均法"，所以该批 HP 激光打印机商品发货无法立即生成销售成本结转凭证，只有到存货核算期末处理后，系统才会计算出该种商品的全月平均单价，才能生成销售成本结转凭证。

11

【业务资料3】

　　2024 年 1 月 17 日,安徽阳光公司销售部向昌新贸易公司出售计算机,根据背景资料(图 11 - 41、图 11 - 42、图 11 - 43 和图 11 - 44)完成业务。

现结销售
业务处理

购 销 合 同

合同编号：XS03

卖方：安徽阳光信息技术有限公司(以下简称甲方)

买方：昌新贸易公司(以下简称乙方)

　　为保护买卖双方的合法权益,根据《中华人民共和国民法典》的有关规定,经友好协商,买卖双方一致同意签订本合同并共同遵守。

　　一、货物的名称、数量及金额

品　名	单　位	无税单价(元/台)	数　量	金额(元)
计算机	台	6 400.00	10	64 000.00

　　二、合同总金额：人民币陆万肆仟元整(￥64 000.00)。

　　三、交货及验收

　　1. 交货实行送货制,即甲方应按订单所规定时间(2024 年 1 月 17 日)将商品运至乙方所指定的交货地点交与乙方。

　　2. 甲方交货时,货到现场时商品从卸货到进入乙方仓库中所发生的搬运工作一律由甲方负责,货到现场收货人仅点收数量或件数,以后乙方开箱时如发现商品数量、质量等不符合合同约定,则由甲方负责。

　　3. 结算金额不包括增值税税额。

　　……

甲　　方：安徽阳光信息技术有限公司　　　　　乙　　方：昌新贸易公司

法定代表人：肖剑　　　　　　　　　　　　　　法人代表：玉强

日　　期：2024 年 1 月 17 日　　　　　　　　　日　　期：2024 年 1 月 17 日

图 11 - 41　销售合同

出 库 单

出货单位：安徽阳光信息技术有限公司　　　　　2024 年 01 月 17 日　　　　　　单号：20240003

提货单位或领货部门	昌新贸易公司		销售单号	XS03	发出仓库	成品库	出库日期	2024.01.17	
编号	名 称 及 规 格	单位	数　量		单　价		金　额		会
			应发	实发					计
01	计算机	台	10	10					联
合　　计			10	10					

部门经理：略　　　　　会计：略　　　　　仓库：略　　　　　经办人：略

图 11 - 42　出库单

安徽增值税专用发票　　　№ 17011732

此联不作报销、扣税凭证使用　　　开票日期：2024 年 01 月 17 日

购买方	名　　称：昌新贸易公司 纳税人识别号：120008456732310 地 址、电 话：天津市南开区华苑路 1 号 022－6801339 开户行及账号：工行华苑分行 69325581				密码区	略	
货物或应税劳务、服务名称	规格型号	单位	数量	单价	金额	税率	税额
计算机		台	10	6 400.00	64 000.00	13%	8 320.00
合　计					¥64 000.00		¥8 320.00
价税合计(大写)	⊗柒万贰仟叁佰贰拾元整				(小写)¥72 320.00		
销售方	名　　称：安徽阳光信息技术有限公司 纳税人识别号：340019884734788 地 址、电 话：安徽合肥市潜山路 2 号 0551－68011107 开户行及账号：工商银行合肥分行中关村分理处 831658796206				备注	安徽阳光信息技术有限公司 340019884734788 发票专用章	

收款人：略　　　复核：略　　　开票人：略　　　销售方：(章)

国税局〔2023〕562号海南华森实业公司

第一联：记账联　销售方记账凭证

图 11－43　销售发票

ICBC 中国工商银行　　　进账单 (收账通知)　3

贰零贰肆 年　零壹 月壹拾柒 日

出票人	全　称	昌新贸易公司	收款人	全　称	安徽阳光信息技术有限公司
	账　号	69325581		账　号	831658796206
	开户银行	工行华苑分行		开户银行	工商银行合肥分行中关村分理处
金额	人民币(大写)	柒万贰仟叁佰贰拾元整		亿千百十万千百十元角分	¥7232000
票据种类	转账支票	票据张数	一张		
票据号码	ZZ001188				
	复核 略　记账 略			收款人开户银行签章	

此联是收款人开户银行交给收款人的收账通知

图 11－44　银行进账单

11

【操作步骤】

(1) 以“005 王丽”身份于日期“2024－01－17”注册进入销售管理系统，填制并审核“销售订单”(订单编号：XS03)。

(2) 根据“销售订单”生成“发货单”，并审核。

(3) 进入库存管理系统审核自动生成的“销售出库单”。

(4) 在销售管理系统中，根据审核后的“发货单”生成“销售发票”，保存后如图 11－45 所示。

(5) 在“销售专用发票”窗口，单击“现结”按钮，打开现结窗口，选择结算方式“转账支票”，输入结算金额“72 320”，票据号“ZZ001188”，如图 11－46 所示。

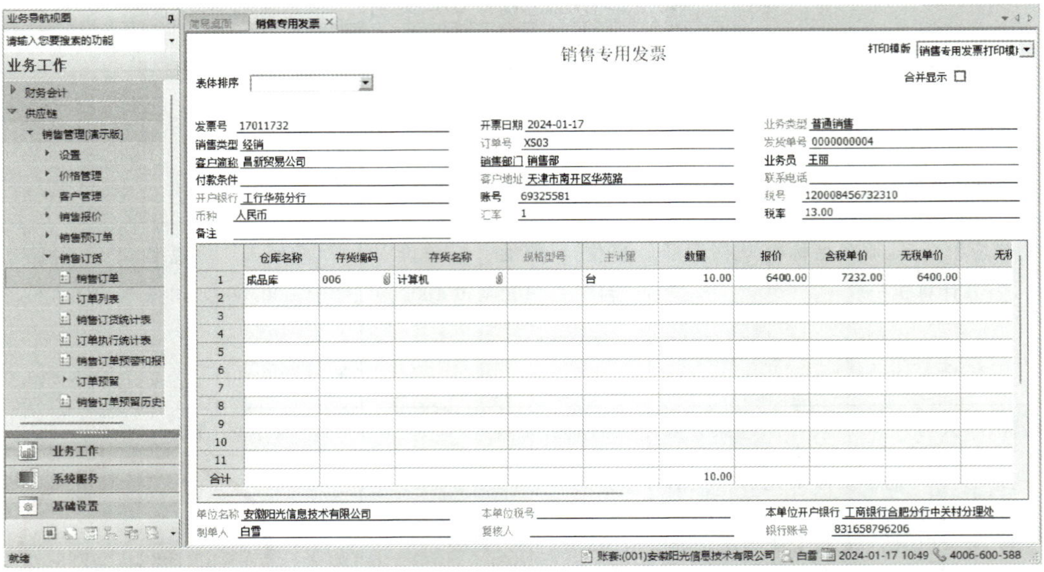

图 11 - 45　保存后的销售发票

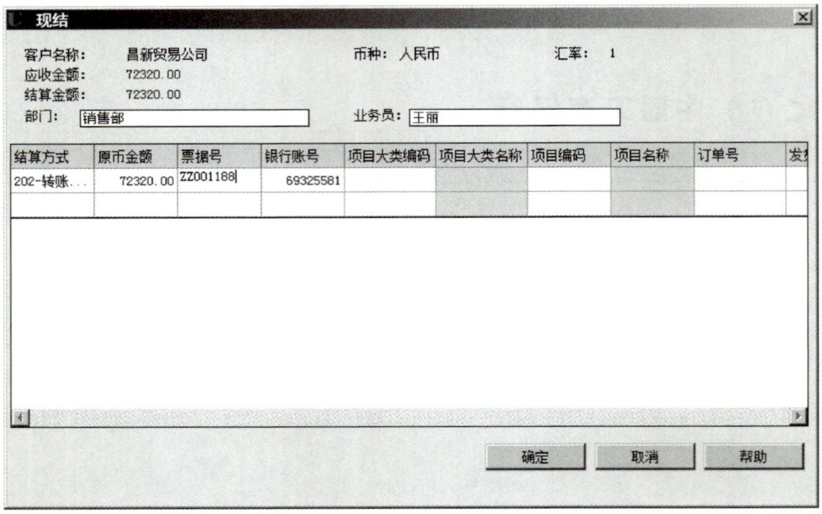

图 11 - 46　现结录入

（6）单击"确定"按钮，"销售专用发票"左上角出现红色"现结"标记。

（7）再单击"复核"按钮，对现结发票进行复核，销售发票复核人签名自动显示。

> **小提示！**
> ➤ 应在销售发票复核前进行"现结"处理，否则现结按钮是灰色的。

（8）以"003 马方"身份于日期"2024 - 01 - 17"进入应收款管理系统，双击"应收单据审核"，在应收单过滤窗口中，选中"包含已现结发票"，进行应收单据审核，如图 11 - 47 所示。

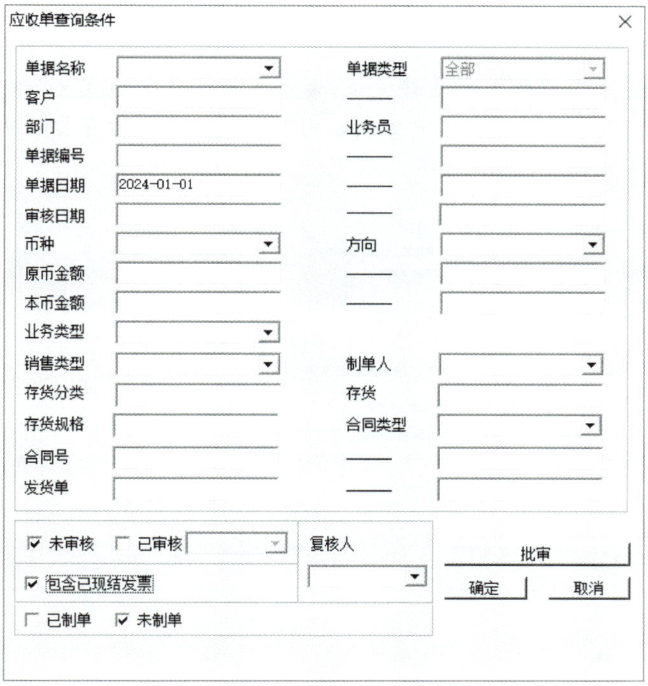

图 11 - 47　审核现结发票

小提示！
➤ 在应收款管理系统中，审核现结销售发票，一定要选择"包含已现结发票"，否则系统过滤不出需要审核的现结销售发票。

（9）双击"制单处理"，在制单查询中选中"现结"制单，生成收款凭证，保存后如图 11 - 48 所示。

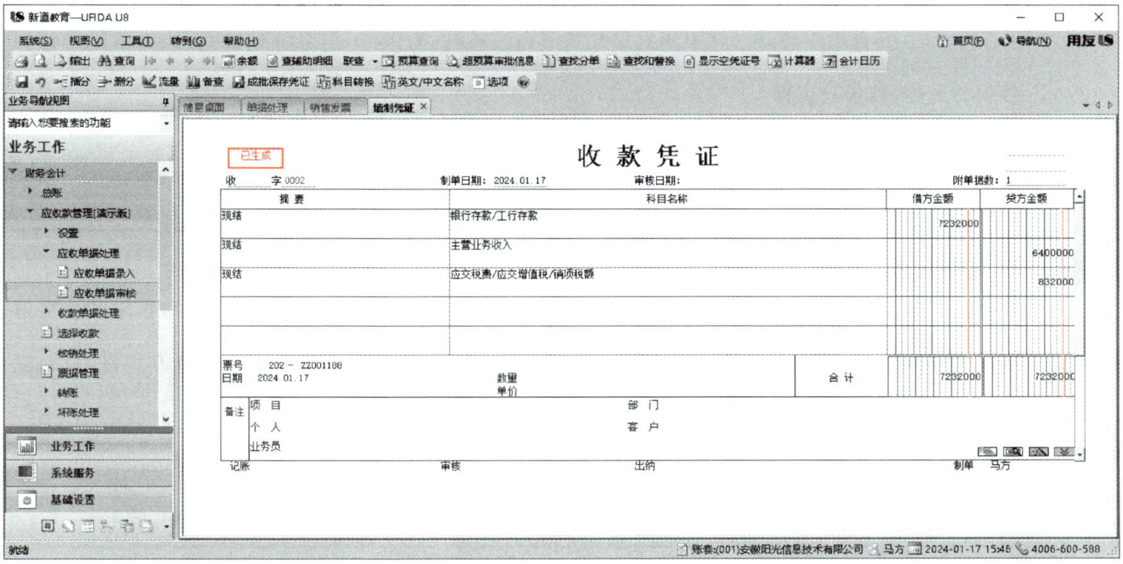

图 11 - 48　生成现结凭证

11

小提示！

➤ 本业务还需生成计算机销售成本结转凭证,由于成品库计价方式为"移动平均法",既可当时进行销售成本结转,也可期末集中生成。由"005 王丽"执行存货正常单据记账后,生成销售成本结转凭证如图 11-49 所示。

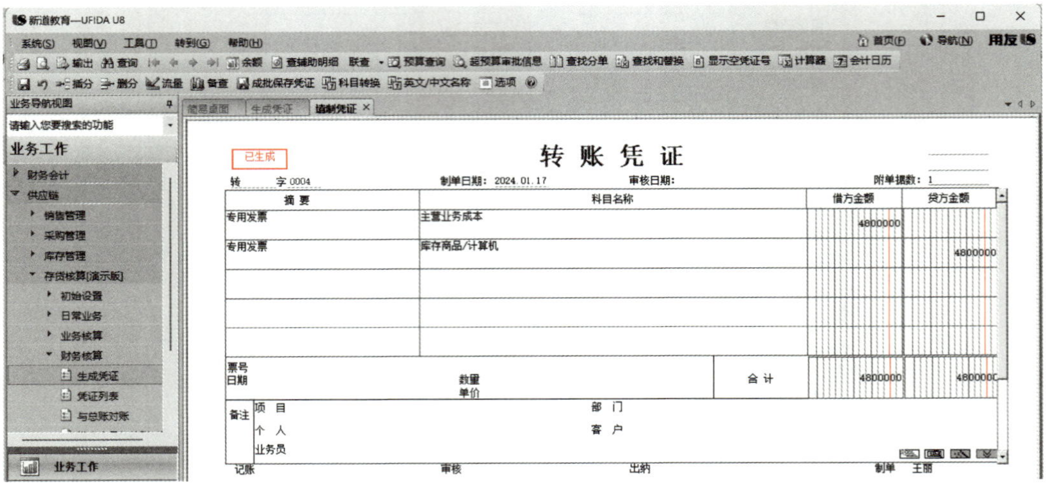

图 11-49 生成销售成本结转凭证

【业务资料 4】

2024 年 1 月 17 日,安徽阳光公司销售部向昌新贸易公司出售计算机,根据背景资料(图 11-50、图 11-51、图 11-52 和图 11-53)完成业务。

多张发货单汇总开票业务处理

购 销 合 同

合同编号：XS04

卖方：安徽阳光信息技术有限公司(以下简称甲方)
买方：昌新贸易公司(以下简称乙方)
为保护买卖双方的合法权益,根据《中华人民共和国民法典》的有关规定,经友好协商,买卖双方一致同意签订本合同并共同遵守。
一、货物的名称、数量及金额

品 名	单 位	无税单价(元/台)	数 量	金额(元)
计算机	台	6 400.00	10	64 000.00
HP 激光打印机	台	2 300.00	5	11 500.00

二、合同总金额：人民币柒万伍仟伍佰元整(￥75 500.00)。
三、交货及验收
1. 交货实行送货制,即甲方应按订单所规定时间(2024 年 1 月 17 日)将商品运至乙方所指定的交货地点交与乙方。
2. 甲方交货时,货到现场时商品从卸货到进入乙方仓库中所发生的搬运工作一律由甲方负责,货到现场收货人仅点收数量或件数,以后乙方开箱时如发现商品数量、质量等不符合合同约定,则由甲方负责。
3. 结算金额不包括增值税税额。
　……
甲　方：安徽阳光信息技术有限公司　　　　　　　乙　方：昌新贸易公司
法定代表人：肖钊　　　　　　　　　　　　　　　法人代表：王强
日　　期：2024 年 1 月 17 日　　　　　　　　　日　　期：2024 年 1 月 17 日

图 11-50 销售合同

出　库　单

出货单位：安徽阳光信息技术有限公司　　　　　2024 年 01 月 17 日　　　　　　　　单号：20240004

提货单位或领货部门	昌新贸易公司	销售单号	XS04	发出仓库	成品库	出库日期	2024.01.17	会计联
编号	名 称 及 规 格	单位	数量（应发）	数量（实发）	单 价	金 额		
01	计算机	台	10	10				
	合　计		10	10				

部门经理：略　　　　会计：略　　　　仓库：略　　　　经办人：略

图 11-51　出库单

出　库　单

出货单位：安徽阳光信息技术有限公司　　　　　2024 年 01 月 17 日　　　　　　　　单号：20240005

提货单位或领货部门	昌新贸易公司	销售单号	XS04	发出仓库	配套用品库	出库日期	2024.01.17	会计联
编号	名 称 及 规 格	单位	数量（应发）	数量（实发）	单 价	金 额		
	HP 激光打印机	台	5	5				
	合　计		5	5				

部门经理：略　　　　会计：略　　　　仓库：略　　　　经办人：略

图 11-52　出库单

安徽增值税专用发票　　No 17011733

此联不作报销　扣税凭证使用　　　　开票日期：2024 年 01 月 17 日

购买方	名　　称：昌新贸易公司 纳税人识别号：120008456732310 地址、电话：天津市南开区华苑路 1 号 022-6801339 开户行及账号：工行华苑分行 69325581	密码区	略

货物或应税劳务、服务名称	规格型号	单位	数量	单价	金额	税率	税额
计算机		台	10	6 400.00	64 000.00	13%	8 320.00
HP 激光打印机		台	5	2 300.00	11 500.00	13%	1 495.00
合　计					￥75 500.00		￥9 815.00

价税合计（大写）	⊗捌万伍仟叁佰壹拾伍元整	（小写）￥85 315.00

销售方	名　　称：安徽阳光信息技术有限公司 纳税人识别号：340019884734788 地址、电话：安徽合肥市潜山路 2 号 0551-68011107 开户行及账号：工商银行合肥分行中关村分理处 831658796206	备注	安徽阳光信息技术有限公司 340019884734788 发票专用章

收款人：略　　　复核：略　　　开票人：略　　　销售方：（章）

图 11-53　销售发票

【操作步骤】

(1) 以"005 王丽"身份于日期"2024-01-17"进入销售管理系统,填制并审核订单(订单编号:XS04),参照订单生成两张发货单。

小提示!

➤ 审核后的两张发货单自动生成两张销售出库单,直接以"005 王丽"身份进入库存管理系统,审核两张销售出库单。

---

(2) 在销售管理系统中,参照上述两张发货单填制并复核后的销售发票(发票号 17011733)如图 11-54 所示。

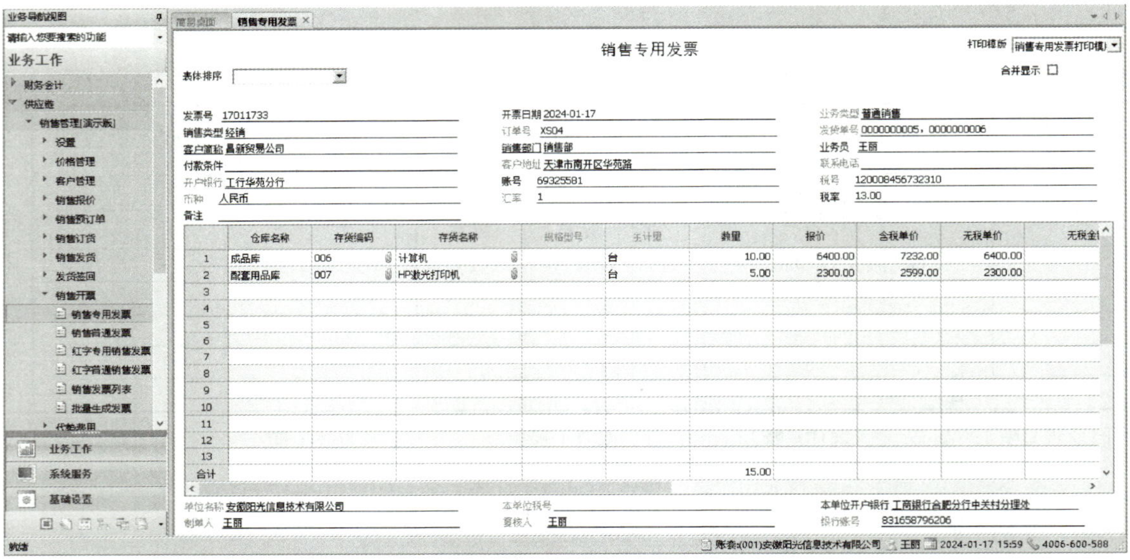

图 11-54 复核后的销售专用发票

小提示!

➤ 本业务属于多张发货单汇总开票类型。

➤ 参照发货单生成销售专用发票时,可以一次选择多张发货单。

➤ 该批销售业务形成的销售发票复核后,更换"003 马方"于日期"2024-01-17"进入应收款管理系统,审核销售发票并生成应收凭证如图 11-55 所示。

➤ 由于存货核算选项选中的销售成本核算方式是"销售发票",此次业务是多张发货单合并开一张发票业务,其中既含有移动平均法成品仓库计价(计算机),也包括全月一次平均法计价(HP 激光打印机),因此销售成本结转只有到存货期末处理后,系统自动计算出平均单价,再生成销售成本结转凭证。

➤ 销售成本核算方式若由"销售发票"更改为"销售出库单",必须要存货核算月末处理后、月末结账前才能更改。

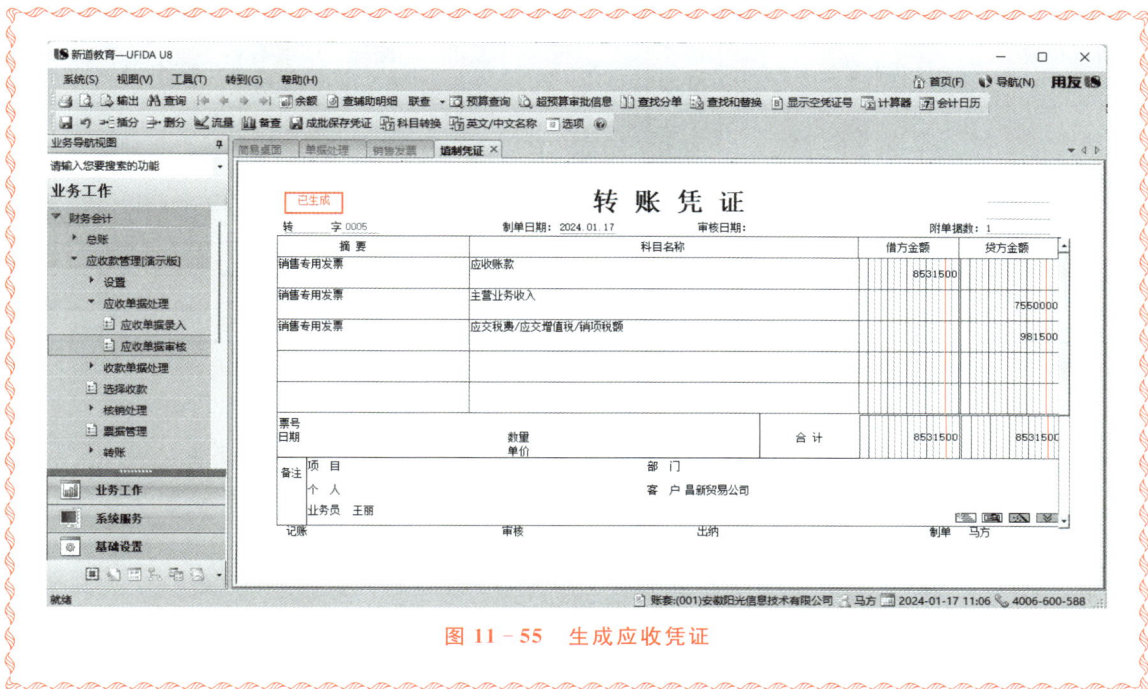

图 11 - 55　生成应收凭证

【业务资料 5】

2024 年 1 月 18 日,安徽阳光公司销售部向华宏公司出售 HP 激光打印机,根据背景资料(图 11 - 56、图 11 - 57、图 11 - 58 和图 11 - 59)完成业务。

一次发货
分次开票
业务处理

购 销 合 同

合同编号:XS05

卖方:安徽阳光信息技术有限公司(以下简称甲方)

买方:华宏公司(以下简称乙方)

为保护买卖双方的合法权益,根据《中华人民共和国民法典》的有关规定,经友好协商,买卖双方一致同意签订本合同并共同遵守。

一、货物的名称、数量及金额

品　名	单　位	无税单价(元/台)	数　量	金额(元)
HP 激光打印机	台	2 300.00	20	46 000.00

二、合同总金额:人民币肆万陆仟元整(￥46 000.00)。

三、交货及验收

1. 交货实行送货制,即甲方应按订单所规定时间(2024 年 1 月 18 日)将商品运至乙方所指定的交货地点交与乙方。

2. 甲方交货时,货到现场时商品从卸货到进入乙方仓库中所发生的搬运工作一律由甲方负责,货到现场收货人仅点收数量或件数,以后乙方开箱时如发现商品数量、质量等不符合合同约定,则由甲方负责。

3. 结算金额不包括增值税税额。

……

甲　　方:安徽阳光信息技术有限公司　　　　乙　　方:华宏公司

法定代表人:肖剑　　　　　　　　　　　　　　法人代表:王强

日　　期:2024 年 1 月 18 日　　　　　　　　日　　期:2024 年 1 月 18 日

图 11 - 56　销售合同

11

出 库 单

出货单位：安徽阳光信息技术有限公司　　　2024 年 01 月 18 日　　　　　　　　单号：20240006

提货单位或领货部门	昌新贸易公司	销售单号	XS05	发出仓库	配套用品库	出库日期	2024.01.18	会
编号	名称及规格	单位	数量 应发	数量 实发	单价	单价	金额	计
	HP 激光打印机	台	20	20				联
	合　计		20	20				

部门经理：略　　　　会计：略　　　　仓库：略　　　　经办人：略

图 11－57　出库单

安徽增值税专用发票　　　№ 17011741

此联不作报销、扣税凭证使用　　　　开票日期：2024 年 01 月 19 日

购买方	名　　称：华宏公司 纳税人识别号：110009884732788 地址、电话：北京市海淀区上地路 1 号 010－6801123 开户行及账号：工行上地分行 73853654	密码区	略
货物或应税劳务、服务名称	规格型号	单位	数量	单价	金额	税率	税额
HP 激光打印机		台	15	2 300.00	34 500.00	13％	4 485.00
合　计					￥34 500.00		￥4 485.00

价税合计（大写）	⊗叁万捌仟玖佰捌拾伍元整	（小写）￥38 985.00

销售方	名　　称：安徽阳光信息技术有限公司 纳税人识别号：340019884734788 地址、电话：安徽合肥市潜山路 2 号 0551－68011107 开户行及账号：工商银行合肥分行中关村分理处 831658796206	备注	

收款人：略　　　　复核：略　　　　开票人：略　　　　销售方：（章）

图 11－58　销售发票

安徽增值税专用发票　　　№ 17011742

此联不作报销、扣税凭证使用　　　　开票日期：2024 年 01 月 19 日

购买方	名　　称：华宏公司 纳税人识别号：110009884732788 地址、电话：北京市海淀区上地路 1 号 010－6801123 开户行及账号：工行上地分行 73853654	密码区	略
货物或应税劳务、服务名称	规格型号	单位	数量	单价	金额	税率	税额
HP 激光打印机		台	5	2 300.00	11 500.00	13％	1 495.00
合　计					￥11 500.00		￥1 495.00

价税合计（大写）	⊗壹万贰仟玖佰玖拾伍元整	（小写）￥12 995.00

销售方	名　　称：安徽阳光信息技术有限公司 纳税人识别号：340019884734788 地址、电话：安徽合肥市潜山路 2 号 0551－68011107 开户行及账号：工商银行合肥分行中关村分理处 831658796206	备注	

收款人：略　　　　复核：略　　　　开票人：略　　　　销售方：（章）

图 11－59　销售发票

【操作步骤】

（1）以"005 王丽"身份于日期"2024-01-18"进入销售管理系统，填制并审核订单（订单编号：XS05），参照"订单"生成"发货单"并审核，进入库存管理系统审核自动生成的"销售出库单"。

（2）以"005 王丽"身份于日期"2024-01-19"进入销售管理系统，参照"发货单"生成"销售专用发票"，修改数量为"15"，保存并复核后如图 11-60 所示。再次打开销售专用发票，参照发货单生成时，自动剩下数量"5"，保存复核后如图 11-61 所示。

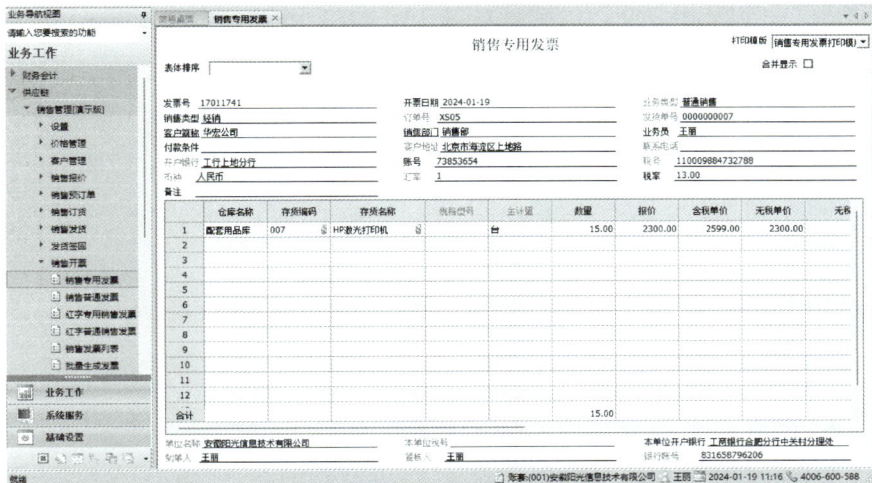
图 11-60　复核后的销售发票（15 台）

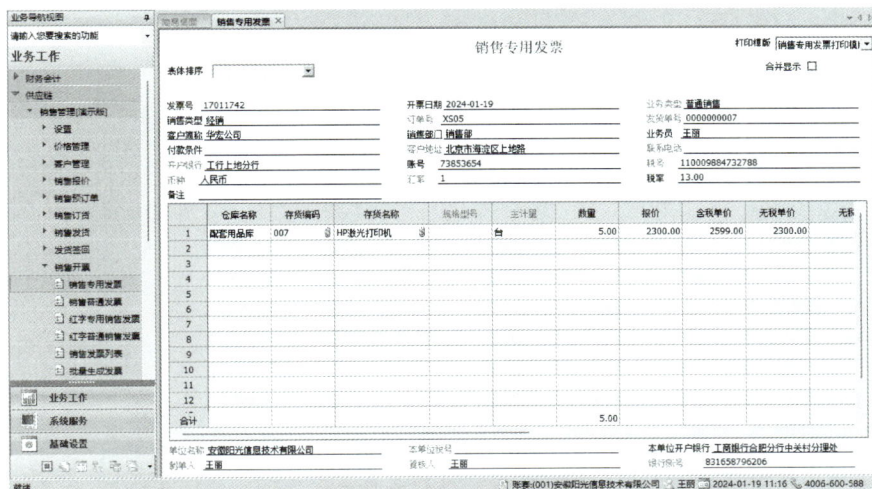
图 11-61　复核后的销售发票（5 台）

小提示！

➤ 本业务是一次发货单分次开票类型。

➤ 参照发货单拷贝生成第一张销售发票时，修改数量为"15"，保存后复核，再参照发货单拷贝生成第二张销售发票时，此时的发货单上未开票数量一栏显示"5"，信息直接带到第二张销售发票，保存后复核。

➤ 两张销售发票需要到应收款管理系统中审核,执行制单处理,默认发票查询,进入销售发票制单窗口,单击"合并"按钮,再单击"制单"按钮,如图 11 - 62 所示,合并生成应收销售收入凭证如图 11 - 63 所示。

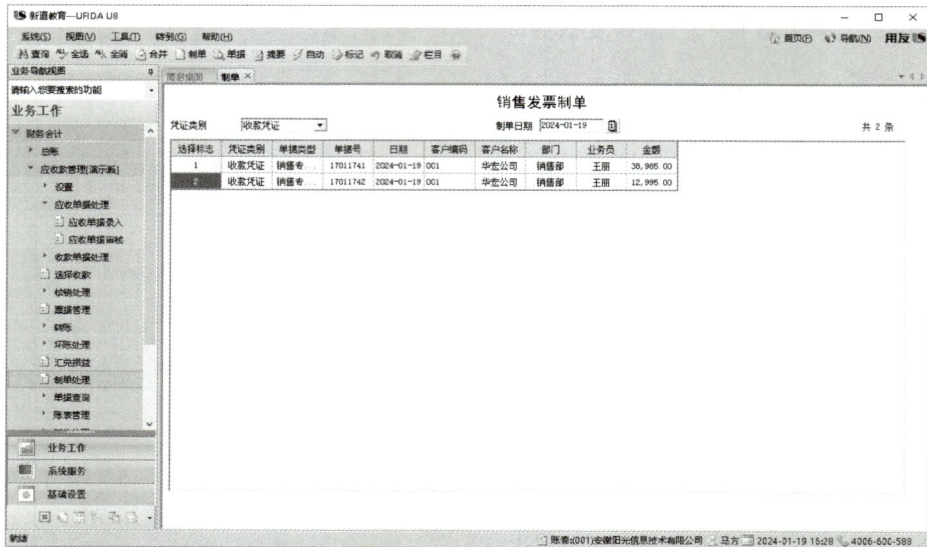

图 11 - 62　发票制单列表

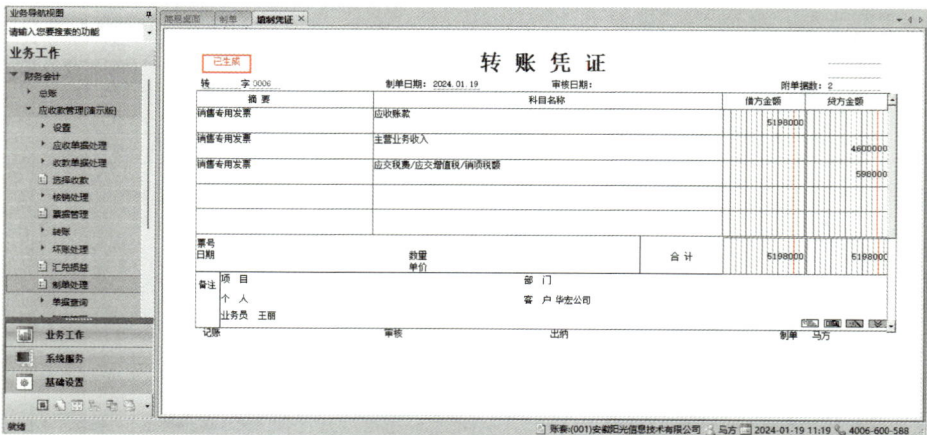

图 11 - 63　生成应收凭证

【业务资料 6】

2024 年 1 月 19 日,安徽阳光公司替昌新贸易公司支付代垫安装费,根据背景资料(图 11 - 64)完成业务。

【操作步骤】

(1)以"001 学生本人"身份进入基础档案,在业务档案中增加费用项目"安装费",保存后如图 11 - 65 所示。

图 11 - 64　报销单

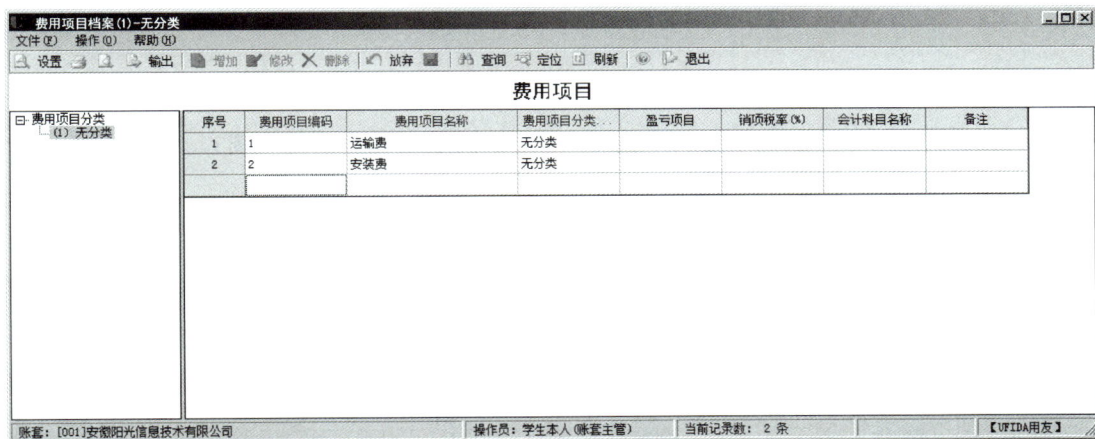

图 11 - 65　增加安装费费用项目

（2）以"005 王丽"身份于日期"2024 - 01 - 19"进入销售管理系统,单击"代垫费用",双击"代垫费用单",打开代垫费用单窗口。单击"增加"按钮,输入客户简称"昌新贸易公司",费用项目"安装费",代垫金额"500",如图 11 - 66 所示。

（3）单击"保存"按钮,再单击"审核"按钮。

小提示！
➤ 审核后的代垫费用单以"其他应收单"形式,自动传递到应收款管理系统,仍需审核后才能制单处理,生成应收凭证。

（4）以"003 马方"身份于日期"2024 - 01 - 19"进入应收款管理系统,对代垫费用单据形成的其他应收单进行审核。

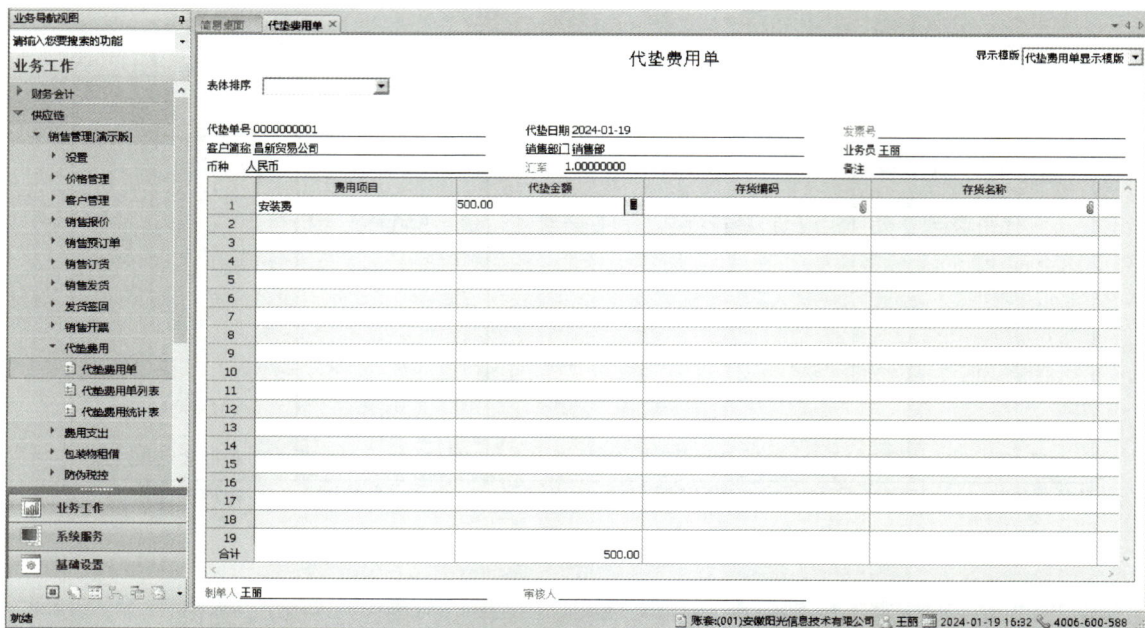

图 11-66　代垫费用单录入

（5）双击"制单处理"，在制单查询中选择"应收单制单"，在填制凭证窗口，手工选择贷方科目"1001 库存现金"，生成凭证保存后如图 11-67 所示。

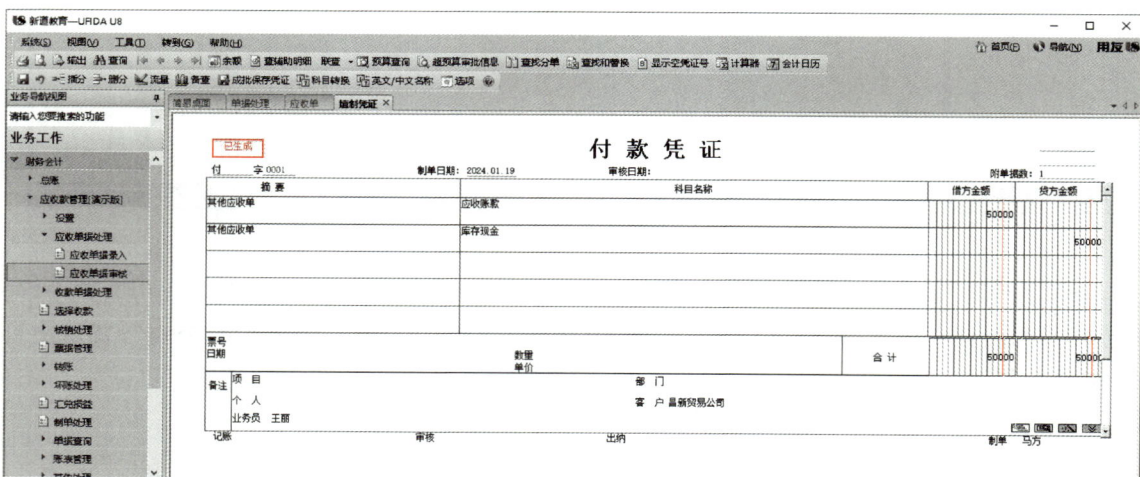

图 11-67　生成代垫费用凭证

先开票后发货业务处理

【业务资料 7】

2024 年 1 月 19 日，安徽阳光公司销售部向昌新贸易公司出售 HP 激光打印机，根据背景资料（图 11-68、图 11-69 和图 11-70）完成业务。

购 销 合 同

合同编号：XS06

卖方：安徽阳光信息技术有限公司（以下简称甲方）

买方：昌新贸易公司（以下简称乙方）

为保护买卖双方的合法权益，根据《中华人民共和国民法典》的有关规定，经友好协商，买卖双方一致同意签订本合同并共同遵守。

一、货物的名称、数量及金额

品　名	单　位	无税单价（元/台）	数　量	金额（元）
HP 激光打印机	台	2 300.00	15	34 500.00

二、合同总金额：人民币叁万肆仟伍佰元整（￥34 500.00）。

三、交货及验收

1. 交货实行送货制，即甲方应按订单所规定时间（2024 年 1 月 19 日）将商品运至乙方所指定的交货地点交乙方。

2. 甲方交货时，货到现场时商品从卸货到进入乙方仓库中所发生的搬运工作一律由甲方负责，货到现场收货人仅点收数量或件数，以后乙方开箱时如发现商品数量、质量等不符合合同约定，则由甲方负责。

3. 结算金额不包括增值税税额。

……

甲　　方：安徽阳光信息技术有限公司　　　　乙　　方：昌新贸易公司

法定代表人：肖剑　　　　　　　　　　　　　法人代表：王强

日　　期：2024 年 1 月 19 日　　　　　　　　日　　期：2024 年 1 月 19 日

图 11-68　销售合同

安徽增值税专用发票

№ 17011743

此联不作报销、扣税凭证使用　　　　开票日期：2024 年 01 月 19 日

国税局〔2023〕562号海南华森实业公司

购买方	名　　称：昌新贸易公司 纳税人识别号：120008456732310 地　址、电话：天津市南开区华苑路 1 号 022-6801339 开户行及账号：工行华苑分行 69325581				密码区	略		
货物或应税劳务、服务名称	规格型号	单位	数量	单价	金额	税率	税额	
HP 激光打印机		台	15	2 300.00	34 500.00	13%	4 485.00	
合　计					￥34 500.00		￥4 485.00	
价税合计（大写）	⊗叁万捌仟玖佰捌拾伍元整				（小写）￥38 985.00			
销售方	名　　称：安徽阳光信息技术有限公司 纳税人识别号：340019884734788 地　址、电话：安徽合肥市潜山路 2 号 0551-68011107 开户行及账号：工商银行合肥分行中关村分理处 831658796206				备注			

收款人：略　　　　复核：略　　　　开票人：略　　　　销售方：（章）

第一联：记账联　销售方记账凭证

图 11-69　销售发票

出 库 单

出货单位：安徽阳光信息技术有限公司　　　2024 年 01 月 19 日　　　　　　　单号：20240007

提货单位或领货部门	昌新贸易公司		销售单号	XS06	发出仓库	配套用品库	出库日期	2024.01.19	会
编号	名 称 及 规 格	单位	数量 应发	数量 实发	单 价		金 额		计
01	HP 激光打印机	台	15	15					联
合 计			15	15					

部门经理：略　　　　　会计：略　　　　　仓库：略　　　　　经办人：略

图 11-70　出库单

【操作步骤】

（1）以"005 王丽"身份于日期"2024-01-19"进入销售管理系统，填制并审核订单（订单编号：XS06），根据销售订单生成销售发票，并复核。

（2）系统根据复核后的销售专用发票，自动生成了一张已经审核的"发货单"，如图 11-71 所示。

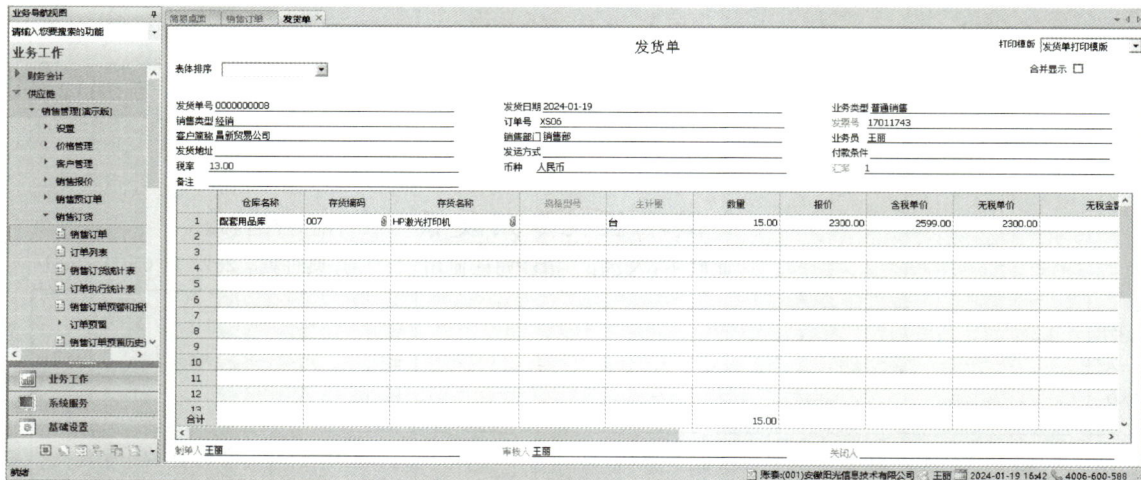

图 11-71　根据复核后的销售发票自动生成审核后的发货单

小提示！

➤ 此业务是先开票后发货，系统根据销售发票自动生成发货单，且已审核，这种自动生成的发货单信息不能修改，发货单日期若为 2024-01-19，则注册企业应用平台的日期应该与发票日期相同，即 2024-01-19，否则发货单日期不等于发票日期。其他由系统自动生成的单据或凭证日期也是如此。

（3）在库存管理系统中，查询根据销售发票自动生成的销售出库单，执行审核后如图 11 - 72
所示。

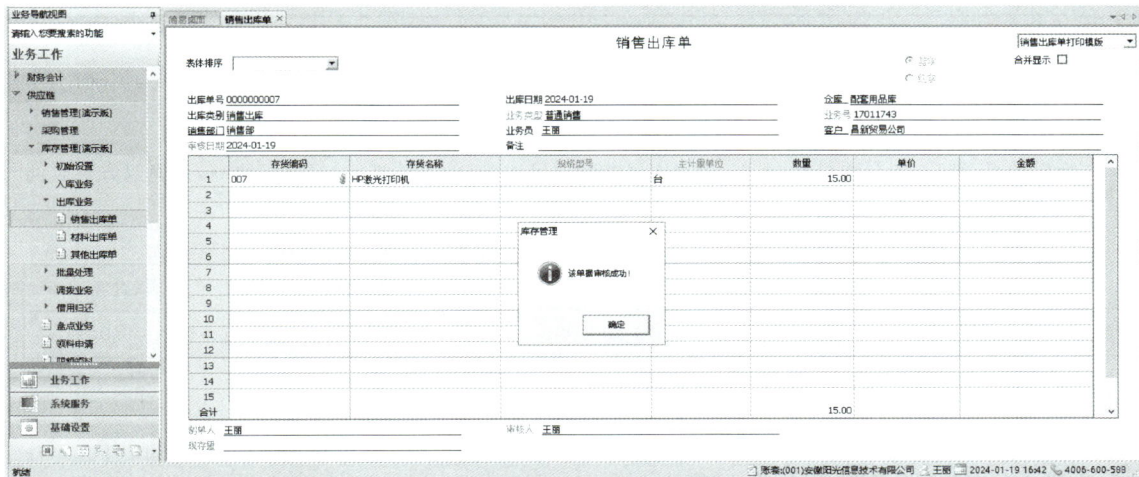

图 11 - 72　自动生成的审核后的销售出库单

小提示!

➤ 以"003 马方"身份于日期"2024 - 01 - 19"进入应收款管理系统，执行销售发票审核，并生
成应收凭证如图 11 - 73 所示。

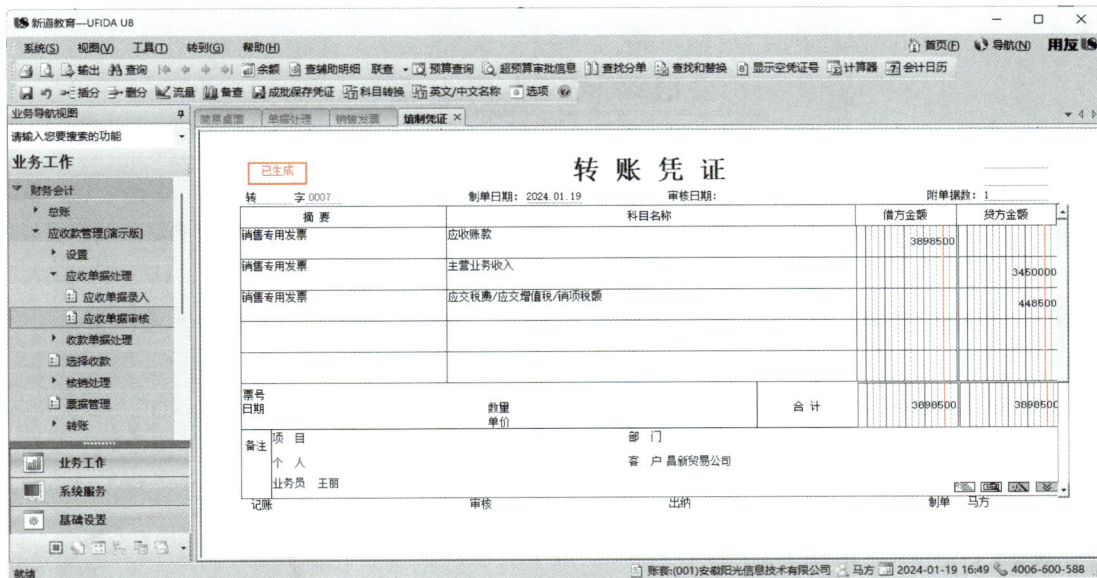

图 11 - 73　生成应收凭证

一次销售
分次出库
业务处理

【业务资料8】

　　2024 年 1 月 20 日,安徽阳光公司销售部向精益公司出售酷睿双核处理器,根据背景资料(图 11-74、图 11-75、图 11-76 和图 11-77)完成业务。

购 销 合 同

合同编号:XS07

卖方:安徽阳光信息技术有限公司(以下简称甲方)

买方:精益公司(以下简称乙方)

　　为保护买卖双方的合法权益,根据《中华人民共和国民法典》的有关规定,经友好协商,买卖双方一致同意签订本合同并共同遵守。

　　一、货物的名称、数量及金额

品　　名	单　　位	无税单价(元/盒)	数　　量	金额(元)
酷睿双核处理器	盒	1 500.00	200	300 000.00

　　二、合同总金额:人民币叁拾万元整(¥300 000.00)。

　　三、交货及验收

　　1. 交货实行送货制,即甲方应按订单所规定时间(2024 年 1 月 20 日发货150 盒,2024 年 1 月 21 日发货50 盒)将商品运至乙方所指定的交货地点交与乙方。

　　2. 甲方交货时,货到现场时商品从卸货到进入乙方仓库中所发生的搬运工作一律由甲方负责,货到现场收货人仅点收数量或件数,以后乙方开箱时如发现商品数量、质量等不符合同约定,则由甲方负责。

　　3. 结算金额不包括增值税税额。

　　……

甲　　方:安徽阳光信息技术有限公司　　　　　　乙　　方:精益公司

法定代表人:肖剑　　　　　　　　　　　　　　　法人代表:李科

日　　期:2024 年 1 月 20 日　　　　　　　　　日　　期:2024 年 1 月 20 日

图 11-74　销售合同

安徽增值税专用发票

No 17012001

此联不作报销、扣税凭证使用

开票日期:2024 年 01 月 20 日

<table>
<tr><td rowspan="4">购买方</td><td>名　　　称:</td><td colspan="5">精益公司</td><td rowspan="4">密码区</td><td rowspan="4">略</td></tr>
<tr><td>纳税人识别号:</td><td colspan="5">310106548765432</td></tr>
<tr><td>地 址、电 话:</td><td colspan="5">上海市徐汇区天平路 8 号 021-6809991</td></tr>
<tr><td>开户行及账号:</td><td colspan="5">工行徐汇分行 36542234</td></tr>
<tr><td>货物或应税劳务、服务名称</td><td>规格型号</td><td>单位</td><td>数量</td><td>单价</td><td>金额</td><td>税率</td><td>税额</td></tr>
<tr><td>酷睿双核处理器</td><td></td><td>盒</td><td>200</td><td>1 500.00</td><td>300 000.00</td><td>13%</td><td>39 000.00</td></tr>
<tr><td>合　　计</td><td></td><td></td><td></td><td></td><td>¥300 000.00</td><td></td><td>¥39 000.00</td></tr>
</table>

价税合计(大写)　　⊗叁拾叁万玖仟元整　　　　　　(小写)¥339 000.00

销售方	名　　　称:安徽阳光信息技术有限公司	备注
	纳税人识别号:340019884734788	
	地 址、电 话:安徽合肥市潜山路 2 号 0551-68011107	
	开户行及账号:工商银行合肥分行中关村分理处 831658796206	

收款人:略　　　　　复核:略　　　　　开票人:略　　　　　销售方:(章)

图 11-75　销售发票

出　库　单

出货单位：安徽阳光信息技术有限公司　　　　2024 年 01 月 20 日　　　　　　　　单号：20240008

提货单位或领货部门	精益公司	销售单号	XS07	发出仓库	原料库	出库日期	2024.01.20	
编号	名称及规格	单位	数　量		单　价		金　额	会计联
			应发	实发				
	酷睿双核处理器	盒	150	150				
合　计			150	150				

部门经理：略　　　　　　会计：略　　　　　　仓库：略　　　　　　经办人：略

图 11 - 76　出库单

出　库　单

出货单位：安徽阳光信息技术有限公司　　　　2024 年 01 月 21 日　　　　　　　　单号：20240009

提货单位或领货部门	精益公司	销售单号	XS07	发出仓库	原料库	出库日期	2024.01.21	
编号	名称及规格	单位	数　量		单　价		金　额	会计联
			应发	实发				
	酷睿双核处理器	盒	50	50				
合　计			50	50				

部门经理：略　　　　　　会计：略　　　　　　仓库：略　　　　　　经办人：略

图 11 - 77　出库单

【操作步骤】

（1）以"001 学生本人"身份进入销售管理系统，打开"销售选项"，取消"销售生成出库单"选项标志，如图 11 - 78 所示。

> **小提示！**
> ➤ 取消"销售生成出库单"选项设置，可以实现在库存管理系统中参照发货单生成销售出库单，可以修改销售出库单信息，如销售出库时间、出库数量。

（2）以"005 王丽"身份于日期"2024 - 01 - 20"登录销售管理系统，填制并审核订单，如图 11 - 79 所示。

（3）参照"销售订单"生成并审核"发货单"。

11

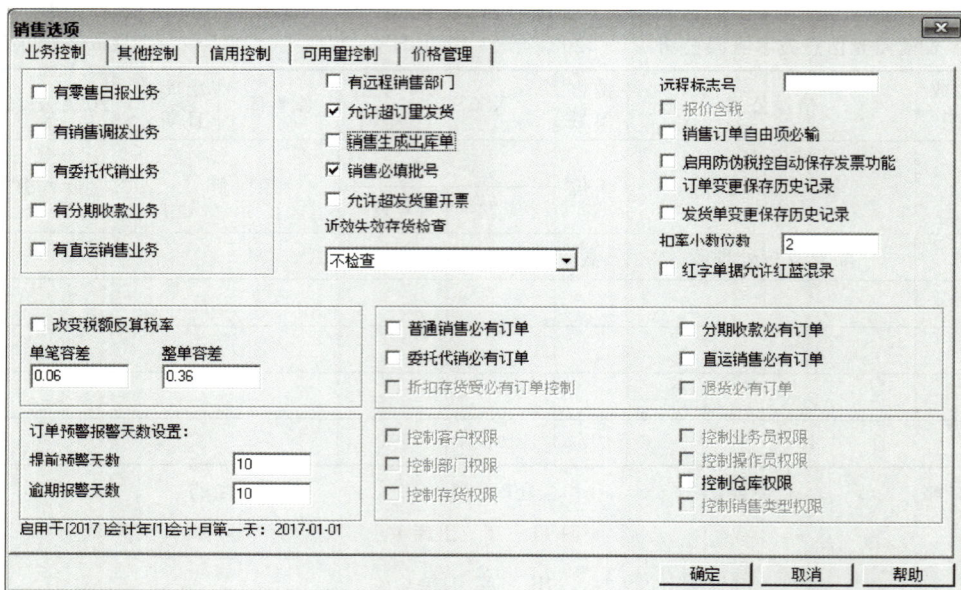

图 11-78　取消"销售生成出库单"选项

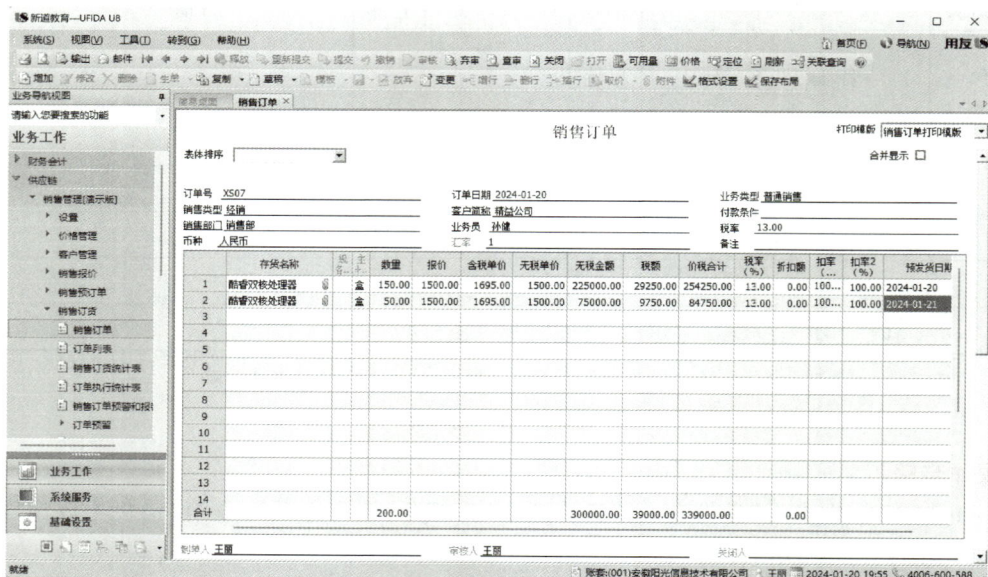

图 11-79　销售订单

（4）根据"发货单"填制"销售专用发票"并复核。

（5）登录库存管理系统，双击打开销售出库单窗口，单击"生单"按钮，根据"发货单"信息生成销售出库单，修改出库数量为"150"，保存后审核第一张销售出库单如图 11-80 所示，以"005 王丽"身份于日期"2024-01-21"重新登录库存管理系统，继续单击"生单"，系统自动显示发货单剩下的数量"50"，保存后审核第二张销售出库单（出库数量 50 盒），如图 11-81 所示。

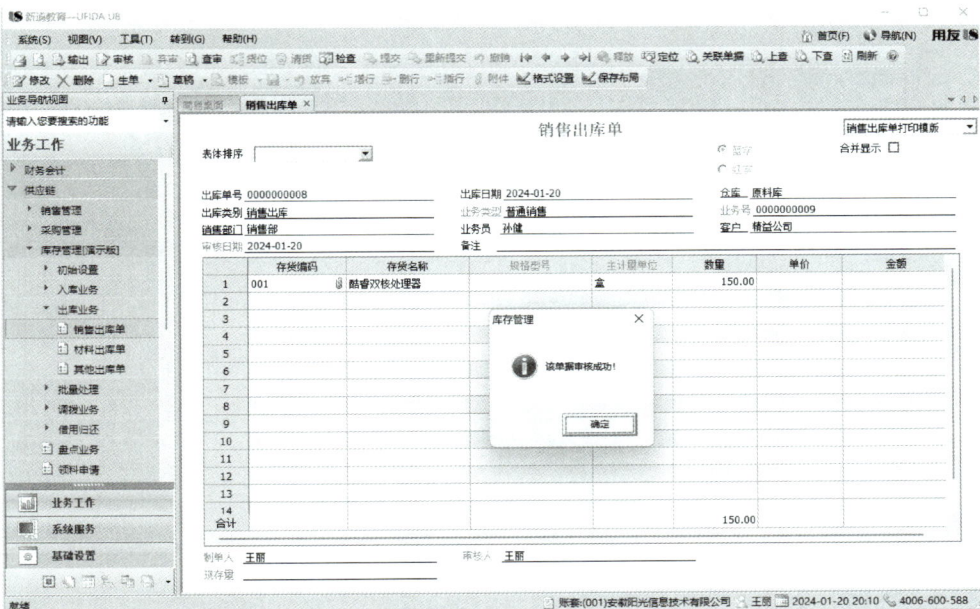

图 11-80　第一张审核后的销售出库单

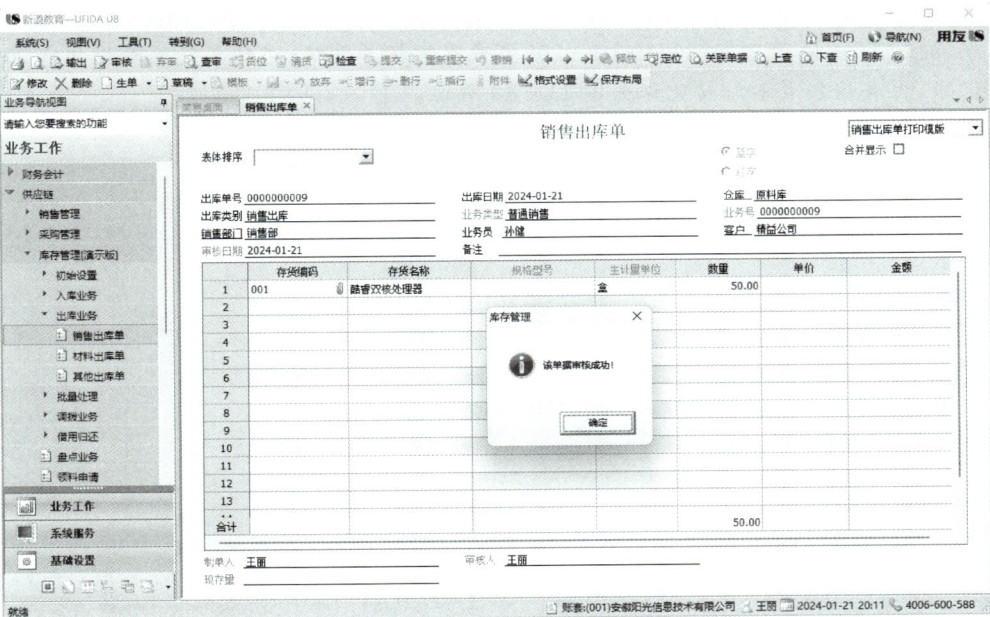

图 11-81　第二张审核后的销售出库单

小提示！
➢ 此业务是一次销售分次出库类型。
➢ 以"003 马方"身份于日期"2024-01-20"登录应收款管理系统,对复核后的销售发票执行审核,生成凭证如图 11-82 所示。

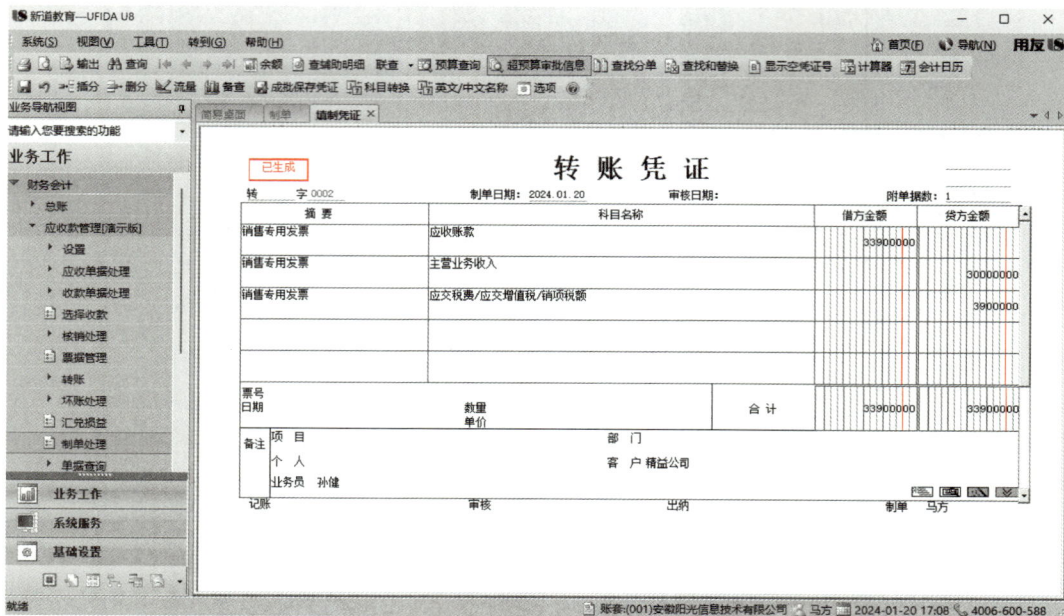

图 11-82 生成应收凭证

➤ 以"005 王丽"身份于日期"2024-01-20"登录存货核算系统,对销售发票单据执行正常单据记账,生成销售成本结转凭证如图 11-83 所示。

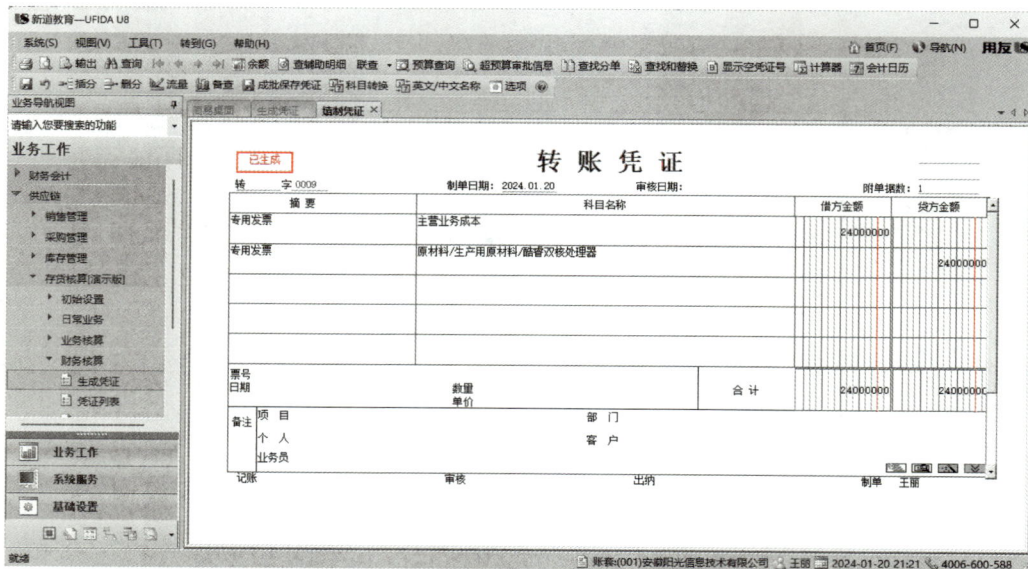

图 11-83 销售成本结转凭证

【业务资料9】

2024 年 1 月 20 日,安徽阳光公司销售部向精益公司出售酷睿双核处理器,根据背景资料(图 11-84、图 11-85 和图 11-86)完成业务。

购 销 合 同

合同编号：XS08

卖方：安徽阳光信息技术有限公司（以下简称甲方）
买方：精益公司（以下简称乙方）

　　为保护买卖双方的合法权益，根据《中华人民共和国民法典》的有关规定，经友好协商，买卖双方一致同意签订本合同并共同遵守。
　　一、货物的名称、数量及金额

品　名	单　位	无税单价（元/盒）	数　量	金额（元）
酷睿双核处理器	盒	1 500.00	20	30 000.00

　　二、合同总金额：人民币叁万元整（￥30 000.00）。
　　三、交货及验收
　　1. 交货实行送货制，即甲方应按订单所规定时间（2024年1月20日）将商品运至乙方所指定的交货地点交与乙方。
　　2. 甲方交货时，货到现场时商品从卸货到进入乙方仓库中所发生的搬运工作一律由甲方负责，货到现场收货人仅点收数量或件数，以后乙方开箱时如发现商品数量、质量等不符合合同约定，则由甲方负责。
　　3. 结算金额不包括增值税税额。
　　……
　　甲　　方：安徽阳光信息技术有限公司　　　　乙　　方：精益公司
　　法定代表人：肖剑　　　　　　　　　　　　　法人代表：李科
　　日　　期：2024年1月20日　　　　　　　　日　　期：2024年1月20日

图 11-84　销售合同

出 库 单

出货单位：安徽阳光信息技术有限公司　　　2024 年 01 月 20 日　　　单号：20240010

提货单位或领货部门	名 称 及 规 格	销售单号	XS08	发出仓库	原料库	出库日期	2020.01.20

编号	名 称 及 规 格	单位	数量 应发	数量 实发	单 价	金 额
01	酷睿双核处理器	盒	20	22		
合　计			20	22		

提货单位：精益公司

部门经理：略　　　会计：略　　　仓库：略　　　经办人：略

图 11-85　出库单

安徽增值税专用发票　　No 17012002

此联不作报销、扣税凭证使用　　开票日期：2024 年 01 月 20 日

国税局（2023）562号海南华森实业公司

| 购买方 | 名　　　称：精益公司
纳税人识别号：310106548765432
地 址、电话：上海市徐汇区天平路 8 号 021-6809991
开户行及账号：工行徐汇分行 36542234 | | | | 密码区 | 略 | | |

货物或应税劳务、服务名称	规格型号	单位	数量	单价	金额	税率	税额
酷睿双核处理器		盒	22	1 500.00	33 000.00	13％	4 290.00
合　计					￥33 000.00		￥4 290.00

价税合计（大写）	⊗叁万柒仟贰佰玖拾元整	（小写）￥37 290.00

| 销售方 | 名　　　称：安徽阳光信息技术有限公司
纳税人识别号：34001 9884734788
地 址、电话：安徽合肥市潜山路 2 号 0551-68011107
开户行及账号：工商银行合肥分行中关村分理处 831658796206 | 备注 | 安徽阳光信息技术有限公司
340019884734788
发票专用章 |

收款人：略　　　　复核：略　　　　开票人：略　　　　销售方：（章）

第一联：记账联　销售方记账凭证

图 11-86　销售发票

【操作步骤】

（1）以"001 学生本人"身份登录库存管理系统，打开库存选项设置窗口，单击"专用设置"页签，设置"允许超发货单出库"，如图 11-87 所示。在销售管理系统中，单击"选项"，设置"允许超发货量开票"，如图 11-88 所示。

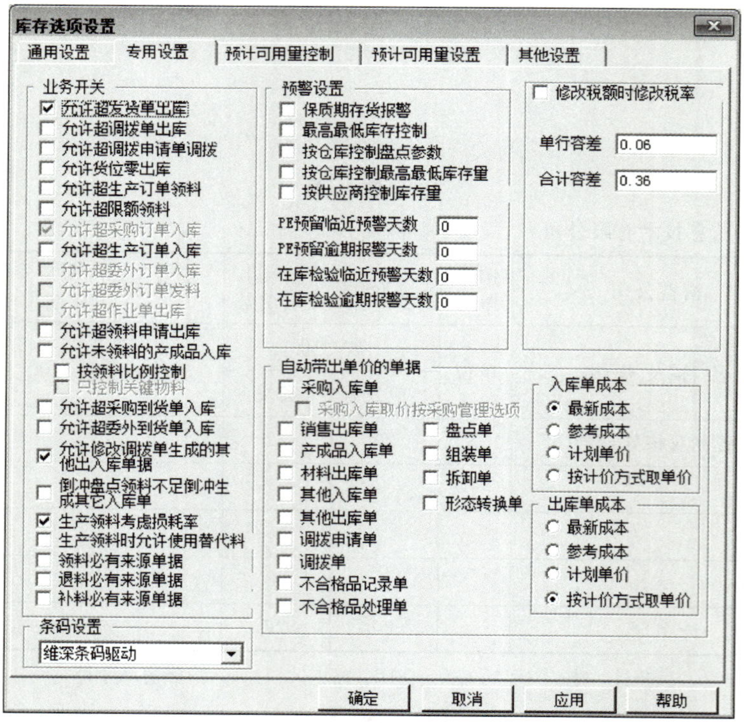

图 11-87　设置"允许超发货单出库"选项

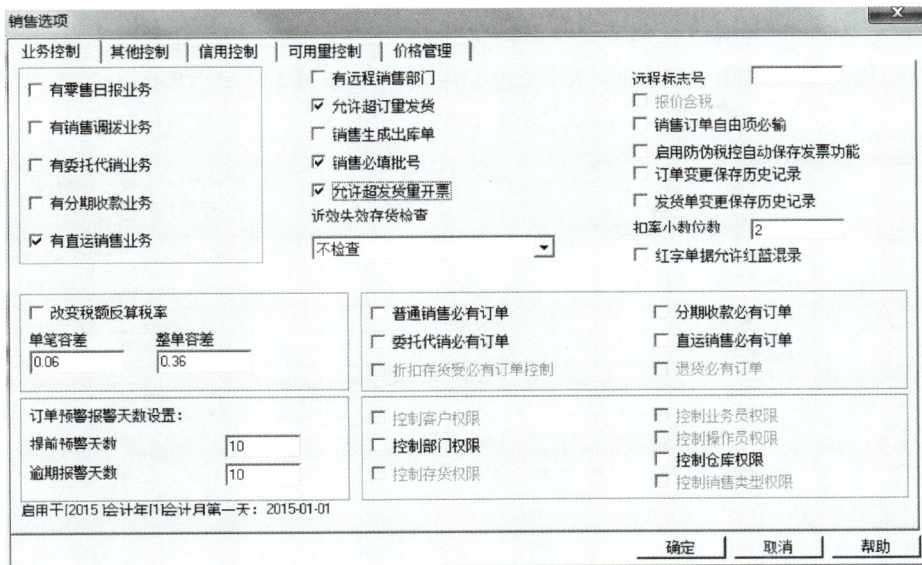

图 11－88　设置允许超发货量开票选项

小提示！
➤ 此业务是属于超发货单出库并开票业务类型。发货单数量为"20"盒,但实际开票数量为"22"盒,因此需要设置超发货单开票选项,否则系统拒绝保存销售发票。

（2）打开存货档案,在修改存货档案窗口中,修改"酷睿双核处理器"存货档案,单击"控制"页签,设置超额出库上限为20％,如图11－89所示。

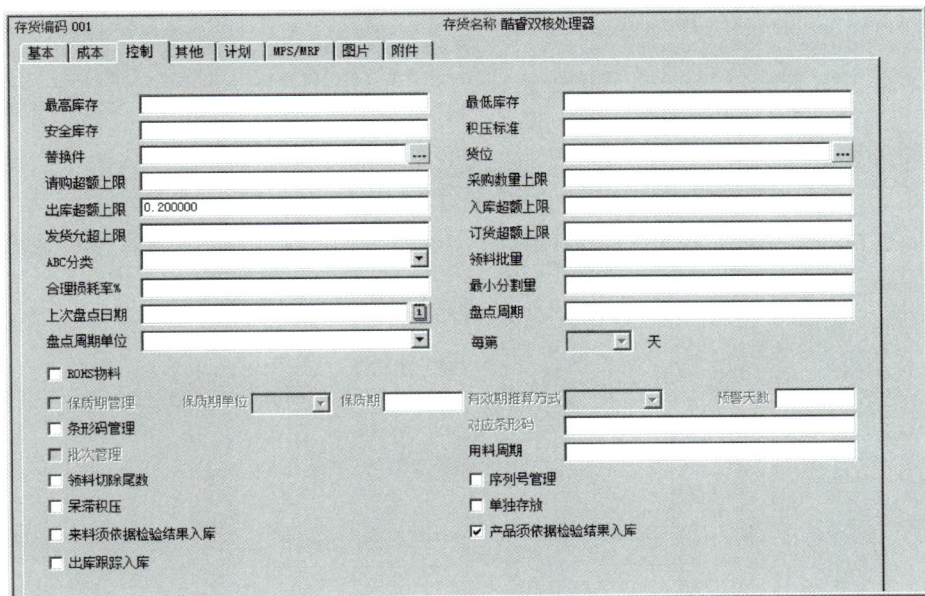

图 11－89　设置超额出库控制

（3）以"005 王丽"身份于日期"2024-01-20"登录销售管理系统，填制并审核"订单"，参照"订单"生成"发货单"并审核。

（4）在销售管理系统中，填制并复核"销售专用发票"，如图 11-90 所示。

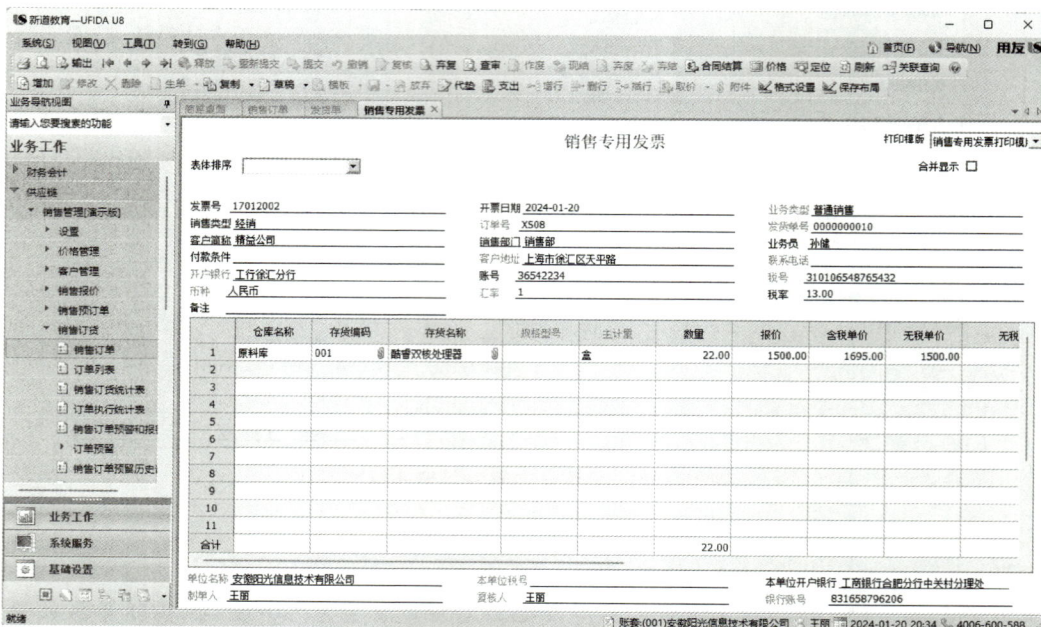

图 11-90　复核后的销售专用发票

（5）在库存管理系统中，根据"发货单"生成"销售出库单"，修改数量为"22"，保存并审核后如图 11-91 所示。

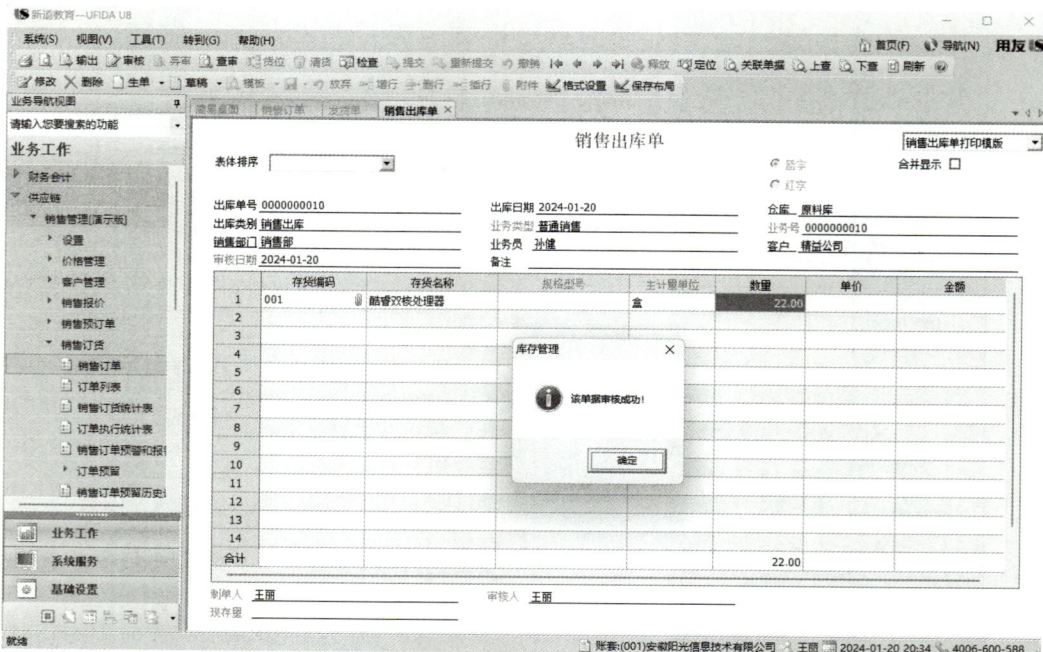

图 11-91　审核后的销售出库单

小提示！

➤ 销售出库单出库数量修改为"22"，超发货单数量"20"出库。

➤ 以"003 马方"身份于日期"2024-01-20"执行审核复核后的销售发票操作，生成应收凭证如图 11-92 所示。

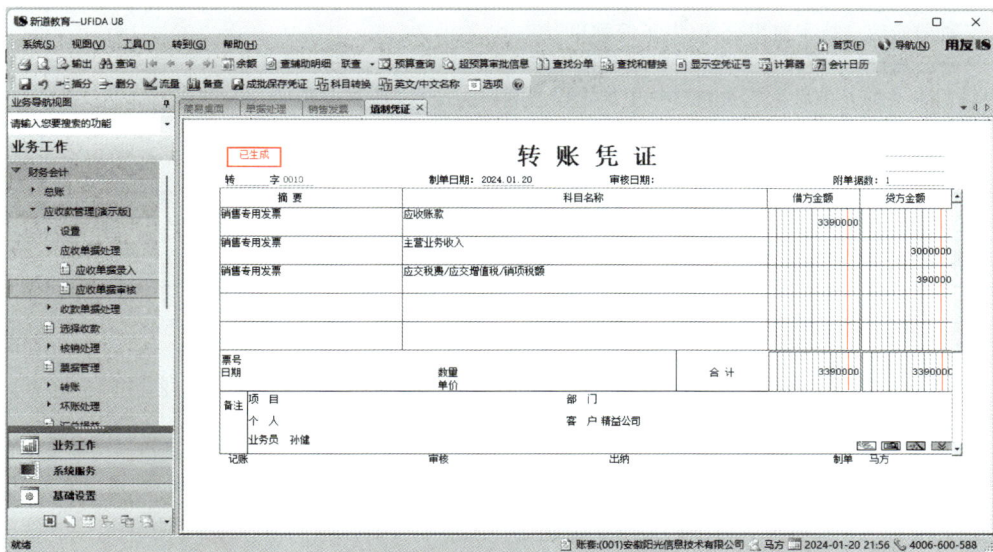

图 11-92 生成应收凭证

➤ 以"005 王丽"身份于日期"2024-01-20"登录存货核算系统，执行正常单据记账，生成销售成本结转凭证如图 11-93 所示。

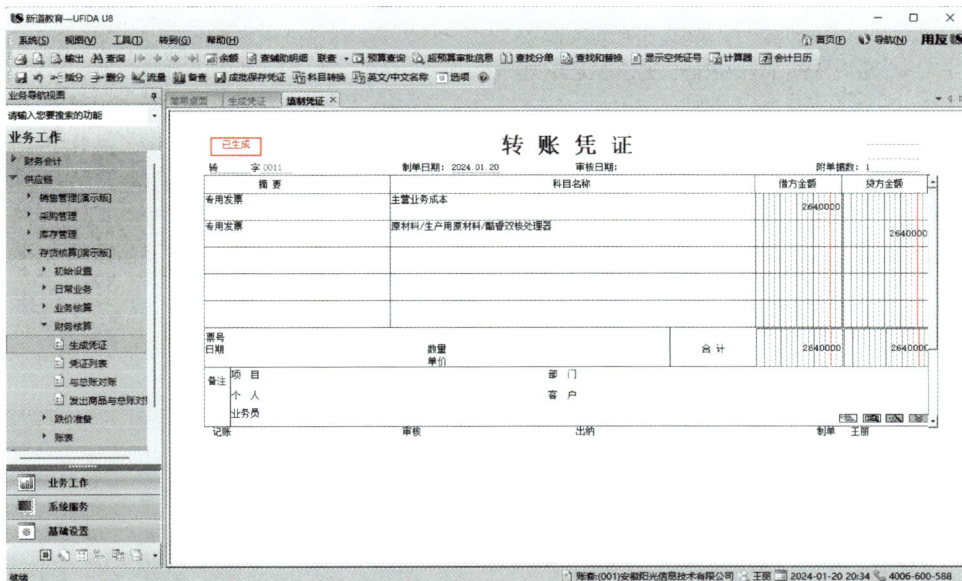

图 11-93 生成销售成本结转凭证

11

【业务资料10】

2024 年 1 月 25 日,安徽阳光公司销售部出售给昌新贸易公司计算机,根据背景资料(图 11-94、图 11-95、图 11-96 和图 11-97)完成业务。

开票前销
售退货业
务处理

购 销 合 同

合同编号:XS09

卖方:安徽阳光信息技术有限公司(以下简称甲方)

买方:昌新公司(以下简称乙方)

为保护买卖双方的合法权益,根据《中华人民共和国民法典》的有关规定,经友好协商,买卖双方一致同意签订本合同并共同遵守。

一、货物的名称、数量及金额

品　名	单　位	无税单价(元/台)	数　量	金额(元)
计算机	台	6 500.00	10	65 000.00

二、合同总金额:人民币陆万伍仟元整(￥65 000.00)。

三、交货及验收

1. 交货实行送货制,即甲方应按订单所规定时间(2024 年 1 月 25 日)将商品运至乙方所指定的交货地点交与乙方。

2. 甲方交货时,货到现场时商品从卸货到进入乙方仓库中所发生的搬运工作一律由甲方负责,货到现场收货人仅点收数量或件数,以后乙方开箱时如发现商品数量、质量等不符合合同约定,则由甲方负责。

3. 结算金额不包括增值税税额。

……

甲　　方:安徽阳光信息技术有限公司　　　　乙　　方:昌新贸易公司

法定代表人:肖剑　　　　　　　　　　　　　法人代表:王强

日　　期:2024 年 1 月 25 日　　　　　　　日　　期:2024 年 1 月 25 日

图 11-94　销售合同

出 库 单

出货单位:安徽阳光信息技术有限公司　　　　2024 年 01 月 25 日　　　　单号:20240011

提货单位或领货部门	名称及规格	销售单号	XS09	发出仓库	成品库	出库日期	2024.01.25	

编号	名称及规格	单位	数量 应发	数量 实发	单价	金额	
	计算机	台	10	10			会计联
合　计			10	10			

部门经理:略　　　　会计:略　　　　仓库:略　　　　经办人:略

图 11-95　出库单

11

出 库 单

出货单位：安徽阳光信息技术有限公司　　2024 年 01 月 26 日　　单号：20240012

提货单位或领货部门	昌新贸易公司	销售单号	XS09		发出仓库	成品库	出库日期	2024.01.26
编号	名 称 及 规 格	单位	数 量		单 价		金 额	
			应发	实发				
01	计算机	台	－1	－1				
合 计			－1	－1				

会计联

部门经理：略　　会计：略　　仓库：略　　经办人：略

图 11－96 退货单

安徽增值税专用发票　　№ 17012611

此联不作报销、扣税凭证使用　　开票日期：2024 年 01 月 26 日

国税局〔2023〕562号海南华森实业公司

购买方	名 称：昌新贸易公司 纳税人识别号：120008456732310 地 址、电 话：天津市南开区华苑路 1 号 022－6801339 开户行及账号：工行华苑分行 69325581				密码区	略	
货物或应税劳务、服务名称	规格型号	单位	数量	单价	金额	税率	税额
计算机		台	9	6 500	58 500.00	13%	7 605.00
合 计					￥58 500.00		￥7 605.00
价税合计（大写）	⊗陆万陆仟壹佰零伍元整				（小写）￥66 105.00		
销售方	名 称：安徽阳光信息技术有限公司 纳税人识别号：340019884734788 地 址、电 话：安徽合肥市潜山路 2 号 0551－68011107 开户行及账号：工商银行合肥分行中关村分理处 831658796206				备注	安徽阳光信息技术有限公司 340019884734788 发票专用章	

第一联：记账联 销售方记账凭证

收款人：略　　复核：略　　开票人：略　　销售方：（章）

图 11－97 销售发票

【操作步骤】

（1）以“005 王丽”身份于日期“2024－01－25”登录销售管理系统，填制并审核“订单”，参照“订单”生成并审核“发货单”，进入库存管理系统，参照“发货单”生成“销售出库单”并审核。

（2）以“005 王丽”身份于日期“2024－01－26”登录销售管理系统，单击“销售发货”，双击“退货单”，手工填制并审核“退货单”，如图 11－98 所示。在库存管理系统中，生成并审核“销售出库单”（负数）。

小提示！

➤ 退货单上的数量为“负数”，退货单上的金额小于等于零。

> ➤ 退货单可参照销售订单、发货单生成,也可手工录入。如果销售选项设置了"普通销售必有订单",则退货单必须参单生成,无法手工录入。参照发货单生成的退货单直接冲减原发货单的数量,因而该退货单无法生成红字销售发票。

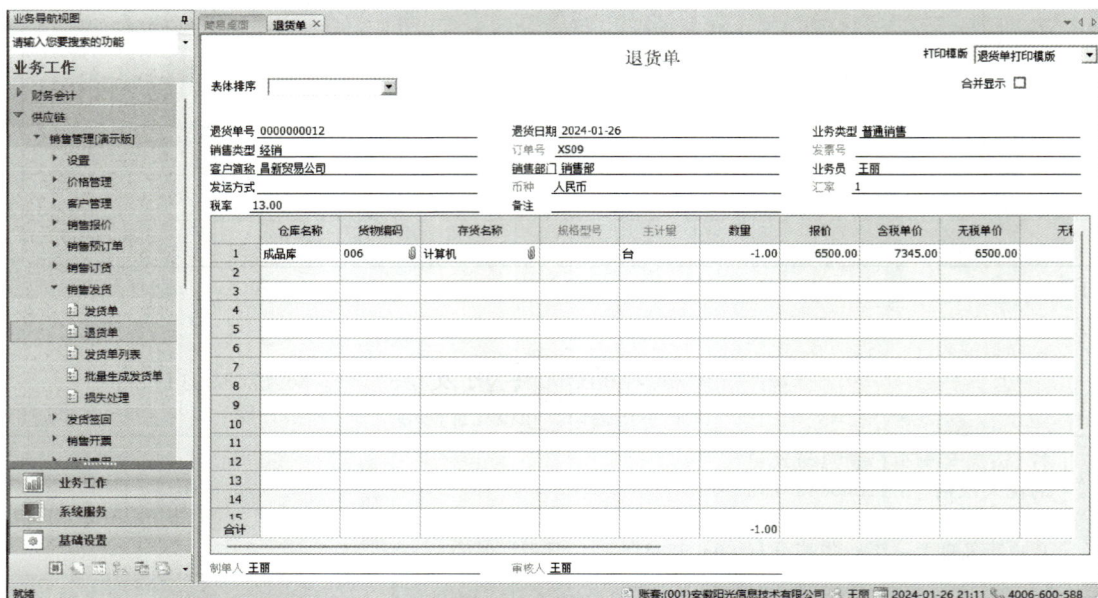

图 11-98 退货单

(3) 在销售管理系统中,根据审核后的"发货单",参照生成"销售专用发票"(数量为"9"),复核后如图 11-99 所示。

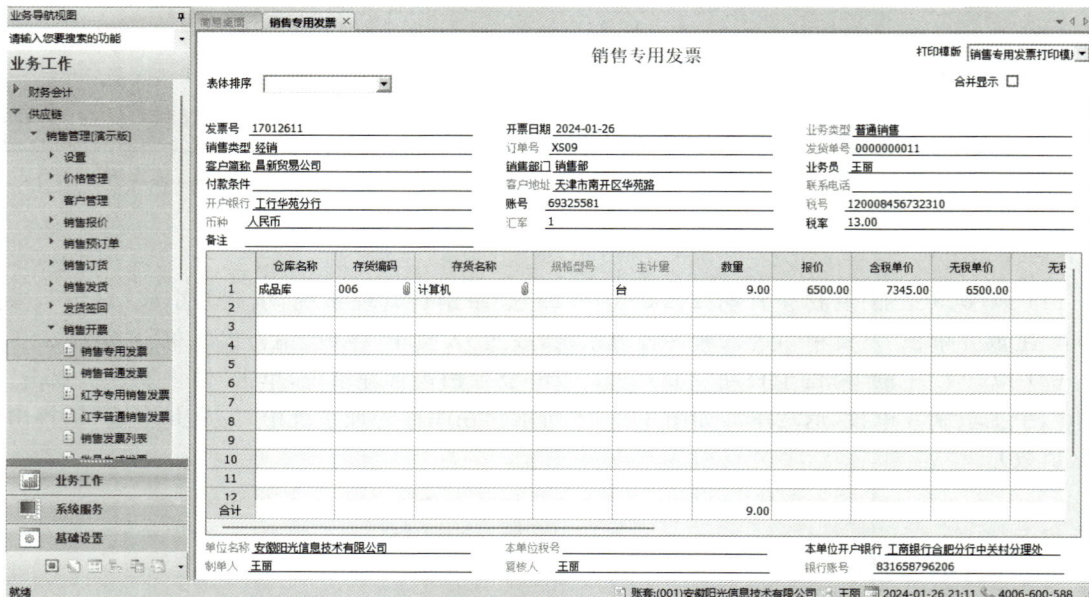

图 11-99 销售专用发票

小提示！

> 参照发货单生成销售专用发票时，可以同时选中"蓝字记录"和"红字记录"，即"全部"，如图 11-100 所示，生成的销售发票表体为两行。

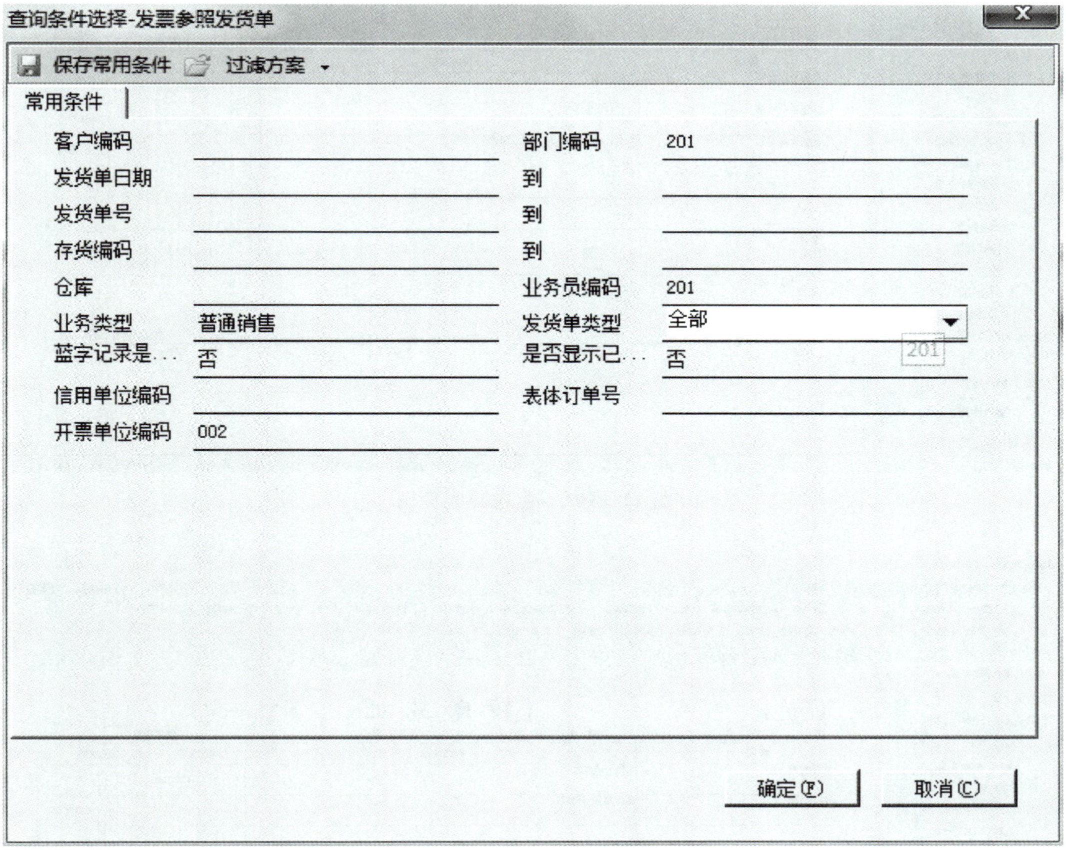

图 11-100　销售发票参照发货单选择发货单类型为"全部"

> 如果退货单是参照发货单生成的，则"选择发货单"窗口中不再出现退货单，参照的结果是发货单与退货单的数量差，生成的销售专用发票存货数量直接为"9"。

> 复核后的销售发票，以"003 马方"身份登录应收款管理系统执行审核后，在填制凭证窗口，手工输入红字金额对应的会计科目"6001 主营业务收入"，生成凭证保存后如图 11-101 所示。

> 若在应收款管理系统初始设置中，预先设置了"销售退回"科目为"6001 主营业务收入"，则退货生成凭证中，红字主营业务收入会自动从蓝字主营业务收入中抵减，直接显示出 9 台计算机销售收入。

> 销售发票单据在存货核算系统中进行正常单据记账，"合成"制单生成的销售成本结转凭证如图 11-102 所示。

11

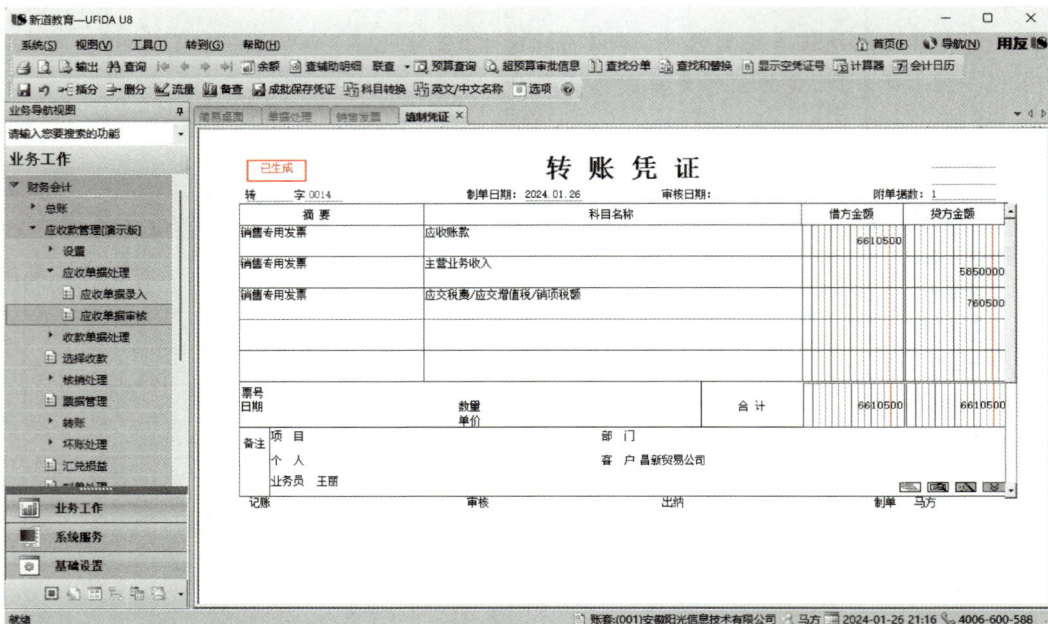

图 11-101　生成应收凭证

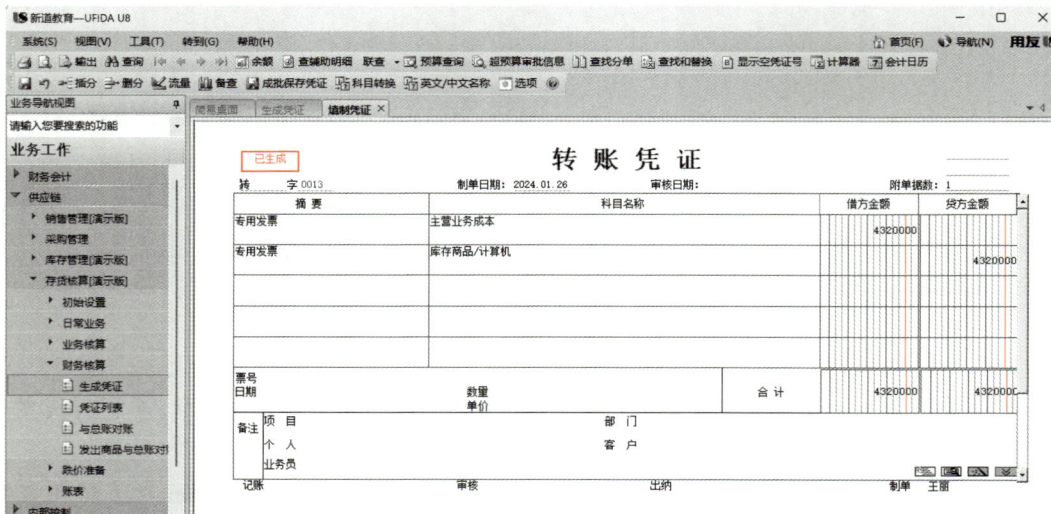

图 11-102　生成销售成本结转凭证

任务三　委托代销业务

【任务描述】

委托代销业务是企业将商品委托他人销售但商品所有权仍归本企业的销售方式,委托代销商品销售后,受托方与企业进行结算,并开具正式销售发票,形成销售收入,商品所有权转移。本任务要求掌握委托代销业务处理的流程和操作方法。

【知识准备与业务操作】

一、相关设置

（一）参数设置

销售管理和库存管理选项中都有委托代销业务参数,如果企业存在委托代销业务,只需要在销售管理系统中进行设置即可。

在销售管理系统中,在销售选项窗口,单击"业务控制"页签,选择"有委托代销业务",如图11-103所示。如果是必有订单业务模式,则还需选择"委托代销必有订单"参数。

在库存管理系统中,打开选项窗口,发现有委托代销业务参数已经被设置。

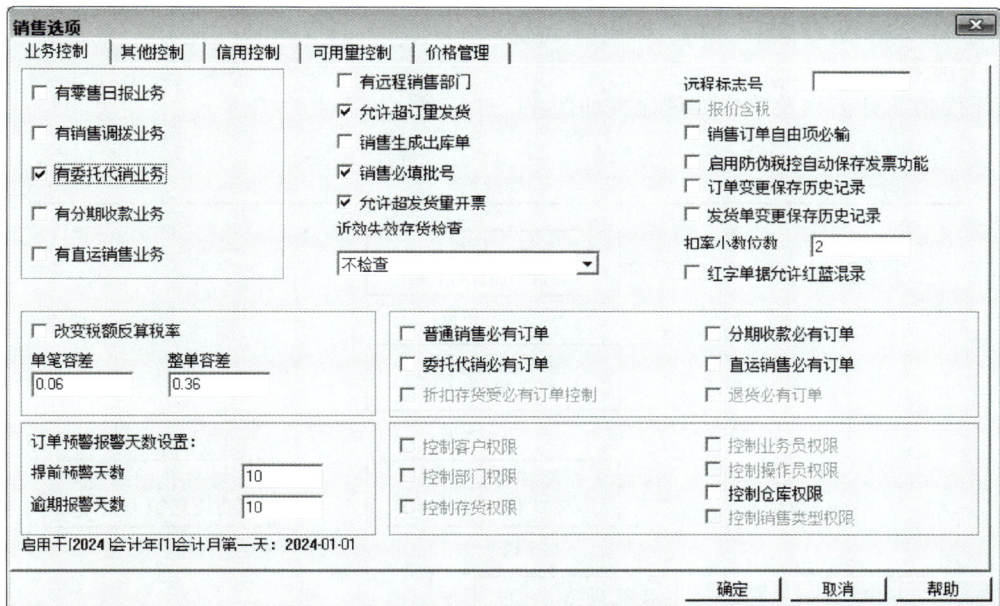

图 11-103　设置销售管理"委托代销业务"选项

小提示！
- 销售管理选项中的"有委托代销业务"决定库存管理选项中的"有委托代销业务"选项。只要选择销售管理中的该选项,则库存管理中该选项被自动选中;反之取消销售管理中该选项,则库存管理中该选项被自动取消。
- 设置委托代销业务参数后,销售业务才会增加委托代销业务,账表查询中才会有委托代销账表。

（二）科目设置

为了便于系统根据委托代销业务类型自动生成凭证,需要在存货核算系统中进行委托代销相关会计科目设置,如图11-104所示。

图 11 - 104 设置委托代销业务"发出商品"会计科目

二、业务流程

委托代销业务流程及单据处理流程如图 11 - 105 所示。

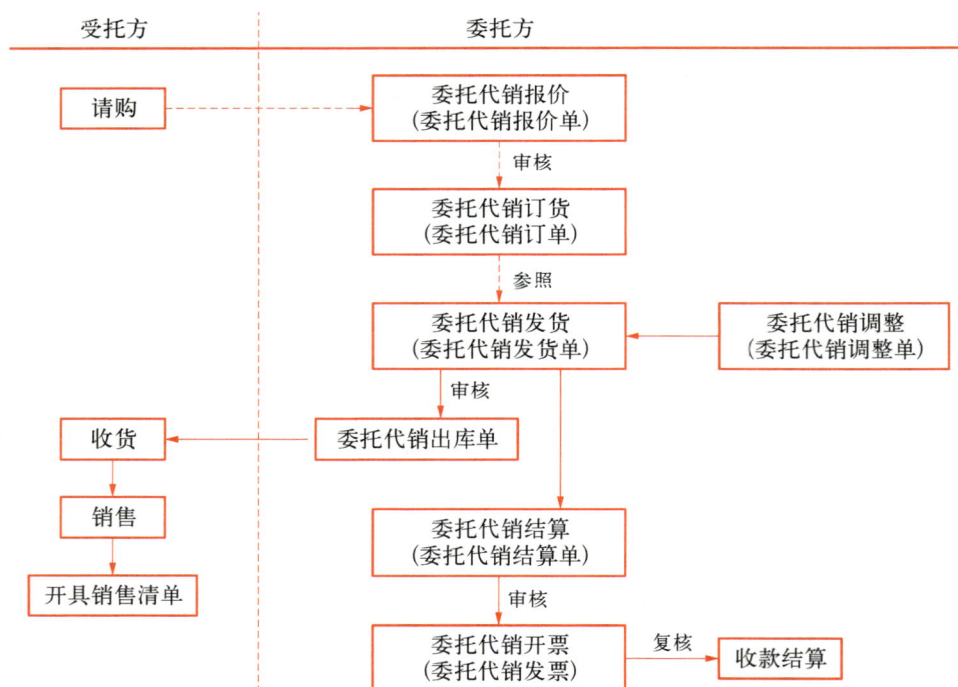

图 11 - 105 委托代销业务流程及单据处理流程

三、视同买断委托代销方式

视同买断委托代销是指委托方和受托方签订合同或协议,委托方按合同或协议价格收取代销商品的货款,实际售价可由受托方自定,实际售价与合同或协议价之间的差额归受托方所有的一种代销方式。

如果委托方与受托方之间协议未明确表明,受托方在取得代销商品后,无论是否能够卖出、

11

是否获利,均与委托方无关,则委托方在发出商品时不确认收入,发出的商品通过"发出商品"科目或"委托代销商品"科目核算;随后期间,受托方将受托代销商品售出后,按实际售价确认收入,并向委托方开具代销清单,委托方收到代销清单,根据代销清单所列的已销商品确认销售收入。其会计处理如表 11-1 所示。

表 11-1　　　　　　　　　　视同买断委托代销方式销售会计处理

业　务	会　计　处　理	
	委　托　方	受　托　方
交付商品	借:发出商品 　　贷:库存商品	借:受托代销商品 　　贷:受托代销商品款
受托方实际销售商品,委托方收到代销清单	① 借:应收账款——受托方 　　贷:主营业务收入 　　　　应交税费——应交增值税 　　　　(销项税额) ② 借:主营业务成本 　　贷:发出商品	① 借:银行存款 　　贷:主营业务收入 　　　　应交税费——应交增值税(销项税额) ② 借:主营业务成本 　　贷:受托代销商品 ③ 借:受托代销商品款 　　　　应交税费——应交增值税(进项税额) 　　贷:应付账款——委托方
结算货款	借:银行存款 　　贷:应收账款——受托方	借:应付账款——委托方 　　贷:银行存款

(一) 委托代销发货业务

委托代销发货业务单是委托代销发货业务的执行载体。委托代销发货单由销售部门根据购销双方的委托代销协议产生,经审核后通知仓库备货,客户通过委托代销发货单取得货物的实物所有权,但未取得货物的真正所有权,对于本企业而言,委托代销发货相当于货物的转移,货物的实际所有权仍属于委托方,因此,它与普通销售业务的发货单是有区别的。

【业务资料】

2024 年 1 月 26 日,安徽阳光公司销售部委托利氏公司代为销售计算机,根据背景资料(图 11-106、图 11-107)完成业务。

【操作步骤】

(1) 以"005 王丽"身份于日期"2024-01-26"登录销售管理系统,填制并审核订单(委托代销业务类型),单击"委托代销",双击"委托代销发货单",打开委托代销发货单窗口。

(2) 单击"增加"按钮,参照"委托代销业务订单"生成"委托代销发货单",保存后并审核如图 11-108 所示。

(3) 在库存管理系统中,参考"委托代销发货单"生成"销售出库单",保存并审核后如图 11-109 所示。

11

委托代销
发货业务
处理

代 销 协 议 书

合同编号：WT01

甲方（委托方）：安徽阳光信息技术有限公司
乙方（代销方）：利氏公司

　　甲乙双方经友好协商，在平等合作、互惠互利的基础上，本着加快品牌推广、服务大众的经营原则，就乙方作为计算机代销相关事宜，达成协议如下：

　　乙方根据每月的销售实际情况于月末结算一次，甲方应根据协议规定并支付相应费用，合同自2024年1月20日起至2024年7月20日为止，合同未到期如要提前终止合同，须先通知对方，协商一致后可终止协议。

　　一、协议内容
　　甲乙双方经营须遵循国家有关法律法规进行，不得违法经营。
　　甲方须给乙方颁发合理销售代理授权书，并签订本协议。
　　乙方须接受甲方颁发的销售代理授权书，并签订本协议。
　　……
　　甲方委托乙方销售计算机50台，建议售价6 500元/台，实际价格由卖方决定。
　　二、免责条款
　　因不可抗力因素致使甲乙双方不能履行本协议时，免责。
　　因甲方公司突发事故，严重影响经营，甲乙双方可单方面解除本协议。
　　甲乙双方协商一致，可以解除本协议，无须承担违约责任。
　　公司名称（甲方）：安徽阳光信息技术有限公司　　　公司名称（乙方）：利氏公司
　　法人代表：肖剑　　　　　　　　　　　　　　　　　　法人代表：再羚
　　日期：2024年1月26日　　　　　　　　　　　　　　　日期：2024年1月26日

图 11 - 106　委托代销合同

出 库 单

出货单位：安徽阳光信息技术有限公司　　　　2024 年 01 月 20 日　　　　单号：20240013

提货单位或领货部门	利氏公司	销售单号	WT01	发出仓库	成品库	出库日期	2024.01.20	
编号	名称及规格	单位	数 量		单 价		金 额	会计联
			应发	实发				
01	计算机	台	50	50				
合　计			50	50				

部门经理：略　　　　　会计：略　　　　　仓库：略　　　　　经办人：略

图 11 - 107　出库单

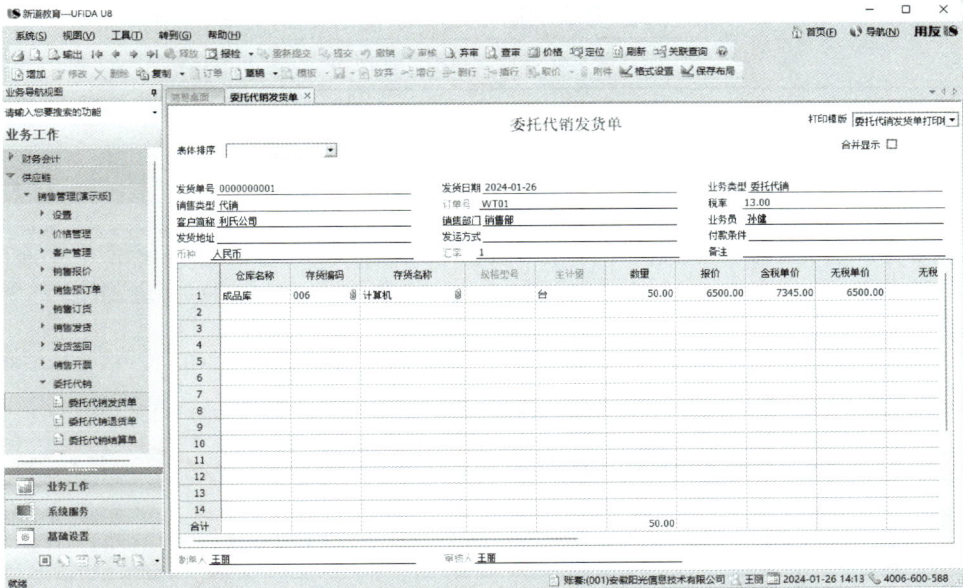

图 11 - 108　委托代销发货单

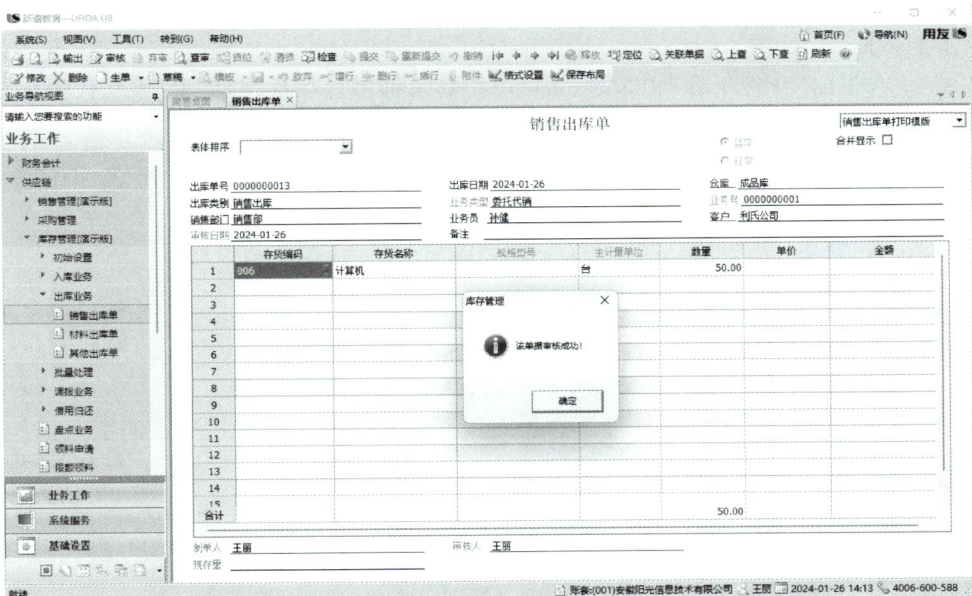

图 11 - 109　生成销售出库单

(二) 委托代销结算业务

委托代销结算单是记录委托给客户的代销货物结算信息的单据,可以作为双方确认结算的货物明细清单。

委托代销结算单必须参照委托代销发货单,经审核后自动生成销售出库单和销售发票。

【业务资料】

2024 年 1 月 31 日,安徽阳光公司收到利氏公司的委托代销清单一张,根据背景资料(图 11 - 110)完成业务。

委托代销结算单据处理

11

安徽增值税专用发票

No 17012633

此联不作报销、扣税凭证使用　　开票日期：2024 年 01 月 31 日

购买方	名　称：利氏公司 纳税人识别号：230369856003251 地址、电话：哈尔滨平房区和平路 16 号 0451-6800751 开户行及账号：中行平方分行 43810548	密码区	略

货物或应税劳务、服务名称	规格型号	单位	数量	单价	金额	税率	税额
计算机		台	30	6 500.00	195 000.00	13%	25 350.00
合　计					￥195 000.00		￥25 350.00

价税合计（大写）	⊗贰拾贰万零叁佰伍拾元整	（小写）￥220 350.00

销售方	名　称：安徽阳光信息技术有限公司 纳税人识别号：340019884734788 地址、电话：安徽合肥市潜山路 2 号 0551-68011107 开户行及账号：工商银行合肥分行中关村分理处 831658796206	备注	

收款人：略　　　　复核：略　　　　开票人：略　　　　销售方：（章）

图 11-110　销售发票

【操作步骤】

（1）以"005 王丽"身份于日期"2024-01-31"登录销售管理系统，单击"委托代销"，双击"委托代销结算单"，打开委托代销结算单窗口。

（2）单击"增加"按钮，系统弹出委托结算参照发货单窗口，单击"过滤"按钮，选择需要参照委托代销发货单，单击"确定"按钮，将委托代销发货单信息带入委托结算单，修改数量为"30"，如图 11-111 所示。

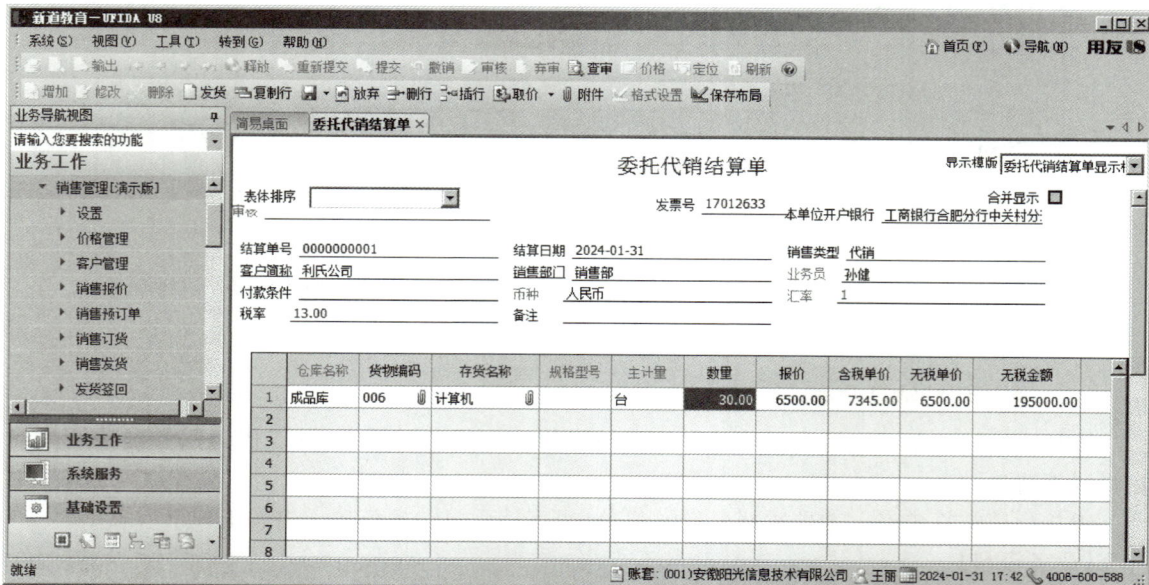

图 11-111　参照委托代销发货单生成的委托代销结算单

小提示！
➤ 由"001 学生本人"进入"单据设置"/"单据格式"设置，选择"委托代销结算单"，增加表头项目"发票号"，委托代销结算单据表头才会出现"发票号"项目。

（3）单击"保存"按钮，再单击"审核"按钮，系统提示选择发票类型窗口，默认"专用发票"，单击"确定"按钮。

（4）单击"销售开票"，双击"销售专用发票"，打开销售专用发票窗口，单击"末张"按钮，系统根据审核后的委托代销结算单，显示出自动生成的销售专用发票如图 11-112 所示。

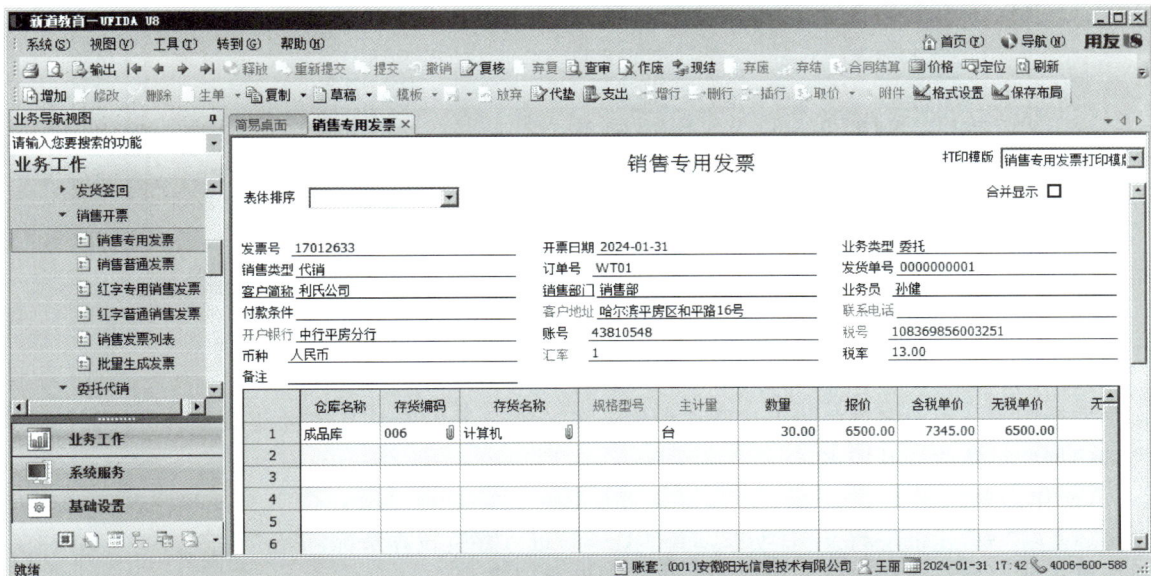

图 11-112 根据审核后的委托代销结算单自动生成的销售专用发票

（5）单击"复核"按钮。

小提示！
➤ 委托代销结算单审核后，由系统自动生成相应的销售发票，销售发票日期默认系统操作的日期，无法修改。若要求销售专用发票日期为"2024-01-31"，则要以"2024-01-31"为系统操作日期。
➤ 一张委托代销结算单生成一张与之对应的委托代销发票。

（三）委托代销的账务处理

委托代销成本的核算方式有两种，用户可以选择"按发出商品核算"或"按普通销售核算"。该选项在存货核算系统中"选项录入"中设置，系统默认的是"按普通销售核算"，更改为"按发出商品核算"，如图 11-113 所示。

11

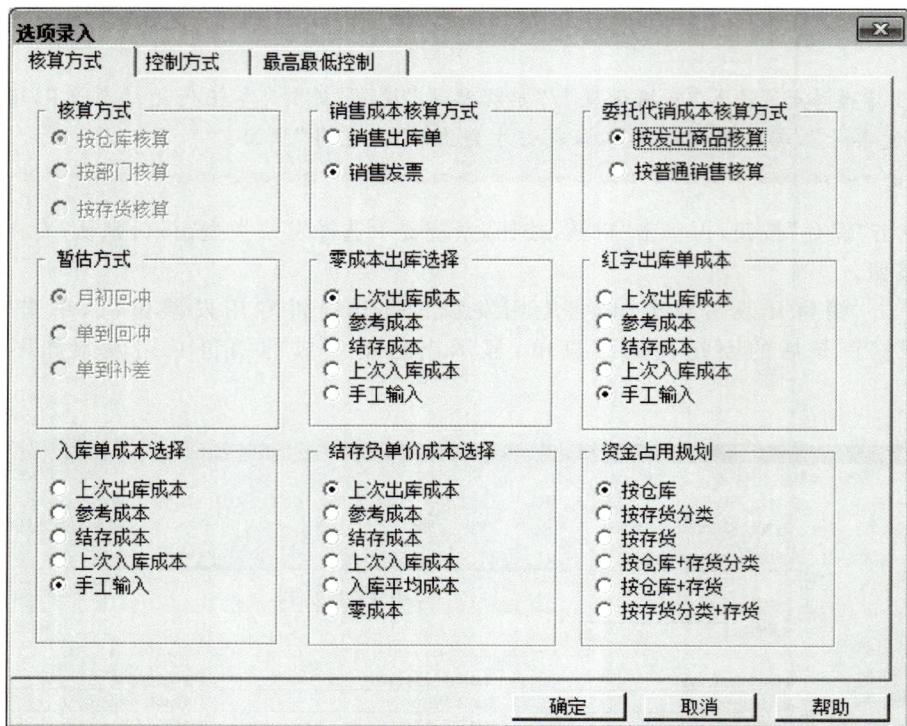

图 11－113　设置委托代销成本核算方式

【业务资料】

安徽阳光公司业务部门将上述委托代销业务所涉及的出库单及销售发票交给财务部门,财务部门据此结转收入及成本。

【操作步骤】

(1) 以"005 王丽"身份于日期"2024－01－31"进入存货核算系统,单击"业务核算",双击"发出商品记账",执行委托代销发货单和销售专用发票记账。

小提示!

➤ 因为委托代销成本核算方式为"按发出商品核算",所以存货核算系统中执行记账选择对应的"发出商品记账"。若委托代销成本核算方式默认为"按普通销售核算",则存货核算中执行记账依然是"正常单据记账"。

---

(2) 单击"财务核算",双击"生成凭证",单击"选择"按钮,打开查询条件,选择"委托代销商品发货单",单击"确定"按钮,打开"未生成凭证单据一览表",选中要生成凭证的单据,单击"确定"按钮,进入生成凭证窗口,单击"生成"按钮,打开填制凭证窗口,修改凭证类别为"转账凭证",制单日期为"2024－01－26",单击"保存"按钮,如图 11－114 所示。

(3) 同理,选择"委托代销发出商品专用发票",生成委托代销商品销售成本结转凭证,如图 11－115 所示。

(4) 以"003 马方"身份于日期"2024－01－31"登录应收款管理系统,执行应收单据审核,并制单保存,如图 11－116 所示。

小提示！

➤ 若默认存货核算系统选项"按普通销售核算"，则对委托"销售出库单"进行出库记账，选择"正常单据记账"，生成凭证：

借：主营业务成本
贷：库存商品

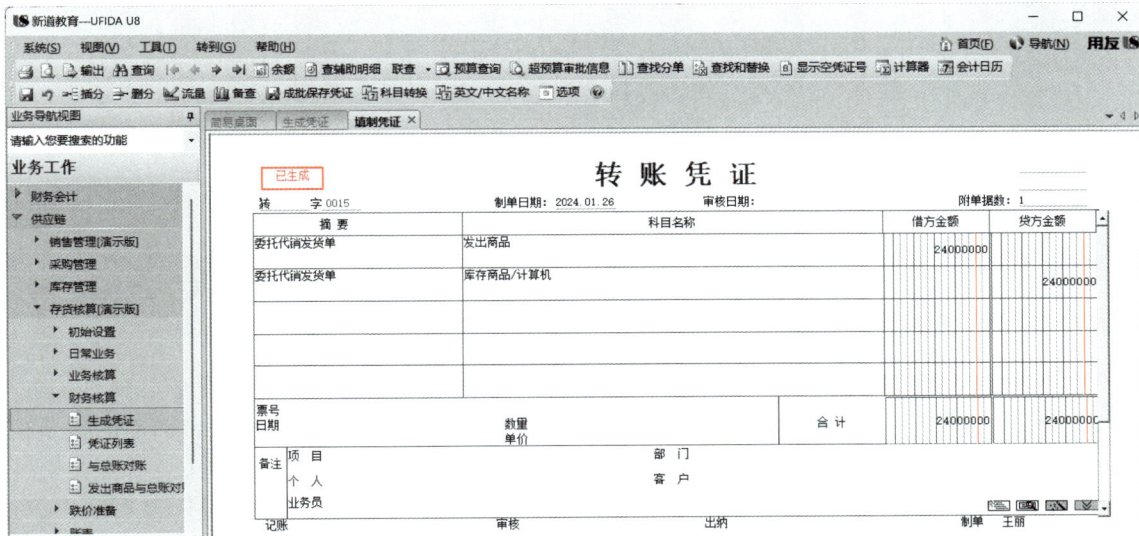

图 11-114　生成委托代销出库凭证

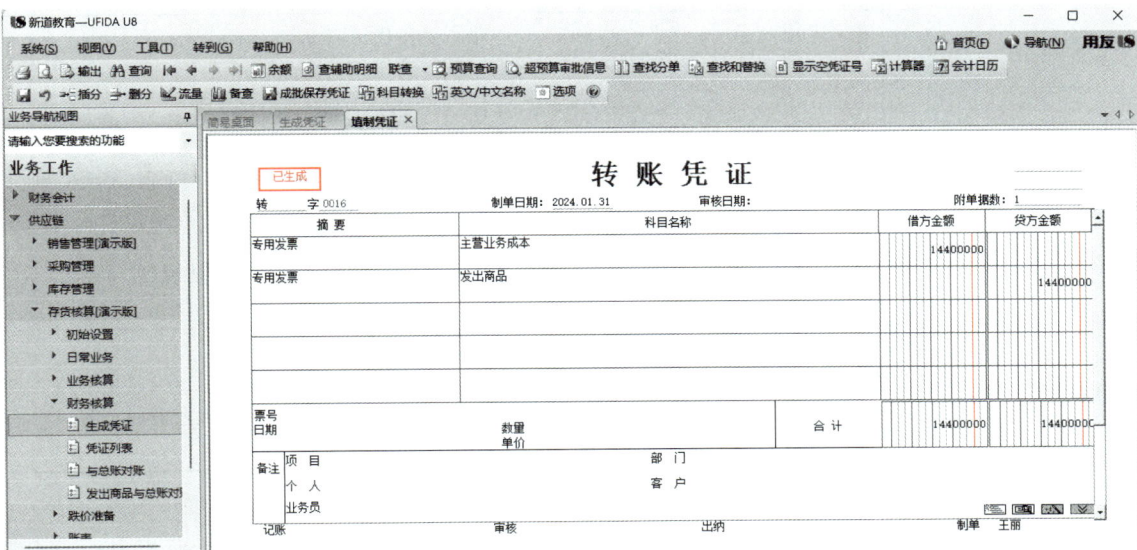

图 11-115　生成委托代销商品销售成本结转凭证

11

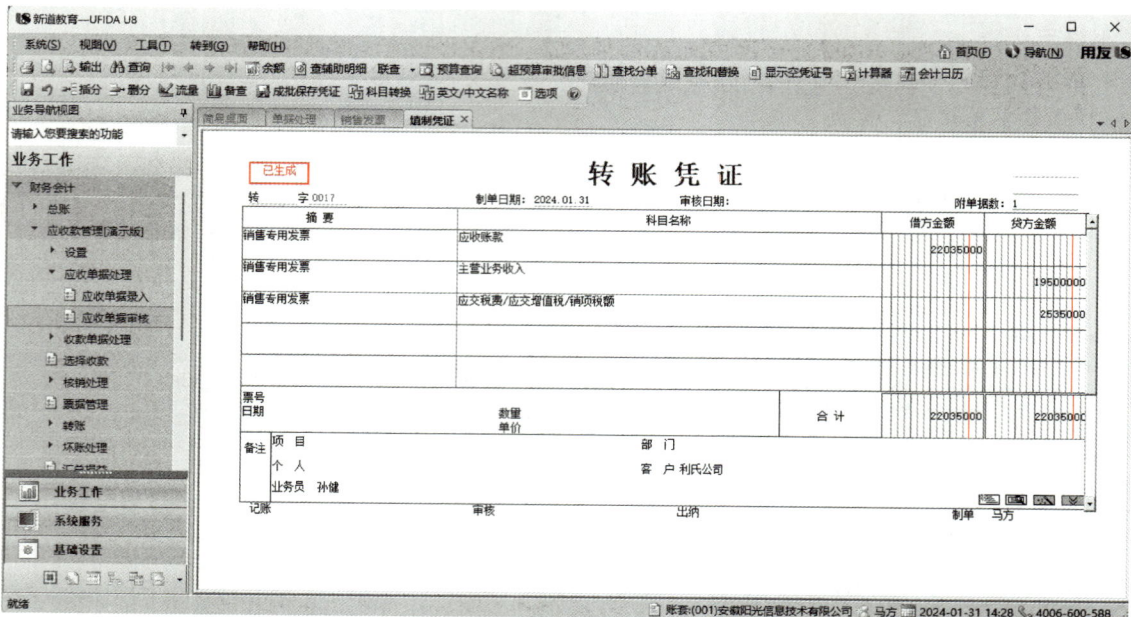

图 11－116   生成应收凭证

四、支付手续费委托代销方式

支付手续费委托代销是指委托方和受托方签订合同或协议，委托方根据代销商品的数量向受托方支付手续费的一种代销方式。与视同买断方式相比，支付手续费方式的主要特点是受托方一般应按委托方规定的价格销售商品，不得自行改变售价。其会计处理如表 11－2 所示。

表 11－2   支付手续费委托代销方式销售会计处理

业　务	会　计　处　理	
	委　托　方	受　托　方
交付商品	借：发出商品 　　贷：库存商品	借：受托代销商品 　　贷：受托代销商品款
受托方实际销售商品，委托方收到代销清单	① 借：应收账款——受托方 　　贷：主营业务收入 　　　　应交税费——应交增值税（销项税额） ② 借：主营业务成本 　　贷：发出商品	① 借：银行存款 　　贷：应付账款——委托方 　　　　应交税费——应交增值税（销项税额） ② 借：受托代销商品款 　　贷：受托代销商品 ③ 借：应交税费——应交增值税（进项税额） 　　贷：应付账款——委托方
结算货款和手续费	① 借：销售费用 　　贷：应收账款——受托方 ② 借：银行存款 　　贷：应收账款——受托方	借：应付账款——委托方 　　贷：银行存款 　　　　主营业务收入（或其他业务收入）

【业务资料】

2024 年 1 月 27 日，安徽阳光公司销售部委托兴业科技公司代销计算机，根据背景资料（图 11－117、图 11－118 和图 11－119）完成业务。

支付手续费委托代销方式业务处理

代 销 协 议 书

合同编号：WT02

甲方（委托方）：安徽阳光信息技术有限公司

乙方（代销方）：兴业科技公司

　　甲乙双方经友好协商，在平等合作、互惠互利的基础上，本着加快品牌推广、服务大众的经营原则，就乙方作为计算机代销相关事宜，达成协议如下：

　　乙方根据每月的销售实际情况于月末结算一次，甲方应根据协议规定并支付相应费用，合同自2024年1月27日起至2024年7月27日为止，合同未到期如要提前终止合同，须先通知对方，协商一致后可终止协议。

　　一、协议内容

　　甲乙双方经营须遵循国家有关法律法规进行，不得违法经营。

　　甲方须给乙方颁发合理销售代理授权书，并签订本协议。

　　乙方须接受甲方颁发的销售代理授权书，并签订本协议。

　　……

　　甲方委托乙方销售计算机50台，售价6 500元/台，代销手续费100元/台。

　　甲乙双方必须共同遵守商议价格，双方各自监督，任何一方不得擅自调整价格。

　　二、免责条款

　　因不可抗力因素致使甲乙双方不能履行本协议时，免责。

　　因甲方公司突发事故，严重影响经营，甲乙双方可单方面解除本协议。

　　甲乙双方协商一致，可以解除本协议，无须承担违约责任。

公司名称（甲方）：安徽阳光信息技术有限公司　　　公司名称（乙方）：兴业科技公司

法人代表：肖剑　　　　　　　　　　　　　　　　　法人代表：柯坴

日期：2024年1月27日　　　　　　　　　　　　　　日期：2024年1月27日

图 11-117　委托代销合同

出 库 单

出货单位：安徽阳光信息技术有限公司　　　2024 年 01 月 27 日　　　　　　　单号：20240014

提货单位或领货部门	兴业科技公司	销售单号	WT02	发出仓库	成品库	出库日期	2024.01.21
编号	名称及规格	单位	数 量		单　价	金　额	
			应发	实发			
01	计算机	台	50	50			
合　　计			50	50			

部门经理：略　　　　会计：略　　　　仓库：略　　　　经办人：略

图 11-118　出库单

11

安徽增值税专用发票　No 17012634

此联不作报销、扣税凭证使用　开票日期：2024 年 01 月 31 日

购买方	名　称：兴业科技公司 纳税人识别号：340109845232716 地址、电话：合肥市庐阳区阜阳路 22 号 0551-6541224 开户行及账号：工行庐阳支行 46231855		密码区	略		
	货物或应税劳务、服务名称	规格型号	单位	数量	单价	金额	税率	税额

货物或应税劳务、服务名称	规格型号	单位	数量	单价	金额	税率	税额
计算机		台	50	6 500	325 000.00	13%	42 250.00
合　计					￥325 000.00		￥42 250.00

价税合计(大写)	⊗叁拾陆万柒仟贰佰伍拾元整	(小写)￥367 250.00

销售方	名　称：安徽阳光信息技术有限公司 纳税人识别号：340019884734788 地址、电话：安徽合肥市潜山路 2 号 0551-68011107 开户行及账号：工商银行合肥分行中关村分理处 831658796206	备注	安徽阳光信息技术有限公司 340019884734788 发票专用章 销售方：(章)

收款人：略　　复核：略　　开票人：略

图 11-119　销售发票

【操作步骤】

(1) 以"001 学生本人"身份进入基础档案，在"业务档案"中增加费用项目"销售手续费"，如图 11-120 所示。

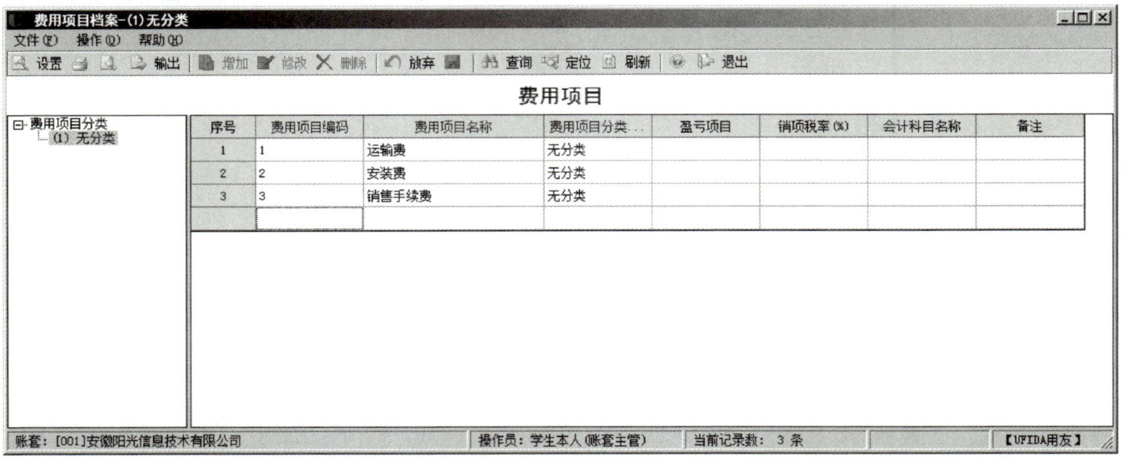

图 11-120　增加"销售手续费"费用项目

(2) 再进行单据格式设置，查询"销售费用支出单"，在表头项目中勾选"单据流向""费用供应商编码"和"费用供应商名称"，如图 11-121 所示。

(3) 以"005 王丽"身份于日期"2024-01-27"登录销售管理系统，填写"销售订单"并审核，如图 11-122 所示，再单击"委托代销"，双击"委托代销发货单"，根据"销售订单"生成"委托代销发货单"并审核，如图 11-123 所示。

(4) 在库存管理系统中，单击"出库业务"，双击"销售出库单"，打开销售出库单窗口，单击"生单"按钮，参考"委托代销发货单"生成"销售出库单"，如图 11-124 所示。

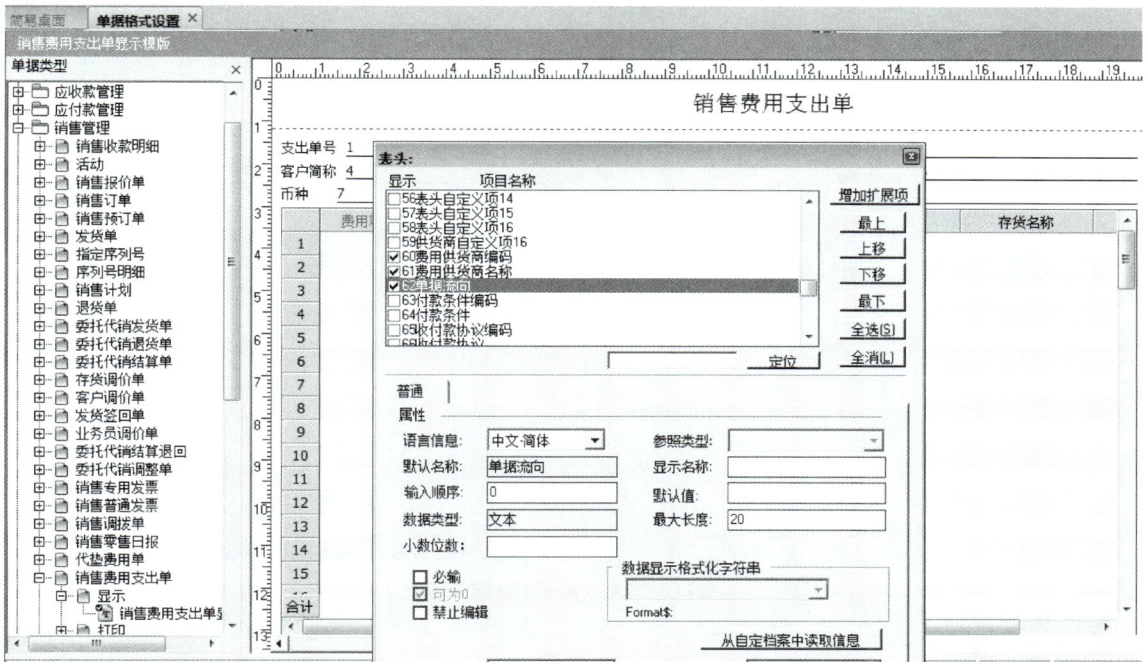

图 11－121　设置销售费用支出单表头项目

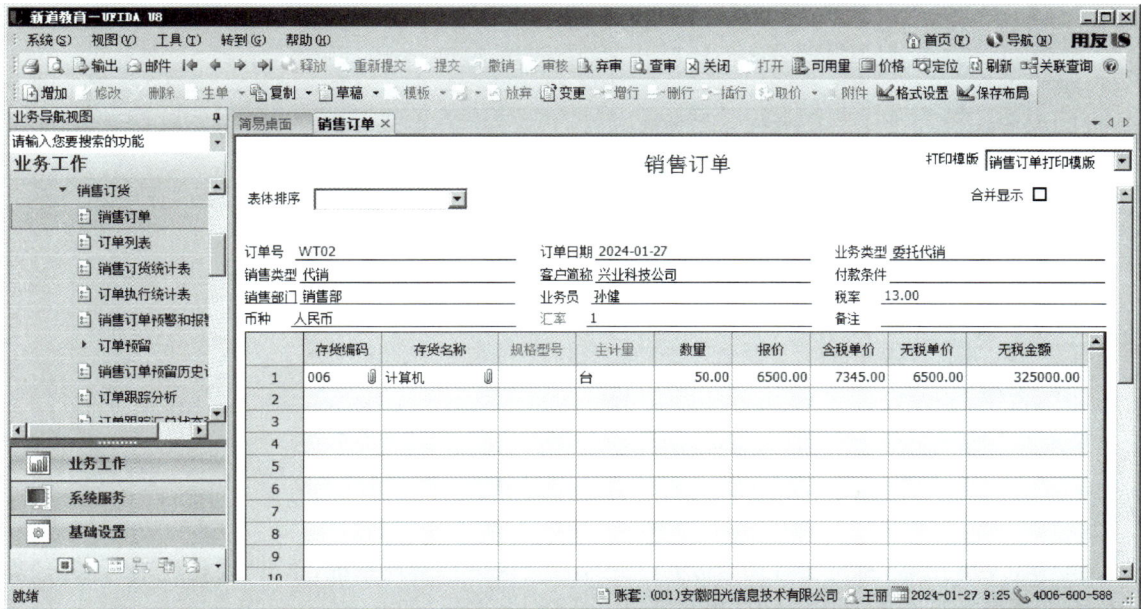

图 11－122　销售订单

11

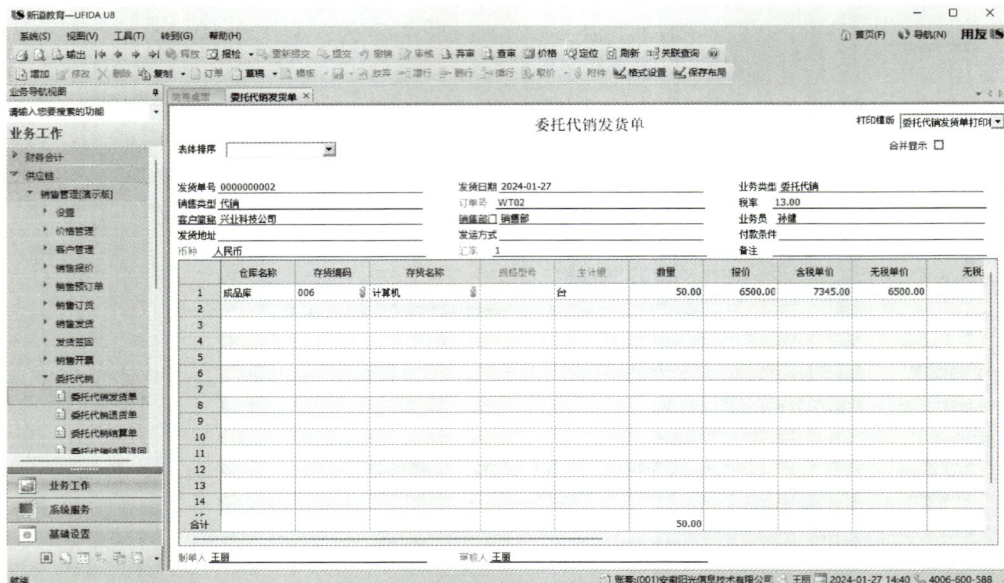

图 11－123 委托代销发货单

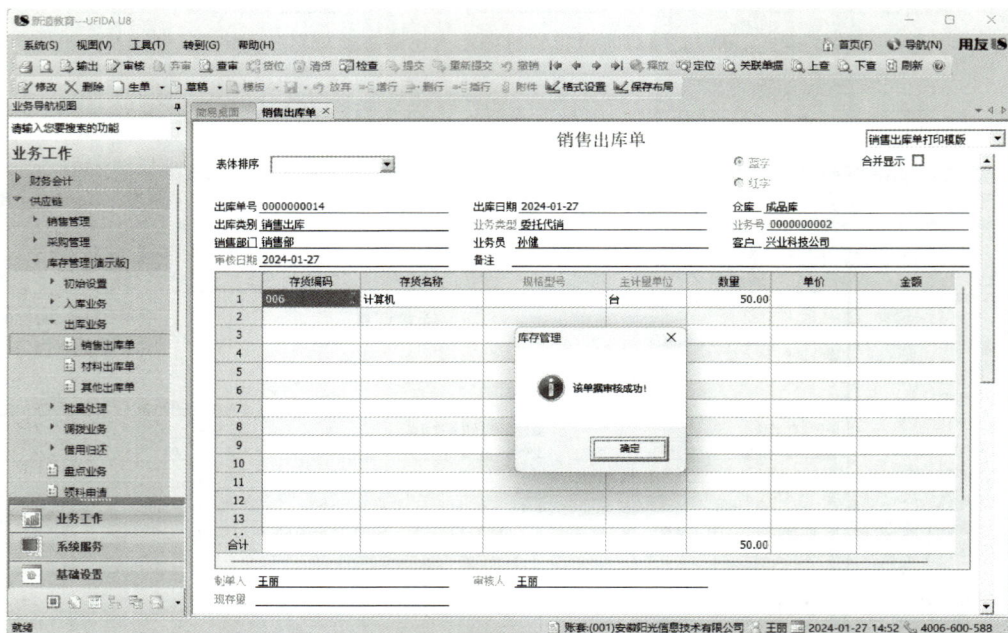

图 11－124 销售出库单

（5）以"005 王丽"身份于日期"2024－01－31"登录销售管理系统，单击"委托代销"，双击"委托代销结算单"，打开委托代销结算单窗口。

（6）单击"增加"按钮，系统弹出委托结算参照发货单窗口，单击"过滤"按钮，选择需要参照委托代销发货单，单击"确定"按钮，将"委托代销发货单"信息带入"委托代销结算单"，输入发票编号"17012634"，保存并审核，如图 11－125 所示。

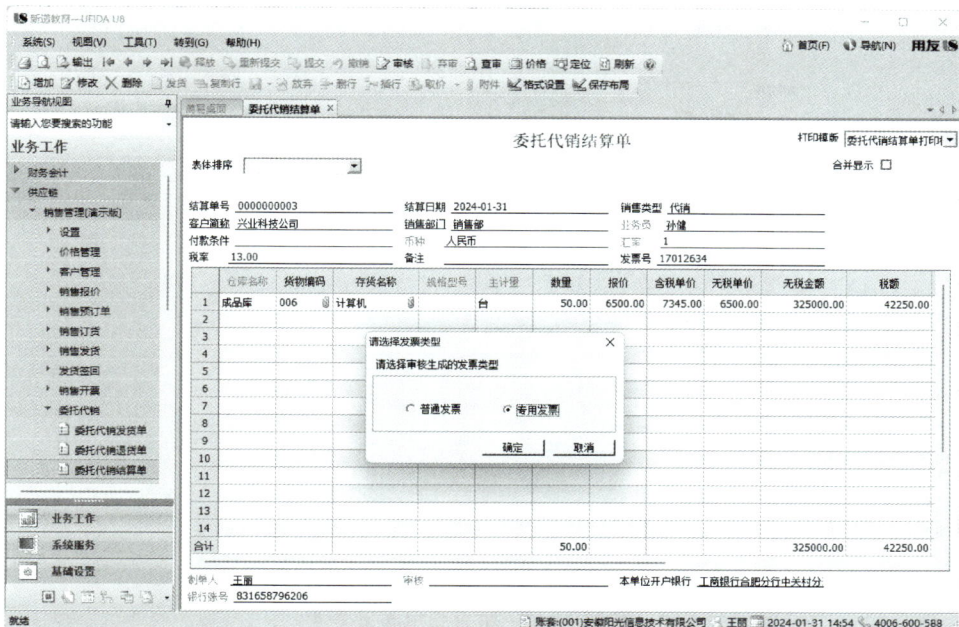

图 11 - 125　委托代销结算单

（7）单击"确定"按钮，系统自动生成"销售专用发票"。

（8）单击"销售开票"，双击"销售专用发票"，打开销售专用发票窗口，单击"末张"按钮，系统根据审核后的委托代销结算单，显示自动生成的销售专用发票，如图 11 - 126 所示。

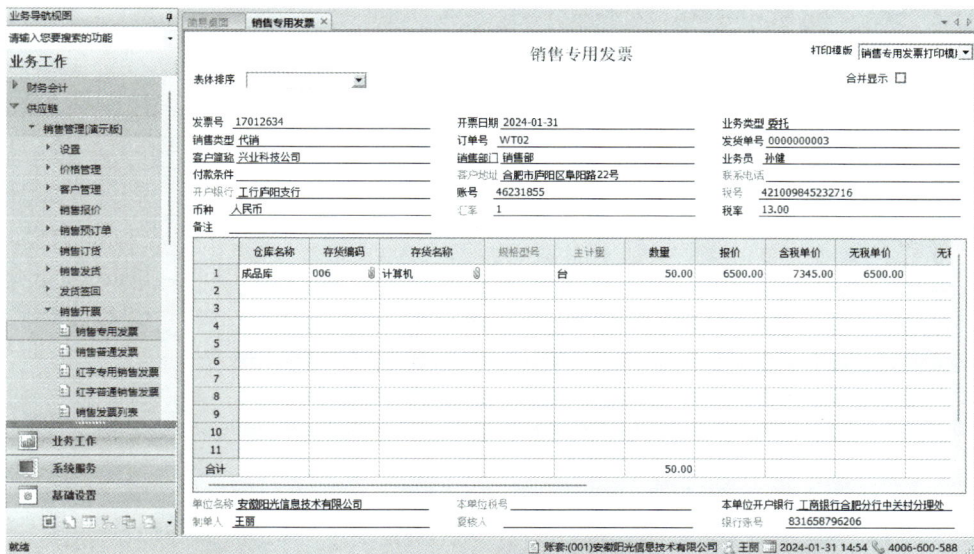

图 11 - 126　销售发票

（9）单击"复核"按钮。

（10）单击"费用支出"，双击"销售费用支出单"，客户简称和费用供应商名称选择"兴业科技公司"，单据流向选择"其他应付单"，费用项目选择"销售手续费"，支出金额为"5 000"，保存并审核后如图 11 - 127 所示。

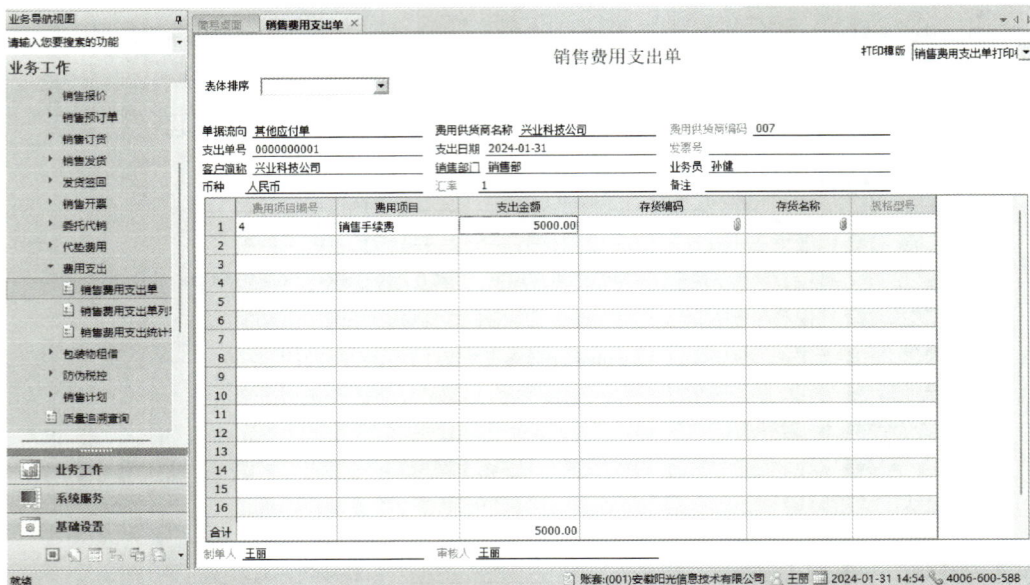

图 11 - 127 销售费用支出单

（11）以"003 马方"身份于日期"2024 - 01 - 31"登录应收款管理系统，执行应收发票审核，并制单保存，如图 11 - 128 所示。

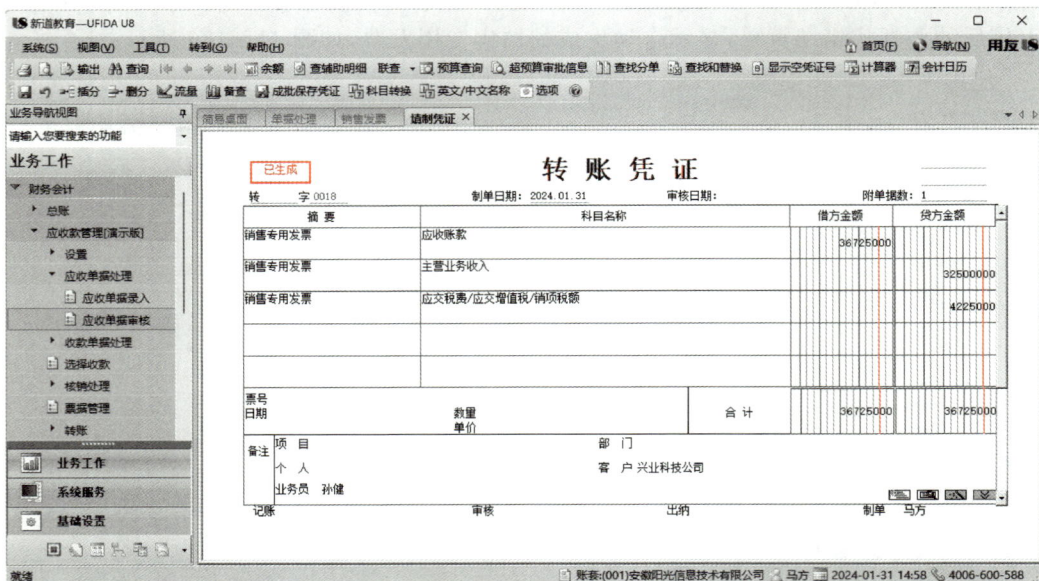

图 11 - 128 应收凭证

（12）进入应付款管理系统，执行销售费用应付单审核，修改凭证类型为"转"，输入借方科目名称"销售费用"，并保存，如图 11 - 129 所示。在转账中，执行"应付冲应收"操作，生成凭证如图 11 - 130 所示。

（13）以"005 王丽"身份于日期"2024 - 01 - 31"登录存货核算系统，执行"发出商品记账"，再生成凭证，保存后如图 11 - 131 和图 11 - 132 所示。

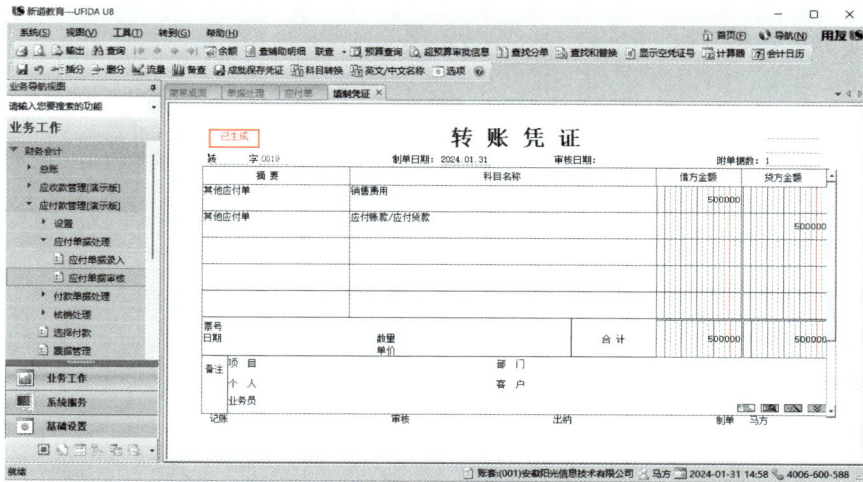

图 11-129 生成支付手续费应付凭证

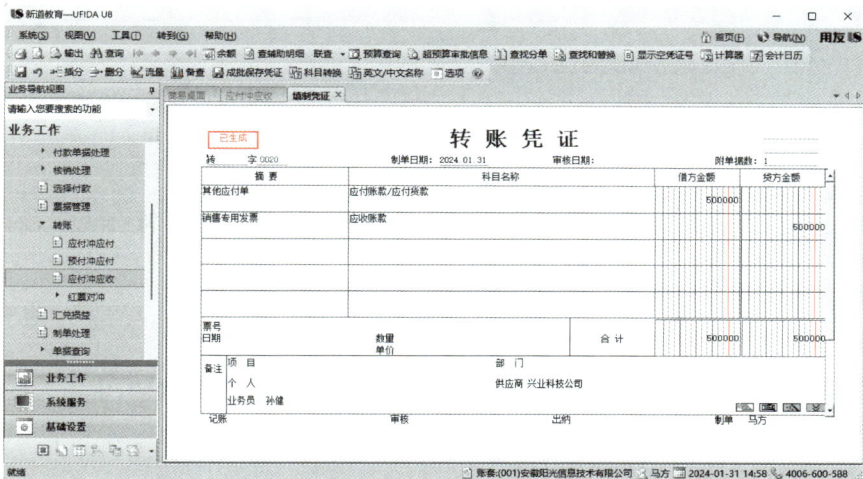

图 11-130 应付冲应收凭证

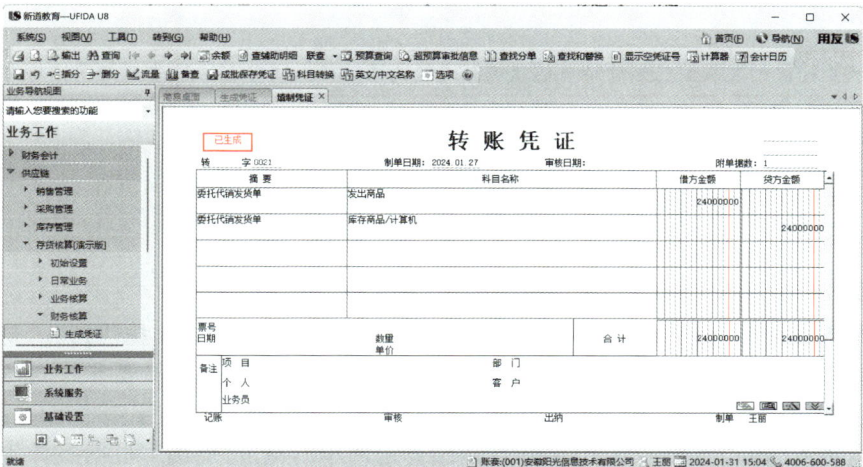

图 11-131 生成发出商品凭证

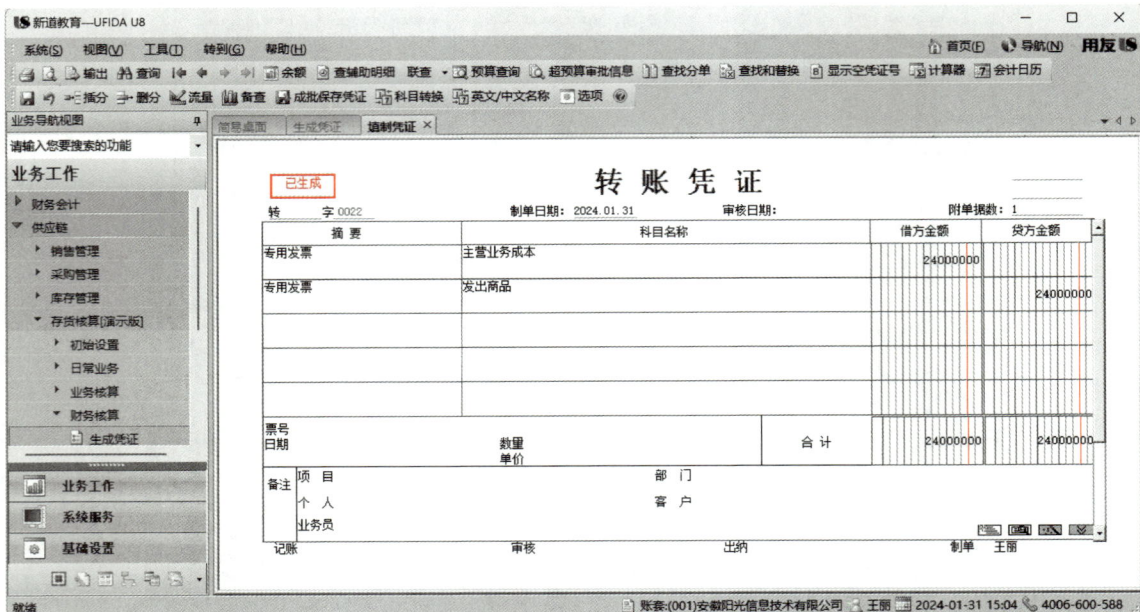

图 11 - 132 生成结转销售成本凭证

五、委托代销退货业务

委托代销退货业务是指客户因委托代销货物的质量、品种、数量不符合规定,而将已受托代销货物退回本单位的业务。

委托代销退货业务存在结算前退货和结算后退货两种情况。

(一) 委托结算前退货

如果结算前退货,只需参照"委托代销发货单"填制"委托代销退货单",审核后即可计入委托代销账表。

(二) 委托结算后退货

委托结算后退货,是指填制并审核了委托代销结算单后发生客户退货情况,其数据流程如图 11 - 133 所示。

参照委托代销发货单的累计结算信息填制委托代销结算退回单 ——→ 生成红字销售发票

图 11 - 133 委托代销结算后退货数据流程

【业务资料】

2024 年 1 月 31 日,安徽阳光公司委托利氏公司销售的计算机退回 2 台,根据背景资料(图 11 - 134 和图 11 - 135)完成业务。

【操作步骤】

(1) 以"005 王丽"身份于日期"2024 - 01 - 31"登录销售管理,单击"委托代销"/"委托代销退货单",单击"增加"按钮,系统要求选择要参照的单据,单击"过滤"按钮,选择要参照的委托代销订单(利氏公司)单据,修改数量为"-2",保存并审核。再到"库存管理"生成红字销售出库单,并审核。

(2) 重新进入"销售管理",双击"委托代销结算退回单",单击"增加",根据委托代销销售订单(利氏公司)生成,输入发票编号"17012733",修改数量为"-2",保存并审核如图 11 - 136 所示。

（3）单击"确定"，系统自动生成红字专用发票。

（4）单击"销售开票"，双击"红字专用销售发票"，单击"末张"按钮，显示自动生成的红字专用销售发票，如图 11-137 所示。

（5）单击"复核"按钮。

（6）进入存货核算系统，对红字销售专用发票和委托代销退回单执行"发出商品记账"，再生成凭证，保存后如图 11-138 和图 11-139 所示。

出 库 单

出货单位：安徽阳光信息技术有限公司　　　　2024 年 01 月 31 日　　　　　　　单号：20240015

提货单位或领货部门	利氏公司		销售单号	WT01	发出仓库	成品库	出库日期	2024.01.31	
编号	名称及规格		单位	数量		单价	金额		会计联
				应发	实发				
01	计算机		台	－2	－2				
	合　计			－2	－2				

部门经理：略　　　　会计：略　　　　仓库：略　　　　经办人：略

图 11-134　出库单

安徽增值税专用发票　　No 17012733

此联不作报销、扣税凭证使用　　　　开票日期：2024 年 01 月 31 日

购买方	名　　称：利氏公司 纳税人识别号：230369856003251 地址、电话：哈尔滨平房区和平路16号　0451-6800751 开户行及账号：中行平方分行，43810548					密码区	略		
	货物或应税劳务、服务名称	规格型号	单位	数量	单价	金额	税率	税额	
	计算机		台	－2	6 500.00	－13 000.00	13%	－1 690.00	
	合　计					￥－13 000.00		￥－1 690.00	
价税合计（大写）		⊗壹万肆仟陆佰玖拾元整（负数）				（小写）￥－14 690.00			
销售方	名　　称：安徽阳光信息技术有限公司 纳税人识别号：340019884734788 地址、电话：安徽合肥市潜山路2号 0551-68011107 开户行及账号：工商银行合肥分行中关村分理处 831658796206					备注			

国税局〔2023〕562号海南华森实业公司　　第一联：记账联　销售方记账凭证 11

收款人：略　　　　复核：略　　　　开票人：略　　　　销售方：（章）

图 11-135　销售发票

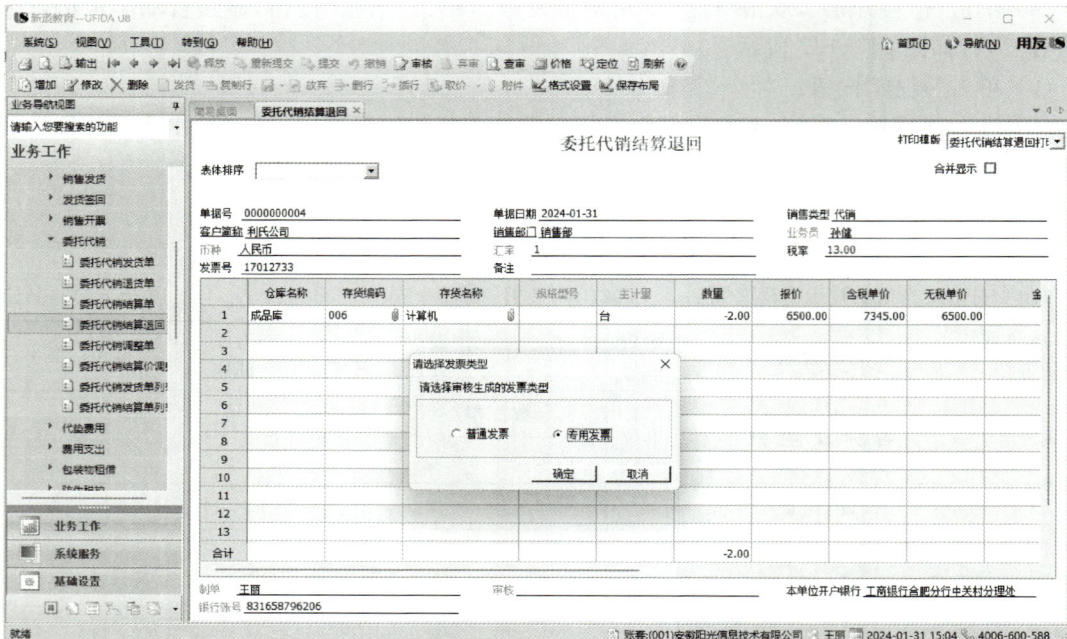

图 11－136　委托代销结算退回单

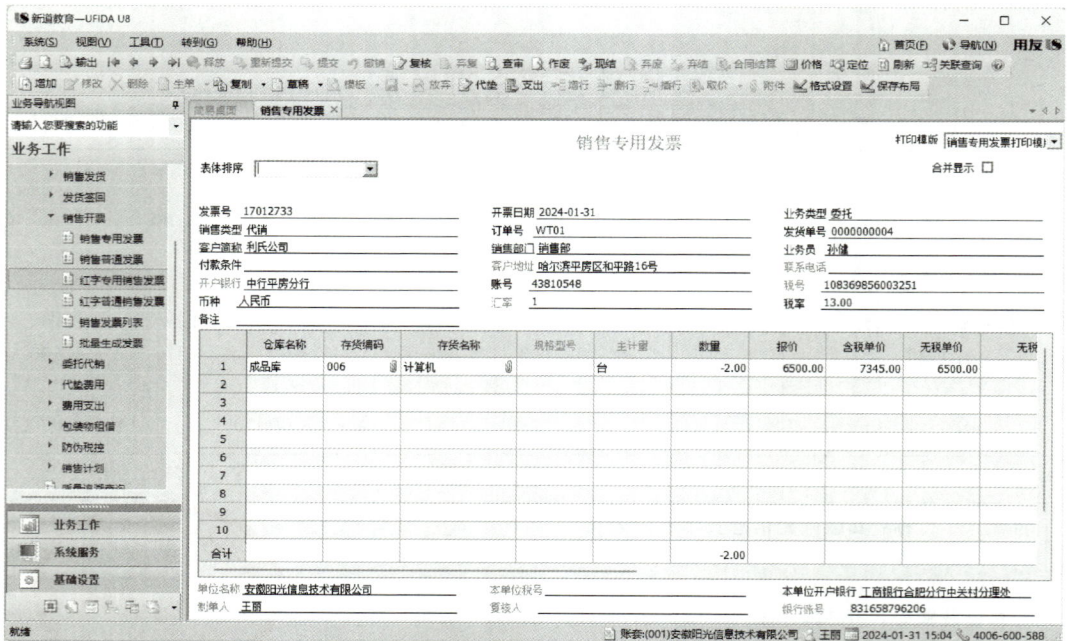

图 11－137　自动生成的红字销售专用发票

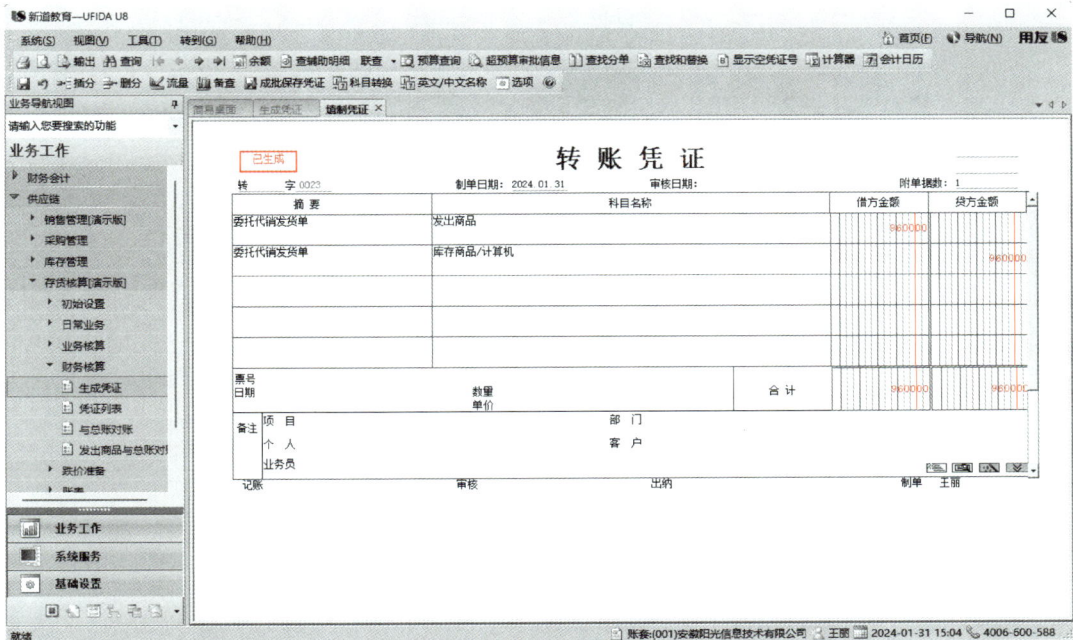

图 11 - 138　生成销售退货冲发出商品凭证

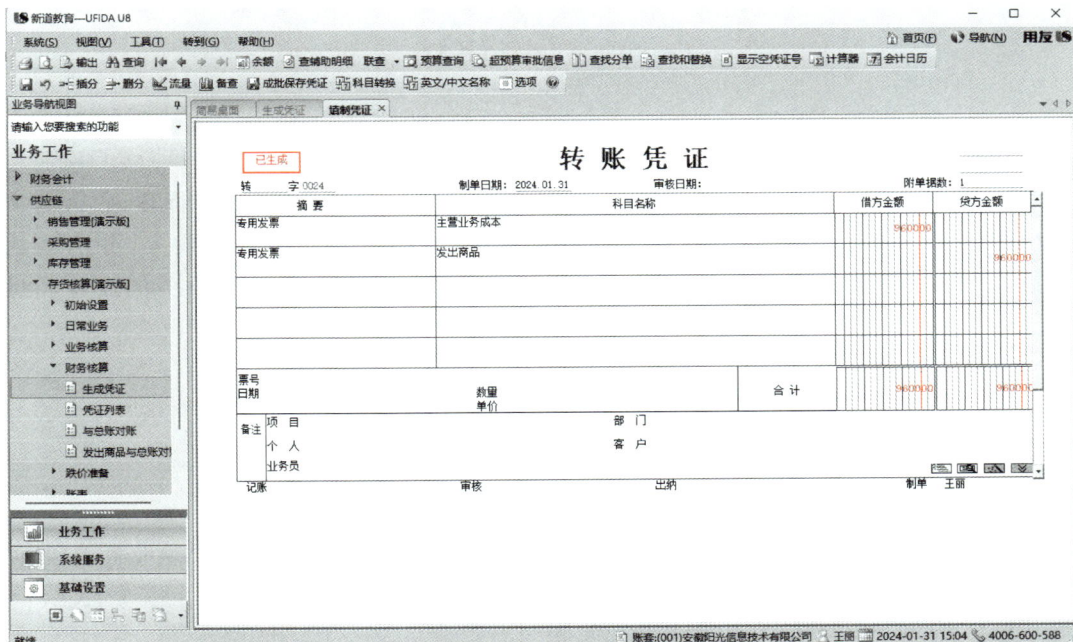

图 11 - 139　生成冲减销售成本凭证

（7）以"003 马方"身份于日期"2024-01-31"登录应收款管理系统,对红字销售专用发票进行审核,生成凭证,修改凭证类别为"转账凭证",手工设置贷方空缺科目"6001 主营业务收入",单击"保存"按钮后,如图 11-140 所示。

11

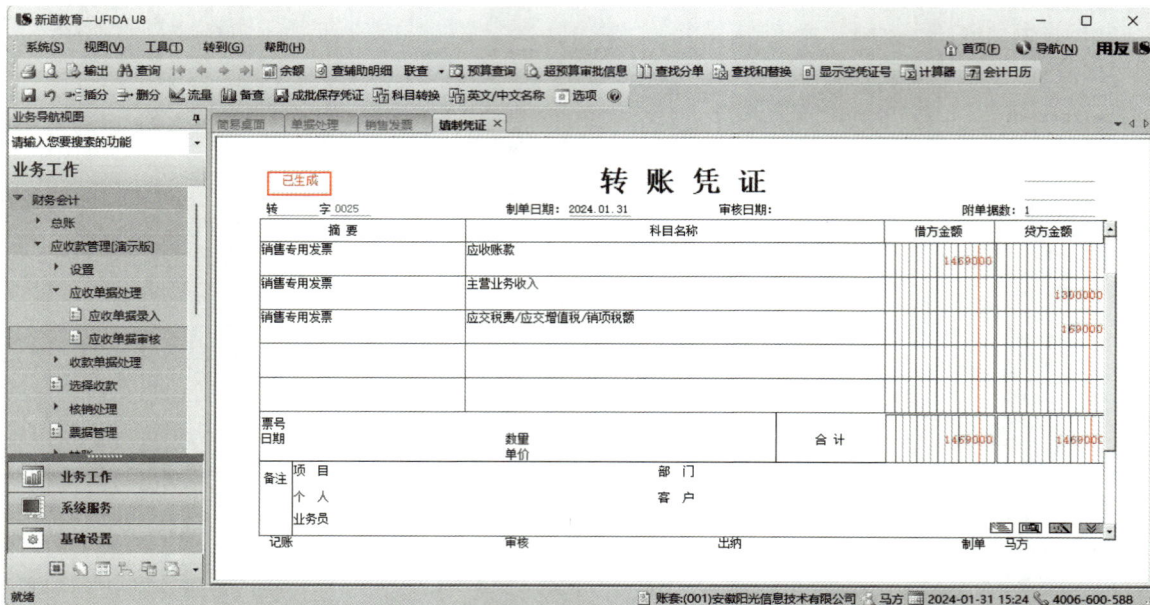

图 11-140 生成销售退货冲减收入凭证

任务四 分期收款销售业务

【任务描述】

分期收款销售业务类似于委托代销业务,货物提前发给客户,分期收回货款,收入与成本按照收款情况分期确认。分期收款销售的特点是一次发货,当时不确认收入,分次确认收入,在确认收入的同时配比性结转成本。本任务要求掌握分期收款销售业务的流程和操作方法。

【知识准备与业务操作】

一、相关设置

(一) 参数设置

如果存在分期收款销售业务,要在销售管理系统销售"选项"中设置分期收款业务选项,如图11-141所示。

(二) 科目设置

为了便于系统根据分期收款销售业务类型自动生成凭证中的会计科目,需要在存货核算系统中预先设置分期收款销售相关科目,如图11-142所示。

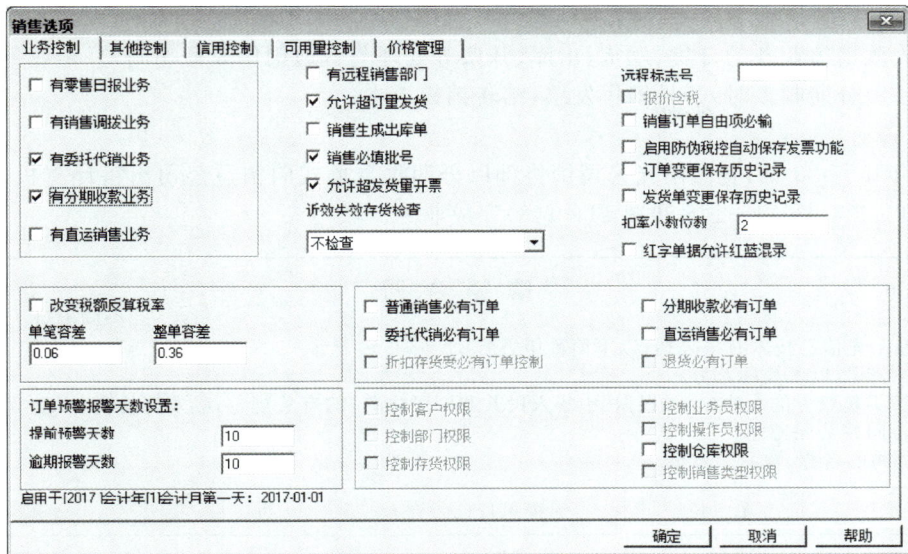

图 11-141　分期收款销售业务选项设置

图 11-142　分期收款发出商品会计科目设置

二、业务流程

分期收款销售业务处理流程及单据流程如图 11-143 所示。

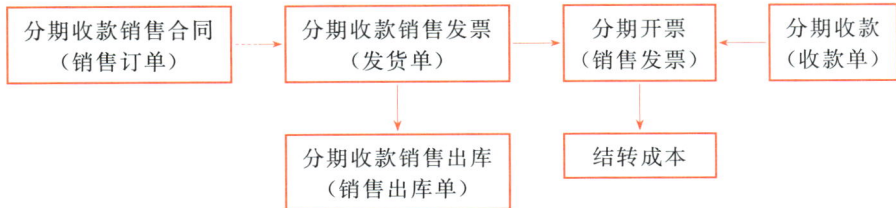

图 11-143　分期收款销售业务处理及单据流程

小提示！
➤ 在"必有订单分期收款业务"模式下，图中"虚线"箭头为必选流程，否则销售订单为可选的单据。

三、分期收款销售业务处理

分期收款销售业务的订货、发货、出库、开票等处理与普通销售业务相同,只是业务类型应选"分期收款"。分期收款时,开具销售发票,结转销售成本。

【业务资料】

2024年1月20日,安徽阳光公司销售部以分期收款形式向精益公司出售计算机,根据背景资料(图11-144、图11-145和图11-146)完成业务。

分期收款
销售业务
处理

购 销 合 同

合同编号:FQ01

卖方:安徽阳光信息技术有限公司(以下简称甲方)
买方:精益公司(以下简称乙方)

为保护买卖双方的合法权益,根据《中华人民共和国民法典》的有关规定,经友好协商,买卖双方一致同意签订本合同并共同遵守。

一、货物的名称、数量及金额

品　名	单　位	无税单价(元/台)	数　量	金额(元)
计算机	台	6 500.00	200	1 300 000.00

二、合同总金额:人民币壹佰叁拾万元整(¥1 300 000.00)。
三、交货及验收

1. 交货实行送货制,即甲方应按订单所规定时间(2024年1月20日)将商品运至乙方所指定的交货地点交与乙方。
2. 甲方交货时,货到现场时商品从卸货到进入乙方仓库中所发生的搬运工作一律由甲方负责,货到现场收货人仅点收数量或件数,以后乙方开箱时如发现商品数量、质量等不符合合同约定,则由甲方负责。
3. 结算金额不包括增值税税额。
4. 结算方式:由于金额较大,客户要求以分期付款形式购买该商品,经协商客户分4次付款,并据此开具销售发票。
……

甲　方:安徽阳光信息技术有限公司　　　　乙　方:精益公司
法定代表人:肖剑　　　　　　　　　　　　法人代表:李科
日　期:2024年1月20日　　　　　　　　　日　期:2024年1月20日

图11-144　分期收款销售合同

出 库 单

出货单位:安徽阳光信息技术有限公司　　　2024年01月20日　　　单号:20240016

提货单位或领货部门	名 称 及 规 格	销售单号	FQ01	发出仓库	成品库	出库日期	2024.01.20
精益公司		单位	数量		单 价	金 额	
编号	名 称 及 规 格	单位	应发	实发	单 价	金 额	
01	计算机	台	200	200			
合　计			200	200			

部门经理:略　　　会计:略　　　仓库:略　　　经办人:略

图11-145　出库单

安徽增值税专用发票

№ 17012036

此联不作报销、扣税凭证使用　　开票日期：2024 年 01 月 20 日

国税局〔2023〕562号海南华森实业公司

购买方	名　　称：精益公司 纳税人识别号：310106548765432 地 址、电 话：上海市徐汇区天平路 8 号 021－6809991 开户行及账号：工行徐汇分行 36542234					密码区	略	
货物或应税劳务、服务名称	规格型号	单位	数量	单价	金额	税率	税额	
计算机		台	50	6 500.00	325 000.00	13%	42 250.00	
合　计					￥325 000.00		￥42 250.00	
价税合计(大写)	⊗叁拾陆万柒仟贰佰伍拾元整				(小写)￥367 250.00			
销售方	名　　称：安徽阳光信息技术有限公司 纳税人识别号：340019884734788 地 址、电 话：安徽合肥市潜山路 2 号 0551－68011107 开户行及账号：工商银行合肥分行中关村分理处 831658796206					备注	安徽阳光信息技术有限公司 340019884734788 发票专用章	

第一联：记账联　销售方记账凭证

收款人：略　　复核：略　　开票人：略　　销售方：(章)

图 11－146　销售发票

【操作步骤】

(1) 以“005 王丽”身份于日期“2024－01－20”登录销售管理系统，填制并审核订单，选择业务类型“分期收款”。

(2) 根据分期收款“销售订单”生成并审核“发货单”，如图 11－147 所示。

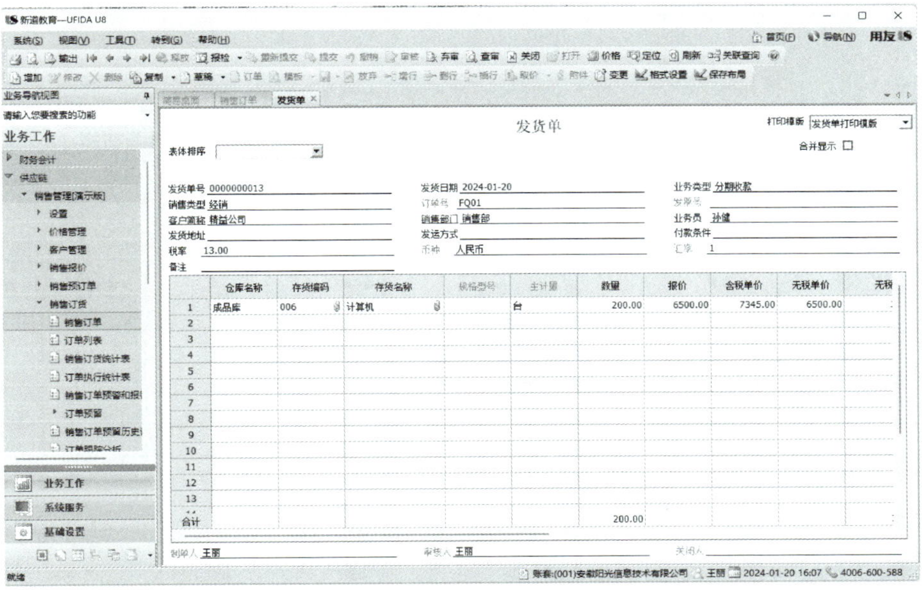

图 11－147　发货单

(3) 根据“发货单”(分期收款业务类型)生成销售专用发票(数量为“50”)，复核后如图 11－148 所示。

11

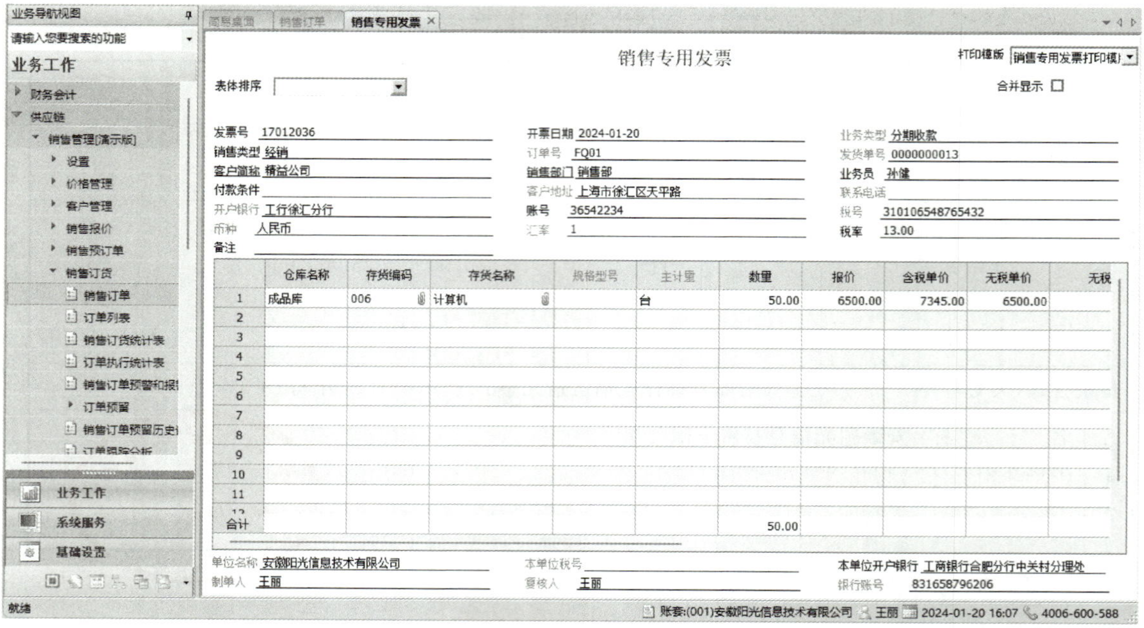

图 11-148　销售专用发票

　　（4）以"005 王丽"身份于日期"2024-01-31"登录存货核算系统，执行发出商品记账，生成凭证保存，如图 11-149 和图 11-150 所示。

　　（5）以"003 马方"身份于日期"2024-01-20"登录应收款管理系统，审核复核后的销售发票，并生成应收凭证保存后如图 11-151 所示。

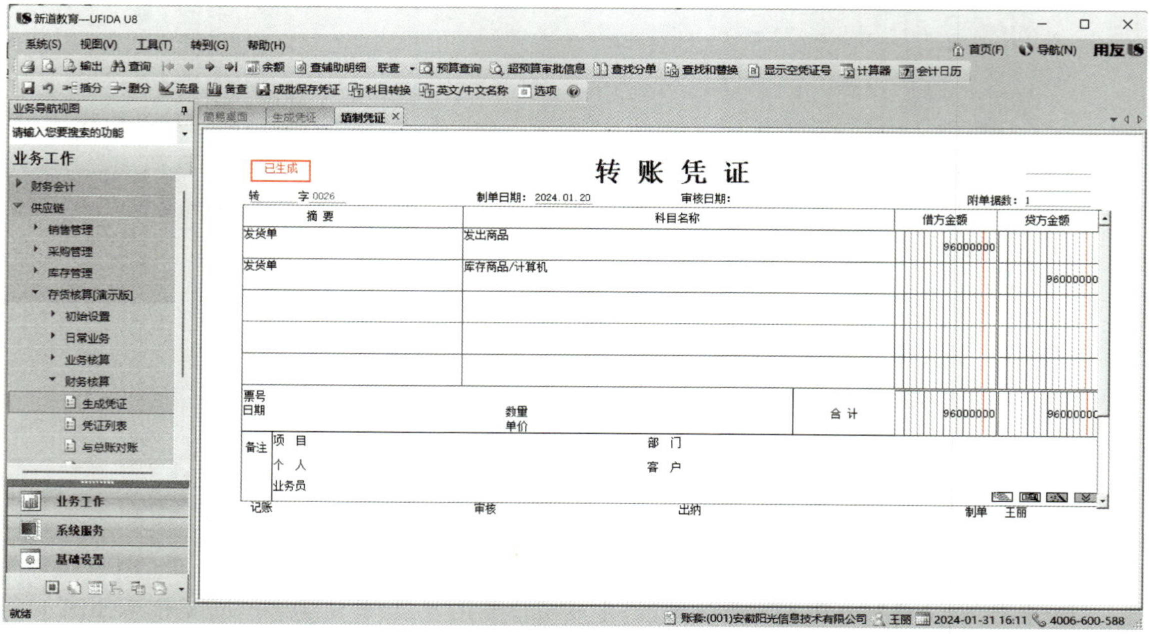

图 11-149　生成分期收款商品出库凭证

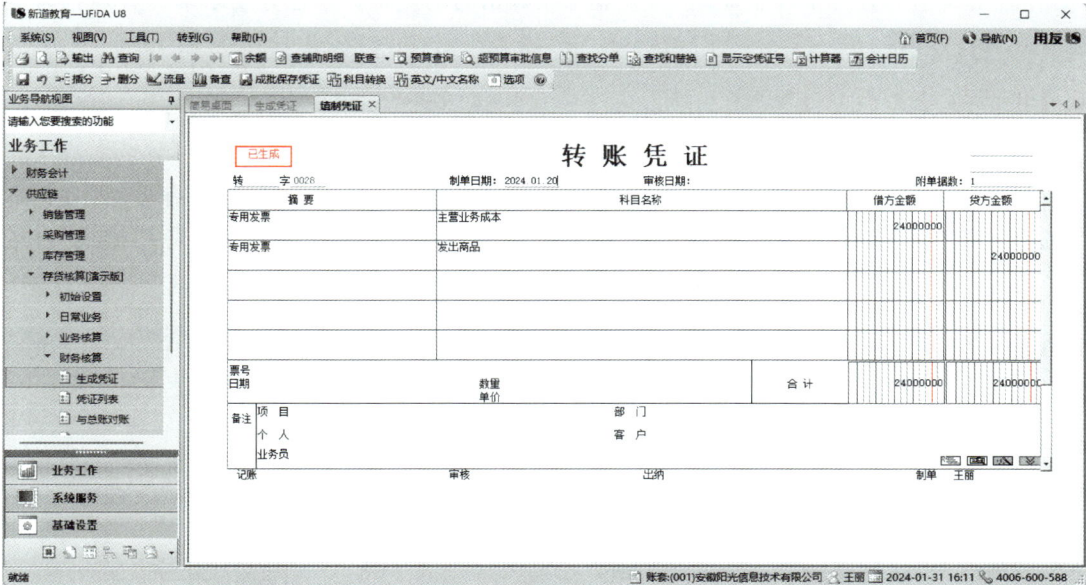

图 11-150　生成分期收款发出商品销售成本结转凭证

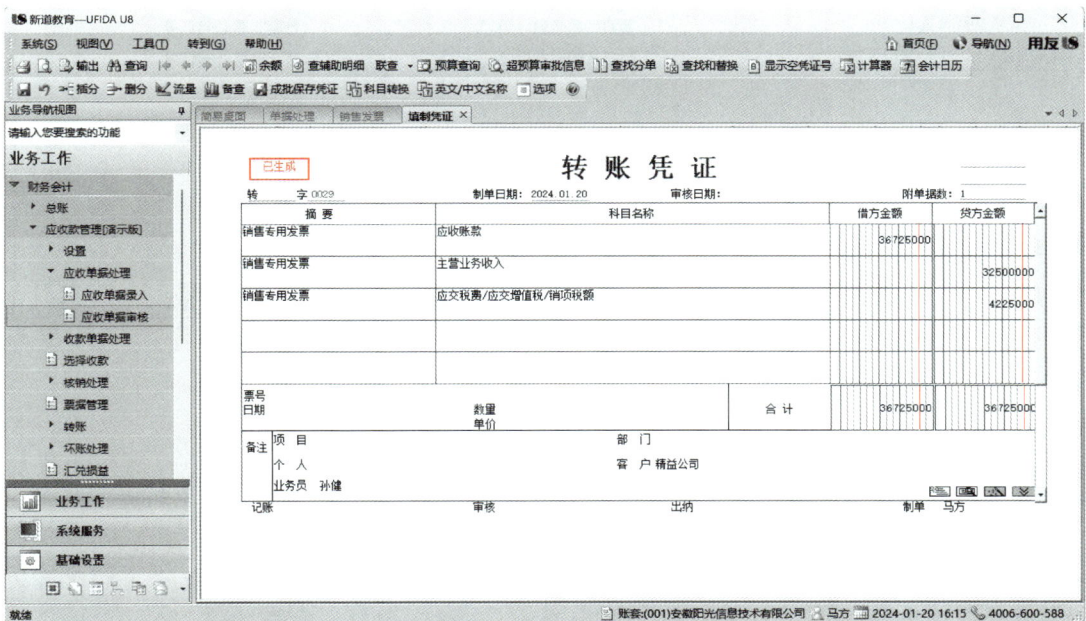

图 11-151　生成应收凭证

任务五　直运销售业务

【任务描述】

直运销售业务是指产品无须入库即可完成的购销业务,由供应商直接将商品发给企业的客户,结算时由购销双方分别与企业结算,企业赚取购销间的差价。本任务要求掌握直运销售业务的流程和操作方法。

【知识准备与业务操作】

一、相关设置

直运销售业务分为两种模式:一是只开发票,不开订单;二是先有订单,再开发票,分别称之为普通直运销售业务(非必有订单)和必有订单直运销售业务。无论采用哪种应用模式,直运业务均在销售管理系统中设置,如图 11-152 所示。

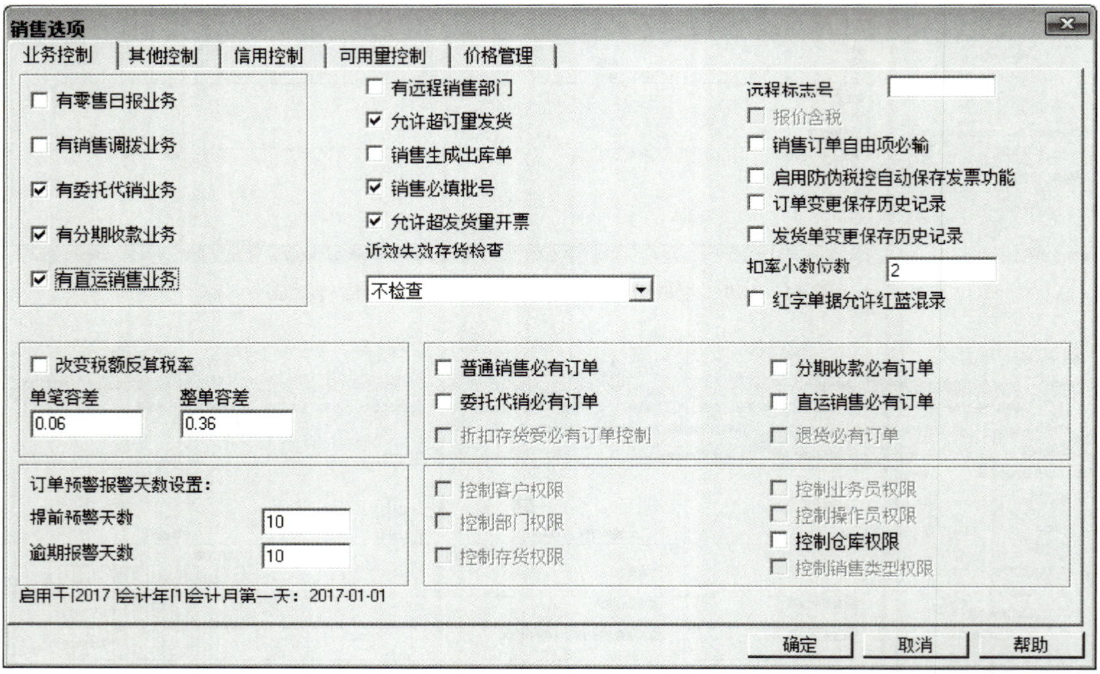

图 11-152 设置有直运销售业务参数

> **小提示!**
> ➤ 直运业务包括直运采购业务和直运销售业务,因此两个系统均有直运业务相关选项。但采购管理系统直运业务选项不可自行设置,而是由销售管理系统直运业务选项决定。
> ➤ 普通直运销售业务只需在销售选项中选中"有直运销售业务"选项即可,而必有订单直运销售还要选中"直运销售必有订单"选项。

二、业务流程

(一)普通直运销售业务(非必有订单)数据流程

非必有订单直运销售业务数据处理流程,如图 11-153 所示。

直运销售发票 ← 互相参照 → 直运采购发票

图 11-153 普通直运销售业务数据流程

（二）必有订单直运业务的数据处理流程

必有订单直运业务的数据流程,如图 11-154 所示。

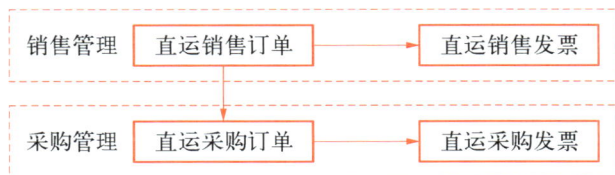

图 11-154　必有订单直运业务的数据处理流程

三、直运销售业务处理

直运业务包括直运销售业务和直运采购业务。直运业务没有实物的出入库,货物流向是直接从供应商到客户,财务结算通过直运销售发票、直运采购发票解决。从核算上,直运业务不通过"库存商品"科目,进货成本直接根据商品销售成本计价。从管理上,企业有必要了解某商品的利润、供应商及销售客户的收入、成本情况。从适用范围上,直运业务适用于大型电器、汽车、设备等产品的销售。

【业务资料】

2024 年 1 月 25 日,安徽阳光公司销售部向精益公司出售服务器,根据背景资料(图 11-155、图 11-156、图 11-157 和图 11-158)完成业务。

直运销售
业务处理

购 销 合 同

合同编号：ZY01

卖方：安徽阳光信息技术有限公司(以下简称甲方)

买方：精益公司(以下简称乙方)

为保护买卖双方的合法权益,根据《中华人民共和国民法典》的有关规定,经友好协商,买卖双方一致同意签订本合同并共同遵守。

一、货物的名称、数量及金额

品　名	单　位	无税单价(元/台)	数　量	金额(元)
服务器	台	100 000.00	1	100 000.00

二、合同总金额：人民币壹拾万元整(￥100 000.00)。

三、交货及验收

1. 交货实行送货制,即甲方应按订单所规定时间(2024 年 1 月 25 日)将商品运至乙方所指定的交货地点交与乙方。

2. 甲方交货时,货到现场时商品从卸货到进入乙方仓库中所发生的搬运工作一律由甲方负责,货到现场收货人仅点收数量或件数,以后乙方开箱时如发现商品数量、质量等不符合合同约定,则由甲方负责。

3. 结算金额不包括增值税税额。

……

甲　　方：安徽阳光信息技术有限公司　　　　　乙　　方：精益公司

法定代表人：肖剑　　　　　　　　　　　　　　法人代表：李科

日　　期：2024 年 1 月 25 日　　　　　　　　日　　期：2024 年 1 月 25 日

图 11-155　直运销售合同

11

购 销 合 同

合同编号：ZY02

卖方：艾德公司(以下简称甲方)

买方：安徽阳光信息技术有限公司(以下简称乙方)

为保护买卖双方的合法权益，根据《中华人民共和国民法典》的有关规定，经友好协商，买卖双方一致同意签订本合同并共同遵守。

一、货物的名称、数量及金额

品　名	单　位	无税单价(元/台)	数　量	金额(元)
服务器	台	90 000.00	1	90 000.00

二、合同总金额：人民币玖万元整(¥90 000.00)。

三、交货及验收

1. 交货实行送货制，即甲方应按订单所规定时间(2024 年 1 月 26 日)将商品运至乙方所指定的交货地点交与乙方。

2. 甲方交货时，货到现场时商品从卸货到进入乙方仓库中所发生的搬运工作一律由甲方负责，货到现场收货人仅点收数量或件数，以后乙方开箱时如发现商品数量、质量等不符合合同约定，则由甲方负责。

……

甲　　方：艾德公司　　　　乙　　方：安徽阳光信息技术有限公司

授权代表：孙李 合同章　　　　法定代表人：肖剑 合同章

日　　期：2024 年 1 月 26 日　　　　日　　期：2024 年 1 月 26 日

图 11－156　直运采购合同

上海增值税专用发票

发　票　联

№ 00080001

开票日期：2024 年 01 月 27 日

国税局〔2023〕562号海南华森实业公司

购买方	名　　称：安徽阳光信息技术有限公司 纳税人识别号：340019884734788 地 址、电 话：安徽合肥市潜山路 2 号　0551－6801110 开户行及账号：工商银行合肥分行中关村分理处 831658796206				密码区	略	
货物或应税劳务、服务名称	规格型号	单位	数量	单价	金额	税率	税额
服务器		台	1	90 000.00	90 000.00	13%	11 700.00
合　计					¥90 000.00		¥11 700.00
价税合计(大写)	⊗壹拾万零壹仟柒佰元整				(小写)¥101 700.00		
销售方	名　　称：艾德公司 纳税人识别号：310103695431012 地 址、电 话：上海市浦东新区东方路 1 号 021－4399000 开户行及账号：工行 85115076				备注	艾德公司 310103695431012 发票专用章	

第三联：发票联　购买方记账凭证

收款人：略　　　　复核：略　　　　开票人：略　　　　销售方：(章)

图 11－157　采购发票

11

安徽增值税专用发票　　No 17012536

此联不作报销、扣税凭证使用　　开票日期：2024 年 01 月 28 日

购买方	名　　称：精益公司 纳税人识别号：310106548765432 地 址、电 话：上海市徐汇区天平路 8 号 021－6809991 开户行及账号：工行徐汇分行 36542234	密码区	略

货物或应税劳务、服务名称	规格型号	单位	数量	单价	金额	税率	税额
服务器		台	1	100 000.00	100 000.00	13％	13 000.00
合　计					￥100 000.00		￥13 000.00

价税合计（大写）	⊗壹拾壹万叁仟元整	（小写）￥113 000.00

销售方	名　　称：安徽阳光信息技术有限公司 纳税人识别号：340019884734788 地 址、电 话：安徽合肥市潜山路 2 号 0551－68011107 开户行及账号：工商银行合肥分行中关村分理处 831658796206	备注	

收款人：略　　　　复核：略　　　　开票人：略　　　　销售方：（章）

国税局〔2023〕562号海南华森实业公司　第一联：记账联　销售方记账凭证

图 11-158　销售发票

【操作步骤】

（1）以"001 学生本人"身份登录企业应用平台，在基础档案中，增加存货分类"202 服务器"，如图 11-159 所示，再增加存货档案"011 服务器"，如图 11-160 所示。

（2）以"005 王丽"身份于日期"2024-01-25"登录销售管理系统，填制并审核销售订单（业务类型：直运），如图 11-161 所示。

小提示！

➤ 填制销售订单，注意选择业务类型为"直运销售"。

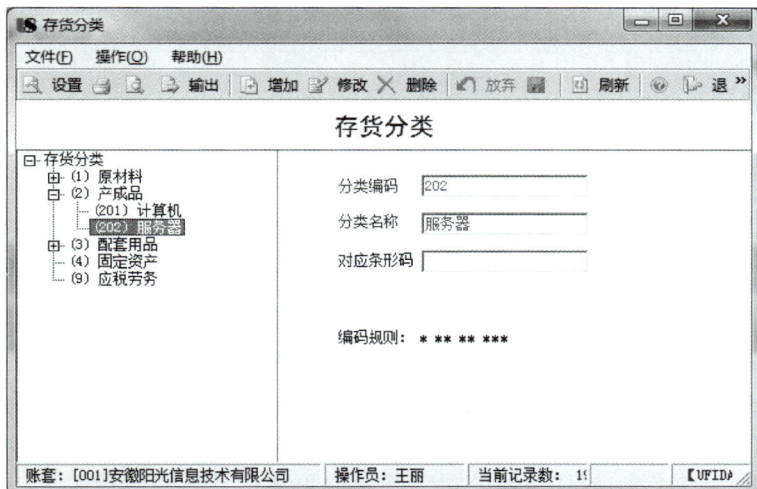

图 11-159　增加存货分类"服务器"

11

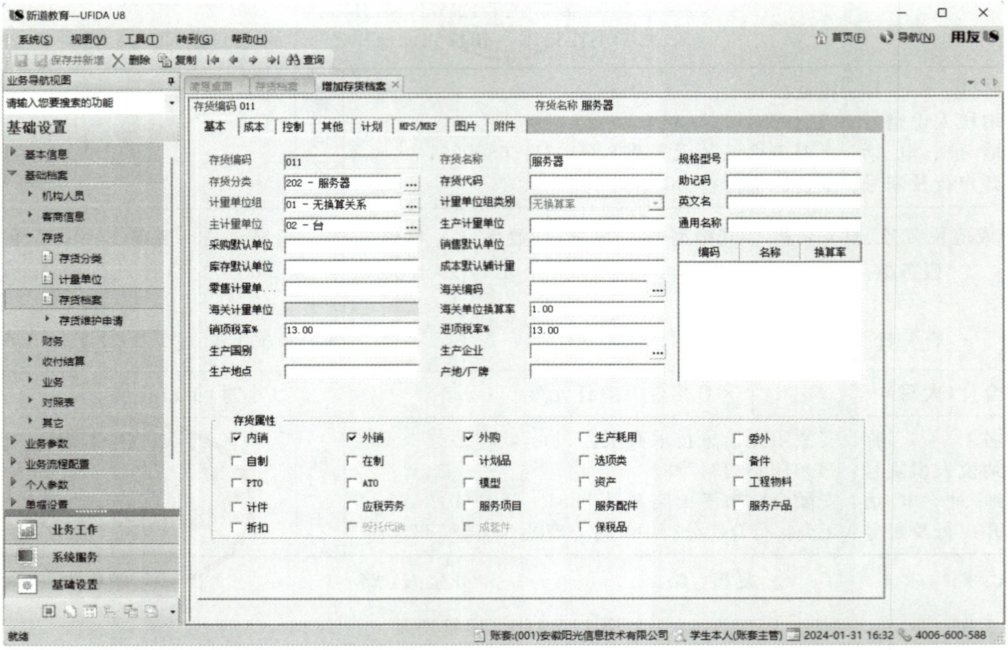

图 11－160 增加服务器存货档案

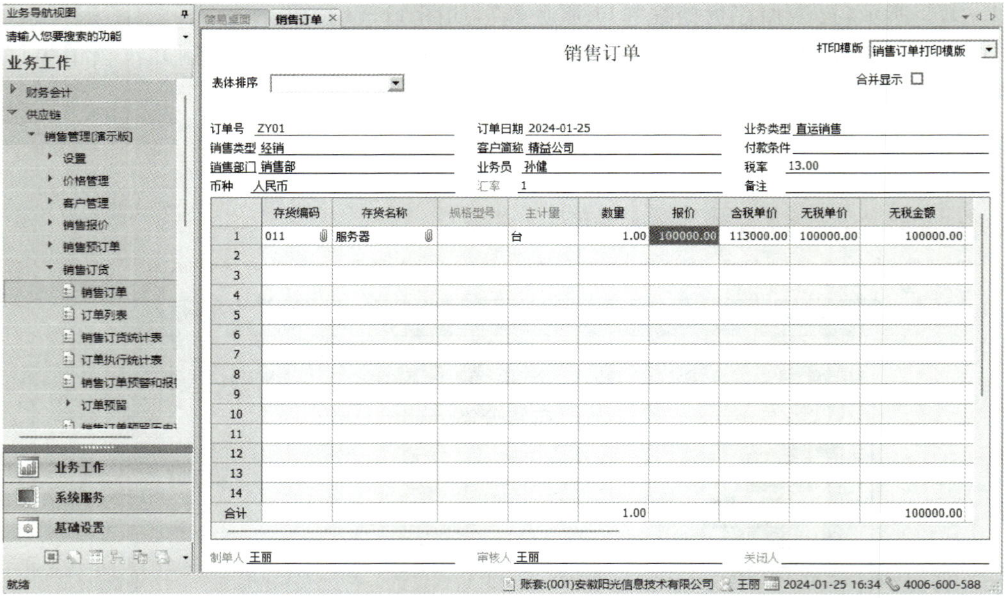

图 11－161 直运销售订单

（3）以"004 白雪"身份于日期"2024－01－26"登录采购管理系统，打开"采购订单"，选择业务类型"直运采购"，单击"生单"按钮，选择"销售订单"，将直运销售订单信息拷贝到采购订单，输入订单编号"ZY02"，选择供应商"艾德公司"，输入原币单价"90 000"，保存后并审核，如图 11－162 所示。

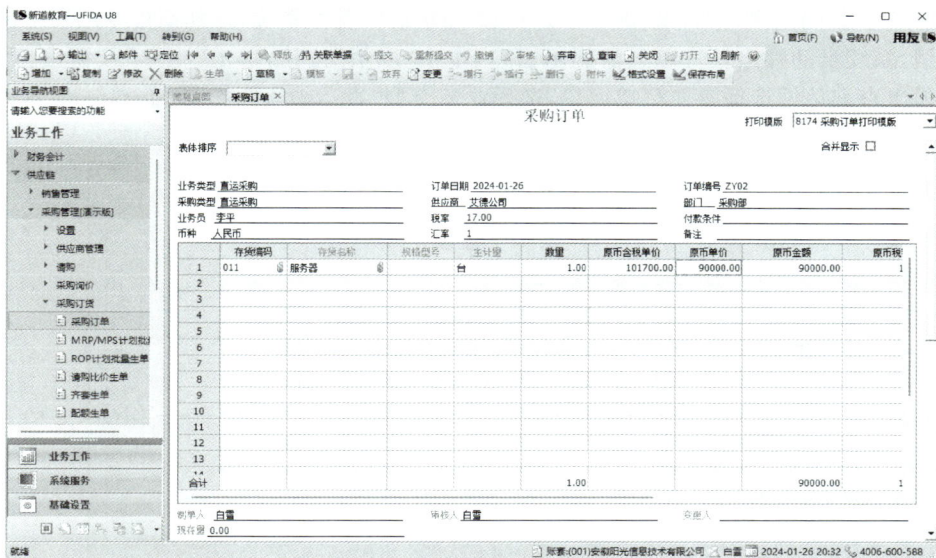

图 11-162　直运采购订单

> **小提示！**
> ➤ 采购订单中业务类型选择"直运采购"。
> ➤ 直运采购订单必须参照直运销售订单生成，可以拆单不能拆记录，即每行销售订单记录只能被采购订单参照一次。

（4）以"004 白雪"身份于日期"2024-01-27"登录采购管理系统，打开专用采购发票窗口，选择业务类型"直运业务"，单击"生单"按钮，参照采购订单，将采购订单信息带入专用发票，输入发票号"00080001"，单击"保存"后如图 11-163 所示。

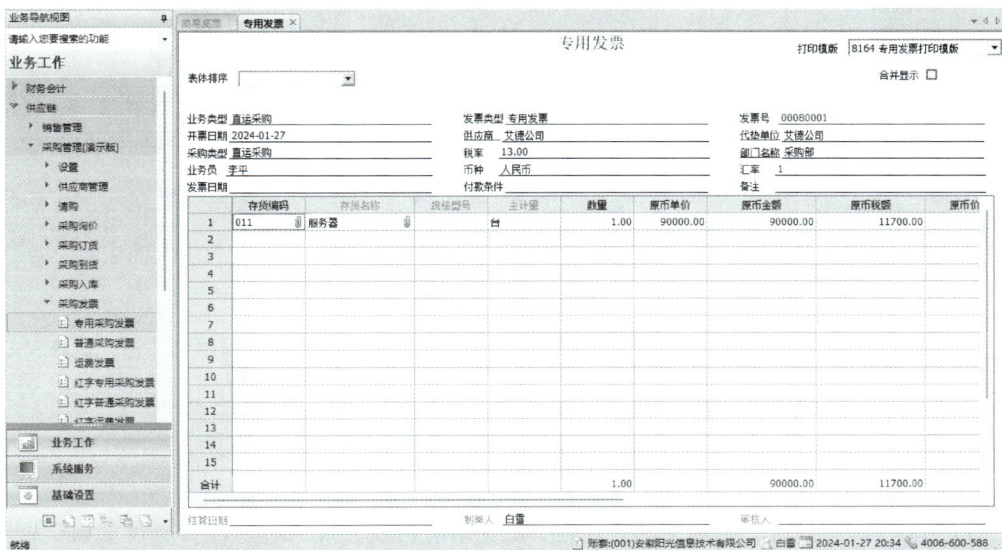

图 11-163　直运采购发票

　　（5）以"005 王丽"身份于日期"2024-01-28"登录销售管理系统,打开销售专用发票窗口,单击"增加"按钮,系统自动弹出发货单过滤提示窗口,单击"取消"按钮,单击"生单"按钮,选择"参照订单",系统弹出查询条件选择参照订单窗口,选择业务类型"直运销售",如图 11-164 所示。

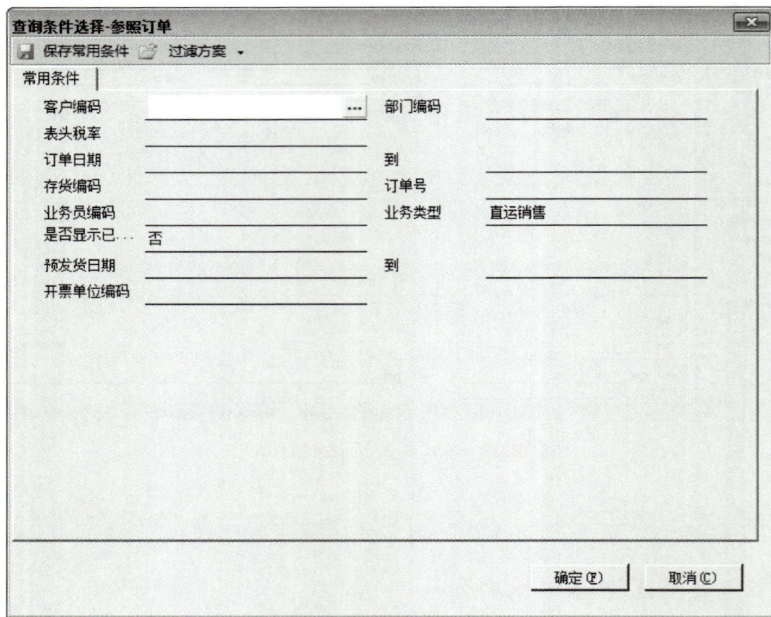

图 11-164　选择直运销售订单

　　（6）单击"确定"按钮,选择要参照的销售订单,确认后将其信息带入销售发票,输入销售发票号码"17012536",单击"保存"按钮,再单击"复核"按钮后如图 11-165 所示。

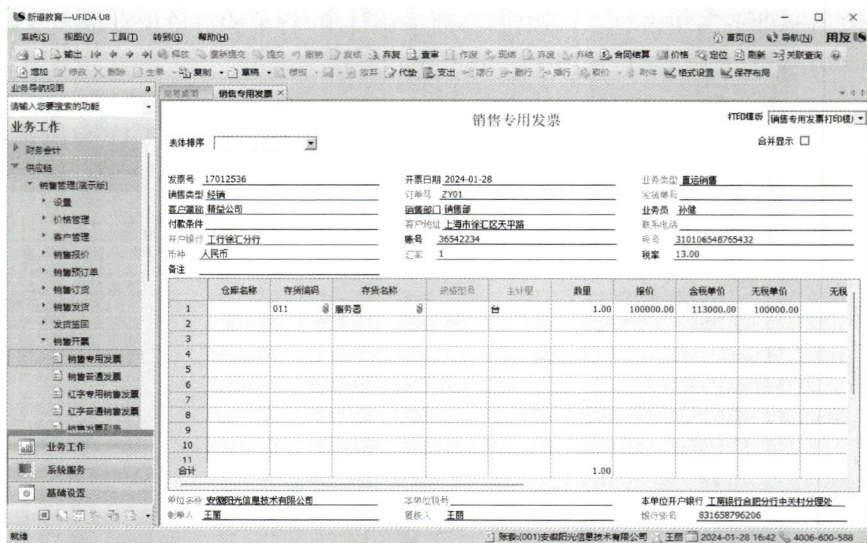

图 11-165　直运销售专用发票

　　（7）以"003 马方"身份于日期"2024-01-27"登录应付款管理系统,双击"应付单据审核",打开应付单过滤窗口,选中"未完全报销",如图 11-166 所示,过滤出直运采购发票,执行审核处理。

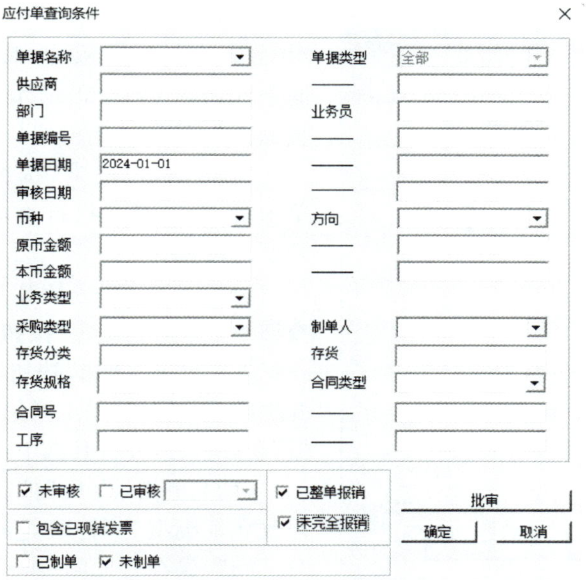

图 11 - 166　设置直运采购发票在应付款管理系统审核过滤条件

小提示！

➤ "未完全报销"是指没有进行采购结算的发票。直运采购业务无须入库,也就无须结算。因此在应付单据审核过滤窗口中,需要选中"未完全报销",才能过滤出直运采购发票。

（8）以"003 马方"身份于日期"2024 - 01 - 28"登录应收管理系统,对直运销售发票审核,并制单处理生成凭证保存后,如图 11 - 167 所示。

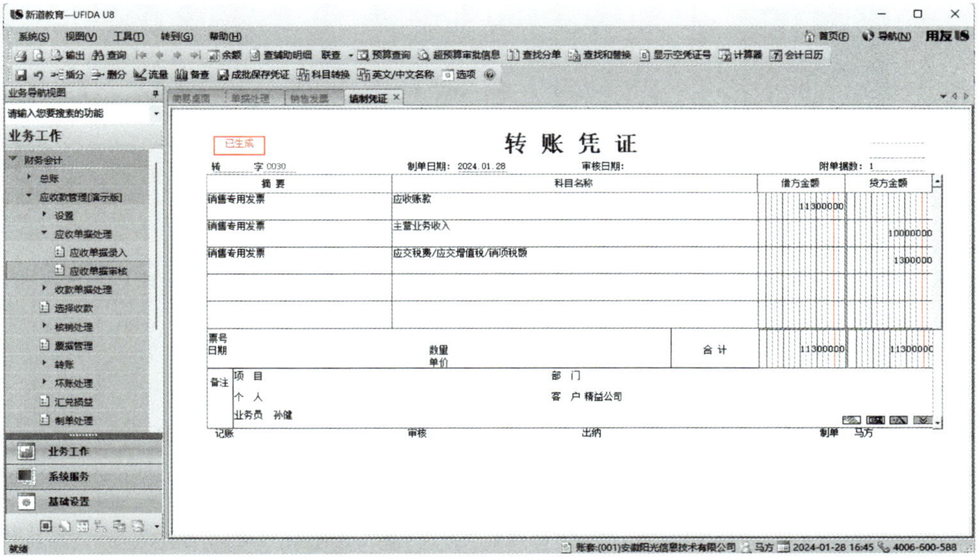

图 11 - 167　直运销售发票生成应收收入凭证

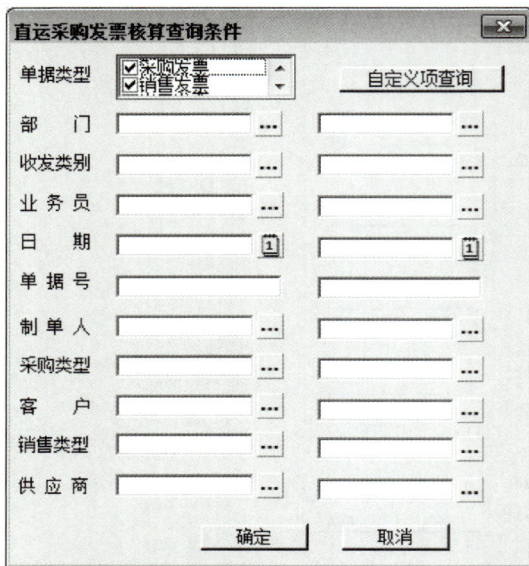

**图 11 - 168　直运销售记账过滤的直运
采购发票查询条件**

(9) 以"005 王丽"身份于日期"2024 - 01 - 31"登录存货核算系统,双击"直运销售记账",过滤条件如图 11 - 168 所示,单击"确定"按钮,打开直运销售记账列表。

(10) 单击"确定"按钮,单击"全选"按钮,再单击"记账"按钮,执行直运采购发票和直运销售发票记账操作。

(11) 双击"财务核算",单击"选择"按钮,打开查询条件,单击"确定"按钮,进入"未生成凭证单据一览表",单击"全选"按钮,再单击"确定"按钮,打开生成凭证窗口,手工增加"140504 库存商品/服务器"会计科目,并将其选中,如图 11 - 169 所示。

(12) 单击"生成"按钮,进入填制凭证窗口,修改凭证类型为"转账凭证"、制单日期为"2024 - 01 - 28",保存后如图 11 - 170 所示。单击"下张"按钮,修改凭证类型为"转账凭证",制单日期为"2024 - 01 - 27",保存后如图 11 - 171 所示。

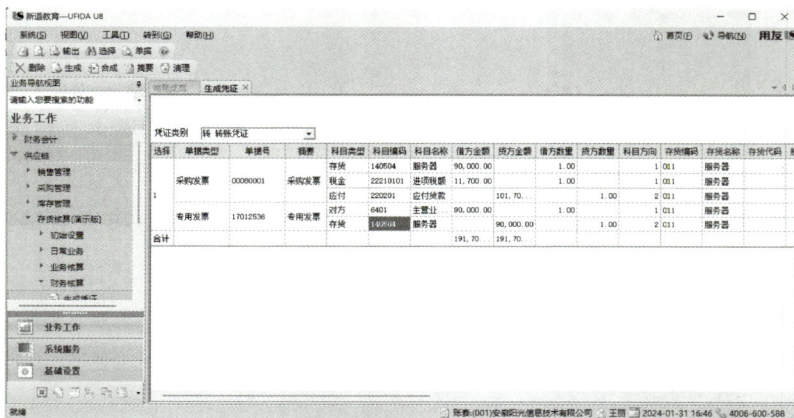

图 11 - 169　设置会计科目

小提示!

➢ 与普通采购业务不同,直运采购发票制单时,借方科目取存货对应的科目,贷方取应付账款或结算方式(现结时)对应的科目。形成的会计分录如下:

借:存货科目
　　贷:应付账款等

➢ 直运销售发票制单时,借方科目取收发类别对应的科目,贷方取存货对应的科目。形成的会计分录如下:

借:主营业务成本
　　贷:存货科目等

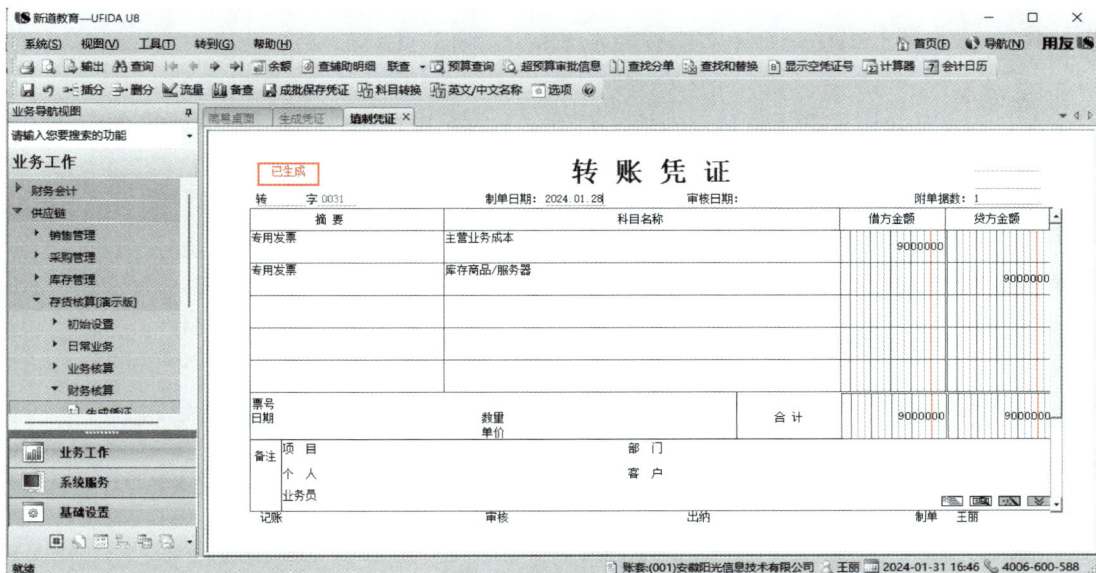

图 11-170　直运销售发票生成销售成本结转凭证

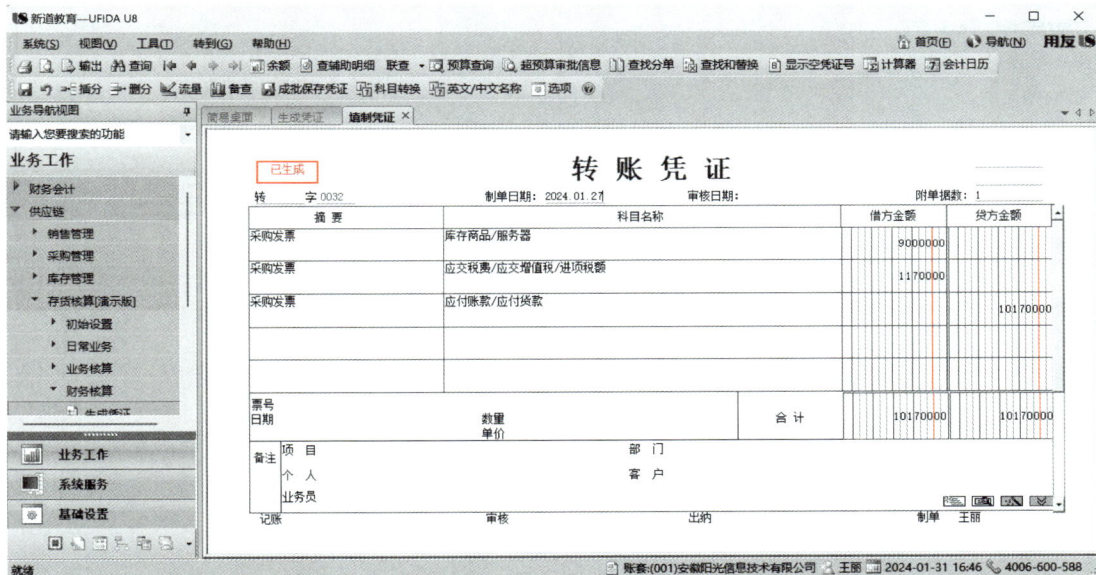

图 11-171　直运采购发票生成应付凭证

任务六　零售日报业务

【任务描述】

零售日报业务的多数功能与销售发票相同,其他区别是:零售日报不能与销售订单关联;零售日报不能处理先发货后开票业务,即零售日报不能参照发货单录入。本任务要求掌握零售日报业务的流程和操作方法。

【知识准备与业务操作】

一、相关设置

零售日报业务的启动需在销售管理系统中设置,如图 11-172 所示。

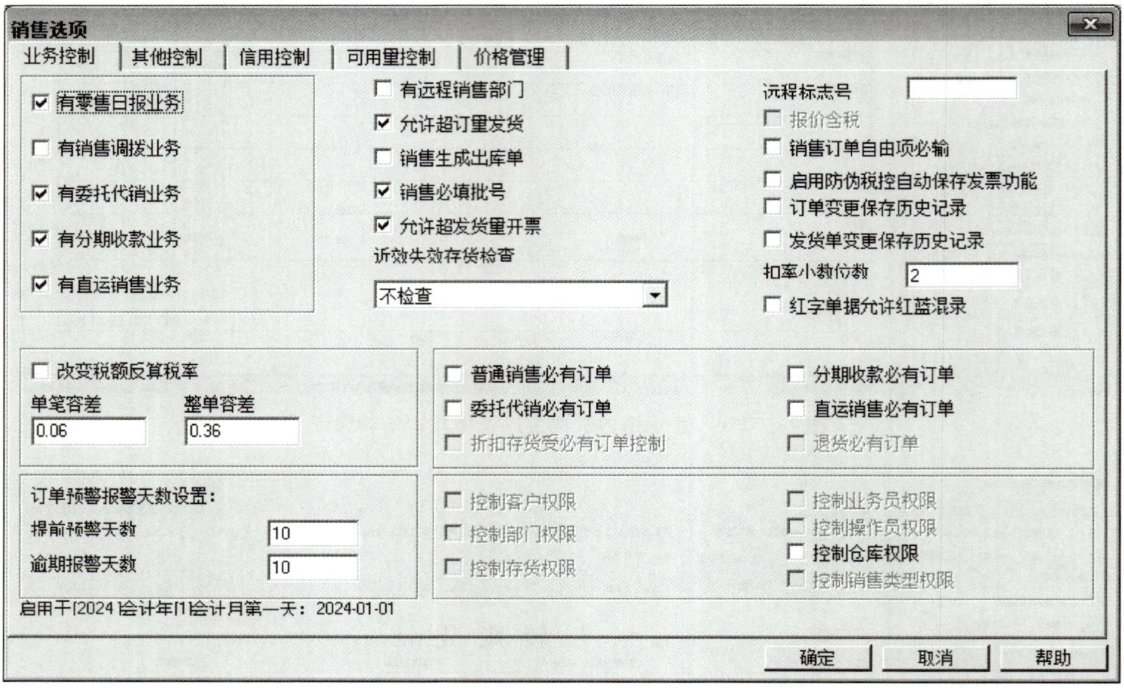

图 11-172 零售日报业务销售选项

小提示!

➢ 选中"有零售日报业务"选项,销售管理系统才会增加"零售日报"菜单项目。

二、业务流程

零售日报业务流程如图 11-173 所示。

图 11-173 零售日报业务流程

三、零售日报销售业务处理

【业务资料】

2024 年 1 月 25 日,安徽阳光公司销售给张伟计算机,根据背景资料(图 11-174 和图 11-175)完成业务(先增加客户档案"007 张伟",所属分类"零售")。

零售日报
业务处理

零 售 日 报

2024 年 01 月 25 日

客户名称	产品名称	单　位	单价 （含税）	数　量	金　额	备　注
张　伟	计算机	台	7 345.00	5	36 725.00	
合　计			7 345.00	5	36 725.00	

图 11－174　零售日报

收 款 收 据

2024 年 01 月 25 日　　　　　　　　　　　　　　　　　NO. 110114119

今 收 到 张伟

交来：计算机货款

金额（大写）　零拾　叁万　陆仟　柒佰　贰拾　伍元　零角　　零分　　　¥36 725.00

☑ 现金　　□ 支票　　□ 信用卡　　□ 其他

收款
单位（盖章）

会计主管：略　　　　　　　会计：略　　　　　　　出纳：财务专用章

图 11－175　收款收据

【操作步骤】

（1）以"005 王丽"身份于日期"2024－01－25"登录销售管理系统，双击"零售日报"，单击"增加"按钮，输入客户简称、存货名称和数量金额，再进行保存，如图 11－176 所示。

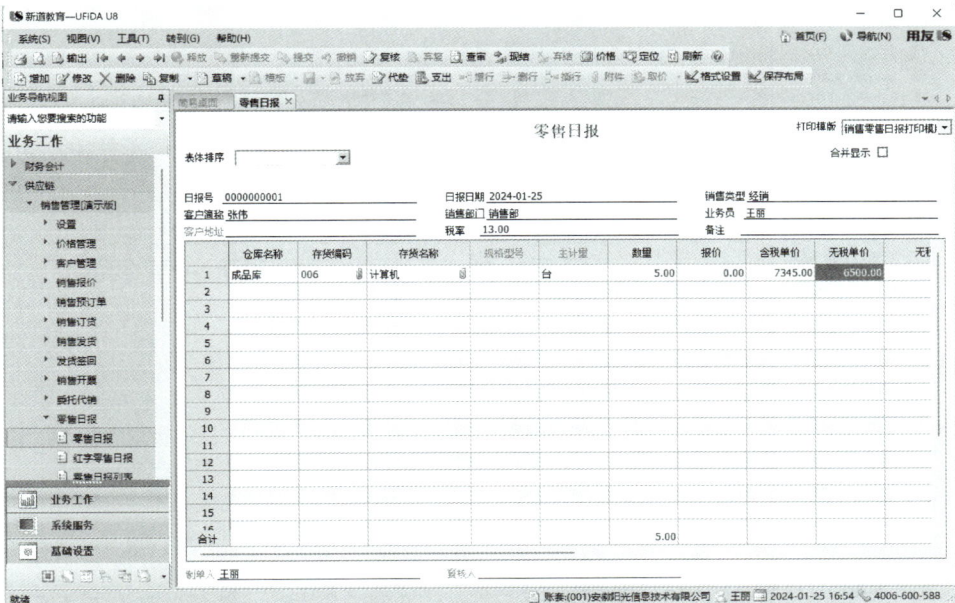

图 11－176　零售日报

小提示!

➤ 用友 ERP - U8 V10.1 软件通过"零售日报"的方式接收用户的零售业务原始数据,它不是原始的销售单据,是零售业务数据的日汇总。

（2）点击"现结"按钮,选择"现金结算",输入金额后点击确定,再复核,如图 11 - 177 所示。

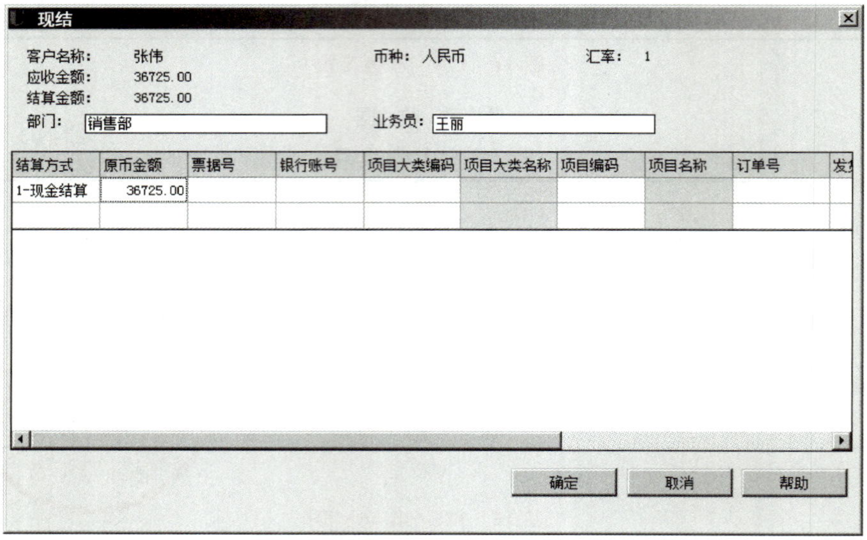

图 11 - 177　现结窗口

（3）在库存管理系统中,单击"出库业务",双击"销售出库单",单击"生单"按钮,参照"发货单"生成并审核"销售出库单",如图 11 - 178 所示。

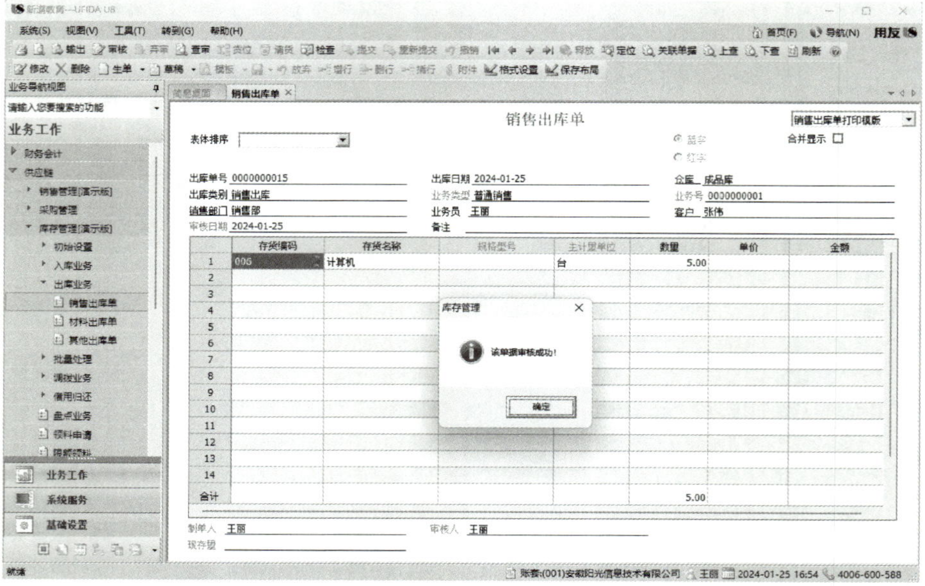

图 11 - 178　销售出库单

（4）以"003 马方"身份于日期"2024-01-25"登录应收款管理系统，双击"应收单据审核"，打开应收单过滤窗口，选中"包含已现结发票"，过滤出销售零售日报，执行审核处理，并制单保存，如图11-179所示。

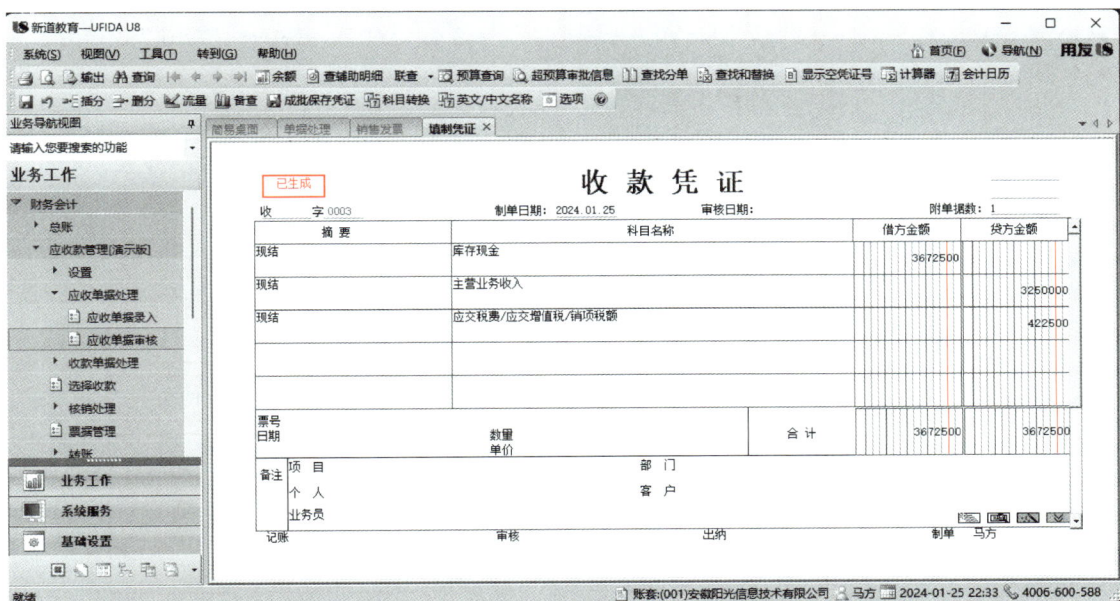

图 11-179 收款凭证

（5）以"005 王丽"身份于日期"2024-01-31"登录存货核算系统，单击"业务核算"，双击"正常商品记账"，再生成凭证，如图11-180所示。

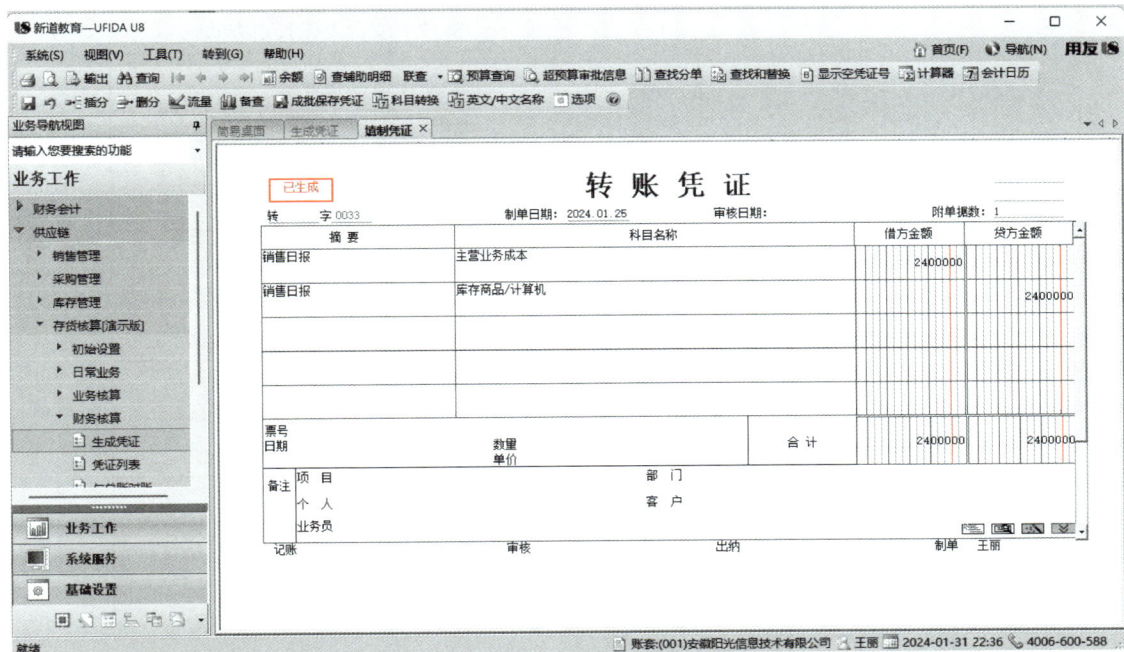

图 11-180 生成结转存货成本凭证

小提示!

➤ 销售管理系统所有业务处理完毕,更换操作员为"002 王晶"进入总账管理系统,执行出纳签字,再更换操作员为"001 学生本人",执行审核和记账。

➤ 将销售管理账套数据备份到"D：/001 账套备份/供应链管理/实验三销售管理"文件夹。

项 目 小 结

"项目十一 销售管理"内容结构如图 11-181 所示。

图 11-181 "项目十一 销售管理"内容结构图

项目十二　库存管理

立体智能
仓库改造
的变革之
路

◇ **职业能力目标**

了解库存管理系统的基本功能,理解库存管理系统与其他系统的数据传递关系;掌握库存管理系统出入库和其他业务处理方法。

◇ **典型工作任务**

库存管理认知;入库业务处理;出库业务处理;其他业务处理。

任务一　库存管理认知

【任务描述】

库存管理系统是用友 ERP‐U8 V10.1 供应链管理中的重要产品之一,能够满足各种出入库业务需要,并且提供了多种业务的全面功能应用。本任务要求了解库存管理系统的基本功能,库存管理系统与其他系统的关系,为库存管理后续业务操作处理奠定必需的理论基础。

【知识准备与业务操作】

一、库存管理系统的基本功能

库存管理系统能够满足采购入库、销售出库、产成品入库、材料出库、其他出入库等业务需要,并且提供了仓库货位管理、批次管理、保质期管理、不合格品管理、现存量管理等业务的全面功能应用。

(一)日常收发存业务处理

库存管理系统的主要功能就是对采购管理系统、销售管理系统及库存管理系统填制的各种出入库单据进行审核,并对存货的出入库数量进行管理。

(二)库存控制

库存管理系统支持批次跟踪、保质期管理、委托代销商品管理、不合格品管理、现存量管理、安全库存管理,对超储、短缺、呆滞积压、超额领料等情况进行报警。

(三)库存账簿及统计分析

库存管理系统可以提供入库流水账、库存台账、受托代销商品备查簿、委托代销商品备查簿、呆滞积压存货备查簿供用户查询,同时提供各种统计汇总表。

二、库存管理系统与其他系统的关系

库存管理系统与其他系统集成使用,其主要关系如图12-1所示。

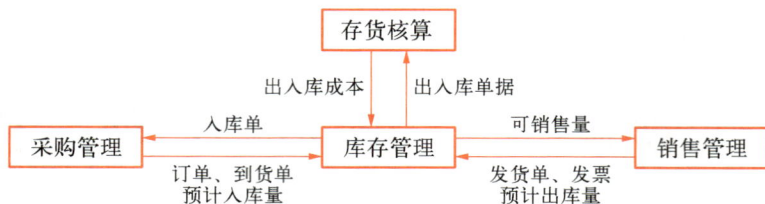

图 12-1　库存管理系统与其他系统的关系

三、库存管理业务类型与业务模式

不同企业由于所属行业不同,在库存管理系统也存在着不同的模式。为此,用友 ERP - U8 V10.1 库存管理系统提供了工业企业和商业企业两种应用方案。

(一)工业企业核算类型

工业企业的存货是指原材料、材料、包装物、低值易耗品、委托加工材料及企业自行生产的半成品、产成品等。在用友 ERP - U8 V10.1 库存管理系统中,如果建立账套时选择企业类型为工业,在日常业务中,可以对采购入库单、产成品入库单、其他入库单、销售出库单、材料出库单、其他出库单等单据发生的出入库数量进行审核。工业企业的库存管理工作还包括调拨、盘点、组装、拆卸、形态转换、限额领料等业务。工业企业核算类型不能对受托代销业务进行管理。

(二)商业企业核算类型

商业企业中的存货指库存商品。在用友 ERP - U8 V10.1 库存管理系统中,如果建立账套时选择企业类型为商业,在日常业务中,可以对采购入库单、其他入库单、销售出库单、其他出库单等单据发生的出入库数量进行审核。商业企业的库存管理工作还包括调拨、盘点、组装、拆卸、形态转换等业务。商业企业核算类型不能使用产成品入库、材料出库等相关功能,但可以进行受托代销业务的管理。

任务二　入库业务处理

【任务描述】

仓库收到采购或生产的存货,仓库报关员将验收存货的数量、质量等,确认验收无误后入库。对于工业企业核算类型,才会有产成品入库单。本任务要求掌握产成品入库业务处理的流程和操作方法。

【知识准备与业务操作】

一、采购入库业务

采购入库业务主要处理采购业务员将采购回来的存货交到仓库时,仓库保管员对其所购存货进行验收确认及进行相应的账簿登记。采购入库单的审核是仓库保管员对采购业务的实际到货进行质量、数量的验收和签收。

对于工业企业,采购入库单一般是指采购原材料入库时所填制的入库单据。

对于商业企业,采购入库单一般是指商品进货入库时所填制的入库单据。

采购入库单按进出库方向可分为蓝字采购入库单和红字采购入库单。

二、产成品入库业务

产成品入库单是管理工业企业的产成品入库、退回业务的单据。工业企业对原材料及半成品进行一系列的加工后,形成可销售的商品,然后验收入库。只有工业企业才有产成品入库单,商业企业则没有此单据。

产成品一般入库时是无法确定产品的总成本和单位成本的,因此在填制产成品入库单时,一般只有数量,没有单价和金额。

产成品入库的业务流程如图 12-2 所示。

产成品入库单(库存管理) → 审核(库存管理) → 产成品成本分配(存货核算) → 记账并生成凭证(存货核算)

图 12-2 产成品入库的业务处理流程

【业务资料】

2024 年 1 月 15 日,安徽阳光公司成品库收到当月一车间加工的 10 台计算机产成品入库。

1 月 16 日,成品库收到当月一车间加工的 20 台计算机产成品入库。

随后收到财务部门提供的完工产品成本。其中计算机成本为 144 000 元,随即做成本分配,记账生成凭证。

【操作步骤】

(1)引入"实验一供应链管理初始化"账套备份数据,以"004 白雪"身份于日期"2024-01-15"登录企业应用平台,单击"业务工作"/"供应链"/"库存管理"/"入库业务",双击"产成品入库单",打开产成品入库单窗口。

(2)单击"增加"按钮,选择仓库"成品库",入库类型"产成品入库",部门"一车间",产品"006 计算机",输入数量"10",如图 12-3 所示。

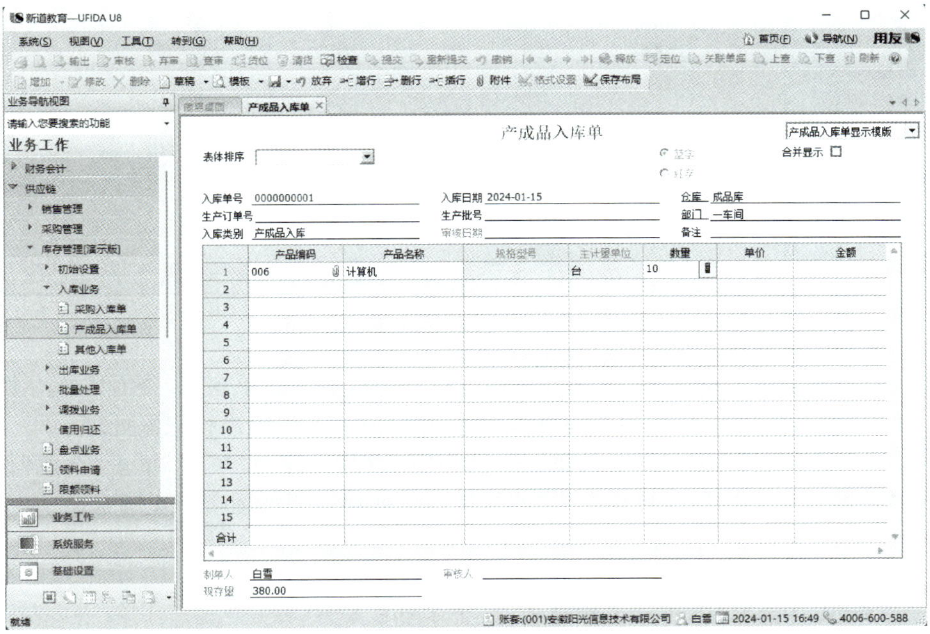

图 12-3 产成品入库单录入

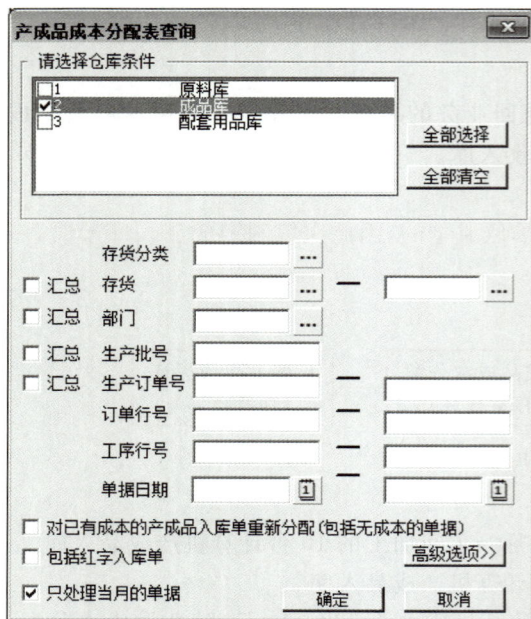

图 12 - 4　产成品成本分配查询设置

（3）单击"保存"按钮，再单击"审核"按钮。

（4）同理，输入第二张产成品入库单（入库日期：2024 - 01 - 16），并审核。

小提示！
➤ 产成品入库单上无须填写单价，待产品成本分配后会自动写入。

（5）单击"存货核算"/"业务核算"，双击"产成品成本分配"，打开产成品成本分配窗口。

（6）单击"查询"按钮，打开产成品成本分配表查询窗口，选择"成品库"，如图 12 - 4 所示。

（7）单击"确定"按钮，系统将符合条件的记录带到产成品成本分配表，在"006 计算机"记录行金额栏输入"144 000"，如图 12 - 5 所示。

（8）单击"分配"按钮，系统弹出"分配操作顺利完成"提示，单击"确定"按钮返回。

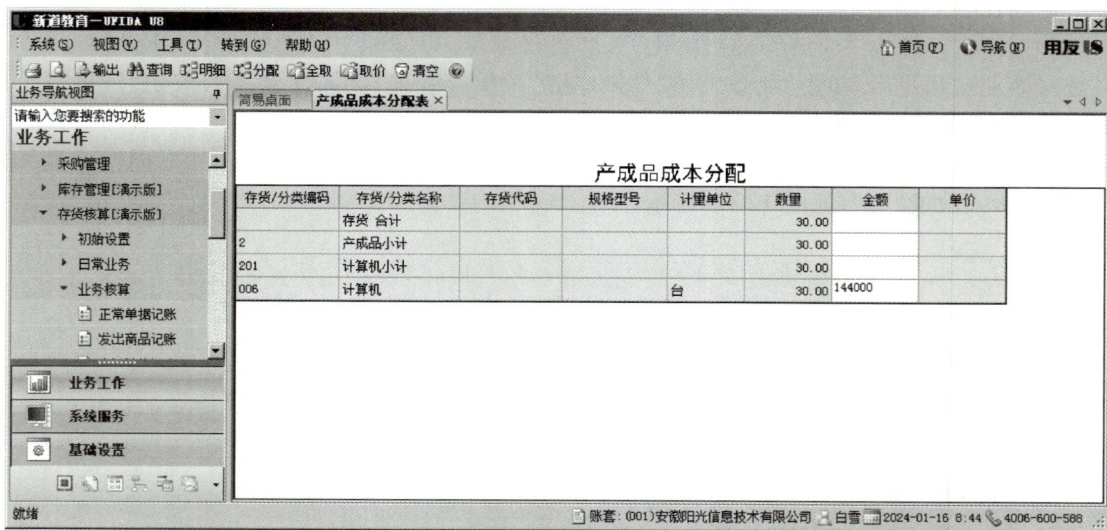

图 12 - 5　录入产成品成本分配金额

（9）单击"日常业务"，双击"产成品入库单"，打开产成品入库单窗口，查看入库存货单价。

（10）单击"业务核算"，双击"正常单据记账"，对产成品入库单进行记账处理。

（11）单击"财务核算"，双击"生成凭证"，选择"产成品入库单"单据，单击"合成"按钮，修改凭证类别为"转账凭证"，增加项目核算为"计算机"，凭证保存后如图 12 - 6 所示。

小提示！
➤ "生产成本/直接材料"为项目核算科目，此业务项目是"计算机"。

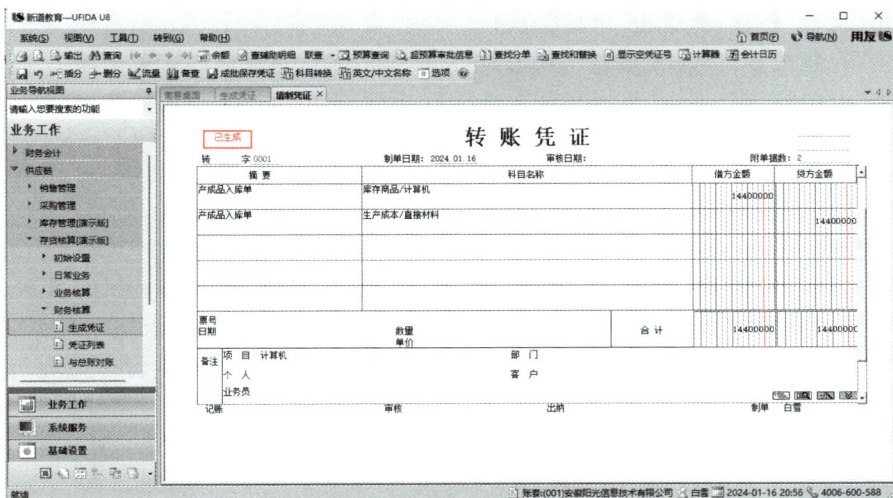

图 12-6　生成产成品入库凭证

三、其他入库业务

其他入库单是指除采购入库、产成品入库之外的其他入库业务,如调拨、盘盈、组装拆卸、形态转换等业务形成的入库单。

其他入库单一般由系统根据其他业务单据自动生成,也可手工填制。

【业务资料】

2024 年 1 月 17 日,安徽阳光公司销售部收到赠品 23 英寸液晶屏 1 台,单价为 2 200 元。

【操作步骤】

(1) 以"005 王丽"身份于日期"2024-01-17"登录企业应用平台,单击"业务工作"/"供应链"/"库存管理"/"入库业务",双击"其他入库单",打开其他入库单窗口。

(2) 单击"增加"按钮,选择仓库"原料库",存货名称"23 英寸液晶屏",输入数量"1",单价"2 200",如图 12-7 所示。

其他入库业务处理

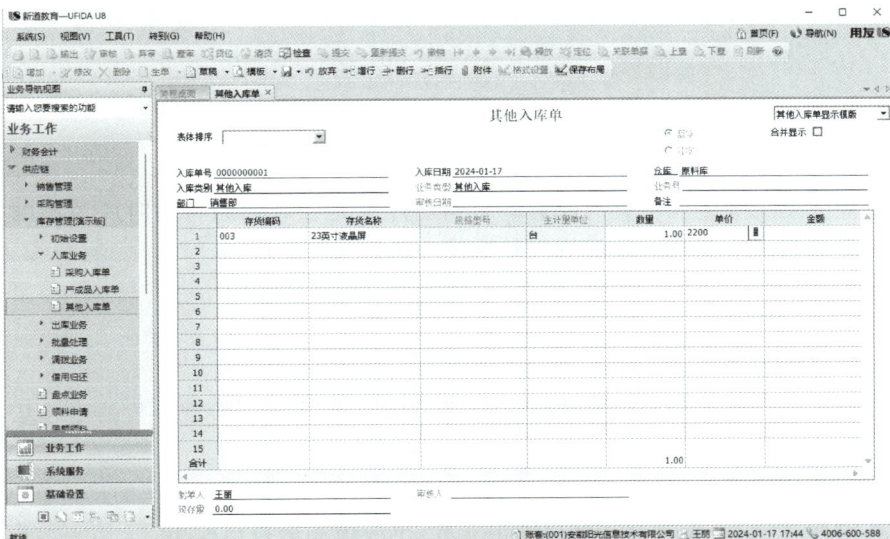

图 12-7　录入其他入库单

12

（3）单击"保存"按钮，再单击"审核"按钮。

（4）单击"存货核算"/"业务核算"，双击"正常单据记账"，对其他入库单记账。

（5）单击"财务核算"，双击"生成凭证"，选择"其他入库单"单据，生成凭证保存后如图 12 - 8 所示。

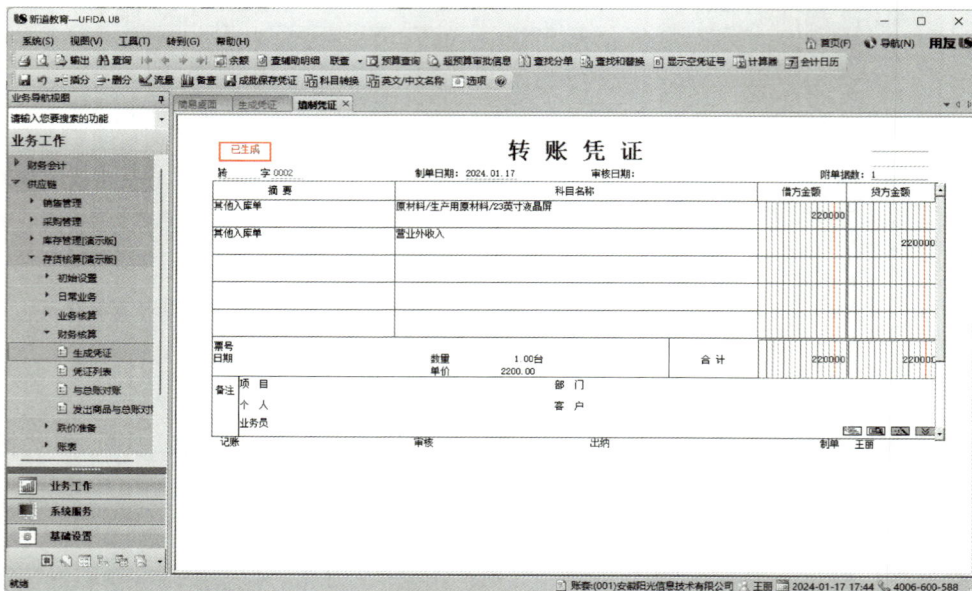

图 12 - 8　其他入库单生成的凭证

小提示！

➢ 该张凭证贷方科目需手工输入"6301 营业外收入"。

任务三　出库业务处理

【任务描述】

材料出库业务是工业企业特有的业务。材料出库单是在领用原材料时所填制的出库单据。本任务要求掌握材料出库业务处理的流程和操作方法。

【知识准备与业务操作】

一、销售出库业务

销售出库单反映存货销售的出库情况，在库存管理系统主要是管理存货的出库数量，而在存货核算系统核算存货的出库成本。

对于工业企业核算类型，销售出库单一般是产成品销售出库时所填制的出库单据。但如果是企业发生其他存货（如半成品、原材料）销售业务，也应填制销售出库单。

对于商业企业核算类型，销售出库单一般是商品销售出库时所填制的出库单。

销售出库按业务类型划分为：普通销售出库、委托代销出库、分期收款出库，每种出库业务又涉及蓝字销售出库单和红字销售出库单（在销售退货时使用）。

二、材料出库业务

材料出库单是工业企业领用材料时所填制的出库单据，材料出库单也是进行日常业务处理和记账的主要原始单据之一。只有工业企业才有材料出库单，商业企业没有此单据。

【业务资料】

2024 年 1 月 18 日，安徽阳光公司一车间向原料库领用酷睿双核处理器 100 盒，500GB 硬盘 100 盒，用于生产。记材料明细账，生成领料凭证。

【操作步骤】

（1）以"005 王丽"身份于日期"2024 - 01 - 18"登录企业应用平台，单击"业务工作"/"供应链"/"库存管理"/"出库业务"，双击"材料出库单"，打开材料出库单窗口。

（2）单击"增加"按钮，选择仓库"原料库"，出库类别"领料出库"，部门"一车间"，材料编码"001 酷睿双核处理器"，输入数量"100"，再继续选择材料编码"002 500GB 硬盘"，输入数量"100"，如图 12 - 9 所示。

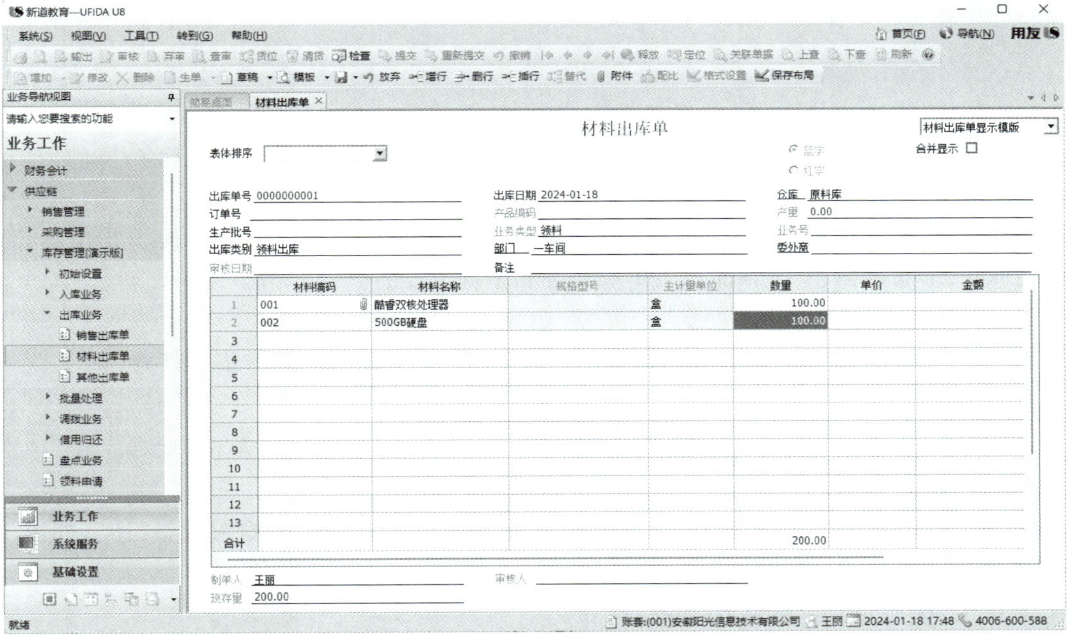

图 12 - 9　录入材料出库单

（3）单击"保存"按钮，再单击"审核"按钮。

（4）单击"存货核算"/"业务核算"，双击"正常单据记账"，对"材料出库单"记账。

（5）单击"财务核算"，双击"生成凭证"，选择"材料入库单"单据，生成凭证保存后如图 12 - 10 所示。

小提示！
➤ "生产成本/直接材料"为项目核算科目，具体项目是"103 计算机"。

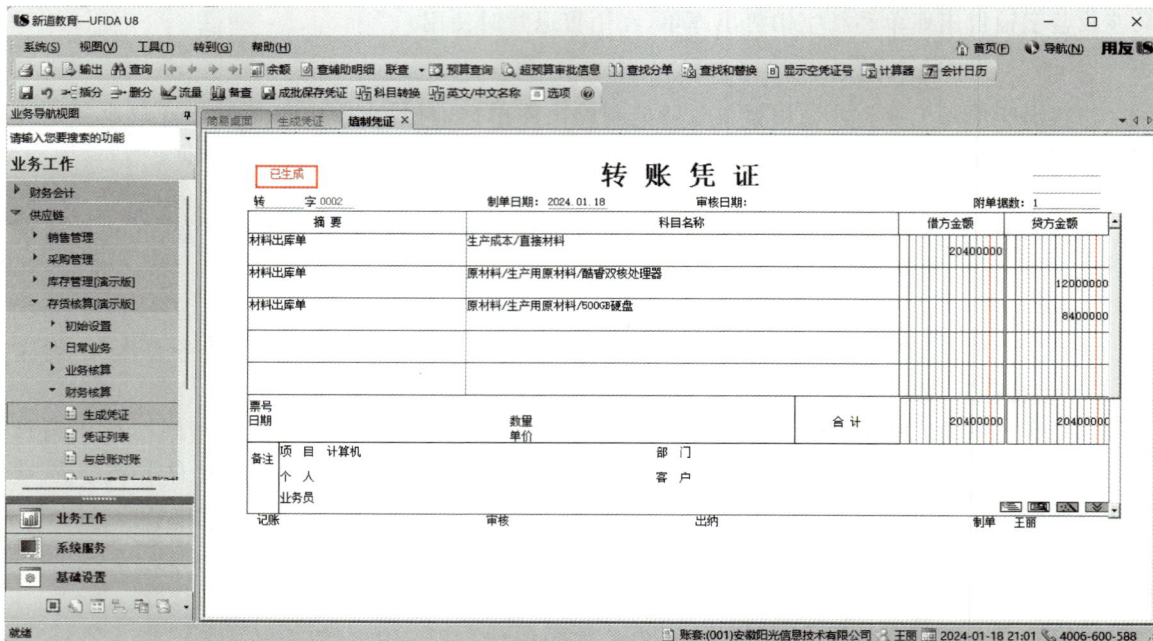

图 12-10　生成材料出库凭证

三、其他出库业务

其他出库业务是指除销售出库、材料出库之外的其他出库业务。一般情况下是由盘点、调拨、组装拆卸、形态转换、不合格品记录单等业务和单据生成的。

【业务资料】

2024 年 1 月 18 日,安徽阳光公司销售部领取 10 台计算机样本,用于捐助教育。

【操作步骤】

(1)以"005 王丽"身份于日期"2024-01-18"登录企业应用平台,单击"业务工作"/"供应链"/"库存管理"/"出库业务",双击"其他出库单",打开其他出库单窗口。

(2)单击"增加"按钮,选择仓库"成品库",存货编码"006 计算机",输入数量"10",如图 12-11 所示。

(3)单击"保存"按钮,再单击"审核"按钮。

(4)单击"存货核算"/"业务核算",双击"正常单据记账",对"其他出库单"记账。

(5)单击"财务核算",双击"生成凭证",选择"其他出库单"单据,生成凭证保存后如图 12-12 所示。

12

小提示!

➤ 该张凭证借方科目需手工输入"6711 营业外支出"。

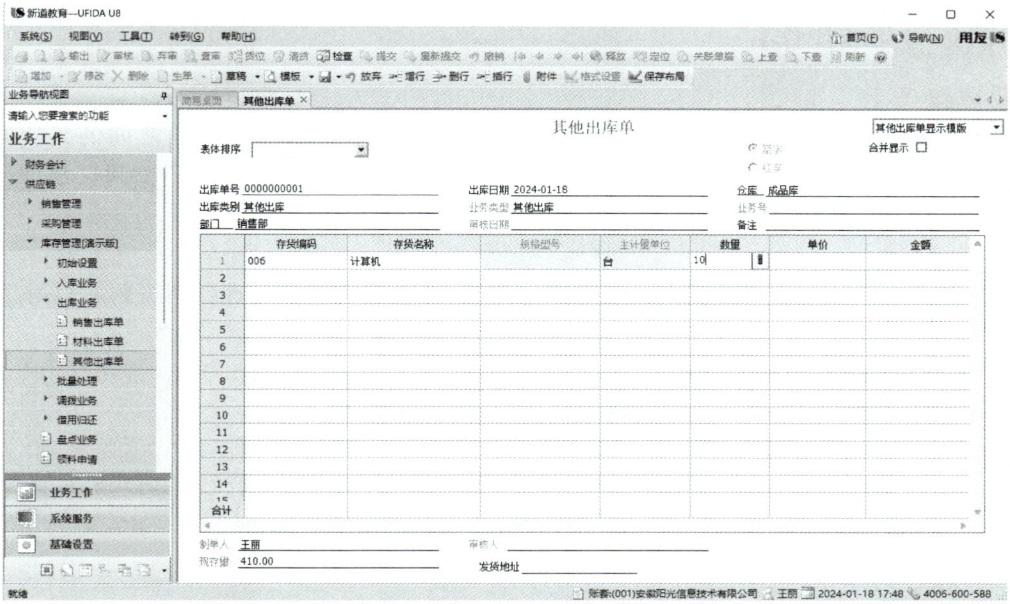

图 12-11　录入其他出库单

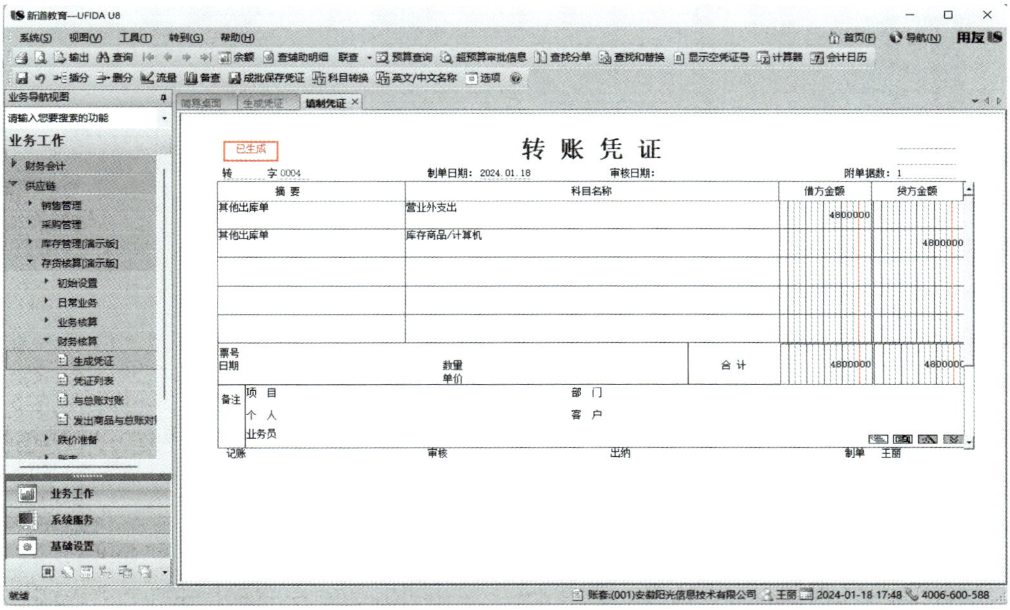

图 12-12　其他出库单生成的凭证

任务四　其他业务处理

【任务描述】

其他业务是指除日常出库、入库业务以外的其他库存管理业务的操作,包括调拨、盘点、组装与拆卸、形态转换等业务处理。本任务要求掌握他业务处理的内容和操作方法。

【知识准备与业务操作】

一、调拨业务

库存管理系统提供了调拨单用于处理仓库之间存货的转库业务或部门之间的存货调拨业务。如果调拨单上的转出部门和转入部门不同,则表示部门之间的调拨业务;如果转出部门和转入部门相同,但转出仓库和转入仓库不同,则表示不同仓库之间的转移。

【业务资料】

2024 年 1 月 20 日,安徽阳光公司将原料库中的 50 盒酷睿双核处理器调拨到配套用品库。

【操作步骤】

（1）以"005 王丽"身份于日期"2024 - 01 - 20"登录企业应用平台,单击"业务工作"/"供应链"/"库存管理"/"调拨业务",双击"调拨单",打开调拨单窗口。

（2）单击"增加"按钮,选择转出仓库"原料库",转入仓库"配套用品库",出库类别"调拨出库",入库类别"调拨入库",存货编码"001",存货名称"酷睿双核处理器",数量"50",如图 12 - 13 所示。

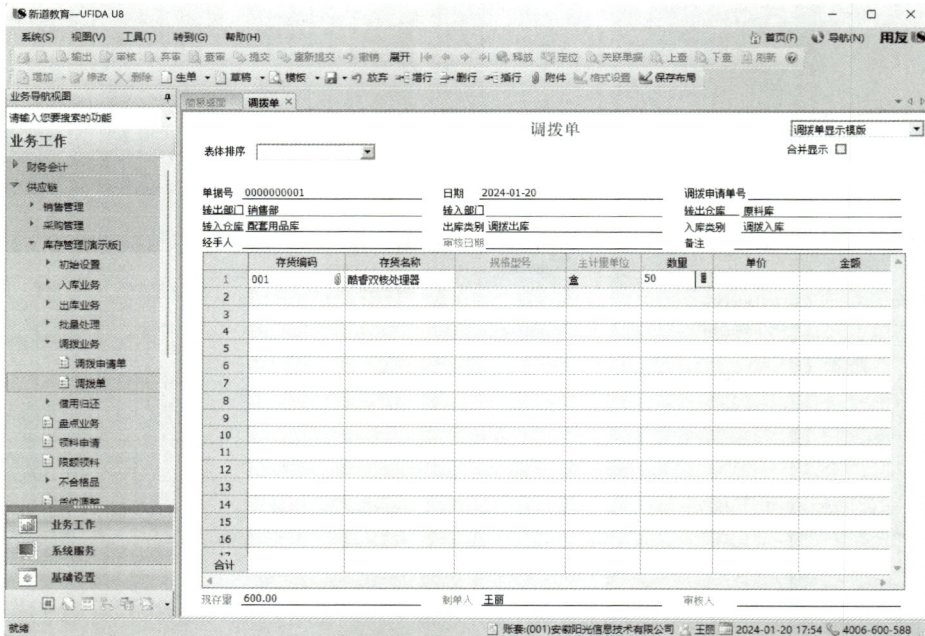

图 12 - 13　录入调拨单

（3）单击"保存"按钮,再单击"审核"按钮。

> **小提示!**
> ➢ 保存调拨单后,系统自动生成其他入库单和其他出库单,且由调拨单生成的其他入库单和其他出库单不得修改和删除。
> ➢ 转出仓库的计价方式是移动平均、先进先出、后进先出时,调拨单的单价可以为空,系统根据计价方式自动计算填入。

（4）以"004 白雪"身份于日期"2024 - 01 - 20"登录库存管理系统，对调拨单自动生成的"其他入库单"审核。再以"005 王丽"身份于日期"2024 - 01 - 20"登录库存管理系统，对调拨单自动生成的"其他出库单"审核。

（5）单击"存货核算"/"业务核算"，双击"特殊单据记账"，如图 12 - 14 所示，对"调拨单"记账。

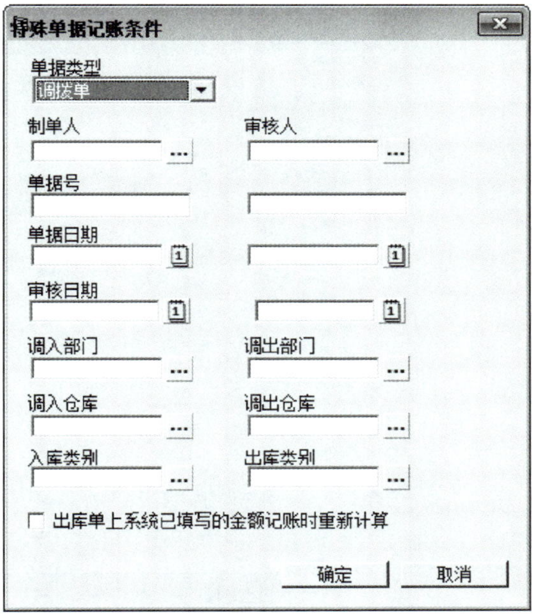

> **小提示！**
> ➤ 在"库存商品"科目不分明细情况下，库存调拨业务不会涉及账务处理。因此，对库存调拨业务生成的其他出入库单暂不制单。

图 12 - 14　调拨单记账

二、盘点业务

为了保证企业库存资产的安全和完整，做到账实相符，企业必须对存货进行定期或不定期的清查，查明存货盘盈、盘亏、毁损的数量以及造成的原因，并据此编制存货盘点报告表，按规定程序，报有关部门批准。经有关部门批准后，应进行相应的账务处理，调整存货账的实存数，使存货账面记录与库存实物核对相符。

系统提供多种盘点方式，如按仓库盘点、按批次盘点、按类别盘点，还可对各仓库或批次中的全部或部分进行盘点，盘盈、盘亏自动生成其他出入库单。

【业务资料】

2024 年 1 月 31 日，安徽阳光公司对原料库的 500GB 硬盘存货进行盘点，盘点后，发现多出 2 盒。经确认，该 500GB 硬盘的成本为 650 元/盒。经查明，该批存货是非正常原因造成的原材料盘盈。

盘点业务处理

【操作步骤】

（1）以"005 王丽"身份于日期"2024 - 01 - 31"登录企业应用平台，单击"业务工作"/"供应链"/"库存管理"，双击"盘点业务"，打开盘点单窗口。

（2）单击"增加"按钮，选择盘点仓库"原料库"，出库类别"盘亏出库"，入库类别"盘盈入库"，单击"盘库"按钮，系统提示如图 12 - 15 所示。

（3）单击"是"按钮，弹出盘点处理窗口，选择盘点方式"按仓库盘点"，如图 12 - 16 所示。

（4）单击"确认"按钮，系统将盘点结果带入"盘点单"，输入 500GB 硬盘盘点数量"102"，单价"650"，如图 12 - 17 所示。

（5）单击"保存"，再单击"审核"按钮

12

> **小提示！**
> ➤ 盘点单审核后自动生成其他入库单和其他出库单。
> ➤ 盘点单输入的盘点数量是实际库存盘点的结果。

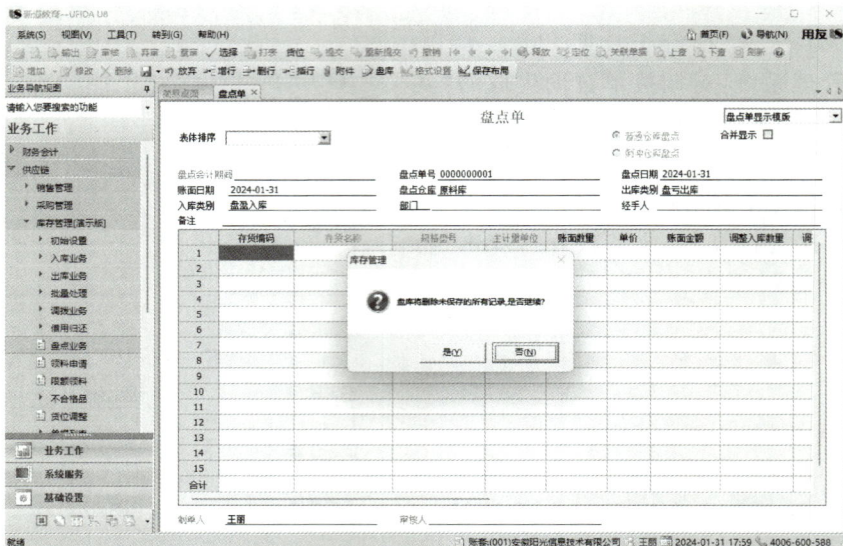

图 12－15　盘库

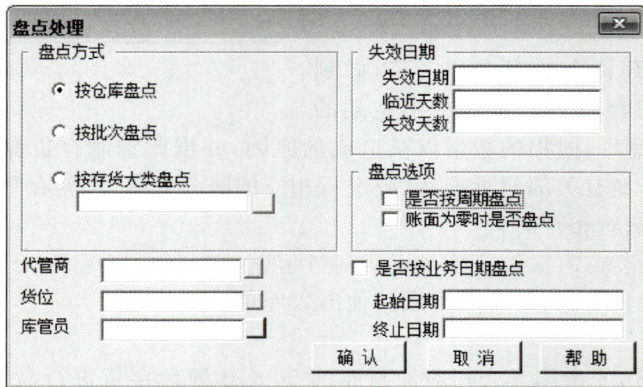

图 12－16　按仓库盘点

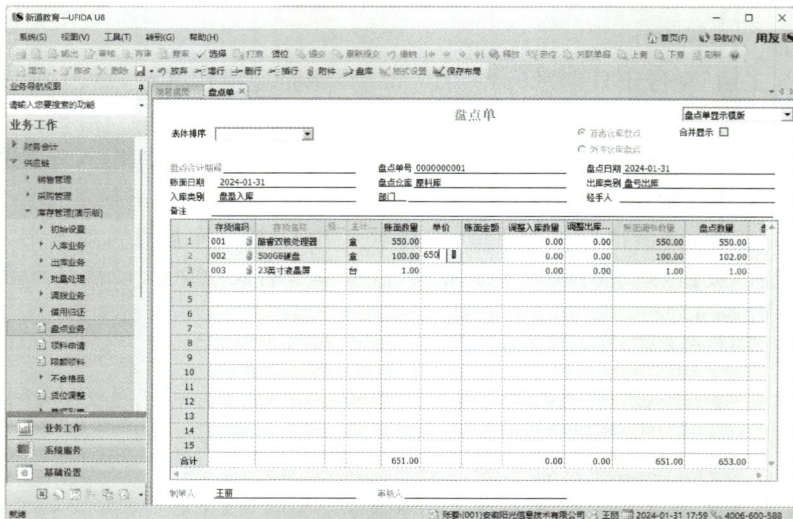

图 12－17　录入 500GB 硬盘盘点单数量

（6）以"004白雪"登录库存管理系统，对盘点单生成的"其他入库单"进行审核。

（7）单击"存货核算"/"业务核算"，双击"正常单据记账"，对"其他入库单"进行记账。

（8）单击"财务核算"，双击"生成凭证"，选择"其他入库单"单据，生成凭证保存后如图12-18所示。

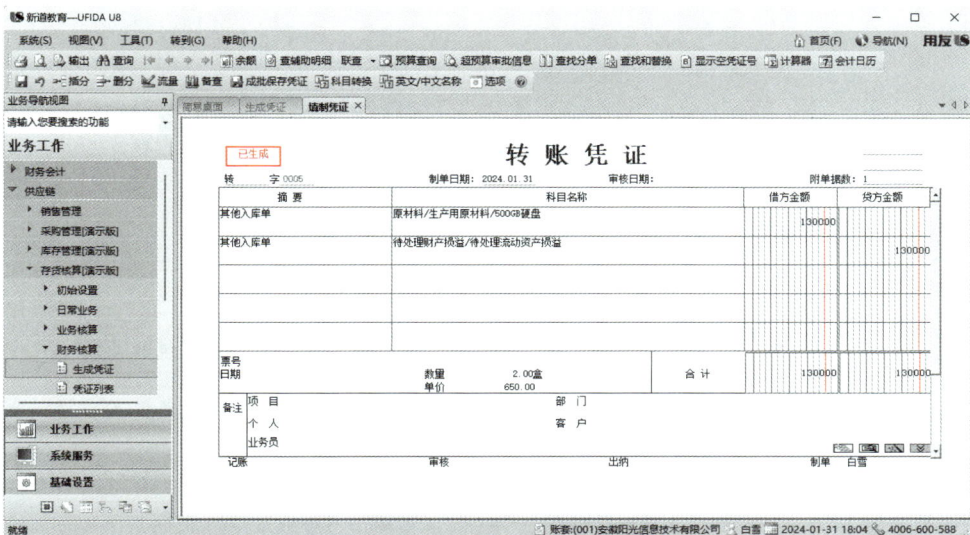

图 12-18　盘盈形成的其他入库单生成凭证

小提示！

➢ 由于是非正常原因导致的原材料盘盈，所以还需要以"003马方"身份进入总账，填制待处理财产损溢转出的凭证，手工输入"管理费用/其他"（一车间），保存后如图12-19所示。结转后"待处理财产损溢/待处理流动资产损溢"科目无余额。

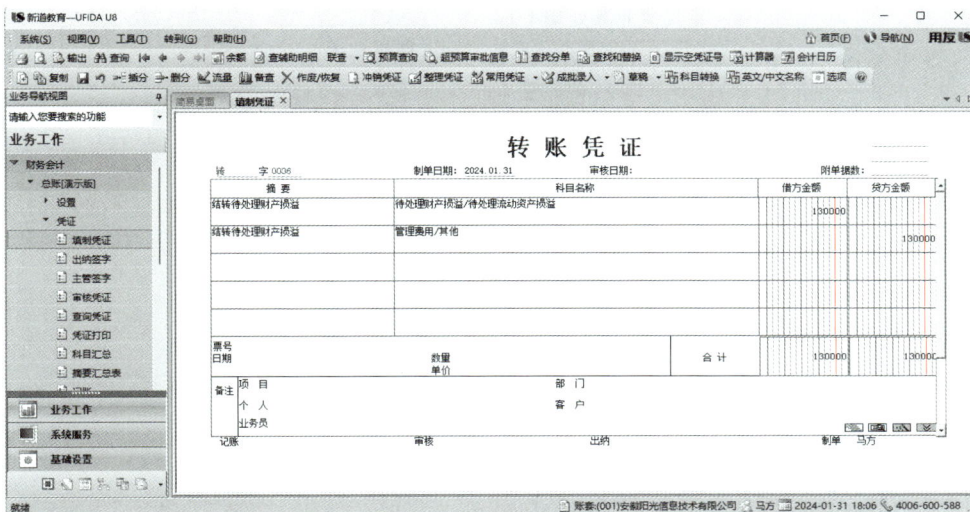

图 12-19　待处理财产损溢转出凭证

> **小提示!**
> ➤ 库存管理系统所有业务处理完毕,更换操作员"001 学生本人",进入总账执行审核并记账。
> ➤ 将库存管理账套数据备份到"D:/001 账套备份/供应链管理/实验四库存管理"文件夹。

项 目 小 结

"项目十二 库存管理"内容结构如图 12-20 所示。

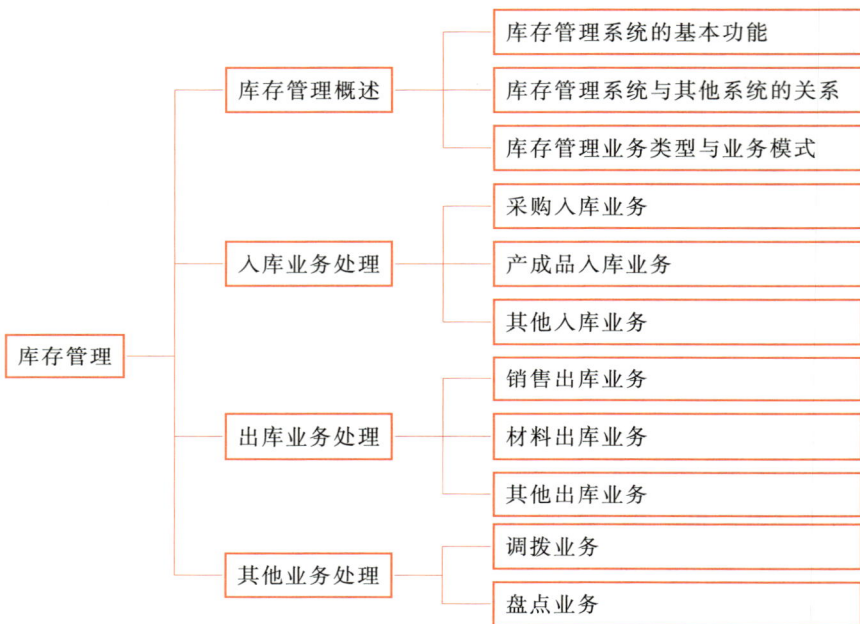

```
                                ┌─────────────────────────┐
                                │ 库存管理系统的基本功能      │
                                ├─────────────────────────┤
               ┌──库存管理概述──┤ 库存管理系统与其他系统的关系 │
               │                ├─────────────────────────┤
               │                │ 库存管理业务类型与业务模式   │
               │                └─────────────────────────┘
               │                ┌─────────────────────────┐
               │                │ 采购入库业务              │
               │                ├─────────────────────────┤
               ├──入库业务处理──┤ 产成品入库业务            │
               │                ├─────────────────────────┤
  库存管理──── │                │ 其他入库业务              │
               │                └─────────────────────────┘
               │                ┌─────────────────────────┐
               │                │ 销售出库业务              │
               │                ├─────────────────────────┤
               ├──出库业务处理──┤ 材料出库业务              │
               │                ├─────────────────────────┤
               │                │ 其他出库业务              │
               │                └─────────────────────────┘
               │                ┌─────────────────────────┐
               │                │ 调拨业务                  │
               └──其他业务处理──┤─────────────────────────┤
                                │ 盘点业务                  │
                                └─────────────────────────┘
```

图 12-20 "项目十二 库存管理"内容结构图

项目十三　存货核算

数字科普

◇ **职业能力目标**

了解存货核算系统的基本功能,存货各种计价方法原理,理解存货核算系统与其他系统的数据传递关系;掌握存货核算出入库成本核算和出入库成本调整操作处理。

◇ **典型工作任务**

存货核算认知;出入库成本核算;出入库成本调整。

任务一　存货核算认知

【任务描述】

存货核算系统的合理使用对管理软件的财务业务一体化成功实施有着重要意义,因为财务只是业务活动的反映,ERP 软件首先要保证业务、生产流程能够合理有效地进行。本任务要求了解存货核算的功能,存货核算在企业整体流程的位置,以及理解存货计价方法的应用。

【知识准备与业务操作】

一、存货核算系统的基本功能

存货核算系统是用友 ERP - U8 V10.1 供应链管理系统的一个子系统,主要针对企业存货的收发结业务进行核算,及时准确地把各类存货成本归集到各成本项目和成本对象上,为企业的成本核算提供基础数据。

(一) 存货出入库成本的核算

存货核算系统可以对普通采购业务、暂估入库业务、受托代销业务、普通销售业务、分期收款发出商品业务、委托代销发出商品业务、假退料业务、直运销售业务、其他业务等各种出入库业务进行成本核算。

存货核算系统提供了按仓库、按部门和按存货三种成本核算方式,并提供了先进先出法、后进先出法、移动平均法、全月平均法、个别计价法、计划价/售价六种计价方式,在实际应用时,可根据实际需求选择不同的核算方式和计价方法。

(二) 暂估入库业务的处理

暂估入库是指外购入库的存货发票未到,在无法确定其准确入库成本时,财务人员暂时按估

13

计价格入账,待发票到达后,再红字予以冲回或调整其入库成本的业务。系统提供了月初回冲、单到回冲和单到补差三种常用暂估处理方式,系统根据用户选择的暂估处理方式自动进行暂估入库业务的处理。

(三)出入库成本的调整

在出入库录入发生错误时,一般需要修改出入库单据,但遇到只需调整金额而不需调整数量的情况(如:由于暂估入库后发生零出库业务等原因所造成的出现成本不准确或库存数量为零而仍有库存的金额的情况)时,就可以通过存货核算提供的入库调整单和出库调整单进行出入库成本的调整。

(四)存货跌价准备的处理

当上市公司存货出现市价发生持续下跌,并且在预见的未来无回升希望的情况时,或企业出现使用某项原材料生产的产品成本大于产品的销售价格情况时,以及企业出现因产品更新换代,原有库存原材料已不适应新产品的需要,而该原材料的市场价格又低于其账面成本情况时,系统可以根据"成本与可变现净值孰低法"的原则,自动计提存货跌价准备。

(五)完整的账表、强大的查询功能

存货核算系统不但提供了存货总账、存货明细账等基本账簿和入库汇总表、出库汇总表、收发存汇总表等多种统计汇总表,用户还可以根据需求对存货周转率、存货入库成本、库存资金占用等方面自行定义分析范围进行分析,满足了企业多层次多角度查询的需要。

二、存货核算系统在企业整体流程中的位置

存货核算系统与企业的采购业务、销售业务以及成本管理系统等都有着直接的关系,它接收供应链各子系统传递过来的单据,进行记账处理,核算各种存货成本,并生成凭证传递到总账。存货核算系统是连接财务管理系统和供应链管理系统的枢纽,是供应链管理系统的核心。存货核算系统与其他系统的数据关系如图13-1所示。

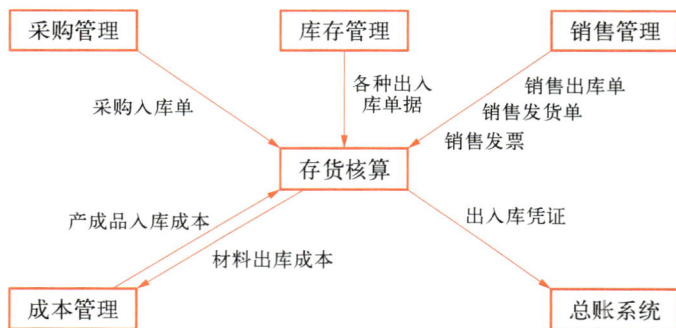

图 13-1 存货核算系统与其他系统之间的数据关系

存货核算系统可对采购管理系统生成的采购入库单进行记账,对采购暂估入库单进行暂估报销处理。

存货核算系统可对库存管理系统生成的各种出入库单据进行记账核算。

企业发生的正常销售业务的销售成本,可以在存货核算系统中根据所选的计价方法自动计算,企业发生分期收款业务和委托代销业务时,存货核算系统可以对销售管理系统生成的发货单、发票进行记账并确认成本。

在存货核算系统中,进行了出入库成本记账的单据可以生成一系列的物流凭证传入总账系统,实现财务业务一体化。

三、存货的计价方式

由于企业的经营性质、经营规模不同,存货收发的频繁程度以及每次收发存数量等都有所不同,因而在实际成本下,发出存货计价方法的选用也可以有所不同。

(一)全月平均法

全月平均法就是会计上所称的全月一次加权平均法,根据期初结存存货的数量、成本与本期收入存货的数量、成本,期末一次计算存货的本月加权平均单价,作为核算本期发出存货成本和期末结存成本的单价,以求得本期发出存货成本和期末结存存货成本。

全月平均单价是通过"期末处理"功能来完成自动计算的。

系统在计算存货的全月平均单价时,自动按下述公式进行计算:

$$全月平均单价 = \frac{期初结存金额 + 本期入库金额 - 本期有成本出库的金额}{期初结存数量 + 本期入库数量 - 本期有成本出库的数量}$$

小提示!

➤ 本期有成本出库的金额(数量)是指出库单上的实际成本不是由系统在此计算出来的,而是手工填入的,是其他系统向存货核算系统传递数据时就已经有成本的出库业务,这种情况会形成出库金额和数量,在计算当月全月平均单价时,要把这些因素扣除在外。

➤ 对于入库类的单据,按照入库单上的单价和金额记账,如果入库单上没有单价、金额,就按照选项中"入库单成本选择"参数,自动取数来记账。

➤ 出库类单据在记账时,对于是否有单价不作限制,但记账后不会立刻体现成本数据,必须在执行"期末处理"后,才能计算出出库成本,并在单据和账簿中体现。

➤ 如果在记账时,出库单上的单价填写为"0",系统认为该存货是零成本出库,例如赠品。

➤ 对于恢复单据记账的操作,系统没有限制,可以选择某一张或多张单据进行恢复。

(二)移动平均法

移动平均法是指每次存货入库后,立即根据库存存货数量和成本,计算出新的移动平均单价。计算原理与全月平均法基本相同,只是要求在每次收入存货时重新计算加权平均单价。

在存货核算系统中如果选择了该计价方法来核算,单位成本是在每一次"单据记账"时自动计算出来的。

进行成本计算时,系统自动按照"单据业务发生的先后顺序"进行出库成本计算。对于入库业务,系统自动计算结存金额、结存单价和结存数量。

结存数量 = 上一笔结存数量 + 本次入库数量
结存金额 = 上一笔结存金额 + 本次入库金额
结存单价 = 结存金额 ÷ 结存数量

对于出库业务,系统自动取当前的结存单价作为出库单价,并自动计算出库成本。

小提示!

➤ 在单据记账时,如果出库单没有填写单价,就按照现在库存结存的数量与结存成本来计算出库单价。

➤ 由于核算方式与记账单据的先后顺序有关,因此不能单独恢复中间的某张单据,当需要进行取消记账(恢复记账)时,必须按记账顺序将单据从后向前依次恢复。

（三）先进先出法

先进先出法是假定先收到的存货先发出或先耗用，并根据这种假定的存货流转次序对发出存货和期末存货进行计价。在接收有关存货时，逐笔登记每一批存货的数量、单价和金额，发出存货时，按照先进先出法的原则计价，逐笔登记存货的发出和结存金额。

在存货核算系统中如果选择了该计价方法来核算，单位成本是在每一次"单据记账"时自动计算出来的。

进行成本计算时，系统自动按照"单据业务发生的先后顺序"进行出库成本计算，对于入库业务系统记入计价辅助表，并计算结存金额、结存单价和结存数量。

结存数量＝上一笔结存数量＋本次入库数量

结存金额＝上一笔结存金额＋本次入库金额

结存单价＝结存金额÷结存数量

对于出库业务，系统在计价辅助表从前往后寻找该笔存货的入库单价，如果出库数量小于入库数量，系统自动进行拆行处理，并把找到的单价作为出库单价，计算出库成本。

> **小提示！**
> ➤ 如果出库单据中存货没有单价，在记账处理时，系统会按照存货还没有出库的记录中最先入库记账的那一次单价来填写出库单的单价。
> ➤ 由于核算方式与记账单据的先后顺序有关，因此不能单独恢复中间的某张单据，当需要进行恢复记账时，必须按记账顺序将单据从后向前依次恢复。

（四）后进先出法

后进先出发是假定后收到的存货先发出或先耗用，并根据这种假定的存货流转次序对发出存货和期末存货进行计价的一种方法。这一计价方法的假设，与先进先出法正相反。在这种方法下，期末结存存货的实际成本是反映最早进货的成本，而发出存货的成本则接近存货近期的成本水平。

存货核算系统中如果选择了这种计价方法来核算，单价成本是在每一次"单据记账"时自动计算出来的。

进行成本计算时，系统自动根据单据业务发生的先后顺序进行出库成本计算，对于入库业务，系统记入计价辅助表，并计算结存金额、结存单价和结存数量。

结存数量＝上一笔结存数量＋本次入库数量

结存金额＝上一笔结存金额＋本次入库金额

结存单价＝结存金额÷结存数量

对于出库业务，系统在计价辅助表从后往前寻找该笔存货的入库单价，如果出库数量小于入库数量，系统自动进行拆行处理，并把找到的单价作为出库单价，计算出库成本。

> **小提示！**
> ➤ 如果出库单据中存货没有单价，在记账处理时，系统会按照存货还没有出库的记录中最后入库记账的那一次单价来填写出库单的单价。
> ➤ 由于核算方式与记账单据的先后顺序有关，因此不能单独恢复中间的某张单据，当需要进行恢复记账时，必须按记账顺序将单据从后向前依次恢复。

（五）个别计价法

个别计价法是以每次收入存货的实际成本作为计算该次发出存货成本的依据，存货核算中如果选择了该种计价方法核算，单价成本是在每一次"单据记账"时计算出来的。

> **小提示！**
> ➤ 系统对于每次领用或发出的存货进行个别辨认，看属于哪一批或哪几次收入，然后分别按照所属各批（次）收入的实际成本确定领用或发出存货的实际成本。
> ➤ 红字入库单需要在单据记账处进行对应批次的指定。
> ➤ 个别计价的出库单需在单据记账处指定对应的批次。
> ➤ 在取消单据记账时没有限制，可以选择某一张或多张单据来操作。

（六）计划价法

采用计划价法核算成本时，领用材料采用计划成本进行日常核算，同时将实际成本与计划成本的差额另行设置"材料成本差异"科目核算，月末再计算领用材料应分摊的成本差异，将领用材料由计划成本调整为实际成本。

存货核算系统中如果选择了该计价方法来核算，差异率以及各个存货应该分摊的差异是在"期末处理"时由系统自动计算的。

系统在计算存货的差异率时，自动按下述公式进行计算：

$$差异率 = \frac{期初结存差异金额 + 本期入库差异金额 - 本期有成本出库的差异金额}{期初结算计划金额 + 本期入库计划金额 - 本期有成本出库的计划金额}$$

> **小提示！**
> ➤ 单据记账完毕后，必须经过期末处理，才能将差异分配到存货的出库成本上。
> ➤ 在取消单据记账时没有限制，可以选择某一张或多张单据来操作。

（七）售价法

采用售价法核算时，平时商品的购进、储存、销售均按售价记账，售价与进价的金额通过"商品进销差价"科目核算，期末计算进销差价率和本期已销商品应分摊的进销差价，并调整本期销售成本。存货核算中如果选择了该计价方法核算，进销差价率以及各个存货应该分摊的进销差价是在"期末处理"时由系统自动计算的。

四、存货核算应用方案

（一）按实际成本核算的工业企业

按实际成本核算的工业企业一般选择的存货计价方法是"全月平均法"，暂估方式是"单到回冲"。如果与供应链系统其他模块集成使用，对于其他系统传递过来的单据进行调整成本和记账的操作，在记账前对于没有填写单价的产成品入库单进行成本分配的操作，期末进行期末处理，系统计算出当月存货的平均单价并登记明细账，通过制单功能生成凭证传入总账系统。

当发生货到票未到的业务时，以采购管理中录入的发票金额作为调整成本的依据，自动生成红、蓝回冲单，调整采购的暂估成本与实际成本的差异。

13

（二）按计划成本核算的工业企业

按计划成本核算的工业企业一般选择的存货计价方法是"计划价法"。如果与供应链系统其他模块集成使用，对于其他系统传递过来的单据进行记账的工作，在记账前对于没有填写单价的产成品入库单进行成本分配的工作，期末进行月末处理，系统计算出当月存货的差异率生成差异结转单，通过制单功能生成凭证传入总账系统。

（三）商品流通企业

商品流通企业一般的计价方法可以选择移动平均法、先进先出法和后进先出法。如果与供应链系统其他模块集成使用，对于其他系统传递过来的单据进行调整成本和记账的工作，在记账的同时系统会自动计算出本批（次）存货的出库成本，期末进行月末处理，通过制单功能生成凭证传入总账系统。

发生货到票未到的业务时，暂估方法可以选择单到回冲、单到补差，以采购管理系统中录入的发票金额作为调整成本的依据，自动生成红、蓝回冲单或入库调整单，调整采购的暂估成本与实际成本之间的差异。

（四）单独使用存货核算系统

如果是单独使用存货核算系统，所有的采购入库单、产成品入库单、其他入库单、销售出库单、材料出库单、其他出库单都必须在存货核算系统中手工录入并且记账，其他操作流程如同上面几种方案。

任务二　出入库成本核算

【任务描述】

存货核算系统可以对普通采购业务、暂估入库业务、受托代销业务、普通销售业务、分期收款发出商品业务、委托代销发出商品业务、直运销售业务、其他业务等各种出入库业务进行成本核算。存货核算系统提供了按仓库、按部门和按存货三种成本核算方式，并提供了先进先出法等六种计价方式，在实际应用中，企业可根据实际需求选择不同的核算方式和计价方法。本任务要求掌握出入库单据处理及凭证生成的操作方法。

【知识准备与业务操作】

一、入库成本核算

存货核算系统是用于核算本单位所有的存货收发结情况的，在收这个环节，采购业务是一个主要的存货入库业务类型，在处理与采购业务相关的单据时有以下几个特点。

（一）已结算的采购入库单

当与采购管理系统集成使用时，在采购管理系统录入采购入库单和采购发票并结算，以采购发票的金额作为该笔采购业务的实际入库成本。

（二）未结算的采购入库单

存货核算系统对于传递过来的当期货到票未到的未结算的采购入库单，可以直接修改采购入库单的暂估单价或利用暂估成本录入进行批量修改。

（三）记账操作

在存货核算系统中对采购入库单进行记账操作，根据采购入库单的信息登记存货明细账等资料。

13

【业务资料】

引入"实验一供应链管理初始化"账套备份文件。2024年1月31日,安徽阳光公司向建昌公司订购键盘300只,单价为95元,验收入原料库。

未结算采购入库业务处理

【操作步骤】

(1)以"004白雪"身份于日期"2024-01-31"登录库存管理系统,填制"采购入库单"并审核,如图13-2所示。

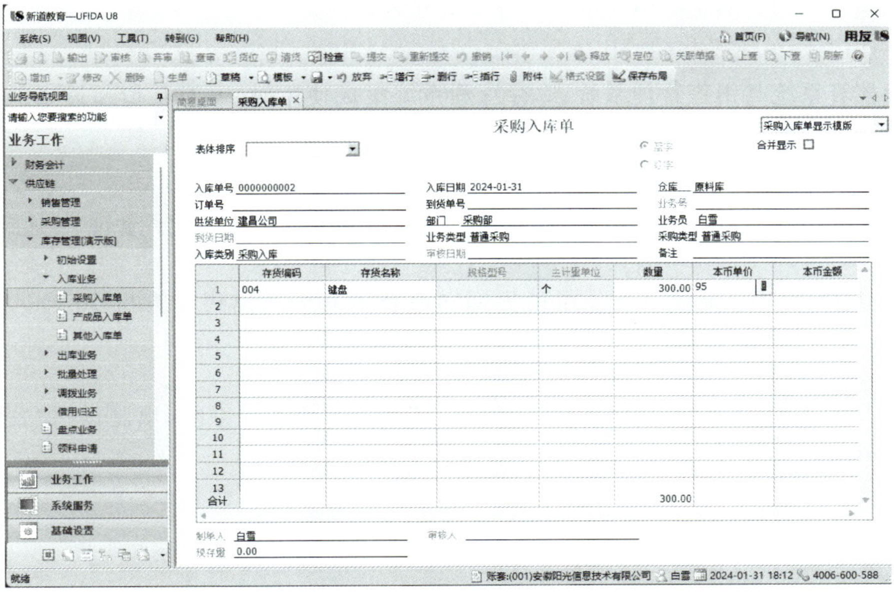

图 13-2　采购入库单

(2)在存货核算系统中,对"采购入库单"执行正常单据记账并生成凭证,如图13-3所示。

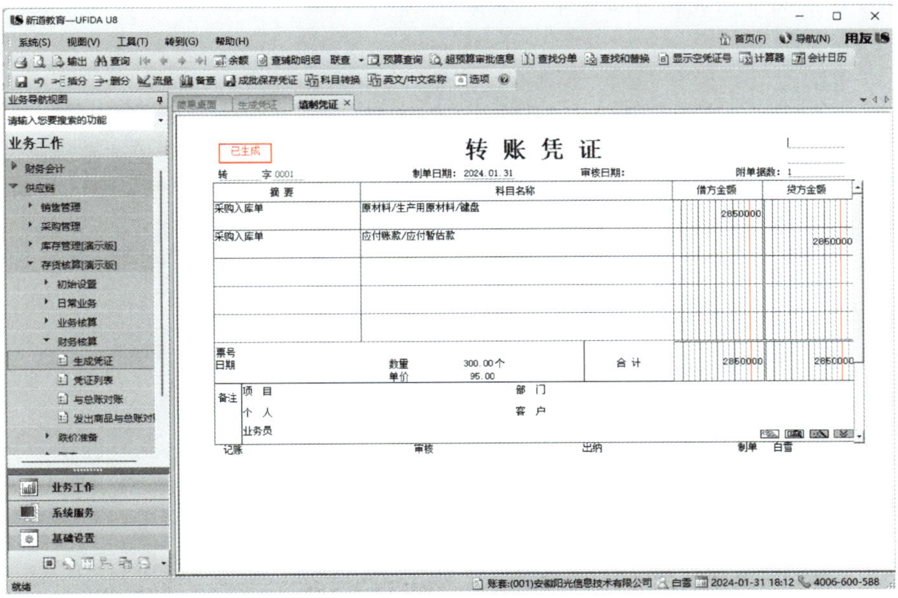

图 13-3　生成入库凭证

13

小提示！

➤ 生成凭证选择单据"采购入库单（暂估记账）"，对方科目"220202 暂估应付款"。

二、出库成本核算

当企业发生销售业务时会造成存货的出库，并直接影响存货的结存数，因此，销售业务的相关单据处理和存货核算系统的出库成本核算息息相关。

（一）销售出库单记账并核算出库成本

当存货核算系统与销售管理系统、库存管理系统集成使用时，可对其传递过来的"销售出库单"进行单价、金额的修改，并进行记账核算其出库成本。

（二）已记账的销售出库单生成凭证传递至总账

在存货核算系统中，对已记账的"销售出库单"或"销售发票"生成销售出库凭证，传递到总账系统。

【业务资料】

2024 年 1 月 31 日，安徽阳光公司销售部向昌新贸易公司出售计算机 10 台，无税单价为6 400 元/台。

【操作步骤】

（1）以"005 王丽"身份于日期"2024 - 01 - 31"登录销售管理系统，填制销售"发货单"并审核，如图 13 - 4 所示。

小提示！

➤ 在存货核算系统中，销售成本结算方式有"销售出库"和"销售发票"两种方式，系统默认选择销售成本结算方式为"销售发票"，一旦在存货核算中使用，只有到存货月末处理后、月末结账前才能改变核算方式。在存货核算"选项"中，设置"销售出库单"销售成本核算方式。

➤ 在库存管理系统中生成销售出库单并审核。

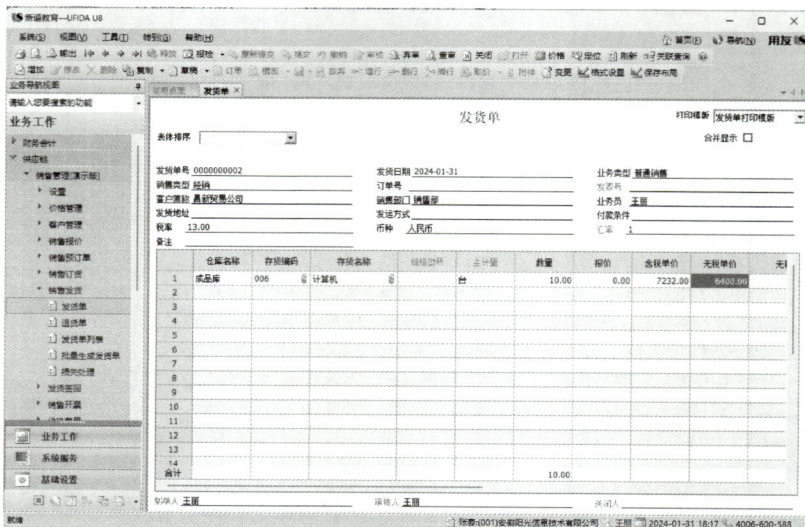

图 13 - 4　发货单

（2）在库存管理系统中，根据"发货单"生成并审核的"销售出库单"，如图 13 – 5 所示。

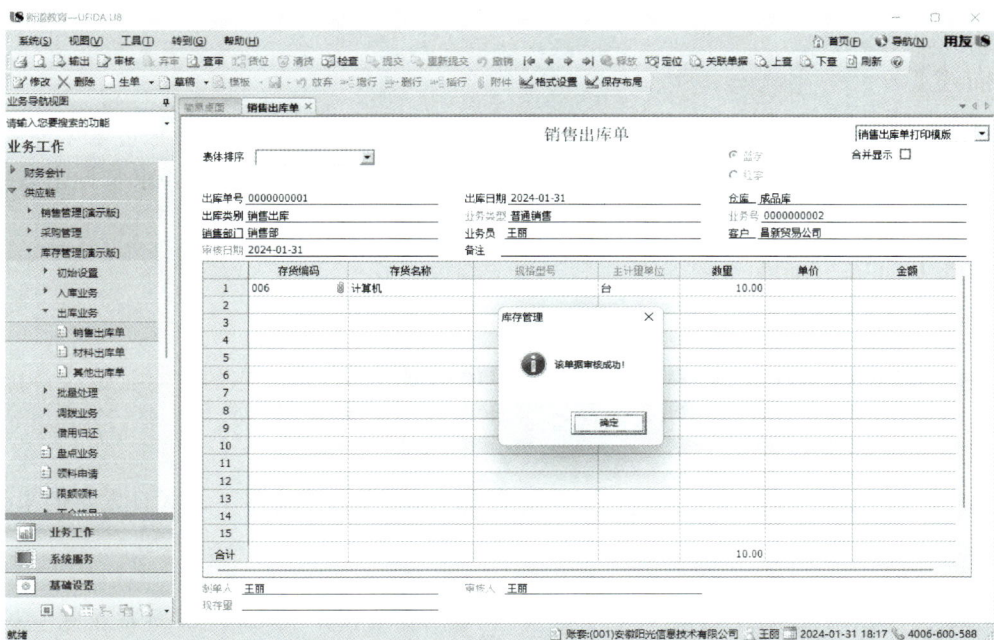

图 13 – 5　复核后的销售发票

（3）在存货核算系统中对"销售出库单"单据记账，并生成凭证如图 13 – 6 所示。

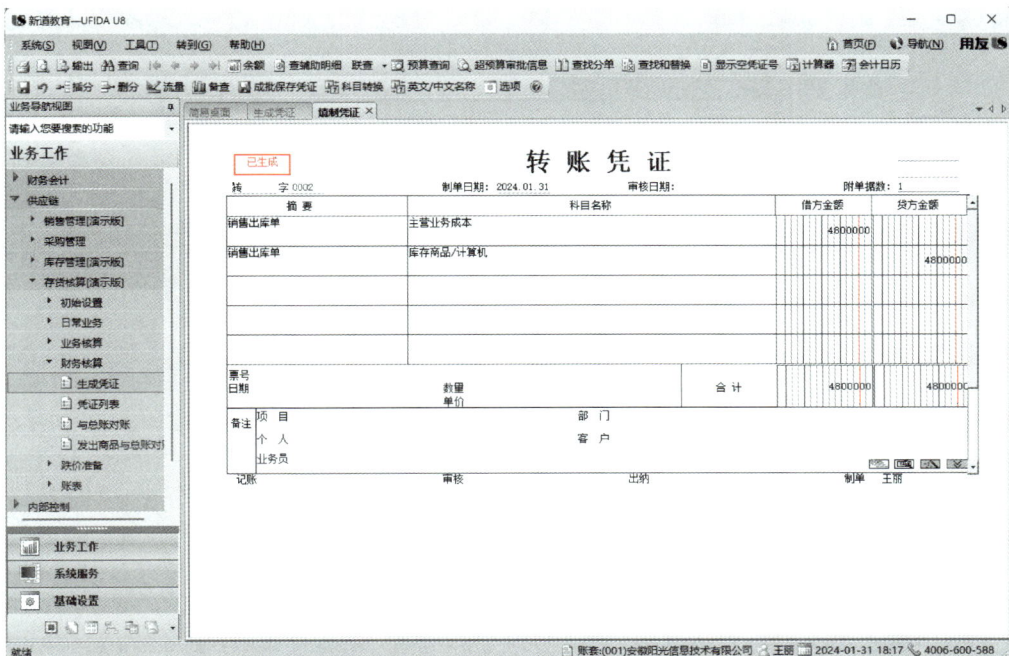

图 13 – 6　根据已记账的销售入库单生成的销售成本结转凭证

13

任务三　出入库成本调整

【任务描述】

出入库单据记账后，如果遇到由于暂估入库或发生零出库等原因造成出库成本不准确，或库存数量为零仍有库存金额的情况，就需要利用调整单据进行调整。本任务要求掌握出入库单据处理及凭证生成的操作方法。

【知识准备与业务操作】

一、入库调整单

"入库调整单"是对存货的入库成本进行调整的单据。当发现入库的成本有错时，可通过入库调整单做相应修改。入库调整单只能调整金额，不能调整数量。

【业务资料】

引入"实验二采购管理"账套，2024 年 1 月 31 日，安徽阳光公司将 1 月 3 日发生的采购键盘的入库成本增加 600 元。

【操作步骤】

（1）以"004 白雪"身份于日期"2024 - 01 - 31"登录存货核算系统，单击"日常业务"，双击"入库调整单"，打开入库调整单窗口。

（2）单击"增加"按钮，选择"原料库"，收发类别"采购入库"，部门"采购部"，供应商"建昌公司"，存货编码"004 键盘"，输入金额"600"，如图 13 - 7 所示。

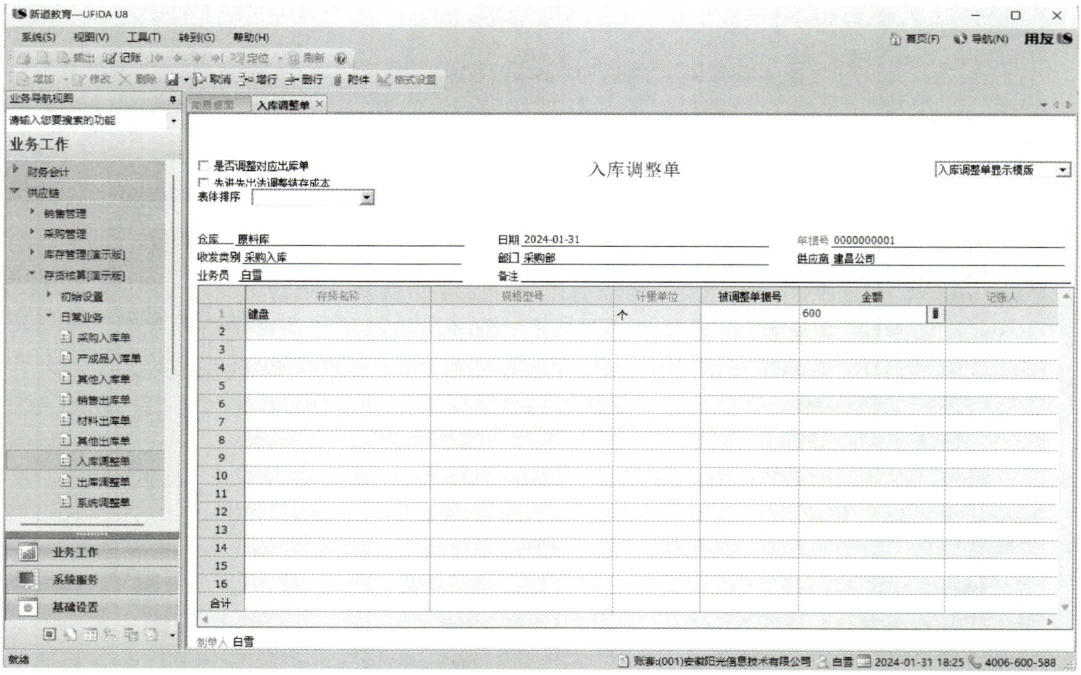

图 13 - 7　入库调整单

13

小提示！

➤ "入库调整单"是对存货入库成本调整的单据,可针对单据进行调整,也可针对存货进行调整。

（3）单击"保存"按钮,再单击"记账"按钮。

小提示！

➤ "入库调整单"的记账,既可以在"入库调整单"界面中进行,也可在"正常单据记账"中进行。

（4）在存货核算系统中,对记账后的"入库调整单"生成凭证,如图 13－8 所示。

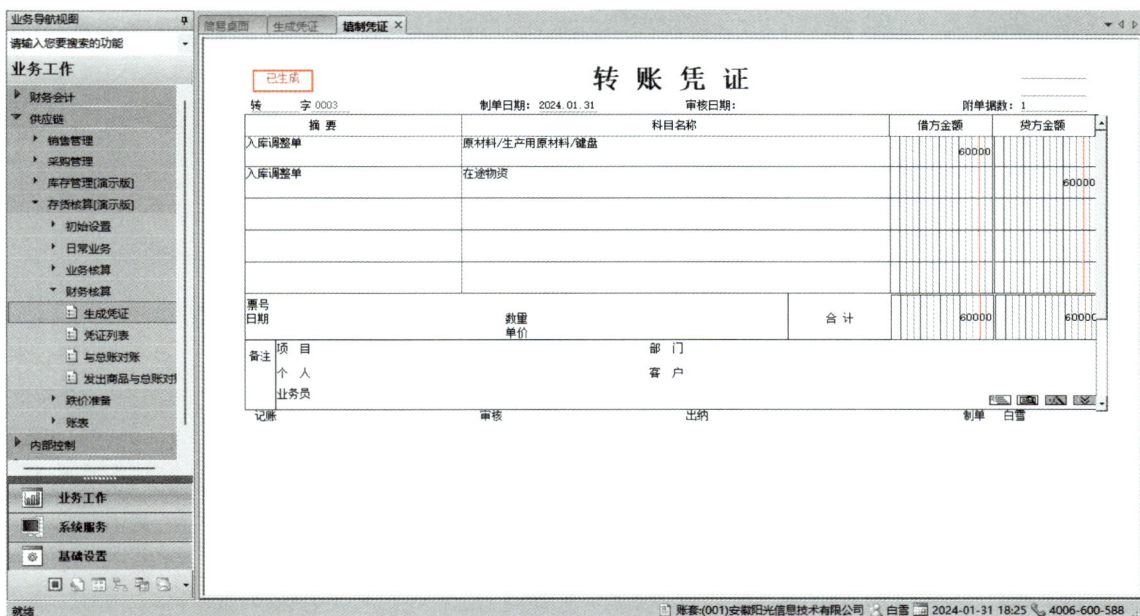

图 13－8　记账后的入库调整单生成的凭证

小提示！

➤ 生成凭证所选单据是"入库调整单"。

二、出库调整单

"出库调整单"是对存货的出库成本进行调整的单据。当有暂估出库业务时,可能会造成出库成本不准确,这时便可通过出库调整单进行调整。

【业务资料】

引入"实验三销售管理"账套,2024 年 1 月 31 日,安徽阳光公司调整 1 月 17 日出售给昌新贸易公司的计算机的出库成本增加 200 元。

13

出库调整单业务处理

【操作步骤】

（1）以"005 王丽"身份于日期"2024-01-31"登录存货核算系统，单击"日常业务"，双击"出库调整单"，打开出库调整单窗口。

（2）单击"增加"按钮，选择"成品库"，选择收发类别"销售出库"，部门"销售部"，客户"昌新贸易公司"，存货编码"006 计算机"，输入金额"200"，如图13-9所示。

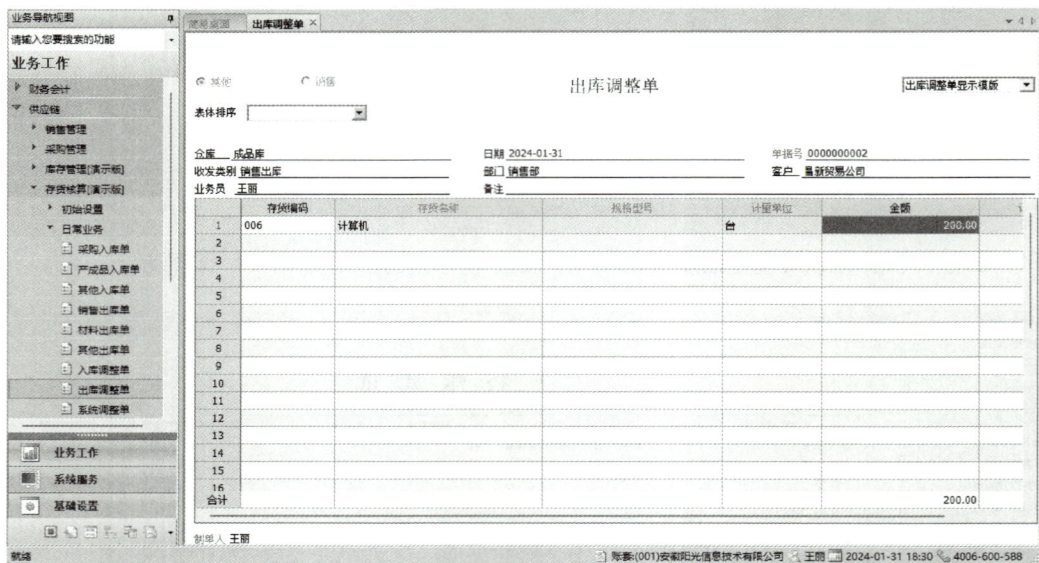

图 13-9 出库调整单

小提示！
➤ "出库调整单"是对存货出库成本的调整的单据，只能针对存货进行调整。

（3）单击"保存"按钮，再单击"记账"按钮。

小提示！
➤ "出库调整单"的记账，既可以在"出库调整单"界面中进行，也可在"正常单据记账"中进行。

（4）在存货核算系统中，对记账后的"出库调整单"生成凭证保存如图13-10所示。

小提示！
➤ 生成凭证所选单据是"出库调整单"。
➤ 存货管理系统所有业务处理完毕，更换操作员"001 学生本人"审核并记账。
➤ 将存货核算账套数据备份到"D：/001 账套备份/供应链管理/实验五存货核算"文件夹。

13

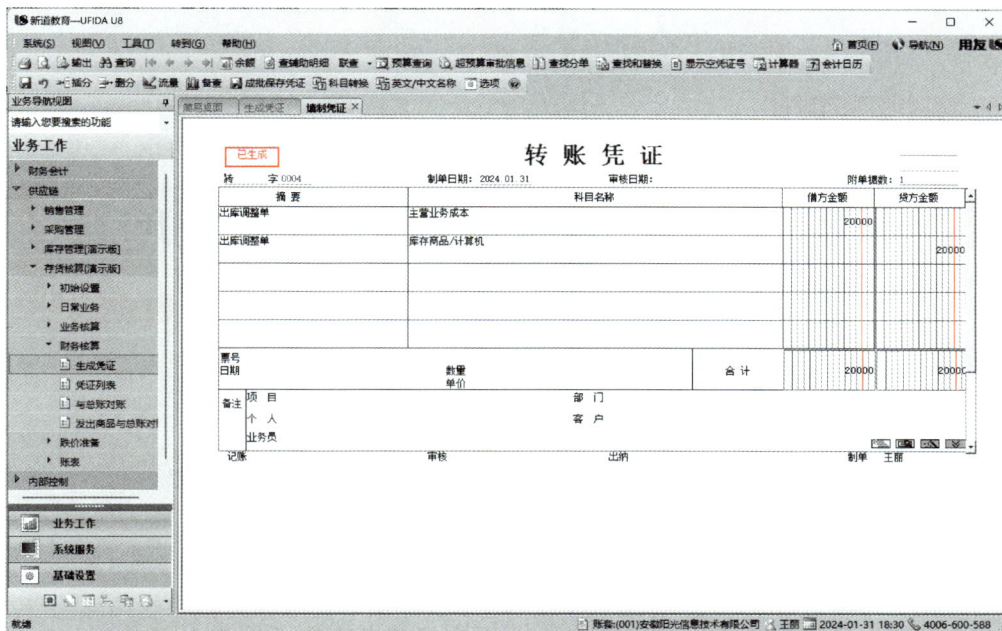

图 13 - 10   记账后的出库调整单生成的凭证

项 目 小 结

"项目十三 存货核算"内容结构如图 13-11 所示。

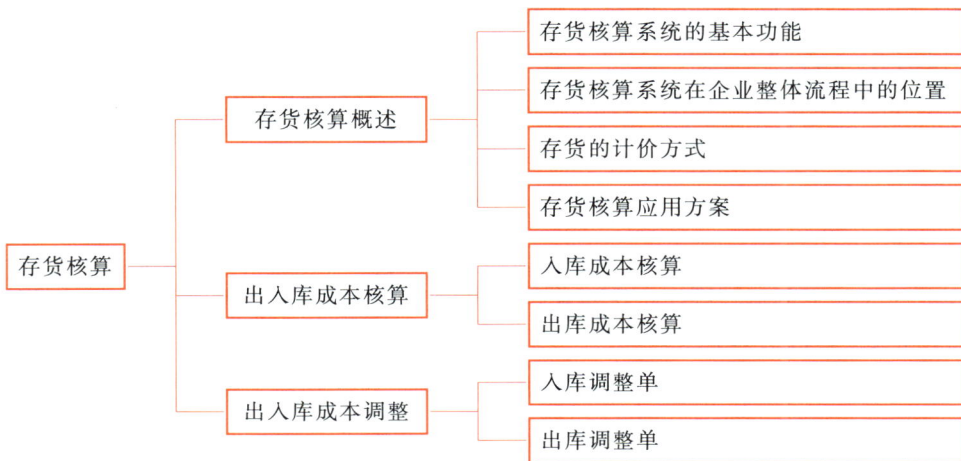

图 13 - 11   "项目十三 存货核算"内容结构图

善 始 善
终,个人
发展的金
钥匙

项目十四　供应链管理期末处理

◇ **职业能力目标**

了解供应链管理期末处理的作用;掌握供应链管理各系统的月末处理的先后顺序和操作方法。

◇ **典型工作任务**

采购管理期末结账;销售管理期末结账;库存管理期末结账;存货核算期末处理。

任务一　采购管理期末结账

【任务描述】

企业的经理、投资者、债权人等决策者都需要提供企业经营状况的定期信息,通过月末结账,据以结算账目编制财务报告、核算财务状况及资金变动情况,以及企业的供应链管理所需要的各种相关数据报表。用友 ERP - U8 V10.1 管理系统的月末业务处理是自动完成的。本任务要求掌握供应链管理各系统期末结账流程和采购管理结账、取消结账的操作方法。

【知识准备与业务操作】

一、供应链管理各系统月末结账流程

用友 ERP - U8 V10.1 管理系统初始数据在不同系统、不同模块间依次顺序传递,因此期末处理时,也要按照业务的流程顺序依次对采购管理、销售管理、库存管理、存货核算、应收款管理、应付款管理等模块进行期末业务处理。

供应链管理系统期末结账流程如图 14 - 1 所示。

(一)采购管理和销售管理月末结账

企业已完成当月的所有涉及采购的业务,如请购、采购订货、采购入库,也完成了当月的所有涉及销售的业务,如订货、销售报价、销售出库,可以将采购管理和销售管理两个模块进行月末结账,可以不同时完成。

(二)库存管理月末结账

采购管理和销售管理都已完成月末结账,并确认当月不再发生任何形式的出入库业务(如库房调拨、盘点),库存管理可以月末结账。

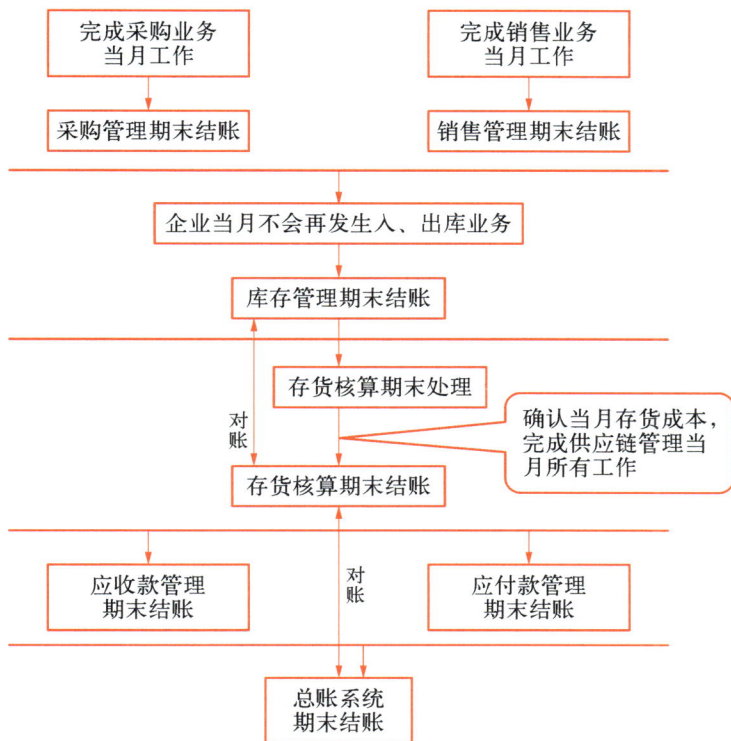

图 14 - 1 供应链管理系统期末结账流程

（三）存货核算月末结账

当月业务记账并生成凭证后，将存货核算月末结账，确认当月出入库成本。

（四）应收、应付款管理系统和总账管理系统月末结账

供应链管理各系统月末结账后，可对应收、应付款管理系统进行月末结账，最后对总账管理系统进行结账。

小提示！

➤ 月末结账前一定要进行数据备份，否则数据一旦发生错误，将造成无法挽回的后果。

➤ 没有期初记账，将不允许月末结账。

➤ 不允许跳月结账，只能从未结账的第一个月逐月结账，反之，取消结账也不允许跳月取消，只能从最后一个月逐月取消结账。

➤ 上月未结账，本月单据可以正常操作，不影响日常业务处理，但本月不能结账。

➤ 月末结账功能为独享功能，与系统中所有功能的操作互斥，即在操作本功能前，应确定其他功能均已退出。

二、月末结账

使用采购管理系统时，要逐月进行月末结账，即将每月的采购相关单据及数据封存，并将当月的采购数据记入有关账表中。

【业务资料】

引入"实验二采购管理"账套备份文件，安徽阳光公司2024年1月采购业务处理完毕，进行采购管理月末结账。

【操作步骤】

（1）以"001 学生本人"身份登录采购管理系统，双击"月末结账"，打开结账窗口。

（2）单击会计月份"1"，系统在选择标记栏显示"选中"标志，如图 14-2 所示。

（3）单击"结账"按钮，系统自动进行月末结账。

（4）结账完成后，系统提示"月末结账完毕！"。

（5）单击"确定"按钮返回结账窗口。

图 14-2　采购管理月末结账

小提示！
➢ 结账后将不能再对该会计期间的采购单据进行增加、修改和删除处理。
➢ 采购管理月末结账后，才能进行库存管理、存货核算、应付款管理的月末结账。
➢ 若发现还有未完成的采购单据，可以在月末结账窗口中，单击"取消结账"按钮，取消月末结账。如果库存管理、存货核算、应付管理中的任何一个系统不能取消结账，则采购管理也不能取消月末结账。

任务二　销售管理期末结账

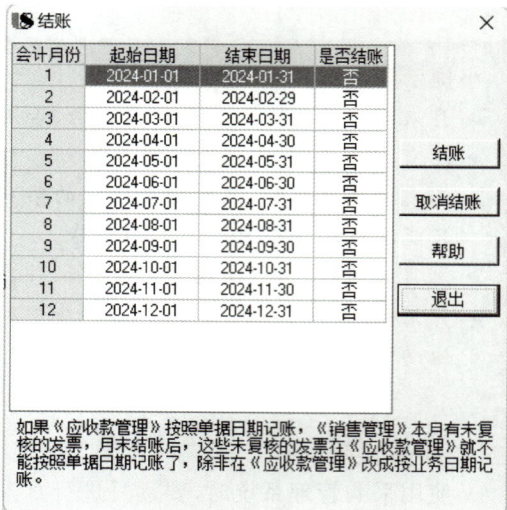

【任务描述】

销售管理系统的期末结账是在每个会计期终了时，将本会计期间的销售单据封存，并将当月的销售数据记入有关账表中。本任务要求掌握销售管理期末结账和取消结账的操作方法。

【知识准备与业务操作】

销售管理系统当月销售日常业务处理完毕后，可以执行月末记账进行该会计期间的封存，并将当月销售数据记入有关账表中。

【业务资料】

引入"实验三销售管理"账套备份文件，2024年1月销售业务处理完毕，进行销售管理月末结账。

【操作步骤】

（1）以"001 学生本人"身份登录销售管理系

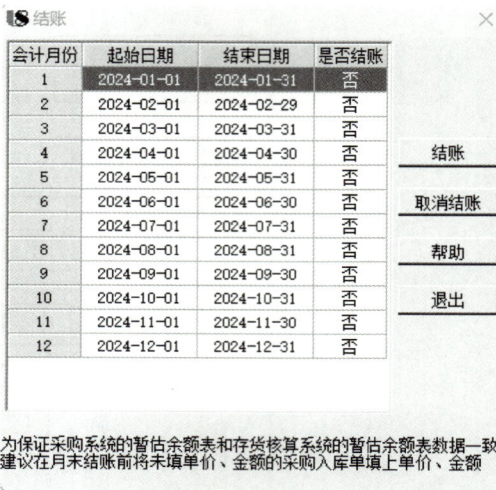

图 14-3　销售管理月末结账

统,双击"月末结账",打开结账窗口。

(2) 系统将应结账月份用蓝条标出,如图 14-3 所示。

(3) 单击"结账"按钮,系统自动完成月末结账。结账完毕后,在结账月份行中"是否结账"栏目显示"是"。

小提示!

➢ 结账前应检查本会计月工作是否已全部完成,只有在当前会计月所有工作全部完成的前提下,才能进行月末结账,否则会遗漏某些业务。

➢ 如果销售管理中还有已填制完成但未审核的单据时,系统提示"存在未审核的单据,是否继续进行月末结账?",并将未审核单据类型标出。此时,用户可以选择继续结账或取消结账,即有未审核的单据仍可月末结账,但年末结账时,所有单据必须审核完成才能结账。

➢ 月末结账后将不能再做当前会计月的业务,只能做下个会计月的日常业务。

➢ 月末结账功能为独享功能,与系统中所有功能的操作互斥,即在操作本功能前,应确定其他功能均已退出。

➢ 销售管理月末结账后,才能进行库存管理、存货核算、应付款管理月末结账。

➢ 当某月结账发生错误时,可以按"取消结账"按钮恢复结账前状态,正确处理后再执行月末结账。

➢ 如果销售管理要取消月末结账,库存管理、存货核算、应收款管理系统必须要先取消结账。

➢ 月末结账和取消月末结账只能逐月进行,不能跳月。

任务三　库存管理期末结账

【任务描述】

库存管理系统的期末结账是将每月的出入库单据逐月封存,并将当月的出入库数据记入有关账表中。本任务要求掌握库存管理期末结账和取消结账的操作方法。

【知识准备与业务操作】

一、月末结账

库存管理系统当月日常业务处理完毕后,可以执行月末记账进行该会计期间的封存,并将当月出入库数据记入有关账表中。

【业务资料】

引入"实验四库存管理"账套备份文件,安徽阳光公司 2024 年 1 月出入库日常业务处理完毕,进行库存管理月末结账。

【操作步骤】

(1) 以"001 学生本人"身份登录库存管理系统,双击"月末结账",打开结账窗口。

会计月份	起始日期	结束日期	是否结账
1	2024-01-01	2024-01-31	否
2	2024-02-01	2024-02-29	否
3	2024-03-01	2024-03-31	否
4	2024-04-01	2024-04-30	否
5	2024-05-01	2024-05-31	否
6	2024-06-01	2024-06-30	否
7	2024-07-01	2024-07-31	否
8	2024-08-01	2024-08-31	否
9	2024-09-01	2024-09-30	否
10	2024-10-01	2024-10-31	否
11	2024-11-01	2024-11-30	否
12	2024-12-01	2024-12-31	否

图 14-4　库存管理月末结账

14

（2）系统将应结账月份用蓝条标出，如图 14-4 所示。

（3）单击"结账"按钮，系统自动完成月末结账。结账完毕后，在结账月份行中"是否结账"栏目显示"是"。

小提示！
- 只有在采购管理、销售管理月末结账后，库存管理才能进行月末结账。
- 当某月结账发生错误时，可以取消月末结账，正确处理后再结账。

二、对账

在库存管理系统中，月末结账后可以与供应链系统中其他系统进行对账。

（一）库存与存货对账

库存管理系统与存货核算系统对账的内容为结账月份各仓库各存货的收发存量。

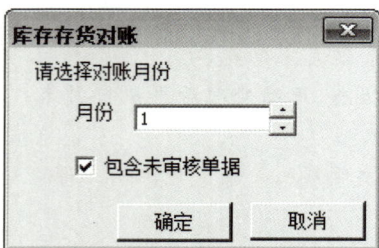

图 14-5　库存与存货对账

【业务资料】

2024 年 1 月 31 日，安徽阳光公司对各仓库各存货进行库存管理与存货核算对账。

【操作步骤】

（1）以"001 学生本人"身份登录库存管理系统，单击"对账"，双击"库存与存货对账"，打开库存存货对账窗口，如图 14-5 所示。

（2）默认对账月份"1"，单击"确定"按钮，系统自动开始对账，并给出对账报告。

小提示！
- 只有在库存管理和存货核算对账月份都已结账，而且存货核算没有压单情况下，数据才有可能核对上。

（二）库存账与货位账对账

库存管理系统可进行库存台账与货位卡片对账的功能。

【业务资料】

2024 年 1 月 31 日，安徽阳光公司进行库存台账与货位卡片对账。

【操作步骤】

（1）以"001 学生本人"身份登录库存管理系统，单击"对账"，双击"库存账与货位账对账"。

（2）系统自动执行完对账后显示对账结果。

任务四　存货核算期末处理

【任务描述】

存货核算系统的期末处理工作包括期末处理和结账两部分。本任务要求掌握存货核算系统期末处理和结账、取消结账的操作方法。

14

【知识准备与业务操作】

一、期末处理

在存货核算系统中，如果存货成本按"全月平均法"或"计划价/售价"方式核算，当月业务全部完成后，用户要进行期末处理，系统自动计算全月平均单价及本月出库成本，自动计算差异率（差价率）及本月的分摊差异/差价，并对已完成日常业务的仓库/部门作处理标志。

【业务资料】

引入"实验二销售管理"账套备份文件，安徽阳光公司 2024 年 1 月 31 日进行存货核算系统期末处理。

存货核算
期末处理

【操作步骤】

（1）以"005 王丽"身份登录存货核算系统，单击"业务核算"，双击"期末处理"，打开期末处理窗口。

（2）选择需要进行期末处理的仓库，如图 14 - 6 所示。

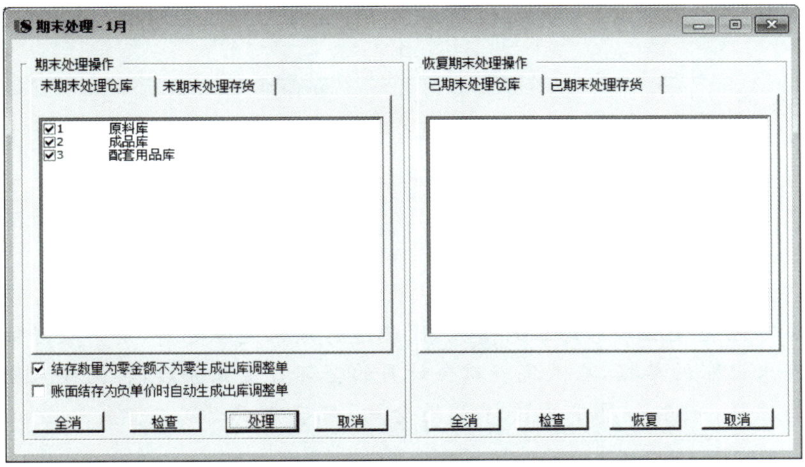

图 14 - 6　期末处理

（3）单击"处理"按钮，系统自动生成"仓库平均单价计算表"，如图 14 - 7 所示，计算存货成本，单击"确定"按钮，返回期末处理窗口，稍后，系统弹出"期末处理完成"提示，单击"确定"按钮，此时，所有仓库由未处理变成已处理。

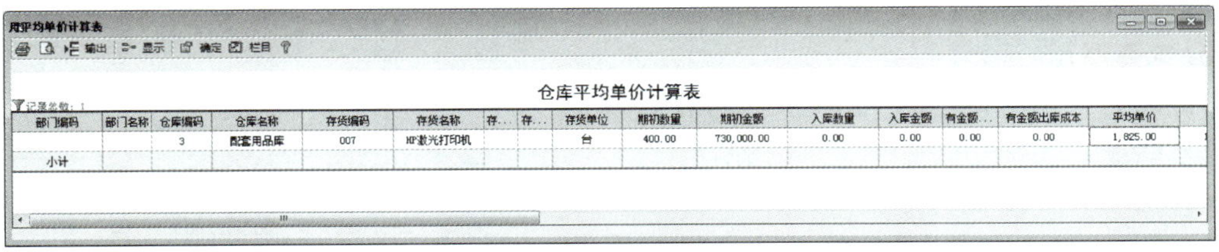

仓库平均单价计算表

部门编码	部门名称	仓库编码	仓库名称	存货编码	存货名称	存货	存货单位	期初数量	期初金额	入库数量	入库金额	有金额	有金额出库成本	平均单价
		3	配套用品库	007	XP激光打印机		台	400.00	730,000.00	0.00			0.00	1,825.00
小计														

图 14 - 7　仓库平均单价计算表

小提示！

➤ 存货核算系统中执行存货期末处理前，要确保所有单据已经在存货核算业务核算中记过账。

（4）在存货核算系统中，对全月平均法计价的配套用品库，进行销售成本结转凭证生成，如图14-8所示。

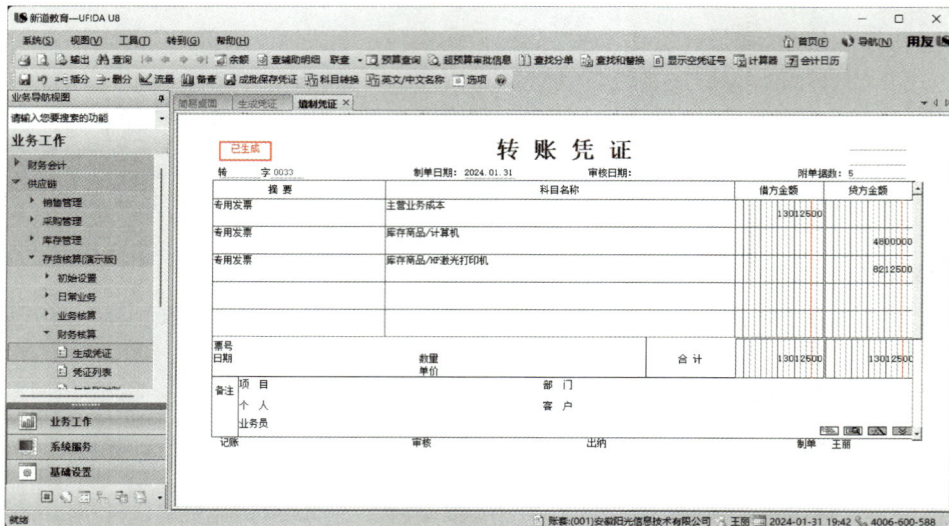

图 14-8　存货销售成本结转凭证

小提示！

➤ 存货核算期末处理需要在采购管理、销售管理、库存管理结账后进行。

➤ 期末处理前应检查需要记账的单据是否全部记账。

➤ 由于本系统可以处理压单不记账的情况，因此进行期末处理之前，用户应仔细检查是否本月业务还有未记账的单据，应做完当前会计月的全部日常业务后，再做期末处理工作。

➤ 存货期末处理后，采用全月平均法计价的仓库（配套用品库）销售成本数据自动由系统算出。

➤ 存货核算系统允许取消期末处理。

二、月末结账

存货核算日常业务处理工作完成后，要进行存货核算系统月末结账工作。

【业务资料】

安徽阳光公司2024年1月31日进行存货核算系统月末结账。

【操作步骤】

（1）以"001学生本人"身份登录存货核算系统，单击"业务核算"，双击"月末结账"，打开结账窗口，如图14-9所示。

（2）单击"确定"按钮，系统自动完成月末结账，结账完成后系统提示"月末结账完成！"，如图14-10所示。

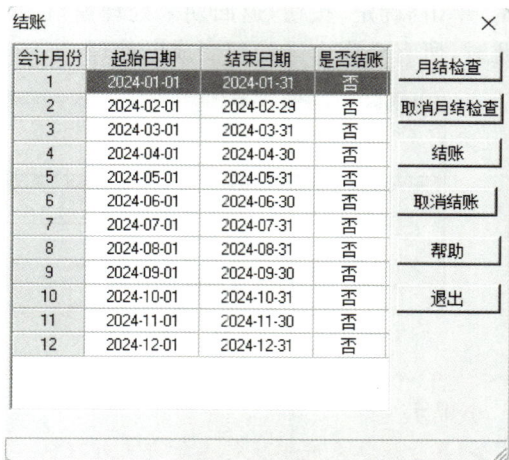

图 14-9　存货核算月末结账

存货核算
期末结账

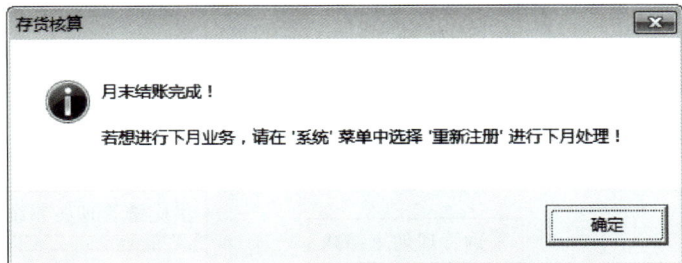

图 14 – 10　存货核算月末结账完成

小提示！

➤ 采购管理、销售管理、库存管理月末结账后，存货核算才能月末结账。

➤ 存货核算提供了"取消结账"功能，需要在结账后下月注册登录，在存货核算中，双击"月末结账"，打开结账窗口，选中"取消结账"。

三、与总账系统对账

本功能用于存货核算系统与总账系统核对存货科目和差异科目在各会计月份借方、贷方发生金额、数量及期末结存金额、数量信息。

【业务资料】

安徽阳光公司 2024 年 1 月 31 日执行存货核算系统与总账系统对账。

【操作步骤】

（1）以"001 学生本人"身份登录存货核算系统，单击"财务核算"，双击"与总账对账"，系统自动列出存货科目和差异科目的期初、发生及结存数据。

（2）单击"格式"按钮进行设置。

（3）单击"明细"按钮，列出每一科目的明细记录，可在明细对账记录查询中联查业务单据及凭证。

小提示！

➤ 系统可以进行数量核对、金额核对或者数量金额全部核对，用户只需选择相应的复选框，再单击"刷新"按钮，就可显示核对结果。

➤ 对于核对结果是否两账相符，系统采用不同的显示颜色加以区分。白色显示记录表示对账结果相平，蓝色显示记录表示对账结果不平。

项 目 小 结

"项目十四 供应链管理期末处理"内容结构如图 14－11 所示。

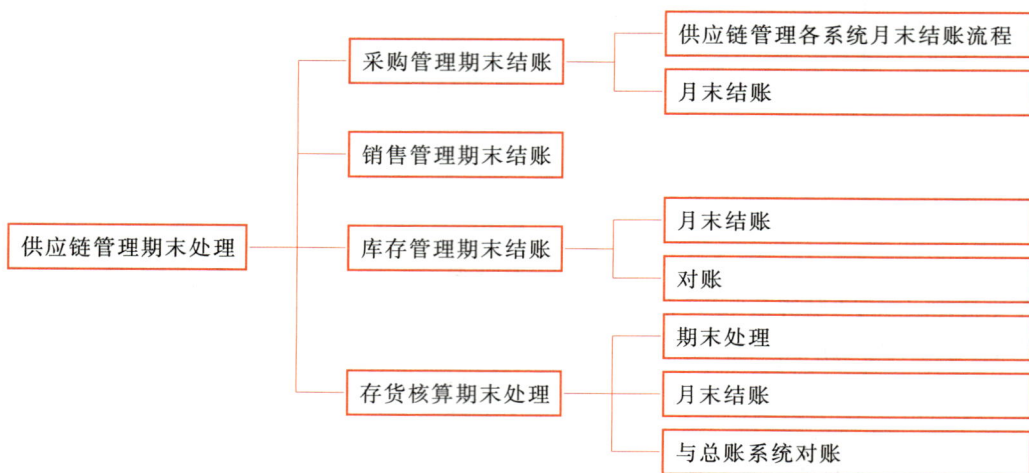

```
                                              ┌─ 供应链管理各系统月末结账流程
                          采购管理期末结账 ──┤
                                              └─ 月末结账

                          销售管理期末结账

供应链管理期末处理 ──┤                          ┌─ 月末结账
                          库存管理期末结账 ──┤
                                              └─ 对账

                                              ┌─ 期末处理
                          存货核算期末处理 ──┼─ 月末结账
                                              └─ 与总账系统对账
```

图 14－11　"项目十四 供应链管理期末处理"内容结构图

14

附录 全国信息化工程师 ERP 资格认证简介

一、全国信息化工程师项目简介

全国信息化工程师项目（NCIE）是在工业和信息化部领导下组织实施的国家级 IT 专业政府认证体系，由网络、信息安全、数据库、信息资源管理、电子商务、信息工程监理等一系列认证考试构成。

自从 2002 年初 NCIE 体系的建立以来，在国家政策的指引下，政府各部门的通力支持和配合下，通过与国内外著名 IT 厂商的交流与合作，联合国际知名认证考试机构美国国家通信系统工程师协会（NACSE），将我国信息化建设的实际需要与国际最新的技术水平相结合，经过缜密、细致的职业分析，把每个专业考试都设立成系统的、有较高专业水准的认证等级，旨在建立一种符合我国国情的信息化专业人才培养和技能评测的国家标准，不断推进我国信息化建设进程。

证书名称：全国信息化工程师——ERP 应用资格证书
主管单位：中华人民共和国工业和信息化部
颁发单位：工业和信息化部人才交流中心
　　　　　用友软件股份有限公司

二、认证的价值

当人类迈入 21 世纪后，信息技术飞速发展和市场竞争的日趋激烈，使企业面临更多挑战，应变速度成为企业生存和发展最关键的竞争性要素，信息化浪潮席卷了祖国大地，ERP 成为企业管理信息化中的主流。

利用 ERP 系统，企业能把先进的管理思想落实到具体的生产经营管理过程中，能带来一个企业的组织创新、流程优化和管理变革。然而，人才的匮乏却成为制约企业 ERP 应用的主要瓶颈，ERP 专业技术应用人才的聘用价格一路飙升。

中国管理软件领导厂商——用友软件股份有限公司联合工业和信息化部电子人才交流中心，向社会郑重推介的"全国信息化工程师——ERP 应用资格"双认证，为众多企业选拔 ERP 应用人才建立参考标准。

这一认证体系的推出，为企业应用 ERP 全面提升管理提供了人才保障，也为个人的职业生涯添加了竞争优势，增加择业机会。

（一）造就 ERP 应用人才

"全国信息化工程师——ERP 应用资格"培训与认证时刻把握国际脉搏，保持与世界先进水平同步，通过学习 ERP 应用认证课程，学员能掌握 ERP 核心理念，熟练掌握 ERP 软件使用方法，了解企业应用 ERP 最新应用模式。并能根据企业管理不同时期的要求，使用 ERP 对企业管理进行优化和提升，从而成为一流的 ERP 应用人才。

（二）职海扬帆,更添筹码

在 ERP 广泛应用的今天,"全国信息化工程师——ERP 应用资格"双认证是持有者能力的证明和就业的通行证;持证者将同时加入"全国信息化工程师人才库"和"用友 ERP 人才库"。一证在手,您就首先赢得全国百万家 ERP 用户的优先聘用机会。

（三）提供 ERP 人才选拔和评估标准

对于企业来说,拥有一支高水平的 ERP 专业人才队伍,是用好 ERP 的关键。"全国信息化工程师——ERP 应用资格"双认证既是广大 ERP 用户招聘人才的重要标准,又是企业对 ERP 应用人才进行选拔、培养和能力考核的重要依据。

（四）强强联合,ERP 认证第一品牌

既有中国 ERP 软件市场占有率第一,150 万用户应用经验的用友公司的强大的品质保证,又有工业和信息化部人才交流中心"全国信息化工程师"中立性的政府品牌,"全国信息化工程师——ERP 应用资格"无疑为 ERP 认证的第一品牌。

（五）认证信息载入人才库

在取得"全国信息化工程师——ERP 应用资格证书"后,认证信息将同时载入"用友 ERP 人才库"和"全国信息化工程师"人才库。

三、认证对象

希望通过系统学习 ERP 知识提前获取企业运营经验的高校在校生;
管理信息化的企业的财会人员、业务人员、部门经理、高层领导;
希望通过使用 ERP 提高企业的竞争力的经营者;
希望在企业信息化建设方面有更大前途和更好工作机会的人士;
愿意提升自己 ERP 应用经验的人士。

四、考试内容

（一）《财务管理系统》方向

考 试 模 块	考 试 说 明
总账管理	◇ 软件版本：V8.5X、V8.6X 或 V8.7X
UFO 报表	◇ 考试方式：线上考试或线下考试
薪资管理	◇ 考试题型：知识点题型或流程性试题
固定资产管理	◇ 证书发放：参加知识点题型考试的考生,需要通过两个以上模块(含两个)可取得证书;参加流程性试题考试的考生,成绩合格的可申请证书
应收应付管理	

（二）《供应链管理系统》方向

考 试 模 块	考 试 说 明
采购管理	◇ 软件版本：V8.5X、V8.6X 或 V8.7X
销售管理	◇ 考试方式：线上考试或线下考试
库存管理	◇ 考试题型：知识点题型
存货核算	◇ 证书发放：参加知识点题型考试的考生,需要通过两个以上模块(含两个)可取得证书
应收应付管理	

(三)《生产制造管理系统》方向

软件版本：V8.6X

考试方式：线下考试

考试题型：知识点题型

五、考试方式

(一)线上考试

现已开通总账、报表、薪资、固定资产、应收应付共五个模块，每模块考试时长 30 或 45 分钟，按模块单独组卷，考试题型为单选、多选、判断、操作模拟题。

(二)线下考试

采用用友认证考试平台，共分知识点题型和流程性试题。

六、证书样本

主要参考文献

［1］王剑盛.会计电算化［M］.2 版.北京：高等教育出版社,2010.

［2］王新玲,李京琴.用友 ERP 财务管理系统实验教程［M］.3 版.北京：清华大学出版社,2023.

［3］赵建新.用友 ERP 供应链管理系统实验教程［M］.北京：清华大学出版社,2012.

［4］张冬梅.电算会计项目化教程［M］.北京：电子工业出版社,2015.

［5］用友软件股份有限公司.ERP 供应链管理系统应用专家培训教程（上、下）［M］.北京：中国物资出版社,2003.

［6］刘照军.会计电算化实用教程［M］.北京：北京交通大学出版社,2007.

［7］王新玲.会计信息系统实验教程［M］.北京：清华大学出版社,2009.

［8］庞靖麒,马娟.ERP 供应链管理系统（用友 U8V10.1）［M］.北京：北京理工大学出版社,2023.

［9］张瑞君,殷建红,蒋砚章.会计信息系统［M］.9 版.北京：中国人民大学出版社,2021.

［10］钟爱军,刘慧,罗姣.会计信息系统——基于用友 ERP－U8 V15.0［M］.2 版.北京：经济科学出版社,2024.

郑重声明

高等教育出版社依法对本书享有专有出版权。任何未经许可的复制、销售行为均违反《中华人民共和国著作权法》，其行为人将承担相应的民事责任和行政责任；构成犯罪的，将被依法追究刑事责任。为了维护市场秩序，保护读者的合法权益，避免读者误用盗版书造成不良后果，我社将配合行政执法部门和司法机关对违法犯罪的单位和个人进行严厉打击。社会各界人士如发现上述侵权行为，希望及时举报，我社将奖励举报有功人员。

反盗版举报电话　（010）58581999　58582371
反盗版举报邮箱　dd@hep.com.cn
通信地址　北京市西城区德外大街 4 号　高等教育出版社知识产权与法律事务部
邮政编码　100120

教学资源服务指南

高等教育出版社

仅限教师索取

感谢您使用本书。为方便教学，我社为教师提供资源下载、样书申请等服务，如贵校已选用本书，您只要关注微信公众号"高职财经教学研究"，或加入下列教师交流QQ群即可免费获得相关服务。

"高职财经教学研究"公众号

最新目录	
资源下载	
样书申请	
教材样章	题库申请
云书展	试卷下载

≡ 教学服务　　≡ 题库申请　　≡ 师资培训

资源下载：点击"**教学服务**"—"**资源下载**"，或直接在浏览器中输入网址（http://101.35.126.6/），注册登录后可搜索相应的资源并下载。（建议用电脑浏览器操作）

样书申请：点击"**教学服务**"—"**样书申请**"，填写相关信息即可申请样书。

样章下载：点击"**教学服务**"—"**教材样章**"，即可下载在供教材的前言、目录和样章。

题库申请：点击"**题库申请**"，填写相关信息即可申请题库或下载试卷。

师资培训：点击"**师资培训**"，获取最新会议信息、直播回放和往期师资培训视频。

🎯 联系方式

会计QQ3群：473802328　　　会计QQ2群：370279388　　　会计QQ1群：554729666
（以上3个会计QQ群，加入任何一个即可获取教学服务，请勿重复加入）
联系电话：（021）56961310　　电子邮箱：3076198581@qq.com

🎯 在线试题库及组卷系统

我们研发有十余门课程试题库："基础会计""财务会计""成本计算与管理""财务管理""管理会计""税务会计""税法""税收筹划""审计基础与实务""财务报表分析""EXCEL在财务中的应用""大数据基础与实务""会计信息系统应用""政府会计""内部控制与风险管理"等，平均每个题库近3000题，知识点全覆盖，题型丰富，可自动组卷与批改。如贵校选用了高教社沪版相关课程教材，我们可免费提供给教师每个题库生成的各6套试卷及答案（Word格式难中易三档，索取方式见上述"题库申请"），教师也可与我们联系咨询更多试题库详情。

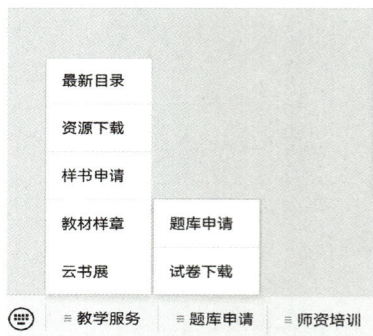